श्रीविद्या ललितालालित्य

आशा चतुर्वेदी

ISBN 979-8-89002-966-9

ललितालालित्य

ललिता सहस्त्रनाम महर्षि वेदव्यास रचित ब्रह्माण्ड पुराण का अंश है। विष्णु के अवतार भगवान हयग्रीव महामुनि अगस्त्य को इस श्रीविद्या का उपदेश देते है। ललिता सहस्त्रनाम का सर्वमान्य भाष्य सौभाग्यभास्कर है जो भास्करराय द्वारा रचित है जिसका रचनाकाल संवत् 1785 माना गया है। इसी के आधार पर कई विद्वानों ने ग्रन्थ लिखे हैं। हिन्दी साहित्य के काव्य जगत में मूल संस्कृत श्लोकों का ब्रजभाषा में छन्दबद्ध भावपूर्ण अनुवाद का यह प्रथम सराहनीय प्रयास है।

अथाह सागर की उत्तंग लहरें

निस्सीम व्योम के अनगिनत नक्षत्र

विराट ब्रह्माण्ड की गूँज की अनुगूँज

भूमि का सन्तुलन प्रकृति के सतरंगी परिधान

ऋतुओं का आना जाना फूलों की मुस्कान

वसुधा के कण कण में फैली चमक

तृण तृण में प्राणों का स्पन्दन

ओ माँ सबमें केवल तू ही तू है

विनत हो करते सभी वन्दन कोटि वन्दन

बालकृष्ण चतुर्वेदी

अध्यक्ष मथुरा आर्ट एसोसिएशन

फैलो मेम्बर ऑफ एस . डब्लू . ए . 45668

मुम्बई

Painting by Gunjan Chaturvedi

गंगेश प्रिया कह रहीं हेरम्ब से यों विनोद में
कब तक उछालोगे गजानन मोदकों को मोद में
ले सूँड़ से वे दे रहे माता को भर आमोद में
हँसकर उछलकर कूदते आ बैठते फिर गोद में
माते! तुम्हारे रूप सम सौन्दर्य सुषमा है नहीं
जिसकी प्रतिच्छाया से सारी पल्लवित होती मही
उसअप्रतिम का प्रतिबिम्ब यदि साकार होताहै कहीं
तो सत्य ही लावण्यमय 'लालित्यललिता' का यहीं

परिचय

श्रीमती आशा चतुर्वेदी का जन्म 1958 ईस्वी में वृन्दावन मथुरा में हुआ। इनके माता पिता का नाम श्रीमती गोपी और श्री घनश्याम चतुर्वेदी है। इनको घर के धार्मिक वातावरण से प्रेरित होकर बाल्यकाल से ही लिखने का प्रोत्साहन मिला। आर.सी.ए. डिग्री कॉलेज से बी.ए. की पढ़ाई प्रथम श्रेणी में पूरी की उस समय की महाविद्यालय की प्रचलित परम्परा के अनुसार उस सत्र की सर्वोत्तम छात्रा के गौरवपूर्ण सम्मान में स्वर्णपदक प्राप्त हुआ। तत्कालीन प्रधानाचार्या श्रीमती प्रेमलता पालीवल जी जो अपने समय की मूर्धन्यविदुषी रहीं जिनका 'कनखल' हरिद्वार में सन्यास दीक्षा के उपरान्त 'प्रेमानंदगिरि' नाम हुआ उनकी सतत प्रेरणा और आशीर्वाद से लेखनी को सम्बल मिलता गया। वे माँ आनंदमयी आश्रम में निवास करके अपने स्वाध्याय में तल्लीन रहतीं थी और श्रीमद्भागवत के सप्ताह पारायण, रामचरितमानस के प्रवचन में देश, विदेश में प्रवास किया करतीं थी। माँ आनंदमयी आश्रम में माँ की कृपा और सत्संग से आध्यात्म, दर्शन, साहित्य, संगीत के विभिन्न सांस्कृतिक रंगारंग कार्यक्रमों की ओर रुझान दिनों दिन बढ़ने लगा। हिन्दी में एम. ए. की परीक्षा उत्तीर्ण की। एक संभ्रान्त परिवार में विवाह हुआ इनके पति सेवानिवृत्त पी.पी.एस. अधिकारी श्री रत्नेश चतुर्वेदी हैं जिनके उत्साह वर्धन से विवाह के उपरान्त भी लेखनी चलती रही जिसके फल स्वरूप प्रथम काव्यकृति 'वेणुनाद' सन् 1999 ईस्वी में प्रकाशित हुई जिस पर भारत के तत्कालीन प्रधानंत्री स्व॰ अटल बिहारी बाजपेयी जी और उत्तर प्रदेश के राज्यपाल स्व॰ श्री विष्णुकान्त शास्त्री जी द्वारा प्रशस्तिपत्र प्राप्त हुए। विभिन्न पत्रपत्रिकाओं में कविताऐं व लेख समय समय पर प्रकाशित होते रहते हैं। ये जानी मानी आकाशवाणी कलाकार हैं और कवि सम्मेलनों में भागीदारी है। आजकल स्वतंत्र लेखन में रत हैं।

"रंगाचार्य पं0 लोकेन्द्र नाथ कौशिक"
लेखक–समीक्षक–समालोचक–रंगकर्मी
श्री गोवर्धननाथ जी का मन्दिर
छत्ता बाजार मथुरा–281001
मो0–9411616194 8270760546

नाट्यभूषण
श्री लोकेन्द्र नाथ कौशिक 'रंगाचार्य'

प्राक्कथन

श्रीविद्या वह अचूक औषधि है जो इस भवबाधा के रोग को मिटा देती है। साधक इस अमृत का पानकर जीवन की सार्थकता पा लेता है। हमारे मन में अच्छी और बुरी सभी प्रकार की वृत्तियाँ हैं और हम पूरी तरह से स्वच्छन्द हैं जो भी काम हमको अच्छा लगे जिससे अधिक से अधिक सुख मिल सके वही करेंगे और करते भी हैं। उसी के अनुसार कर्मफल भी भोगना पड़ता है किन्तु यदि कोई भी व्यक्ति जो वास्तव में सुखी होना चाहता है तो केवलमात्र स्वयं को ही जानना अपने अन्तर्मन की सुव्यवस्था करना और आत्मबोध पाने का लक्ष्य ही सर्वोपरि धर्म सर्वोपरि तप और सर्वोपरि सुख है।

स्वयं आत्मदेव को एक राजा ही समझो एकछत्र साम्राज्य उसी का है फिर प्राण, मनइन्द्रिय आदि उसके सेवक हैं। यदि सेवक राजा की आज्ञा न मानें उद्दण्ड बनें निरंकुश हों तो दण्ड भी मिलता है। प्रकृति सभी को समान भाव से कर्मों के परिणाम देती है तभी राजकाज ठीक प्रकार चलपायेगा। आत्मसाक्षात्कार करानेवाली आत्मदेव की आराधना ही तो यह श्रीविद्या की साधना है। जिस महाशक्ति का गान हमारे पुराण कर रहे हैं स्वयं भगवान हयग्रीव के श्रीमुख से यह दिव्यसंवाद अगस्त्य मुनि को उपदेश देने के लिये हैं वे माँ ललिता जीवमात्र में हैं। मेरुदण्ड के तीर्थों में उन्हीं पराचैतन्यशक्ति का वास है जहाँ कुंडलिनी में स्थित सत्ताईस पद्मकोशिकाऐं एक राजतंत्र का कार्य करती हैं। इन पर शासन करने वाली एकमात्र महाशक्ति हैं। जिनमें साधक का तादात्म्य होता है।

हमारे कर्म चित्त की वृत्तियों से प्रेरित हैं। जब हम अपने में ही इस साधना का स्रोत पायेंगे तो हमारी चित्तवृत्तियाँ स्वयं ही संयत होने लगेंगी फिर चाहे वे पूर्वकर्मों की प्रेरणा से प्रेरित हो या बाहर की ओर आकर्षित हुए मन की चंचलता के कारण उच्छृंखल क्योंकि चित्तवृत्तियों पर कितनी इच्छा शक्ति नियन्त्रण कर पायेगी यह स्वतंत्रता जीव को मिली है यह तो सभी मानते हैं कि विवेक अविवेक ज्ञान अज्ञान, आत्मज्ञान या हठपूर्वक इन्द्रियासक्तिजन्य मूढ़ता उसकी अपनी इच्छा पर निर्भर है वह किस ओर जायेगा क्या करेगा कब करेगा क्यों और कैसे जीवन की दिशा बदलेगा आदि क्योंकि प्रत्येक व्यक्ति की आदतें, व्यवहार, सोच, रुचि, अरुचि भावनाऐं उसके कर्मों का ही फल है यही तो कर्मविपाक है फिर वे कर्म इस जन्म के हों या पूर्वजन्मों के संचित भोग, कर्मों की कार्य कारण की नियमबद्ध श्रृंखला ही कर्मबंधन है जो जन्मजात स्वभाव की आधारशिला ही होती है। कर्मानुसार ही उसे फल भी भोगने पड़ते हैं।

एक सबल अवलम्बन, माता के आँचल की शीतल छाया जो सभी तापों से बचा ले, जिस माता की उपासना ही गुरु की शिक्षा हैं जो हमारी प्रत्येक श्वाँस की साक्षी है भला उनसे क्या छिपा है! तो साधको! आओ इस साधना के सुगमपथ पर एक अबोधशिशु की तरह जो केवल माँ का हाथ थामना जानता है और कुछ भी नहीं जानता केवल अपनी माँ को पहचानता है अन्य किसी को भी नहीं जानता माँ कहाँ ले जायेंगी कैसे चलायेंगी कहाँ जाना है उसे कुछ नहीं पता मै केवल माँ के सहारे इस रास्ते पर चल पा रहा हूँ अरे यही विश्वास ही तो उनकी पूजा है जो सब सुखों की कुन्जी बन जाता है। श्रीविद्या का साधनापथ उसे उस परमआश्रय की छाया में ले जाता है जहाँ अभय का अमोघ वरदान पाकर मृत्यु का भय भी मिट जाता है।

उन अपरिमिताआद्या भवानी के श्री चरणों में मेरी यही भावांजलि है–

पुष्प तुम ही हो सुरभिमय वात हो,
खिल उठें पंखुड़ी अभिनव प्रात हो।
हैं तुम्हारे ही सुमन अर्पित तुम्हें,
विनत हूँ माते! प्रफुल्लित गात हो।

रत्नेश चतुर्वेदी
पी. पी.एस.
वरिष्ठ पुलिस उपाधीक्षक(से.नि.)

भूमिका

श्रीविद्या रत्नाकर को कौन मथता,
यदि न स्वयं हयग्रीव बन जाते वक्ता।
पात्रता अगस्त्य सी सोखें जलधि को,
साधुसाधुसुकृतिनिधि,कविकह न थकता।

ललिता सहस्त्रनाम महर्षि वेदव्यास रचित ब्रह्माण्ड पुराण का अंश है। इस पुराण में महर्षि व्यासजी ने तंत्र को अत्यधिक महत्व दिया है ललिता सहस्त्रनाम के पूर्व भाग, नामावली तथा फलश्रुति में अनेक बार श्रीविद्या और श्रीचक्र का उल्लेख किया है ब्रह्माण्ड पुराण के उत्तरखंड में विष्णु के अवतार भगवान हयग्रीव महामुनि अगस्त्य को इसका उपदेश देते है यहाँ इसका संवाद रूप में विवेचन मिलता है। 'ललितोपाख्यान' के रूप में इसका वर्णन है। इसमें कुल मिलाकर तीन सौ बीस श्लोक हैं। इसमें तनिक भी सन्देह नहीं है कि यह श्रीविद्या का मुख्य स्रोत है। मंत्र, तंत्र और यंत्र का समवेत रूप में मणिकाँचन योग है जिसमें देवी के जो नाम आये हैं उनमें अधिकांश चक्रराज की अधिष्ठात्रि देवियों के नाम हैं। गूढ़ संकेतों के द्वारा मेरुदंड के तीर्थ रूप षट्चक्रों और पद्मदलों का वर्णन है जो मनुष्य को प्रकृति का श्रेष्ठतम प्राणी सिद्ध करते हैं जिनके जाग्रत होने पर मनुष्य देवअमृत को भी तुच्छ करता हुआ मृत्यु के भय को भी हराकर अमर दुर्लभ पूर्णता का पथ पा सकता है। भगवती कुंडलिनी में, चक्र में, नाड़ियों में, भाव में, शरीर की सातों धातुओं में, प्राणऊर्जा में, जड़चेतन मेंसर्वत्र विराज रहीं हैं प्रत्येक श्वाँस में 'सोऽहं' का आभास है हं और सः श्वाँस प्रश्वाँस में प्रत्येक को आभासित होता रहता है कान बन्द करने पर जो ध्वनि गूँज रही है वही तो कुडलिनी की सिंह गर्जना है जो जीवन का संकेत दे रही है। अस्तु परम्बा का रूप ब्रह्माण्ड में श्रीचक्र में और प्राणियों के शरीर में समान रूप से है। पंचप्रेतासनासीना में सर्वोपरि सत्ता शक्ति की ही है। यह अन्तर्मुखी साधक की आराधना है एकान्त की साधना है बाहरी चित्तवृत्ति वालों के लिये तो यह मार्ग सर्वथा असम्भव ही है। दुर्गाशती में देवी के शत नाम बताये गये हैं वे प्रायः सभी सहस्त्र नाम में आ जाते हैं यदि इन स्तोत्रोंका सूक्ष्म अध्ययन करें तो यही निष्कर्ष निकलता है कि वे किसी न किसी प्रकार श्रीविद्या से सम्बन्धित हैं भगवती के सभी स्तोत्र श्रीविद्या के गूढ़रहस्य और ज्ञान से परिपूर्ण है। श्रीविद्या का ज्ञान पौराणिककाल से भी पूर्व का है सनत्कुमार, नारद, दधीचि, दुर्वासा ऋषि, महर्षि अगस्त्य व उनकी धर्मपत्नि लोपामुद्रा, इन्द्र, चन्द्रमा, मनु, कामदेव आदि उपासक रहे हैं ब्रह्मा विष्णु, शिव रुद्र ईश और सदाशिव भी जिनके बिना शक्तिहीन हैं वे परम्बा ही सबकी गुरु है। किंवा भवानी की साधना में जितना भी कहा जाये कम ही है। केवल इतना ही सारभूत सत्य है—

मामर्चयतु वा न वा विद्यां जपतु वा नवा।
कीर्तयेन्नामसाहस्त्रमिदं मत्प्रीतये सदा।।

ललिता सहस्त्रनाम मूलरूप में कई स्थानों में प्रकाशित हुआ है। जॉन (एवलोन) ने मांत्रिक ग्रंथों के विवेचन में इसका अनेक स्थानों पर उल्लेख किया है। अँग्रजी में इसका भाष्य

श्री आर.अनन्तकृष्ण शास्त्री ने लिखा है। महान मनीषी भास्करराय (इन्हीं का दीक्षा का नाम भासुरानंदनाथ है) प्रणीत सौभाग्यभास्कर ही वस्तुतः सभी भाष्यों का आधार है जिसका रचनाकाल ईस्वी सन् 1690 से 1785 तक माना गया है। अन्य अनेकों विद्वानों के भाष्य भी हैं जिनकी पांडुलिपि उपलब्ध नहीं हैं वे विद्यारण्यमुनीश्वर, विमर्शानंदनाथ और भट्टनारायण हैं।

मथुरा की श्री विद्यापीठ के इतिहास प्रसंग में श्री कामराज दीक्षित का नाम अत्यंत प्रसिद्ध है। वे अपने युग के महान साधक थे। उन्होंने हरिद्वार में नीलधारा के पास शिव मंदिर बनवाया था तथा चंडी मंदिर का पुनरुद्धार करवाया था। उन्होंने 'आनंदविनोद' तथा अन्य अनेक तंत्र ग्रन्थों की रचना की थी। हरिद्वार में उनसे भेंट होने का उल्लेख आर्यसमाज के प्रवर्तक स्वामी दयानंदजी ने भी किया है। कहा जाता है कि नानासाहब पेशवा ही सन्यास लेने के बाद कामराज दीक्षित नाम से विख्यात हुए थे। ये वही नानासाहब हैं जो झाँसी की रानी लक्ष्मीबाई के मुँह बोले भाई थे सुप्रसिद्ध कवियत्री सुभद्राकुमारी चौहान की लोक प्रसिद्ध कविता में इसका उल्लेख है।

बुन्देले हरबोलों के मुँह हमने सुनी कहानी थी

खूब लड़ी मर्दानी वह तो झाँसीवाली रानी थी

कानपुर के नाना की मुँह बोली बहन छबीली थी

लक्ष्मीबाई नाम पिता की वह सन्तान अकेली थी

नानाकेसंग खेली थी वह नाना के संग पढ़ती थी

बरछी ढाल कृपाणकटारी उसकी सखी सहेली थी

सत्यानंद स्वामी आपके दीक्षागुरू थे, जिसका उल्लेख उनके द्वारा रचित नीराजन में है। जीवन के अन्तिम समय में वे मथुरा पधारे थे और बदरी दत्त जी महाराज के पूर्वजों को श्रीयन्त्र और पूजापद्धति प्रदान करके उन्होंने मथुरा की श्रीपीठ का प्रवर्तन किया था। यह श्रीयन्त्र दिव्य और दुर्लभ है अनेकानेक शंकराचार्यों ने और स्वामी करपात्रीजी महाराज ने इस यन्त्रराज के दर्शन कर स्वयं को धन्य माना है जिसकी पूजा अर्चना आज भी विधि विधान पूर्वक होती है।

'सौभाग्योदय टीका' स्वर्गीय पण्डित हरिहर शास्त्री जी ने लिखी हैं वे मथुरा के प्रसिद्ध विद्वान और श्रीविद्या के साधक थे भारत के पूर्व राष्ट्रपति स्व. शंकर दयालशर्मा ने उनको इस ग्रन्थ के विमोचन पर राष्ट्रपति भवन में सम्मानित किया। विश्वसिद्ध यमुनाजी धर्मराज मन्दिर जो विश्राम घाट मथुरा में है वहाँ श्रीकामराज दीक्षित जी के द्वारा दिया गया श्रीचक्र विराजमान है जिसकी आराधना विधि विधान पूर्वक होती है। 1008 श्री बदरीदत्तजी महाराज इनके दीक्षा गुरू थे। श्री हरिहर जी ने यहीं से अपनी श्रीविद्या की उपासना प्रारम्भ की थी। इनकी मुझ पर विशेष स्नेह और अनुकम्पा रही हैं। इन्होंने मेरा उत्साह बढ़ाया और लिखने के लिये सतत प्रेरणा दी। ऐसे महान मनीषी की मैं वन्दना करती हूँ।

केवल उत्तर भारत ही नहीं अपितु दक्षिण भारत भी श्रीविद्या का गढ़ माना जाता है। जो पूरे विश्व में इस दिव्य ज्ञान का प्रकाश फैला रहा है। धन्य है हमारी देवदुर्लभ भारत भूमि और इसकी संस्कृति जिसके अनमोल रत्नों की धौत धवल कांति कलिकल्मष को मिटाने वाली है। अस्तु, मैं परांबा के श्री चरणों में अपने भावसुमन अर्पित करते हुए उनकी अहैतुकी कृपा पाने की कामना करती हूँ

10

गुनगान करत ही जीवत हूँ,बरु प्रानतजें तन गीतन गाते
प्यास बुझै छविरूप निहारत और भूख मिटै भावफलखाते
लैनौ न दैनौ न रहनौ कहूँ एकहि ठौर है आवत जाते
साँसनमें सुरति सुगंध बसै छविरूपसुधारस सों न अघाते
छप्पर फारि कें देत रहींमाँगहुँ यै ही भिखारी के नाते
बिसरै तनमन कौ आपौ जहाँ करिदेउ कृपामोहि अपनाते
जमफंद की फाँस ठिठोली करै हार थकै न कहूँ पै पाते
भगतन की पदधूलि परै मोपर जहाँ जनमहुँ मैं पुनि माते

भगवती के भक्तों और सुविज्ञ पाठकों का अभिनंदन करते हुए मेरी यही मंगल कामना है कि शब्द अर्थ के मणिकांचन से युक्त छन्दों का श्रृंगार व रसमाधुर्य की अपूर्व सुगन्ध से अभिलषित यह माँ की वाङमयी मूर्ति आप सभी पर अपनी अहैतुकी कृपा का अमृत बरसाये।

चिरसौरभ कौ लास्य अपरिमित पायौ तैसे।
विकसित होवें पुष्प पाय मधुरितु कों जैसे,
शब्द अर्थकी रसमाधुरि चिन्मयि सी थिरकै,
अभिनव यह वरदान अहो! कहि पाऊँ कैसे!

आशा चतुर्वेदी

श्रीर्जयति

श्रीविद्या महात्रिपुरसुन्दरी ललिता के सहस्रनाम के ललिता-लालित्य नामक इस पद्यात्मक-भाष्य की कहानी का प्रत्यक्ष गवाह हूँ !

कवयित्री श्रीमती आशा रमेश चतुर्वेदी की काव्य-प्रतिभा से तो मैं बहुत पहले से ही परिचित हो चुका था । उनकी कविताएं बहुत सी पत्र-पत्रिकाओं में प्रकाशित हो चुकी थीं, एक कविता-संग्रह भी प्रकाशित हो चुका है, लेकिन उनकी धुन को देख कर तो मुझे कई बार हैरानी भी हुई । ललिता-सहस्रनाम कोई सामान्य ग्रन्थ तो है नहीं , कहने को तो ये भगवती के नाम हैं , किन्तु क्या केवल नाम ही हैं ?

भारत के तत्त्वचिन्तन की परम्परा में कभी सूत्रग्रन्थ लिखे गये तो कभी भाष्य किये गये । टीकाएं लिखी गयीं, कभी उनको गीता जैसा रूप मिला तो कभी वह तत्त्वचिन्तन उपनिषद के रूप में प्रकट हुआ! सहस्रनाम भी तत्त्वचिन्तन की उसी परम्परा का एक रूप है ।

सचाई तो यह है कि ललितासहस्रनाम में हमको भारत की उपासनाओं का इतिहास दिख सकता है । योगदर्शन है, तो कुंडलिनी और षट्चक्र को लेकर कितने ही सूत्र ललितासहस्रनाम में यत्र-तत्र बिखरे हुए हैं, इतना ही नहीं याकिनी साकिनी आदि योगिनियों की परंपरा भी वहाँ है । अब आप वाक् को देखें तो परा पश्यन्ती मध्यमा वैखरी का इतना विस्तार है ! अब आप वर्ण, प्रकाश या आभा को लें तो कहीं सिन्दूरारुणी आभा है तो कहीं तडिल्लता समरुचि: हैं। अद्वैत-दर्शन तो मानो ललितासहस्रनाम का आधारभूत तत्त्वबोध है । संपूर्णता का सिद्धान्त ललितासहस्रनाम की गहराइयों में पैठा हुआ है । शिवाशिव की रह:केलि के इतने सम्मोहक चित्र हैं! ललिता कामेश्वरी है , राज्य तो ललिता का ही है, काम वहाँ चाकर है । ललित शब्द ही रति का वाचक है, ललितं रति चेष्टितम्। सृष्टि के आविर्भाव और तिरोभाव के सिद्धान्त हैं, ऐसे अद्भुत बिंब ललितासहस्रनाम में हैं महातांडवसाक्षिणी। ललितासहस्रनाम में वैष्णव-सिद्धान्त भी हैं और बौद्ध-सिद्धान्त भी हैं। शिवशक्त्यैक-रूपिणी हैं तो शैव-सिद्धान्त की पीठिका ललितासहस्रनाम में है ही । वैदिक-सिद्धान्त हैं तो आगम भी ललितासहस्रनाम में उपस्थित हैं ही ।

मेरे पूज्य पिताजी श्री हरिहरशास्त्री चतुर्वेदी श्रीविद्या के उपासक थे और उन्होंने ललितासहस्रनाम की एक टीका लिखी थी । श्रीमती आशा रमेश उनको प्रणाम करने के लिये घर पर आया ही करती थीं । एक दिन उन्होंने श्रीमती आशा को वह ग्रन्थ दे कर कहा कि इसको लेकर भी कुछ लिखना! उनका आशय तो यही था कि जितने नाम आपको हृदयंगम हो सकें , वे लिखना लेकिन अब यह इनकी धुन की बात है कि समूचे ललितासहस्रनाम को लेकर ही इन्होंने इतना विशालकाय ग्रन्थ लिख डाला ।

इस ग्रन्थ पर भूमिका तो पिताजी को ही लिखनी थी किन्तु अब वे तो मणिद्वीपाकार हो चुके हैं । मैं तो इस ग्रन्थ का अभिनन्दन ही कर सकता हूँ ! अभिनन्दन कर रहा हूँ ।

राजेंद्ररंजन चतुर्वेदी

श्री मलूक पीठ सेवा संस्थान न्यास, वृन्दावन

श्री मलूक पीठ, वंशीवट, वृन्दावन (मथुरा) 281121

अध्यक्ष:
जगद्गुरू द्वाराचार्य, मलूक पीठाधीश्वर
श्री राजेन्द्रदास देवाचार्य जी महाराज

फोन: 0565-6454808

|| श्री हरिः शरणम् ||

दिनांक

प्रचोदिता येन पुरा सरस्वती भक्तवाञ्छार्थस्वर्तो रघोतां हृदि ।
स्वलक्षणा प्रादुष्कृति कास्यते समेत्कषिणा प्रभः प्रसीदवाम् ।।
सौदर्मकृषीष्ट भगवान वच्चांसि ये ।।

 भगवत्संकल्प से ही भगवती वाग्देवता सरस्वती किसी आख्यायिनी के हृदयांगन में तत्पर करती हैं । भक्त हृदय से जब भगवद् भागवत्चरित्र ग्रंथाकार से प्रकट होता है तो सरस्वती भी अपने को धन्यातिधन्य मानकर कृति को आशीर्वाद प्रदान करती है ।
जेहि पर कृपा करहिं जन जानी । कवि उर अजिर नचावहिं वानी ।। (श्रीरामचरितमानस)
ऐसी भगवत्कृपास्वरूप समुद्भूता स्वनाम धन्या भक्तिमती सुसंस्कृतज्ञा विदुषी श्रीमती आशा चतुर्वेदी जी हैं । जिनके द्वारा भगवान ने राजराजेश्वरी पराम्बा भगवती त्रिपुरसुन्दरी श्रीमहाविद्या की उपासना का प्रधान अङ्ग श्री ललिता सहस्रनाम पर श्री भास्करयाचार्य के भाष्य का आश्रय लेकर पद्यात्मक काव्य "श्री ललिता भालित्य" को प्रकट कराकर सार्थक जगत का महान हित सम्पादित किया है । चित्रकेट्स्थ श्री मद्भगवतोपासक पं. श्रीवसन्त शास्त्री जी के माध्यम से प्रेस कॉपी के स्पर्श का सौभाग्य मिला । श्री ललिता सहस्रनाम के प्रत्येक नाम की अत्यन्त सरल सारगर्भित पद्यात्मक व्याख्या को- सुधी उपासकजन निश्चित पढ़कर परमाह्लाद प्राप्त करेंगे । भुक्ति के सहित मुक्ति की विधात्री-प्रदात्री भगवती ललिताम्बा लेखिका तथा पाठकों को भुक्ति-मुक्ति प्रदान कर कृतार्थ करेंगी ।

भवदीय-

राजेन्द्र दास

शरदपूर्णिमा रवि सं० २०५६

Painting by Gunjan Chaturvedi

अथ ध्यानम्

सस्मितमुख करुणार्द्रनयन वत्सलमहतारी।
रक्तोत्पल सी विभा रत्नचषक कर धारी।।
शोभितशुभ्रकिरीटबन्यौ शशिविमल तिहारी।
उन्मीलित त्रिनयन नवोरुण छवि निहारी।।
खिलत पद्मपुटभक्ति के, धरतध्यान उर साधिकें।
सौम्य सुधा प्रफुलित वदन, श्री अम्बे आराधिकें।।

1

श्रीमाता

अथ श्रीमत्ललितासहस्त्रनामावली

श्रीमाता श्रीमहाराज्ञी श्रीमत् सिंहासनेश्वरी।
चिदग्निकुण्ड–संभूता देवकार्य–समुद्यता।। 1 ।।

ब्रह्माण्ड को रचने वाली महाशक्ति जो सबमें समान रूप से व्याप्त हैं वे श्रीमाता ही हैं। वे ही उमा रमा और वाणी के रूप में देवों द्वारा वन्दित हैं। वे ही महामाया आदिशक्ति हैं सबकी माता हैं जिस प्रकार माँ जन्म देती है पालन करती है उसी प्रकार वे पूरे संसार की जननी हैं। उनके स्मरणमात्र से ही त्रिविधतापों का निवारण सम्भव है।

प्रणव स्वरूपा श्री सदा, श्री ही साँचौ श्रेय।
जो जननी तिहुँलोक की, जगतारनी अमेय।।
लिये युगन अवतारबहु, ब्रह्मजगत की जोत।
राम कृष्ण शिवरूप सों, नाम अनेकन होत।।
रचै निजेच्छा सों नये, कोटि कोटि ब्रह्माण्ड।
तस माया आधीन सब, नरतनअनुपमभाण्ड।।
परा शक्ति त्रिभुवनमयी, त्रिपुर सुन्दरी रूप।
रविमण्डलगायत्रि नित, दीपितदीप्तिस्वरूप।।
श्रीधर के श्रीवक्ष में, जो श्रीवत्स अनूप।
श्री निवास श्री सों भये, दोनों दिव्य सरूप।।
हंसासनि वागीश्वरी, पद्मासनि श्री रूप।
दुर्ग केहरि हिनी, तीनहु एक सरूप।।
रविसोंकिरन न भिन्नज्यों, सुमनसुगन्धनभेद।
ब्रह्मबोध'श्री'बोध है, कहिकहि थकें न वेद।।
रहीं मध्य श्री चक्र में, परा भवानि स्वरूप।
दहिने परापरा तहाँ, बाँये अपरा रूप।।
ऊर्ध्व परातीता महत्, परम ज्योतिमय आप।
श्रीविद्या कौ ध्यान नित, हरैत्रिविध भवताप।।

2

श्रीमहाराज्ञी

वे महाराज्ञी सब पर शासन करतीं हैं। अनेकों देव और देवियाँ उन्हीं की आधीनता में रहते हैं। हरिप्रिया लक्ष्मी जी और शारदा उन्हीं की शक्ति हैं। वे करुणामयी माँ सबकी पीड़ा हरने वाली और भवबाधा को दूर करनेवाली हैं।

पारब्रह्म परमेश्वरी, शोभा निधि आगार।
शिवकी मानमयी प्रिया, हैं सबकी आधार।।
विष्णुप्रिया वागेश्वरी, शक्ति समाई एक।
'श्री'त्रिभुवन की कान्तिहै, धारतरूपअनेक।।
'श्री'छाया कौ आसरौ, पावत है तिहुँ लोक।
शिववामांग विराजतीं, हरें व्याधि भवशोक।।
सकलभुवनकी स्वामिनि, श्रीकरुणाकीखान।
वरदे!कृपाकटाक्ष सों, हरौपीर मन ग्लानि।।

3

श्रीमत्सिंहासनेश्वरी

सर्वोपरि सिंहासन श्री माँ का ही हैं सभी देवता जिनका सन्मान करके वन्दन करते हैं वे सिंहवाहिनी करोड़ों ब्रह्माण्डों को बनाने वाली हैं। जिनके ध्यान से भयभीत भी भयमुक्त हो जाता है। उनके भक्त सिंह के समान निर्भय बनते हैं ऐसे ही भक्तों के हृदय कमल का आसन वे ग्रहण करने वाली हैं। भवानी भक्तों को छोड़ कर कहीं भी अन्यत्र नहीं जातीं।

अधीश्वरी तिहुँलोक की, सिंहासन आसीन।
सिंहवाहिनी रहत हैं, भगतन हृदय प्रवीन।।
नमन करें सबदेव नित, सर्वेश्वरि सन्मान।
तिनपर हू शासनकरहिं, एकविधात्रिमहान।।
कोटिकोटि ब्रह्माण्ड की, एकनियन्ता आप।
सिंहासन सर्वोपरी, ताकौ भव्य प्रताप।।
भीरु बनें शार्दूल, धरत ध्यान जाकौ सदा।
तासु हृदय के मूल, आप विराजत सर्वदा।।

4

चिदग्निकुंडसम्भूता

जो चिदग्निकुंड से प्रकट होतीं हैं 'चिति' विशुद्ध ज्ञान को कहा गया है और अग्नि भगवती का स्थूल स्वरूप है। चितिशक्ति ही सबकी कारण है उसके बिना देश काल का कोई अस्तित्व ही नहीं। जैसे दर्पण के बिना प्रतिबिम्ब और मिट्टी के बिना घड़े आदि के निर्माण सर्वथा असम्भव है उसी प्रकार चैतन्य के बिना जीवन की कल्पना भी नहीं की जा सकती। वे ही हृदयाकाश में हैं और वे ही प्राणों में समाई हुई हैं।

दर्पण बिन प्रतिबिम्बनहिं, बिन माटी नहिं पात्र।
त्यों चितिशक्ति बिना नहीं देशकालगत गात्र।।
चिति सों ही सम्पूर्ण जग, पावत ज्ञान प्रकाश।
चन्मयि वेदी प्राण की, घट में दहराकाश।।
ज्वलित जोत ही मात कौ, मूर्तिमान है रूप।
पावत ऊर्जा प्राण नव, ताकौ भव्य सरूप।।
प्रकटत जग की चेतना, शक्तिपुंज के स्रोत।
ज्योतिरूपश्रीशक्तितहँ, अहनिशि जगमग होत।।
सबघट रहत प्रकाश, आत्मजोति की ओप सों।
धन्य हृदयआकाश, प्रभा प्रखर ता महँ लखी।।

5

देवकार्यसमुद्यता

देवताओं के कार्य को करने के लिये वे सदैव तत्पर रहतीं हैं। गूढ़ार्थ में यह भी भाव हो सकता है जहाँ दैवीय गुणों के कारण सद्पात्रता हो, आसुरी भाव का सर्वथा अभाव हो वहाँ ही आप सदा सहायता हेतु तत्पर रहतीं हैं। अनेकों अवतारों में भूभार को मिटाने के लिये ईश शक्ति अवतरित होती रहीं हैं। भक्तों के हृदय में भी दैवीय गुणों की अवधारणा और आसुरी वृत्ति का हनन भवानी की कृपा से ही संभव हो पाता हैं।

धरें रूप जुगजुगन अनेका। गहें साधुजन चरननटेका।।
रूप अनेक नाम गुन न्यारे। मत्स्य कूर्म वाराह उचारे।।
फारै खंभ करै जन त्राना। समरथ सदा एक भगवाना।।
कृष्णराम हरि विधि भवभेषा। हनुमत नारद शारद शेषा।।

समरथ कोउ न गिनगिनहारे। ज्यों अगनित ब्रह्माण्डनतारे।।
कनकनरमत सकल जगभासै। लीलामयि सबठौर प्रकासै।।
अतिप्रिय साधुसुचित मनमाहीं। सधें मनोरथ चरनन पाहीं।।
हरें आसुरी वृत्ति नेका। देत अभय चरनन की टेका।।

धराधाम पर होत जब, सगुण ब्रह्म अवतार।
पराशक्ति ही बनत तब, लीलामयि आधार।।
करुणामयी उदारचित, करत लोक कल्यान।
आर्तबचन सुनभगतके, रखत भगतिकौमान।।
दण्डदेंय दुष्कृतिन कों, साधुजनन कों त्राण।
देवकाज सब सधत हैं, पावत मुनि निर्वाण।।

करै सुचेत अमलमनरासी। हृदयसदन जिन नित्यउपासी।।
भजौ सरलचित एक उपाऊ। होत रंक मन छन में राऊ।।
सरलशान्तचित विनयप्रवीना। देवरूप जिनमति नहिंहीना।।
तिनके सिद्ध मनोरथ साँचे। जे नहिं कतहु प्रपंचन राँचे।।
कर्म शुद्धमति बुद्ध सदा सों। प्रज्ञाबल अतिज्ञान प्रदा सो।।
चरनशरन अतिउज्ज्वलभावा। तिन्हहिं नहोवै कतहुअभावा।।
भाव निधी बिन कछू न संचै। साधै एक अन्य सब बंचै।।
तत्छन मिटै चित्त की ग्लानी। होवै कबहु न भगतनहानी।।

श्रीइच्छा आधीन नित, धन्य सुजीवन आप।
दिव्यभावगुन प्रकट तहँ, पूरन भक्तिप्रताप।।
कारज सधें सुपात्र के, मिटें आसुरी भाव।
सरितमध्यज्यांतरत है, छिद्ररहित ही नाव।।

उद्यद्भानु-सहस्त्राभा चतुर्बाहु-समन्विता।
रागस्वरूप पाशाद्या, क्रोधकारांकुशोज्ज्वला।। 2 ।।

6

उद्यद्भानुसहस्त्राभा

भोर की पहली किरन के समान जिनकी सुन्दर कांति भक्तों के चित्त को नवीन उल्लास भरे उत्साह से भर देती है। जिनके प्रकाशपुंज के अंशमात्र से सूर्य तीनों लोकों में तेज

राशि फैलाते है उनकी मूर्ति का ही प्रतिबिम्ब हृदय में समाकर नई चेतना से निहाल कर रहा है।

प्रखरप्रभा नवअरुण सी, सहसभानु की जोत।

एकअंश गहि रवि दिपै, त्रिभुवनदीपित होत।।

स्वयंप्रभा भासित लखी, ललछौहीं सी लाल।

उज्ज्वलताप्रतिबिम्बउर, निरखतभगतनिहाल।।

7

चतुर्बाहुसमन्विता

माँ की चार भुजाऐं हैं जिनमें पाश अंकुश ईख का धनुष और बाण (पाँच फूलों के शर) सुशोभित हैं। (शाक्त सम्प्रदायकी भावनाओं के अनुसार चतुष्पात् की चारों अवस्थाऐं माता की चारभुजाऐं मानी गई हैं। जागना, सोना, गहरीनींद ये तीनों बन्धनकारी यानी देहाध्यासमयी अवस्थाऐं हैं जिन्हें वे अपने इक्षुचाप, पुष्पबाण एवं पाश सरीखे आयुधों से दूर करतीं हैं।)

जाग्रत स्वप्न सुषुप्ति अरु, रही तुरीया साथ।

चार अवस्था मात के, जानहु चारौ हाथ।।

पाशांकुश धनु इक्षु कौ, पुहुप बाण लै हाथ।

नमहुँ चतुर्भुज रूप कों, हेरत करहु सनाथ।।

8

रागस्वरूपपाशाढ्या

मोह की जड़ता रागपाश से मन को जकड़ लेती है। भवानी के ऊपर के बाँये हाथ में पाश हैं जिनसे वे भक्तों के रागासक्त मन को दृढ़ बंधन में बाँधे रखतीं हैं। संसार के पाश से बाँधने पर जीव सांसारिक बंधनों में बँध जाता है किन्तु माता के पाश से बँधने पर मुमुक्षु बनकर विदेहगति को पा लेता है फिर उसे कभी जड़ता अपने पाशमें जकड़ नहीं सकती। मदमस्त हाथी को महावत जिस प्रकार अंकुश से वश में कर लेता है उसी प्रकार आप अपने भक्तों के मन को अंकुश से अनुशासित करतीं हैं।

हानिग्लानिभयशोकजुगुप्सा, मानझान कौ कुलपतियारौ।

देहगेह कौ भेद करै मन मूढ़ नयन जोतिन अँधियारौ।।

द्वेष दम्भ अनुराग राग सब, मोह न छाँड़ै चित्त हमारौ।

हूले बिना पाशअंकुश सों, गजगति पावत नाँहिबिचारौ।।

9

क्रोधाकारांकुशोज्ज्वला

जिस प्रकार मदमस्त हाथी सबको रौंदते हुए चलता है उसी प्रकार क्रोधी व्यक्ति अपना आपा खोने से बड़े से बड़ा पाप कर बैठता है। माँ के दाहिने हाथ में अंकुश है महावत जैसे हाथी पर अंकुश का प्रहार करके वश में करता है उसी प्रकार वे भी अपने भक्तों को अंकुश द्वारा अपने वश में रखतीं हैं।

गजसमजब पथसोंडिगत, दौरिपकरितबहाथ।

पलटचलावै गैल में, करि अंकुश कौ साथ।।

अंकुश एक विवेक कौ, राखै स्ववश बनाय।

भटकै न पथभ्रष्ट ह्वै, अनत कहूँनहिंजाय।।

गज अंकुशवश ही चलै, तिनकौतनअतिथूल।

चलत चलाये पै सजग, करैं न नैंकहु भूल।।

करगहि अंकुश कोपसों, वशकरिलेंय सुजान।

भटकै नहिं पथभ्रष्ट बन, मात गैल पहचान।।

मनोरूपेक्षु—कोदण्डा पन्चतन्मात्र—सायका।

निजारुणप्रभापूर—मज्ज्द्ब्रह्माण्ड—मण्डला।। 3 ।।

10

मनोरूपेक्षुकोदण्डा

गन्ने का धनुष आपके दाहिनी ओर के नीचे के हाथ में है। गन्ने की बड़ीबड़ी पत्तियाँ जिस प्रकार चारों ओर झूम झूम कर हिलती रहती हैं कभी स्थिर हो ही नहीं पातीं वैसे ही चंचल मन संकल्प विकल्पों से पल पल चलायमान ही रहता है। अपने साधक को अनुशासित करने के लिये अम्बे मन के प्रतीक रूप इख छाँ धनुष धारण किये हुए हैं।

प्रत्यंचा चढ़ जाने पर धनुष झुकेगा ही तब अहं भाव अपने इष्ट के चरणों में समर्पित हो कर दूर हो जायेगा मन की चंचलता मिटने पर ही साधना सम्भव हो पायेगी।

चारों दिशि फहरात हैं, अहो ईख के पात।
तैसी ही मन की गती, अष्ट पहर दिनरात।।
सुखदुख के कारण नहीं, ग्रहगतपीड़ा काल।
बन्ध मोख कौ मूल मन, रहत सदा बेहाल।।
मन के सर बेधत रहें, पंच बान दें त्रास।
क्रोधअसूयादम्भदुख, करत हृदय कौ नास।।
संयम प्रत्यंचा चढ़त, खिचत धनुष की डोर।
सर्वसमर्पण साधकी, हानि न ता दिशिओर।।
विषयनविषव्याधी महा, रहै तहाँ मन खिन्न।
जब छूटें परपंच सब, पावत प्रेम अभिन्न।।
अम्बे मम हिय में जमें, ईख धनुष की मूल।
जब जब प्रत्यंचा चढ़ै, मिलै चरनरज धूल।।
देउ मात अवलम्ब अब, पदरजमनअतिगोय।
ईख दण्डवत् मन झुकै, आपनआपा खोय।।

11

पंचतन्मात्रसायका

माँ के दाहिनी ओर के ऊपर के हाथ में सूर्यविकासी कमल, कैरव, चन्द्रविकासी कुमुद, कल्हार (लालकमल) इन्दीवर (नीलकमल) और आम केबौर (आम्रमन्जरी) इन पाँच फूलों के पाँच बाण हैं। ये ही मारण, मोहन, उच्चाटन, वशीकरण और स्तम्भन के भी प्रतीक हैं। हाँ यह स्पष्टी करण आवश्यक है कि माता अपने भक्त को अपनाने के लिये ही इन्हें धारण करती हैं। 1—मारण (भाण्डासुर को मारतीं हैं जो देहाध्यास का प्रतीक है सांसारिक लोग काल के वश होकर मरते हैं) 2—मोहन (अपने गुणों और स्वरूप से भक्त का चित्त मोहित करतीं हैं जबकि सांसारिक लोग काम मोहित बनते हैं कामदेव के पास ही मोहनास्त्र है) 3—उच्चाटन भक्त के चित्त से सभी प्रकार के विक्षेपों को मिटा देतीं हैं साधारण जीवों को त्रिविध ताप उच्चाटन कर जीवन भर विकलता देते हैं।) 4—वशीकरण (भक्त का मन तो माँ की मूर्ति के ध्यान के ही वश में होता हैं अन्य विमूढ़ों को माता की माया अपने वशमें कर लेतीहै।) 5—स्तम्भन जिसमें माता भाण्डासुर (देहाभिमान) की अविद्या आदि का और संग्राम में असुरों का स्तम्भन करतीं हैं इसके बिपरीत भजन विमुख पराधीन प्राणियों को तो संसार की अनेकानेक बाधाएं पगपग पर स्तम्भित करती ही रहती हैं।) ये पाँचौ बाण पंचतन्मात्राओं के भी परिचायक हैं जिनसे चराचर विश्व बना है।

कमलकुमुदकल्हार, आम्रमन्जरि कर राँचौ।
नीलेन्दीवर पुहुप शरासन में मिलि पाँचौ।।
बने सुमन के पाँच बान जो कर में सोहैं।
करअनुशासनसकलसृष्टिकौ वशकरिमोहैं।।
सर्व विमोहन धनुष सर्वजृम्भण सर जाके।
सबविधि वश में होंय जीचसचराचरताके।।
शब्द रूप रस गन्ध और स्पर्श सृष्टि के।
मूलतत्व समवेत अखिल ब्रह्माण्ड समाये।।
लक्ष्यभेद सायकसर ये ही शोभित कर में।
मानहु बने प्रसून बान सब जग में छाये।।
जेजे तत्व रचेविधि नें सब जगमें व्यापक।
तेते सबही साधन बन साधक मन पाये।।
अजपाजप की गहननाद श्रवनन में गूँजै।
करतचरन कौ परससुछविनयननहिंसमाये।।
रूपराशिदृगबसत गन्धसुरभित बन प्रसरत।
रसरसनाकौस्वादु चखै नित मन उमगाये।।
निराकार कौ रूप अखिल सचराचर प्रानी।
वही बनै साकार भक्तिमय दृग अन्हवाये।।

12

निजारुणप्रभापूर—मज्जद्ब्रह्माण्डमण्डला

नवीन सूर्योदय के समान गुलाबी आभा से मानों सारा ब्रह्माण्डमण्डल प्रभापूर्ण हो गया है।

अरुणाभा प्राचीप्रभा, जगमगात जग जोत।
रश्मिपुंजमाणिक्यमयि, ललछौंहीं सी होत।।
अरुणबिम्ब सम नितदिपै, आभाकौविस्तार।
चौदहभुवनन स्वामिनी, निजानंदबलिहार।।

चम्पकाशोकपुन्नाग सौगन्धिकलसत्कचा।
कुरुविन्दमणिश्रेणी—कनत्कोटीरमण्डिता।। 4 ।।

13

चम्पकाशोकपुन्नाग सौगन्धिक–लसत्कचा

भगवती के केशों की सुगन्ध से ही वसुधा के सभी फूल सुगन्ध युक्त हैं साधारण नारियों के केशही फूलों से सुवासित होते हैं किन्तु आपके दिव्य श्री विग्रह से तो पूरी प्रकृति ही शोभा व सुगन्ध का वरदान लिये हुए है। आपकी वेणी में पुन्नाग (केशर, बकुल, मौलश्री) चम्पक(मालती) और अशोक के फूल गुँथे हुए हैं।

जाके अंगन की सुरभि, सुमनन भरै सुवास।

गुँथे मालती मौलश्री, चम्पक वेणि विलास।।

वेणिबन्ध गुथ गुथ खिले, चम्पा अरु पुन्नाग।

लसतअशोकनलालिमा, सह सुगन्ध अनुराग।।

आभा कुसुमन की मिली, पहुप परागन संग।

ज्यों सतरजतमसुरभिसों, भेंटत जगत तरंग।।

सतसमसितचम्पकअहो, रज सम लालअशोक।

तम सुगन्धपुन्नाग की, प्रसरत मरकतलोक।।

गुँथत वेणि तीनहुँ सजे, मात आपके सीस।

प्रकृति समावतगुन मनौ, वश राखत हैं ईश।।

14

कुरुविन्दमणिश्रेणीकनत्कोटीरमण्डिता

कुरुविन्द पद्मरागमणि को ही कहा जाता है। यह पद्मरागमणि प्रेमा–भक्ति की निष्ठा को बढ़ाने वाली हैं। माँ के मुकुट में इसकी लड़ियाँ गुँथीं हुई हैं जो भक्तों के ध्यान को सदा ही आकर्षित करतीं हैं।

नीलश्वेत कमल लाल स्फटिकआभा त्रिकाल।

पद्मरागमणि निहाल उपमालजत छविरसाल।।

रूपनिधि मानस मराल निरखि उरउमंग ताल।

नचत मनमयूर चाल हरितभाव की ये डाल।।

पग तल अरुणाभा कमल, पाद पद्म में छाय।

शुभ्र हास सों सहस दल, इन्दीवर मुसकाय।।

नीलाम्बुज श्वेत कमल, लाल पद्म की ओप।

पद्मरागमणि में मिलै, तिनकी छवि ह्वै लोप।।

पद्मरागमणि दमक रहि, मुकुट किरीटन माँझ।

नीलाम्बर में श्वेत दुति, भरत बालेन्दु साँझ।।

अष्टमीचन्द्र–विभ्राजदलिकस्थल–शोभिता।

मुखचन्द्र–कलंकाभ–मृगनाभि– विशेषका।। 5 ।।

15

अष्टमीचन्द्र–विभ्राज–दलिकस्थल–शोभिता

जिनका मस्तक अष्टमी के चन्द्रमा की भाँति है। माथे की आकृति भी अर्धचन्द्र जैसी ही होती है जिस प्रकार अष्टमी का चंद्रमा समान है वैसे ही माता सृष्टि प्रलय को समान रूप से चलातीं हैं। साधुजनों पर कृपा और दुष्टों को दण्ड देतीं हैं। यह अष्टमी तिथि भी माँ को अतिप्रिय है।

सृष्टिप्रलय समरूप सों, चलतजाहि की नीति।

श्याम शुभ्र सम अष्टमी, लगी ताहि सों प्रीति।।

सदा उबारत साधु चित, करत दीन पर हेत।

सम प्रतीत त्यों अष्टमी, अलक मध्य धरिलेत।।

राधामोहन युगल छवि, प्रकटत किरन प्रकास।

शोभित दोनों अष्टमी, सुन्दर भादों मास।।

16

मुखचन्द्रकलंकाभ–मृगनाभि विशेषका

जिस प्रकार चन्द्रमा में मृगछाया दिखाई देती है उसी प्रकार श्री माँ के चन्द्र के समान उज्ज्वल मुखारविंद में कस्तूरी का तिलक लगा है। चन्द्रमा में कलंक है, उसकी कलाएं घटती बढ़ती रहतीं हैं। किन्तु श्रीजी का मुख अप्रतिम शोभा का आगार शाश्वत तेजराशि से परिपूर्ण है करोड़ों चन्द्रमा भी उनकी दिव्य छवि पर न्यौछावर हैं।

श्रृंगार श्रीशिरोमणिकान्तिमयि विभा तहाँ,
जाकौ सर्वत्र ही अप्रतिम उजास है।
पगनख की शोभाकौ बरननतौ करिसकों,
किन्तु श्रीमुख कौतौ अप्रतिम प्रकास है।
देखी री दिपतदिशादिवसभ्रान्तिदेतनिशा,
हीरा की चमक तौ चिंबुंक विलास है।
श्री कौ थिर ठौर, आकर्ष रसमौर नित्य,
लटकन बुलाक कौ अधरन के पास है।
तिलक कस्तूरी कौ भाल मध्य राजत है,
मानहुँ सितेन्दु मध्य मृग कौ निवास है।

अगनित लजें मयंक विशेषा। श्रीमुख छवि कलंक नहिंलेशा।।
छय नित होत न थिर कहुँचंदा। श्रीमुख सोभापूर्ण अमंदा।।
श्री सोभा ज्योत्स्ना समानी। नित्य शरद दुति शिव सन्मानी।।
खिलत कमलिनी भक्तन केरी। दिपत रैन राका पति हेरी।।
उज्ज्वल बिम्बरूप की सोभा। घटघट जासु छाँह मन लोभा।।
सुभग तिलक कस्तूरी राजै। चन्द्र मध्य जनु बिम्बित भ्राजै।।
मुख चन्द्र कलंकाभ समाना। कस्तूरी उपमा नहिं आना।।
कस्तूरी कौ लगत दिठौना। इन्दु मध्य जनु मृग कौ छौना।।
श्रीमुख शशि सोभा अनघ, कस्तूरी लसि भाल।
भावसुरभि गहिलेत तस, करतसुजनहिंनिहाल।।
मुख पटतर चन्दा नहीं, सो छय मलिन विशेष।
श्रीमुखकान्तिसमुज्ज्वला, घटत बढ़त शशि शेष।।
ज्यों शिव गले हलाहलसोभा। नीलकंठ हारी भव छोभा।।
मृत्यु मृत्यु कालहु के काला। भक्तन वश नितशंभुकृपाला।।
तैसे अंब सदा सविशेषा। तिलक चारु कस्तूरी लेशा।।
अपर गूढ़ मर्म तहाँ जानौ। कस्तूरी गंधहि पहिंचानौ।।
जे निजघट जानहिं सो गंधा। तेमृग सत्य अपर रे अंधा।।
तासों प्रिय कस्तूरी किंवा। भाव विवश जानी जगदंबा।।
ऐसे जन प्यारेअति ताकों। तिलकसमानभाव सुचि जाकों।।
भगत बछल हैंसहज सुभावा। जहँहेरत तहुँकछु न अभावा।।

ऐसे मृग विचरैं तहाँ, रहै न संशय लेश।
लसत दिठौना भालमें, मृगनाभि कौ विशेष।।

वदनस्मर–मांगल्य गृहतोरण–चिल्लिका।
वक्त्रलक्ष्मी–परीवाह चलन्मीनाभलोचना।। 6।।

17

वदनस्मर–मांगल्य–गृहतोरण–चिल्लिका

माँ पार्वती का सुन्दर मुख कामदेव के भवन के सुसज्जित बन्दरवार के समान प्रतीत होता है। द्वार के मेहराव के समान उनकी धनुषा कार सुन्दर भृकुटियाँ हैं। वे तो कामेश्वर की कामेश्वरी हैं उनकी कृपा से ही कामदेव को भस्म होने के बाद जीवन दान मिला और बिना अंग के अनंग पूरे विश्व को अपने मोहनास्त्र से जीत ता रहा है।

शिव की श्री सोभा सदा, भृकुटिन कर मनुहार।
मदन सदन सम मनहुँ मुख, सज्जित बन्दनबार।।
मंगलायतन   सुगढ़ अति, सुन्दर सुरुचि सुगेह।
भृकुटि द्वारतोरण सरिस, बरसै जिन सों नेह।।

18

वक्त्रलक्ष्मी–परीवाह–चलन्मीनाभ–लोचना

उनके सुन्दर कान्तिमान मुख की शोभाजल से भरे सरोवर के समान है उसमें दोंनो नयन चंचल मछली की भाँति जान पड़ते हैं। जिस प्रकार मछली देखने भर से अपने अण्डों का पोषण करती है उसी प्रकार माँ भी अपनी कृपा दृष्टि से अपने भक्तों का ध्यान रखने वालीं हैं।

निर्मल मानस नीर, दृगन सों छलकात जो।
हरत सदा जनपीर, दृष्टिदान वरदान सम।।
छलकें रस नैनान सों, पुष्ट करें दृग्दान।
मीन समाई नैननहिं, फुरत देंय वरदान।।
पोषै ज्यों निज अण्डननि, ध्यानमात्रसोंमीन।

तैसे पालै निज जनहिं, जो ताके आधीन।।

सदाकृपालुदयार्द्रचित, मीन सरिस व्यवहार।

ध्यावत ध्यान धरत हिये, नैनन लेइ उबार।।

सस्मितमुख करुणामयी, नयनयुगलज्योंमीन।

निरखतवत्सलताभरी, पालत निजजनदीन।।

करुणार्णव मुखछविअहो!चपलमीनसम अक्ष।

करतपुष्टदृगदानसों, जगशिशु रहत समक्ष।।

नवचम्पक–पुष्पाभ नासादण्डविराजिता।
ताराकान्तितिरस्कारिनासाभरणभासुरा।। 7।।

19

नवचम्पक–पुष्पाभ–नासादण्ड–विराजिता

नवविकसित चम्पा की कली के समान देवी की सुन्दर नासिका शोभायमान है। उनकी श्वाँसों की चम्पक के फूलो जैसी सुगन्ध से प्रकृति स्फूर्तिमय सिहरन से आन्दोलित सी जान पड़ती है।

सुस्मितछवि लावण्यमयि, चिरनवीन सुषमाखिली।

सुभग नासिका लगत है, मानहुँचम्पा की कली।।

परिमल स्वाँस सुवास सों, हैं पूरित प्रति ठाँव।

सुरभित रम्य बतास बन, चम्पक तरुतर छाँव।।

20

तारा–कान्ति–तिरस्कारि–नासाभरण–भासुरा

सुन्दर नासिका में जड़े हुए हीरे की चमक ताराओं (नक्षत्रों) की चमक को भी फीका कर रही है या फिर ऐसा लग रहा है मानो नाक में पहने हुए बुलाक पर तेजपूर्ण दृष्टि की चमक पड़ने से वह नक्षत्रों की जगमगाहट को भी मन्द करने लगी है।

सुभग नासिकाभरण अति, हीरकनी की जोत।
तारामंडल की प्रभा, धूमिल सी नभ होत।।
लटकनलोल बुलाक में, परत दीठि की जोत।
जगमगातदमकत रह्यौ, हीर नखत सम होत।।

कदम्बमन्जरी–क्लृप्त–कर्णपूरमनोहरा।
ताटंक–युगलीभूत तपनोडुप–मण्डला।। 8।।

21

कदंबमंजरी–क्लृप्त–कर्णपूर–मनोहरा

कदम्ब के पुष्पों की सुगन्ध मन्द मन्द गति से भीनी भीनी सुरभि फैलाती है। पावसऋतु का यह पुष्प अपनी मादक सुगन्ध के लिये प्रसिद्ध है। जगन्माता के कर्णफूलों की तुलना कदम्ब की मंजरी से की गई हैं।

कुण्डल पुहुप कदंबन सोभा। मन्दसुगन्ध बतास प्रलोभा।।
मन्थरगति अतिबहत बताशा। पुरइन पावस पौनविलासा।।
फुरत नेह चित चाउतरंगा। सोभा निरखि काममद भंगा।।
शिवा सनेह कदंब विशेषा। सुरभि समावत सद्गुन शेषा।।
अंग सुगंध भूषनन पाई। सोभा बढ़त तिनहिं अधिकाई।।
तिनकीगन्धविश्वलगिव्यापी। भये कदम्ब सकल सुप्रतापी।।
परिमलमन्दबताशकदम्बा। जिनपर अतिरुचिराखहिं अंबा।।
मन्थरगति गुंजित अलिवृन्दा। मन्दमन्दधुनि बजत मृदंगा।।
अति अद्भुत अनुपमविरल, राजत कर्ण कदम्ब।
श्री तन गन्ध सुमनलहत, अतिप्रसन्नमुखअम्ब।।
मन्द मन्द गमकत सुरभि, श्वेताभा कौ वर्ण।
गुंजित हैं अलिवृन्द तहँ, सजे कदम्बन कर्ण।।
परिमल सुरभि बतास वन, उर कदम्ब के हार।
कर्णफूल कंकण रुचिर, प्रिय मन कौ मनुहार।।

अलकावलि घुँघरालि बिच, कर्णाभरण निहार।
मनहुँ कदम्बन मंजरी, करत रहीं मनुहार।।

22

ताटंकयुगलीभूत–तपनोडुप–मण्डला

अरे! आँखों में चकाचौंध सी होने लगी है क्या अचानक सूर्योदय हो रहा है ? किन्तु ताप का अनुभव नहीं है तो क्या चन्द्रमा उदित हो गया ? अरे नहींये तो हिम गिरिराज किशोरी हैं जिनके कानों में चमकती हुई बालियों की चमक से सूर्य और चन्द्रमा की भ्रान्ति सी होने लगती है।

नैंनाचुँधियात का औचक रवि उदित भयौ,
होवै तन शीतल ना चन्द्र कौ उजास है।
काहे भरमात वृथा आवत हिमगिरि सुता,
न तपन न चन्द्रिका ताटंकनन प्रकास है।

पद्मरागशिलादर्श–परिभावि–कपोलभूः।
नवविद्रुम–बिम्बश्री–न्यक्कारिरदनच्छदा।। 9।।

23

पद्मरागशिलादर्श–परिभावि–कपोलभूः

पद्मरागमणि में अत्यधिक तेज और निर्मल आभा होती है, जिसमें दूसरी वस्तुओं का भी प्रतिबिम्ब स्पष्ट दिखाई देता है। माँ के कपोल ऐसी ही दिव्य लालिमा से चमक रहे हैं। जिनमें कुंडलों की कांति और नेत्रों की लालिमा स्पष्ट दिखाई दे रही है।

पद्मरागमणि सरिस कपोलन की दुति दमकै।
अतिउज्ज्वलप्रतिबिम्ब जहाँ दर्पण सी चमकै।।
झलकें गोल कपोल मध्य कुंडल अनियारे।
ललछौंहे नैंना विशाल ये अति रतनारे।।

24

नवविद्रुम–बिम्बश्री–नयक्कारिरदनच्छदा

उनके अधराधरों की तुलना में कोई भी उपमा सटीक नहीं लगती उनके अधरोष्ठ इतने लाल हैं कि बिम्बाफल भी मानों उनकी छाया जैसा लगता है जिस पर नासिका मानों तोते की चोंच के समान हो, तो क्या मूँगे के वृक्ष में यदि मूँगे के फल लगें तो उनकी तुलना सम्भव है ? किन्तु यह भी सम्भव नहीं क्योंकि मूँगा जड़ पदार्थ है उनके अधराधर तो स्वयं अपने ही समान हैं।

नवविद्रुम अधराधरन, परत रदन छवि बिम्ब।
सुभगनासिकालगतजिमि, डाडिमपर शुककिंब।।
विद्रुम की लतिका फरै, यदि वह होयसजीव।
अधराधर उपमा विरल, सुन्दर लगै अतीव।।
सम पाँति रदनन लसी, अधर बिम्ब रतनार।
लटकन लोल बुलाक की, करत मनहुँ मनुहार।।
अधराधर समता लहै, बिंब बापुरौ किंब।
बिम्बाधर प्रतिबिम्ब हैं, ये रतनारे बिंब।।
सद्यप्रस्फुटित जलज सम, अतिकोमलसुकुमार।
अधराधर के बिम्ब सों रदन छटा रतनार।।
ज्यों नवविद्रुम पंक्ति हों, दमकतत्यों मुखमाँहि।
मानहुँ मुख अरविंद में, दीपित ज्योति समाहि।।

शुद्धविद्यांकुराकारद्विजपंक्तिद्वयोज्ज्वला।
कर्पूरवीटिकामोद–समाकर्षि–दिगन्तरा।।10।।

25

शुद्धविद्यांकुराकार–द्विजपंक्तिद्वयोज्ज्वला

षोडशाक्षरी मंत्र माँ के सोलह दाँतों की पंक्ति ही मानी गई हैं। वे विद्या स्वरूपिणी ही हैं। ब्रह्मविद्या ही शुद्ध विद्या है जो उनके ही मुख से निकली है।

विद्रुम मंजूषिका में मुक्ता लड़ीं छिपीं।
हीरा की जोत सी तहाँ यों छिटकात है।।
या फिर अधरोष्ठनकी खुलत कंजपाँखुरी।
प्रसरै मकरन्द जब मन्द मृदु मुसकात है।।

श्री मुख षोडश रदन विराजा। शुभ्रच्छटा ज्ञान ज्यों भ्राजा।।
अरुणबिम्ब अधरन की शोभा। दिपत दंत समता तहँको भा।।
षोडश आखर पंक्ति बनाई। विद्या विमल विनय अपनाई।।
मंत्रमयी षोडशी विराजी। विधिनिधि श्रीमुख निरखत लाजी।।
शुद्धहृदय ध्यावत जो ध्याना। ताकों सफल सिद्धिफल माना।।
कोउ न श्रीछवि बरनन पावै। विमल बिम्ब उरसर ही ध्यावै।।
विद्या विमल सुहास समानी। सस्मित वदन विलोकै ज्ञानी।।
बानी फुरै भाव शुचि जागै। गहत नेह नहिं कछु सो माँगै।।
दरस प्यास नयननअतिलोभा। निरखहुँ श्रीमुखकी अतिसोभा।।
षोडशकलाषोडशहु आखर। दमकत मनहुँ रदन छवि पाकर।।
रदनपंक्ति श्रीमुख लसी, बिम्बितशुभ्रप्रकाश।
मनहुँ ब्रह्मविद्या प्रकट, देय विमल आभास।।

26

कर्पूरवीटिकामोद–समाकर्षि–दिगन्तरा

सौन्दर्य और सुगन्ध जिनके दिव्य अंग और कान्ति से अपना नाम सार्थक कर रहे हैं। श्रृंगार श्री की मनोहारिणी छवि माधुरी के श्रीमुख में पान का सुगन्धित वीड़ा दश दिशाओं को अपनी सुवास से सुगन्धित कर रहा है।

मुख ताम्बूल सुवास सों, रही चेतना जाग।
मिश्रित सार सुगन्ध सब, आकर्षक अनुराग।।
दसौ दिसन में मदभरी, गमकत रही बतास।
मुखसुगन्धमयवीटिका, अलिउरबाढ़त प्यास।।

निजसंलापमाधुर्य–विनिर्भर्सित–कच्छपी।
मन्दस्मितप्रभापूर–मज्जत्कामेशमानसा।। 11।।

27

निज–संलाप–माधुर्य–विनिर्भर्त्सित–कच्छपी

श्रीमुख से निकलने वाले शब्द अपनी मधुरता और अर्थ भरे प्रयोजन से नादब्रह्म और देवी सरस्वती की वीणा की मधुर झंकार को भी लज्जित करने वाले हैं। सरस्वती माँ की वीणा का नाम कच्छपी है जो अपनी झंकार के मधुर संलाप से ज्ञानी और योगियों की गूढ़ार्थ भरी गिरा को भी लज्जित कर देतीं हैं वे शारदे स्वयं आपकी वाणी को सुनकर संकुचित सी हो जातीं हैं आपके स्वर संलाप की समता नहीं कर सकतीं और मन ही मन आनन्दित होकर मुस्कराने लगतीं हैं।

वेद ब्रह्ममय अनहत नादा। नादब्रह्म अक्षर आल्हादा।।

परमाल्हादमयी श्रीविद्या। विश्वविमोहनि हरत अविद्या।।

वीणासुर संगम सुखकारी। मधुर शब्द माधुरी तिहारी।।

ज्ञानज्योतिमयि वेदन बानी। शाश्वतरूपसनातन जानी।।

मधुर वेणु सम नाद सुहावै। कामधेनु पय आप दुहावै।।

प्यावै पय जगशिशुवत् जानी। कोमलमनवत्सलाभवानी।।

नादब्रह्ममहिमा जो जानैं। मान रखत आपनिगति ठानैं।।

शब्द साधना सुरसंलापा। कला विधानन नित आलापा।।

वीणासुर झंकृत गिरा, गूढ़ अर्थमय भाव।

प्रकटनादमय वेद जहँ, व्यापकविश्वप्रभाव।।

सब महँ रश्मिप्रकासै एका। शब्द व्योम घट रूप अनेका।।

बोधमयी जहँ गिरा प्रकासी। परसत परमपुनीत प्रभा सी।।

अहो कच्छपी वीणा धन्या। धारें निज कर गिरा अनन्या।।

वीणापाणि सदा वरदानी। गूढ़ज्ञानमयि जिनकी बानी।।

ज्ञान गिरा गुंफिता भवानी। नमैं शारदा जग सन्मानी।।

जिनकीसमता कोउ न पावै। त्रिभुवन में सबसीस नमावें।।

तेहू लजें न समता पावें। सुनत वचनमृदु हिय हुलसावें।।

गूढ़गिरा सुन बानि लजानी। अकथभव्यअति मातृसुबानी।।

कच्छपि वीणा धारिणी, वागेश्वरी लजाहिं।

मौनराखिसुनमातके, वचनन मनमुसकाहिं।।

28

मन्दस्मित–प्रभापूर–मज्जद्–कामेश–मानसा

जिनकी मन्द मधुर मुस्कान के प्रभापूर्ण अगाध सरोवर में भगवान कामेश्वर आकंठ निमग्न रहते हैं। ऐसे स्वरूप का ध्यान भोग और मोक्ष दोनों पुरुषार्थों का दाता है।

मन्द मन्द मुसकान मधुर मोहिनि मन मोहै,

कामेश्वर मन सकलकामना सो लखि सोहै।

लुटत माधुरी झलक करै बरनन अस कोहै,

भुक्तिमुक्ति सबभाँति लहत ध्यावत मन जोहै।

मन्दमधुर मुस्कान की, अप्रतिम प्रभा अगाध।

जहँ आकंठ निमग्न रहि, कामेश्वर मनसाध।।

अनाकलित–सादृश्य–चिंबुकश्रीविराजिता।

कामेशबद्ध–मांगल्यसूत्र शोभित–कन्धरा।। 12।।

29

अनाकलित –सादृश्य– चिंबुकश्रीविराजिता

आपकी चिंबुक (ठोड़ी) की उपमा किसी से भी नहीं दी जा सकती। उसकी तो शोभा अनुपम ही है।

तुमसमतुम ही हौ शिवे, निरुपमछविअभिराम।

कोउ न समता बापुरी, लैहौं काकौ नाम।।

श्री सोभा मूरतमयी, चिंबुक चारु अति धन्य।

ता सम उपमामिलतनहिं, सुगढ़सलौनीअन्य।।

30

कामेशबद्ध –मांगल्यसूत्र–शोभितकन्धरा

भगवाननी लकंठ के द्वारा आपके कंठ में जो मंगलसूत्र बाँधा गया है वह अखण्ड सौभाग्य का सूचक बन कर शोभायमान है।

कामेश्वर सौभाग्य कौ, सूत्रसुशोभित कंठ।
सरसनेह की धार मंहँ, डूबत मन आकंठ।।
मंगलमयि के कंठ में, मेलि हार अनुराग।
सोभितशिवसौभाग्य कौ, मंगलसूत्र सुहाग।।

कनकांगद–केयूर–कमनीय–भुजान्विता।
रत्नग्रैवेयचिन्ताकलोलमुक्ताफलान्विता।। 13।।

31

कनकांगदकेयूरकमनीयभुजान्विता

चारों भुजाओं में चार स्वर्णनिर्मित केयूर (बाजूबन्द) ऐसे लग रहे हैं मनो चार सूर्य एक साथ चमक रहे हों।

देख्यौ री उदय होत प्राची में अरुन नित्य
स्वर्णिम आभा सी वसुधा कों अन्हवात है।
स्वर्णरेख कौंध भरत देखी चहुँ ओर आज,
कैंधौ दिशि चारहु में चार रवि लखात हैं।
नहिं नहिं ये तौ केयूर सोहत चार भुजान,
ताही की ओप सों ये दिशि यों दिपात हैं।
त्रिभुवनविमोहिनी यो जगमगातभुवनन कों,
तिन्ह तन कमनीयकांति भूषनन समात है।

32

रत्नग्रैवेय–चिन्ताक–लोलमुक्ता–फलान्विता

सीप के मोतियों और रत्नों से जड़ा हार माता के कंठ की शोभा से ही शोभायमान है। ताराओं के मध्य में जिस प्रकार पूर्णचन्द्र सुशोभित होता है वैसे ही रत्नों के मध्य लटकता हुआ सीप का मोती भी मनोहारी लग रहा है। जिस फलमुक्ता (सीप के मोती) को हंस बड़े ही चाव से चुँगते हैं।

शैल श्रृंग मुक्ता झरैं, गज मस्तक औ ग्राह।

कबहू फलमुक्का बिना, हंस लहै नहिं चाह।।

बूँद बूँद मोती बनी, खुलत सीपियन पाँखि।

अस माला धारत हिये, प्रेम नेम की राखि।।

स्वाँति बूँद मोती बनी, फलमुक्ताकहि ताहि।

चुँगत हंसअतिचाउ भरि, घूमघूम अवगाहि।।

फलमुक्तामालागुंथी, चिन्तामणि जड़िं अन्य।

ज्यों तारागण मध्य में, एक सितेन्दु अनन्य।।

कामेश्वर–प्रेमरत्न–मणि प्रतिपण–स्तनी।

नाभ्यालवाल रोमालि लताफलकुचद्वयी।। 14।।

33

कामेश्वर–प्रेमरत्न–मणिप्रतिपणस्तनी

भगवान शिव के अनन्य प्रेम को माँ अन्नपूर्णा ने अपने स्तन युगल से मानों विनिमय कर लिया है। वे तो तीनों लोकों की जननी हैं। भोग (संसार की सभी भोग सामग्रियाँ, धन, वैभव, विद्या और धर्मार्थ काम के पुरुषार्थ) मोक्ष (मुमुक्षुओं, ज्ञानियों को ज्ञानामृत), अमृत (जरामरण से मुक्त करने वाला देवताओं का अमृत) 'हव्य' (देवताओं को स्वाहाकार मंत्रों द्वारा पुष्ट करने के लिये उनका भोजन जो उनको आहुतियों द्वारा दिया जाता है) कव्य पितरों को स्वधाकार मंत्रों द्वारा पिंडदान, श्राद्धविधान) अन्न, औषधि वनस्पतियाँ (मनुष्यों पशु पक्षियों का आहार) समस्त सृष्टि को पालने वाला आपके स्तनों का दूध ही है। विनिमय में समानता होती है शिवशिवा की अनन्यता का दूसरा कोई अन्य उदाहरण है ही नहीं इसी लिये यहाँ विनिमय कहा हैं। शिव प्रेम को आप ही करुणामूर्ति के वात्सल्यपूर्ण भावसे मोल ले सकतीं हैं क्योंकि माँ के स्तनों से ही शिशु का पालन होता है। शिव जगत्पिता हैं तो पार्वती जगन्माता यही भाव यहाँ प्रकट है।

36

कामेश्वर उर प्रेम की, साखी एक सुजान।
शिवउर रहिमूरत सदा, उभय नेह की खान।।
रूप राशि सौन्दर्य के, हैं उरोज आधार।
शिवसनेह अनमोल कौ, मनहुँ करत व्यापार।।
त्रिभुवन जननी वत्सला, करुणामृत पय धार।
पोषतसबविधि मातही, निजसन्ततिहि निहार।।
भगतन कौ पोषण करत, प्यावत निजपयपान।
भोग मोक्ष फल देत हैं, जा उर जैसौ ध्यान।।

34

नाभ्यालवालरोमालि—लताफल—कुचद्वयी

नाभि को आलवाल (गमले की) उपमा दी गई है जिसमें से स्तन पर्यन्त रोमावली लता के समान दिखाई देती हैं जहाँ दो खिले हुए पुष्पों के रूप मे स्तनों की शोभा है।

आलवाल सी लगत है, गहन नाभि कौ रूप।
रोमराजि ज्यों बेल सी, कुच द्वय पुहुप अनूप।।

लक्ष्यरोम—लताधारता—समुन्नेय—मध्यमा।
स्तनभार—दलन्मध्य पट्टबन्धं—वलित्रया।। 15।।

35

लक्ष्यरोमलताधारता—समुन्नेयमध्यमा

नाभि के ऊपर की रोमावली लता के समान दिखाई दे रही है जिस पर अत्यन्त पतली होने के कारण कमर टिकी हुई सी जान पड़ती है।

राजत उर रोमावली, लतिका मनहुँ नवीन।
अतिकोमलकमनीयसी, टिकी तहाँ कटि छीन।।

36

स्तनभार–दलन्मध्य–पट्टबन्ध–वलित्रया

पीनपयोधरों के भार को कोमलकटि नहीं झेल पा रही इसीलिये वह सोने की करधनी से मानों बाँध रखी है जिससे उदर पर तीन रेखाऐं बन गई हैं।

उर उरोज अतिभार सों, परत वलय तहँ तीन।
स्वर्ण मेखला सों बँधी, अहो टिकी कटि छीन।।

अरुणारुणकौसुंभ–वस्त्र–भास्वत्–कटीतटी।
रत्नकिंकिणकारम्य–रशना–दाम–भूषिता।। 16।।

37

अरुणारुणकौसुंभ –वस्त्र–भास्वत्–कटीतटी।

माँ भुवनेश्वरी अखिल भुवन में व्याप्त हैं। वे ही सूर्य को प्रकाश देतीं हैं। समुद्र उनके चरण पखारता है करोड़ों सूर्य, नक्षत्रमंडल और आकाश गंगा जिनके भृकुटि विलास से चलायमान हैं उनका श्रृंगार भी प्राकृतिक सुषमामय है। प्रातः कालीन उषा की लालिमा ऐसी प्रतीत होती हैं मानों अरुणबिम्ब के समान उनके दिव्यवपु पर वह कौसुंभ (कुसुंभ फूल के समान लाल) आभा साड़ी की तरह लिपटी हुई हो।

वपु विभूति सचराचर जाकी। अरुणबिम्ब में मूरत ताकी।।
रवि किरनन की सोभा राजै। उषालालिमा सारी साजै।।
नयौ रूप नितनव सो सोभा। उन्नतभाल भुवन मनलोभा।।
दिग्मण्डलअरुव्योमविताना। प्रकृति समावत सबविधिनाना।।
नित चरनन सागर प्रक्षालै। रतन अँजुरिन भरत उछालै।।
तन विराट ब्रह्माण्ड समायौ। काहुहि ताकौ भेद न पायौ।।
कोटि कोटि रवि अरु नभ गंगा। नाचें होत एक भ्रूभंगा।।
दिपत सोइ प्राची में देखी। नव ऊषा सी जोत विशेषी।।
भूःभुवःस्वः में तीनों लोका। जपते जाप मिटै भव सोका।।
कटिसारी कीनिरुपमलाली। नितनिहाल भइसृष्टिनिराली।।
प्रकृति समाई शिवप्रिया, कंचन सी काया लखी।

कटि सारी ऊषा सरिस, अरुणाभामयि है सखी।।
प्राची पट नित ही खुलें, स्वर्ण प्रभामयि जान।
प्रखर तेज रवि में भरत, देंय प्रभा कौ दान।।

38

रत्न–किंकिणिका–रम्य–रशना–दाम–भूषिता

रत्नों से जड़ी हुई घुँघरुओं वाली सोने की उनकी कटिमेखला (करधनी) शोभित है।

रतनजटित कटि कौधनी, घुँघरू बजे अमोल।
आवत रूप राशि तहँ, हृदय कपाटन खोल।।
निरुपमछविलखिमोहिनी, मोहितत्रिभुवनलोक।
ताकी छाया प्रकृति में, फैलावत आलोक।।

कामेश ज्ञातसौभाग्य–मार्दवोरु–द्वयान्विता।
माणिक्य–मुकुटाकार–जानुद्वयविराजिता।।17।।

39

कामेश–ज्ञात–सौभाग्य–मार्दवोरु–द्वयान्विता

जगन्माता और शिव जी की अनन्यता का कथन गोपनीय है। माता की जंघाओं का स्पर्श और सुन्दरता भी गोपनीय है जिसे केवल शिवजी ही जान सकते हैं।

ऊरु द्वय कमनीयता, जगत जननि की गूढ़।
कामेश्वर जानत हिये, कहै न कवि मतिमूढ़।।

40

माणिक्य–मुकुटाकार–जानुद्वय–विराजिता

माणिक जड़े हुए मुकुटों के समान जंघा युगल देदीप्यमान हो रहीं हैं। सर्वांग सुन्दर अंगों की सौष्ठवपूर्ण कान्ति अपने आभामय रूप के अतिशय गौरव से परिपूर्ण है

अरुणाभायुतजानुद्वय, मानिक दुति झलकाय।

नृत्य करत ता ओप पै, नटराजहु बलिजाय।।

मुकुटाकृति माणिकमयी, रुचिरजानुद्वय ओप।

लजै कला कन्दर्प की, मदन मान मन लोप।।

इन्द्रगोप–परिक्षिप्त–स्मरतूणाभ–जंघिका।

गूढ़गुल्फाकूर्मपृष्ठ–जयिष्णु–प्रपदान्विता।। 18 ।।

41

इन्द्रगोप–परिक्षिप्त–स्मरतूणाभ–जंघिका

इन्द्रगोपमणि के समान लाल आभायुक्त उनकी पिंडलियाँ मदनबाण के तूणीर के समान जान पड़तीं है।

अतिसुन्दर अरुणाभ, इन्द्रगोपमणि सी लसत।

मन्मथछविअमिताभ, मनहु लिये ज्यों पंचशर।।

42

गूढ़गुल्फा

उनके पुष्ट सुगढ़ और मांसल टखने आकर्षक हैं इनके ध्यानमात्र से भक्त भयमुक्त हो जाता है। काम के मद को भी परास्त करने वाले और कामेश्वर के चित्त को भी बाँधे रखने में समर्थ हैं जिनका चिंतन असुरों को भय जनित व्यथा और भक्तों को अभय देने वाला है।

बाँधत कामेश्वर मनहिं, लजें मदन मद बान।
पुष्ट गूढ़ गुल्फा सदा, आकर्षें हर ध्यान।।
सुन्दर सुगढ़ सुगुल्म पद, बने जासु अवलंब।
भव बाधा ताकी हरें, करें न तनिक विलंब।।

43

कूर्मपृष्ठ–जयिष्णु–प्रपदान्विता

उनके चरणों का ऊपरी भाग कछुए की पीठ के समान कठोर हैं। युद्ध में असुरों का संहार करते समय पाद प्रहार से इसी लिये दुष्ट काँपते हैं।

कूर्मपृष्ठ सी लगत है, युगल चरन की पीठ।
तारतभववारिधिसहज, जापर टिकत सुदीठि।।

नखदीधितिसंछन्न–नमज्जनतमोगुणा।
पदद्वय–प्रभाजाल–पराकृत–सरोरुहा।। 19।।

44

नख–दीधिति–संछन्न–नमज्जन–तमोगुणा

भगवती के नखों की कान्ति अज्ञान के अंधकार को मिटाने वाली और पापों को समूल नष्ट करने वाली है। बज्रांकुश, ध्वज, कमल से सुशोभित चरणों की कांति भक्तों के हृदय सदन में नित्य ही प्रकाशित होने वाली है। इन प्रभापूर्ण नखों के प्रकाश का ध्यान चित्त को निर्मल और पुष्ट बनाता है।

बज्रांकुश ध्वजकमल सों, सोभित पद सुकुमार।
हृदय सरोवर में सदा, पद नख बिम्ब निहार।।
वन्दहु नित पदनख प्रभा, जो मिटात तम लेश।
ध्यान धरत जाकौ कटें, कोटिक द्वन्द कलेश।।

45

पदद्वय–प्रभाजाल–पराकृत–सरोरुहा

जिनके चरणारविंद की ज्योतिमयी प्रभा ही भक्तों के योगक्षेम का संवहन करने वाली है। जिन चरणों की दिव्य प्रकाशमयी तरंगें मानस को पवित्र कर देतीं हैं। बज्रांकुश, ध्वजा और कमल के चिन्हों से युक्त उन चरणों के कृपाप्रसाद के बिना ना तो वाणी में विवेक ही आता हैं न अविद्या का अंधकार मिटता है जिसके बिना भक्ति की भावना भी मन में जाग नहीं पाती है। जिस पर चरणों की कृपा प्रसादमयी संजीवनी बूटी अपना प्रभाव डालती है उसके सभी अभाव तत्क्षण दूर हो जाते हैं।

हितचितसाधत भगत के, भवसागर की पोत।

सेवित सुरनरमुनिन सों, श्रीचरनन की जोत।।

नख प्रकाश सर उठत है, दिव्य तरंग पुनीत।

बज्रांकुश ध्वज पद्म के, चिन्ह बने मनमीत।।

पदरज के परसाद बिन, मिलत न बानीभाव।

एक मूरि संजीवनी, मेंटत सकल अभाव।।

सिंजान–मणिमंजीरमंडित–श्रीपदाम्बुजा।

मराली–मन्दगमना महालावण्य–शेवधिः।। 20 ।।

46

सिंजान–मणिमंजीरमंडित–श्रीपदाम्बुजा

आपके श्री चरणों में मणियों से जड़े नूपुरों की मधुर झंकार सुनाई देती है तो तत्काल ही यह आभास हो जाता है कि आप निकट ही पधार रहीं हैं नखों की उज्जवल दिव्यप्रभा से नूपुरों की मणियाँ दमकने लगीं हैं।

मणि मण्डित नूपुर करत, मंजुल सबद रसाल।

श्रीचरनन गति की झनक, झन्कारत तत्काल।।

श्रीपदनख की कांतिसों, दमकत मणिगणजोत।

युगलचरन कमलन नमहुँ, मन्दमधुरधुनि होत।।

47

मराली—मन्दगमना

हंस की चाल में शब्द नहीं होता केवल सुकुमार गति का माधुर्य ही दिखाई पड़ता है। हंसिनी की तरह आप मन्दगति से चलतीं हैं। भक्तों का हृदय भी मानसरोवर के समान ही है, उनमें अपनी भक्ति का अपूर्व मान है निश्छल प्रेमाभक्ति कुछ भी चाहने से रोकती है। केवल आराध्य का सान्निध्य सुख ही सर्वोपरि होता है। वे कब यहाँ उनके निकट पधारेंगीं यह कोई नहीं जानता किन्तु जब भी आतीं हैं तो भाव के मोती चुँग लेतीं हैं।

सत्यह्रदय शुचि मानस नीरा। लहरन मध्य भाव गंभीरा।।

प्रेमसीप आनंद कौ मोती। दमकत दिव्यप्रभा हिय होती।।

उमगि हिलोरन उमगत कैसे। मुक्ता विरलप्रभा सों जैसे।।

चुगत हंस आवत जबपासा। चलतसुरतिमिसमन्दबतासा।।

कबमोतियननिकट सो आवै। परमचतुर हू जान न पावै।।

साधनसफलकहाइ तहाँ पै। सहजसमर्पन फरइ जहाँ पै।।

ता सम अपर न सुखकछुदूजौ। जहँमानसमरालअसपूजौ।।

मन्द मराली चाल सुहावै। जबहि मानसर के ढिंग आवै।।

शीतलफटिकसमानशुचि, मणि सम मानसनीर।

जहाँ हंसिनी चाल सों, धरत चरनगति धीर।।

मन्द मधुरगति सों चलें, ज्यों हंसन की चाल।

निरुपम श्रीसोभा तहाँ, निरखत होउँ निहाल।।

48

महालावण्य—शेवधिः

निरुपम सौन्दर्य की अपरिमित राशि जिनके स्वरूप में है वे रूप लावण्य का महासागर ही हैं। जिसकी तुलना किसी से भी नहीं की जा सकती।

जाकेपटतरनहिंकछू को करि सकत बखान।

महालावण्य शेवधी, रूपराशि की खान।।

सर्वारुणाऽनवद्यांगी—सर्वाभरण—भूषिता।

शिवकामेश्वरांकस्थाशिवास्वाधीनवल्लभा।। 21।।

49

सर्वारुणा

अरुणोदय के समान सिंदूरी आभायुक्त सवरूप की विभूति वर्णनातीत है।

विद्रुमछविअनियारिअति, मण्डित तन रतनार।
श्री सोभा अरुणाभ सी, भासित भूति अपार।।

50

अनवद्यांगी

सृष्टि का निर्माण विधाता ने गुणों और दोषों को मिला कर किया है कहीं कहीं यह सृष्टि मिश्रित सी जान पड़ती है किन्तु भवानी के स्वरूप में कोई भी दोष नहीं हैं वे अनवद्यांगी सदा ही अलौकिक विग्रह धारिणी हैं भागवत में ब्रह्मा जी ने श्रीकृष्ण भगवान से कहा है

अस्यपि देव वपुशो मदनुग्रहायस्वेच्छामयस्य न तु भूतमयस्यकोऽपि।
नेशे महि त्ववसितुं मनसाऽऽन्तरेणसाक्षात्तवैव किमुतात्मसुखानुभूतेः।।
(श्रीमद्भागवद दशमस्कन्ध चतुर्दश अध्याय का द्वितीय श्लोक)

रची विधाता सृष्टि उपाई। गुन अवगुन मिश्रित छवि पाई।।
कर्ममूल जनमें जग जोनी। भेद विभिन्न सृष्टि नित होनी।।
जन्मत बढ़त घटतछय पावै। आपनिगति सब आप नसावै।।
जहँ न सृष्टि मर्याद समाई। निरुपाधिक अनवद्य कहाई।।
निर्मल अंग विभूषन जाके। का उपमा पटतर है ताके।।
निर्मल मानस हंस प्रवीना। विचरै जो मुक्ता गति लीना।।
परा अलौकिक अनुपम शक्ती। जानै सो जाके घट भक्ती।।
सुन्दररूप निरखि सुखपावै। जो जानइ सो कहि न बतावै।।
सुन्दरता सुरभित शुभकाया। प्रकृति सुरम्यरूप तस छाया।।
ताकौ एक भगत उरदर्पण। निरखौ छवि कर पूर्णसमर्पण।।
बनीं सृष्टि गुन दोषमय, घटै बढ़ै छय होय।
सुन्दर श्री सर्वांग हैं, ताकौ आदि न कोय।।

अगमअकथ अविनाशिनी, अनवद्य छवि धाम।
अनुपमअभिनवराशिसुख, लजैंकोटिरतिकाम।।
अनवद्यांगी कोमला, मुकुल कली अभिराम।
शिवसस्मितउषानिरखि, खिली अहोउद्दाम।।

51

सर्वाभरण—भूषिता

जिनके श्रृंगार की मनोहरता का सटीक वर्णन करने में स्वयं शारदा भी समर्थ नहीं हैं। वे जगन्माता नित्य ही नवीन आभूषण और पाशाकें धारण करतीं हैं। नित्य नवीन फूलों, रत्नों, मणियों और मोतियों के दिव्य आभूषणों की कांति से धरा और आकाश प्रभापूर्ण हो जाते हैं। उनके अंगराग की सुगन्ध से दिशाऐं गमकने लगतीं हैं ऐसे वैभव को देखकर स्वयं लक्ष्मी जी भी संकोच में पड़ जातीं हैं क्योंकि श्री जी के एक ओर लक्ष्मी और दूसरी ओर सरस्वती जी सहचरी की भाँति सेवा भाव से विराजमान हैं।

ऐसौ श्री उर नेह, जाके शिव आधीन हैं।
बरसैनितनवमेह, घटा लिपटि घनश्याम सों।।
भूषन अंगन रचित, कनक सुमन रतननभरे।
स्वर्णरेख सी खचित, नितसुगन्ध केसाजकी।।
रुचिरुचि सज श्रृंगार, नित नवीनभूषनवसन।
अभिनवरूप निहार, रमा मनहिं लज्जितभई।।
चिरयौवन सुकुमार, अंग अंग कुसुमन कली।
सोभा रूप अपार, अंगराग महँकात जहँ।।
अतिशय सौम्य सुहास, लावण्या शेवधि अहो।
भू नभ भरत प्रकास, अगनितमुक्तामानिकन।।
आभूषण सो सत्य, भूषन भये सुकान्ति सों।
वागेश्वरि कृतकृत्य, अकथनीय सोभा घनी।।

52

शिवकामेश्वरांकस्था

उपरोक्त इक्यावन नामों में माँ के स्वरूप की शोभा का वर्णन किया गया है अब यहाँ से आसनों का वर्णन प्रारम्भ होता है। कामेश्वर शिव के अंक में बाँईं ओर आलिंगनबद्ध हो कर जगन्माता नित्य ही विराजतीं हैं। यह सच्चिदानंद विग्रह विदेह भक्तों की एकमात्र निधि है। शिव शक्ति में अभेद है इस स्वरूप का ध्यान परमार्थ सुख प्रदान करने वाला भक्ति के रसामृत का आस्वादन कराने वाला, कैवल्य पद की अनुभूति कराने वाला है जिसके दर्शन करके मोक्ष स्वयं कृतकृत्य हो जाती है

राजत 'श्री'शिवअंक में, आलिंगित द्वयरूप।

सच्चिद्घन आनंदमय, निरुपमराशि अनूप।।

श्रीशिवमध्य न भेदकछु, एक प्राण दो देह।

यहै रूप ममउर रमै, ध्यावत जिन्हें विदेह।।

परमारथ सुखदायिनी, भगति सुधारस दान।

उरउपासिनितनेहनिधि, पावहुँ सबकल्याण।।

जित्यौमदन करछारशिव, भईसमाधिअगम्य।

कामेश्वरिदृगकोर सों, शिवउर भयौसुरम्य।।

लजैंकोटिरतिकामजहुँ, सकुचावतरहिमुक्ति।

एक रूप कैवल्यनिधि, परमगूढ़धन युक्ति।।

53

शिवा

शिव और शक्ति में अभेद है वे एकप्राण दो देही ही हैं। अर्धनारीश्वर रूप में इसी उपासना का प्रावधान है जिस प्रकार अग्नि से उष्मा, सूर्य से तापप्रकाश, चन्द्रमा से शीतलता भिन्न नहीं होती उसी प्रकार शिवशक्ति अभिन्न और अनन्य हैं। श्रीयन्त्र में त्रिकोणान्तर गत श्री और बिन्दु रूप में शिव कहे गये हैं। कहीं कहीं बिन्दुरूप में शिवशक्ति दोंनो ही हैं। शिवधाम कैलाश की दिव्य शोभा है जो शिव की कर्पूर के समान प्रकाश से उज्जवल और पार्वती के सिंदूरी प्रकाश से मिल का पाटलवर्ण (गुलाबी रंग) का अलोक फैला रही है।

46

भेद नहीं शिव शिवा में, एक रूप दो नाम।
चन्द्रचंद्रिका ज्यों मिलैं, रविरशिमन सों घाम।।
उज्ज्वल शिवकर्पूर तन, सोभा सदन ललाम।
उषालालिमा शिवा की, छविअनन्य शिवधाम।।
महाशक्ति के पुंज कों, को कहि सकै बताय।
हरविरंचिहरि नमत हैं, सकीं न सारद गाय।।
नाम   रूप   गुन वेश सों, एक रूप दो गात।
सोभितशिवअर्द्धाँग में, शिवा जगत की मात।।

54

स्वाधीन–वल्लभा

सदाशिव माता अन्नपूर्णा का सदा सन्मान करते हैं। स्त्रियों में जैसा पति प्रेम पार्वती जी का है वैसा अन्यत्र ढूँढ़ने पर भी नही मिलता।वे अर्द्धाँग में निवास करतीं हैं। शिवलीला की साक्षी हैं। पतिप्रेमपरायणा होने से ही स्वाधीन वल्लभा हैं। शिवलीला शिवा की इच्छा पर ही निर्भर रहती है। ऐसी मानमयी मानिनी मोहिनी मनस्विनी माधुर्यमूर्ति मनोरमा प्रिया शिव हृदयेश्वरी हैं

शिव संकल्प   शक्ति आधीना। सो अनुरागहु नित्य नवीना।।
श्री शिव भेद न रूपनाम कौ। लीलामय विग्रह प्रकाम कौ।।
चलै अखिल भुवनाधिक काजा। श्रीइच्छा सों ही सबसाजा।।
परमानंदरासि   सुख धामा। अखिल लोक लोचन अभिरामा।।
श्री आधीन रहत शिव कैसे। प्रभा किरनवश ज्यों रहि जैसे।।
रचै रास शशि संग यामिनी। मध्यसघनघन रहि सौदामिनी।।
मोहिनि मानमयी मृदु बयना। रूप निरखि प्यासे शिव नैना।।
शिव प्राणेश्वरि शिवा भवानी। अखिललोकलोचन कल्याणी।।
सोभित शिव अर्द्धांगअनन्या। गिरिजा गिरिवर राज सुकन्या।।
सिद्ध मनोरथ   हैं सदा, जाके शिव आधीन।
शक्ति एक शिवस्वामिनी, एक रूप आसीन।।
जाकी   इच्छा रखत हैं, सिरमाथे शिव आप।
शिवस्वामिनि शिववल्लभा, ताकौ भव्यप्रताप।।

सुमेरुशृंगमध्यस्था श्रीमन्नगर—नायिका।
चिंतामणिगृहान्तस्थापंचब्रह्मासनस्थिता।। 22।।

55

सुमेरुशृंगमध्यस्था

यहाँ पर माँ को ब्रह्माण्ड में, कुंडलिनी में और श्रीचक्र के मध्य में विराजमान दर्शाया है। भुवनकोश में मेरु पर्वत जो सबसे ऊँचा है जहाँ चार प्रमुख श्रृंग हैं इनमें तीन पर ब्रह्मा, विष्णु और रुद्र की तीन पुरियाँ हैं चौथी पुरी भगवती की मानी गई है, नर तन में सहस्त्रार के मध्य में बिन्दुरूप से विराजमान हैं जिसका योगी अमृतकुंड के नामसे उद्बोधन करते हैं और श्रीचक्र में रेखाओं, परिरेखाओं, कोणों, वलयों, दलों और मंडलों में माँ की योगिनियों के सहित प्रतिष्ठा की जाती है। त्रिकोंण के मध्य जो बिन्दु है उसमें शिव से अभिन्न होकर विराजमान हैं।

श्रृंग सुमेरु शिखर विराजीं। श्री माता सर्वोपरि साजीं।।

रेखामय श्री चक्र बखानौ। श्री स्वरूप की मूरत जानौ।।

कोंण, वलय, दल मण्डलमाँहीं। चक्रराज परिरेख समाहीं।।

भुवनकोश श्रीचक्र बखानौ। जो सबमँह सो प्रतिघटमानौ।।

मेरु समान बिन्दु तहँ पायौ।सहसचक्र तन माँहिं कहायौ।।

बिन्दुमध्य श्री सदा सुहावें। सहसकमल दरसन नितपावें।।

संग शिवा शिव सोभा न्यारी। रमणरता शिवअंक निहारी।।

सर्वोपरि अंबा की सोभा। शिवनयनन नित रहत प्रलोभा।।

श्रृंग सुमेरु मध्य सो पाई। जाकी महिमा कहि नहिं जाई।।

सब पर शासन करत भवानी। ता कों ही सर्वोपरि मानी।।

प्रतिघट में रहि एक ही, सहसकमलगत देख।

मेरु मध्य भू भाग में, सो श्री चक्रहि पेख।।

त्रिभुवन में ध्रुवहीअटल, तासों उपरि न कोय।

मेदिनि की मेरु धुरी, सर्वोपरि ज्यों होय।।

श्रृंग सुमेरु सुवास, जो राजत ब्रह्माण्ड लगि।

सो श्री रुचिर निवास, सहस्त्रार के बिन्दु में।।

56

श्रीमन्नगर–नायिका

क्षीरसागर के मध्य में माता का श्रीमन्नगर माना गया है। सुमेरु के चारश्रृंगों में से एक पर भी भगवती का नगर माना गया है। जिसे श्रीमन्नगर कहा गया है। श्रीचक्र को भी इसी नाम से जाना जाता है, क्योंकि श्रुतियों के अनुसार नगर या पुर का अर्थ चक्र ही बताया गया है। इस प्रकार श्रीपुर या श्रीमन्नगर श्रीचक्र का ही पर्यायवाची है। कुंडलिनी में भी सहसदल कमल माँ का ही स्थान है।

श्रीमन्नगर चक्र श्री तेरौ। जहाँ दिपत नित तेज घनेरौ।।

श्रीचक्रहि ब्रह्माण्ड समायौ। हरिहरविधि जहँ सीस नवायौ।।

सोभा निधि शारदा बखानी। सेवत नित्य रमा वरदानी।।

रिद्धिसिद्धिअनुचरि बन ठाढ़ीं। रखहिं प्रीतिनितचरननभारी।।

फलइमनोरथसाधतजाकौ। कछु न अभाव रहहिं पुनिताकौ।।

स्वर्ग और अपवर्ग समायौ। सुरति विहार गंध महकायौ।।

दीप नव रतन नाना जोती। चुँगें मराल मुक्ति के मोती।।

मुक्तिदासि बन देत सोहनी। तहाँ विराजत भगति मोहनी।।

नर तन कुंडलि योग समायौ। तामें श्रीमन्नगर बनायौ।।

जहाँ शक्तिमय भव्य सरूपा। परन देत नहिं भवतमकूपा।।

सुगढ़ सलौनो नगर है, नरतन सतपथगामि।

श्रीमन्नगर सुनायिका, चरनन सीस नमामि।।

क्षीराब्धी के मध्य में, प्राचीरें पच्चीस।

तहाँ बनौ श्रीमन्नगर, साखी शिव जग ईश।।

57

चिन्तामणिगृहान्तस्था

कल्पवृक्ष और कामधेनु के समान चिंतामणि सभी मनोरथों को पूर्ण करने वाली है। माँ का यह स्थान विधाता की रची सृष्टि से सर्वथा भिन्न है। यह ब्रह्माण्डसे परे है जहाँ पर दिव्य लीलाओं का नित्य ही संगम होता रहता है।

सदगुन खानि जासु मन गोई। चिन्तामणि आभा नित होई।।

विमलबानि चिन्मय चित चारु। रतनन दिव्यविभा व्यवहारु।।

अर्पित करइसकलविधिपूजा। ता सम समरथ कोउ न दूजा।।

सुलभ सर्व सौभाग्य सदेहा। मेंटत तम भय गत संदेहा।।

सहज रूप तहँ श्रीजी सोभा। तृप्ति न पावत नयनन लोभा।।

असचिन्तामणिगृह श्री नीकौ। अनत सकलवैभव सब फीकौ।।

रतन प्रभा अस तेज सहेजा। फीकौ परत कोटि रवि तेजा।।

तागृहमध्यबसतशिवभामिनि। सघनजलदबिचज्योंरहिदामिनि।।

दिव्य मंत्र मणि मुक्ता माला। ब्रह्मनाद सुर परम रसाला।।

रशिम कोटि रवि की तहँ लाजैं। दिव्यप्रभा छवि श्रीकीसाजै।।

मन बानी निश्चल जहँ ध्यावै। संगम सुर लय ताल सुहावै।।

सिद्ध मनोरथ लागत नीकौ। गान विना सुरसाधन फीकौ।।

फरैं सत्य संकल्प सब, सधै साधना आप।

चिंतामणि मूरी वहीं, प्रकट करै परताप।।

श्री शोभा सागर जहाँ, प्रकट विराजैं आप।

चिन्तामणिगृह कौ तहाँ, अतिदुर्लभपरताप।।

सकलसृष्टि सों जो परे, चिन्मयबोधललाम।

नित आनंद लीला रचै, सो चिंतामणिधाम।।

चिन्तामणि सों जहँ रचे, कुंजबनन के पात।

झरें सुमन छनहीछन, फुरत पल्लवन गात।।

58

पंचब्रह्मासनस्थिता

शास्त्रों के आधार पर श्रीजगदम्बे का प्रिय स्थान मणिद्वीप में है, जहाँ कदम्ब बन में चिंतामणि रचित मन्दिर में पाँचब्रह्म द्वारा निर्मित पलंग पर श्रीमाता विश्राम करतीं हैं। इन पाँच ब्रह्म (ब्रह्मा, रुद्र, विष्णु और ईश ये ही चार पाये हैं ऊपर शैया का फलक सदाशिव बने हैं जहाँ आप विराजतीं हैं।) नर देह में चारचक्र (मूलाधर, स्वाधिष्ठान, मणिपुर और अनाहत) चार पाये है, विशुद्ध चक्र को फलक के समान बताया गया हैं। अन्यत्र भी प्रणव के अ'इ'उ' और अनुस्वार चार पाये ऊँकार पलंग हैं जहाँ ब्रह्मानंदनिमग्न तुरीयातीता माँ का स्थान है तथा श्री चक्र में भी बिन्दु को माता का पलंग ही समझना चाहिये।

अगमअलौकिकसकलविधि, लीलानिधीअनन्य।
तिनके शयनागारकों, जानत कोउ न अन्य।।
पाँच देव ऊपर रहें, जिनकौ भव्य प्रकास।
अद्भुत शैया मात की, कहौं यथामति भाष।।
राजत श्री मणि द्वीप में, अति आनंद उछाह।
चिंतामणिआलय रुचिर, सघनकदम्बन छाँह।।
जहँ अद्भुत शैया बनीं, तहँमतिअतिसकुचात।
अनुशासित हैं पाँच सुर, पौढ़त हैं जगमात।।
शैया के पाये बने, हरी रुद्र विधि ईश।
बिछे फलक बनकें तहाँ, सदाशिव जगदीश।।
प्रणव रूप शैया बनीं, अउम् संग अनुस्वार।
ता ऊपर श्री राजतीं, महिमा अपरम्पर।।
चार चक्र पाये बने, चादर बनीं विशुद्ध।
पौढ़त हैं कुंडलिनि में, जानै ताहि प्रबुद्ध।।
बिन्दु बनीं पर्यंक सम, जहँनव बने त्रिकोण।
चक्रराज आलय अहो, राखैं साधक गौण।।
बिन्दु बनीं पर्यंक, चक्रराज के मध्य में।
राजतशिवकेअंक, युगलरूप की एक निधि।।

महापद्माटवी–संस्था कदंबवन–वासिनी।
सुधासागरमध्यस्थाकामाक्षीकामदायिनी।। 23 ।।

59

महापद्माटवीसंस्था

संसार की सीमा से परे परात्परा का धाम अत्यन्त मनोहारी है उसी का यहाँ वर्णन किया है। उनके मणिसदन के चारों ओर बड़े बड़े आकार के स्वर्ण कमल हैं जिनके पत्ते मेघवर्णीय हैं। जिनके पराग कण मलयज के झकोरों से जल में तैरते हैं और कलहंसों के पखों को स्वर्ण आभा से भर देते हैं जिनका कलरव गान वहाँ की दिव्यता का मानों सजीव रूप में बखान करने लगते है। दूसरे अर्थ में मनुष्य शरीर भी माँ का मंदिर ही हैं यहाँ कुंडलिनी जाग्रत होकर शून्य चक्र में मिलती हैं वहाँ भी अमृत का सरोवर है। सहसदल कमल है जहाँ जगदम्बा माता विराजती हैं।

सृष्टि परिधि सों हैं परे, रहें मणिसदन व्याप्त।
स्वर्णकमल परिवेश कों, नमन करें मुनिआप्त।।
कमल नाल अति दीर्घ हैं, मेघ वर्ण हैं पर्ण।
पद्मा पद्म वनहिं बसीं, योगी भ्रमर सुवर्ण।।
मलयज झरत पराग तहँ, भरत बतास सुगन्ध।
केलिकरत कलहंस तब, गूँजत ध्वनी अमन्द।।
महा पद्म सोभा अमित, सहस्त्रार तन मॉहि।
न्यारौ अम्बुजअमियमय, कुंडलि जहाँ समाहिं।।
दुर्लभ कमलन सों भरे, रही सघन बन गोय।
शिवा शिव के संग नित, आनंद उत्सव होय।।

60

कदम्बवनवासिनी

माँ का निवास ब्रह्माण्ड के भीतर भी है और बाहर भी उनका सुधासिन्धु के मध्य चिंतामणि प्रासाद मणिमण्डपों से घिरा है जिनकी दो आवृतियाँ हैं जिन्हें उन्नत कदम्ब के वृक्षों के कुंज घेरे रहते है। ये कदम्ब के वृक्ष दो योजन ऊँचे बताये गये हैं यह पौराणिक वर्णन है। श्रीचक्र में भी ब्रह्माण्ड कल्पित है यहाँ पाँच शक्तिकोण दिव्य वृक्ष हैं मध्य में बिन्दु रूप में श्री विराजमान हैं। कदम्ब वृक्ष पावस ऋतु का फूल है। इसकी सुगन्ध भीनी भीनी गम्भीर गुण लिये और मधुर होती हैं

चिंतामणि प्रासाद में, अमृत घट कौ बिन्दु।
मणिमण्डप आवृति घिरीं, बाहर अमृतसिन्धु।।
हैं कदम्ब वन कुंज बहु, फैली मत्त सुवास।
तहँ श्री कौ मनभावनौ, रुचिर बनौ आवास।।
श्रीचक्र के त्रिकोण हैं, दिव्य वृक्ष चहुँ पास।
बिन्दु रूप नित श्री करें, सुधा सार में वास।
मन्दमधुरसुरभितसुखद, लखिदामिनिखिलजाय।
सबते प्यारे ये सुमन, प्रिय कदंब श्री पाहिं।।
जगै भावना प्रेम की, थिरगति मन्द सुगन्ध।
श्रीजी मन अतिभावते, प्रियकदम्ब मणिबन्ध।।

61

सुधासागर—मध्यस्था

अमृत के सागर से धिरा हुआ, पारिजात की दिव्य सुगन्धवाले देववृक्षों से मनोहर, चिंतामणियों की जगमगाहट से देदीप्यमान, कमलों के समूहों की कान्ति से सदैव परिवेष्टित, जहाँ मत्तभौंरों का गुंजन होता रहता है, ऐसा आपका दिव्यधाम है जहाँ भक्तों की सुरति शीतल बयार सी प्रतीत होती है। ऐसे सुधासागर की अनुभूति कुंडलिनी जाग्रत होने पर साधक को अपने सहस दलकमल में इष्टदर्शन के आभास के समय प्रतीत होती है। यह सुधासिंधु चक्र के भीतर निलय में भी विद्यमान है।

रस पियूष शेवधि घिरौ, पारिजात वन एक।

परिवृत परिमलसुरभिवन, गहि कदंबतरु टेक।।

जगमगात चिंतामणी, जगमग जाकी जोत।

तेहि सौंध शिवसंग श्री, नित नव मंगल होत।।

शिव शक्ती कौ रूप ही, योगिन कौ आराध्य।

परम राग उपजै तहाँ, कछू न कहूँ दुसाध्य।।

सुरति बयारन सों फुरै, नित प्रफुल्ल है गात।

दिपतदीपमणि के विविध, लहिप्रतीतिउमगात।।

मत्त मधुप मन रस गहै, पद्म पुटन के स्रोत।

छक्यौ परागन मुखसन्यौ, गुंजन मधुरव होत।।

अस अपूर्व सुख कों कहूँकहत बनें ना आप।

बिन्दुसिन्धु में मिलतही, कहा बिन्दु कौ माप।।

62

कामाक्षी

यह नाम शाक्तसाधना में अर्थसार गर्भित है बीजाक्षरों और गूढ़भावों से भरा हुआ है। मंत्रमूर्ति माँ के नयनों में वाणी और लक्ष्मी जी को भी माना है और त्रिनेत्र होने से सूर्य, चन्द्र और अग्नि भी नेत्रों में ही समाये हुए हैं। अति सुन्दर विशालाक्षी के रूप का वर्णन करने में कोई भी समर्थ नहीं हैं। माता कामाक्षी कांची पीठ में विराजमान हैं। ये ही कामेश्वरी कामाख्या नाम से भी पूजी जातीं हैं।

शुभ त्रिनेत्रमयि कृष्णाकाली। निरुपम नयनन छटा निराली।।
मन बानी चिन्तन चित हारौ। को कहि सकै रूप मतवारौ।।
हृदयबिंब छवि लखिबड़भागी। कृपादृष्टि सों जब मतिजागी।।
को रहस्य ऐसौ लखि पावै। जो जानें सो कहि न बतावै।।
कामसिद्धि फल पावत नीके। सफल मनोरथ पूरित जी के।।
बीजाक्षर सब मंत्र समाये। यंत्र मूर्तिमय प्रकट दिखाये।।
सो प्रकास तंत्रहि प्रकटायौ। कामाक्षी रहस्य जिन पायौ।।
कामेश्वरउर रहि तवझाँकी। मुदित मानमयि नितशिवआँकी।।

'का' में वाणी 'मा' रमा, युगलनयन के रूप।
वन्हिअर्कशशि अक्ष रहि, सोभित अंब सरूप।।
सकलकामना सिद्ध जहँ, सिद्धिसम्पदा गोय।
कामाक्षी दर्शनसुफल, अतिप्रसन्न शिव होंय।।

63

कामदायिनी

सभी कामनाओं को पूर्ण करने वाली कामेश्वरी अपने भक्तों को कामेश्वर का सान्निध्य सुख भी प्रदान करने में सक्षम हैं। उनके शिव आराध्य हैं और आधीन भी वे भोग और मोक्ष को देने वाली अपने भक्तो के योगक्षेम का निर्वहन करतीं हैं और कल्पवृक्ष की भाँति मनारथों को पूर्ण करने वाली कामाक्षी हैं।

फलत सकलमनकामना, कल्परुख की डार।
योग क्षेम सब साधि हैं, भूरि धूरि श्री पाँव।।
रिद्धिसिद्धि आधीन तव, सो ही सत्य पियूष।
योग करत संयोग तस, नित नवीन प्रत्यूष।।
साधत श्रीचरननसुभग, सब साधन सधजाय।
लोकऔरपरलोक की, चिन्ता कछु न सताय।।
भाव रूप गहि अर्चना, कामदायिनी आप।
सर्व समर्पन जासु चित, मिटै सघनतम पाप।।
कामेश्वर सायुज्य सुख, भगतन मिलै अगाध।
कामाख्या चरनन नर्मीं, सकलसिद्धि तपसाध।।

देवर्षि–गण–संघात–स्तूयमानात्म–वैभवा
भाण्डासुरवधोद्युक्त शक्तिसेनासमन्विता।। 24 ।।

64

देवर्षि–गण–संघात–स्तूयमानात्म–वैभवा

ब्रह्मा, विष्णु, महादेव जी, हयग्रीव व अन्य सब देवता, देवर्षि (नारद, सनकादिक) ऋषिगण (दुर्वासा, दत्तात्रेय, अगस्त्य, लोपामुद्रा) देव (बारह आदित्य, आठ वसु, तुषित, भास्वर, पितृ उन्चास वायुगण, ग्यारह रुद्र) इसके अतिरिक्त अनेकों ग्रह–उपग्रह के देव और चन्द्रमा सभी माँ की आराधना करते रहते हैं।

ध्यान धरैं ऋषि देव नित, वन्दनबारम्वार।
नाम रूप गुनगान की, महिमा अपरम्पार।।
कल्प कल्प में रचतविधि, सृष्टि नवीननवीन।
जाके बल सर्जतजगत, ह्वैकृतकृत्य प्रवीन।।
पालतराखत विष्णुजग, अखिलकोटिब्रह्माण्ड।
ताहिजगावत जो प्रथम, विश्वाधार प्रकाण्ड।।
हर सन्मानत नित्य ही, शिवअर्धांगविराज।
नर्तन ताण्डव करत हैं, प्रलयकाल नटराज।।
नारद सनकादिक ऋषी, मुनिगनशेषसुजान।
पावत सब मनकामना, 'श्री' समाननहिंआन।।
रुद्रअग्नि आदित्य वसु, वरुण विष्नु मरुदेव।
आत्म जोति ध्यावत नमें, शरणागती त्वमेव।।
ब्रह्मज्ञान दें ज्ञानिनन, योगिन मिलतसुयोग।
विद्या धन वैभव मिलै, सकल सम्पदा भोग।।

65

भंडासुर–वधोद्युक्त–शक्तिसेना–समन्विता

जबतक साधक के मन से अहंभाव पूर्णतया विलुप्त नहीं हो जाता तब तक उसका देहाध्यास नहीं मिटता जिसके बिना तल्लीनता सर्वथा असम्भव है। भाण्ड देह का प्रतीक

है जहाँ जीव मैं और मेरा की माया में ही लिपटा हैं जिसके कारण संकीर्णता से घिरा मन कभी भी भक्ति की पवित्र भूमि पर नहीं पहुँच पाता। माता की कृपा से ही भाण्डासुर की समस्त सेना पराजित हो पाती है। जीवन के नये भोर में जैसे नींद से व्यक्ति स्वयं ही जाग जाता है वैसे ही अविद्या की कलुषता के मिटते ही भाण्डासुर मारा गया यानी देहाध्यास मिट गया ऐसा समझना चाहिये।

कहें मूढ़ मन देह ही, पुरुषारथ कौ सार।

जड़माटी कौ भांण्ड यह, चहै न आनअधार।।

चिन्मय मन विज्ञान की, जान न पायौ बात।

अन्धकूप में रहतनित, कहें दिनहु कों रात।।

प्रकट अग्नि ज्योंकाष्ठ सों, जारै जड़ताशेष।

तेजतेज सों ही मिलत, भस्मभस्म महँ लेश।।

रहै न जड़ता देह की, देही कौ अभिमान।

देह प्रान मन सों परे, आनंदघन विज्ञान।।

अहं भाव रख देह कौ, लेत अविद्या साथ।

जड़ता में जड़मतिरहै, गहत न कोऊ हाथ।।

अधमन कौ उद्धार कर, हनें आसुरी वृत्ति।

भाण्डासुर के हनन सों, पावत सहजप्रवृत्ति।।

निवृत होंय संताप सब, कटें अमंगल पाप।

होत नवीन विहान जब, जागत अपने आप।।

सम्पत्करी –समारूढ–सिंधुर–व्रज–सेविता।
अश्वारूढाधिष्ठिताश्व–कोटिकोटिभिरावृता।। 25।।

66

सम्पत्करी –समारूढ–सिंधुर–व्रज–सेविता

देवी की गजसेना का संचालन सम्पत्करी नाम की शक्ति करती हैं। इन्हें हस्ति नाद प्रबोधिनी भी कहा गया है हाथी बुद्धिमान और बलवान होता है उसकी गर्जना गम्भीर होती है अंकुश से हाथियों को नियन्त्रित करते हुए भाण्डासुर का वध करतीं हैं। इनके हाथी सिंधुर प्रजाति के हैं। इस कथन में हाथी को ज्ञान के प्रतीकरूप में समझना चाहिये जो बुद्धि की अज्ञानता को दूर करता है। सम्पत्करी देवी का त्र्यक्षरी मंत्र है।

जो जैसौ राखै मनहिं, ताकी तैसी रीत।
संपत् विपत् न है कहूँ, केवल मन परतीत।।
गूढ़गिरा गज सी सदा, जो नित देय प्रबोध।
जड़मति के त्रयताप हर, रखै न लेश अबोध।।
देह भरण मद मान कौ, तजत मोह की तल्प।
छुअत चेतना की किरन, रहै न तन्द्रा अल्प।।
यहै कृपा की रीत है, यहै परम सों प्रीत।
जागौ लखौ पुनीत पथ, दिव्यप्रभा परतीत।।
जड़ चेतन आभासमय, लेश न या में भेद।
कल्पितमन के भाव सों, प्रकट हर्ष औ' खेद।।
यह विपदा यह संपदा, हौं विपन्न संपन्न।
ज्यों लौं उभय टरैं नहीं, होत न धीर प्रपन्न।।
गजमति धीर प्रबोधिनी, बुद्धि विवेक समेत।
चलै चाल निश्शंक मन, मुखर नाद समवेत।।

67

अश्वारूढाधिष्ठिताश्व–कोटि–कोटिभिरावृता

अश्वारूढा देवी की शक्ति करोड़ों घोड़ों को एक साथ द्रुतगति से ले जाने में समर्थ है। उनका वेग अतितीव्र है यह शक्ति कर्मगति की संचालिक है जो इन्द्रियों की सामर्थ्य से ही सम्भव है। गज के समान प्रगाढ़ ज्ञान से प्रपन्नमति हो तो इन्द्रियों का संयमन तत्परता से हो पायेगा तभी कर्मयोग के पथपर जाने की चतुरता साधक में आ सकती है। यदि चेतना का विकास व उत्थान नहीं हुआ तो चाहे कितना भी बलवान शरीर क्यों न हो वह प्रमादी मूढ़ और भटकने वाला ही होगा जैसे पत्थर जड़ होता है उस पर कोई भी अंकुर जम नहीं सकता साधना का बीजारोपण कर्मयोग की कुशलता से ही संभव है जो माँ अश्वारूढ़ा सुलभ कराती हैं। इनका मंत्र त्र्योदशाक्षर है।

गज सम धीर गम्भीरमति, गहै आपनी रीत।
कर्मपंथ पर अश्व सम, गति निर्बाध अभीत।।
भ्रमितहोयभ्रममेंपर्यौ, कबहु क्लान्त निरुपाय।
दमितशमित होवै कबहु, कबहू भ्रमित कहाय।।
जैसौ मन तैसौ जगत, भ्रमर कीट संयोग।

राह चाह ही सों बनें, यों जानत सब लोग।।

बोधहीन गति चपल सी, देत न कबहू श्रेय।

पाहन तौ पाहन रहै, का पावै का देय।।

ऊसर चित चेतन बिना, जमे न अंकुर खेत।

केतेहू घन बरसिहैं, रही रेत की रेत।।

चक्रराज–रथारूढ–सर्वायुध–परिष्कृता।
गेयचक्र–रथारूढमन्त्रिणी–परिसेविता।। 26 ।।

68

चक्रराज–रथारूढ–सर्वायुध–परिष्कृता।

श्रीचक्र ही चक्रराज कहलाता है जहाँ नौ कोण ऊँचाई दस योजन, परिधि चार योजन है मध्य बिन्दु में श्रीजी विराज रहीं हैं। रथ के ऊपर आनंद पताका फहरा रही है। जिनके समस्त आयुध आत्मज्ञान प्राप्त कराने के साधन हैं। श्रीचक्र की आराधना करने वाले को योगाभ्यास द्वारा कुछ भी प्राप्त होना शेष नहीं रह जाता। साधक पूर्णकाम बन जाता है। चक्रराज के आगे किरिचक्र और गेयचक्र का वर्णन किया है।

चक्रराज श्रीचक्र कौ, अटलछत्र है राज।

सकलसिद्धिसोंसाधिकें, साधेंजन केकाज।।

यहअनुपमरथजब चलै, करैअसत्सत् भेद।

ध्येय परम ताकौ रहै, जाकों गावत वेद।।

नमनकरतवंदनकरत, कहतकथारुचिराख।

पहुँचै ताके हीनिकट, राखि आपनीसाख।।

आनंदघन के धामकौ, अडिगमेरु समपंथ।

मन्त्रजाप ही गति बनै, केवल जानैसंत।।

चेतनमयआभाससों, मिलै पुलक सी प्रीत।

भव्यभाव की धारिका, महामंत्र की रीत।।

द्वन्द देहअध्यास कौ, दम्भभर्यौ मनमान।

जड़चेतन माया रचे, उभयस्वप्नसमजान।।

नित जाकौ सन्निध्य है, सदासर्वदा गेय।

सो ही है श्रीचक्र यह, दिव्यप्रभाभरदेय।।

69

गेयचक्र–रथारूढ–मन्त्रिणी–परिसेविता

गेयचक्र को संगीतमय चक्र कहते हैं यानी ज्ञान की मुखरित होती हुई भाव प्रधान प्रखर अनुभूति जो गाई जा सके ऐसा कहा गया है। मंत्रिणी नाम की शक्ति इसका संचालन करती है। कुंडलिनी की गति संगीतमय लय से ही संचालित है। कानों को बंद करके जो नाद निरन्तर गुंजित होता हुआ अनुभूत होता है वह इस बात का प्रमाण है। श्रीचक्र के रथ के पहिये इसी से चलते हैं। साधना में मेरुदण्ड में यह चक्र चलता रहता है। भाण्डासुर के वध के पश्चात अर्थात जिनका देहाध्यास मिट चुका हो ऐसे विदेह साधक इसके गूढ़ रहस्य को जान पाने में सक्षम हो पाते हैं। निश्चल मन से भावपूर्ण गान ज्ञान की प्रतीति करा सके वही गेयचक्र है।

अनुपम ताकौ सो सुरथ, करैअसत्सत् भेद।

पहुँचावै निज धाम में, हरै असम्भव खेद।।

संचालन मंत्रिणि करें, भाव बोध आह्वान।

गानमयी आराधना, मंत्रसार कौ ध्यान।।

किरिचक्र–रथारूढा–दंडनाथा–पुरस्कृता।

ज्वालामालिनिकाक्षिप्तवन्हिप्राकारमध्यमा।। 27 ।।

70

किरिचक्र–रथारूढा–दंडनाथा–पुरस्कृता

श्रीचक्र के आगे गेय चक्र और उसके आगे किरि चक्र चलते हैं। कर्मयोग की अभ्यर्चना का यहाँ अत्यन्त महत्व है। किरि (वाराही देवी) जो दण्ड धारण किये हुए हैं तथा यमदेव भी जिनकी उपासना में सतत लीन रहते हैं वे सबसे आगे पथ के कंटक काटती हुई चल रहीं हैं। यहाँ यह भाव है कि कर्मपथ पर साधक तभी कुशलता पूर्वक निर्विघ्न होकर चल पायेगा जब वह ज्ञान से कर्म बन्धन काट दे। कर्म मार्ग को प्रशस्त करे तभी जीवन में गेय चक्र यानी ज्ञान की मुखरता तदनन्तर श्रीचक्र में श्रीमाँ की कृपा प्राप्ति जो सर्वाभीष्ट प्रदाता है उसका अवलम्बन मिल पायेगा। वाराही यमदेव की भी उपास्य हैं ते साधक के मार्ग में काल के भय का भी कोई स्थान नहीं है। निडर होकर आगे बढ़ते जाना है। किरि से तात्पर्य सृष्टि रचना की संचालिका ज्योति किरणमयी माता और चक्र को कालचक्र समझना चाहिये। जिसमें सृष्टि, स्थिति और लय समाई है किन्तु योगी अपनी साधना के सतत प्रयास में काल से भी भयभीत नही होते क्योंकि त्रिकालाबाधित माँ इस काल के द्वारा भी वन्दनीया हैं।

मधुरस कौ पाथेय, कर्मपथ कौ संयमरथ,
मनहयअर्पितराशि, होतसबजतननकौअथ।
यमनियमन कौ साज, कर्मपथस्वच्छसंवारै,
शमदम कौ अभ्यास, तितिक्षा बोध उबारै।
अर्पण कौ शुचि भाव, पुष्टि दै कें उद्धारै,
कर्म धर्म आधीन, अहो शत जीवन वारै।।
ज्ञानप्रभामय बोधरथ, कहै कर्मगति गूढ़।
पार करत भवपंथ सों, जो होवै आरूढ़।।
आनंदघनकेधाम कौ, कहूँन अंतन आदि।
मधुरगान की माधुरी, कहै दिव्य संवाद।।
मूरत संयम नियम की, भव्यधर्ममय प्रीत।
कर्मपंथ की चातुरी, मोहनि कौ संगीत।।
किरि वाराहीरूप है, यमसेवित हौ आप।
दंडधरा चढ़िरश्मिरथ, गावहिंदेव प्रताप।।

71

ज्वालामालिनिकाक्षिप्त–वन्हिप्राकार–मध्यमा

अग्नि की माला के मध्य क्षिप्ता यानी सार में वन्हिप्राकार अर्थात् तेजराशि के कोण या वर्तुल के मध्य, (मध्यगा) अर्थात मध्य में बिन्दुरूप में विराजमान हैं। ये ब्रह्माण्ड के बाहर अपने आनंद सदन में, पिण्ड में यानी नरदेह में कुंडलिनीरूप में और यंत्रराज में समान रूप से एक ही भाँति प्रतिष्ठित हैं। कुंडलिनी में आज्ञाचक्र ज्ञानाग्नि से दीप्तिमान है। देवी की कृपा ही इस अन्तर्ज्योति को जाग्रत करती है जिस पर जितनी कृपा उसको उतना ही ज्ञान मिलता है।

मिलकेंहू चंद्रार्काग्नि जेहि कों दर्षात ना,
सोई स्वयंप्रभा सी अन्तर्घट रमि विरहिहै।
'ज्वालामालमध्य'मेंविलासनितजाकौ सजग,
घटघट के आनंद सरलहरनमें फुहरहिहै।
ज्योतिजाकी जेती लौ अन्तर में प्रकटावै,
ताके उर मूरत सोई साँची उद्धरहिहै

भृकुटिन के ही मध्यमें विराजतअमोघपुंज,
प्रकटह्वै प्रकासजाकौ तेजसोउपकरिहहै।
महाशक्ति के रूप बहु, करें बानि मनपूत।
हर्षित निजविक्रमहि सों, धारैं रूपअकूत।।
ज्ञानदीपज्वालाजगै, जगमगज्योतिप्रकाश।
श्रीप्रकाश मण्डल वसै, पूरित भू आकाश।।
जागै भृकुटिनमध्य में, होय ध्यानलयलीन।
कृपाकिरन जाकौ मिलै, जानौ सोइप्रवीन।।
ज्वालमाल के मध्य में, नित्यकरतहैं वास।
करत त्रिनेत्रमयी तहाँ, मन्दमन्द मृदृहास।।
ज्ञानअग्नि सों होत है, आज्ञाचक्र विकास।
कृपाकोर सों जात है, चरनशरन के पास।।

भंडसैन्यवधोद्युक्त—शक्ति विक्रम—हर्षिता।
नित्या—पराक्रमाटोप—निरीक्षणसमुत्सुका।। 28 ।।

72

भंडसैन्य—वधोद्युक्त—शक्ति—विक्रम—हर्षिता

भाण्डासुर के वध के लिये उद्यत अपनी सेना के पराक्रम को देखकर भगवती अत्यन्त प्रसन्न हो रहीं हैं।

अविचल गूढ़ अगम्यअति, शक्तिपुंजपरिवेश।
बल विक्रम मर्दन करै, भाण्डासुर कौ शेष।।
रहै न कहुँ लवलेश हू, अधम अविद्याक्लेश।
हर्षित तब माता भई, निरखि सैन्य नववेश।।
भाण्डासुरवध हेतु सब, शक्ति तहाँउद्यतभई।
घोरपराक्रम निरखिमन, भरीओजआभा नई।।

61

73

नित्या–पराक्रमाटोप–निरीक्षण–समुत्सुका

ज्ञान का अंकुर जब उगता है तो वह निरन्तर बढ़ता ही रहता है। जिसने जीवन में ज्ञान की महत्ता को नहीं समझा वही भाण्डासुर यानी देह की अहंभावजनित अविद्या से परास्त हो जाता है उसे ही काल के वश में नष्ट हुआ जानो किन्तु ज्ञानी ही इस भाण्डासुर को अपनी आत्मशक्ति के बल से परास्त कर पाता है माता तो सबके घट में विराजमान है। विशुद्धचक्र में ये पन्द्रह नित्याएं हैं और सहस्रार में स्वयं महाशक्ति विराजमान हैं। ये तिथियों में (पन्द्रह शुक्लपक्ष की तिथि और सोलहवीं चैतन्यमयी सबकी अधिष्ठात्री और अमावस्या तिथि रूपा है) मनुष्य के कुंडलिनी खुलने पर षट्चक्रों में, ब्रह्माण्ड में और चक्रराज में ये सभी शक्तियाँ प्रतिष्ठित हैं।

तेजपुंज के वलय में, नित्य विराजत मात।

दिपें सूर्यशशि जासु बल, होवै निशाप्रभात।।

सूर्य गती प्रति राशि मे, नक्षत्रन कौ योग।

चन्द्र किरण घटघट बढ़ै, होवै तिथिसंयोग।।

नित्य रूपिणी मात के, अगनित रूप अनन्त।

महापराक्रममयि करै, भाण्डासुर कौ अन्त।।

कालरूप सों चलत है, अविरल आठौ याम।

आयुकोष छनछन घटै, भजें न जे तसनाम।।

भाण्डासुरमृणभाण्डतन, अहं भाव तस सीस।

अहं सीस काटत रही, भव तरिनि ही ईश।।

ज्ञानाकुंर उपजै जहाँ, होय वृद्धि तत्काल।

बिना ज्ञानउपयोग के, हनै कुमति कोंकाल।।

आत्मज्ञान की शक्ति ही, चक्रविशुद्ध समाहिं।

शुक्लपक्ष तिथिमास की, नित्यातेहि कहाहिं।।

षोडशि नित्या श्रीस्वयं, करें सहसदल राज।

चिति शक्ती त्रिपुरेश्वरी, श्रीचक्र में विराज।।

भण्डपुत्र–वधोद्युक्त–बाला–विक्रमनंदिता।

मंत्रिण्यंबा–विरचित–विषंगवध–तोषिता।। 29।।

74

भण्डपुत्र–वधोद्युक्त–बाला–विक्रम–नंदिता

अज्ञान के प्रतीक भण्ड के तीस पुत्र माने गये हैं जिन्हें बाला नामक शक्ति ने अपने बल और पराक्रम से रण में पराजित कर दिया जिसे देख कर आदिशक्ति बहुत प्रसन्न हुई। आत्मज्ञान को पाने के लिये नवीन ऊर्जामयी शक्ति, ओज, बल, पराक्रम अत्यन्त अनिवार्य हैं जो शक्ति के बिना सम्भव ही नहीं हो पाते। बाला तीनों बीजाक्षरों से युक्त मंत्र भी है और बालादेवी सदा नौ वर्ष की कन्या के रूप में पूजनीय है। भगवती ललिता से उनका सम्बन्ध अनन्य है।

कामराग मद मोह मिटै बाला विक्रम सों।

आत्मरूप कौ बोधकरावै जो बिनश्रम सों।।

तेजराशि ही साधतसबसिद्धिन उपक्रमसों।

देहाध्यासी मोह मिटत निकसै संभ्रम सों।।

भाण्डासुर के तनयसब, मिल केंआये तीस।

बाला बल विक्रम हने, दिये धूर में पीस।।

बिनापराक्रम के कहूँ, होय न नव उत्साह।

मिटै न दीन हृदय की, लघुताभरी कराह।।

75

मंत्रिण्यंबा–विरचित–विषंग–वधतोषिता

मंत्रिणी शक्ति विषंग का वध करने लगी विषंग उसे कहते हैं जो केवल अपने शरीर का ही भरण पोषण करे संकीर्ण मनोवृत्ति वाला मनुष्य हो वह चाहे जिस प्रकार से स्वार्थ सधे सदा मूढ़ता पूर्वक धन के प्रमाद में ही डूबा रहकर उदरपूर्ति करके अधम अवस्था में ही जीवित रहता हो और इसी में मृत्यु भी पाता हो जिसका आत्मज्ञान से कुछ भी लेना देना न हो। ऐसे अवगुण कोमाता की मंत्रिणी शक्ति दूर करती हैं।

विषयन विष सेवन करत, रहै मत्त मद अंध।

संचित तन धन संपदा, मिटै न तृष्णा गंध।।

मैं ममता की चाहफँसि, निकसन चहै न धूर्त।

भ्रमित चकित भटकत वृथा, मानैदुखसुखमूर्त।।

चलै चलाये पै न जो, फँसी कीच में नाव।
नहीं कछू आधार है, धँसत दलदलहि पाँव।।
ममता माया नीर कौं, कोऊ सक्यौ न रोक।
भयौ न जाकौजो तनिक, ताकौहै का सोक।।
पानकरतविषविषय कौ, भूलत निजकौ भान।
जो जानत ना आप कौं, मिलैताहिकस ज्ञान।।
द्वन्दमोह स्वारथ फँस्यौ, लिप्यौ राग के रंग।
कोह द्रोह छाँड़ैनहीं, विषयन लिपत 'विषंग'।।
कालकर्मगति सों बँध्यौ, कर्मन कौ भव फंद।
पलपल भय मनउपजतौ, हठ नहिं छाँड़ै मंद।।
तन धन की मन मूढ़ता, लिपैं संग के दोष।
मिटैं अनुग्रह एक के, ग्लानि हानि मद रोष।।
दिपै योग कौ पथ सरल, मिटैं गरल के अंश।
सकल भुवन में एक ही, दिव्य प्रभा अवतंश।।
मंत्र रूपिणी शक्ति ही, करै अखिल कल्याण।
वरदायिनि सिद्धी सकल, शुद्धि बुद्धि निर्माण।।
तनपोषकमनकुटिलअति, सो विषंग नर जान।
दम्भ पथारी सोबतौ, निज घट सों अनजान।।
निगुनहिसगुनहिं एक ही, परमारथ कौ रूप।
करुणालय से दो नयन, वत्सलता प्रतिरूप।।
परिहारक सब दोष के, दया दृष्टि कौ दान।
टारै वारै कोटि अघ, यतनहि कर कल्याण।।

विषुक्र–प्राणहरण–वाराही–वीर्यनंदिता।
कामेश्वर–मुखालोककल्पितश्रीगणेश्वरा।। 30।।

76

विषुक्रप्राणहरणवाराहीवीर्यनंदिता

विषुक्र विषयों की घोर आसक्ति का द्योतक है। विषयीमन प्रमादी होता है जड़ता में संलिप्त रह कर चेतनाहीन हो जाता है ऐसे मूढ़विकारी मन को वाराही देवी जो

दण्डधारण करने वाली हैं वे प्रचण्ड रूप से बलपूर्वक मार देतीं हैं। जिसे देखकर जगदम्बा अत्यन्त प्रसन्न हो जातीं हैं। उपरोक्त वर्णन में बाला मन्त्रिणी और वाराही शक्तियाँ नर तन के कलंक के समान भाण्ड पुत्रों को (अविद्या के अंधकार) विषंग (देह को ही सबकुछ समझने वाला) विशुक्र (पराक्रमहीन, विषयोन्मुखी मन) का हनन करतीं हैं। ये मनुष्य के आन्तरिक रूपान्तरण की ही अभिव्यक्तियाँ हैं।

परयौ रहै जड़ठूँठसम, पियतविषयविष शेष।

चलै न जो सत्पंथ पै, पावतमन कौ क्लेश।।

संयम साधे बढ़त हैं, वीर्य पराक्रम तेज।

जो न सहेजै युक्तियह, होत स्वयं निस्तेज।।

विषयन गंध प्रवाह में, बहै मद छक्यौ अंध।

रंक बनी मति नित धटै, तृष्णारत निर्बन्ध।।

ऐसे विषम विशुक्र कों, मारें शक्ति प्रचण्ड।

हरें कुमति विषयोन्मुखी, वाराही धर दण्ड।।

77

कामेश्वर–मुखालोक–कल्पित–श्रीगणेश्वरा

जब भण्डासुर की सम्पूर्ण सेना का नाश हो गया तब आसुरी वृत्तियाँ फिर से बाधा उत्पन्न न करें इसलिये अम्बिका ने अपने पति भगवान शिव के मुखारविन्द के दर्शन करके संकल्प मात्र से महागणेश को प्रकट किया जो गणों के अध्यक्ष, विघ्नों को मिटाने वाले, मंगलमूर्ति, विद्या बुद्धि के देवता, प्रथम पूज्य और शिव पार्वती के लाढ़ले प्रिय पुत्र हैं।

भांडासुर वध करत जो, देत अभय वरदान।

असुरन की घातक बनीं, हरकें तिनके प्रान।।

भगतिभाववश जो रहहिं, हरैं विघ्नभयक्लेश।

कामेश्वरमुख निरखि कें, कर संकल्पविशेष।।

प्रकटाये गणपति मुदित, मोदकप्रिय मुदमात।

विघ्नेश्वर विघ्नन हरत जगवंदित शुभगात।।

सत्यसत्य संकल्पशुभ, गौरा जग हित काज।

प्रकटे जननी लाढ़ले, श्रीगणपति गणराज।।

65

महागणेश–निर्भिन्न–विघ्नयंत्र–प्रहर्षिता।
भंडासुरेन्द्र–निर्मुक्तशस्त्रप्रत्यस्त्रवर्षिणी।। 31।।

78

महागणेश–निर्भिन्न–विघ्नयंत्र–प्रहर्षिता

भाण्डासुर का विजय विघ्नयंत्र (आत्मज्ञान के मार्ग में अविद्या, अपस्मार, अज्ञानता को प्रतीकात्मक यंत्र के रूप में बतलाया गया है) जिसे श्रीगणेश ने नष्ट कर दिया। निर्विघ्न साधना पथ को देख कर और अपने पुत्र की महिमा से माता आनंदमग्न हो गईं।

विघ्नविनायक हरत हैं, साधक मन की विघ्न।
फरै साधना सकलविधि, पावत फल निर्विघ्न।।

79

भंडासुरेन्द्र–निर्मुक्त–शस्त्र–प्रत्यस्त्र–वर्षिणी

भण्ड के सभी शस्त्र माता के शस्त्रास्त्रों से नष्ट हो गये जिससे साधुजनों का कल्याण हुआ उन्हें अभय मिला। भाण्डासुर के हथियार भौतिकता के प्रतीक हैं किन्तु देवी के शस्त्र अमोघज्ञान के प्रतीक हैं जिनसे जड़ता का समूल विनाश होता है।

मनइन्द्रियदसदिसभटक, बनत चित्तके फन्द।
तन्द्रालस मन तापत्रय, मोहभ्रान्ति भयद्वन्द।।
मूढ़ एषणा में फँस्यौ, मानैं पंडित आप।
तप्यौ अहं की आगसों, असहनीयअस ताप।।
अज्ञानी अज्ञान सों, ज्ञानी ज्ञान गुमान।
मृगतृष्णा के बीच में, फँसे एक सम जान।।
कर्मबंध की गाँठ सों, बँधत भये असहाय।
जतनन काटे कटत ना, साधे बिना उपाय।।
पाहिपाहि की धुनि सुनत, कांटेंव्याधिसमूल।
भव भय की हू भय बनी, हरै भवानी सूल।।
तनमनधनव्यौहार सब, अर्पित ता छन होय।

सफलमनोरथ होतहैं, साधनभिन्न न कोय।।
विजयहोतहै ताहि की, गहौ ताहि की टेक।
सकलकामनातहँफरै, अम्बा शिशु जब एक।।
अस्त्र सस्त्र प्रक्षेप सों, काटे अरि के सस्त्र।
भये न साधू त्रस्त कहुँ, करकें शत्रुनिरस्त्र।।

करांगुलि–नखोत्पन्न–नारायण–दशाकृतिः।
महापाशुपतास्त्राग्नि–निर्दग्धासुर–सैनिका।। 32 ।।

80

करांगुलि–नखोत्पन्न–नारायण–दशाकृतिः

भगवान विष्णु के दशावतार उनके हस्त कमल के नखों की कान्ति से हुए हैं। नित्य लीला का विलास उनकी इच्छा पर निर्भर है। भू भार को मिटाने के लिये वे ही समय समय पर अवतार लेतीं हैं। मत्स्य, कूर्म, वाराह, नृसिंह, वामन, परशुराम, राम, बलराम, कृष्ण और कल्कि ये दस अवतार माने गये हैं। शक्ति भी उन उन अवतारों की उन्हीं के रूप के समान अवतरित हैं। नृसिंह भगवान की नारसिंही, वाराह जी की वाराही, विष्णु की वैष्णवी कृष्ण की राधा, राम की सीता आदि शक्तियाँ भी आपके ही स्वरूप है।

सबकी   कर्ता एक ही, संहर्ता श्री आप।
जिनके करनख की प्रभा, धारत भव्यप्रताप।।
लीलामयि ही रचत हैं, नित लीला अनयास।
श्रीहरि के अवतार हू, तिनके भव्य विलास।।
मानहुँ प्रकट कराग्र सों, भये दसौ अवतार।
निज इच्छा लीला रचें, हरें भूमि कौ भार।।
सर्वमयी   नारायणी, शिवा भवानी आप।
हरिहर विधि की धात्रितुम, मेंटरहीं भवताप।।

81

महापाशुपतास्त्राग्नि–निर्दग्धासुर–सैनिका

देह को ही सब कुछ मानने वाले सभी जीव पशु कोटि के हैं और सदाशिव उन सबके पति (स्वामी) हैं इसीलिये वे पशुपति नाथ हैं। वे अपने महापाशुपत अस्त्र की अग्नि से दैत्य सेना को (चित्तवृत्ति के आसुरी भावों को) नष्ट कर डालते हैं। उनके महापाशुपतास्त्र से उच्चतर मानसिक रूपान्तरण होता है शिव सान्निध्य से अद्वैत का भाव मिलता है यह निरन्तर भक्तिपूर्ण अभ्यास से ही सम्भव है जो साधक में शनैः शनैः अपना प्रभाव बढ़ाता है। जिस प्रकार महापाशुपतास्त्र दिव्य मेधा का रूपान्तरण है उसी प्रकार दैत्यों की सेना को भी अज्ञानमयी अविद्या से सम्बन्धित समझना चाहिये।

भय आलस तन्द्रातपन, विषयनरत मन भोग।

पशु समनरतनकोंलगे, व्याधिजनित भवरोग।।

चेतै ना चेतन बिना, नर पशु पशु सम जान।

को काकौ कासों भयौ, का काकी पहचान।।

मिलत दान सतचेतकौ, पशुपति करें सहाय।

स्वारथ परमारथ उभय, कहें भेद प्रकटाय।।

भव्य धर्म निष्पादिका, साधें जन के काम।

जीव अंशअविनाशि कौ, कर मनकोटिप्रनाम।।

जड़चेतन सबजीव हैं, तदपि ज्ञान नर माँहिं।

बिन चेतनउत्थान के, पशुनर एक लखाहिं।।

जहँ पशुता नहिं लेश हू, तनपोषण की मूल।

प्रकटचेतनासजग ह्वै, काढ़त हिय के सूल।।

है मृणमय यहभाण्ड तन, आसुरिभाव कुभाव।

जड़तामूलक यहै तन, जो न बनै शुचिठाँव।।

नर तन केवल पात्र है, हरै व्याधि के सूल।

जड़ता मेंट सचेत मन, करै न नैंकहु भूल।।

अस भण्डासुरकों दहत, पशुपति अपने हाथ।

नितचैतन्य प्रकास सों, करकें सद्य सनाथ।।

कामेश्वरास्त्रनिर्दग्धसभाण्डासुर–शून्यका।

ब्रह्मोपेन्द्रमहेन्द्रादि–देव–संस्तुत–वैभवा।। 33।।

82

कामेश्वरास्त्र–निर्दग्ध–सभाण्डासुर–शून्यका

शून्यका से तात्पर्य दो अर्थों से है। जो केवल शरीर का ही पोषण करते हैं आत्मसुख, ज्ञान, साधना आदि से शून्य हैं वे भी शून्यका ही कहलाते हैं दूसरे जो मोक्षपद गामी हैं वे अपने प्रारब्ध कर्मों को पूरा करके ज्ञान की अग्नि से कर्मों की वासना को भस्म कर कामेश्वर की कृपा से शून्यचक्र का परमपद पाते हैं वे भी शून्यका ही हैं। अज्ञाननियों का अज्ञान दूर करके और ज्ञानियों को उनके परम लक्ष्य तक पहुँचा कर दोनों अवस्थाओं में कामेश्वरास्त्र सहायता करने वाला है।

सारसार लै राखिपुनि, छाँड़ौ सकल असार।
तत्व एक चिन्तामनी, अन्य व्यर्थ व्यवहार।।
अन्य व्यर्थ व्यवहार, संपदा एकहि भाई।
यहै सुनीती एक धन्य जानै अपनाई।।
भाण्ड मृत्तिका के बनें, घटें बढ़ें छय होंय।
पुनरपि फूटें फिरबनें, भरम न जानैं कोय।।
सकलसम्पदा धूर सी, मूरि अमियमय एक।
सो घटआनंदरसभर्यौ, टारतविपतिअनेक।।
मूढ़ भये क्यों भाण्ड की परिचर्या में लीन।
जासोंअधिक न कोउ सुख, तामेंहोउप्रवीन।।
केवल पोषण देह कौ, रहै शून्य सद्ज्ञान।
विफल साधनायत्न सब, ताकोंशून्यकजान।।
गहैं सार कैवल्यसुख, कर सबविघ्ननिरस्त्र।
तिनकौ अवलम्बनबनैं, कामेश्वर कौ अस्त्र।।

83

ब्रह्मोपेन्द्र–महेन्द्रादि–देव–संस्तुत–वैभवा

ब्रह्माजी विष्णु भगवान और महेश्वर सब देवों के साथ जिनकी आराधना करते हैं। वे देवी त्रिजगद्वन्द्या हैं।

ब्रह्मोपेन्द्र महेन्द्र मिल, धरें नित्य ही ध्यान।
सबदेवनकीपूज्य तुम, हौ सब भाँति महान।।

हर–नेत्राग्निसंदग्ध–काम–संजीवनौषधिः।
श्रीमद्वाग्भव–कूटैक–स्वरूप–मुखपंकजा।। 34।।

84

हर–नेत्राग्नि–संदग्ध–काम–संजीवनौषधिः

शिवजी के क्रोधानल से मन्मथ भस्म होगया तब जगदम्बा की अनुकम्पा से ही उसे नया जीवन मिला और अंगहीन अनंग पुनः प्रकृति में अपनी अनुराग छटा का प्रभाव प्रकट करने में सक्षम हो पाया।

दग्ध कियौ शिवकोप नें, भयौ मदननिष्प्रान।
भस्म होत ही छारतन, रागशून्य रति ज्ञान।।
करुणामयि जगदम्ब ने, कर जगव्याधी दूर।
हर हिय उपजाई दया, संजीवनि सी मूर।।
शिव माया विस्तार सों, भयौ अनंग सजीव।
करुणामयिसुखदायिनी, करिहैं कृपा अतीव।।
कृष्ण तनय प्रद्युम्न ही, हैं अनंग अवतार।
बनीं रती तिनकी प्रया, हृदय प्रकटमनुहार।।

85

श्रीमद्वाग्भव–कूटैक–स्वरूप–मुखपंकजा

यहाँ कूटत्रय का वर्णन किया है

1. वाग्भवकूट (अग्नि के समान)

2. कामकला कूट या मध्यकूट (सूर्य के समान)

3. शक्तिकूट (चन्द्रमा के समान)

प्रथम वाग्भवकूट माँ के श्रीमुख में है जो अग्नि के समान देदीप्यमान है इसे वाणी का स्थान कहा जाता है जहाँ से वर्णों का उच्चारण और मंत्र साधना सिद्ध होती है। इसके

बिना साधक ना तो ज्ञान प्राप्तकर पाता हैना ही सांसारिक या पारमार्थिक कार्यों में सफल ही हो पाता है।

श्रीमुखवाग्भवकूट है, अग्निपुंज सी जोत।

पंचदशी के मंत्र की, अभिनवआभा होत।।

ऐंकारी वागेश्वरी, सिद्धि प्रदायिनि मात।

साधै वाणी साध्यसब, विद्या वरन समात।।

विकसितहैंमुखकंजसों, अमियबोलमकरन्द।

ज्ञानपुष्टि सों भरतज्यों, दिव्यभावकेछन्द।।

श्रीविद्या मुखकमल है, श्रीमद्वाग्भव कूट।

ब्रह्मबोधकौअमियछकि, पियेंभगतिकौघूँट।।

कण्ठाधःकटिपर्यन्त–मध्यकूट–स्वरूपिणी।

शक्तिकूटैकतापन्न–कट्यधोभागधारिणी।। 35।।

86

कण्ठाधः–कटिपर्यन्त–मध्यकूट–स्वरूपिणी

कण्ठ से लेकर कटिपर्यंत मध्यकूट कामराजकूट कहा जाता है। काम यानी इच्छा जगदंबा की इच्छा से ही ब्रह्माण्ड का जन्म हुआ। तीनों काल, तीनों वेद, प्रणवाक्षर के अ 'उ' म तीन अक्षर यहाँ के तीन बिन्दु रूपों में समाये हैं। इन बिन्दुओं की पूजा, लाल, श्वेत और दोनों के मिश्रित रंगों से होती है। ये रंग भी प्रतीकात्मक हैं जिनको जानना आवश्यक है। प्रकाश अर्थात् ज्ञान श्वेत रंग की बिन्दु रूप में, विमर्श (ज्ञान के प्रकाश को प्रकट करना) लालरंग की बिन्दु रूप में और प्रकाश (ज्ञान) और विमर्श (प्रकटज्ञान और क्रियायोग) मिश्रत (पाटल यानी गुलाबीरंग) की बिन्दुओं से तंत्र विधान की साधना हेतु पूजा की सामग्रियों में सम्मिलित हैं। तंत्र में षडाक्षरीमंत्र से कामराजकूट की आराधना की जाती है। काम का अर्थ समझने में किसी प्रकार का भ्रम नहीं होना चाहिये काम का तात्पर्य यहाँ किसी भी प्रकार की वासना से कदापि नहीं है।

कामकलासों सृजत हैं, कोटिकोटि ब्रह्माड।

इच्छाज्ञानक्रिया मिलें, शशिसूर्याग्नि प्रमान।।

जहाँ समाये वेदत्रय, जो त्रिकाल में व्याप्त।

प्रणवाक्षर के तीनस्वर, कामकलाक्षर आप्त।।

71

मध्यकूट श्रीकौविरल, चिदाआनंद कौ सार।
आनंदबन में उरकमल, करै ताप सब छार।।
मध्यकूट में ही रमें, क्रिया शक्ति की साध।
षडाक्षरी के मंत्र सों, कामराज आराध।।
बिन्दू श्वेत प्रकाशमय, है विमर्श तहँ लाल।
मिश्रितरंगन बिन्दु में, क्रिया प्रकाश निहाल।।

87

शक्तिकूटैकतापन्न—कट्यधोभागधारिणी

करोड़ों चन्द्रमाओं की शीतलता से पूर्ण योगियो के ध्यान मे दिव्यज्योत्स्ना से अमृत की वर्षा करने वाली परास्बा का शक्तिकूट गूढज्ञान का सुदृढ गढ़ ही है जहाँ मूलाधार में कुंडलिनि शक्ति ऊर्ध्वमुखी होकर शून्य में सदाशिव का सान्निध्य सुख पाने को तत्पर है। शक्तिकूट की चतुराक्षर मंत्र से साधना की जाती है जो गुरुमुख से ही प्राप्त किया जाता है।

मूलाधार समात है, शक्तिकूट कौ सार।
अधो भागकटि कौ तहाँ, गोपनीयआगार।।
शीतलचन्द्रप्रभा लसी, कुंडलिशक्तिप्रसार।
ध्यावत जाकों योगिजन, मंत्राक्षर हैं चार।।

मूलमंत्रात्मिका मूल कूटत्रय कलेवरा।
कुलामृतैकरसिका कुलसंकेतपालिनी।। 36 ।।

88

मूलमंत्रात्मिका

'मंत्र' का अर्थ है जिसको बारम्बार जपने से त्राण मिले और त्रास मिटे। सबसे अधिक त्रास तो अहंकार से ही होता है जब साधक अहंभाव नष्ट कर इष्ट के ध्यान में रम जाता है। 'मन्' से तात्पर्य बारबार या मनन है और 'त्र' से तात्पर्य त्राण पाना है। गायंतम् त्रायसे यस्मात् यह उक्ति न केवल गायत्रीमंत्र अपितु सभी मंत्रों में सार्थक और सटीक है।

भाव रूप सौन्दर्य मयि, प्रकृति समाई थूल।
रूप सुगन्ध विलासमय, हों दृग्गोचर फूल।।
तैसे   मंत्र महत्व मिलि, साधत तंत्र विधान।
यंत्र रूप में उभय की, हो   प्रतीति संधान।।
मुखकंठकट्यधो मिलत, बनत देह कौ रूप।
तैसेंइ शक्तिकूट के, त्रिविध भाग अनुरूप।।
देहाध्यास   मिटाय कें, साधक होंय सुजान।
सफलसाधनाताहिकी, करत अमियकौ पान।।
सुप्त शक्ति जागत जहाँ, भेदत ग्रंथिन भेद।
सफल भयौ नरतनतबहि, मन पावत निर्वेद।।
मूलाधार निवासिनी, व्यापिनि नर तन मात।
सहस्त्रार में अमिय की, करत सदाबरसात।।
कृपाकोर अवलंब बिन, सधै न साँची रीति।
देहुदयादृगदान सों, करहुँ हृदय सों प्रीति।।
मंत्रमयी   श्री   तन अहो, मूल मंत्र श्री रूप।
श्रीविद्या श्री छवि सुगढ़, मंत्रराज सुसरूप।।
त्राण देत जो सकलविधि, करै पूर्णमनकाम।
सबमंत्रन की मूल जो, तिनकोंकरहुँ प्रनाम।।

89

मूलकूटत्रयकलेवरा

माँ की मूर्ति मंत्रमयी है और सभी मंत्रों के तीन कूट होते हैं। संसार के भीतर और बाहर भी उसी का साम्राज्य है। मनुष्य शरीर में भी तीन कूट हैं किन्तु भवानी के कूटत्रय चराचर जगत की मूल होने के कारण सबके आधार हैं।

सरवर में ज्योशंशि दिपै, दिखै तासु प्रतिबिंब।
लहरन में झिलमिलहिलत, अनिर्लिप्तनभइन्दु।।
घटघट में त्यों ही दिपत, श्रीजी की प्रतिमूर्ति।
शक्तिवास बिनकोउ कहुँ, पावत नहिं स्फूर्ति।।
सबै   चलावनहारि श्री, सब ताके   आधीन।

जल समात प्रति पात्र में, होवै लघु या पीन।।
ज्यों त्रिकूट तन माँझ हैं, त्यों मंत्रन के जान।
सचराचर में व्याप्त सों, कूट त्रयी पहचान।।

90

कुलामृतैकरसिका

'कुल' यह नर तन ही है तत्वचिंतन से जहाँ कुंडलिनी खुलती है, ऊर्ध्वगति से षड्चक्रों को भेदकर सहस्रार में अमृत का पान करके मृत्यु के भय को भी मिटा देती है।

स्थित हैं षड्चक्र जहँ, सो सदेह 'कुल' धन्य।
देवालय सम धामशुचि, ता समान नहिं अन्य।।
जहँ ललाट सिर मध्य में, सहसचक्र कौ वास।
अमिय झरत अविरलजहाँ, ताकों नित्यउपास।।
बिना कृपा श्री की मिले, सधै न ऐसौ ध्यान।
निजइच्छा सोंमुदितमन, करै अमिय कौ पान।।
अमिय पियावत आप श्री, जो पियूष की स्रोत।
जीव तबहि आनंदघन, भिन्न न रंचहु होत।।
मेंटत है भय मत्यु कौ, अमृत बरसत रूप।
तत्वबोध औषधि पिये, गिरै न भवतम कूप।।
भस्मभूत सब तत्व जहँ, रहै मात्र रस सार।
सो ही भस्म विभूति बन, शिवसर्वांग निहार।।
षड्चक्रन में रहत है, विद्यमान श्री आप।
कुलकुंडलिनी ताहि सों, धारत दिव्य प्रताप।।

91

कुलसंकेतपालिनी

कुल से तात्पर्य परिवार से न होकर साधना से है। जो माता साधक के साधना पथ के प्रयत्नों का रहस्य गोपनीय ही रखती हैं, वे ही उसका योग क्षेम निर्वहन करने में समर्थ हैं। ये गुप्त रखने योग्य तीन प्रमुख रहस्य हैं।

1 षड्चक्रों का रहस्य,

2 मंत्रों का रहस्य,

3 साधना का रहस्य।

सच्चे साधक भी अपने इन रहस्यों को सार्वजनिक नहीं करते।

जीवनमय जग जीव हैं, देह भान 'कुल' जान।

षड्चक्रन की चेतना, ता बल चलतसमान।।

षडचक्रन के मध्य रहि, कुल संकेत प्रकार।

ताके बल कुंडलि जगै, जीवन की आधार।।

कुलसंकेत सुदृढ़चरित, गोपनीय तस मान।

मौनपिटारी जतन रखि, मरमगूढ़ अतिजान।।

हैं रहस्य ये हू त्रिविधि, चक्र साधना मंत्र।

ढाँकिमौनपट सों सदा, साधै साध्य स्वतंत्र।।

कुलांगनाकुलान्तस्थाकौलिनीकुलयोगिनी।

अकुला समयान्तस्था समयाचार –तत्परा।। 37।।

92

कुलांगना

पतिब्रता कुलांगना के समान ही इस शाम्भवी विद्या को यत्न पूर्वक गुप्त रखना चाहिये। इस पारमार्थिक कला का प्रकाश आत्मज्ञान से भरपूर है जिसे कुपात्र को कभी भी नहीं देना चाहिये। अनेकों जन्मों के पुण्यसंचय से यह देवताओं को भी दुर्लभ रूप से प्राप्त होने वाली परम्बा की कृपा के ही बल पर पल्लवित होने वाली अनमोल कल्पलता है।

प्राण गहें तन जासुबल, रहतहिये महँ साँस।

जा बल चितचेतन रहे, ताकौं नित्य उपास।।

श्री विद्या परमार्थमयि, राखौ जतनन गोय।

लिपटी सारी नारितन, सहज लजीली होय।।

93

कुलान्तस्था

साधना और साधक के मध्य जो सम्बन्ध है उसकी सूत्रधार भी आपही हैं। 'कुल' से तात्पर्य शास्त्र, साधना और शरीर के षट्चक्र सभी कुछ है और माता सबके मध्य में विराजमान हैं। साधना पूरी होने पर अन्त में वे ही एकमेव रहतीं हैं सभी साधनाएँ उनमें ही समाई हैं।

साधकतन ही 'कुल' कह्यौ, बन्यौ साधनाधाम।

नितनैमित्तिक कर्म हैं, चिन्तनचितिअभिराम।।

हृदयलीन रहि करत है, चिततल्लीनप्रकाम।

मर्यादामयि तन बसी, स्थित आठौ याम।।

रहै साधना मार्ग में, मंत्रमूर्ति बन आप।

सूत्रधार उर साध की, जपें अनाहद जाप।।

सद्शास्त्रन के ज्ञानकी, बनीं सफलतम सेतु।

अहो परास्बा आप ही, परमारथ की हेतु।।

94

कौलिनी

वामाचार को कौल मार्ग कहा जाता है जहाँ देवी की आराधना में तांत्रिको द्वारा विशेष पूजा पद्धतियों को माना जाता है। दूसरा दक्षिणाचार निगम सम्मत वैदिक विधानयुक्त साधना मार्ग है जिसे समयाचार मार्ग भी कहा जाता है। यह वाममार्ग की अपेक्षा सरल पथ है जिसमें साधक आठौ प्रहर इष्ट का स्मरण करते हुए लोक रीत व्यवहार को भी निभाने में दक्षता पा लेता है। जिस प्रकार बाल गोपाल का ध्यान धरते हुए ब्रजांगनाएँ धर के कामों को करतीं थीं वे गायो को दुहते समय खिरक में अथवा पानी भरते समय पनधट पर, दही बेचते समय गलियों में, सोते जागते उठते बैठते हर पल हर दिन कान्हा की ही याद में निमग्न रहतीं थीं। दूसरे अर्थानुसार शिवजी का भी एक नाम 'कौल' है इसलिये माता का नाम 'कौलिनी' विख्यात हुआ।

कौल मार्ग की साधना, जानौ वामाचार।

विरले ही जनसाधिहैं, अति दुष्कर आचार।।

दूजौ समयाचार ही, समझ दक्षिणाचार।

76

जहाँ न संसयलेश मन, सरलसुगमव्यवहार।।
न्हातखात सोबत उठत, बैठत करत विहार।
चितचिन्तन कर इष्टकौ, दूषन देय निकार।।
यहै दक्षिणाचार की, गैल सरल सी होत।
मनका मालासूत ज्यों, दीपक बाती जोत।।
कौल शम्भु कौ रूप है, रहीं शक्ति आराध।
नाम कौलिनी मात कौ, करै पूर्ण मन साध।।

95

कुलयोगिनी

कुल से तात्पर्य साधना और योगिनी उसको सिद्ध कराने वाली शक्ति ही हैं। जिनकी कृपा से साधक ग्रन्थिभेदन कर अपने सर्वोपरि लक्ष्य तक पहुँचता है।

क्रियायोग कुलयोग की, जानौं याकौ मर्म।
चतुर्दलन सों चलि बढ़ै, कुंडलिनी कौ कर्म।।
चलै सुचारूचित्त सों, कुलयोगिनि भइ सिद्ध।
बिनाकृपा भिद पातनहिं, कुंडलिनी अनविद्ध।।

96

अकुला

जो सभी की आधार होते हुए भी सबसे परे है मायातीत है वे ही 'अकुला' नाम से जानी जातीं हैं। जब वे कुल में संस्थित है जैसा कि उपरोक्त वर्णन में कहा गया है कि वे शास्त्र, मंत्र, तंत्र, यंत्र, कुंडलिनी साधना सभी में हैं और ये सब 'कुल' ही कहे जाते हैं किन्तु जो अपने भीतर सबको समा सकती हैं वे किसी एक में कैसे पूर्णरूप से सीमित हो पायेंगी ! अतः वे सबकी आधारभूता होकर भी सबसे पृथक हैं कुलों से परे होने के कारण ही 'अकुला' कहलातीं हैं। स्वच्छन्द संग्रह के अनुसार सुषुम्नानाड़ी के आधार और शीर्ष स्थान में सहसदल कमल हैं जिन्हें कुल और अकुल कहा जाता है उनमें भी जगदान्तरात्मा जगदंबिका का निवास है।

लीन करत निज महँ सकल, रहत न दूजौ कोय।
'एकोऽहं' कारण अखिल, 'अकुल' नाम तस होय।।

रहें   सुषुम्ना शीर्ष पै, सहस पद्म आधार।
उभय कुल अकुल नाम हैं, कर रहि नाड़ि विहार।।

97

समयान्तस्था

दक्षिणाचार मार्ग ही समयाचार कहलाता है जहाँ साधक ज्ञान की उपासना से इष्टप्राप्ति करता है। सनक, सनन्दन, सनातन और सनत्कुमार जो ब्रह्माजी के मानस पुत्र हैं वे भी श्रीविद्या के उपासक हैं मुनि वशिष्ठ एवं परमहंस शुकदेवजी ने भी इसी समयाचार परम्परा का पालन किया है। अनेकानेक ऋषि इस साधना पथ में अग्रसर हुए हैं जैसे दुर्वासा, दधीचि अगस्त्य–लोपामुद्रा आदि क्योंकि शैव होंया वैष्णव शक्ति के बिना तो कोई भी त्रिदेव पूर्ण हैं ही नहीं। इसलिये माता इस साधना के मध्य भी विराजमान हैं।

जो प्रतिछन सब ठौर रहि, एक अनन्त उपाधि।
महाकाल के घट बसी, शिव मन नित आराधि।।
मुनिवशिष्ठ सनकादिशुक, कर वन्दन नितपाद।
जिनके दहराकाश में, बजत अनाहत नाद।।

98

समयाचारतत्परा

गुरुपरपरा से कुंडलिनी साधना में तत्पर होकर ही साधक साधना के मूल रहस्यों को जान सकता है। इस साधना में त्रिकालसन्ध्या, ध्यान, जप, नियमों का पालन भक्तिभाव से इष्ट का साकार या निराकार रूप में आराधनादि सभी कुछ समाया हुआ है।

संयत समय साधना साधै। रहि कुल मर्यादा आराधै।।
अर्पित करइ सकलविधि जापू। नासै तम उरगत सबतापू।।
संयत भोग कर्म फल अर्पन। सर्व भाव सर्वात्म समर्पण।।
सरलसुचितशुचिसमता जाके। फलें मनोरथसबविधि ताके।।
संयत मनहिं बनत जनजोगी। होत असंयतजोगिहु भोगी।।
जोग भोग भेद रहे एका। एक विवेक अपर अविवेका।।
एक ध्येय जीवन पथ केवल। चलै डगर मर्यादा के बल।।

करइ सिद्ध मर्याद भवानी। निर्मलचित रहि नित्य बखानी।।
समयाचार आचरन लीना। नियम परायण वृत्ति प्रवीना।।
नित्य त्रिसंध्या में उठि ध्यावै। जनमजनम के पाप नसावैं।।
कालचक्र अविरल गति जाकी। आराधै मूरत सो ताकी।।
कुल मर्याद समय आचारा। संयत भोग योग आधारा।।
रहै विवेक अधीनमति, समय चक्र अनुसार।
अराधित मनबानिसों, सन्ध्या त्रिविध निहार।।
कालचक्रजासोंचलत, सोइ अनादि अनन्त।
नमनकरततिहुँकाल में, ताकों सकलदिगन्त।।
अतिप्रिय जन जोजानइपूजा। समयसाधिसेवहि नहिं दूजा।।
शमन दमन नियमित व्यवहारा। आसनभजन अल्प आहारा।।
ऊर्ध्व चेतना ज्ञान जगावै। नियम साधि साधन फल पावै।।
संयम बिना होत नहिं योगी। पतन जोग रंचहु सुख भोगी।।
सरलसुचित साधूजन सेवा। ते अतिप्रिय जिनमतिथिर टेवा।।
गुरुपद जिन विश्वासजगायौ। सफलजनमसबविधिसों पायौ।।
अष्ट प्रहर ध्यावै मन ल्याई। सन्ध्योपासन सुरत जगाई।।
भावप्रकटसन्ध्या महँदेखा। प्रकृति लिखत जहँ दिव्यसुलेखा।।
भाव रूप घट प्रगट भवानी। अखिललोक लोचन कल्यानी।।
मंत्र साधनामयि शुचि सेवा। ध्यानगहै अविचल मति टेवा।।
योग रीति तत्पर रहत, सम्बल धीरज मान।
समयरीत जानहिं चतुर, तनिक न मानगुमान।।
मन बानी काया विमल, निर्मल साधन सेतु।
समयाचारी साधना, परमारथ की हेतु।।

मूलाधारैकनिलया ब्रह्मग्रन्थिविभेदिनी।
मणिपूरान्तरुदिताविष्णुग्रन्थिविभेदिनी।। 38 ।।

99

मूलाधारैकनिलया

मूलाधार में महाशक्ति समाई हुई है यहाँ चतुर्दल कमल के ऊपर षट्दल स्वर्ण कान्ति युक्त क्षिति मण्डल है जहाँ योगिनियाँ कमल कलिकाओं पर स्थित हैं। कमलकली के ऊपरी भाग में त्रिकोण की आकृति के मध्य अनार की कली के समान स्वयम्भूलिंग है जिससे लिपटी हुई कुंडलिनी शक्ति अधोमुखी अवस्था में अपनी पूँछ को मुँह में दबाये हुए सो रही है इसे ही योगी साधना से जगाते हैं और यह विद्युतगति से चक्र भेदन करती

हुई सहस्रार मे शिवसान्निध्य पा जाती है लौटकर कुलकुण्ड यानी मूलाधार में पुनः सो जाती है, यह आधार प्राणऊर्जा का स्रोत है। सांसारिक वासना और पारमार्थिक उपासना का केन्द्र है। मूढ़ इस महाशक्ति को नहीं पहचानते वे भोगरत होकर जीवन बिता देते हैं और योगी योगरत होकर जीवन बना लेते हैं। जिसे जैसा भाता है वह वैसा ही पाता है। मातृगर्भ में कुंडली जाग्रत होती है किन्तु जन्म लेते ही पुनः सो जाती है। त्रिविधताप तभी तक व्यापते हैं जब तक कुंडलि न जगे यदि एक बार जाग गई तो फिर बार–बार जागती ही रहती है।

रहत मूल आधार में, नर तन में सविशेष।
दैहिक अरु परमार्थिकहु, साधन सर्धें अशेष।।
लौकिक अपर अलौकिहु, उभयपंथ कौ ज्ञान।
जब कुंडलिनी खुलत है, तब ही पावै भान।।
मुख में पूँछ दबाय कें, वर्तुल साढ़े तीन।
सुप्त पड़ी जो कुंडली, जागे बिन मति हीन।।
मातृ गर्भ में जाग रहि, देत ज्ञान सविशेष।
जनमलेत सोबत पुनः, पावत मन तब क्लेश।।
कोटि जनम की साधना, तबहि फलैगी जान।
जब खुल जावै गाँठ यह, पावै निजकौ भान।।
चार दलन कौ पद्मतहँ, स्वर्णकान्ति चहुँओर।
षट्कोणिकपीताभदुति, थिर तहँशक्ति बहोर।।
चतुर्दलन कलिकर्णिका, ऊर्ध्व त्रिकोण प्रमान।
तहाँ स्वयम्भू लिंग है, दाड़िम कली समान।।
रही पिंगला दाहिने, इड़ा वाम पथ ओर।
मध्य सषुम्ना ऊर्ध्वगति, बढ़ीं मेरु के छोर।।
भेद चक्रषट् यह बढ़ी, सहस्रार के धाम।
पुनि कुलकुण्ड समात है, महाशक्तिउद्दाम।।

100

ब्रह्मग्रन्थिविभेदिनी

कुंडलिनी के दोनों छोरों पर दो ब्रह्मग्रन्थियाँ हैं जिन्हें साधक बड़ी ही कठिनाई से भेद पाता हैं किन्तु भगवती की कृपा के तेज से वे विलय हो जातीं हैं। स्वाधिष्ठान चक्र में तीन ग्रन्थियों में से एक ब्रह्मग्रन्थि है जिसे भेदकर कुंडलिनी शक्ति आगे बढ़ती है।

जागतकुंडलि छुटत सब, ग्रन्थिफंद अनयास।
ऊर्ध्वमुखी बन चेतना, पहुँचत अमरित पास।।
मिटत भेद सब द्वन्दद‍ुख, मिलत भाव अद्वैत।
ब्रह्मग्रंथि के खुलत ही, रही न शंका द्वैत।।
अमरलाभ असदेह कौ, घटघट प्रकटत राम।
परमारथ की साधना, अतिशय गूढ़ प्रकाम।।
मिलै ताहि कों जो रहै, निःसंशय निर्विघ्न।
शरणागति की पात्रता, मेंटत कोटिकविघ्न।।
मूल ग्रन्थि भेदत पुनः, पहुँचत स्वाधिष्ठान।
किरपाफल सों देत हैं, ब्रह्मग्रंथि कौ ज्ञान।।
ब्रह्मग्रन्थि के युग्म हैं, उभय छोर षट् चक्र।
स्वाधिष्ठान समात जो, छेदन ताकौ वक्र।।
मातृकृपा बल तेज सों, साधक मेंटत विघ्न।
ब्रह्मग्रंथि के खुलत ही, होत पंथ निर्विघ्न।।

101

मणिपूरान्तरुदिता

यह नाभि के पास स्थित है यहीं से 'परा—वाणी' का नाद योगी सुनते हैं। दश दल नीलकमल है वहाँ षट्कोण में त्रिनेत्र शिवशक्ति का ध्यान किया जाता है।

सदा रहै आधार में, कुंडलिनी कौ स्रोत।
खुलत चेतना पाँखुरी, तुरतहि जाग्रत होत।।
भेदत स्वाधिष्ठान कों, षट्कोणहि शिवलीन।
दशदल हैं मणिपूर के, जिनमें शक्तिप्रवीन।।

102

विष्णुग्रन्थिविभेदिनी

त्रिदेव अपनी अपनी शक्तियों के संग कुंडलिनी में विराजते हैं। मणिपूर के ऊपर विष्णुग्रन्थि है। नाद के चार भेद हैं। परा, पश्यन्ती, मध्यमा और वैखरी यहाँ मध्यमा नाद है जो आगे जाकर हृदय के अनाहदचक्र में दस प्रकार की विभिन्न नादों को उत्पन्न करती है जिससे विष्णुग्रन्थि का भेदन करके शक्ति आगे की ओर अग्रसर होती है।

रमत रही सबलोक में, पिण्डपिण्ड में भिन्न।

जो विराट ब्रह्माण्ड में, तन में सूक्ष्मअभिन्न।।

देव अधिष्ठाता बने, चक्र चक्र में लेख।

हरि मणिपूरक चक्र में, विष्णुरूप में देख।।

ब्रह्मग्रन्थि आधार में, होवै खुलत विराग।

तन नश्वरनश्वरजगत, जानत रे मनजाग।।

विष्णु ग्रन्थि मणिपूर में, मेंटत मारक मोह।

सत्यचिरन्तनजो सदा, तासों नाहिं विछोह।।

मायामय आवरण पट, छन में देय हटाय।

भाव पुष्ट होवै यहाँ, जतनन करत उपाय।।

प्रखर मध्यमा नाद जहँ, करत रही स्फोट।

रहीं अनाहदनाद दस, कढ़ें हिये के खोट।।

आज्ञाचक्रान्तरालस्था रुद्रग्रन्थिविभेदिनी।

सहस्त्रसाराम्बुजारूढासुधासाराभिवर्षिणी।। 39।।

103

आज्ञाचक्रान्तरालस्था

ब्रह्मग्रन्थि खुलने पर संसार की असारता का आभास होता है और विष्णुग्रन्थि के भेदन से माया की महाशक्ति का आविर्भाव और ज्ञान के प्रकट होने से तिरोधान ज्ञात होता है तत्पश्चात रुद्रग्रन्थि का भेदन ज्ञान का प्रकट प्रकाश आनंद के मूल स्रोत से परिचय कराता है जिससे निर्बन्ध साधक निर्भय होकर सर्वोपरि धाम की ओर अग्रसर होता है।

82

द्विदलकमलभूमध्य में, ज्ञानज्योति ता माँहि।
रुद्र ग्रन्थि तेजोमयी, चन्द्र प्रभा प्रकटाहिं।।
खुलें ज्ञानमय चक्षु जहँ, आज्ञा चक्र प्रकाम।
रुद्र त्रिलोचन तहँ रमें, चेतन घन उद्दाम।।

104

रुद्रग्रन्थिविभेदनी

छै चक्रों में नीचे पृथ्वी और जल मूलाधार और स्वाधिष्ठानचक्र में ब्रह्मग्रन्थि के प्रतीक हैं। अग्नि और सूर्य तेजोमय शक्तिशाली मणिपूर और अनाहत चक्र में विष्णुग्रन्थि के प्रतीक हैं तथा वायु और आकाश के रूपमें विशुद्ध और आज्ञाचक्र के रुद्र नियन्त्रक हैं। रुद्रग्रन्थि आज्ञाचक्र के ऊपर है इससे आगे जो साधक आनंद की अगाध धारा में पहुँचता है उसकी सहज ही उन्मनी अवस्था हो जाती है।

कुल कुंडालय कुंडलिनि, षट्चक्रन में होत।
तीनग्रन्थिपुट खोलकें, बढ़ी सतत ही जोत।।
ब्रह्मग्रन्थि में भूमि जल, अर्कअग्नि में विष्णु।
रहें पवन आकाश में, रुद्र सिद्धिप्रद जिष्णु।।
तीन ग्रन्थि षट्चक्र में, रही ताहि पुनि भेद।
ज्ञानस्रोत जासों मिलत, प्रकट भाव निर्वेद।।
अमिय कुंड के स्रोत में, पहुँचत तत्क्षणजोत।
आत्मलाभ सत्पुण्य सों, सफलसाधना होत।।

105

सहस्त्रसाराम्बुजारूढ़ा

ब्रह्मरन्ध्र के अधोभाग में शून्यचक्र चित्कलायुक्त चंद्रमण्डल है जहाँ नित्य अमृत की वर्षा होती है, उसी शून्य में माता शिवजी के साथ विराजमान हैं।

अमियबिन्दु जहँ झरतहैं, प्रतिपल वर्षा होत।
सहस्त्रार के धाम में, जागत जाग्रत जोत।।

तहाँ विराजत श्री सदा, सत्य सनातन रूप।

सोभामयिछवि संग शिव, भक्तचित्त अनुरूप।।

निर्मलमानस हंस तहँ, विचरत बन स्वच्छन्द।

मुक्ताकन अहनिशि चुँगें, सुधासार मकरन्द।।

सो अमरित या तनहिं समायौ। भेदग्रंथि कुंडलिनि रमायौ।।

करुणाअमरितमिलहिताहिसों। सुफलहोतसबसुकृतजाहिसों।।

अमरित की धारा सरसावै। गुप्त गंग को कहि समझावै।।

प्यावत कर दृगदृष्टि विशेश। हरै व्याधि जड़ताभयक्लेशा।।

अष्ट पहर तहँ बरसै धारा। शीतल इन्दु सुधा सम सारा।।

भेद मिटत सब व्यथा मिटानी। बूँद बूँद में तृप्ति समानी।।

तापमिटै परसत जब अम्बा। करै न छन कों नैंकविलम्बा।।

भंजै सकल श्रृंखला झूठी। जनमजनम की व्याधी छूटी।।

सहस दलन अंबुज छवि राजै। अमृत में श्री अंब विराजै।।

तहँ सर्वोपरि मातु भवानी। सहस कला यासों सन्मानी।।

दिपें ओप सों सातों लोका। लेत कृपाकरि दृष्टि विलोका।।

सो सब महँ सब ता महँ सोहै। रूपलुभावन जग मनमोहे।।

कहि न बतावै कछु गिरा, मनसा बानि अतीत।

साँची लगन सफल तबहि, जब होवै परतीत।।

फरै साधना बेल जब, मिलै ज्ञान कौ स्रोत।

पियै अमिय की बूँद तौ, जरा मृत्यु नहिं होत।।

106

सुधासाराभिवर्षिणी

देवी के चरणारविन्दों के चारों ओर अमृत की धाराऐं प्रवाहमान हैं। उनके युगल चरण अमृत से हमारे जीवन को आप्लावित करें।

सुधासार बरसात है, शीतल उज्ज्वल रम्य।

जा पर करुणादीठि भइ, ताकों सहज सुगम्य।।

स्वॉतिसरिस है बूँद सो, चातक सम निजजान।

सहस्त्रार के अम्बु सों, भींज भरत मन मान।।

84

तडिल्लतासमरुचिःषट्चक्रोपरिसंस्थिता।
महासक्तिः कुंडलिनीबिसतन्तुतनीयसी।। 40 ।।

107

तडिल्लतासमरुचिः

अज्ञान के अंधकार से भरे हृदय में जब माँ की कृपा का आविर्भाव होता है तो वह करोड़ों सौदामिनी के समान चकाचौंध से एकछन में ही दस दिशाओं को अपने प्रकाश से भर देती हैं।

हृदयगगन तम निबिड़ अँधेरौ। घेरत घन बन सघन घनेरौ।।
जड़ता शीतनिशा सम जकड़ै। जासों वृथाभ्रान्ति भय पकड़ै।।
उदय होत भेदत तम कारा। प्रकटै विद्युत् वेग अपारा।।
उजियारौ जग मंगल कारी। टारै शोक अमंगल भारी।।
ध्यान धरत प्रकटै छन एका। सबविधि सेव्य गहौ श्री टेका।।
ज्ञानप्रभा तम तोम नसानी। हृदय गगन प्रकटै शुचि बानी।।
ज्यों चपला घन माँझ समाई। कबहु प्रकट कबहू बिलगाई।।
कड़कै विद्युत वेग अपारा। दमकै बन उपवन जग सारा।।
दसहु दिशा फैलत उजियारौ। तिमिर तोम तम मेंटत सारौ।।
तैसे उर तम तोम नसानी। तडिल्लता सम प्रकट भवानी।।
घटाटोप घन घिरत जब, तमाच्छन्न सब देश।
तैसे उर गत कालिमा, कलुषित करत अशेष।।
दमकत जब चपलाचपल, कड़ककड़क घनबीच।
कौंधत ही दस दिसिदिपीं, रह्यौ चौंक दृगमींच।।
कोटि कोटि सौदामिनी, सों हू बढ़कें तेज।
श्री माँ के वदनाब्ज की, आभा हृदय सहेज।।

108

षट्चक्रोपरिसंस्थिता

षट्चक्रों के ऊपर जो सहस्त्रार में विराजमान हैं। वे ही सब प्रकार से सेव्य हैं। अज्ञान जनित आपदाओं को समूल नष्ट करने वाली अनेकों विपदाओं में भय, ताप और जड़ता को मिटाकर अपनी शरणागति प्रदान करने वाली हैं।

सहस्त्रार सर्वोपरी, सदा विराजत मात।
कुंडलिनि के चक्रषट्, रहे पद्मदल गात।।
रूपान्तर सों रमत हैं, चक्र चक्र में आप।
भेद रहीं षट्चक्र कों, काटत तमभवताप।।

109

महासक्तिः

शिवशक्ति की अनन्यभाव से उपासना करनी चाहिये शिवाभवानी की शिव के स्वरूप में
महाआसक्ति है। नाम रूपगुणलीला सब अन्योन्याश्रित ही है। वे एक प्राण दो देही हैं।
सहस्त्रार में महामिलन दोंनों को एक कर देता है।

शिव रूप गुननामकी, जिनमें है आसक्ति।
अन्योन्याश्रय सर्वदा, महिमामय अनुरक्ति।।
महिमामय अनुरक्ति, शक्तिचिन्मय वरदाई।
ध्यावत होवै प्रकट ध्यान में सदा सहाई।।
हैं आराध्य सदाशिव, शिव आराधिनि आप।
महासक्ति वरदायिनी, हरौ अमंगल पाप।।
जो अणु अणु में रमरही, तामें दसौ दिगन्त।
एकशक्तिव्यापकसकल, ताकौ आदिनअन्त।।
जड़चेतन जगजीव सब, ता बल धारतप्रान।
क्रियाशक्ति बन लीन है, सबमहँएकसमान।।
बिनाशक्ति नहिंचेतना, चलै न जीवन नैंक।
जाकेबल सबटिकतहैं, लेहु ताहि की टेक।।
जाकों ध्यावत शम्भु नित, मानतमनआभार।
महाशक्ति परमेश्वरी, शिवमन की आधार।।
मिटेंसकलआसक्ति, जाकेसुमिरनसों सहज।
आप ही महासक्ति, चितचेतन में रम रही।।

110

कुंडलिनी

बिना कुंडलिनी के जागरण किये कोई भी साधना के अलौकिक पथपर आग्रसर नहीं हो सकता। जीवन भी तभी तक है जब तक सषुम्नाशीर्ष पर यह हुंकार करती रहे। दोनों कानों को बन्द करने पर जो ध्वनि निरन्तर सुनाई पड़ती है वह इसी महाशक्ति की गर्जना है यदि यह बन्द हो जाये तो समझना चाहिये अब शीघ्र ही मृत्यु होने वाली है। सोये हुए भुजंग के एक झटके में जागने के समान यह जाग्रत हो जाती हैं गुरुकृपा, इष्टकृपा अथवा भाग्योदय का संयोग होने से तत्काल जाग्रत होती है इसके बिना अविद्या और विद्या में भेद का आभास ही नहीं हो पाता कुंडलिनी जागरण अपने आप में वरदान ही है। प्राण ऊर्जा मन और शरीर के साथ मिलकर ऊर्ध्वगामी शक्ति से मिल जाती हैं। चैतन्यपथ स्वतः प्रशस्त हो जाता है।

सजग प्राण मन चेतना, पाय एक आधार।

कुंडलिनी की जोतजगि, तत्छन एकाकार।।

चल न सकै डग ऐकहू, रंच न पावै ध्येय।

ज्ञानध्यानसोपान कौ, लहि कुंडलिनी श्रेय।।

चढ़ै सुषुम्ना शिखर पर, करत भई हुंकार।

जाकौ गर्जन ही बनै, जीवन कौ आधार।।

जगै युक्ति योगिननकी, सिद्धिनकौजहँस्रोत।

कुंडलिनी जगजात जब, सफलसाधनाहोत।।

वर्तुल साढ़े तीन ह्वै, सर्पाकार प्रसुप्त।

स्थित मूलाधार में, या बिन ज्ञान विलुप्त।।

छनमहँजगैफणीन्द्र सी, ऊर्ध्वमुखीअविलम्ब।

याके जागत ही जगै, महत चेतना बिम्ब।।

111

बिसतन्तुतनीयसी

एक रोम यानी बाल के सौवें भाग के बराबर पतली जिसे बाहरी आँखों से देखा नहीं जा सकता और कमलनाल के तन्तु (मृणाल) से भी अधिक कोमल यह महाशक्ति कुंडलिनी स्वाधिष्ठानचक्र में अग्नि, अनाहत चक्र और विशुद्धचक्र में सूर्य के प्रताप को लेकर शून्य में चन्द्रमा की कला से अमृत की वर्षा करती है।

ज्यों शतांश इक रोम कौ, कुंडलिनी कौ रूप।
अति कोमल मृणाल के, तन्तुन सदृश सरूप।।
अग्निप्रभा सों दीप्तिमयि, सूर्यतेज सों कान्ति।
चन्द्रकला अमृत झरै, मिलै सुशीतल शान्ति।।

भवानी भावगम्या–भवारण्यकुठारिका।
भद्रप्रियाभद्रमूर्तिर्भक्तसौभाग्यदायिनी।। 41।।

112

भवानी

भव की पटरानी ही भवानी हैं। उनसे ही संसार का उद्भव होता है वे ही सब प्रकार के वैभवों को देनेवाली हैं सब कुछ उनके कारण ही संभव है। कर्तुम् अकर्तुम् अन्यथाकर्तुम्, अघटितघटनपटीयसी, सर्वसमर्थ, त्रिकालाबाधित, सर्वान्तर्यामिनी परमेश्वरी भवानी ही हैं। भव का एक अर्थ संसार भी है वे ही भवबाधा को मिटाने वाली एकमात्र भवतारिनी हैं।

आदिशक्ति भव की पटरानी। हे मृड प्रिया शिवा कल्याणी।।
भव सागर अति विकट अपारा। कर्मगती वश जीव बिचारा।।
तरै एक श्री के आधीना। सर्व समर्पण करइ प्रवीना।।
भव बंधन काटै कल्याणी। एक तुम्हीं शिवप्रिया भवानी।।
शिवमंन्दिर राजत शिव संगा। दरसन करत मोह मद भंगा।।
मात पिता जग के ते साँचे। प्रलय भयेहु मगन मन नाचे।।
सत्यसत्य शिव सत्य गुसाई। तिनकी प्रिया शक्ति जग माई।।
भव मंदिर राजत कल्याणी। जगत जननि जगदंब भवानी।।

रविरश्मिन सों भिन्न नहिं, चन्द्र चन्द्रिका संग।
भिन्नतरंग न होत सर, रति नहिं भिन्नअनंग।।
सुमनन रहत सुगन्धजिमि, पावक में ज्यों तेज।
त्यों भवसंगभवानि नित, सदा रमहु उर सेज।।
उद्भव प्रभव विभव सकल, जासों संभव होय।
भव भय हारिनि चरन रज, देहु भवानी मोय।।

113

भावनागम्या

भावना के द्वारा जिनका ध्यान अपने रूप की रसमाधुरी से भक्त के चित्त को आकर्षित कर देता है। भाव से ही हृदय की भावनाऐं रससिक्त होकर गुणोंका बखान करने के लिये वाणी को प्रेरित करती हैं। नाम उच्चारण से जो रस प्राणों में आनंद की धारा प्रवाहित करता है वही इस साधक जीवन का एकमेव अवलम्बन बन जाता है। अनहद की निरन्तर जप साधना दिव्य नाद का गुंजन सब कुछ भाव पर ही तो आधारित है।

जो स्वतंत्र स्वाधीन हैं, सब जाके आधीन।

बाँधत ताकों भावना, भगतन के हिय लीन।।

सकल साधना ताहि में, होत रहीं तल्लीन।

ज्यों सागर में मिलत ही, सरिताहोंयविलीन।।

जड़ चेतन में आपकी, भावमयी है मूर्ति।

न्यास ध्यानजप पाठ में, इष्टभाव की पूर्ति।।

भावबिनासाधनविफल, हैं निष्फल सब काज।

भाव दृगन भरि अँजुरी, गहौ गरीब निवाज।।

114

भवारण्यकुठारिका

संसार के जीवों को अनेकों कष्ट उठाकर जीवन जीना पड़ता है। अपने अभावों को दूर करने के लिये निरन्तर भटकता हुआ कभी भी चैन से सुख पूर्वक नहीं रह पाता किन्तु जो आपकी शरणागति पा लेता है उसके कर्मबन्धनों के जटिल फंदों को काट कर उसे भव के घोर जंगल के जंजालों से मुक्त करने में माता सर्वदा सक्षम है। आपकी दयामयी दृष्टि भव के जंगलों को काटने की कुल्हाड़ी के समान है।

कुत्सितवृत्तिकुटिल कुविचारी। तिनकीमति भइ सदाविकारी।।

निजपर की रेखा तिन खींची। निजस्वारथदीठी रहि मींची।।

मरन काल लखि कें बौराये। दीपक बरत पतंगा धाये।।

जरजर मरें जाइ पुनि पाहीं। तिन्ह को विलग करतपराहीं।।

मकड़जाल बुन भटकै मकड़ी। अपने ही करतब में जकड़ी।।

डगमग डिगें डगर बौराई। पटी जहाँ पथ में भ्रम काई।।

घोर व्यथा काँटे धँसि सालैं। कहूँ कीच दल दल में घालें।।
अस पथ भव जंजाल घनेरौ। करै कौन अब व्यथा निबेरौ।।

भवाटवी अति भयंकर, भटकत हारौ जीव।
दुख के काँटे कहुँ मिलै, भ्रमनाकीचअतीव।।

व्याघ्र दंभ मद के कहूँ, कहूँ काम श्रृगाल।
विकटक्रोधमदकपटछल, फनफैलावतव्याल।।

मृगमरीचिका मोह मन, रहि लुभात बहुबार।
भ्रममत्सर कहु रच रह्यौ, मीठे स्वप्न हजार।।

लोभखड्ड में फँसरह्यौ, धिग्विवेक हा पाप।
सिरचढ़ि चूसत रक्त पुनि, तृष्णा यूका आप।।

जरा हरै तनकांति जब, रोग करें तन छीन।
जीवनसर सूखत रह्यौ, प्रानजल बिना मीन।।

अन्त समय हू मूढ़ मन, भयौ अचेतन हाय।
मरन पथारी पै पर्यौ, डोलत मन असहाय।।

ऐसौ को जो काटि हैं, भव अटवी के रूख।
मिलै राह कंटक कटें, दल दल जावै सूख।।

फलित सुफल तब होतहैं, संचितपुन्य अशेष।
अहंदम्भ जबजब बढ़ै, तबतब बाढ़त कलेश।।

शुभअशुभ दोउ भार सम, समता देंय बिसार।
कर्मश्रृंखला ग्रन्थि सों, होत न कहुँ निस्तार।।

दृढ़ इच्छा संकल्प सों, साधै साधन एक।
भाव भवन की गहन सी, जाकी गहरी टेक।।

शुद्ध साधमयि साधना, बोध करै चित धन्य।
डदित सत्यपथभाव सों, बनैं सुयोग अनन्य।।

होंय छार सब विघ्न जब, भवबाधा की मूल।
पंथमिलत अतिहीसरल, चुभैं फिर कहुँ सूल।।

ज्यों लौं बरसैनहिं सजल, किरपावृष्टि अपार।
जीवन उपवन में कहौ, कैसे होय बहार।।

बनें कठिन हू अतिसरल, सुखद सदा संसार।
ताहि ठौर में बहत है, मलयज मंद बयार।।

गहरी खाई मृत्यु की, परै अधोगति जाय।
उठैं उठायेहु पै न जो, भव रोगी कहलाय।।

भटकभटक हारै पथिक, भेंटन कठिनअभाव।

जगप्रपंचज्वालाप्रबल, जरत होंय तन घाव।।
भटक दिशाभ्रम भवर में, फँसी जात रे नाव।
सहज किनारे लगत रे, गहौ समर्पण भाव।।
भवारण्यअतिकठिनपथ, चलतचुभतपगफाँस।।
फैली शैवाली कहूँ, सब तन काटत डाँस।।
झाड़िन के फंदा कठिन, मिलै न नैंकहु गैल।
छलदल फिसलत पाँव रे!कहुँ टकराये सैल।।
भवअरण्य के फंद कों, काटत कठिन कुठार।
अब तौ उठजागौपथिक!जननी ओर निहार।।
मिटैं जनम के कोटि अघ, बीती ममता रैन।
भवव्याधि छूटै छनहिं, मिलै अभयगहि चैन।।
दयादीठि जिन्ह पर परै, मिटें मेरु सम पाप।
कर्मबन्ध काटत कटैं, द्वन्द मोह संताप।।
बज्र समा दीठी उठै, करै अमंगल दूर।
पर्वत सम भव व्याधि भय, होवैं चकनाचूर।।
निर्मल सरलसुभावशुचि, रागद्वेषनहि ंक्लेश।
समतादीठि विमलमिलत, मिटतहैंसंशय लेश।।
वरदायिनि की शरनगति, साधै अपनौ काज।
श्रीकरुणा की खानि हैं, देय दया निर्वाज।।
जाहि विलोकें करि कृपा, नासेंताके पाप।
विकट रोग छन में मिटें, हरें शोक संताप।।

115

भद्रप्रिया

भद्रता सज्जनता, साधुता और सौम्यता की द्योतक है। माँ की मूर्ति भद्रता की ही प्रतीक है। उन्हें भद्रजन ही प्रिय लगते हैं भद्र कल्याण को भी कहा जाता है वे तो अखिलकोटि ब्रह्माण्ड की नियन्ता और सबका कल्याण करने वाली हैं।

भद्रमूर्ति कल्याणि की, सौम्य छटाअमिताभ।

होत सुमंगल सकलविधि, मंगलमयी प्रभाव।।

जो कछु है सुभजगतमें, सो सबअर्पितहोय।

जाकों अतिप्रियभद्रजन, रखौ ताहिमनगोय।।

116

भद्रमूर्ति

माँ का स्वरूप सुन्दरता की पराकाष्ठा लिये हुए है। सुन्दरस्मित, मधुरभाव, लीलामाधुरी का दिव्यविलास सबको मोहित करने वाला है। वे सबको वश में करके चकित करने वाली है।

अतिसुन्दर लावण्यमयि, कल्याणी छविधन्य।

भद्रमूर्तिनिधिसौम्यमुखि, भक्तन राशिअनन्य।।

भद्रगुनन श्रवनन सुनैं, निरखतनयननिहाल।

नामरूपगुन मूरिमय, हरै व्याधि तिहुँकाल।।

रहैं सुमंगल भाव तहँ जहाँ विराजत आप।

निर्मलमानसबिम्ब रहि, काटत अघतमपाप।।

भद्रमूर्ति सर्वत्र सो, त्रिभुवन व्यापक अंब।

करहुमातुममउरसदन, हेरहु जन अविलम्ब।।

मधुमय है जाकौ हृदय, मधुरभाव की मूर्ति।

लीला माधुरि करत है, वत्सलता की पूर्ति।।

117

भक्तसौभाग्यदायिनी

भक्तों को दुर्भाग्य से बचाने वाली केवल आप ही हैं। विधाता ने भाग्य में जैसे भी दुख–सुख लिख दिये हैं वे तो जीवन में आते ही किन्तु साधक दुख, दुर्भिक्ष, दैन्य दुर्भाग्य से विचलित नहीं होता वह दुख में धैर्य और पराक्रम नहीं छोड़ता माँ के प्रति आस्था नहीं डिगती इसी से वह अपने कठिन दिनों को सहजता से पार कर लेता है। सुख में अहंभाव का त्याग और भजन की गहन आस्था की अनुभूति को छोड़ता नहीं हैं। वे दुर्भाग्य को भी मिटाने वाली कृपाभाजन के भाग्यको स्वर्णाक्षिरों से लिख देती है। वे तो अपने जन का योगक्षेम स्वयं ही वहन करतीं हैं।

मिटें कुअंकहु भाल के, लिखै आपनौ लेख।
ताकी कृपाकटाक्ष कों, नितचितहिय में देख।।
अघटित घटना घटत है, होत न ताकीहानि।
साधकमन मेंकाहुविधि, होवैकतहु न ग्लानि।।
नश्वर जग के फूल सब, मुरझावत है काल।
सबअनित्यतनधनस्वजन, डसतमृत्युकौव्याल।।
चलौचलौ ता पंथ पर, जहाँ न भय के डंक।
अडिग बनी है गैल तहँ, बढ़त रहौनिशशंक।।
सुख सौभाग्य प्रदायिनी, योग क्षेम रहि साध।
जो ताके आश्रय रहें, तिनकों नहिं भव बाध।।

भक्तिप्रियाभक्तिगम्याभक्तिवश्या भयापहा।
शांभवी शारदाराध्या शर्वाणी शर्मदायिनी।। 42।।

118

भक्तिप्रिया

भक्ति ही जिन्हें प्रिय है। इष्ट के प्रति भावपूर्ण अनुराग ही भक्ति है। सखाभाव, दास्यभाव, प्रियाभाव आदि जिसे जो प्रिय हो वह उसी भाव से अपना सम्बन्ध जोड़ लेता है और उसी रूप में अपने हृदय में इष्ट के दर्शन पाता है। नवधा भक्ति इसी का निर्देश करतीं हैं माता को भक्ति ही प्रिय है।

दधि मंथन सों बनत है, लौनी नव नवनीत।
ज्ञान ध्यान जपयोग सों, प्रकटै भगति पुनीत।।
सर्व समर्पण साधु चित, विरत प्रपंच विकार।
तिनकोंप्रियलागतसदा, अभिनव भगति विहार।।
हृदय भाव विगलित रहै, नित प्रफुल्ल रोमांच।
रागासव सों सिंचतचित, तहाँ न भयकीआँच।।
सर्वाधिक प्रिय ते लगें, होंहि समर्पित आप।
विलगहोतनहिं सो तनिक, जानहिंप्रकटप्रताप।।
सत संगति चित साधु मन, सुरति नेहगुनरूप।

93

तजहिं सदा जे दंभ छल, गुरुकरुणाअनुरूप।।

साँस साँसँ महँ उठत रे, अजपाजप की धूनि।

कर्म बनतजहँ योग कौं, सत्पथ पंक बिहूनि।।

शील शौच मर्याद सुठि, समता दीठि सुहात।

खिलत हृदय अरविंदपुट, ध्यानारुण सोंप्रात।।

पावहिं जो सन्तोष बल, बढ़ै न तृष्णा व्याधि।

भगति पुष्टि बल देत है, भेषजग्यान उपाधि।।

रहै न संगत काहु की, सत संगत की टेक।

फरै पताका भगति की, नासें विघ्न अनेक।।

जड.चेतन में इष्ट कौं, निरखै रूप अनूप।

सोइ साधु चित है सदा, भगत शिरोमनि भूप।।

119

भक्तिगम्या

भक्त का हृदय भक्तिमयि भावना से उसी प्रकार भरा रहता है जैसे फूलों में सुगन्ध, वह फूलों की तरह ही स्वयं को श्री माँ के चरणों में समर्पित कर देता है।

सुरभिसुमन सों भिन्न न जैसे। भगतिपूर्ण उरकी गति तैसे।।
ज्यों सुगन्ध बँध पाइ न काहू। केवल लेइ भ्रमर रस लाहू।।
वहै वात मकरन्द समावै। आपनि सुरभि आप बिखरावै।।
जानइ सब सुगन्धमय वाता। केवल होत मधुप सों नाता।।
तैसे सुन्दर छविमय भावा। रहै भगति पाँखुरिन सुभावा।।
सुमन चढ़ात इष्ट आराधै। साँची सफल साधना साधै।।
सो अतिदुर्लभचरननछाया। मिलइ जहाँ कुसुमन की काया।।
अखिलभुवनव्यापिनिजगमाता। सकलसृष्टि तस दीठिनिपाता।।
को अस ठौर जहाँ सो नाहीं। जड़ चेतन सब ओर समाहीं।।
हृदयपुहुप ताके कर अर्पित। भगति मान राखै मन गर्वित।।
घटघट बसत रमत सो साँची। जगजीवन कनकनमें बाँची।।
मन इन्द्रिय प्रानन अवलंबा। चलत ताहि के बल अविलंबा।।
पुहुप पाँखुरी धन्य सो, जहाँ सुगन्ध समाइ।
परसतजो श्रीपदविमल, पुनिरजरहि विलगाइ।।
सहजरूपसों भक्तिवश, प्रकट होत छन माँहि।
ठौर ठौर प्रतिरूप महँ, जाकौ बिम्ब लखाहिं।।

94

ज्ञानिनमति कुंठितभई, थके योगि धरि ध्यान।
एक समर्पितसाध सों, राखत जन कौ मान।।
जानै नहिं कछु अपर कों, चहै न दूजौ लाभ।
हरित पर्ण रोमांच के, हृदय धरा हरिताभ।।
सिहरततन अतिपुलकमन, फुरैं अस्फुट बोल।
नयनकहेंकछुभेद पुनि, अमियबिन्दुकन घोल।।
बिनकरुणादीठीमिले, प्रकट न उज्ज्वलभाव।
रट रट हारै मूढ़ मन, ज्ञानिहु गहै अभाव।।
सफल शास्त्र कौ सार अस, ढाईआखर प्रेम।
छाँड़सकलजंजालमन, गहौ भगति कौ नेम।।

120

भक्तिवश्या

मुक्ति तो भक्ति की दासी है। भक्त के वश में जब स्वयं भगवान आ गये तो फिर सब कुछ पा लिया शबरी, ब्रजांगनाएं भक्त प्रह्लाद, हनुमान जी, बलि ध्रुव, नारद, सनकादिक, शुक, जनक आदि अनेकों भक्त हैं जिनकी गणना कर पाना और उनकी गाथा गाना असंभव है। सबका चरित यही दर्शाता है कि उन्हें उनके आराध्य मिल गये और उनके वश में भी है। माता भी भक्तिभाव के ही वश में रहने वाली हैं।

मुक्ति बनीं दासी सदा, अनुपम भगति अमोल।
जाकेवश नित इष्ट हैं, ताकौ नहिं कछु मोल।।

जो स्वतंत्र है सर्वविधि, सो हू तस आधीन।
जाके वश भगवान है, वन्दहुँ भगति प्रवीन।।

121

भयापहा

जब तक अज्ञान है तब तक भय, हानी और विपन्नता होती ही रहती है। स्वस्थ चिंतन स्वस्थ मानस का ही विमल प्रसाद है जो प्रारब्ध की कलुषता को भी मिटाने में सहायक है। आधि व्याधि का समूल विनाश हो जाना ही परम कल्याण का प्रतिफल है फिर जब अद्वैत की अनुभूति से सभी संशय मिट जायें तो भय का चिन्ह भी कहाँ रह पाता है! तब तो न मृत्यु का भय है ना ही पुनर्जन्म का गर्भवास जनित महाकष्ट ही!

कर्म बचन मन करइ समर्पन। श्वाँससार जीवनधन अर्पन।।
जो मेरौ सब तुमहिं बनायौ। हौं तुमरौ मैं सदा कहायौ।।
तो मोमहँ कछु भेद न नैंका। मिटत भेद दोऊ हैं एका।।
माया परत उतार पुरानी। मिलत नई विधि नूतन बानी।।
नित नवनेहउमड़ि जब छायौ। अहोअनौखौ सो धन पायौ।।
परमानंद मगनमन फूल्यौ। को काकौ काविधि सब भूल्यौ।।
साधन सुरतिध्यानआसन्ना। फरैंसकल जब लखतअभिन्ना।।
आनंदउदधि उमंगनज्वारा। बिन्दु सिन्धु महँ करइ प्रसारा।।
सुमति सुगति शुभ बनइ तहाँपै। पूर्णसमर्पण सेतु जहाँपै।।
यहै भाव भ्रम भय सब काटै। भेदमयी खाई कों पाटै।।
रहै न कोउशत्रुपुनि ताकौ। हानीग्लानि रहित मन जाकौ।।
मृत्यु महाभय गर्भनिवासा। व्याधि मनोभव मन की आसा।।

जरामृत्यु भय हरत है, हरै शोक संताप।
गर्भवास की यातना, कटें सूल सम पाप।।

122

शाम्भवी

शम्भु की शक्ति ही शाम्भवी हैं। योगशास्त्र के अनुसार यह एक प्रकार की ध्यान मुद्रा है। अन्तर्धट में अखण्ड रूप से ध्यान की लौ जाग्रत रहे चाहे नेत्र बन्द हों या खुले हों लोक व्यवहार में संलिप्त रहने पर भी चित्त की निर्लिप्त अवस्था बनीं रहे। शाम्भवी दीक्षा को वेध दीक्षा के अन्तर्गत माना जाता है जिसमें गुरु अपने करुणापूरित नेत्रों के माध्यम से ही दृष्टिपात् करके शिष्य को दीक्षित कर देते हैं। इसे ही शाम्भवी दीक्षा कहा जाता है जो अत्यन्त ही गोपनीय है। गुरु द्वारा शक्तिपात करने से जीव —ब्रह्मैकत्व का बोध होना, कुंडलिनी का शीघ्र जागना एक तीव्रतम दीक्षा है इसलिये इसको महाविध—दीक्षा कहते हैं यह गुरु के द्वारा शक्तिपातरूपी अनुग्रह के द्वारा ही सम्पादित होती है। दीक्षा तीन प्रकार की होती है

1 शाक्तिदीक्षा

2 मान्त्री दीक्षा

3 शाम्भवी दीक्षा

शाक्तिदीक्षा में सिद्धगुरू बिना किसी बाहरी उपायों का अवलम्बन लिये केवल अपनी आध्यात्मिक शक्ति से शिष्य को दिव्यज्ञान का अधिकारी बना देते हैं मान्त्रीदीक्षा में मण्डलअंकन, घटस्थापन तथा देवपूजनादि पूर्वक गुरूद्वारा शिष्य के कान में मंत्रोच्चारण किया जाता है और शाम्भवी दीक्षा में आचार्य या शिष्य किसी को भी दीक्षा ग्रहण करने से पहले कोई संकल्प या पूर्वानुमान नहीं होता गुरूदृष्टि से ही शिष्य को समाधि और अद्वैत की अनुभूति अपनी कृपा से करवाने में समर्थ होते हैं। शाम्भवी में दर्शन स्पर्श और हृदय की करुणा ही ब्रह्मबोध करा देती है। इसमें कालाकाल विचार की कोई आवश्यकता नहीं होती **दीक्षायां चंचलापांगि न काल नियमः क्वचित** शाक्ती और शाम्भवी दीक्षा के सम्बन्ध में रुद्रयामल, षड्न्वय महारत्न, वायवीय संहिता, शारदा विश्वसार इत्यादि समस्त तंत्रों में एकही बात कही है वायवीय संहिता के कुछ श्लोक प्रमाण रूप से ये हैं

शाम्भवी चैव शाक्ति च मान्त्री चैव शिवागमे ।दीक्षोपदिश्यते त्रेधा शिवेन परमात्मना
गुरोरालोकमात्रेण स्पर्शत्संभाषणादपि ।सद्यःसंज्ञाभवेज्जंतोर्दीक्षा सा शाम्भवीमता।।
शाक्ति ज्ञानवती दीक्षा शिष्यदेहं प्रविश्यति ।गुरुणाज्ञानमार्गेण क्रियते ज्ञानचक्षुषा
मान्त्री क्रियावती दीक्षा कुम्भमण्डल पूर्विका...

माँ की तो दयादृष्टि ही साधक को शाम्भवी दीक्षा दे देती है वे पुरातना ही तो सबकी अनादि सद्गुरू हैं!

जगकल्याण नियामक ईशा। करुणामय कृपालु जगदीशा।।
दीन दयाल कृपाल पुरारी। मन्मथ मथन विश्व भय हारी।।
जनपालक घालक अघकोटी। सदा विराजतहिमगिरि चोटी।।
शंभुप्रिया शाम्भवी कहाई। जगशिशु हित माता नित ध्याई।।
प्रियछवि नित माताचितधारै। निजशिशु हितरहिसदा विचारै।।
शंभुप्रिया शाम्भवी भवानी। अतिवत्सल जननी सन्मानी।।
शिव योगी की सिद्धि स्वामिनी। शंभुप्रिया शाम्भवी भामिनी।।
अपलकनयन ध्यान की मुद्रा। जगकल्याणि योगनिधि भद्रा।।
दीक्षा कल्प सूत्र अनुरूपा। शक्ति शाम्भवी मान्त्री रूपा।।
पूजहि जग कन्या कहि तोही। देंय अभीष्ट दया दृग ओही।।
सोबत जगत एक वर माँगै। ध्येय सदा अन्तर में जागै।।
गोपनीय यह अद्भुत झाँकी। मंत्रमूर्ति हित चितनित आँकी।।
नयनखुलें मुँद जाँय बरु, दीखै सब संसार।
किन्तु जगै जो जोत घट, आठौपहरनिहार।।
करुणा कृपा कटाक्ष सों, अनुपम दीक्षा दान।
यही शाम्भवीशक्ति है, अतिअद्भुत वरदान।।

इष्ट मूर्ति ही गुरु बनें, मंत्र मूर्ति ही इष्ट।
मंत्रदान दृग दान सों, साधन सधै अभीष्ट।।
नाम अनेक अनेकविधि, गावत जाके नित्य।
गिन पावहिको तासुगुन, केवल अर्पहुकृत्य।।
जगमाता जगपालिनी, तारिनि कष्ट अनेक।
हृदयसदन नितही रहहु, शिवशक्तीतुम एक।।

123

शारदाराध्या

जिनकी उपासना माँ सरस्वती जी भी करतीं हैं वे जगदम्बा शरद ऋतु में नवरात्रि पूजन से प्रसन्न होतीं हैं।

करें शारदा वन्दना, जाकौ नितप्रति ध्यान।
कुंद इन्दु आभा विमल, वीणापणि सुजान।।
शारदीय नवरात्र में, जिनकी पूजा श्रेष्ठ।
आराधें नत शारदा, श्री माता ही ज्येष्ठ।।

124

शर्वाणी

शिव ही शर्वाण हैं उनकी प्रियाशर्वाणी भगवती का ही नाम है। भव भी शिव का नाम है जिस प्रकार भव की भवानी उसी प्रकार शर्वाणी माँ का नाम है।

शिव स्वरूप शर्वाण है, शम्भुप्रिया शर्वाणि।
शिवअर्धांगिनि हैं उमा, भवआधार भवानि।।
अविनश्वरशिव की कृपा, देवै निज आधार।
मिटैअविद्या छार सब, गहत सार कौ सार।।
कल्याणी शर्वाणि हो, शम्भु भवानी संग।
भगतन कौ हितसाधिकें, भररहिहृदयउमंग।।

98

125

शर्मदायिनी

जो सदैव मंगलकारिणी हैं वे स्थिर प्रज्ञाबल प्रदान करके भक्त का चित्त निर्बाध गति से सत्पथ पर लगाती हैं। ऐसी प्रज्ञा को मृत्यु भी बाधित नहीं कर पाती और साधक यदि इस जन्म में ध्येय तक न पहुँचे तो अपने प्रबल प्रारब्धयोग से जन्मान्तर में पुनः साधनालीन हो जाता है। इसके अतिरिक्त वे भोग और मोक्ष दोनों पुरुषार्थों को देने वाली हैं।

जहाँ शिवाकल्याणमयि, शाश्वतहितकर लाभ।
तहँ अक्षय आनंद है, दिपै योग अमिताभ।।
थिरप्रज्ञाबल सों मिलत, मिटत नजतनननैंक।
तहाँ नकछुअवरोधगति, सकै न यमकहुँफेंक।।
सुखसार सर्वस्व सोइ, अनघ अभेद अमोघ।
भोगमोक्षकरतल जहाँ, होत न कतहु वियोग।।
परमैश्वर्य प्रदायिनी, वरदायिनि सुख रासि।
शर्मदायिनी मातपद, अहनिशि नमहुँ उपासि।।

शांकरी श्रीकरी साध्वी शरच्चन्द्रनिभानना।
शातोदरी शान्तिमती निराधारा निरंजना।। 43 ।।

126

शांकरी

शम कल्याण को कहते हैं और शमन को भी, वस्तुतः शमितमन ही सच्चे अर्थों में कल्याण का नियामक है। जिसके पास तितिक्षा का अमोघ अस्त्र है उसका कोई शत्रु है ही नहीं। बोध का शोध भी शमन प्रदान करता है। शंकर की प्रिया शांकरी ही सबका कल्याण करने वाली हैं।

शमन शांति कौ मूल है, शमन हिये कौ सोध।
शमन मिटावत क्रोध कों, शमन देत शुचिबोध।।
जीतै जो निज के मनहि, ताकों भयनहिं आन।

होवै अघ सब छार छन, खिचत तितिक्षा बान।।

परम श्रेय साधन तहीं, करत अखिल कल्याण।

शमन धरत शिवशंकरहु, शम शिवरूप समान।।

शक्तीशिव की हैं शिवा, सदा रहत शिव पाहि।

शिव अनुरागिनि सहचरी, सो शांकरी कहाहिं।।

शम्सुख है कल्याणमय, शिवही सुख के सार।

कल्याणी नित शांकरी, शिवकी प्रिया उपासि।।

127

श्रीकरी

श्रीकरी का अर्थ है सम्पन्नता को देने वाली। भौतिक साधन धन वैभव को ही जो सम्पन्नता मानते हैं वे कभी भी इस दिव्यभाव की अपूर्व सम्पन्नता को नहीं समझ सकते। हृदय में माँ की भावमयी मूर्ति जिसने विराजमान कर ली उसके पास कभी किसी प्रकार की विपन्नता आ ही नहीं सकती जगदाधार बनीं वे स्वयं श्रीकरी हैं वे ही प्रकृति को श्री सम्पन्न बनाती हैं।

सोभा सरस सयानि सुचि, मृदुल मधुरता रूप।

सुषमामयि गुनखानि है, श्री जी दिव्य सरूप।।

करें कृपा की कोर सों, जो छन में सम्पन्न।

सदा श्रेयपथ पर बढ़त, होय न कबहुविपन्न।।

भौतिक धन सम्पत्ति कों, जो मानत धन रूढ़।

जड़ बन जड़ता ही गहै, रहै मूढ़ कौ मूढ़।।

श्री महिमा सम्पन्नता, अखिल गुनन आगार।

भव्य भाव की भंगिमा, सोभै विविध प्रकार।।

जाके उर आलय बसें, तहाँ न अघ तम लेश।

दिपै गुनन की जोत सों, भव्य भाव सविशेष।।

जहाँ वास श्री कौ सदा, तहाँ न कछू अभाव।

सो ही साँचौ सफलधन, जहँ प्रकटै नितभाव।।

देय दयाकर दान, साँचौ धन साधन सकल।

सो श्रीकरी महान, अखिलगुनन की खानि है।।

128

साध्वी

सरलता और सदाचार जिनका स्वभाव है। पातिव्रत की मर्यादा ही जिनका धर्म है ऐसी माता शिवजी की गोद में ही विराजमान होकर गौरवान्वित होतीं हैं। सरल चित साधुजन ही उन्हें अतिप्रिय हैं। उनके इन गुणों की तुलना यदि कहीं हो सकती है तो त्रिपथगा जान्हवी ही इतनी पवित्र हैं।

पतिव्रत साध सुगन्धमयि, राजत शिवउत्संग।

समता साध्वी की करें, पतित पावनी गंग।।

जाकों अतिप्रिय साधुजन, ताकौ साध्वी नाम।

शिवसहचरि शिवभामिनी, चरनन कोटिप्रनाम।।

129

शरच्चन्द्रनिभानना

शरदऋतु का चन्द्रमा मेघरहित आकाश में हंस के समान विचरण करता हुआ प्रतीत होता है। चन्द्रमा में तो कलंक भी है किन्तु आपके श्रीमुख की निर्मल आभा से झरता हुआ लावण्यमय सौन्दर्य का अमृत अलौकिक है।

ज्यों निरभ्र गगनाङ्ण में शरद शशि डोलै

मन्दहास्यमयि शुभ्र छटामिस हँस हँस बोलै

रजत ज्योत्स्ना पट ढाँकत वातायन खोलै

शरद निशा में आवत है ढिंग हौलै हौलै

श्रीमुख की छवि लगतजनु, शरदचन्द्र कौ रूप।

निष्कलंक निर्मल सुधा, बरसत जहाँ अनूप।।

<h1 style="text-align:center">130</h1>

<h1 style="text-align:center">शातोदरी</h1>

पर्वतराज हिमालय में सैकड़ों गुफाएं हैं इसलिये शतोदरा कहलाता है पार्वती पर्वतराज हिमालय की पुत्री हैं अतः शातोदरी नाम पड़ा दूसरा अर्थ कृशउदर यानी पतली कमर से है जो सुन्दरता को दर्शाता है।

शतोदरा हिमवान है, गुहा शताधिक धन्य।
तनया तुंग हिमाद्रि की, शातोदरी अनन्य।।

स्थूल रूप ही तंत्र है, सूक्ष्म रूप है मंत्र।
मंत्रसिद्ध आकार जो, इष्टमूर्ति है यंत्र।।

प्रकट यंत्र में इष्ट हैं, मूर्तिमान सो रूप।
पूजीं षोडश भाँति सों, भक्तिभाव अनुरूप।।

यंत्रमयी शातोदरी, पूजित हैं सब धाम।
कुंदकांतिकटिछीनछवि, निरुपमछटा ललाम।।

<h1 style="text-align:center">131</h1>

<h1 style="text-align:center">शांतिमती</h1>

अशान्तस्य कुतोसुखम् अशान्त चित्त वाले को कहाँ सुख है ? सन्तोष का ही सुफल शान्ति है। व्यवधान रहित, बाधारहित, संशय, व्याधि, तृष्णा जहाँ टिक भी नहीं सकतीं वह अद्वैत का परम कल्याणकारी एकमात्र सूत्र शान्ति ही तो है जिसके बिना साधक की मानोवांछा पूरी नहीं होती।

शाश्वतशांति सहज सुखरासी। ते पावत जिन सदाउदासी।।
दृढ़उपशम जिन चित्त रमाया। जहँ लगि सबविज्ञानसमाया।।
विरत होंय साधन ते योगी। परम शान्ति धन के जे भोगी।।
निजस्वरूप प्रगटै तिन माँहीं। शांति सरिस दूजौ सुखनाहीं।।
लीन होत विसरत सब द्वैता। शांति सूत्र एकहि अद्वैता।।
तपपूरित सिद्धि तिन्ह पाई। जिन मति शांति सदा उपजाई।।
चहै नाहिं दूजौफल काहू। मिलत अलौकिक तिन कों लाहू।।
जीवन सफल साधना पूरी। रहै न तिनकी आस अधूरी।।

शांति सुफल श्रीजी कृपा, जे पावहिं ते धन्य।
शाश्वतसुखतिनकोंमिल्यौ, जिनमतिरहितअनन्य।।
श्री चरणामृत शांतिमय, मेंटत सिगरे ताप।
सोइ सफल जो संचिहै, अद्भुत पुण्य प्रताप।।

132

निराधारा

सबकी आश्रयदाता वे एक ही है उनका आधार कोई नहीं है, अस्तु साधना में तो आधार का ही सतत आलम्बन लेना पड़ता है इसीलिये माता वैदिक और आगम आचार में बाहरी पूजनविधि में साधक की भावना के अनुरूप अपना मूर्तरूप भी धारण करतीं है। आन्तरिक पूजा पद्धति में एक तो षट् चक्रमयि आराधना है और दूसरा अव्यय सनातन स्वरूप का अनिर्वचनीय ध्यान जो चिन्मयानन्द है अत्यन्त विलक्षण और जिसमें तीव्र ध्यान योग से साधक दहराकाश में अनहद की गुंजायमान ध्वनि के साथ एकाकार होकर ऊर्ध्वगामी चेतना में अद्वैत का आभास पाता हुआ निरन्तर शीतल चन्द्र किरणों के अमृत से आप्लावित होकर शिवशक्ति के एक रूप का दर्शन आत्मज्योति में करता है जहाँ सहस्त्रार की प्रभा में दुर्लभ दर्शन पाकर जीवन मरण के द्वैत से सदा के लिये छूट जाता है।

जाके बल पर सब टिकें, गहत एक आधार।
निजशाश्वत आश्रयअमित, सोइ है निराधार।।
अखिल लोक आधार जो, ताकौ का आधार।
जो स्वतंत्र सब ठौर में, एक ही निराधार।।
फरै साधना द्विविधविधि, निगमागम की रीत।
वैदिकतांत्रिक उभयविधि, पावत हैं परतीत।।
बिना गहे आधार के, सधै न साधन एक।
बाह्य साधना की यही, जानहु साँची टेक।।
अन्तर्घट की साधना, गहत एक आधार।
निराकार निस्सीम नित, निरंजन निराधार।।

133

निरंजना

अज्ञान और अविद्या वस्तुत:मिथ्या ही हैं इनका कोई अस्तित्व ही नहीं है, क्योंकि ये तो केवल संगदोष से लगने वाले छद्ममात्र ही हैं। माँ के प्रति समर्पण की भावना उनकी

चरणरज को मूरि मानना ही दुख से छूटने का एकमात्र उपाय है। यह रज काजल की तरह मानस पटल रूपी आँखों में आँजने से अज्ञान की रतौंधी के रोग को मिटाने वाली है। जो राग के कषाय से मुक्त है वही निरंजन है। 'नी' का अर्थ सर्वाधिक है और रंजन प्रसन्नता का द्योतक है और सर्वाधिक प्रसन्नता तो विमल विवेक में ही है जो ज्ञानमूर्ति माँ का ही दिव्य रूप है।

राग संग सों होत है, आँजत अँखियन दोष।

छूटत होवै व्याधिदुख, मिलत होत परितोष।।

सघनअविद्या भ्रान्तिमयि, मिटै ज्ञानकी ओप।

दीपित अर्कविवेक कौ, करै छनहि तमलोप।।

चरनन रज नितआँज कें, नयननलेहु लगाय।

नसै रोग तिमिरांध कौ, साधत एक उपाय।।

राग अविद्या सों रहित, निरंजना कौ रूप।

भाव भगति रंजन करै, पावत फल अनुरूप।।

निर्मल सत्य सरूपमयि, निष्किंचन निर्बाध।

पद रज अंजन अघ कटें, निरंजना आराध।।

निर्लेपा निर्मला नित्यानिराकारानिराकुला।

निर्गुणानिष्कलाशान्तानिष्कामानिरुपप्लवा।। 44 ।।

134

निर्लेपा

त्रिगुणात्मक प्रकृति की रचयिता स्वयं सबप्रपंचों से निर्लिप्त है। माँ का यह गुण अपने साधकों को भी कर्मपथ पर निष्किंचन योगी बनने का पाठ पढ़ाता है जो कर्मयोग को पूजा की भाँति आस्था पूर्वक करता है किन्तु फल की लालसा से सर्वथा निर्लिप्त है। पद्मपत्र के समान योगी होता है वह सुख से दिन बिताता है और निश्चिंत होकर रात में सोता भी है। यही स्वस्थ जीवन की झाँकी है।

रचत कोटिब्रह्माण्ड जो, अखिल समानी आप।

तम प्रकाश दोऊ रचे, किन्तु तहाँ नहिं ताप।।

सबप्रपंच जग व्याप्त हैं, व्यापक गुन त्रैलोक।

निष्प्रपंच निर्लिप्त है, निर्गुन कौ आलोक।।

104

भक्तहृदय के सोइ गुन, जो गुन इष्ट समाहिं।
कर्मयोग के पथिककी, कोटिकविघ्न नसाहिं।।
रिक्त न मनकौ बोधतहँ, लिप्त न अन्यअभाव।
रहै नित्य रससिक्तअति, निस्पृहबनत सुभाव।।
तहाँनदम्भ नलालसा, टिकै न तनिकहु लोभ।
कटें कर्मबन्धनअखिल, ना ही उपजत छोभ।।
सरल पंथ समता अहा, पहुँचै ताके ठाँव।
काँटे कंटक कीच सब, लाँघ बढ़ावत पाँव।।
मोहद्रोह के खड्ड ना, नहिं तृष्णा मरु नैंक।
पथ काई ईर्ष्या मिटी, भ्रम काँकर दै फेंक।।
करमयोग की सरलगति, मनबानी जहँ मौन।
नहिंदुरूहनहिंजटिलकछु, करहुयाहिविधिगौन।।
पद्म पत्रवत् जो रहै, रंच न लागै बूँद।
निष्कंटक दिन कटत है, सोवै आँखिन मूँद।।
दंभ सहित जे कर्म, केवल बन्धन हैं तहाँ।
जान लेहु यह मर्म, निर्लेपा आराधि कें।।

135

निर्मला

संसार में जीवमात्र को जो भी कष्ट उठाने पड़ते हैं वे सभी उसके कर्मों के आधीन ही हैं। अनेकों प्रकार के विकार भ्रान्ति की भटकन में डाले ही रहते हैं जो तब तक बने रहते हैं जब तक मननिर्मल न हो जाये किन्तु जब तक निर्मला माँ का अनुग्रह न हो मननिर्मल नहीं हो पाता। उनकी करुणा की टेक पाने के लिये और सब आधि व्याधियों को दूर करने के लिये माँ की शरणागति ही एक मात्र आश्रय है।

छूटै ना भ्रम पंक लेश हू जाके मन सों।
मलिन रहै सदैव, न्हात् कितनौहू तन सों।।
पण्डित हों या मूढ़ उभय हैं एक सरीखे।
भारढोतपोथिन कौ दूजौ कछू न सीखे।।
उथलपुथलकर देय मनहिंविषाद सों तैसे।
वर्षा रितु आते ही सरवर गदलौ जैसे।।

105

झंझा की चलिवात तरीजलउलट डुबानी।
अंधड़ आँधी ताप पादपन डार गिरानी।।
निर्मलनीर सुभाउ, झलकत है उर सर सदा।
मेंटत सकलदुराउ, जगमगात चित चाउभरि।।
उपजावत मन छोभ, जबजब मन्मथ मन मथै।
चैन देत नहिं लोभ, मधु माखी के डंक ज्यों।।
बनत असूया सर्प, बीछी सी तन में चुभै।
लगै विषैलौ सर्व, रैन नीद उड़ि जात है।।
गरल सरिस मनहोत, द्वेषदंभ अँखियाँ ढकीं।
सपने चैनहु खोत, जागत ही डसलेय पुनि।।
अहंभाव की गाँठ, हठ करि करि बाँधै स्वयं।
पढ़ै एक ही पाठ, रटै सुआ पिंजरा पर्यौ।।
मर मर उपजत देह, तृष्णामरी न मन मर्यौ।
बरसत ममता मेह, काँस कर्मबन्धन बढ़ी।।
काँटे काँटे चुन रह्यौ, छाँड़त फल अनमोल।
चुभें स्वयं के अंग में, भरत ताहि सों झोल।।
स्वच्छसरोवर बनत ज्यों, शरद रितू में आय।
तैसे निर्मल भगत चित, रही निर्मला छाय।।

136

नित्या

नित्या की अनुकम्पा से अनित्य संसार और नित्य आत्मबोध रूप परमसुख का भेद ज्ञात होता है जिससे साधक अपना अभीष्ट स्वयं चुन लेता है।

जगअनित्य प्रतिछनघटै, टिकत नाहिं कछु नैंक।
छूट जाय तन धन सभी, देय काल जब फेंक।।
सत्य सनातन थिर रहै, चेतन चित कौ भाव।
नित्यानित्य विवके सों, पार लगत है नाव।।
ताकी किरपा सों मिलै, नित्य रूप कौ बोध।
शान्त सुचित ताकौ बनै, बिसरै तृष्णा क्रोध।।

देह जनित परपंच सब, जानों सदा अनित्य।
एकमूल सो अखिल की, ठौर सदा सोइनित्य।।
आत्मबोध में रत सदा, अह निसि रहत उजास।
सफल साधना ताहि की, नित्या कौ आभास।।

137

निराकारा

जो सबकी कारण हैं। जड़चेतनमय प्रकृति को आकार देतीं हैं जो सर्वाकारा और सर्वाधारा हैं वे ही सबमें साकार होते हुए भी निराकारा है, परम स्वतंत्र की लीला और नाम रूप सभी कुछ विलक्षण ही हैं अतएव उनकी कोई सीमा ही नहीं हैं। कोटि ब्रह्माण्ड जिनकी माया के अंशमात्र से मर्यादित है। गुण और आकार नाम व रूप से जाना जाता है किन्तु वे महामायाधीश्वरी सब प्रपंचों से परे हैं उनका कोई एक आकार है ही नहीं इसलिये वे निराकारा हैं।

अखिल जगत कौ करै सृजन बन सर्वाधारा,
जड़ चेतन सब ताही के निर्मित आकारा।
मायापट तन्तुन रच लीला कर विस्तारा,
सीमित नहिं आकार ताहि सों निराकारा।

138

निराकुला

अंधकार–प्रकाश, ज्ञान–अज्ञान, सृष्टि–प्रलय, जन्म–मृत्यु आदि जितने भी विरोधी तत्व हैं सब उसी जगदम्बा की माया से प्रेरित हैं फिर भी महा मायेश्वरी सबका नियन्त्रण करते हुए भी सबसे अलग हैं। वे आकुलता से रहित हैं और ऐसे ही सज्जन उन्हें प्रिय भी हैं।

जिनकौ चित प्रतिपल रहै, व्याकुलता सों खिन्न।
मात कृपा सों विमुख ते, रहैं सदा ही भिन्न।।
जो आकुलता रहित हैं, मूरत सदा प्रसन्न।
तहँ निराकुला रमत है, भगत चित्त आसन्न।।

139

निर्गुणा

सत् , रज और तम तीनों गुण मायाश्रित और सीमा में बँधे है किन्तु निर्गुण काल और उपाधि से परे मायातीत और असीम है। सभी गुण लक्षणों से प्रकट होते है किन्तु निर्गुण का कोई भी एक सीमित लक्षण या रूप गुण नहीं है। वह कल्पना से भी परे है किन्तु वही माया के आश्रय से पट में तन्तुओं के समान सब में व्याप्त है फिर भी सबसे परे है।

जाके संकल्प सों सृष्टि में गुण प्रकट होवैं,

बिम्बित प्रतिबिम्ब जग में रूप सो अनूप है।

लीलामयि शाश्वती की अलख सी न्यारीकला,

निर्गुण निर्व्याधि निष्कल निरुपम शुचिरूप है।

त्रिगुणात्मक त्रयलोक की, साखी बनीं अरूप।

जो विशुद्ध विज्ञानमय, निर्गुण कौ सत् रूप।।

रचत सत्यसंकल्पसों, सत रज तम कौ सार।

किन्तु विकल्पन सों परे, निर्गुणा निराकार।।

140

निष्कला

जिनकी कलाओं से सूर्य, चंद, अग्नि कलामय होने से कान्तियुक्त हैं। विद्या में भी ज्ञान की कला प्रकाशित है किन्तु वे अपूर्व रूपेण निष्कला ही हैं, क्योंकि सभी कलाएँ जहाँ सीमा में बँधी है वहाँ उनकी कलाएँ असीमित है जो निष्प्रपंच निस्तुला निरामया है वह सभी कलाओं की सीमा से परे है इसलिये निष्कला कही जातीं हैं।

कलामयी की कलासों, कला कलात्मक होत।

सारमयी, गुण, रसमयी, लीलामयि की जोत।।

यद्यपि सब सीमित कला, पावत ताकी ओप।

किन्तु असीमित निष्कला, जामें सबकौ लोप।।

जागतजग में सबकला, अंशमात्रजाकौ गहत।

ताकों जानौ निष्कला, जो प्रपंचसों है विलग।।

108

141

शान्ता

शान्त सौम्य स्वरूप की शोभा से भक्त के चित का ताप दूर हो जाता है। उसे परात्परज्ञान का बोध होने लगता है कयोंकि जब तक शान्ति नहीं मिलती तबतक चित की व्याकुलता व अस्थिरता बनी ही रहती है। शान्ति से ही साधना सम्भव हो पाती है।

शान्तरूप सौरभ सुखद, आनंदनिधि कौ स्रोत।
धरतध्यान थिरमति करै, तन्मयचित जब होत।।
सौम्य सुहास सुहावनौ, हरै व्याधि भव सूल।
जीवनदायिनीसरित कौ, मिल्यौ रम्यअति कूल।।
बिना शान्ति थिर होत नहिं, पचिपचि हारै हेर।
शान्तिसुदृढ़तरु छाँहतर, सुख पायौ बिन देर।।
शान्तिमूल सुखसार है, दुख अशान्ति कौ मूल।
मिटें सकलदुख ताहि के, जब शान्ताअनुकूल।।

142

निष्कामा

माँ का स्वरूप पूर्णकाम हैं उनकी कोई कामना शेष नहीं हैं। वे स्वयं कामेश्वर की भी कामना पूर्ण करने वाली हैं। कामना रहित साधु जन ही उन्हें प्रिय हैं जो निष्काम भाव से कर्म करने में ही जीवन की सार्थकता समझते हैं।

पूर्ण रूप परिपूर्ण हैं, सत्य सनातन वेश।
लेशमात्र नहीं कामना, निष्कामा की शेष।।
पूर्णमनोरथ करत है, पूर्ण होत सब काम।
निष्कामा वर देत जब, करौ कर्मनिष्काम।।

143

निरुपप्लवा

कामनाओं की आसक्ति से बढ़तेहुए हठ को जो अपनी कृपावलम्बन से मिटाकर अमृत का आप्लावन करती हैं। सबका जीवन भी उन्हीं के बलसे चलता है जिस अमृत से शरीर की बहत्तर हजार नाड़ियाँ रससिंचित होतीं रहतीं हैं। जो साधक को सफलता के चरम बिन्दु का आनंदमय आभास करा देतीं हैं वे अमृतमयी श्री माँ ही निरुपप्लवा हैं।

विप्लव बाढ़त हैं तबहि, बढ़त कामना द्वन्द।
घेरत सदा अशान्ति के, गले फँसरहे फंद।।
मन के हठ आसक्ति की, कटैजबहियहडोर।
निरुपप्लवा मात ढिंग, चल रे मन ता ओर।।
अप्लावित अमृत करें, सींचत है रस धार।
जीव ईश कौ अंश है, यही ज्ञान कौ सार।।
सहसचक्रसों रस झरै, भींजत हैं सब नाड़ि।
निजघटमें निरुपप्लवा, निरखहुनयनउघाड़ि।।

नित्यमुक्तानिर्विकारानिष्प्रपंचा निराश्रया।
नित्यशुद्धा नित्यबुद्धा निरवद्या निरन्तरा।। 45।।

144

नित्यमुक्ता

नित्यमुक्ता का अर्थ है जिसे अनित्य न बाँध सके। अनित्य मिथ्या है और नित्य शाश्वत, जो शाश्वत है वही सनातन सत्य भी है। जगदम्बा का स्वरूप भी सत्य सनातन चिरंतन ही है। उसके भक्त भी अपनी साधना जड़ता के बंधनों को तोड़े बिना नहीं कर सकते वे अपने जन को जीवनमुक्त विदेह बना देतीं तभी तो अद्वैत की परमानंदमयी दिव्य अनुभूति सम्भव हो पाती है।

है अनित्य मिथ्याजगत, जड़ता मूलक बंध।
काँटे दलदल कीच में, जकड़ें माया फंद।।

जकड़ें माया फंद मोह की निशा पिरानी।
कुहर दिशाभ्रम करै व्यर्थही मन की हानी।।
जो काटै या कुहर कों मेंटत व्याधि पतंग।
सो आभा है अरुण की, भरत विहानउमंग।।
जीवनमुक्त विदेह बन, पथ मुमुक्षु कौ जान।
नित्यमुक्तसंसर्ग सों, मिटै स्वपर कौ भान।।
मन ही बाँधत बंधसब, मनसों ही स्वच्छन्द।
मन ही द्वन्द मचात है, मन होवै निर्द्वन्द।।
मन ही बंधनमुक्ति कौ, है कारण यह मान।
मुक्ति बिना नहिं होत है, पूर्णज्ञान संधान।।
देत नित्यमुक्ता जबहि, मुक्तिभाव कौ बोध।
मुक्तबनत ही मिटत हैं, पथ केसबअवरोध।।
जहँ मनउपशमपात है, तहँआसक्ति विराम।
नित्यमुक्ता ध्यानधरत, मन बनजात प्रकाम।।

145

निर्विकारा

प्रकृति की सूक्ष्म तन्मात्राओं में गुणों के विकार ही है जो पंचमहाभूतों के साथ मिलकर सृष्टि की रचना करते हैं त्रिगुणात्मक प्रकृति विकारमयी ही है केवल चिति शक्ति ही निर्विकारा है जिसका अंश जीव है जो आत्मविद्या के गोपनीय पथ के माध्यम से ही अवगम्य है। उस निर्विकारतत्व को माँ निर्विकारा की कृपा से ही जाना जा सकता है। वही जड़ता जनित काम क्रोधादि विकारों से भी बचाने वाली हैं।

सब प्रपंच या जगत के, हैं विकारमय जान।
तज गुणअवगुणपंकपथ, करौ सुपथहिपयान।।
प्रकट हृदय में होत है, निर्विकार कौ रूप।
सबविकार मिटजातहैं, कर मन तस अनुरूप।।

146

निष्प्रपंचा

संसार की रचना ही प्रपंचों से हुई है जिनकी शक्ति के आधीन रहकर ये प्रपंच सृष्टि का संचालन करते हैं। सभी तत्व एक दूसरे में समाये हुए हैं, वे जगत विधात्री स्वयं इन सबसे परे है। आत्मज्योति से प्रकट प्रकाश ही उनका आभास करा पाता है। कैवल्य घनानंदमयी को पूरी तरह से जानकर कह पाना कि यह शक्ति अमुक रूप है यह तो सर्वथा असम्भव ही है।

पंचभूत लगि रहहिं प्रपंचा। संशय त हाँ न जानहु रंचा।।

नभ घटघट महँ प्रकट जनावै। शब्द रूप सों व्योम कहावै।।

अनलअनिलजल भूमिहि सोऊ। तासोंनिस्पृह भयौ न कोऊ।।

शब्द वायु पावक के तेजा। भखै सकल राखै न सहेजा।।

शब्द स्पर्श लिये गति वाता। अनल समावत सजल प्रपाता।।

अधोगती गुनमय रस नीरा। व्याप्त भूमि घन जलधिगँभीरा।।

लै सुगन्ध औषधिन समाई। वसुधा पंचभूतमय पाई।।

महत पंच भूतनहि समायौ। अहंकार पुनि तामें पायौ।।

तानत तन्तु वितानन जैसे। सूत्र सूक्ष्म तन्मात्रा वैसे।।

मायापट घट ढाँकि छबाये। भाँति भाँति के भाण्ड बनाये।।

जाके बल प्रपंच हैं नाना। सब मिलि साधें सृष्टि विताना।।

सबमें रहि सबते हू न्यारी। निष्प्रपंच केवल महतारी।।

ताकौं ही प्रकटित घट जानौ। आत्मरूप सो कहत वखानौं।।

ता बिन नहिं प्रपंच रहि पावै। निष्प्रपंच जो स्वयं कहावै।।

रचत जगत परपंच सब, मायापट रहि लीन।

किन्तु रहितपरपंचजो, मन कर तहँ तल्लीन।।

147

निराश्रया

जिसके आश्रय से ही मन, प्राण और चेतना का संचालन शरीर में होता है प्रकृति में जीवनदायिनी ऊर्जा उसी के कारण विद्यमान है। उस भूमा के बल पर ही सब टिका हुआ है, किन्तु जिनका कोई आश्रय या आधार नहीं है क्योंकि वे ही एकमात्र स्वतंत्र पुरातना है अनादि है इसीलिये निराश्रया कहलातीं हैं।

112

जाके आश्रय सृष्टि सब, सबकी स्वयं प्रमान।
चलै देह मन जाहि सों, होय आत्मसंधान।।
आत्मज्योति जागे बिना, चलें न मन अरुप्रान।
स्वयंप्रभा ज्योतिर्मयी, करत अखिल निर्माण।।
सबकों माता देत है, निज आश्रय की छाँव।
शरणागतिसमसुखनकहुँ, अभयसरिसनहिंठाँव।।
जाकौ नहिं आश्रय कहूँ, है स्वतंत्र सो एक।
लेहु सदा आश्रयित बन, निराश्रया की टेक।।

148

नित्यशुद्धा

जो तीनों कालों में सदैव सच्चिदानंद स्वरूपमयी है उनके स्वरूप का ध्यान, गुणों का स्मरण, नाम का कीर्तन, लीलाचिंतन और कथाओं के पठनपाठन से तत्काल ही मनुष्य मन, वचन और काया से शुद्ध हो जाता है पापों का प्रक्षालन होता है, स्वभाव निर्मल बन जाता है, भीतर और बाहर सुशान्त सुरम्य वातावरण अपनी अभूतपूर्व छटा बिखेर देता है ऐसी नित्यशुद्धा मनोहरा माँ का आश्रय किसे सुखकारी नहीं है?

जाके सुमिरन मात्रसों, होत चित्त अतिशुद्ध।
काटै कल्मष ग्लानि भय, प्रज्ञा होत प्रबुद्ध।।
नित्यशुद्ध सत्चितअमल, अभिनवराशिउदार।
सुमिरत ही जन कौ करें, चेतनमयि उद्धार।।

149

नित्यबुद्धा

जिस प्रकार धुआँ रहित दीपशिखा स्थिरवायु में निरन्तर प्रदीप्त होती रहती है वैसे ही ज्ञान के प्रकाश से माँ साधक के मन को एकनिष्ठ बना कर तल्लीन कर देतीं हैं।

बोध देत चैतन्यमयि, जागत होत प्रबुद्ध।
ज्ञानदीपके दिपत ही, होय न मतिअवरुद्ध।।

नित्यानंद विलासिनी, अमल अलौकिकरासि।
दीपशिखा निर्धूम सी, नित्यबुद्धा   उपासि।।

150

निरवद्या

अविद्याजनित प्रमाद का जहाँ सर्वथा लोप हो वह निरवद्या हैं। पापरहित उदार हृदय में ही विद्या का प्रकाश प्रतिबिम्बित होता है। श्रीविद्या का प्रकाश भी स्वयं श्रीजी के स्वरूप के समान ही है जो सदैव साधक की सुमति और सद्गति ही करता है। जिसके अनुशीलन से घोर नरकगामिनी गति कभी नहीं होती।

शुद्ध हृदय में प्रकटै विद्या। रहै न ता घट रंच अविद्या।।
अनघ उदार हृदय अतिशुद्धा। निरखें चिन्मयि मूर्ति प्रबुद्धा।।
ज्यों रज कन दर्पण पटढाँकें। प्रतिबिंबतहँ प्रकट न आँकें।।
त्यों उर दर्पण अघ रज हीना। प्रकटै विद्या नित्य नवीना।।
सुगतिसुमति शुभगतिकी चीन्हीं। आप समा श्रीविद्याकीन्ही।।
जा घट श्रीजी आप समाई। परइ न घोर नरक महँ जाई।।
निन्दित वस्तु न तहँ रहिपावे। शुचि तरंगप्रकटत उपजावै।।
यम यातना नरक बहु करे। श्री साधक तिन कबहु न हेरे।।
शिवध्यावतशिवलोक सिधारै। उभय लोक सद्सिद्धिसँभारै।।
परहिं न घोर नरक महँ काहू। जिन्हें उठात एक श्री बाहू।।
आप उठाऔ आप बल, मेंटहु आपा आप।
चरणमूरि संजीवनी, काट देय सब पाप।।
निंदनीय अतिघोरअघ, कलुष अविद्यापाप।
निरवद्या विज्ञानघन, मेंटत है सब ताप।।

151

निरन्तरा

जिनका सृष्टि पर निरन्तर नियन्त्रण बना हुआ है तथा जो अपनी करुणा का अमृत सब पर समान रूप से वर्षाती रहती हैं किन्तु जो हीनमति होते है वे अपने कर्मों के फल से दण्डित होते हैं फलतः अधोगति पाते हैं यह भी उन करुणामयि की दया ही है जिससे

दण्डित होकर उनके पाप धुल जाते हैं और साधुजन तो अपना सर्वस्व समर्पण करके सद्गति पा ही लेते हैं, किन्तु केवल शरीर का ही भरण पोषण करने को ही एकमात्र पुरुषार्थ मानने वाले इन्द्रियों के वशीभूत मन वाले मूढ़ अपनी दुर्दशा के स्वयं ही संवाहक है। करुणामयि निरन्तरा के कृपा प्रसाद की तो गंगाजी के समान निरन्तर अविरल धारा बह रही है। इसलिये यदि दुर्गति से उबरना चाहते हो तो उस पुण्यमयि धारा के निकट पहुँचो।

विद्या कौ अमृतप्रवाह रसस्रोत अखण्डित।

अविच्छिन्नगतिधार बही अरुणाभामण्डित।।

कृपा लाभ ते हू पावैं जे होवैं दण्डित।

ज्ञानामृत कौ पान बनावत मूढ़न पण्डित।।

रहीं सृष्टि के आदि सों, प्रलय काल पर्यंत।

चलैनियन्त्रणसततही, भू नभ, जलधि दिगन्त।।

भेद बिना जाकी कृपा, बरसत है चहुँ ओर।

बड़भागी ही लेत हैं, लाभ, सौंप निज डोर।।

बहत निरन्तर पावनी, जहाँ गंग सी धार।

बिन पहुँचे ताके निकट, कस होवै उद्धार।।

निष्कारणानिष्कलंकानिरुपाधिर्निरीश्वरा।

नीरागा रागमथनी निर्मदा मदनाशिनी।। 46।।

152

निष्कारणा

जिनका कोई भी मूलकारण नहीं है, किन्तु जो सबकी एकमात्र आदिकारण हैं। जिन्हें कोई कभी भी पूर्णरूप से जानने में सक्षम नहीं हुआ अन्धकार और प्रकाश दोनों ही जिससे उत्पन्न हुए हैं वे निष्कारणा निस्सीम महिमा वाली हैं। जिसका कारण कोई जान नहीं सका उस सहस्त्रार के रसस्रोत की भी आप ही एकमात्र कारण हैं।

जासोंउद्भव होत सब, सबकी उद्गम् एक।

कारण केवल एक ही, व्यापक रूप अनेक।।

भासित लीलारूप सों, अविरल स्रोत उदार।

निरानंद अव्यक्त पुनि, निराकार आधार।।

विद्याऽविद्या उभय हौ, तम औदिव्य प्रकास।
नहिं लखातभासतसकल, अपरिमेय आभास।।
जाकेबिननहिंटिकतकछु, दीपितसबजगमाँहि।
जाकौ नहिं कारण कछू निष्कारणाकहाहिं।।
अतिशयगूढअगम्यअति, आनंदघन कौ धाम।
कारण तस रसस्रोत की, निष्कारणाललाम।।
ज्ञानयोग कहिसकतनहिं, ध्यानसकैनहिंदेख।
निष्प्रपंच निष्कारणा, अगम अगोचर पेख।।

153

निष्कलंका

जिनका स्वरूप और चरित्र निष्कलंक है जो अपनी कृपा से भव तम को काट देतीं हैं वे ही जड़ता मूलक अज्ञान का नाश करने वाली हैं। उन करुणामयी की चरण शरण ही भवसागर से पार होने के लिये एकमात्र अवलम्बन है।

निष्कलंक निर्मल जगदंबा। मिलत कलंक इन्दु महँ किंबा।।
निर्मल सरस अभय वरदानी। केवल देखीं एक भवानी।।
सकलभाँति साधै सबकाजा। सब पर एक सुषासन छाजा।।
तेहिलगि आधीन ब्रह्माण्डा। ता बल चलत काल कोदण्डा।।
देंय विमलमति श्रीसुखकारी। तारत भव अघ कोटिन भारी।।
अंब आपनौ मोकों कीजै। निज जन जान पयादे लीजै।।
तुमनिःकलंक रंक हौं पापी। हौं अति अधम आप परतापी।।
आप भगतवत्सल हौ माता। सब अपराध छमहु जनत्राता।।
तुमबिनकोउ न आनउबारै। भव तम गहन कौन अब तारै।।
काढ़हु निजकर कृपाविषेशा। हरहु व्याधि भवसंभव क्लेशा।।
कोमलचित करुणामयी, श्री सबभाँति सुजान।
निष्कलंकनिरुपमजननि, पाउँ शरणगहित्राण।।

154

निरुपाधिः

जिनके सम्पर्क का प्रभाव भिन्न भिन्न प्रकार से हो, किन्तु स्थिर न रह पाये वही अज्ञान है उदाहरण रूप से क्रोध, काम, मोह, शोक, संताप, उद्वेग, ईर्ष्या, प्रमाद, मद आदि अपना प्रभाव तो मन पर डालते हैं, किन्तु घटते बढ़ते रहते हैं चिरस्थाई नहीं रह पाते। इस क्षणभंगुर दोष को ही उपाधि समझना चाहिये क्योंकि जो ज्ञान है वह तो बिना परिवर्तन के टिका रहता है विवेक जाग्रत करता है किन्तु मोहजनित अज्ञानमयी जड़ता ये उपाधियाँ जितने प्रकार की हों उतने ही चित्त में विक्षोभ उत्पन्न करती हैं भ्रमना में भटकाती रहतीं हैं तभी तो सूरदास जी की गोपियों ने कहा है ऊधौ मन न भये दसबीस क्योंकि उनके मन में उपाधि की व्याधि थी ही नहीं वहाँ तो केवल एक ध्येय श्यामसुन्दर ही मन में रचे बसे हैं। माँ के स्वरूप में भी निरुपाधि है।

है उपाधि अज्ञान सरीखी। विविधभाँति चित भेद प्रतीती।।
निरुपद्रव निःसंग अरूपा। निर्बाधित निरुपाधि सरूपा।।
शुद्धसनातन सो सुखरासी। तिमिर अविद्यारहित उपासी।।
रूपनाम गुन लक्षण भेदा। कोउ न अस जो करै विभेदा।।
कटें प्रपंचसकलजगव्याधी। जिनगहिशरणागति मनसाधी।।
कल्याणी सद्हेतु सरूपा। सद्विवेक सन्मति अनुरूपा।।
अलखअलौकिकअनघभवानी। कहि न बतावहिताकोंबानी।।
शमन करै संताप अशेषा। लुप्त होय अविवेकहु लेशा।।
चेतनअमलसकलसुखरासी। सो चिन्तामनिगृह की वासी।।
निरुपद्रवनिरुपाधि अशेषा। काटहु मात तिमिरअघक्लेशा।।
कहि न जनावै नाम कछु, साधै कछु न उपाय।
निरंजना निरुपाधि श्री, मिलत शरन गति पाय।।

155

निरीश्वरा

परमेश्वरी भवानी का स्थान सर्वोपरि है। वहाँ किसी का शासन नहीं चलता उनका कोई ईश्वर नहीं है इसलिये निरीश्वरा हैं।

मंगलमयि राखत सदा, भगत नेह कौ मान।
भावसुरभि भर देत है, करत सदा कल्यान।।
सर्वोपरि परमेश्वरी, तहाँ न शासन अन्य।
सचराचर की ईश्वरी, निरीश्वरा अति धन्य।।

156

नीरागा

रागद्वेष के जंजाल साधना के मार्ग को अवरुद्ध कर लक्ष्य से भटका देते हैं। मोह की शैवाली (काई) से पैर फिसलने लगती हैं जड़ता मन को जकड़ कर प्रमाद ग्रसित कर देती है तृष्णा की बेड़ियाँ आगे बढ़ने ही नहीं देतीं इन सब बाधाओं से जो बचाती हैं वे नीरागा माँ ही हैं। रागमुक्ति आराध्य की प्रिय है तो आराधक को भी रागद्वेष के द्वन्द से अपने स्वभाव को मुक्त करना ही पड़ेगा। यह सच्चे साधक का एक विशिष्टगुण है।

राग मोह लिप्सा बढ़ी, रत लालसा अमाप।
लिप्त रहत चित बापुरौ, बिसरै आपा आप।।
बिसरै आपा आप, मन हीं मन साध मनावै।
कोटिजतन सों फेर फिरैपुनि लौटन पावै।।
तृष्णा के मद दम्भ सों, रागी बाँधै बंध।
उबर न पावै सोकतहु, गले फँस रहे फंद।।
जो काटै इन फंद कों, मुक्त राग औ' द्वेष।
करुणा कृपा कटाक्षमयि, नीरागा कौ वेश।।
निज भाव के चाव में, रहत सत्य सो लीन।
राग न दूजौ तहँ चढ़ै, अस नीराग प्रवीन।।

157

रागमथना

जो नीरागा हैं वे ही रागमथना भी हैं। रागकषायित चित्त का मंथन करतीं हैं। तन, धन, भवन, सन्तान, स्त्री, भोगसंपदा, पदलालसा, यशलिप्सा और भी न जाने कितने ही प्रकार के असंख्य राग के आलंबन संसार में मन आकर्षित किये रहतेहैं। इनमें से जब किसी के भी कारण एक ही झटके से मोहित मनपर कुठाराघात होता है तो मनुष्य का भावात्मक

संतुलन खो जाता है वह व्याधिग्रसित हो रातदिन बेचैन रहता है। रागमथना माता इस रागासक्त हृदय का मंथन करके रागद्वेष के विकार को निकाल फेंकती है। उसकी कृपा से साधक स्वस्थचित्त होकर पुनः अपनी साधना में लग जाता है।

देह गेह धन धाम सुत, दारा वैभव भोग।

जस लिप्सा पदलालसा, अहंकार कौ रोग।।

मन ही मन मंथनकरै, चिंतन व्यर्थ अकाज।

जीवनधनजिनकोंदियौ, तनिकनतिनकोंलाज।।

ममता मारक तब बनैं, पावत नहि मन चैन।

मोहखड्डु में गिरत ही, कटत नाहि दिन रैन।।

मथै मनोभव मन सकल, द्वेष दंभ अभिमान।

रागकषायित आँखियन, होत न रंचहु भान।।

आपन आपा जब मिटै, बिसरै निज संधान।

करनिर्मलमानससलिल, खिलै पद्मसमज्ञान।।

रागलिप्तकौ मन भटक, पावत नहिंकहुँठौर।

तब उद्धारै पानिगहि, अम्बे सम नहिं और।।

जो भटकन कों मेंट कें, मथै राग औ द्वेष।

जबहि रागमथना करें, किरपा यही विशेष।।

छूटतरागासक्ति जब, निरमल होत सुभाउ।

तबहिभगतिहिय में रमें, उज्वलतासतभाउ।।

रागकषायित चित्त सों, मथमथ काढ़त मोह।

चलौ रागमथनासरन, होय न तासु वियोग।।

158

निर्मदा

मदान्ध व्यक्ति में विवेक चक्षु होते ही नहीं हैं। धमंड अनेकों प्रकार के होते हैं जैसे धन, रूप, बल, विद्या, कुल, यश, शक्तिअधिकार, पद, तप आदि माँ अपने भक्त का घमंड नहीं रहने देती। यदि विद्यावान अपनी विद्या को विवाद में नष्ट करे, धनवान मदान्ध हो जाये, शक्तिवान निर्बल को सताने लगे, तो ऐसे घमंडी लोगों को दूर से ही त्याग देना चाहिये। जब इष्ट की कृपा होती है तो विद्या विवकेशील बनाती है, धन सबके हित में खर्च होता है और शक्ति संगठन और एकता की प्रतीक बनती है जो निर्मदाकी कृपा से ही संभव हो पाता है।

119

विद्यावानविवादप्रिय, धनपति यदि मदअन्ध।
शक्तिवानपरपीड़कन, तजौ पाय तिनगन्ध।।
कृपा होय जब ईश की, विद्या देत विवेक।
धन पोषै समभाव सों, शक्ति बनावत एक।।

159

मदनाशिनी

अपने भक्तों के चित्त से मद की दुर्गन्ध को निकाल कर उनके योगक्षेम का निर्वहन करने वाली एकमात्र महाकाली ही हैं। नारदमुनि को कामविजय का मद हो गया उसे विष्णु भगवान ने दूर किया दुर्वासामुनि क्रोध के मद में राजा अंबरीश पर कृत्या से मारण प्रयोग करवाने को उद्यत हो गये तब श्रीहरि के सुदर्शन चक्र ने अंबरीश राजा की रक्षा करने के लिये दुर्वासा ऋषि का पीछा कर उन्हें तीनों लोकों में त्राहिमाम् की पुकार करवा कर दौड़ा दिया। ऐसी अनेकों घटनाएं हैं जब मद का नाश करना ही कृपा का फलीभूत रूपान्तर होता दिखाई देता है और साधक अपने इष्ट के चरणों में पुनः त्राण पा जाता है।

काम कोह मद मोह कौ, हरै कुहरपट शीघ्र।
शरणसुखदताकौं मिलै, अरुणाभा जहँ तीव्र।।
तप मदवश देवर्षि कौ, काम विजय मदवेग।
शीलनिधी के भवन में, बढ़यौ काम संवेग।।
हरि समीप कर याचना, हरिमुख पायौ देख।
उमगिस्वयंवर में चले, मिटी न विधिकीरेख।।
कृपापाय छय होत अघ, दिपै ज्ञान कौ दीप।
भटकत दुर्वासा मुनी, आये भगत समीप।।
मदविहीन करभगतचित, दयासिन्धु नहिंअन्य।
अघनाशिनि मदनाशिनी, महाकालिका धन्य।।

निश्चिंतानिरहंकारानिर्मोहा मोहनाशिनी।
निर्ममा ममताहन्त्री निष्पापा पापनाशिनी।। 47।।

160

निश्चिंतता

चिंता सदा अनिष्ट की आशंकामूलक व्याधि है जो चित्त को अस्थिर और असहाय सा बना डालती है। ऐसे व्यक्ति का ध्यान किसी काम में नहीं लगता खानपान नींद सब कुछ लुप्तप्राय होने लगता है तो भला साधना करना उससे कैसे सम्भव हो ? माँ के भक्त सदा निश्चिंत होकर जीवन व्यतीत करने वाले होते हैं तभी तो उनकी कभी हानी नहीं हो पाती मनोबल ऊँचा उठता है। वे माँ के भरोसे ही आठौ प्रहर रहते है सब चिंताऐं निश्चिंता माता की कृपा से ही दूर होती है।

चिंता चिता समान है, स्वार्थ लगावै आग।

धधकधधकधुँधकैहियौ, सक्यौनाहिंकहुँ भाग।।

एक लपट चिंता लगी, भस्मभूत कर देय।

रोगव्याधिभय ताहि कों, जो चिंता मन लेय।।

चित जाकौ चिंतन करै, ताके होत समीप।

भजत भगतमनचाउभर, मन बनजाय महीप।।

सदा समुज्ज्वल चेतना, होत न ताकी हार।

अतिउदार हैं अम्बिके, मन तस कर मनुहार।।

आठौ पहर उपासना, अह निशि होवै ध्यान।

रहै सुशान्तसुखद हियौ, तहाँ न चिंता आन।।

योग क्षेम ताकौ रखें, सुमिरत जागें भाग।

निश्चिंता की आन यह, रे चित चिंतात्याग।।

161

निरहंकारा

निरहंकारी मन से अहंभाव लुप्तप्राय हो जाता है जिससे विदेह अवस्था मेंसाधक निश्चिंत होकर साधना में तल्लीन हो पाता है। जब तक यह अवस्था नहीं आती तबतक ही साधना की गति खण्डित होने का भय बना रहता है जहाँ देहाध्यास मिटा समझो तभी से ज्ञान की प्रौढ़ावस्था आरम्भ हो गई फिर तो ज्ञान और नित्य नियमों की भी आवश्यकता नहीं केवल अटूट ध्यान का क्रम ही उन्मनी अवस्था तक पहुँचा देता है। उस दिव्य आभास के भाव को हृदय वैसे ही छिपा कर रखता है जैसे मोती को सीप रखती है।

निश्चिंतित चित होतहै, अहंकारसों मुक्त।
निरहंकारी साधना, करत चित्त उन्मुक्त।।
देहाध्यासमिटायकें, मन बन जात महीप।
हृदय भाव तैसे धरै, जैसे मुक्ता सीप।।
गूढ़ज्ञानधन पाय कें, उन्मनि कों आराध।
अहंकारके मिटत ही, छमहिंकोटिअपराध।।
उन्मीलित नैना लखें, अहो सुशीतल छाँव।
सहसधाररसस्रोतकौ, अतिअद्भुत है ठाँव।।

162

निर्मोहा

मोहपाश से मुक्त होना अत्यन्त कठिन है कभी कर्तव्यों की मर्यादा आढ़े आ जाती है तो कभी स्वेच्छा से मन स्वीकार कर लेता है अरे यह तो मेरा ही है मैं ही इसको भली भाँति संभाल पाउँगा, किन्तु इसके विपरीत जब जब परिणाम उल्टा मिलता है या कभी कोई हानी होती है या फिर मन को बुरा लगता है तो वह उद्वेग ही जीवन की सहज राह का रोड़ा बन जाता हैं। ज्ञानी भी मोह के आगे हार जाते हैं निर्मोहा ऐसी स्थिति में सहायक होतीं हैं और मोह की व्याधि से अपने साधक को बड़ी ही प्रवीणता से निकाल कर साधना के सरल पथ पर चलना सिखा देती हैं।

माया भ्रमित मूढ़ यह मानैं। केवल देहजनित सुख जानैं।।
तनधनभवन फँस्यौ मनमूढ़ा। उपजहि ताप‍पापफल रूढ़ा।।
मानत सत्य मोहवश देहा। अगनितजतनन करत सनेहा।।
बाँधत निजमन बुद्धि बिचारै। गिरतउठतपुनिपुनिपछिहारै।।
डारत मनहिं पाशभ्रमफंदा। रुँधतप्रान भयवश कर द्वन्दा।।
रंच न बचइ कछू तबपासा। तहूँ भ्रमत मन बीती स्वाँसा।।
ज्यौंलौं नाहिं मुक्तमनबानी। त्यौंलौं बँध्यौ रहहिं तन प्रानी।।
जापर कृपा प्रतीतिप्रभासै। ता घट मोहति मिर पुनि नासै।।
मिटत मोह तिमिरांध नसावै। निज स्वरूप चेतनधन पावै।।
ताकौ सत्य ध्यानजपपूजा। सुमिरहु नाहिं रंच कछु दूजा।।
अमरितबूँद तहाँमिलिपासा। उपजी नहिं उर दूजी आसा।।
हानिग्लानि भयशंकाछिन्ना। होय न छिनहुसत्यमतिभिन्ना।।

मोहजनित सब मूढ़ता, जा घट मिटत समूल।
निर्मोहा की कृपा सों, काढ़त उर के सूल।।

163

मोहनाशिनी

मोह के अंधकार से मोहनाशिनी ही उबार सकतीं हैं। उनकी कृपा से ज्ञान का आभास पाते ही मन की व्याकुलता उसी प्रकार दूर हो जाती है जैसे सपने में हानी देखकर घबड़ाया हुआ मन जागने पर स्वस्थ हो जाता है।

मृगतृष्णावत्असजगमाया। जासु मोहमन नित उपजाया।।
संचयकरइ जतन करिराखै। मोहविवशनहिंकछुमुखभाखै।।
खेलतभाँतिभाँतिमनजासों। रचइ कल्पना कौ गढ़ तासों।।
धन संतति घर लेय बनाई। तिनमहँप्रीति नित्यउपजाई।।
नित माटीकेलेय खिलौना। बालकज्यों डारइकहुँ कौना।।
टूटत भई हानि मन ताके। रुदनकरइ बैठत ढ़िगजाके।।
ऐसे जग के अगनित साँचे। जहाँ तहाँ मनमोहनि नाचे।।
योगी मुनि ध्यानी बरु ज्ञानी। मोह विवश ते हू अज्ञानी।।
अतिदृढ़पाश मोहकौ फंदा। फँसत होय तिनकीमतिमंदा।।
जड़मति मूढ़ विकल मन रोवै। मोहनिशा बौरावत सोवै।।
तिनकी गति सतभाउसँवारै। निजकर परसत मातउबारै।।
मोहनिशा कल्मषकीखानी। रुद्धसाधना तिन नहिं जानी।।
काटै जबहिमोहमनद्वन्दा। तबहि जगहिमनजोति अमंदा।।
मोहविषमज्वरसम अतिगाढ़ौ। अवरोधक ज्यों मारगडारौ।।
कृपामूरि ज्योंलौंनहिंपावैं। तबलौं मोह मनहिं न नसावै।।
विकलप्रान क्षोभितमनबानी। स्वप्नद्वन्द सम मोहकहानी।।
मैं ममता माया जग केरी। हरहु मातु सब तृष्णा मेरी।।
निजकर आइ उबारौटेरौं। मिटैविकलमन कौ सब रेरौ।।

मिटै मोह की कालिमा, करहुस्वस्थमनआइ।
जासु निकट संजीवनी, तहँ पहुँचै मनधाइ।।

164

निर्ममा

निर्मम का प्रयोजन यहाँ पर निष्ठुर से कदापि नहीं हैं। जो मृगतृष्णा मन की कुंठा बन कर प्राणों को विकलता देती है प्राणों से भी प्रिय वस्तु के वियोग से जीवन सूना सा लगने लगता है तब उस असहनीय वेदना की एकमात्र अचूक औषधि निर्ममा की दया ही है जो मन को उसी प्रकार स्वस्थ कर देती है जिस प्रकार वैद्य रोगी को स्वाद में थोड़ी कड़वी किन्तु गुण में जीवन को बचाने वाली औषधि देकर रोगशैया से मुक्त कर देते हैं।

मोहजनित ममता भरमाया। सत् सम भासत मिथ्यामाया॥

डारत फंद फँसत पगकाई। चाहत हू न सकत उबराई॥

कुंठित चित्त देहअध्यासा। मिटत न तृष्णाकी कहुँप्यासा॥

मोह मूढ़मन उपजै कामा। चहै प्रान सम तन धन धामा॥

मैं औ' मोर तोर अस माया। भटकभटकजहँमनभरमाया॥

जबलगि होत न मनकौकेरौ। मिटैन तमचित सघनघनेरौ॥

निर्मम वीतिरागि निष्कामा। निर्विकार चितसरल निकामा॥

रागासक्त लोभ मद छीजै। टेक शरण जननी की लीजै॥

साधुचित्तमज्जनकरत, मलमलन्हात उमंग।

कर्मबंध मल जहँकटें, निर्मल ज्ञान तरंग॥

देय वैद्य ज्यों औषधी, मिटें असाधकुरोग।

हरै निर्ममा ताहि विधि, भवबाधा संयोग॥

165

ममताहन्त्री

आहा! वे करुणामयी कैसी उदार हैं! जो लोकरीत के व्यवहार में भी अपने भक्त की सहायता करने के लिये सतत विवके रूप में उसे जाग्रत करती रहती हैं। ममता द्विविधा जनित संशय उत्पन्न करके अधिकांशतः मन को संदेह से व्यथित करती रहती है और न चाहते हुए भी वह सब कुछ हो जाता है जिसे व्यक्ति अपने ही सिद्धान्तों के अनुकूल नहीं मानता। भले ही विवशता में ही क्यों न निर्णय लिया गया हो। किन्तु ममताहंत्री अपने साधक की ऐसी स्थिति कभी होने देतीं। वे उसको स्थिरता, दृढ़ता और प्रत्युत्पन्नमति प्रदान करतीं हैं जिससे किंकतव्यविमूढ़ता की संदेहास्पद घड़ी कभी नहीं आती और जीवन की धारा अबाधगति के साथ बहती रहती है। भगवान श्रीकृष्ण द्वारा अर्जुन को कर्मयोग की शिक्षा देना यही दर्शाता है।

मैं मेरौ मन में लगै, प्रिय तनधन औ धाम।

करत अनवरत चित रहै, चिन्तनआठौयाम।।

मोह जनित ममता महा, भाव करै मनमूढ़।

कटत मोहकेफंद सब, मिलतज्ञानअतिगूढ़।।

जाकेसुमिरन ते मिटें, कोटिजनम के पाप।

देत अभय शरणागतिन, मेंटत हैं त्रयताप।।

ममताहंत्री होत जब, भगतन चित आरूढ़।

काहू विधि नहिं होत है, किंकर्तव्य विमूढ़।।

166

निष्पापा

पुण्यफलदायी तभी होते हैं जब सद्बुद्धि और सदाचार पूर्वक शुभकार्यों का यत्न किया जाये। मन, बानी और आचरण से पवित्रता रहे तभी करोड़ों जन्मों के पापों को नष्ट करने वाली अम्बिका का साक्षात्कार साधक अपने हृदयकमल में कर पाता है। उन निष्पाप माँ का प्रकाश धुआँ रहित स्थिर दीपशिखा के समान जाज्वल्यमान है, जो चारों पुरुषार्थों को देने वाली हैं।

जतन फलें सन्मति मिलै, मिलें पदारथचार।

सकलभाँति निष्पाप जब, मन बानी आचार।।

जनमकोटिअघनाशिनी, तब ही सन्मुख होत।

निष्पापा निर्धूम सी, दीप शिखा की जोत।।

167

पापनाशिनी

जिसके स्मरण से करोड़ों जन्मों के पाप नष्ट हो जाते हैं शरणागतों को अभय देने वाली दयामयी माँ के अतिरिक्त कौन तीनों तापों से बचाने वाला है?

जाकोंसुमिरत ही मिटें, कोटि जनम के पाप।

देत अभय शरणागतन, मेंटत है त्रय ताप।।

निष्क्रोधाक्रोधशमनी निर्लोभालोभनाशिनी।
निःसंशया संशयघ्नी निर्भवा भव नाशिनी।। 48।।

168

निष्क्रोधा

साधना में सुस्थिर और सुशान्त मन हो तभी भजन के आनंद का सुमधुर फल मिलता है। क्रोध में किया गया हवन, पाठ, जप, भजन, नैवेद्य अर्पण, तर्पण पूजा और अनुष्ठानादि सभी कुछ उसी प्रकार नष्टप्राय हो जाते हैं जिस प्रकार कच्चे धड़े में भरा हुआ पानी मिट्टी को बहाता हुआ बह जाता है। साधक के मन की शान्ति निष्क्रोधा की करुणामयी दीठी से ही सम्भव है।

सब अनिष्ट की मूल क्रोध की धधकी माटी।

उपजावत मूढ़ता मोह मति जर जर फाटी।।

होत विवेकहु नष्ट भ्रष्टता की परिपाटी।

अन्त अधोगति पाय भई मन की गतिखाटी।।

शान्त चित्त ही बन विभूति पलपल यों पोषै।

अमियबिन्दुमय इन्दु औषधिन कों ज्यों तोषै।।

पृष्ठभूमि प्रारब्ध की, कल्मष क्रोध बनात।

रोग शोक संताप सों, अन्त होय अधपात।।

अन्त होय अधपात तापसिहु तप सब खोवैं।

व्यर्थ क्रोध में जरें छार भये मन सों रोवें।।

जाकी किरपा सों मिलै, सरलसुसौम्य सुभाउ।

छमा छत्र सी बनत है, रहै न रंच कुभाउ।।

विफल होंय पूजा भजन, क्रोधी बनै अधीर।

छीजहिंसबसाधन सुफल, ज्यों काचेघटनीर।।

शान्त चित्त साधक बनें, सधें मनोरथ चार।

निष्क्रोधा की कृपा सों, होवै तिन उद्धार।।

169

क्रोधशमनी

ज्ञान की कुल्हाड़ी से जो असद्विवेक वाले क्रोध को निर्मूल कर देती हैं, और साधक को मन, बानी और काया के पतन वाले घोर क्लेश की अशान्ति से बचा लेतीं है, वे क्रोधशमनी माँ ही हैं।

ज्ञान कुठारी सों कटत, कोहरूख की मूल।
सद्विवेक के अर्क सों, तिमिर निशा निर्मूल।।
क्रोध हनै सब सौम्यता, छीन तपोमय काय।
दम्भ बढ़ावत द्वेष कों, तपत हियौ जरिजाय।।
मन बानी कायिक पतन, होत क्रोधवश ताप।
भस्मीभूत छार हृदय, पावत अति संताप।।
जो उबार या कुगति सों, देय सुपंथ दिखाय।
सो प्रसन्नमुखिमात ही, सुजनन होत सहाय।।
शीतलवारि सुशान्ति कौ, मेंटत मन कौ ताप।
कृपाकमण्डल नीर ते, शमित कोटि अघपाप।।
क्षमामयीअतिसौम्यमुखि, सब आनंद की खान।
सींचत स्मित सुखद दै, को है तासु समान।।
जुगजुग में अवतार धरि, करे असुरसब छीन।
आसुरि माया कों हरै, श्री सब भाँति प्रवीन।।
शंभु निशंभु महिषासुर, रक्तबीज संहार।
जेते जेते असुर हैं, तिन पर करत प्रहार।।

170

निर्लोभा

करोड़ों ब्रह्माण्डों को उत्पन्न करनेवाली अपने जन का सदैव ही कल्याण करती हैं वे सुपात्र को वरदान देने में और साधना का पथ प्रशस्त करने में अविलम्ब सहायता करतीं है दयासिन्धु की करुणा में लोभ का स्थान नहीं है उनकी करुणा तो अक्षय कृपापात्र है जो देता ही रहता है। ऐसी वत्सला माँ को छोड़कर अन्य देवों के पास मन भला क्यों जाये?

अक्षयनिधि वरदान की, अतिउदारचितमात।
उदय होत उरव्योम में, सद्योत्पन्न प्रभात।।
लजें विभूती सम्पदा, नत सब सिद्धिप्रसाद।
जो अभीष्टवरदायिनी, तहँनहिं लोभप्रमाद।।
देख्यौ नहिंकहुँदेव अस, श्रीसमानसुखखान।
होतनतनिकविलम्बतहँ, फलतसफलवरदान।।
जाकौ आश्रय देत है, भव्य भाव की भूति।
वत्सल कोमलचितसदा, कोटिकभुवनप्रसूति।।

171

लोभनाशिनी

मन की चंचलता कमनाओं को उकसाती रहती है जो सीधे रास्ते से काम न बने तो लोभवश व्यक्ति छल छद्म से येन केन प्रकारेन अपना स्वार्थ साधने की ठान लेते हैं चाहे इस छल और लोभ से सगे सम्बन्धियों को गहरी पीड़ा ही क्यों न हो! ऐसे लोभ को माँ की कृपा साधक के हृदय से समूल निकाल देती हैं। जब लोभ जैसा दुर्गुण ही न रहेगा तो छल कपट कहाँ से ठहर पायेगा चित्त में! इसलिये उनका आश्रय लेने वाले के मन से लोभ का नाश होता है। साधक त्यागी स्वभाव का होता है लोभी कदापि नहीं।

चित चंचल दुस्तर महा, बहै कामना स्रोत।
उठें फेन बुदबुद कहूँ, कहुँ आलोड़न होत।।
छलकेफंद फँसाय कें, करै मित्र की हानि।
अपने जन की हानिसों, लोभीहृदयनग्लानि।।
लोभ कल्पिता कामना, भ्रमवश मानत मोद।
हानी अपनी ही करै, कपट कुल्हाड़ी खोद।।
हितचिंतन अपनौ मिटै, मिटै नेह की साख।
लोभ पाप कौ मूल है, होवें सद्गुन राख।।
तनधन की आसक्ति सब, मिटै मोहदुःसाध।
कटै कलुषता हिये की, श्रीजी पद आराध।।
है सर्वोपरि भावना, श्री जीवन की मेरु।
दण्ड देत दुष्कृतिन कों, साँचौ सुदृढ़सुमेरु।।
मृगमरीचिका लोभ की, मेंटत निस्संदेह।
साधक पथ निर्बाध कर, सींचै जाकौ नेह।।

छद्म वासना जब तजै, मिलै एकपथ साँच।
दृढ़ता के डग में न कहुँ, लगैलोभकीआँच।।

172

निःसंशया

संशय साधक के विनाश का कारण है बिना आस्था व श्रद्धा के कोई भी साधना फलीभूत नहीं होती। जिनका स्वरूप सभीप्रकार के संशयों को दूर करके आत्मज्योति के रूप में सब जीवात्माओं में चाहे वे जड़ हों या चेतन विराज रहीं है वे ही साक्षी हैं। तर्क उन्हें नहीं पा सकता केवल प्रेमपूर्ण समर्पण ही उनका साक्षात्कार करा सकता है। धारणा से जो ध्यान में प्रकाश रूप से सदा समाई रहतीं है उनकी कृपा से ही भक्ति का अनमोल वरदान मिलता है।

संशय ही दुख मूल है, जहाँ न श्रद्धा कूल।
भ्रमभँवरन महँ फँसत है, सकलजतन निर्मूल।।
करै न मन तहँ कल्पना, बानी सकै न बोल।
बुद्धिघटित तर्कहुविफल, जो अनुपमअनमोल।।
बिन श्रद्धाविश्वास के, होत न भगति प्रकास।
विफल भयौ सबजतन श्रम, भई न पूरीआस।।
दुःखमूल संसय महा, मिलत अधमगति आप।
दम्भ पाप संताप सों, बाढ़त दूनों ताप।।
संसय रहित सरूप कौ, धरै धारणा ध्यान।
दया द्रवित निःसंशया, देय भगति वरदान।।

173

संशयघ्नी

संशयहीन होने पर द्विविधा की मानसिकता नहीं रहती, चित्त में स्थिरता आजाती है संदेह ग्रसित मन वैसा ही होता है जैसे मकड़ी स्वयं के बनाये मकड़जाल में फँस जाती है। भ्रम निवारण बिना न तो ज्ञान का प्रकाश मिलता है न ध्येय की दिशा ही जिसके बिना जीवन निस्सार ही है। जो संशयघ्नी मानस में मानसरोवर के हंस की भाँति विराजकर निर्मलमति प्रदान करतीं हैं वे ही भक्तों की निधि हैं।

द्विविधाग्रसित भ्रमित मति जाकी। नष्टप्राय विभ्रम गति ताकी।।

संशय ग्रसित मूढ़ जन कैसे। फंद फँसी मकड़ी के जैसे।।

उपजै नहिं किंचित सतभाऊ। संसय छिन्न न करइ सुभाऊ।।

उपजत तहँ अनेक परतीती। मोहमयी मति की अस रीती।।

परमगुरू शिव एक शिवानी। नमें सदा जिन पद मुनि ज्ञानी।।

निविड़ मोहनिशि वारनहारी। किरन प्रभासत ज्यों उजियारी।।

हृदयकमल जो सहज जगावै। मानस सर हिलोर उमगावै।।

दृष्टि विमल मति देत अमन्दा।छन महँ होत ध्यान निर्द्वन्दा।।

एकमेव तस रूप निहारै। सकल भुवन महँ कहूँ विहारै।।

विघटित होय न मिटै प्रभाहू।ग्रसै तहाँ नहिं संसय राहू।।

यही सफलता सार है, यही मंत्र कौ मूल।

होय न उद्गम ज्ञान कौ, बिन काढ़े भ्रमसूल।।

संसय की दल दल तहाँ, जहाँकुहरभ्रम पास।

भटकावत जो सकलविधि, दुर्गमदुर्गति वास।।

174

निर्भवा

जो जन्ममरण के फंदों को भी काटनेवाली हैं वे भला जन्म कैसे लें! जिस प्रकार सूर्य उदय होकर अपनी किरणों से भूमण्डल को स्पर्श कर प्रकाश और उष्मा देता है संसार को जीवनी शक्ति मिलती है सूर्य की गति के अनुसार ही रितु परिवर्तन पखवारे मास वर्ष युग कल्प बनते हैं काल की गति अबाध गति से आगे ही आगे बढ़ती जाती है अमाप अकल्पनीय किन्तु सूर्य फिर भी पृथ्वी से दूर ही है वह उदय और अस्त तो होता है किन्तु विलीन होकर लुप्तप्राय कदापि नहीं! माँ भी अवतरित होतीं हैं प्रकट और अप्रकट रूप से अपनी कृपा संभूत जीवनी शक्ति प्रकाशित करतीं हैं सबकी आधार हैं किन्तु जन्म या मरण जैसी कोई स्थिति नहीं हैं। वे निर्भवा ही है भवनाशिनी हैं।

काटैं जनम मरन के फंदा। ब्रह्ममयि तुम आनंद कंदा।।

अतिउदार सर्वेश्वरि रूपा। लीलामयि प्रकटाति सरूपा।।

निजइच्छा निर्मित अवतारा। हरत कलुषमय भू संभारा।।

ब्राह्मी रूप अजन्मा एका। लीला हेतु सरूप अनेका।।

हरतअविद्या की तमछाया। करै जासु पर निरुपमदाया।।

परसै रवि भूमंडल जैसे। अवतारत किरनन कों तैसे।।

130

किरन प्रभामंडल विकसावै। दीपित दिशा तेजप्रकटावै।।
विचरतहोंय मासपखवारा। मिलै कालगति कों आधारा।।
युगयुगचक्र चलइ तहँ एका। भयौनरविकहुँभिन्नअनेका।।
तैसे ब्रह्म रूप अवतारा। करइ केलि लीला विस्तारा।।
नामरूप अनेक कहि भाखा। एक निरामय की परिभाषा।।
सो अनादिअजएकसनातन। मानैं जग जाकौ अनुसासन।।
सदा समायौ सबजगमाँहीं। कछू न कहुँ तासोंविलगाहीं।।
अन्तर्घट में जोत सरूपा। भासै स्वयं ओप अनुरूपा।।
ध्यानबिम्ब प्रकटै सो कैसे। अरुनबिम्ब सरसिजपुटजैसे।।
सत्य कहावत अगम अनामा। आनंदरूप सत्चित् धामा।।

भव भय तम बाधा हरै, हरै अमंगल मूल।
मिलैअमरपदअभयसों, कढ़त हिये के सूल।।
निर्भय बन भवपारकर, चलहु सुमारग हेतु।
भव विनाशिनीनिर्भवा, भवसागर की सेतु।।

175

भवनाशिनी

*अविद्या ही भवबंधन है और विद्या भवबाधा से मुक्ति! भवनाशिनी अपने साधकों को अविद्या
मिटाकर भवबाधा से मुक्तकर देती हैं।*

करत अविद्याकलुष कौ, जो छन में ही नाश।
जन्म मृत्यु के चक्र कौ, काटत है भव पाश।।
जो गहि शरणागति मुदित, पावै निर्भय ठाँव।
धरौ हृदय में नितसदा, भवनाशिनि के पाँव।।

निर्विकल्पा निराबाधा निर्भेदा भेदनाशिनी।
निर्नाशा मृत्युमथनी निष्क्रिया निष्परिग्रहा।। 49।।

176

निर्विकल्पा

मन की अटकलों में अनेक विकल्प हैं जो सत्य संकल्प की सार्थकता से डिगा देते हैं किन्तु निर्विकल्प मन की दृढ़ता से किया संकल्प शक्तिशाली होता है जिसके आगे बड़ी से बड़ी कठिनाई दूर हो जाती है। निर्विकल्पा की कृपा से ही योगपथ प्रशस्त हो पाता है। विकल्प छद्मकल्पनामय, डिगने वाले निराधार और बदलते रहते हैं किन्तु सत्य संकल्प इसका उल्टा है। निर्विकल्प समाधि सच्चे साधकों का लक्ष्य रही है।

सब विकल्प तज जो भजै, रखै सत्यसंकल्प।

कोटिकल्पद्रुम जो रचै, ताकी कृपा न अल्प।।

श्री इच्छा आधीन सब, देंय सुफल अनुकूल।

है अनंत श्री सम्पदा, सब साधन की मूल।।

सकल मनोरथ जगत के, सुखसाधन सन्मान।

केवलकल्पितमनरचै, तिन न सत्य कछुजान।।

करै उजागर सत्य जो, हरै अमंगल मूल।

सत्य सत्य संकल्प सो, सब विकल्प निर्मूल।।

शाश्वतरूपिणि चिन्मयी, गुणातीत सुखरासि।

देत अभय शरणागतिन, रे मन ताहि उपासि।।

प्रबल प्रभा तम हरत है, एक सत्य संकल्प।

सधैसाधना जासुबल, ताकी शक्ति न अल्प।।

आत्मज्योतिमयि व्याप्तजो, घटघट में आभास।

सो प्रकासमयि साधकन, पूरै साँची आस।।

मनविकल्प झंझासरिस, अंधड़ बन चलि वात।

दीपशिखा संकल्प की, तासों बुझ सी जात।।

निर्विकल्प जो निरुपमा, सत्य सनातन धाम।

देउ सत्यसंकल्पशुभ, करहु मनहिं निष्काम।।

हैं आकर्षणसघनअति, धूमिल मन अरु प्राण।

जहँ न सधैसंकल्पसत्, तिनविकल्पपहचान।।

निर्विकल्प संकल्प शुभ, सत्य सनातन सेतु।

जगदम्बा के ध्यान की, बनें सुसोभित केतु।।

177

निराबाधा

सभी बाधाओं को दूर करने वाली निराबाधा ही हैं। जिनकी उपासना से उनका सानिध्य सुख मिलता है। निर्मल हृदय कमल ही उनका सिंहासन है और नयनों की प्रेमपूर्ण जलधारा ही चरणों का प्रक्षालन कर रही है वहाँ ताप, बाधा, विघ्नें ठहर ही नहीं सकते।

हरै अमंगल मूल अविद्या। परमानंद राशि श्री विद्या।।

भवबाधा सब तहाँ नसावै। एक ठौर शरणागति पावै।।

निर्विकल्पजहँप्रकटसमाधी। तहाँ न पहुँचैभवकीव्याधी।।

आत्मज्योतिअविनाशिअपारा। प्रकटै ताघटनिर्मलधारा।।

आनंदरसअविरामतहाँपै। सहजसुखदसुभसुगतिजहाँपै।।

मानसविमल रचैतसपीठा। धोवै चरन दृगनजलदीठा।।

मिटैंदुसाधसकलभवबाधा। ताघट निर्मल नीर अगाधा।।

कलुष ताप बंधनभव केरा। हरै अविद्या संभव फेरा।।

मिलै ताहि सान्निध्यसुख, उरगत अविचलठाँउ।

मेंटत बाधा श्री प्रभा, नित नित सीस नवाँउ।।

178

निर्भेदा

माँ के मन में भेदभाव हो ही नहीं सकता वह तो सभी में समान रूप से हित करने वाली है। जैसे बूँद सागर में समाकर एकाकार हो जाती है वैसे ही मन का समर्पित भाव माँके चरणों में लयलीन हो कर अभेद रूप से समा जाता है।

परमसुखद रासी सो एका। नाम रूप गुन भये अनेका।।

भासत एकज्योति सबमध्या। गगनपवन पावकनिरवध्या।।

एक तेज सब दीप्ति प्रभासै। एकज्योति तमतामसनासै।।

एक रूप सब मध्य समाई। धरि अवतार धरनिसो आई।।

शिव हरिविधि सब ताके रूपा। रमाउमासरसुती सरूपा।।

सकलजीव अंश सोइ अंशी। सबउर घ्वनितएक हीवंशी।।

निगुनहि सगुनहिएकहि भासै। एककिरनसबओर प्रकासै।।
देशकाल कौ भेद न तामें। अणुपरमाणु न भिन्न जनामें।।
अलखअनादिअगम्यअनंता। भजहिं ताहि निर्व्याधी संता।।
ध्यान धरत जोगी दृगमूँदें। सिन्धु समावत अगनित बूँदें।।

जीवन जीव जगत जहाँ, ओत प्रोत निरभेद।
जाके बिन नहिंटिकतकछु, हरै असम्भवखेद।।
सर्वोपरि परमेश्वरी, वत्सलअति सब ठौर।
करुणामयि करुणायतन, शोभा श्री सिरमौर।।
सदाकरत जननीअहो, निज सन्तति पर नेह।
कनकन भींजत ज्योंधरा, बरसत अम्बर मेह।।
एकमेव सो सत्य है, दूजौ अपर न कोय।
सित्तसुधासन्तति सदा, सींचत नयनन तोय।।
धरत धरनि अवतार जो, सदा अखंड अनंत।
घट घट में जो रमत है, एकमेव श्री तंत्र।।
धन्य धन्य सो साधना, धन्य ध्यान कौ मंत्र।
ध्यावत केवल एक श्री, साधकसफलस्वतंत्र।।
प्रतिभासित है सत्यजग, नाना रूप लखाहिं।
जैसौ जाकौ भाव है, भेद अनेक बताहिं।।
जो जैसौ जाकों भजै, गहै तैसोहि ताहि।
बिन्दुसिन्धु महँ जबमिलै, भेदनतहँरहिपाहि।।
सो समात ना बुद्धि में, बानी कहै न काह।
शक्तिरूपअतिअगम है, उमगि उमंगउछाह।।
जो व्यापक सर्वत्र ही, सत्यसत्य सब काल।
प्रकटप्रेम सों ही मिलै, निरखतहोउँनिहाल।।

179

भेदनाशिनी.

जितने भी प्रपंच हैं सब द्वैत के आभास से ही होते हैं। मायाजनित त्रिगुण भी द्वैत ही हैं। जब तक भेदबुद्धि का लोप नहीं होता निश्चल अवस्था आ ही नहीं सकती जिसकी दया से भेद मिटता है वही भेदनाशिनी माँ है।

व्यापिनि विश्व ईश की माया। भेद मिटावत ताकी दाया।।
देह जनित अध्यास मिटावै। अमर पंथ कौ मरम हु पावै।।
मिटत भेद उर जागत बोधा। करत ज्ञान कौ दुर्लभ सोधा।।
जासों प्रकटचराचर सृष्टी। सो करि कृपा करत रस वृष्टी।।
एक सनातन सत्य सरूपा। प्रकटावत जुग जुग में रूपा।।
अगम अनंत अनादी गूढ़ा। समझ न पावत ताकों मूढ़ा।।
एकज्योति घट करत निवासा। तासु प्रभा सों भेद विनाशा।।
मिटत भेद अज्ञान नसावै। भेद विनासिनि जब घट आवै।।

एक रूप भासत करैं, अखिल लोकविस्तार।
सकलसमावत एक में, पावत कोउ न पार।।
मिटें द्वैत परपंच सब, मिटै मूढ़ता गूढ़।
भेदनाशिनी की कृपा, जब होवै आरूढ़।।

180

निर्नाशा

संसार की प्रत्येक वस्तु बनती हैं घटती हैं और मिटती हैं। कालचक्र के आधीन पलपल परिवर्तित होती रहतीं है, किन्तु जो अखण्ड ज्ञान का प्रकाश स्वरूप है वह नित्य, अनादि, अव्यय, अपरिमेय है उसका नाश कभी नहीं होता जिनकी कृपा से यह दिव्य ज्ञानका अतुलनीय आभास प्राप्त होता है वे ही ज्ञान स्वरूपिणी शुद्धचैतन्यराशि 'निर्नाशा' माता हैं।

नित्यअखण्डित ज्ञानमयि, एक असीम अनादि।
आत्मरूप भासत अखिल, अमर मूरि अव्यादि।।
बनत घटत मिट जात जो, कालचक्र आधीन।
परवश परिवर्तित रहै, सो कस लगै नवीन।।
अकथ अगोचर अगम श्री, कहै न कोऊ भाष।
मतिकीहूगति जहँथकी, ताकौकतहु न नाश।।
जाकों साधें सब साधें, पूरन मन की आस।
निर्नाशा भज मन सपदि, एकमेव अविनाश।।

181

मृत्युमथनी

मृत्युमथनी माता मृत्यु का भी मंथन कर देतीं हैं, क्योंकि वे काल की भी काल हैं, कालकंठी हैं मृत्युंजय की महाशक्ति है। यहाँ एक बात यह स्पष्ट हो कि साधक को ऐसा अनुभव करना चाहिये कि वह मृत्यु के भय से सर्वथा मुक्त हो चुका है ऐसा देवताओं को भी दुर्लभ लगने वाला वरदान है जो अमरता ज्ञान से देह का अध्यास मिटाने से मिलती है यह तभी संभव हो पाता है जब वह इस तथ्य को आत्मसात् कर ले कि देवो भूत्वा देवंयजेत् यानी स्वयं देवतुल्य, अतिमानव बने, सात्विकता से परिपूर्ण सदाचारी एकनिष्ठ, अदम्य उत्साह सम्पन्न, ओजस्वी अतिविनयी अहंभाव से रहित केवल इष्ट का आश्रय लेने वाला, भक्ति का मान रखने वाला अपने उपास्य में अटूट आस्था, अविरल ध्यान करने वाला, क्षोभ, उद्वेग, मद, निन्दा, स्तुति और मात्सर्य से से सर्वथा रहित कैवल्य सुख की राशि जिसके लिये एकमात्र निधि बने ऐसा साधक द्वैत के सभी प्रपंचों को लांघकर उस दिव्यपथ पर चलने को तत्पर हो जाता है जहाँ मृत्यु का भयही न हो नश्वर काया को छोड़ते समय उसे न मोह है न व्याधि और ना ही भय फिर जन्ममृत्यु की श्रृंखला सदा के लिये टूट जाती है यही सर्वश्रेष्ठ साधना मार्ग है जो मृत्यु मथनी के अनुग्रह से ही सम्भव हो पाती है।

ज्ञानामृत कौ पान कर, शिवमय होवै धन्य।

ध्याताध्येय न भिन्नजहँ, सो हीध्यानअनन्य।।

एक शिवो हं साधि कें, पावत शाश्वत ज्ञान।

मृत्युमथततजदेहसुधि, करतअमिय कौ पान।।

182

निष्क्रिया

जैसे परिमल सुरभि बतास वन (बासन्तीवायु में फूलों के परागकणों की सुगन्धित अनुभूति) होती है। यद्यपि पवन में सुगन्ध फूलों से ही आती है किन्तु वह स्वयं तो सभीप्रकार की सुगन्धियों से रहित है जब जैसी सुगन्ध मिली वैसा वातावरण बन गया उसी प्रकार लीलामयि अनेकों प्रकार की लीला करके भी निष्क्रिय ही है उसके लिये तो न विहित ना ही निषिद्ध किसी भी प्रकार की क्रिया का कोई बंधन ही नहीं है।

जा बल करहिं क्रिया सब लोका। होय भुवन मंडल आलोका।

किन्तु रहै जो सबते न्यारी। निष्प्रपंच निष्क्रिय व्यवहारी।।

जाकौ नहिं संकल्प विकल्पा। जनवत्सल किरपा नहिं अल्पा।।

136

साधक भाव भावना गाढ़ी। प्रेम पयोनिधि प्रीती बाढ़ी।।

रीझत मात भक्त मन तोषा। लीलामयि किरपा धन कोषा।।

सो साँची अविकल अनदोषा। पावत भगत हृदय मन तोषा।।

जाके बल उपजी जग सृष्टी। पालत नित कर करुणावृष्टी।।

सो निःसंग निरंजन रूपा। निष्क्रिय एक अनाम अरूपा।।

नहिं जहँरुचिअरुचि कोऊ, नहिं संकल्प विकल्प।

लीलामय अनुराग वश, प्रकट होत प्रति कल्प।।

परम तत्व है एक ही, बंधन मुक्ति न पास।

मिलै पवनज्यों सुरभिसों, निष्क्रिय जदपि बतास।।

183

निष्परिग्रहा

भगवती अपने भक्तों से कुछभी नहीं चाहती केवल शुद्ध मन और भक्तिमयपूर्ण समर्पण की भावना ही उन्हें आनंद देती है। छल, पाखंड बड़बोलापन माता को प्रिय नहीं हैं। जिसने सारा संसार बनाया प्रकृति के रूप में सृष्टि का पोषण किया जो जीवनदायिनी है उसे भला कौन क्या देगा? इसलिये जो यह मानते हैं कि अमुख पूजा या बलि माँ माँग रही है यह केवल मिथ्याचलन और ढ़ोंग है इसे रोकना चाहिये अधिकतर मूढ़जन मानते हैं कि बलि न दी तो माँ अमुक अनिष्ट कर देगी। थोड़ा विवेक से सोचिये माँ जीवहत्या से प्रसन्न नहीं है मनुष्य अपने प्रारब्ध के कर्मों से जो भी अच्छा या बुरा कर्मफल पाता है उसका वही उत्तरदायी हैं। माँ तो करुणामयि हैं आब्रह्म कीट जननी है यानी सृष्टि को बनाने वाले ब्रह्मा जी से लेकर एक छोटा सा कीड़ाभी उनकी ही सन्तान हैं, वे निष्परिग्रहा हैं। माता के इस स्वभाव से अवगत भक्त भी कुछ संचय नहीं करतेवे चलते फिरते खाते पीते सोते जागते केवल स्मरण ही करते हैं मान का अहं भाव लेश मात्र भी नहीं होता उनके लिये तो कंचन और मिट्टी में भी भेद नहीं है फिर संचय का तो प्रश्न ही नहीं उठता।

जो रच रही विधान सब, रचै लोक मर्याद।

प्रकृतिसम्पदामयि रची, रंच न तहँ अपवाद।।

नहिं कोऊ अस जोग है, साधनजतनजुराय।

तुष्ट करे जगमात कों, आपन आप कहाय।।

पूजहिंभगत अनेकविधि, सेवहिं विविधप्रकार।

जपहिंभजहिंकीर्तनकरहि, जोजसभावअधार।।

चाहत मात न भगत सों, पूजा भोग सुवास।

धन सम्पदा न रागमय, देवालय की आस।।
केवलभावभगतिनिरखि, शरणागति की टेक।
साधकजन कों देतहैं, सदा अचलपद एक।।
जों हैं साँचे साधु जन, रखें सदा यहिआन।
कंचन माटी एक सी, रहै न पद मदमान।।
माँगतनहिंकछु और सों, संचय रखै न लेश।
करुणावारि हृदयभर्यौ, दृगउन्मीलित वेश।।
ऐसे भगतन लखत है, मात मोद मन धार।
खातपियतसोबत जगत, चरननकौ आधार।।
करतसकलविधिकामसब, जथाजोगव्यवहार।
रखें न फलकीआसकछु, जीतहोय या हार।।
नहिंउपमातिनचित्त की, अलखनिरंजनध्यान।
निरुपमनिग्रह करत हैं, देंय अभय वरदान।।

निस्तुला नीलचिकुरानिरपाया निरत्यया।
दुर्लभा दुर्गमा दुर्गा दुखहन्त्री सुखप्रदा।। 50।।

184

निस्तुला

आपके सर्वांग सुन्दररूप, अमोघबल पराक्रम, भक्तों पर शीघ्र ही अहैतुकी कृपासिंचन आदि असीमित गुणों की और दया की तो कहीं भी कोई तुलना ही नहीं हैं। ऐसी कोई तुला (तराजू) नहीं जो तोल सके, कोई उपमा ही नहीं जो समानताकर सके आपके समान तो केवल आप ही हैं।

सौम्यसुधामयिछविउपक्रम की। नहिं तुलनाताकेविक्रम की।।
श्री सम श्री ही आप विराजै। निरुपम छविमनमोहनिसाजै।।
तासु छटा की कछु परछाई। मानों प्रकृतिपटल पर छाई।।
तेजोमय लावण्य सलौनौ। दीप्तिदिशा कौ है प्रति कौनौ।।
माता सम माता नहिं दूजी। एक छत्र त्रिभुवन तुम पूजी।।
करुणावत्सल कृपासुहानी। जहाँ न होत सुजन की हानी।।

138

श्री विद्या पावन मन बानी। श्रेय प्रेय की सिद्धि समानी।।

परा प्रकाम पूर्ण जगदंबा। करत दया नहिं होत बिलम्बा।।

अद्भुत करुणा मात की, अतुलित विक्रम धाम।

निरुपम गुण छवि माधुरी, शतशत कोटिप्रनाम।।

185

नीलचिकुरा

नीले चिकुर यानी श्यामरंग के केश हैं। दूसरे अर्थ में नीलगगन ही मानों भगवती के कुंतलकेश हैं। माँ तो पूरे ब्रह्माण्ड में समाई है आकाश ऐसा लगता है मानों माँ की अलकावलि ही हो तारे फूलों की सज्जा जैसे लगते हैं और चन्द्रमा शीश फूल की सी शोभा पा रहा है।

दिग्दिगन्त व्यापकवपुजाकौ। नीलचिकुर गगन लगै ताकौ।।

पुहुप गुच्छ से तारे न्यारे। वेणि मध्य ज्यों गुँथत निहारे।।

अलकावलि घन श्याम सजाई। व्योम गंग तारावलि छाई।।

शीशफूल सम राजत इन्दू। मानौं मान भवन कौ बिन्दू।।

सीसनवेन्दुअलौकिकशोभा। त्रिनयनछवि निरखत मनलोभा।।

सघनचिकुरअम्बर लगिकैसौ। सजलश्यामघन कुंतल जैसौ।।

जो विसाल ब्रह्माण्ड समाई। प्रकृति रूप ताकी परछाई।।

गगन अंब के केश समाना। जहाँ दिपें उडगन विधिनाना।।

श्याम अलक सोभा सदन, मदन मान शत खण्ड।

निरुपम राजत छवि अहो, चिकुरन नील अखण्ड।।

186

निरपाया

अटलछत्र साम्राज्य की एक ही स्वामिनी है जिनका स्थान अडिग है वही सबकी ईश्वरी हैं। उनके छत्र तले आने में ही जीवन की सार्थक सुरक्षा है अन्यथा माया की भ्रमना से कौन बच पाया है?

बनत बढ़त मिट जात जो, पुनि नव उद्भव होय।
पल पल परिवर्तित जगत, जानैं अस गति कोय।।
छिनछिन छय नश्वरतनहिं, लखिलखिजोनअघात।
मिथ्या ही कों मान सत्, भटकत है विलखात।।
मति गति बनत विलोम तब, भरै काँकरन झोलि।
फूलौ फूलौ मन फिरै, फेंकै रतनन खोलि।।
ताकौं नहिं परतीत कछु, कहाँ रतन का काँच।
फूँक मारि बुझपात ना, कबहु लगी घर आँच।।
सुगढ़ सरिस नरतन मिल्यौ, मिली सम्पदा भूरि।
नव द्वारे ताके सुदृढ़, सद् विवके की मूरि।।
अन्तरंग निधि लूट कें, चले चोर बहु भाज।
सोबत चादर तान रे, तनिक न लागी लाज।।
सिरधुनि धुनि पछतायपुनि, सुनें न कोऊआय।
बीतत वय औसर गयौ, पकर न पायौ धाय।।
अटकी आह! बिडम्बना, कौन मिटावै त्रास।
भटकभटकथकजात रे, पुनिभाजत लै आस।।
एक आसरौ ठौर सो, सत्य सत्य ध्रुव एक।
कोटिजनम भ्रमनामिटी, गहत ताहि कीटेक।।
सघनछाँह दृढ़ रूख की, अटलछत्र सो एक।
गहौ ताहि कौ आसरौं, छाँड़ौ जतन अनेक।।
सरलसुगम पथ एक सो, सो पियूष की बूँद।
पावत छन में साधुजन, छकत पियें दृगमूँद।।
रहै सदाशाश्वत वही, ता सम अटल न और।
सब उपाय सधजात जहँ, निरपाया सो ठौर।।

187

निरत्यया

जिनकी आज्ञा का कोई भी उल्लंघन नहीं कर सकता सभी उनके द्वारा बनाए गये नैसर्गिक नियमों की मर्यादा डोरी से बँधे हुए हैं। उन आदि शक्ति का पार पाना सर्वथा असम्भव है।

टूटत नहिं मर्याद कहुँ, जाकौ पात न पार।
हरिहरविधिजहँ नितनमहिं, लीला अपरम्पार।।
लाँघतनहिं मर्याद कों, सीमित सब की रेख।
निरत्यया सोइ जानहु, अपरिमिता श्री देख।।

188

दुर्लभा

बाहर ढूँढ़ने पर जो कहीं भी दिखाई नहीं देतीं। बाहरी चित्तवृत्ति वालों के लिये जिनका दर्शन अत्यन्त कठिन है जप तप नियम अर्चन आदि से भी जिनका पार कोई नहीं पा सकता किन्तु करोड़ों जन्मों के पुण्यों से जो अपने स्वरूप का दर्शन ध्यान में कराती हैं वे अत्यन्त दुर्लभ हैं।

योगिन के हू ध्यान में, जो अति दुर्लभ होय।
जप तप व्रत अर्चननियम, पार न पावतकोय।।
कोटिजनम की साधना, सफल होय सतभाय।
दुर्लभ दर्शन दुर्लभा, हिय में देत कराय।।

189

दुर्गमा

अनेकानेक साधन, पूजासाहित्य, विविधोपचार मंत्र, तंत्र आदि हों किन्तु भावना में आसुरिवृत्ति या कर्ता में अहंभाव हो तो सभी उपाय व्यर्थ हैं ऐसे लोगों को माँ का दर्शन अतिदुर्गम है। वे देवों के सात्विक भाव से प्रसन्न होने के कारण ही आसुरी वृत्तिवाले असुरों का वध करतीं है। प्रकृति में सामन्जस्य बनातीं हैं।

सर्व समर्पण के बिना, मिलै न ताकी गैल।
सितधाराकरुणाम्बु की, धुबत चित्त के मैल।।
कोटिजतनकरकर थकें, होततिनहिं की हानि।
जहँपै आसुरिभावना, तहँ नहिं प्रकट भवानि।।

जे विमूढ़मति हैं तिन्हें, दुर्गम पथ अतिबाध।
दिव्य चक्षु खोले बिना, फरै न दर्शन साध।।

190

दुर्गा

ज्ञान के सदृढ़दुर्ग में ही दुर्गे माँ विराजतीं हैं। वे ही सबप्रकार की दुर्गति हरने वालीं हैं। जहाँ भाव का दीप, प्रेम की पताका, स्नेह की अंजलि अर्पित हो वहाँ नित्य ही आनंदोत्सव होता है। दुर्गम नाम के दैत्य का वध करने के कारण उनका नाम दुर्गा पड़ा।

दुर्गा दुर्गति नाशिनी, हरै भीति भव बाध।
दुर्गम रहै न पंथ कहुँ, रे रे चित आराध।।
दारिद दूषन दुख दहै, दलें दुष्ट दमनीय।
कोमलकान्तिकृपाकिरन, रजतराशिरमनीय।।
सुगढ ज्ञान कौ दुर्ग है, भावदीप की जोत।
फरै पताका प्रेम की, नितनव आनंद होत।।
दुर्गम असुर विदारिणी, तारिनिसुर समुदाय।
दुर्गति दुस्तर दहन कर, दुर्गे होंय सहाय।।

191

दुःखहंत्री

सभी दुख ज्ञान के लोप होने से ही होते हैं सत्चिंतन से अज्ञान जनित भ्रम का लोप हो जाता है और दुख के फंद कट जाते हैं। दुर्गामाँ ही अपनी दयादृष्टि से साधक को इतना समर्थ बनातीं हैं कि वह लौकिक और पारलौकिक सभी कृत्यों को बिना कोई दुख उठाये पूरा कर लेता है।

दुखमय हैं जगव्याधिसब, त्रिविधताप की पीर।
कर्मबंध काँटे चुभत, खोबत धैर्य अधीर।।
बिसरै जब मर्याद मन, पावत तब अति ताप।
तिमिर रतौंधी आँखियन, सोक तप्त संताप।।
बिसरै सत् चिन्तन चितहि, निजानंद कौ लोप।

यहै दुःख सबसों विकट, लेत भ्रान्तिभय रोप।।

जो मेंटत भय भ्रम विकट, कटें दुःख के फंद।

सो ही दुखहंत्री जननि, सच्चिदानंद कंद।।

192

सुखप्रदा

भक्तों के लिये कल्पवृक्ष बनीं माँ लौकिक और परालौकिक सभी प्रकार के सुख प्रदान करने वाली हैं सबसे अधिक सुख तो बुद्धियोग द्वारा आत्यन्तिक सुख की प्राप्ति है, जिसे केवल आत्मज्ञानी ही पाता है जो केवल माँ की कृपा से ही सम्भव है।

विद्याधन संतति सुजन, अतुलित वैभव खान।

भोग सम्पदा लोक में, होवै सुयश बखान।।

ज्ञानी पावत ज्ञान धन, गहें योगिजन ध्यान।

कैवल्यसुख मोक्ष कौ, करत सुखप्रदा दान।।

दुष्टदूरा दुराचारशमनी दोष–वर्जिता।

सर्वज्ञा सांद्रकरुणा समानाधिक–वर्जिता।। 51 ।।

193

दुष्टदूरा

अज्ञान का तिमिरान्ध जिन्हें ज्ञान का प्रकाश देखने ही नहीं देता जिनकी मति मोहान्ध होती है वे जड़ता में ही जीवन पर्यन्त पड़े रहते हैं क्रूरकर्म करने वाले कठोर हृदय के केवल अपना ही स्वार्थ चाहने वाले क्षुद्रजन कभी भी तामसी वृत्तियों से उबर ही नहीं पाते उनका मन रागद्वेष में उलझ कर ही अटका रह जाता है बाहरी चित्तवृत्तियों में ही रत देहाभिमानी अपने कर्म के फल से भटकते हुए अन्त में अधोगति ही पाते हैं। पशु के समान खाना सोना शरीर का ही भरण पोषण करना जिन्हें पुरुषार्थ लगता है वे भला भक्ति के पवित्रभाव तक कहाँ पहुँचेंगे? ऐसे लागों को भगवती की कृपा कभी नहीं मिलती। ऐसे दुष्टों से तो माँ दूर ही रहतीं हैं।

तिमिर रतौंधी अँखियन छाई। ते न लखहिंप्रकाश परछाई।।

कलुष कषाय चित्त जिन लेपौ। दैवाधीन दोष सब थेपौ।।

भटकतफिरतनथिर रहिपायौ। जिननिजगुननिजमुखतेगायौ।।

143

घोर कर्म गति जड़ता जामें। ते न रंच हू सुपथहि पामें।।
मूढ़मना पण्डित निज मानें। तने अहं के ताने बाने।।
मकड़जाल में ज्योंफँस मकड़ी। अपनेतन्तुन आपहिजकड़ी।।
जिन सों सदा दूर महतारी। परत दैव कोप तिन्ह भारी।।
भइ विपरीत बुद्धि तिन केरी। भटकत लगै गैल में फेरी।।
जे मतिमंद अधम शठ क्रूरा। तिनकों श्रीपद हैं अतिदूरा।।
खोदें पथ में खाई खंदा। गले पड़त जम के तिन फंदा।।
दुष्ट जनन सों दूर अति, रहें सदा ही मात।
घोर कर्म जड़ता भरे, जिन्हें न भजन सुहात।।

194

दुराचारशमनी

पापी भी यदि अपने पापों का प्रायश्चित करके क्षमादान माँगें तो वे भी दोष और दुराचार से मुक्त हो जाते हैं। क्षमा दायिनी माँ विवेक जाग्रत करने वाली और बुरे आचरण करने से रोकने वाली हैं। जाने अनजाने पापों को नष्ट कर देतीं हैं। सच्ची श्रद्धा समर्पण ही ऐसे व्यक्तियों का अवलम्बन है। पाप नष्ट होने पर बुरा आचरण हो ही नहीं पायेगा वे मन की सभी बुराइयों को शमित करने वाली हैं।

जाके सुमिरन सों कटें, पाप ताप संताप।
चलै सुमिरनी जतन सों, मेंटत आपा आप।।
शरणागति संजीवनी, हरै व्याधि भव सोक।
जबपहुँचैचरननिकट, दिखै दिव्य आलोक।।
करत नमन सद्भावसों, मिटै तपन औ'ताप।
दुराचार सब दमितजहँ, जागतसुमतिप्रताप।।
मिटै कलुष तम कालिमा, द्वेष दुराग्रह दंभ।
यम न बाँध पावै कबहु, हैं रक्षक जगदंब।।

195

दोषवर्जिता

जो लोग दूसरों के दोषों की ओर ही देखते रहते किन्तु अपने दोषों को देखकर भी अनदेखा करने वाले होते हैं उनकी मति उनके पापों से ही नष्टप्राय हो जाती है ऐसे लोगों की घोर अधोगति होती हैं। भक्त भक्ति के पथ पर चलने के पहिले ही अपने मन से दोषों को निकाल देता है। परदूषन देखना, परनिन्दा करना या परायेगुणों से ईर्ष्या उसके स्वभाव में नहीं आते तभी भक्ति उसका भूषण बनती है माँ ही सद्विवेक देकर उसे दोषमुक्त बनाती हैं। माता उन साधकों के दोषों को क्षमा कर देती हैं जो मन, वचन और काया से सर्वांग समर्पित हो चुके होते हैं।

रागासक्ति द्वन्द भय छीना। क्रोध अमर्ष कलुष तम हीना।।

करइ भक्तनिजवश भयहारी। विमलकान्ति मनकी सुखकारी।।

देखै नहिं पर दूषन कोऊ। निज दूषन छीजत है सोऊ।।

जे परछिद्र निरखि मनहरषें। निजअघकोटिकलपनहिं परसें।।

तिनके दुख दूषन हैं दूने। रहैं सदा घट तपते ऊने।।

ते न करहिं श्रीपद रज पूजा। जासों समरथ है नहिं दूजा।।

परइ घोरगति तममय भारी। तिनमतिनिजअघ ही सों मारी।।

जापर कृपा कोर सतभाऊ। तिन सुभाउ सद्गुनमय राऊ।।

दोष रहित मानस सर तीरा। हंस विवेक धरत पय नीरा।।

विचरै बन शार्दूल समाना। करै न हानि पंच सर बाना।।

दारिददूषन दोष दुःख, दावानल सम द्रोह।

वारत सुदृढ़विवेकसों, विरत होय भयमोह।।

दोष मिटें दूषन कटें, भूषन भगति बनाय।

दोषवर्जिता कर दया, जबहि लेयअपनाय।।

196

सर्वज्ञा

कालिका तो कालनियन्त्री त्रिकालज्ञा हैं उनसे कुछ भी नहीं छिपा, वे प्रत्येक घट की साक्षी हैं जड़चेतन में समान रूप से स्थित हैं। सबके हृदय के भाव जानतीं हैं।

काल नियन्ता कालिका, त्रिकालज्ञ सर्वज्ञ।
सबघटजाननिहारिकों, क्यों जानेंनहिं अज्ञ।।
सो सर्वज्ञ प्रवीनअति, रचत कोटि ब्रह्माण्ड।
जानतसबकेदोषगुन, छिप्यौ न कोऊभाण्ड।।
मतिजानत निजमनयथा, राखत अपनौ भेद।
केते गुन मम घट रमे, केते केते छेद।।
भिषक बनीं काढ़तसदा, शूलव्याधि के मूल।
भवभेषज अतिभव्य हैं, रहै न भय पुनिभूल।।
सर्वज्ञा सब घट रमीं, सबमें सदा समान।
सो कनकन में भासतीं, देखौ विश्व प्रमान।।
सर्वज्ञ सब भाँति सों, घटघट नित परिपेखि।
छिपतछिपाये पै न जो, व्यापकजग में देख।।

197

सांद्रकरुणा

दया के अमृत की अगाधवर्षा करनेवाली माता सब पर समानभाव से स्नेह करने वाली हैं। जिस प्रकार माता सन्तान का हित अहित ध्यान में रखते हुए पालन पोषण करती हैं वैसे ही आप भी सबके योग क्षेम का निर्वहन करने वाली हैं।

सान्द्रकरुणधारा उर महती। दयाद्रवित दीठी जनु कहती।।
करुणामूरत नित्यतिहारी। रहि नसकहि जन बिनानिहारी।।
सब संतति पर समता दाया। एकछत्र जननी की छाया।।
बरजत नहिं काहुहि कों अंबा। साधैहित बिनकियेविलंबा।।
उर अति आर्द्र दयानिधि तेरौ। उमगतउठतहिलोरन हेरौ।।
असजननी कहुँअनत न देखी। वत्सलसदा सुतनपरिपेखी।।
गिरत उठात हिये पचि लावै। ढकि अँचरा पयपानकरावै।।
अंबअंब आरतधुनिचींन्ही। सदाशरण दुखियन कों दीन्ही।।
हौं अनाथ वत्सलमहतारी। तुमबिन कौनसकहि अब तारी।।

दुख दारिद दूषन अतिहीना। साधनहीन दीनमति क्लीना।।

केवल तेरौ दास कहाऊँ। पाहि पाहि शरणागति पाऊँ।।

लेउ उबार करहु नहिं देरी। सुनौ पुकार सहायक मेरी।।

रहि न सकत सुनि आर्तधुनि, तुरतहि लेय उठाय।

करुणामयि श्रीमात तजि, अनत न मन अब जाय।।

198

समानाधिकवर्जिता

'एकैवाहं द्वितियो नास्ति' मै ही एक हूँ दूसरा कोई भी नहीं, दुर्गा सप्तसती में 'एकै वाहं जगत्यत्र द्वितीया का ममापरा', श्वेताश्वेतरोपनिषद में कहा है 'नतत्समश्चाभ्यधिकश्च दृष्यत इति' महाशक्ति के समान कोई भी नही है तो उनसे अधिक तो कहाँ से हो सकता है!

ता समान नहिं अपर कहुँ, अधिक कहाँ ते होय।

सब उपमा लाघव लिये, ताके सम नहिं कोय।।

सर्वशक्तिमयी सर्वमंगला सद्गतिप्रदा।

सर्वेश्वरी सर्वमयी सर्वमंत्र स्वरूपिणी।। 52।।

199

सर्वशक्तिमयी

सभी महाशक्तियाँ उनमें ही समाई हुई हैं उग्रतारा (नीलसरस्वती प्रत्यांगिरि जी), काली, बगला, बाला, गायत्री, दस महाविद्याएँ उन्हीं के स्वरूप में संनिहित हैं। महालक्ष्मी रूप से वे श्री हरि के वक्षस्थल में समाई है इसीलिये विष्णुभगवान को श्रीवत्सवक्षा श्रीवासःश्रीपति श्रीमतांवरःश्रीधरः श्रीकरः श्रेयःश्रीमान्लोक त्रयाश्रयः कहा है। वे ही भगवान शंकर के अर्धांग में विराजमान हैं। वे ही गोलोक में रासेश्वरी श्री राधा रानी हैं रासे रासेश्वरी त्वं च वृन्दावन वने वने कृष्ण प्रियात्वंभाण्डीरे चन्द्रा चन्दन कानने विरजाचम्पकवनेशतश्रृंगे च सुन्दरी सर्वशक्तिमयी अम्बे ही अनेकों स्वरूपों में सर्वत्र व्याप्त है।

नहिं कोउ मात सम जग माँहीं। अमित प्रताप तेज बलदाई।।

अतुलनीय विक्रम श्री शोभा। तिन समान दूजौ कहुँ को भा।।

147

सब देवन कौ तेज समायौ। सुन्दरि रूप अनूप बनायौ।।
तेज पुंजअति भव्य प्रभा सों। जासों रवि शशि मण्डलभासौ।।
सबमें व्याप्त सर्वमयि शक्ती। देहु दया करि आपनि भक्ती।।
श्री हरि राखि रमा उर लीन्हीं। इष्ट रूप सबभाँतिन चीन्हीं।।
शिव अर्द्धांग विराजत गौरा। शक्तिरूप शिव की सिर मौरा।।
रच रहि हरिहरविधि कों माता। विश्वविमोहनि जनसुखदाता।।
हौं भिखारि एकहि तुम दानी। अमरन की हू तुम कल्याणी।।
अतुलितशक्ति अलौकिक शोभा। नयन लाभबाढ़त मन लोभा।।
तासु तेज सब सृष्टि समायौ। कहि कहिकथा पुरानन गायौ।।

एक शक्ति रचि रहि सकल, कोटिकोटि ब्रह्माण्ड।
सर्वशक्तिमयि चरन रज, नत कवि विज्ञ प्रकाण्ड।।

200

सर्वमंगला

सर्व मंगलमांगल्ये शिवेसर्वार्थ साधिके ही माँ का मंगलमय स्वरूप है। वे कल्याणी माँ कलिकल्मषनाशिनी हैं। अपने शरणागतों की सभी वाँछा को पूर्ण करने वाली मंगलों की भी मंगल श्रेष्ठों में भी श्रेष्ठ परमेश्वरी हैं।

मंगल रूप अमंगल हरनी। श्री विद्या भव वारिधि तरनी।।
सकल अमंगल मूल नसानी। हरत अविद्या की अघ खानी।।
आनंद स्रोत सकल गुन खानी। सर्वमंगला सिद्ध भवानी।।
सब घट रहहि पूरि निज रूपा। यथा योग सबके अनुरूपा।।
सकललोक मंगल तस भावा। करुणावारिधि बनत स्वभावा।।
तहाँ रहत सबमंगलसाजा। साधें सुजन सकलविधि काजा।।
सब हितरत तिन मूल स्वभावा। रहै न काहुहिकछुकअभावा।।
पावत कृपा कोर अवलम्बा। जिन उर मंगल मूरत बिंबा।।
हरिहरविधि महिमा तव गाई। जो त्रिभुवन महँ सिद्धिसमाई।।
सर्वेश्वरी एक जग जानी। अटल छत्र जगदंब भवानी।।

सर्वमंगला है सदा, भवसागर की सेतु।
दयादीठिबनजातहै, चरनशरन की हेतु।।

शुभंकरी शुभ करत हैं, सबकीतारनहार।
सर्वमंगला ही सदा, सब मंगल आधार।।

201

सद्गतिप्रदा

असत् से जो बचा ले वही सत् को दे सकने में समर्थ है, सद असत् विवेक हीसद्गति देने वाला है, जो लौकिक और पारलौकिक दोनों ही लोकों में आनंद, सुख, समृद्धि और सन्तोष देने वाला है जिससे साधक अपनी चित्तवृत्ति को आराध्य के ध्यान में ऐसे मिला देता है जैसे सरोवर में पानी की बूँद..यही सर्वोत्तम गति है। ऐसी गति पाने वाले जो साधु अपनी संकल्पबल से सुदृढ होते हैं वे ही इसी जीवन में विदेह बनकर सम्पूर्ण धरा के तापों को उसी प्रकार दूर करने में समर्थ हो जाते हैं जैसे गर्मी की तपन से व्याकुल धरती का ताप मेघ हर लेते हैं।

सत्साधे सधजात सब, पावत गति सविशेष।
जो पथ करत सुगम्यअति, हरैअसम्भवक्लेश।।
गति साधै इह लोक की, सधें पदारथ चार।
परलोक   कौ बनत है, एक सुदृढ़ आधार।।
भुक्ति मुक्ति फलसम्पदा, बनै स्वर्ग सोपान।
लगै तुच्छ अपवर्ग हू, भगतिविमल तसजान।।
सद्गतिसुदृढ़सुसाधुकी, जो बनजाय विदेह।
सींचै करुणा सों धरा, ज्यों घन बरसै मेह।।
साँचीसद्गति एक है, जब पावत सुखसिन्धु।
अर्पणकर रमजातचित, ज्योंसर माँहीं बिन्दु।।

202

सर्वेश्वरी

प्रत्येकस्थान पर प्रत्येकक्षण जड़चेतन में जो विराजमान है वे ही सबकी स्वामिनी है सबके जीवन का संचालन वे ही करती है सब कुछ उन्हीं की इच्छा से होता रहता है इसलिये वे ही सर्वेश्वरी है।

सबपर शासन करत है, जो स्वामिनि सबठौर।

सर्वोपरि सर्वेश्वरी, ता समान नहिं और।।

203

सर्वमयी

जिस प्रकार ओस से भींगा हुआ, फूलों के परागकनों से भरा हुआ सुगन्धितपवन का झोंका बसन्तरितु का आभास करा देता है। मन प्राणों को नई सी सिहरन देता हुआ स्फूर्ति से भर देता है वैसे ही वे अखिल ब्रह्माण्ड जननी प्रत्येक जीव में अपने अंश की अनुभूति से चिदानंद का प्रसार करके अपने सर्वमयी रूप को दर्शा रही हैं।

अखिललोकव्यापक अहो, घटघटप्रकटप्रकास।

तुहिन सींकरन वात में, ज्यों सुषमा आभास।।

जड़चेतन जग जीव सब, जाके अंग समाहिं।

जो भासित सब ठौर में, सर्वमयी कह ताहि।।

204

सर्वमंत्रस्वरूपिणी

मंत्र देवता की मूर्ति ही हैं। प्रत्येकमंत्र के देवता, रिषि, हृदयन्यास, करन्यास, अंगन्यास, ध्यान, आवाहन, बीजाक्षर, छन्द भिन्न भिन्न होते हैं। वैदिक मंत्रों का अपना उच्चरण गुरु सान्निध्य से ही मिलता है। विद्या स्वरूपा माँ सभी मंत्रों की शक्ति हैं। शक्ति कूट में ही इस साधना का आह्वान किया जाता हैं मंत्रों के भी तीन कूट हैं देह में भी तीन कूट और यंत्रकी आराधना में भी ये तीनों कूट विद्यमान हैं। मंत्र मूर्ति भवेद्बुधः साधक मंत्र साधना करते समय स्वयं मंत्रमूर्ति बन जाता हैं देवो भूत्वा देवं यजेत तभी तो दहराकाश में इष्ट के सान्निध्य का अपूर्व आभास सम्भव हो पायेगा!

मंत्र जाप सों ही जगै, दिव्य चेतना जोत।

जाकौ गहि आधारशुचि, मंत्रमूर्तिमय होत।।

सत्यसफल सोपान है, अविरल पंथ सकाम।

सिद्धिस्रोत सधजात जब, फलीभूतनिष्काम।।

जपै जासुबल मंत्र मन, मंत्रमूर्ति जन होय।

साध्यसधै साधन फलै, मनका सूत पिरोय।।
मंत्रस्वरूपिणि आप हौ, मंत्र सिद्धि हू आप।
रमीं प्रणव ओंकार में, बीजाक्षर के जाप।।
बीजाक्षरि विद्या मिलें, उभय ओर के जाप।
देव न्यासविनियोग रिषि, शक्तीछन्दप्रताप।।
शक्तिबिना नहिंमंत्र कहुँ, बिनामंत्रनहिंज्ञान।
मंत्र शक्ति ही देवता, जागै जागत ध्यान।।

सर्वयन्त्रात्मिकासर्वतंत्रस्वरूपामनोन्मनी।
माहेश्वरी महादेवी महालक्ष्मीमृडप्रिया।। 53।।

205

सर्वयंत्रात्मिका

जिस प्रकार मंत्र मानसिक आराधना के स्रोत हैं उसी प्रकार यंत्र बाहरीसाधना के आधार हैं। इनकी रेखाऐं, वलय, कोण देवता के रूप के अनुसार भिन्न भिन्न होते हैं। गुरुमुख से ही ये साधनाऐं सीखी जातीं हैं।

अन्तर्मुखि आराधना, परमारथ की सेतु।
सोइ बर्हिमुखि यंत्रमयि, मंत्रजाप की हेतु।।
मनबानी अरु काय मिलि, साधै मंत्रविधान।
श्रेय प्रेय की दायिनी, तंत्र साधना जान।।
ये तीनहुँ सोपान हैं, जागत जहँ नितसिद्ध।
देहाध्यास मिटाय कें, पावत गति अनविद्ध।।
जहँबानीचितमूक ह्वै, सब साधन दें त्याग।
निर्निमेषलखिआत्मगति, होंय धन्यमतिभाग।।
यंत्र मंत्र अरु तंत्र की, जासों जागत जोत।
सुभग रूपश्रीपद तहाँ, सफलसाधना स्रोत।।
जड़चेतन चैतन्यमय, ओतप्रोत तिन माँहि।
सुफलदायिनी योग की, मूरत यंत्र समाहिं।।
पद्मदलन आकारमयि, जहँ तहँ रेखाकार।

यंत्रराज के रूप की, सेवा फलत अपार।।
जहाँ कृपाअमरित मिलै, होय सिद्धपुरुषार्थ।
सो उर साँचौश्रीसदन, लखौ तहाँपरमार्थ।।
भावभगतिकीदायिनी, शरणागति की आस।
पूरन कर मनकामना, लेहु चरनरज पास।।

206

सर्वतंत्रस्वरूपा

तंत्रों में आगमाचार हैं। यहाँ बाहरी क्रियाविधि और मंत्र साधना दोनों ही विहित हैं। इनमें श्रेय और प्रेय साधनों का भी प्रयोजन होता है शिवजी तंत्रके आदिगुरु हैं आगे गुरुपरम्परा से ही यह विज्ञान फलीभूत होता है। शक्तिउपासना में ही सब तांत्रिक क्रियाऐं समाती है। आगमाचार में नियम, संयम, साधना का यथोचित समय, स्थान का महत्व, धैर्य, समर्पण, ध्यान, निस्वार्थ और एकनिष्ठ मन की अविरल गति विशेष रूप से पालन करने योग्य हैं यदि थोड़ा भी विचलित मन होगा तोअनर्थ सम्भव है। कादिमत में तंत्रकी विस्तार से चर्चा की गई है भगवती में तंत्र विधान समाये हैं परराम्बा ही परा विद्या स्वरूपा हैं। वे ही मंत्र और तंत्र के विधानों में प्रकट हैं वे ही ज्ञानार्णव और कुलार्णव दोनों ही प्रकार से पूज्य हैं।

तंत्र रूप में मंत्र जब, क्रिया रूप सों मूर्त।
ज्ञानार्णव औ'कुलार्णव, क्रियायोगअनुरूप।।
सकल आगमाचार सब, चौसठतंत्रन माँहिं।
अन्योन्याश्रिततंत्र सब, एकहि रूपसमाहिं।।
सर्वोपरि जो तंत्र है, परम स्वतंत्र अखण्ड।
श्री स्वरूप श्रीयंत्र है, नमत ब्रह्म कोदण्ड।।
महिमामण्डित जो महत, एकअखण्ड अभेद।
सकलतंत्र शासित तहाँ, सो विज्ञानअछेद।।
पंचानन ही तंत्र के, मूल प्रणेता आदि।
शक्तिरूप ही मंत्र हैं, कहेंयथाविधि कादि।।
आगम क्रियाविधान सब, अंगउपांग समेत।
सबकौआश्रय एक ही, शक्तिस्वरूपनिकेत।।

207

मनोन्मनी

उन्मनी अवस्था ही मनोन्मनी अवस्था कही गई है। आज्ञाचक्र में ज्ञान का प्रकाश होता है किन्तु आगे जब ज्ञान भी छूट जाये एकमेवआनंदाभास रहे तब सहस्त्रार में इष्टमिलन से पूर्व विदेहसाधु ही यह गति पाते हैं जहाँ साध्य और साधक में भेद मिट जाता है अर्धोन्मीलित नयन उस अपूर्व उन्माद को प्रकट करने लगते हैं प्रफुल्लित रोमराजि, गद्गद् अस्फुटवाणी, अपूर्वप्रेमोन्माद की अवस्था जैसा चैतन्य महाप्रभु, रामकृष्णपरमहंस, ब्रज की गोपियाँ और भी अनेकों भक्तों और संतों के दिव्यजीवन दर्शन यह भाव दर्शाति हैं। यह अवस्था मनोन्मनी की ही अनुकम्पा से सम्भव हो पाती है।

मन इन्द्रिय चेतन सजग, सुरति ध्यानरतयोग।
अटल रहिं भ्रूमध्य महँ, पावत सुखदसुयोग।।
बिसरै सब परतीत मन, रही भावना एक।
बिन्दुलीनजल मध्य ज्यों, लहरन रमत अनेक।।
ऐसी मनकी गति भई, बिसर जाय पुनि ज्ञान।
उन्मनि आराधन करत, दृग उन्मीलित जान।।
ध्यान ध्येय ध्याता सब, एक सूत्र की डोर।
मनका माला में सजे, इत उत लेउ निहोर।।
भेद न तहँकछु ध्येय में, साधक मनहुँ विलीन।
सजगसाधना तहँ फली, जहाँ होत मतिलीन।।
कृपाअमिय बरसै पुनि, पियत दृगन पुट धारि।
पियतअघात न कबहु मन, ऐसौ अमरितवारि।।
कहै कोउ उन्माद अस, कोऊ गती विशेष।
सत्य सत्य साँची सुरति, भेद तहाँनहिं लेश।।

208

महेश्वरी

सबके हृदय में आप ही विराजमान हैं निष्कपट और निष्कामभावना से दीर्घकाल तक आत्मस्वरूपा शक्ति की आराधना करने से उपासक के चित्त में विचारशक्ति उत्पन्न होती है राधिता परमादेवी सम्यक् *तुष्टासतीसदा /विचार रूपतां यातिचित्ताकाशेरविर्यथा* । इसी विचार से क्रमशः सभी आध्यात्मिक शक्तियों का विकास होता है और तब आत्मप्रत्यभिज्ञा का उदय होकर निर्विकल्पक आत्म स्वरूप में स्थिति होती है। *(त्रिपुरा रहस्य 17.63.68)*

एक ईश निर्गुण अखिल, धरि अवतार विभिन्न।

व्यापक सो सर्वज्ञ है, रहत अखण्ड अभिन्न।।
परम तत्व में एक ही, शक्ति समाई देख।
ज्यों प्राची की अरुणिमा, खिंची स्वर्ण सी रेख।।
शिव हरि विधि के रूप, करेंसृष्टिरचनाअखिल।
लीला रचहिं अनूप, पालैं राखैं लय करैं।।
सोई ईश महान, अखिल सृष्टि रचना करत।
ताकोंकछु न अजान, खेलत खेलखिलात सब।।
हृदय करत परतीत, माहेश्वरि जो घट रमीं।
वाणी विमल पुनीत, तासों ही संकल्प शुचि।।

209

महादेवी

शिव की शक्ति सभी देवताओं के द्वारा पूज्य, तीनों कालों में सर्वत्र रहने वाली, प्रलय के समय भी शिवलीला की साक्षी शिवा अतुलनीया महादेवी आद्याशक्ति ही हैं।

करत वन्दना देव सब, महादेवि! शिवप्रान।
तुम समाननहिं देवकहुँ, तुमही शम्भुसमान।।
तुमहीं विधिकों रचतहौ, सृजौजगतकेकाज।
महादेवि राखत सदा, अपनेजन की लाज।।
महादेव तुम कों भजें, होवैं सदा निहाल।
चन्द्रभाल चन्द्रानना, नमत देव तिहुँ काल।।
करें नृत्यनटराज जब, प्रलयपयोनिधि साक्ष।
तहूँ महादेवी रहीं, हृदय हर्ष विरुपाक्ष।।

210

महालक्ष्मी

महालक्ष्मीमाता न केवल विष्णुप्रिया ही हैं अपितु वे श्रीस्वरूप से सर्वत्र ही अपने विभूतिमय अवतार लेतीं हैं। मारकण्डेयपुराण के अनुसार पार्वती को भीमहालक्ष्मी का ही अवतार कहा है, गोलोक में राधा, रामावतार में सीता, ब्रज में गोपियाँ (श्रयतइन्दिरांशश्वदत्रहि) वैभव, धन-धान्य, उर्वराधरती, सभीदेवियाँ आपके ही श्रीअंश के रूप है। सह्यादिपर्वत की तलहटी

में पश्चिम समुद्र के किनारे 'महाल' नाम के दैत्य का वध करने के कारण आपका नाम महालसा पड़ा यह कथा मैलार तंत्र से उद्धृत है। पद्मपुराण में करवीरपुर (कोल्हापुर) में महालक्ष्मी देवी यहाँ की अधिष्ठात्री देवी के रूप में पूज्य हैं।

सह्याद्री पर्वत तले, पश्चिम सागर तीर।
दैत्यमहालस तहँहन्यौ, गरजघोर गम्भीर।।
महालसा अभिधान सों, महालक्ष्मी पूज।
नीलाम्बुजनीलाम्बरा, सिरसोभै ससिदूज।।
नामरूपगुन अतिविशद, महालक्ष्मी धाम।
राधे बन गोलोक में, क्षीरसिन्धु'श्री'नाम।।
उमा शम्भुप्रिया तुम्हीं, महिषमर्दिनीकालि।
धराबनीं यज्ञेशप्रिय, यशस्विनीप्रतिपालि।।
सौम्य सुधाछवि रूपअति, महालक्ष्मीमात।
नारायण के उरबसीं, नमहुँचरनरजप्रात।।
उद्भासितजासों सदा, श्रीह्रीविविधप्रकार।
श्रीहरिकीहृदयेश्वरी, अखिलविश्वआधार।।
राज्यधान्यधनसम्पदा, त्रिभुवनभूषित भोग।
हरिचरननकीप्रीति कौ, मिलैसुखदसंयोग।।

211

मृडप्रिया

लीलाधर भगवान शंकर और पार्वती ही अपने शुद्ध सतोगुणी रूप में मृड और मृडानी हैं वे एकप्राण दो देही, अन्योन्याश्रित, अनन्य प्रेमावतार हैं।

कदा तोषितचित्तांमनोवांछांगृहाम्यहं।मृडानीशर्वाणिशिवा भवानी कथयतां।।

यही रूप भक्तों के चित्त में प्रेमाभक्ति का अद्भुतसंचार करता है।

अनादि रूप सृष्टि में, असीम प्रेम वृष्टि में,
समात हैं समष्टि में वे दो न, एकदृष्टिमें।
शिवाशिव में भेद ना अभेद है सदा अहो,
युगलहृदयहैंएक ही, तन भले हीदो कहो।

मृडानीमृडप्रिया हे!शिव शिवा के प्राण हैं,
रहैं न शिवशिवाबिना, शिवामेंशिवध्यान है।
सुगंधज्यॉसुमन रमी, किरनज्यों तेजपुंज में,
पराग पद्म कोष में सौरभ सदा कुंज में।
श्यामा श्याम संग ज्यों, अभेद रास रंग में,
युगल अर्धनारीश्वर, हरी हर जु उमंग में।
शुद्ध सतोगुणि रूप में, हैं मृडप्रिया अनन्य।
शिववामांगविराजतीं, रुचिररूप अतिधन्य।।
युगलरूपसोंलास्यरत, अहोअलौकिकहास।
सोभितसदामृडानिमृड, सौरभसुमन बतास।।
सुमननलसी सुगन्धज्यों, रविकिरननकेसंग।
एकरूप मृडप्रिया मृड, बीचिन बीच तरंग।।
या अनुरागीरूप कौ, कर मननितप्रतिध्यान।
पावै सोई अमर पद, रहै न संसय आन।।

महारूपा महापूज्या महापातक नाशिनी।
महामाया महासत्वा महाशक्तिर्महारतिः।। 54।।

212

महारूपा

उनकी महिमा और व रूप अनन्त है। उनके रूप की अतुलनीय सौन्दर्यराशि भी अनुपम है। बलपराक्रम, प्रतिष्ठा, अमोघकरुणा, भक्तवत्सलता, अहैतुकी कृपा वर्णनातीत हैं। वे सौम्याति सौम्य और रौद्रातिरौद्र भी है प्रकृति के सभी विधान और रूप उन महारूपा में ही समाये हुए हैं।

उपमा नहिं या रूप की, निधिलावण्य अपार।
सर्वोत्तम सर्वाधिका, श्री स्वरूप छवि सार।।
अगम अगोचर अकथ अति, अहोवृहदआकार।
महेश्वरी महिमा अमित, रहि सर्वत्र निहार।।
जहाँ न मनकी गति रहै, बानी करै न गौन।
पहुँचैनहिंरविशशिकिरन, बहैनजहँलगि पौन।।

महारूप ताकौ वृहद, को कहिसक्यौ बताय।
सब तामेंही रम रहे, ता बिन कहूँ न जाय।।

213

महापूज्या

आप ही मातापिता, बन्धु, सुहृद और गुरु हो। आपको ही सब देवता अपने अपने ढंग से पूजते हैं। आप ही प्रथमपूज्य (गौरीगणनाथाम्बा) सबकी इष्ट और सभी शुभफलों की अधिष्ठात्री जगदंबिके हो। राजोपचार, षोडशोपचार आदि आपके ही पूजाविधान हैं भक्तों को आपही मनोवांछित फल देने वाली हैं।

मात पिता जग की तुम एका। एकमेव शरणागति टेका।।
अखिल मूल आराध्य भवानी। विश्वमूर्ति अंबे कल्याणी।।
गुरु पितुमातु पूज्यप्रत्यक्षा। प्रकट देव जे निरखत अक्षा।।
तिन्ह की हू पूज्यजगमाता। वत्सलहृदय सदा जनत्राता।।
जीवनज्योति प्राण आधीना। याके बिना होत तन छीना।।
त्यों तुम बिन यहसृष्टीसूनी। तुमसों फरैं होत दिन दूनी।।
षोडश विधि पूजहिं बहुभाँति। प्रकटमंत्रध्वनिआपसमाती।।
शिवशक्रहरिविधि सबदेवा। करहिं मुनी सनकादिकसेवा।।
प्रथमपूज्य आराध्य भवानी। नमहु सदा पदरज सन्मानी।।
पाहिपाहि अंबे सुख दीजै। अपनेकर आपन करि लीजै।।
त्रिभुवन पूजित अंब तुम, हौ सब भाँति सहाय।
कर अर्पित मनवचनतन, पुलकित जन हरषाय।।

214

महापातकनाशिनी

मानस में श्री रामचन्द्र जी ने कहा है

*सन्मुखहोयजीवमोहि जबही। जनमकोटिअघ नासहि तबही।।
पापवन्त कर सहज सुभाऊ। भजनमोर तेहि भाव न काहू।।*

जोपै दुष्ट हृदय सोइ होई। मोरे सन्मुख आव कि सोई।।
निर्मलमन जनसों मोहि पावा। मोहि कपटछलछिद्र नभावा।।

पापमुक्त हुए बिना कोई भी मनुष्य इस साधना के पथ पर आ ही नहीं सकता। माँ तो दया की मूर्ति हैं जो अपने साधक के जाने अनजाने पापों को नष्ट करने वाली हैं। माँ के चरणों में शरणागति पा लेने से अभय मिलता है। कर्मबंधन की जटिल श्रृंखलाऐं कट जातीं हैं। पाप, ताप, भय, शोक, संताप, व्याधि, जड़ता मूलक असद्वृत्ति, मोह अहंकार, विषमता, निराशा, अविद्या जनित कलुषता का घोर अंधकार और दुर्वासनाओं का अन्त होने लगता है फिर साधक स्वतः ही निर्मलमन से भजन परायण होकर जीवन में आनंद का चिर बसन्त ही देखता है।

जाने अनजाने सब पापा। मेंटत सोक द्रोह दुख तापा।।

सकल तापशमनी जगदंबा। करुणामयि वत्सल हैं अंबा।।

जो आवै शरनहि मन लाई। जानैं नहिं कछु और उपाई।।

छमहिं तासु सबदूषनदोषा। मिलत एक मनअटल भरोसा।।

श्री चरनन रज सुरसरिधारा। नासै पाप हरहि तम सारा।।

पुन्य प्रभाउ पेखि छन माँहीं। जे बूढ़हिं ते उतरहिं पाहीं।।

ताप शाप भय संसयछीजै। चरन शरन अवलम्बन कीजै।।

पाहिपाहि जगजननि भवानी। हौं अतिमूढ़ निपट अज्ञानी।।

छमा करहु हे करुणामूरी। तुम हीं सकल साध मन पूरी।।

श्रीचरननरज सुमिरन कीजै। यासों ही सब पातक छीजै।।

जाके सुमिरन सों मिटैं, शोक मोह संताप।

शरणागतवत्सल जननि, भवतम काटै आप।।

215

महामाया

महामाया माँ का ही नाम है जो ब्रह्मादिक देवों को भी मोह में डाल दे।

ज्ञानिनामपिचेतांसि देवी भगवती हि सा। बलादाकृष्य मोहाय महामाया प्रयच्छति।।

वे ही कुंडलिनी रूपा, पराविद्या, प्रकृति स्वरूपा और शुद्ध चैतन्यमयी हैं। उनके स्वरूप की छाया माया है जो संसारी जनों को असत् में सत् और सत् में असत् के भ्रम जाल में डाल देती है किन्तु भक्ति के प्रभाव से यह भ्रम का पट उठ जाता है फिर सम्पूर्ण संसार में उन्हीं लीलामयी त्रजगद्धात्री का स्वरूप दिखाई देने लगता है।

परा महामाया कौ रूपा। जो कुंडलिनी शक्ति सरूपा।।
बिन्दू थूल सूक्ष्म तस भेदा। हरै असंभव संभव खेदा।।
सबकी कारण नित्य भवानी। त्रिभुवनपूजित नित सन्मानी।।
प्रकृति सरूपा तुम जग जानी। जड़चेतन में सहज समानी।।
विश्व विधात्रि हे महामाया। व्यापक है त्रिभुवन में छाया।।
हरि विरंचि शिव नित ही ध्यावें। तेरौ मरम न ते हू पावें।।
सनकादिक नारद विज्ञानी। जिन मति सदा सनातन मानी।।
जुगति न ते हू कहि पहिचानैं। चिरंतना जाग्रत चिति मानैं।।
जब माया कौ फंद छुड़ावै। जगतव रूप लखत मन ध्यावै।।
जापर होय कृपा सुख कंदा। ताहि लगेंनहिं जम के फंदा।।

प्रकृतिस्वरूपा आप ही, आपहिदिव्यसरूप।
रचतमहामायाअखिल, जड़चेतन के रूप।।
नित्य चिन्मयी चेतना, शुद्ध सनातन रूप।
माया छाया सी रहैं, जीव पड़ै भव कूप।।

माया रूप अखिल जग छाई। भ्रम विमोह जाकी परछाई।।
मैं मेरौ ममता वश नाचें। जस मति तस आखर पट बाँचें।।
मृग जल मान कुलाँचें मारै। जल बिन पुनः ढूँढ़ पचि हारै।।
मोहनिषानिंदिया जबलागी। मुँदें पलक नहिं अँखियाँ जागी।।
स्वप्नसरिस जग साँचौमानैं। निजस्वरूप त्यों गिनहिं नजानैं।।
जब लगि माया मोह नचावै। कोउ न ताकों कबहु बचावै।।
हानि लाभ जस अपजस जेते। माया फंद जान सब तेते।।
घातक बनइ साधकन माया। जिन मन ममता मोह समाया।।
मादकमद घेरत मन जाकौ। कोउ न सम्बल दायक ताकौ।।
बौरे सकल व्याधि के घेरे। कौन वैद्य दुख आन निबेरे।।

गर्भवास में सत्य ही, जीव चेतना जाग।
जन्मलेत ही पुनिभ्रमै, माया सों हतभाग।।
तुमहीतमतुम जोति हौ, तुमही दिनतुमरैन।
जबलगिउघड़तनयनननहिं, मनपावतनहिंचैन।।

शरणागति औषधि बिन पाये। टरै न जतनन कोटि दुराये।।
मिटै व्याधि छन एक उपाई। भवभेषज श्री जी ढ़िंग जाई।।
पाहि पाहि मन आपन कीजै। मोहनिशा तम भय हर लीजै।।

माया ठगै भटक सब लोगा। मिलै न साधन कौ संजोगा।।

त्यों लौं नहिं टूटें उर गाँठा। पिंजरा पढ़ै सुआ ज्यों पाठा।।

निरखत रूप नवारुण आभा। होत परम परमारथ लाभा।।

नहिंकछु शुभ नहिंअशुभअशेषा। हानिलाभमिथ्या भयक्लेशा।।

केवल एक परम पद प्रेमा। पूरन होय साधु मन नेंमा।।

रहैं न तहाँ प्रवंचक कोऊ। केवल शरणागति लहि छोहू।।

माया महारूप जग जानी। सबै नचावत एक भवानी।।

हे परमारथस्वामिनी!, हेकरुणामयिअम्ब!

मोहनिशातमकाटकें, हेरहुजनअविलम्ब।।

पराशक्ति लीलामयी, सर्वमयी स्वाधीन।

हैं तेरे ही वश सदा, मायापति आधीन।।

216

महासत्वा

जो सबके अस्तित्व की आधार हैं मूलकारण हैं। प्रकृति को संचालित करके तीनों गुणो को धारण करने वाली वे ही महासत्वा हैं। उनकी शक्ति अपरिमित है।

विश्वभरण पोषण करै, महासत्व आधार।

रचै सृष्टिकरुणामयी, अन्त प्रलयसंहार।।

217

महाशक्ति

ज्ञानशक्ति, क्रिया शक्ति जिसके कारण सजग होतीं हैं वे महाशक्ति ही हैं जैसे अग्निपुंज के चारों ओर प्रकाश और ताप फैला रहता है वैसे ही ब्रह्म की चिति शक्ति का प्रभाव सम्पूर्ण ब्रह्माण्ड में है, वे महाशक्ति तेजोराशि सूर्य रूप में है और वे ही चन्द्रमा में अमृत की वर्षा करके शीतल रश्मियों के रजत प्रवाह से धरा का अभिसिंचन कर रहीं हैं।

महाशक्ति की पुंज सो, सब ताके आधीन।

निजइच्छा सों प्रकट है, पोषत मती प्रवीन।।

क्रियायोगकी स्वामिनी, ज्ञानशक्ति की स्रोत।
प्रेमभगति आल्हादमय, जेहि तर ओत प्रोत।।
जागत कुंडलिनी जबहि, प्रकटै जोतअखण्ड।
एक जगाये सब जगैं, ताकौ रूप प्रचण्ड।।
करुणामयि तेजोमयी, गुरु स्वरूपहि एक।
महाशक्तिसम्बल सकल, साधत काज अनेक।।
प्रखरप्रभा ज्योंअग्नि की, भासत है सब ओर।
त्योंचितिशक्तीविश्वलगि, रे मन ताहिनिहोर।।

218

महारति

शिव ही शाश्वत हैं महत्तमों में महत्तम, श्रेष्ठतमों मेंश्रेष्ठ, सच्चिदानंद विग्रही अविनाशी काशीपति हैं उन्हीं में जगदम्बा की रति है शिव सनातन सत्य हैं ज्ञानातीत अवस्था में जिनकी कृपा का बोध होता है जहाँ सम्पूर्ण साधनों की उपरति हो जाती है उस अनिर्वचनीया रति में ही माता को आनंद मिलता है। सांसारिक विषयों की रति तो क्षणभंगुर ही हैं। आत्मज्ञान का लाभ ही उस अनिर्वचनीया महारति की ओर ले जाता है।

ब्रह्म रूप रति आत्मराम की। अनुरक्ती सोई निःकाम की।।
परमराशि सुखसौरभ धन्या। ज्यों सुमनन सुगन्ध अनन्या।।
परमानंद मोद उमगावै। शक्ति सदा शिव रूप समावै।।
अतिरमणीय केलि विधि नाना। रूपनामगुन भेद न जाना।।
ब्रह्मानन्द ब्रह्म छवि जानौ। एक रूप सों सब पहिचानौं।।
जीवजगत आकर्षण जाकौ। लिप्त होत भोगन मन ताकौ।।
मन अतृप्त तन जर्जर रोगा। उपजै जहँतहँ इन्द्रिन भोगा।।
नहिं तहँज्ञान न बुद्धिविवेका। जानत नहिंजीवनफल एका।।
सो रति लौकिकगतिसो भिन्ना। निर्विशेष आनंद अभिन्ना।।
सदाअलौकिक शिव कौ वेषा। करत महारति रमणअशेषा।।
सुखसाधन रहि आत्मरति, अनतविरतिसबकाहु।
दुर्लभ औसर छाँडि कस, लेत न अमरितलाहु।।
देह जनित अभिमान कौ, सुख क्षणभंगुर देख।
बनत मिटत पुनि पुनि बनै, ज्यों पानी में रेख।।

महाभोगामहैश्वर्यामहावीर्या महाबला।
महाबुद्धिर्महासिद्धिर्महायोगेश्वरेश्वरी।। 55।।

219

महाभोगा

आत्मसुख से पूर्ण तृप्त भगवती केवल शुद्ध मानस द्वारा समर्पित सेवा से ही प्रसन्न होतीं हैं वही महाभोग है। जो चारों पदार्थों को देने वाली हैं। परमपद की चाह भी भक्त उनकी ही कृपा से पूरी करता है उनको भला कोई क्या भोग लगायेगा? वे भाव की सुगन्ध से ही सदा संतुष्ट रहतीं हैं।

सातभुवन लगि व्यापक एका। विस्तारत निजरूप अनेका।।

देह कर्म विधि नाना रूपा। स्थिर जंगम सृष्टि अनूपा।।

देह अनेक भोगवश न्यारे। भोगत निज गति रूप बिचारे।।

लौकिक अपर अलौकिक दोऊ। कर्मविवशभोगतसबकोऊ।।

ज्यों नट धरै विविध परिधाना। सूत्रधार अनुरूप विधाना।।

सुख मानसिक श्रेष्ठ जो मानै। केवलपशुसम हीसुखजानै।।

जहँ भइ बुद्धिविवेक अधीना। होत न काहू विधि मनहीना।।

गूढ़ गिरा गावत रहि गोई। ज्ञान रूप सुख उत्तम होई।।

हरै देह जड़ता सकल, मिटै शेष अज्ञान।

ज्ञानतुष्टिफलहैसुखद, सो ही उत्तममान।।

आत्मज्योतिजासोंदिपै, जागत आपनभान।

सो तोदुर्लभस्वात्मसुख, कहैंज्ञानविज्ञान।।

आत्मज्ञान नवनीतसम, जाके अर्पण होय।

सोइ महाभोगा अहो! कहैं ज्ञानि सबकोय।।

पान पुष्प नैवेद्यफल, अर्पित करकें नित्य।

भावभगतिसोंभोगधरि, होंयभगतकृतकृत्य।।

220

महैश्वर्या

भवानी षट् ऐश्वर्यमयी हैं। ऋद्धि सिद्धि जिनकी सेवामें रहतीं हैं। बल पराक्रम के लिये अनेकों अस्त्रशस्त्र, धन, धान्य, विभूतियाँ जिनकी कृपा से सुलभ हो जाते हैं। देवों की मुकुटमणियों से जड़े किरीट से जिनके सिंहासन की पादपीठ का स्पर्श होता है उनके ऐश्वर्य की कोई सीमा ही नहीं है।

देव मुकुटमणि में दिपें, चरनन कौ आलक्त।

पादपीठ नित नमन कर, होत रहे अनुरक्त।।

अन्न वसन धनसम्पदा, हयगजरथ के कोष।

महेश्वरी परताप सों, गहि पावत जन तोष।।

221

महावीर्या

उनके ओजस्वी तेज का सामर्थ्य भी कल्पनातीत है। जनके तेज के आगे सूर्य नक्षत्र आदि तेज हीन हो अपनी प्रभा को सीमित सी करते हुए जान पड़ें, जिनकी हुंकार से विकट भय भी त्रस्त हो उठे भीषण रव घोर निनाद भरे अट्टहास से काल भी खण्ड खण्ड हो उठे कालगति लड़खड़ा सी जाये दिशाऐं घूमती सी जान पड़ें। उनके भृकुटि विलास पर ही प्रकृति संचालित होती है।

बल विक्रम उत्साह की, महतीशक्ति अपार।

तेजपुंज   ऐश्वर्य   निधि, महावीर्या अधार।।

ग्रसिततेज सब तेज सों, होवै भय भयभीत।

खण्डितविधिकेनियमतँह, होंयनखतरविसीत।।

222

महाबला

देव असुर और मनुष्यों में ही नहीं अपितु चराचर जगत में उनका ही बल हमारे शरीर में ऊर्जा रूप में है यह माता की ही देन है। इसके अतिरिक्त जो उत्साह मन का दुर्लभतम

दैवियगुण होता है वह भी आप के अनुग्रह से मिलता है। साधकों को साधना का सम्बल, सिद्धियाँ भक्तों को अनमोल अनविंधे मोती के समान भक्ति का वरदान तथा मोक्ष का सुख, स्वर्ग का सुख देने वाली हैं। निर्बल भी यदि उनकी शरण में जायें तो वे उसका बल आप स्वयं बन जातीं हैं। समाधि में सुरति का अमृत भी वे ही देतीं हैं और अधिक क्या कहें अधम असुरों को मारकर भी वे एक प्रकार से उन पर अनुग्रह ही करने वाली हैं। ऐसी महाबला को छोड़कर रे मन कहाँ भटक रहा है?

पावत हैं नर असुर सुर, बल विक्रम कौ दान।

देत उछाह अमोघ बल, दुर्लभतम वरदान।।

साधक साधत साधना, माँगत सिद्धिन सिद्ध।

अतिअमोल मुक्ता भगति, भगत गहै अनविद्ध।।

देय भोग अपवर्ग सुख, बल विक्रम सन्धान।

शरण सुखदछाया लहै, निस्पृह बनत सुजान।।

निर्बल की बल मात तुम, दया सिंधु कल्याणि।

देउ कृपाकरि सुरतिबल, नितनवीनसुखखानि।।

असुरन कों संहार कें, काटत भय के फंद।

महाबला रक्षा करत, देय अभय निर्द्वंद।।

223

महाबुद्धि

विष्णु सहस्त्रनाम में कहा है सुमेधा मेधजो धन्यो सत्यमेधा धराधरः सत्य ही महान है और जो उस महान को जानने के लिये मेधा को महान बनायें वे ही महा बुद्धि देने वाली हैं।

पावत है सत्पात्र ही, सब सुकार्य कौ श्रेय।

प्रेरित कर सद्बुद्धि सों, ज्ञात होंय अभिप्रेय।।

बुद्धिशुद्धि अभिवृद्धि ही, सब साधन की मूल।

महाबुद्धि की कृपा सों, होय न तनकहु भूल।।

224

महासिद्धि

सांसारिक कार्यों की सफलता, योग की अष्टसिद्धियाँ, साधना मार्ग की अलौकिक सिद्धियाँ और जो निष्काम भक्त हैं उन्हें तो स्वयं महासिद्धि अपना स्वरूप दर्शन की हृदय में करा देतीं हैं। वे महा सिद्धिदात्री करुणामयी हैं सभी सिद्धियाँ उन्हीं की सेवा में सदा संलग्न रहती हैं।

रिद्धिसिद्धि की स्वामिनि, श्री जी परम प्रवीन।
सुलभहोंयसबसिद्धिफल, साधकहोंय न दीन।।
लौकिक संपत् विभव बहु, यश प्रभुत्वराजस्व।
अपर योगविद्या सकल, बल विक्रम सर्वस्व।।
अष्टसिद्धि फलदायिनी, याचक होत निहाल।
पदतलरज सब संपदा, नत जहँतीनहुँकाल।।
सकलसिद्धि की स्वामिनि, देउ आपनौ धाम।
जो न चहहिंकछुऔर कों, सोचितपूरनकाम।।
माँगै नहिं कहुँ और सों, नहिंकछु दूजीचाह।
ताकौं देंय अमोघ फल, सदा अमरपद राह।।
महासिद्धि जग मात ही, परम गूढ़ धन एक।
जा पर कृपा कटाक्ष हैं, ताकौ जगै विवेक।।

225

महायोगीश्वरेश्वरी

योगियों के परम पिता शिवजी ही हैं वे महायोगे श्वरेश्वर ही महायोगियों के भी ईश्वर हैं श्री माँ तो उनकी भी अनन्य आराध्या हैं। अर्धांग में विराज रहीं हैं। इसलिये वे महायोगी श्वरेश्वरी हैं।

परमपिता योगिनन के, योगेश्वरशिव नाम।
ध्यावत हैंसुरअसुरनर, चरनन करत प्रनाम।।
महायोगि जगदीश की, परम इष्ट श्रीआप।

महायोगेश्वरेश्वरी, पूजित   भव्य   प्रताप ।।

महातन्त्रामहामन्त्रामहायन्त्रामहासना ।

महायागक्रमाराध्या महाभैरवपूजिता ।। 56 ।।

226

महातंत्रा

चौंसठ तंत्रों मे भैरव, शिवशक्ति के अनेकों प्रकार से आराधना के मंत्र हैं। शिवजी द्वारा बताये गये तंत्रों को आमल, यामल और तंत्र इन तीन श्रेणियों में विभाजित किया जाता है किन्तु श्री विद्या का तंत्र इनसे भी उच्चकोटि का चारों पुरुषार्थों को देने वाला है जबकि बाकी के तंत्र केवल धर्म अर्थ और काम को ही देने वाले हैं और विशेष परिस्थितियों में विशेष प्रयोजनों को ही पूर्ण कर पाते हैं। श्री विद्या तंत्र साधक को माँ के समीप ले जाने वाला एक ऐसा जहाज है जो भवसागर से तो पार करा ही देता है साथ ही जीवन को सत्य और सुन्दर के समीप ले जाकर शिवत्व में समायोजित कर देता है। साधक मंत्रमूर्ति बन जाता है तन मन से पवित्र मन्दिर के समान हो जाता है कुंडलिनी जाग्रत होकर उसे परमानंद के रस सिन्धु में एक बूँद की तरह मिला देती है।

शास्त्रप्रणेता एक शिव, आमल यामल तंत्र।

चौंसठ   तंत्रन   में रहें, सद्धि प्रदाता मंत्र।।

धर्म अर्थ औकाम की, तहाँ पूर्ण सब आस।

किन्तु करें श्रीजी सदा, श्रीविद्या में वास।।

सबसों न्यारौसिद्धिप्रद, पराशक्ति कौ तंत्र।

महात्रिपुर श्रीसुन्दरि, राजत जहाँ स्वतंत्र।।

मंत्र मूर्तिमय यंत्र हैं, क्रियारूप में तंत्र।

महातंत्रा सर्वमयी, सबकी इष्ट स्वतंत्र।।

227

महामंत्रा

मंत्र देवता की वाङ्मयि साकार मूर्ति है। बाला, पंचाक्षरी, षोडशाक्षरी महामंत्र हैं। इन दिव्य बीजमंत्रों में वाणी रूप से जगन्माता विद्यमान हैं।

मंत्र वाङमय मूर्ति है, परा प्रकर्ष स्वरूप।
नाद बीजमंत्रन प्रखर, श्रीविद्या कौ रूप।।
ज्ञानार्णव कौ रूप है, वाङमयी साकार।
महामंत्र   पंचाक्षरी, मंत्रराज   कौ सार।।
आगमनिगम पुराण में, मंत्रशक्ति आधार।
शक्तिभेद हैंभिन्नबहु, लक्ष्यविभिन्नप्रकार।।
मंत्रशक्ति   सब तंत्र में, यंत्रमत्रमय शुद्ध।
साधक साधै मंत्र तब, होवै ज्ञान प्रबुद्ध।।
बिन्दुवासिनीशुद्धछवि, वाणी करतबखान।
अहो!महामंत्रा सुभग, देत रहीं वरदान।।

228

महायन्त्रा

देवी के यंत्र किसी अन्य पर आधारित नहीं हैं। ये अपनेआप में पूर्णहैं। कुलार्णव और शक्ति रहस्य में इसकी विस्तृत चर्चा है। इनमें सिद्धवज्र और श्रीचक्र को श्री विद्या का ही जाग्रत स्वरूप मानना चाहिये।

श्रीसरूप श्रीयन्त्र रहि, सोभानिधि साकार।
श्रीविद्या के मंत्रसब, गुणनिधि के आगार।।
श्री राजत श्री यन्त्र में, ज्यों आभा नक्षत्र।
प्रखरप्रभा दीपितभुवन, निर्भय जग सर्वत्र।।
स्वयंपूर्ण स्वाधीन हैं, शक्ती यंत्र स्वतंत्र।
गोपनीय अतिसजग ह्वै, रख श्रीविद्यामंत्र।।
सिद्धवज्र श्री चक्र हैं, श्रीविद्या के रूप।
भुवनेश्वरि श्री सुन्दरी, राजत भव्य सरूप।।

229

महासना

महासना से तात्पर्य महदासना है यानी सबसे बड़े आसन पर विराजमान हैं क्योंकि पृथ्वी से लेकर परमशिवतक छत्तीसतत्व, मंत्र, तंत्र व यंत्र की योगादिक क्रियाऐं, चौंसठकला, परा अपरा विद्या, विकराल सिंह, शिवजी की गोद, अमृत सिन्धु के मध्य मणिद्वीप में चिंतामणियों से बने राजमहल में आपका आसन है जहाँ आप नित्य विराजतीं हैं, इसके अतिरिक्त भक्तों का निश्छल हृदय भी आपका आसन है।

चौंसठ यंत्र तत्व छत्तीसा। तिन ऊपर राजत श्री ईशा।।

महदासन महिमा तव भारी। सर्वोपरि शिवअंक विहारी।।

तंत्र मंत्र की जो अध्येता। विद्या निधि योगादि प्रणेता।।

परमशिवासान्निध्य सुहावा। शिवअंकहि बाढ़तचितचावा।।

विकटसिंह पर राजत अंबे। सिंहवाहिनी जय जगदंबे।।

अतिसुरम्यआसनइकदूजौ। जो सबभाँति योगिनन पूजौ।।

भगतहृदयअतिरुचिकर सोहै। निजकरगहैकृपाकरमोहै।।

अमियसिन्धुमणिद्वीपविधाना। चिन्तामणिसोभितजहँनाना।।

चिन्तामणि राजतमहत्, लेत हिलोरें सिन्धु।

महासना तिन मध्यरहि, पूरनकलासितेन्दु।।

अनुशासित सब देव, पंचब्रह्म आसन भये।

राजत एक त्वमेव, सर्वोपरी महासना।।

230

महायागक्रमाराध्या

महायाग क्रम में क्रमबद्ध रीति से श्री माँ महा त्रिपुरसुन्दरी की अर्चना की जाती है। उनके अंश रूप सोलह मातृकाऐं, चौंसठ योगिनियों की आवरण में चौंसठोपचार, शोडषोपचार बलि हवन तर्पणन्यास आदि उपासना पद्धति के अनुसार विस्तार से पूजन किया जाता है। यह विधान अत्यन्त गोपनीय ही रखा जाता है, जिसके करने से चैतन्य स्वरूपा पराशक्ति चिदग्नि कुंड से संभूत होतीं हैं।

जन्म अनेकन साधना, फरै होत सत्पुण्य।
बाहर भीतर पुष्टि दै, मिलै सुफल अक्षुण्ण।।
महायाग क्रम बृहद अति, पूज्य देव सर्वांग।
आवरणन की अर्चना, साधत सांगोपांग।।
षोडशपूजन जप हवन, बलि तर्पण सविधान।
श्रद्धा भक्ति समन्विता, मंत्र तंत्र संधान।।
महायागक्रम साध कें, पूजहिं जे श्री मात।
गुरूकृपावशविनयलहि, सबविधिसद्गतिपात।।

231

महाभैरवपूजिता

भैरव शिवजी का ही भीम भयंकर भव्यरूप है। उनमें ही इतनी सामर्थ्य है कि भवानी की उपासना प्रियाभव से कर पायें। शमशान हो या महाप्रलय का तांडव नर्तन सभी स्थान पर शक्ति सदा ही उनके साथ रहतीं है। महाकाली कभी भी महाकाल से पृथक नहीं हैं। उनका सम्बन्ध अन्योन्याश्रित है, अनन्यभाव से एक दूसरे की आराधना करते हैं।

पूजहिं जग माता कल्यानी। सचराचर पालक वरदानी।।
नमन करें भैरव शिवरूपा। प्रिया भाव सेवहिं अनुरूपा।।
केवल भवसंभव अस नाता। अखिलविश्व के जो पितुमाता।।
सुषमाकंद रमणरत चीन्हा। रूप सुधन झोली भरि लीन्हा।।
शक्तिस्वरूपा शिव उरसाखी। नेहनिधी उर रचि रचि राखी।।
भीम भयंकर भैरव रूपा। तहूँ रहें श्री मुदित सरूपा।।
साधें सकल साधना योगा। हरें व्याधि शिव हृदय वियोगा।।
तंत्रमयी मंत्रन पुट शोभा। सिद्धिदायिनी सम बरु को भा।।
औघड़नाथ मसान निवासा। तहूँ प्रिया नित भैरव पासा।।
सृष्टिप्रलय की साखी अंबे। लहैं तासु बल शिव अवलम्बे।।
योगसिद्धि विद्या अरु वेदा। शोडषकला संग तस भेदा।।
शिव उर प्रेम जगावन हारी। फुरें नयन हर प्रिया निहारी।।
निरखें शिव मुदमंगल दानी। हर हियवासिनि सदा भवानी।।
मंगलमुखि निधि मंगल रूपा। भव्य रूप भैरव अनुरूपा।।

'भ 'भरण 'र' रमण चिति, 'व' वमन संहार।

भैरव रूप भयंकर, तीनहु काल निहार।।

भीम भयंकर भव्य अति, महाभैरवी संग।

महाकाल भैरव करें, भगतन कौ भय भंग।।

करें नमन वन्दन सदा, प्रियाभाव उर राखि।

महाभैरवी पूजिता, भव भैरव की साखि।।

ज्ञानी पावहि ज्ञान धन, योगिन के आराध।

भोगमोखसाधनसफल, कछू न कठिनदुसाध।।

महेश्वरमहाकल्पमहाताण्डवसाक्षिणी।
महाकामेशमहिषी महात्रिपुरसुन्दरी।। 57।।

232

महेश्वरमहाकल्पमहाताण्डवसाक्षिणी

महाकल्प में ही महाप्रलय का महा तांडव नृत्य होता है। तब केवल शिव ही शेष रहते हैं। ब्रह्माण्ड उनमें लय हो जाता है। तब भवानी कालरात्रि ही भैरव रूप धारी शिव की तांडवलीला की एकमात्र साक्षिणी होती हैं जिनका रूप महाभयंकर, लालरंग की वारुणी से मत्त, विकटाट्टहासोन्मुखी, पाशत्रिशूल, अंकुश और यमराज के भैंसे के सींग को हाथ में धारण किये हुए हैं। उनके सिर पर गरुड़जी के पंखों का मुकुट है। वे भी तांडव नृत्यपरायणा हैं।

जब कल्पान्त प्रलयघन छाये। तत्वनिलय सबतत्व समाये।।

रहें सदाशिव एक तदा ही। प्रलयंकर नटवेष सदा ही।।

सृष्टि प्रलय के साखी भोले। कछू न शेष रहै जो बोले।।

शिव की बनीं शिवा तहँसाखी। नटराजनमूरत हिय राखी।।

चितवनविकटभयंकरहासा। ज्वाललपट नयनन अरु नासा।।

लुप्तप्राय दिसि दिवस न रैना। हरै प्रलयगर्जन सब चैना।।

भवभीषण रव भँवर मझारी। शिव तांडवरत प्रिया नहारी।।

प्रलय मध्य जाके मुख हासा। सो संभव तुमरे ही पासा।।

भैरवनाद भयंकर घोरा। विश्वपोत जहँ विलय निहोरा।।

नृत्यत शिव की ओर निहारैं। नयनजोत सों ओप प्रसारैं।।

जगदंबा अंबे जगमाता। सृजन हेतु ही प्रलय निपाता।।
नूतनसृष्टि करत हितकारी। जेहि लगि महाकल्प निहारी।।
कालरात्रि कंकालिका, भयंकरी कर पाश।
सींग लिये यममहिष कौ, कररहीं अट्टहास।।
पाद प्रहारन सों हिलैं, सागर भरत हिलोर।
मत्त विह्वला वारुणी, छकत करें रव घोर।।
वैनतेय परिपिच्छ सिर, बनकिरीटसोभा करें।
परभैरव तांडवरता, शूलधारिणी भय हरें।।
प्रलयकालकी साखिबन, नटराज के संग में।
डिमडिमझमझमप्रझमझम, नचें रौद्ररसढंग में।।

233

महाकामेशमहिषी

महाकामेश्वर की आप पटरानी हो आप उनकी महाशक्ति, पराशक्ति और अनन्य हृदया प्रिया हैं। आप ही शिवलीला की साक्षी और उनकी सहचरी भी हैं। वे आदि शक्ति ही भक्तों का एकमात्र अवलम्बन हैं। सभी कामनाओं को पूर्ण करने वाली हैं।

कामेश्वर की तुम पटरानी। अन्नपूर्ण सकलजगजानी।।
शिवअनुरागिनि हौ शिवशक्ती। देहुमातुचरननरजभक्ती।।
लोकपाल सनकादिक गावैं। नितयोगीचितध्यानलगावैं।।
प्रथमपूज्यगणपति की प्यारी। कार्तिकेयकीप्रियमहतारी।।
प्रानप्रिया शिवशंकरवामा। निरखेंअपलकछविअभिरामा।।
आदिशक्ति जगदंब सहारे। मिटें दोष दुख दूषन भारे।।
करहु मातु चरननआधीना। हौं सबभाँति साधननहीना।।
भक्तिशक्ति अवलंब पुनीता। मगनमनोरथ जो मनचीता।।
सकलकामना सिद्ध तहँ, जहँकामेश प्रसन्न।
युगलरूपहिय महँ रमे, शिवहिय 'श्री' आसन्न।।

234

महात्रिपुरसुन्दरी

यह नाम स्वयं में ही महामंत्र है। त्रिभुवन व्यापक, आर्तभयहरन, दुष्टदलन, भवतरन, परमसार का भी सार है। जिनकी उपासना त्रिदेव करते हैं। ऐसा लगता है सरस्वती जी सूर्य, लक्ष्मी जी चन्द्रमा और आप अग्निपुंज हो। सबमें आपकी ही शक्ति समाई है। सारे ब्रह्माण्ड में जितने भी सूर्य, चन्द्र आदि तेजस्वी नक्षत्र ग्रह हैं सब आपके तेज से दीप्तिमान हैं। धरा पर जीवनी शक्ति प्राणियों में गति, साधकों में साधना करने की क्षमता, कला, विद्या जो भी कुछ है सबका अस्तित्व आप में ही है। आपकी ही सुन्दरता के अंशमात्र से बसन्त आदि रितुओं में और प्रकृति में सौन्दर्य है। आप त्रिभुवन की माता है।

रूप सुधा लावण्यअति, निरुपम छवि श्री रूप।
लाजै कान्ति त्रिदेव की, श्रीजी दिव्य सरूप।।

त्रिभुवनव्यापिनि आप हौ, सकल लोकविस्तार।
भगति ज्ञान वैराग्य में, प्रणव रूप कौ सार।।

भाव कर्म अरु ज्ञान में, सत रज तम त्रय भेद।
जाग्रतस्वप्नसुषुप्तित्रय, ऋग यजु साम त्रिवेद।।

दिपै अखिल श्री प्रभा सों, ज्योतिपुंज तहँ एक।
सो व्यापक सर्वत्र ही, धारत नाम अनेक।।

गहै ओप रवि ताहि सों, अगनि समावत तेज।
दीपित नभ शशिकलामय, रजतचन्द्रिका सेज।।

गिरा सूर्य, शशि हैं रमा, शक्ति हुताशन जान।
श्री विभूति सब में रमीं, श्री सूक्त कौ प्रमान।।

चतुःषष्ट्युपचाराद्याचतुःषष्टिकलामयी।
महाचतुःषष्टिकोटियोगिनीगण सेविता।। 58।।

235

चतुःषष्ट्युपचाराद्या

चौंसठ प्रकार से जिनके श्री विग्रह की सेवा अर्चना की जाती हैं। तंत्रों और आगम विधि के अनुसार यथा समय यथा नियम और यथा चित्तभावपूर्ण ढंग से साधक इस प्रकार की पूजा के विधानों को सम्पन्न करता है। इनमें प्रमाद, अश्रद्धा, विषम आचरण और नियमों

172

की अवहेलना वर्जित है। वाणी का संयम यथोचित मौन, श्रद्धा पूर्वक सुपात्र के लिये दान देना, भक्ति पूर्णहृदय से समर्पित होना, गुरु में अटूट आस्था अत्यन्त आवश्यक है अन्यथा चाहे कितने ही वैभव विस्तार की विधि से माँकी पूजा करों सब अहं भावजन्य दम्भ और प्रमाद के कारण व्यर्थ ही है।

पूजित हैं साकारनिधि, चौंसठविधिउपचार।

करत साधनाभाव सों, साधकविविधप्रकार।।

वैभव विशद विधानविधि, भव्यभूति प्रासाद।

तंत्रागम की रीत सों, साधैं तजत प्रमाद।।

236

चतुःषष्टिकलामयी

आप चौंसठ कलाओं की अधिष्ठात्री हैं। इनमें लौकिक और वैदिक विद्याऐं समाई हुई हैं। भगवती के ही प्रकाश से सूर्य अपनी बारह कला, चन्द्रमा सोलह कला और अग्नि दस कलाओं से सुसज्जित हैं।

षोडश शशि की कला, अनल के दशरूपान्तर।

द्वादश रवि के रूप दिपें सिगरे लोकान्तर।।

दिग् मण्डल नभ भूमि प्रकट अप्रकटे हू जेते।

आभा मंडल सकल रहे आश्रित से तेते।।

विद्या विविध प्रकार योग सम्मत निगमागम।

लौकिकवैदिकरूप परिष्कृत जानहु तज भ्रम।।

विद्या प्रकट प्रकाश सब, श्री माता परताप।

दिपतनखत नभमण्डलहि, रवि मंडल मँह ताप।।

चौंसठकला निधान, रश्मि तिमिर की साक्षिणी।

श्री ही एक प्रमान, अलखअनादि सरूप अज।।

237

महाचतुःषष्टिकोटियोगिनीगणसेविता

ब्राह्मी, माहेश्वरी, कौमारी, वैष्णवी, वाराही, माहेन्द्री, चामुण्डा, शिवदूती इन देवियों में प्रत्येक की आठ–आठ योगिनी शक्तियाँ हैं अक्षोभ्या आदि उनके ही वर्गीकरण में हैं अतः यह संख्या चौंसठ होती है इन आठ शक्तियों के पास एक एक करोड़ के योगिनियों के समूह हैं इस प्रकार चौंसठ करोड़ विभिन्न शक्तियाँ हैं यह तथ्य सत्य ही है कि जो देव यन्त्र में मंत्र में हैं वे कुंडलिनी में भी हैं। हमारे शरीर के छैः चक्र क्रम से दुगुनी ऊर्जा की उत्तरोत्तर वृद्धि करते हैं। यथा मूलाधार से स्वाधिष्ठान दुगुना तो मणिपूर उससे दुगुना होकर मूलाधार से चार गुना होगा इसक्रम से सहस्त्रारचौंसठ गुना ऊर्जस्वित हुआ। प्रत्येक चक्र के दलों में भिन्न भिन्न योगिनियाँ विराज रहीं हैं। इसी भाँति यन्त्रों की उपासना क्रम में भी इन चौंसठ करोड़ शक्ति समुदाय की उपासना की जाती है।

श्री विद्या सर्वोपरी, मंगल मूरति सर्वदा।
चौंसठकोटीयोगिनी, पादपीठ सेवहिं सदा।।
कलामयी की कला के, बने चक्र आधार।
बढ़ें मूलआधार सों, द्विगुणित भाव प्रकार।।
द्विगुणितहैं प्रतिचक्र में, कलाशक्तिकीस्रोत।
असविधिचौसठयोगिनी, सहस्त्रार की जोत।।
चौंसठ कोटी योगिनी, पहुँचत जाके धाम।
महाशक्ति संजीवनी, चरनन कोटि प्रनाम।।
तनमन्दिर है मात कौ, मन अर्चन कौ हेतु।
बाहर भीतर अर्चना, बनत जात भव सेतु।।

मनुविद्या चन्द्रविद्याचन्द्रमण्डलमध्यगा।
चारुरूपा चारुहासाचारुचन्द्रकलाधरः।। 59 ।।

238

मनुविद्या

श्रीविद्या की बारह पद्धतियाँ हैं जिनको बारह प्रमुख उपासकों ने चलाया हैं। ये हैं मनु (वैवस्वतमनु) कुबेर, चन्द्रऋषि, लोपामुद्रा (अगस्त्य ऋषि की पत्नी) कामदेव, इन्द्र, सूर्य, षडानन, शिवजी, अगस्त्य, अग्नि और (क्रोध भट्टारक) दुर्वासा ऋषि हैं। भिन्न होते हुए भी इनकी पद्धतियाँ मेल खाती हुई हैं।

174

मनु कुबेर रिषि चन्द्रमा, लोपामुद्रा काम।
शक्रसूर्य स्कन्द शिव, करहिं अगस्त्य प्रनाम।।
विदितक्रोध के अस्त्रसौं, हैंशिवांशऋषि धन्य।
दुर्वासा अरु अग्नि हू, श्रीपद भजहिं अनन्य।।
मनु मानव के हैं जनक, मनु की सब संतान।
मानवता जिन सों चली, तानत सृष्टिवितान।।
तत्व ज्ञान साधक भये, परम योगि नृप सिद्ध।
श्री विद्या आराध भइ, मनु विद्या सुप्रसिद्ध।।

239

चन्द्रविद्या

आज्ञा चक्र के ऊपर ध्यान में योगी चन्द्रमा की शीतलता का अनुभव करते हैं। आठ भागों में यह स्थान विभाजित है। जिसके आगे शून्य चक्र है जहाँ शिव से महा मिलन करके शक्ति पुनः मूलाधार में लौट जाती है। यह चन्द्र विद्या ही चन्द्र किरणों का सा आनंद प्रदान करने वाली पराशक्ति हैं।

अमियझरतजहँ पूर्णशशि, शीतलरश्मिप्रपात।
अहो चन्द्रविद्या तुम्हीं, सहस्त्रारमय गात।।

240

चन्द्रमंडलमध्यगा

शिवजी ने माँ से कहा कि मैं अग्नि शिखर पर हूँ और आप चन्द्रमा के सर्वोच्च शिखर पर हो यह सारा संसार इन्हीं से निर्मित है (अग्निसोमात्मकं विश्वमावाभ्यां समधितिष्ठति)। दूसरी ओर सहस्त्रार में चन्द्र मण्डल का भी भेदन करने वाली आप ही हैं।

अग्निशिखर पर शिवरहैं, शशिपरहैंश्रीमात।
इन सोंही मिलकें बनें, सकलसृष्टिकौगात।।
अभिसिंचितअमृतकिरण, सहस्त्रार कौ धाम।
चन्द्रप्रभा तहँ लसतहै, निरुपम श्रीअभिराम।।
श्री पूजित तहँ सर्वदा, सेव्य इष्ट बन एक।
चक्रराज कौ रूप है, चन्द्र मंडला टेक।।

241

चारुरूपा

सुन्दरता के समुद्र के समान सौम्यरूप को एकटक निहारते हुए भक्तों का मन तृप्त ही नहीं होता! जिनके सिर पर बालेन्दु सुशोभित है उनकी दृष्टि अमृत की निर्झरिणी सी लगती है। जिसे देखकर चित्त अमंगलकारी ताप संतापों को दूर कर सुशान्ति के धाम का सेतु ही बन जाता है तभी तो परमार्थ साध पाने की क्षमता मिलती है। यह शान्ति ही स्थिर रहने वाला सुख है अन्य सुख तो परिवर्तन शील हैं जब चाहो तब मिल ही नहीं पाते। अहो इन नयनों का मनोरथ धन्य हो गया जो इस रूपसुधा का पान कर रहे हैं।

शान्त सौम्य कमनीय छवि, नैनन इकटक जोह।

झरत दीठि सों अमियजनु, बालइन्दु सिर सोह।।

हरत अमंगल ताप सब, करत शान्त चित सेतु।

शान्ति सुस्थिर सुख महा, परमारथ कौ हेतु।।

अति अनुपम सुकुमार छवि, नयन मनोरथ धन्य।

चारु रूप लावण्यमयि, सुन्दर राशि अनन्य।।

242

चारुहासा

भवानी के मुखमंडल पर सदा सुशोभित सुन्दर हास्य ही परमानंद का सार है। जिसे नयनों के सम्पुट से पीते हुए मन कभी तृप्त ही नहीं होता। एक बार जिसने इस हास्य की सुन्दरता को देख लिया उसका माया जनित कलुष मिट जाता है। भक्त गण भौंरे के समान उस सुहास के मकरन्द का पान करते नहीं अघाते। उनके मन्दमधुर हास से त्रिलोक को मोहित करने वाली माया भी मुग्ध होती है।

चारु चितौनी सुन्दर हासा। खिलें मनहुँ शत अम्बुज पासा।।

सुस्मित उत्पल फुरतसुनयना। मानहु कहें मधुर कछु बयना।।

मुग्ध मोहिनी चितवन डारै। फुरित भूमि कन कनहि निहारै।।

हास्य प्रभा जहँतहँ विस्तारै। नित नव आनंद उमगि प्रसारै।।

चारु हास हर मन की पीरा। भव भेषज मूरी ससरीरा।।

स्मित सुधा पियत न अघाई। तन मन की सुधि हू बिसराई।।

माया कलुष मिटै भ्रम सारौ। एक बार वदनाब्ज निहारौ।।

भगतमधुप मुख लखि अरविंदा। हास्य सुधा मकरन्दअनिंद्या।।
चारुनयन युग मीन से, चम्पककान्ति कपोल।
चारुहास चहुँदिशि दिपै, सो चितवनअनमोल।।
परमानंद मगनमन, कहि न सकहि कछु बोल।
सुन्दर हाससुधा सरिस, पियतनयनपुट घोल।।

243

चारुचन्द्रकलाधरः

आपके किरीट में चन्द्रमा सुशोभित है, यह इन्दु दिव्य है प्राकृतिक चन्द्र के समान इसकी कलाएें घटती नहीं ना ही कभी ग्रहण में ग्रसित ही होती हैं। उसकी अनन्त कलाएें हैं जिनसे सर्वदा चेतना की हीर शिमयाँ निकलती हैं। यह बीस आवर्तकों से युक्त पूर्ण चन्द्रमा है।

मुकुटकिरीटन संग सिर, सोभितभालसितेन्दु।
चारुचन्द्र शीतलकला, अनुपम सोभा सिन्धु।।
छीनकला छय होत है, अमा विलय राकेन्दु।
रश्मिन ग्रास ग्रहण करै, बढ़ै देखकें सिन्धु।।
सबदोषन सो मुक्त है, शशिसोहै जो सीस।
दिव्यधाम चैतन्य कौ, है अभिनव रजनीस।।
चारुचन्द्र की चन्द्रिका, तानत रजत वितान।
ओढ़ रुपहली ओढ़नी, करै यामिनी मान।।

चराचरजगन्नाथा चक्रराजनिकेतना।
पार्वती पद्मनयना पद्मराग समप्रभा।। 60।।

244

चराचरजगन्नाथा

आप ही त्रिदेव के रूप में सृष्टि की रचना, पालन और संहार करने वाली हैं। चराचर जगत आप के ही भरोसे पर चलता है। आपही सबकी स्वामिनी हैं।

177

ब्रह्मरूपसृष्टि करें, हरि बन हरतत्रिताप।
रुद्ररूप संहारिणी, जगन्नाथ हैं आप।।

245

चक्रराजनिकेतना

श्रीविद्या का सथूल शरीर श्रीचक्र है इसमे चार शिवकोंण और पाँच शक्ति कोंण हैं। दोनों के योग से श्रीचक्र बनता है। मध्यबिन्दु में त्रिजगद्वन्द्या मायाधिपतेश्वरी माँ श्री त्रिपुरसुन्दरी का निवास है, यही श्रीचक्र मानव शरीर में और ब्रह्माण्ड में भी है।

नौ चक्रन में श्रेष्ठ है, चक्रराज श्रीयन्त्र।
श्री सरूप राजत तहाँ, सिद्ध नवार्णमंत्र।।
मूर्तिमान नर देह में, कुंडलि रही समाय।
चक्रराज प्रतिबिंब सो, श्री विद्या दर्शाय।।
जो बाहरब्रह्माण्ड में, सो ही नरतनमाँहि।
मूर्तिमान सो यन्त्र में, श्री सर्वत्र समाहि।।
यन्त्र देव मूरति अहो!यन्त्र मंत्रमयि मूर्ति।
दिव्यनिधीवरदायिनी, करत शुभेच्छापूर्ति।।

246

पार्वती

दक्षसुतासती ने ही अपना पुनर्जन्म पर्वतराज हिमालय की पुत्री के रूप में लिया। गहन साधना करके पति रूप मे पुनः शिवजी को प्राप्त किया।

पार्वती परमेश्वरी, हिमगिरि सुता कहाहिं।
पुनर्जन्म धरि सती कौ, वरीं संग शिवपाइ।।
उमा अपर्णा शिवप्रिया, परमाराध्य भवानि।
आराधे शिव करत तप, गह्यौ पार्वती पानि।।

247

पद्मनयना

भवानी पद्मनयना हैं अनियारे रतनारे मतवारे कारे नैन सदा ही अपने भक्तों को अभय देते हैं। कमल के समान सुन्दर प्रफुल्ल लोचन अपने ही अनुराग में आनंद विभोर रहते हैं। वे दुष्टों को भय और संतों को अभय प्रदान करने वाले हैं। नेत्रों से झरती हुई आनंदरस की फुहारें आर्तजन के ताप को और भक्तों की दृगप्यास को तृप्त करने वाली हैं। माँ की दया दृष्टि दुर्लभ वरदान के समान चारों पदार्थों को देती है।

अम्बुजाक्षि सोभा निधिनयना। कहिनसकहि जाकों मतिबयना।।
अतिविशाल निरुपम अनियारे। झिलमिल मानस नीर निहारे।।
दिपत ओप मुक्ता जनु राँचे। किंवा रक्तोत्पल ही साँचे।।
मीनसरिस अति चंचल पाये। करुणावारिधि जल भरि लाये।।
भये अनल सम तबविकराला। दलनदनुजदल कों जनुकाला।।
रवि शशि बन्हि प्रभा दृग माँही। भुवनमोहिनी जोत समाही।।
आनंदमगन उमगिअनुरागा। शिवमुख निरखिजलजयुगजागा।।
देंय अभय सम्मोहन नैना। निरखि नयन पावत मन चैना।।
अनियारे करुणा भरे, अखिल लोकअभिराम।
पद्माक्षी पद पद्म गहि, होंय पूर्ण मन काम।।

248

पद्मरागसमप्रभा

लाल रंग उत्साह, उल्लास, ओज और अनुराग का प्रतीक है। माणिक के समान भवानी के श्रीअंगों का लालिमा युक्त प्रभा मण्डल है। यह माँ का पारमार्थिक रूप ही है जो भक्तों को ज्ञान, भोग, मोक्ष, प्रेमाभक्ति देनेवाला है।

पूर्णमनोरथ करत हैं, देत अभय तत्काल।
भुक्तिमुक्तिसाफल्यसों, होवै भगतनिहाल।।
पारमार्थिक रूप ही, पद्मप्रभा कहि जान।
पद्मरागमणि लालिमा, सोभा देत प्रधान।।
मानकद्युति ऊषा सरिस, भरतउछाहप्रबोध।
पद्मराग सी श्री प्रभा, देत भगतिमयबोध।।

श्रीअंग की जोत सों, जगमगहोत निहाल।
दमकतदीपित लालिमा, पद्मराग सी लाल।।

पंचप्रेतासनासीना पंचब्रह्मस्वरूपिणी।
चिन्मयीपरमानन्दाविज्ञानघनरूपिणी।। 61।।

249

पंचप्रेतासनासीना

मृतशरीर को प्रेत या शव कहा गया है जिसमें न छाया होती है नाही सूक्ष्म, कारण और तुरीय की गति ही, इसी प्रकार ब्रह्माण्ड का संचालन करने वाले ब्रह्मा, विष्णु, रुद्र, ईश्वर और सदाशिव भी जिस महाशक्ति के बिना मृतप्राय हैं उनके ऊपर माँ आरूढ़ हो कर अपने पूर्ण प्रभुत्व से उनमें उनके योग्य शक्ति को प्रकट करतीं हैं। तभी इस मृतप्राय ब्रह्माण्ड में जीवन का संचार सम्भव हो पाया है। अतः वे पंच प्रेतासनासीना हैं।

ब्रह्मा विष्णु रुद्र शिव, ईश सदाशिवरूप।

तंत्र मंत्र यंत्रहि बसे, पंच प्रेत ज्यों यूप।।

इनपर शासन करत हैं, श्रीत्रैलोक्यसमाहि।

अखिलेश्वरिजगदम्बिके, सर्वोपरी कहाहिं।।

250

पंचब्रह्मस्वरूपिणी

गणेशजी, दुर्गा, शिव, विष्णु भगवान और सूर्य देव को भी पाँच परमेश्वर माना गया है। शिवजी के पाँच मुख (ईशान, तत्पुरुष, अघोर, वामदेव और सद्योजात) भी पंच ब्रह्मस्वरूप हैं। गरुण पुराण के अनुसार वासुदेव, संकर्षण, प्रद्युम्न, अनिरुद्ध और नारायण भी एक ही विष्णु के पाँच रूप माने गये हैं, जगन्माता तो लीलामयि हैं, अतः अपनी इच्छा से जब जैसा चाहें स्वरूप बनातीं हैं उनकी दृष्टि ने सूर्य और मधुर मुस्कान ने चन्द्रकलाओं को प्रकट किया है।

पुंभावलीलापुरुषास्तुपंच यादृच्छिकं संलपितं त्रयी ते।
अम्ब!त्वदक्ष्णोरणुरंशुमाली तवैव मन्दस्मितबिन्दुरिन्दु।।

आप लीलामयी हैं। पुंभाव की लीला में आप पंचब्रह्म स्वरूप हैं। आप एक होते हुए भी अनेक का अभिनय करतीं हैं। आपकी वाणी ही त्रयी (तीनों वेद) बन जाती है। आपकी दृष्टि से ही सूर्य आलोकित होता है तथा आपकी मधुर मुस्कान से शशि कलामय हो जाता है।

गणपति शिवहरिशक्ति रवि, पाँचौपूजितइष्ट।

कलियुग में साधना के, देवें सुफल अभीष्ट।।

पंचब्रह्म शिवपंचमुख, वन्दहुँ नित कर जोर।

शिवशक्ती के रूप की, महिमाअमितनिहोर।।

ब्रह्मा विष्णू रुद्र ही, सृष्टि नियामक तन्त्र।

ईश सदाशिव इष्ट हैं, पाँचौ ब्रह्म स्वतंत्र।।

सबमें शक्ति समात है, ज्यों माला कौ सूत।

शक्तिस्रोतबिनसबविफल, साधनशक्तिअकूत।।

जब जैसी लीला करें, तब तैसौ ही होत।

स्मितसों शशि की कला, दृष्टिसूर्यकीजोत।।

251

चिन्मयी

'यादेवी सर्व भूतेषु चेतनेत्यभिधीयते' अखिलेश्वरी जड़ चेतन में समाई हुई है। वही कुंडली की परम उत्कृष्ट चैतन्यमयि तुरीयातीता परावस्था है। वही जीवन की संचालिका है, उसके बिना कहीं कुछ भी नहीं है।

जड़चेतन जगजीव में, जाकौ ज्योति प्रकास।

मुखर चेतना व्याप्त है, कन कन में है वास।।

चित् शक्ती चैतन्यमयि, चिदाकाश रहि लीन।

व्याप्तचेतना जो सकल, ताके बिन सब हीन।।

252

परमानन्दा

जब सभी प्रकार के द्वन्द मिट जाते हैं, चित्त निर्मल हो जाता है तो एकनिष्ठ ध्यान में अष्ट प्रहर चिन्मयि का दिव्य प्रकाश परावर्तित होता रहता है। यही स्थिति परमानंद की

गहन अनुभूति है जिसे योगी सतत पाते रहते हैं। मग्न मनोरथ होते हैं फिर और कुछ भी पाना शेष ही नहीं रहता।

साँचे सुख कों पाय कें, चहै कछू नहिं अन्य।

मगनमनोरथ मन भयौ, अहो भाग अस धन्य।।

द्वन्द्वरहित दूषण रहित, सुख अनुभूति समाय।

चिदाकार अद्वैत मिलि, परमानन्द कहाय।।

253

विज्ञानघनरूपिणी

चैतन्यस्वरूप ही विज्ञानघनरूप है, जिसे वेद हिरण्यमय बताते हैं वही संसार में व्याप्त है। आत्मज्ञान ही विज्ञानघन है जो परमात्मतत्व से साक्षात्कार करवाने में समर्थ है जैसे जल में प्रति बिम्बित चन्द्रमा वैसे ही परमतत्व दूर रहकर भी (माया से असम्पृक्त यानी मायातीत) आत्मा में भासित होता है यही विज्ञानरूप है। घन से तात्पर्य प्राणियों का समूह भी है जो जड़ चेतन में समान रूप से प्रतिष्ठित है।

चिदानन्दमय सत्य वह, सदा शाश्वतीश्रेय।

भेद मिटत तल्लीन ह्वै, ज्ञानी ज्ञाता ज्ञेय।।

जो हिरण्यमयरूप सों, व्याप्त चराचर माँहि।

आत्मरूप में सजग बन, जाकीजोतसमाहिं।।

ध्यानध्यातृध्येयरूपा धर्माधर्मविवर्जिता।

विश्वरूपाजागरिणीस्वप्न्तीतैजसात्मिका।। 62 ।।

254

ध्यानध्यातृध्येयरूपा

वे ही ध्यान करने की विधि हैं (योगी जिन चक्रों को भेद कर आज्ञा चक्र तक पहुँचता है माँ उन सभी में विद्यमान हैं वे क्रिया रूप भी है उनके बिना तो स्वाँस भी नहीं चलती) ध्याता के रूप में भी वे ही समाई है (देवो भूत्वा देवं यजेत) ध्येय भी वही है (चाहे निराकार हो या साकार) सर्वेश्वरी तो चिन्मयि चारु चिरंतना हैं।

रमत ध्यान में चित सदा, पावत ध्याता ध्येय।
होत चेतना लीन जब, एक ध्यान अभिप्रेय।।

255

धर्माधर्मविवर्जिता

गुण–दोष, धर्म–अधर्म, बन्धन–मुक्ति, सद्–असद्भेदों का विवाद और नियम, आचरण व मर्यादा केवल लोक प्रचलन में ही है किन्तु जो लोकातीत पुनीत हैं उनके लिये न धर्म है ना ही अधर्म! फिर कर्मों की गति अनेक होने से धर्म–अधर्म का फल भेद हो जाता है। जहाँ कर्मबन्ध ही नहीं वहाँ तो साधक भी समता की छाँव में आकर इन सभी द्वन्दों की डोर काट देता है फिर माँ तो माँ ही है ना! जैसे गोपियों के महारास में किसी विशेष धर्म या अधर्म की भेदनीति है ही नहीं सर्वत्र एक छत्र प्रेम का ही साम्राज्य अनन्त विस्तार लिये हुए है।

बंध मोक्ष गुणदोष बहु, जीवजगत के भेद।
धर्म अधर्म न असतसत, नहिंतिनकोनिर्वेद।।
परा पूर्ण है स्वयं में, निजानंद तल्लीन।
है अभेद सब भाँति सों, ऐसी मात प्रवीन।।
सर्व समर्पण देत है, परम धरम कौ लाभ।
मिटतद्वन्दभयक्लेशसब, क्षयीअधरमअलाभ।।
समुज्ज्वला निर्धूमशिखि, सत्यसरूपप्रचण्ड।
धर्माधर्म विवर्जिता, ध्यावहुँ रूप अखण्ड।।

256

विश्वरूपा

माँ ने कहा है कि सर्व खल्विदमेवाहंनान्यदस्ति सनातन ब्रह्माण्ड में सर्वप्रथम तम ही था फिर महत, अहंकार, पाँच सूक्ष्म भूत, जिसमें प्रथम नाद है, इनसे ज्ञानेंद्रियाँ जो पृथक पृथक हैं किन्तु मिलकर अन्तःकरण बनाती हैं शेष पाँच कर्मेन्द्रियाँ ये भी पृथका पृथक हैं किन्तु एक साथ मिल कर प्राण ऊर्जा को बनाती हैं। नाद यानी शब्द और अन्य चार सूक्ष्मतत्व (स्पर्श, रूप, रस, गन्ध) पाँच स्थूल भूतों को प्रकट करते हैं। तब स्थूल, सूक्ष्म और कारण जो विश्व, तैजस और प्रज्ञान हैं उनमें चैतन्य व्यक्त होता है यही जीव है। परमात्मा कारण रूपसे साक्षी हैं और अन्तःकरण में हैं उन्हें ही हिरण्यगर्भ, प्राणों में कारण रूप सूत्रात्मा, और दोनों में अभेद होने से अन्तर्यामी ईश कहे जाते हैं। ये ही वैश्वानस,

सूत्रात्मा, हिरण्यगर्भ ही जाग्रत, स्वप्न, सुषुप्ति और तीन कृत्य सृष्टि, स्थिति, संहार के नियामक हैं। कुछ तांत्रिक विद्वान दो अन्य अवस्थाओं को भी मानते हैं ये हैं तुरीय और तुरीयातीत और उनके दो कृत्य हैं अनुग्रह और तिरोधान इस प्रकार पाँच अवस्थाएं और पाँच ही कृत्य हो गये यह ही विश्वरूपा की लीला हैं। दूसरे अर्थ में विश्वम् शुक्ल पक्ष की चौथी रात और कृष्ण पक्ष की पाँचवीं रात है इन तिथियो में देवी का वास माना गया हैं वैसे तो सभी तिथियों इनका वास हैं किन्तु विश्वम् इन्हीं तिथियों को कहा गया है। जिनमें 'मधु' की वर्षा होती है। ऐसा तैत्तरीय ब्राह्मण के 3.10.10. में कहा है।

सरिता दिसि द्रुम नखतसब, रविशशि भू पाताल।

विश्व स्वरूपा ठौर सब, सागर   ज्वालामाल।।

जो हिरण्यमय रूप सों, व्यापक त्रिभुवन माँहि।

ओत प्रोत सब सृष्टि है, मनका सूत समाहिं।।

257

जागरिणी

जागने पर ही अपने शरीर का आभास होता है बाहरी विषयों का ज्ञान व कार्य करने की क्षमता भी मिलती है। भ्रमवश जीव देहाध्यास के कारण भ्रमित भी हो जाता है किन्तु सत्य रूप से जागना तो तभी है जब चैतन्य का ज्ञान हो जाये।

जागत जीव जगतलखै, जगै इन्द्रियनभान।

बोध पात मन आपनौ, चेष्टित सब संज्ञान।।

जाके बल जगहै टिकौ, जीवजगतकौ बोध।

जागरिणी सो शक्ति है, जागत देत प्रबोध।।

258

स्वपन्ती

इस अवस्था में जीव का देहाभिमान सूक्ष्म शरीर में लय हो जाता है। इसमें मष्तिष्क में छिपे हुए अप्रत्यक्ष भावों का आभास ही प्रत्यक्ष होता है यही सपने की अवस्था है।

तन्द्रा मगन जीव जब सोवै। कहौ कहा सो सोवत खोवै।।
दम्भ द्वेष मति क्लेश अनेका। मनोराज्य तिनकौ ही एका।।
सोबत सपने भिन्न निहारै। स्वप्नसदन सुधि सदा विहारै।।
मानै सपने ही को साँचा। कल्पितविश्व मनहि मन राँचा।।
बनीं स्वप्न की गति तब कैसी। जलतरंगमहँ खोबतजैसी।।
बुदबुद सम कल्पितमन डोलै। सप्तरंग सुरधनु सम घोलै।।
स्वप्नजगतमनगति विस्तारै। जसगति मति तसरंग निहारै।।
उड़नखटोला डोलै मन कौ। खुलै खजानौ अपने ढंग कौ।।

मनविकृति बन जात है, कल्पितआकृति शेष।
रंक लखत नृप स्वयं कों, बनै बाघ हू मेष।।
भाँतिभाँति वर्तुल तहाँ, रचरच भिन्न वितान।
मनो राज्यकी संन्तती, मन के सघनविधान।।
कहूँ सीस निजकौ कट्यौ, हानीलखतमहान।
भय शोक संवेग कहुँ, हर्ष द्वेष मन म्लान।।
ज्योंलौं जागतजीव नहिं, तन्तु कटै नहिंएक।
कोटिनभ्रमना में परयौ, भटकै भाँति अनेक।।
जागतमनजग जाय तन, जगै नींद तजजीव।
ढहें कल्पना के महल, हिले स्वप्न की नींव।।
अन्तर्मन की शक्ति ही, रच नित स्वप्नअनेक।
नित्य सुवावतजगत कों, जागत केवल एक।।

259

तैजसात्मिका

स्वप्नावस्था की स्थिति में जीव को ही तैजस् कहते हैं।

चाह रूप अंकुर जमें, कल्पित मन के खेत।
फरै कामना डार जब, सिक्त भाव की रेत।।
चखैस्वादसब जीव पुनि, कल्पितस्वप्नविहार।
तैजसात्मिका रूप सो, सोबत स्वप्न निहार।।

सुप्ताप्राज्ञात्मिका तुर्या सर्वावस्थाविवर्जिता।
सृष्टिकर्त्री ब्रह्मरूपा गोप्त्री गोविन्दरूपिणी।। 63 ।।

260
सुप्ता

शारीरिक या मानसिक अनुभवों से परे होकर गहरी नींद की दशा में कुछ भी भान न रहने पर जब जाग जाते हैं तो यह बात हम लोग अधिकांशतः कहने लगते हैं कि मैं इतनी गहरी नींद में सोया कि मुझे कुछ भी पता नहीं चला अचेतन (मन में) मैं सोया हूँ यह अहंभाव भी रहता है और नींद के सुख का अनुभव भी है अतः अज्ञानमयि इस अवस्था के तीन रूपान्तर हैं। अचेतन या अज्ञान, अहं के इन्द्रिय बोध का लोप और प्रसन्नता या सुखद नींद का आभास। यहाँ जीव की प्राज्ञ अवस्था होती है, क्योंकि उसका अहंजन्यबोध कारण शरीर में लय हो जाता है।

भूलत मन भानध्यान, कहाँ सोयौ हूँ अरे,
मानत मनमोहित द्वैसत्यसुख यामें खरे।
श्रृंखला जोड़त रही प्रज्ञानघन एक ही,
सुखदनींदगहनअतिमनकीसुशान्तिटेकही।
गहरी भई सुषुप्ति जब, होवै भ्रम संहार।
सुखदसुरम्यसुछाँव में, निस्पन्दितसंसार।।
तनअचेतचितबोधमय, पावत मननहिंखेद।
गहननींदविस्मृतिकरै, यह सुप्ताकौ भेद।।
जबसोबततंन्द्रालस्यौ, किन्तुभाननहिंलुप्त।
जीवरूप प्राज्ञ तहाँ, भासै ज्ञान प्रसुप्त।।
बोधमय विज्ञानमय आभासमय प्रतिरूप की।
कोटिकोटितडिल्लता उपमा समा ताररूप की।।
गहनतम निद्रा जहाँ मन देह विस्मृत होत है।
तैजसात्मक रूप यामें जीव अविचल सोत है।।
गहननींद में होत नहिं, तनमन कौ कछु भान।
निद्रा औषधि सम बनीं, सोबत जीव अजान।।

261

प्राज्ञात्मिका

यह अटूटगति से साक्षी भाव लिये हुए वह अवस्था है जो चित को सजग करती है।
प्राकृतजीव सोता है जागता है सपने देखता है यह अवस्था उसकी साक्षी है।

जो अटूटगतिसों सदा, जागैचिन्मयिजोत।

सोबत हू तन में बहै, सजग चेतना स्रोत।।

प्राकृत तन सोवै जगै, देखै स्वप्न अनेक।

तीनों गतिसों हू परे, प्रज्ञा मति सो एक।।

प्रज्ञा ज्ञानमयी सदा, परमानंद सरूप।

सुखदछाँव स्फूर्ति की, परमशान्तिप्रतिरूप।।

प्रज्ञाबल साधक लहै, आत्मरूप दरसाय।

प्रज्ञासुख जब देत है, प्राज्ञात्मिका सहाय।।

262

तुर्या

यह साधना की वह सीढ़ी है जहाँ पहुँच कर साधक अपने ध्यान में लक्ष्य के अति समीप
होता है। द्वन्दातीता अवस्था शुद्ध चैतन्य का आभास कराने वाली होती है। इस अवस्था में
पहुँच जाना आश्चर्य जनक है। योगियों के लिये यही एकमात्र अभिप्रेय है। इस अवस्था
को प्राप्त करने के लिये अपने विचारों और भावनाओं द्वारा अन्तर्मन को आगे बढ़ाना
चाहिये। यह विरज, विमल, अखण्ड एवं सर्वतोमुखी चिन्मयज्ञान का ही रूप है।

पुनि प्रज्ञा रमजाय जह, रहै शेष सुखखान।

सो तुर्या चौथी गती, सुख अनुभूति प्रधान।।

अनुभवमयिअतिमोदमयि, एकसुखद सो धाम।

सुखराशी अमृतमयी, अकथ अकल्पित नाम।।

निर्गुणमयि गुणमयि अहो, सघनचेतना स्रोत।

शुद्धसत्व अनुभूति सों, नित उमंग मन होत।।

सहज समाधी योग की, बनकें दृढ़ आधार।
चतुष्पाद में श्रेष्ठतम, बनीं तुरीया सार।।

263

सर्वावस्थाविर्वजिता

इसे तुरायातीता भी कहते हैं जबतक तुरीय अवस्था पर दृढ़ता से पकड़ नहीं जमेगी तबतक यह अवस्था नहीं हो सकती। पूर्ण शुद्धावस्था में मन संकल्प विकल्पों से रहित हो जाता है। देह की सभी गतिविधियाँ पूजा की माध्यम ही बन जातीं हैं। मन, वचन, और कर्म भगवत परायण हो जाते हैं। ऐसे ब्रह्मनिष्ठ साधकों का सोना प्रणाम करने की तरह, चलना फिरना मानों परिक्रमा दे रहे हों, खाते पीते समय जैसे आहुति देरहे हों वाणी ऐसी मानों मंत्रों का ही उच्चारण कर रहे हों। ऐसे मनीषी सच्चे अर्थों में अपना जीवन सार्थक करते हुए फिर कभी गर्भवास का कष्ट नहीं भोगते।

सर्वावस्था रहित सहित आत्मरति एका।
वैश्व तैजस प्राज्ञ तुरीयहि भेद अनेका।।
परा अकल्पित जो प्रकाम आनंद धाम वह।
जानत केवल वही लेय शरणागति टेका।।
परा तुरीया गति अहो, सोई धाम अनन्य।
जाहि जनावत जानतौ, कोउ न जानै अन्य।।
जहँ प्रज्ञा हू शेष नहिं, लेश न ताकौ बोध।
दिव्यरूप की राशि सो, नित आनंदप्रबोध।।
खातपियत सोबतजगत, चलतफिरतउठिबैठि।
चिन्मयि के आनंद की, गहन तरंगन पैठि।।
जगै सत्य की सुरति जब, अलखजगावैजाग।
साँसन में धूनी रमें, धन्य धन्य सदभाग।।
यह ही सुगति विदेह की, यहीसाधकन सोध।
यही याचना भगत की, सद्ज्ञानी कौ बोध।।

264

सृष्टिकर्त्री

महाप्रलय के उपरान्त आपही विधाता के रूप में विश्व की रचना करने का कार्य करतीं हैं। आप ब्रह्मा की भी शक्ति हैं आपके बिना वे सृष्टि की रचना करने में सर्वथा अक्षम ही हैं। पाँचौ तन्मात्राओं में शक्ति रूप से आप ही समाई हैं। तभी यह विश्व आपके हिरण्यमय रूप के प्रकाश से समादृत है।

प्रलयपयोधि रैन जबबीते। उघड़त पुनि जब पलकपुनीते।।
उषस्समा धरिकें विधिरूपा। करत सृष्टि जो भव्यअनूपा।।
रचै नई ब्रह्माण्ड निकाया। रविकिरनन सी विकसितमाया।।
नवप्रसूनतहँनवलविहाना। सिरजत नभ महँ भिन्न विताना।।
पलकझँपतरचहरिहरविधिकों। नमनकोटिअनुपमश्रीनिधिकों।।
जड़चेतन जग रचरहि अम्बा। करत न लीलामयी विलम्बा।।
मिलत सकलतन्मात्रप्रकाण्डा। रचै नियामक सब ब्रह्माण्डा।।
व्योम नखत भू दिशा समानी। सकल ठौर है एक भवानी।।
रंग रूप रस न्यारे न्यारे। भाव नाम बहु भेद उचारे।।
सब महँ एक समावै कैसे। रंग रूप तरु डारिन जैसे।।
बनीं विधात्री विश्व की, जगत नियन्ता आप।
कोटि कोटि ब्रह्माण्ड में, सृष्टिकर्त्री प्रताप।।

265

ब्रह्मरूपा

रजोगुण का रंग लाल है तो ऐसा प्रतीत होता है मानो रजोगुण के प्रतीक विधाता की शक्ति बनकर आप ही संसार की रचना कर रही हैं। आपका आभामंडल भी प्रातःकालीन सूर्य की लालिमा के सदृश सिंदूरार्णव है।

ब्रह्मस्वरूपा ब्रह्ममयि, जो व्यापक सब ठौर।
षट्चक्रन में जो रमीं, लीलामयि सिरमौर।।
बनविरंचिकीशक्तितुम, रचौ विश्व कौ रूप।
रजोगुणी लीलामयि, रक्ताम्बरा सरूप।।

266

गोप्त्री

ये ब्रह्माण्ड को स्थित होने की शक्ति देने वाली हैं। नक्षत्रों को मर्यादा की डोर से बाँधकर काल के क्रमानुसार गतिमान होने की शक्ति प्रदान करती हैं। श्रीहरि ही विश्व का पालन और रक्षा का कार्य करने वाले हैं ये उनकी सतोगुणी वैष्णवी शक्ति हैं।

अहो वैष्णवी विष्णु की, सत्वमयी शुभ शक्ति।
तुमकों ही ध्यावत हरी, करत सनातनभक्ति।।
जाके बल सों थिर रहै, कल्पितयह ब्रह्माण्ड।
रक्षा कर राखै सकल, गोप्त्री परम प्रकाण्ड।।
सतोगुणी अतिसौम्यछवि, सुस्मितशुभ्रसुशान्त।
कर रक्षा वरदायिनी, हरौ व्याधिभय क्लान्त।।
करत अखिल कल्यान, विश्वंभरि पोषण करें।
राखत सकल समान, सत्वसनातन शाश्वती।।

267

गोविन्दरूपिणी

गो पृथ्वी को भी कहा जाता है इस प्रकार से गोविन्द का अर्थ पृथ्वी की रक्षक, नाद, गायों के रक्षक गोपाल श्रीकृष्ण, देवताओं के गुरु वृहस्पति और इन्द्र भी है।

रमणकरत लीला रचै, गोप ग्वाल के संग।
आप गोविन्दरूपिणी, ललित सुवेष त्रिभंग।।

संहारिणी रुद्ररूपा तिरोधानकरीश्वरी।
सदाशिवाऽनुग्रहदा पंचकृत्य परायणा।। 64।।

268

संहारिणी

तमोगुणी लीला के द्वारा नटराज के रूप में वे ही सृष्टि का विनाश करने वाली हैं।

नटनागर के रूप में, करत सृष्टि संहार।
शिवतांडव सोंउफनतीं, प्रलयपयोनिधिधार।।
विलय हों सब तत्व, प्रलयकाल में सर्वदा।
मिलतजुरत पुनि सत्व, होवैनवसृष्टी यदा।।
आसुरिमाया कों हनैं, साधकहित कौ सार।
असुरन कौ संहार हू, तिनकों कर उद्धार।।
कंकाली काली विकट, रूप धरें लीलामयी।
संहारें असुरन सदा, जयजयजगदम्बेजयी।।

269

रुद्ररूपा

वे ही रुद्ररूपा हैं। प्रलयकाल में शिवजी का सूर्य रूपी तीसरा नेत्र खुल कर जब आँसुओं के रूप में प्रलयकालीन वर्षा बन जाता है तो महाप्रलय में सर्वनाश हो जाता है और तब सृष्टि परमाणुओं में विलुप्त हो जाती है, रह जाता है शून्य का हाहा कार तीनों लोक घोर अंधकार में दिशा भ्रमित से होने लगते हैं। समुद्र की मर्यादा भंग होने पर लहरों के प्रलयंकर थपेड़े पहाड़ों से टकरा कर धोर निनाद करते हैं तब माता अतिरौद्ररूप में नटराज के साथ उनकी संहारिणी शक्ति बन जातीं हैं क्योंकि एक ओर जहाँ वे सौम्याति सौम्य हैं वहीं दूसरी ओर रौद्रातिरौद्र भीमा भी मभयंकरी भी है।

अतिसौम्य अतिरौद्र तुम्हीं तुम आनंदरूपा।
भक्ताभीष्ट प्रदायिनि अंबे रुद्र स्वरूपा।।
लोभ मोह तम हरें करें प्रकाश सुतीक्ष्ण।
को जानैं परतीत मात!कर दृष्टि सुवीक्षण।।
खोलत जब त्रिनेत्र प्रलय पल में ही होवै।
अखिलभुवन छन माँहि महानिद्रालगिसोवै।।
सृष्टि प्रलय लीला ताकी दृष्टि अवलोकन।

रचैसृष्टि छनमाँहिं प्रलयभइ खोलतलोचन।।

रुद्ररूप में रौद्रवदन अति लख्यौ तिहारौ।

प्रलय होत नटराज संग तव रूप निहारौ।।

270

तिरोधानकरी

संहार और तिरोधान में अन्तर यह है कि संहार में अणु परमाणुओं का विनाश नहीं होता किन्तु तिरोधान में सभी तत्व प्रकृति में समा जाते हैं। प्रकाश लेश रूप में भी नष्ट हो जाये। पाँच ब्रह्म के जो रूप उपरोक्त हैं उनमें यह ईश की लीला है। प्रकाश के नष्ट होने से यह भी तात्पर्य होता है कि वह ज्ञानातीत कला जिसमें साधक का अस्तित्व ही तिरोहित हो जाये। पूर्णघनीभूत सतोगुण का आधिक्य ईश के कृत्य की लीला है जो पराम्बा ईश की भी ईश्वरी हैं। तिरोहित होना अन्तर्धान होना भी है।

सृष्टिप्रलयकारिनि सो अंबा। लुकतछिपत कछुनाहिंबिलम्बा।।

तिरोधान सब विलय कहावै। अणुपरमाणु न कछु रहि पावै।।

विलय तत्व सूनी भइ सृष्टी। प्रकटत पुनः पाय नव वृष्टी।।

विधि हरि शिव ईश जो बनावें। सदाशिव जाकों नितध्यावें।।

पंच ब्रह्म रूपिणी भवानी। कीर्ति विमल तस कलप बखानी।।

ध्यानलीन होवै जब ध्यानी। करत तिरोहित मति तस मानी।।

निजस्वरूप महँढाँकत ताकों। अहंविलीन होत जब जाकौ।।

तिरोधान लीला रचि राचीं। सूत्रधार सृष्टी की साँची।।

भक्तिकिरन प्रकटत रही, आनंदव्योम उछाह।

प्रकटप्रकासैभुवनत्रय, लेश न तम की छाँह।।

अन्तर्घट में व्याप्त जो, घट घट रही समाय।

तिरोधान लीलाअमित, सक्यौ न कोऊ गाय।।

प्रखरप्रभा महँ लीनकरि, भरतकृपामयि अंक।

परमउछाह उमंग अति, होत मनहि निःशंक।।

प्रलयहोत पलकनझपत, उघरतअँखियनसृष्टि।

श्रीइच्छा आधीन सब, शीत घाम अरु वृष्टि।।

ईश शक्ति ही करत है, तत्व तत्व में लीन।

तिरोधान सों होत है, सृष्टी शेष विलीन।।

271

ईश्वरी

जगदम्बा सब पर अपना शासन करतीं हैं उनकी आज्ञा से ही सूर्य, चन्द्रमा, नक्षत्र और कालचक्र चलायमान हैं।

अटलछत्र सर्वत्र है, करत सुशासन ईश।
ताकीआज्ञासोंचलें, दिनमणिअरुरजनीश।।
परमाराध्या ईश्वरी, जगवन्दित जग मात।
कालचक्रयाबलचलै, उठिसुमिरहुँनितप्रात।।
रहै स्वतंत्र एक वही, सब ताके आधीन।
परब्रह्ममयि अम्ब ही, सर्वोपरि आसीन।।

272

सदाशिवा

पंचब्रह्म में सदाशिव की लीला अनुग्रह करना है। आप उनके सान्निध्य में रह कर उन्हें शक्ति प्रदान करने वाली हैं।

चलत रही ब्रह्माण्ड धुरि, परमेश्वरी प्रताप।
ब्रह्माहरिहररवि रचे, गणपति सेवित आप।।
शाश्वतशक्तिसनातना, सत्यधाम शिवपूजि।
रहतसदाशिवसान्निधी, तुमसमाननहिंदूजि।।

273

अनुग्रहदा

सम्पूर्ण सृष्टि के तिरोधान के उपरान्त पुनः नवीन रचना में पुनर्निर्माण ही अनुग्रह है जिसे सदाशिव ही करते हैं।

लीलाजनित विलास यह, विश्व सृष्टि निर्माण।

कृपाअनुग्रह कर शिवा, करतसकल निस्त्राण।।

नटेश्वरी नटराज की, श्री गिरिराज किसोरि।

रमण करैं शिव संग नित, बाँध प्रेम की डोरि।।

274

पंचकृत्यपरायणा

सृष्टि, स्थिति, संहार, तिरोधान और अनुग्रह ये पाँचौ कृत्य भगवती की ही शक्ति के कारण पाँचौ ब्रह्म कर पाने में सक्षम हैं। श्री जी की आज्ञा से पाँचौ ब्रह्मशक्तियाँ भी सीमाबद्ध हैं। वे भी अपनी मर्यादा छोड़कर महाशक्ति के राज्य में प्रवेश नहीं कर सकते। आदिशक्ति के मूलस्थान पर्यन्त नहीं जा सकते। रोधिनी शक्ति उन्हें रोक देती है। उनका मार्ग सर्वथा अगम है।

पंचभौतिकी लीला राँची। अकथ कथा निज मति ते बाँची।।

जाके बल भासत जगजाना। दीपित रविशशिउडगन नाना।।

प्रकृति करै सम्मोहन जासों। तुष्ट होत जग जीवन तासों।।

उपजै चित मन बुद्धि विवेका। संचालिनि सबकी सो एका।।

क्रिया देह मन मानत मेधा। उपजावत विषयन मन खेदा।।

आकर्षित बहु विधि मन धावै। कबहु तुष्टि कबहू दुख पावै।।

सुख दुख तुष्टि अतुष्टी हर्षा। केवल मन जब लौं आकर्षा।।

विमल मति सोइ देत विवेका। गहै शरण की सम्बल टेका।।

होत न ताकों कठिनविमोहा। नहिं विषयनसों राग न द्रोहा।।

बाधित कर्मबन्ध गति नासै। प्रकट परा विद्या जहँ भासै।।

सृष्टि सकलसंलिप्तमोह सों। कहूँ मिलनकहुँ पैविछोह सों।।

कोअस जनमत भयौ विरागी। जिहिमनहोत नछन कों रागी।।

प्रकृतिरूप सत्रजतम लीना। जहाँ भई सब सृष्टि विलीना।।

पुरुषरूप निजघट निज जानौ। सृष्टि सूक्ष्म रचनापहचानौ।।

ते न होंय भवबाधा रोगी। कहहु तिनहिं सम्यक् मति योगी।।

करैं न ते परपंच प्रलापा। निरत होंय मिथ्या संलापा।।

होयसृष्टिपुनि प्रलय दुरावै। यहि विधिक्रम अनुक्रम दुहरावै।।

करै सृष्टि विस्तार, रचरच कोटिनकल्प कों।

194

जिनकौकहूँन पार, अगनितरवि ब्रह्माण्ड हैं।।
राखै पालै तोष, प्राण देय जीवन टिकै।
महती करुणाकोष, जो पियूष सम प्रानिनन।।
पल में कर संहार, प्रलय होत जबजब चहै।
पलक झपत संसार, विलय होतजाके किये।।
तत्व तत्व महँ लीन, महाप्रलय की रीत यह।
अनुपरमानु विलीन, एक रहै सत् चित् वही।।
पुनरपिअनुग्रह बान, जिहिवश है माता हृदय।
भगत वछलता आन, गहै आपने हाथ सो।।
सृष्टि स्थिति संहार, तिरोधान अनुग्रह करै।
भौतिक भूति प्रसार, विस्तारै जोसकलविधि।।
पंचब्रह्म मर्याद कों, जो गति राखै रोध।
परारोधिनी शक्ति कौ, कर न सकें प्रतिरोध।।

भानुमण्डलमध्यस्थाभैरवी भगमालिनी।
पद्मासना भगवती पद्मनाभ सहोदरी।। 65।।

<h1 style="text-align:center">275</h1>

<h2 style="text-align:center">भानुमण्डलमध्यस्था</h2>

रविमंडल में आप ही विराज रहीं हैं प्रातःकाल में गायत्री (ब्रह्माजी के रूप में), मध्यान्ह में सावित्री (रुद्ररूप में) और सायं काल में सरस्वती रूप से (विष्णु भगवान के रूप में) आपकी ही उपासना त्रिकाल सन्ध्या वन्दन के रूप में वटुक करते हैं। महाविद्या नील सरस्वती भगवती माँ उग्रतारा भी सूर्यमंडल में ही विराजतीं हैं, जो वाणी का अनमोल वरदान देने में बड़ी ही दयालु हैं।

भानुमण्डल मध्य नित्य स्थिती तिहारी।
भुवनत्रयमें फैल रही जाकी उजियारी।।
मिटैसीततिमिरान्धकारजगलखतकिरनकों।
मृगमदगन्धातुम्हींनचावत भुवनहिरनकों।।
सन्ध्यात्रय आलोकतुम्हीं तुमप्रकृतिसरूपा।
गायत्री सावित्री सरसुती तुमरे रूपा।।

सबतेजन सों प्रखर तेजमय तुम्हरीकाया।
तेजोमय भानु मण्डल में तेज समाया।।
प्रतिघट में सो रूप, भुवनमण्डल में राँचैं।
यत्र पिण्ड तत्र ब्रह्माण्ड कविकोविदबाँचैं।।
नयनज्योति में सोइ बिम्ब बनसदाविराजै।
अनहद गुंजितनाद हृदयमण्डल में बाजै।।
शतशत नाडिनमध्य इड़ा पिंगला सुषुम्ना।
सोइ सूर्य चन्द्र मण्डल में लेशहु भ्रम ना।।
प्रतिघट में कूटस्थ सुषुम्ना ऊर्ध्वचारिणी।
चलै जो ताकीगैल ताहिकी बनततारिणी।।
सहस कमलदल सदा झरै पियूषस्रोत कों।
जाकों पी बन'अमर'गहतहै परमजोत कों।।
जो कनकनमें रमरही, घटघट जाकौ वास।
अगनित नखतन में दिपै, ताकौपरमप्रकास।।
बालअरुण आभा दिपत, नितनवउत्पल रूप।
ज्यों्ज्योंबाढ़तरविकिरन, त्यों्त्योंप्रखरसरूप।।
ब्रह्म रूपिणी प्रात लखि, मध्यन्दिन रुद्राणि।
हरिबन तुमहीं राजतीं, सन्ध्या त्रयी भवानि।।

276

भैरवी

श्मशान वासिनी भैरवी कपाल धारिणी अघोर शिव भैरवरूप की महाशक्ति हैं। जिनके भयंकर निनाद से सभी प्रकार के नाद रुँध जाते हैं जिनके अतिशय प्रखर प्रकाश से सूर्य आदि नक्षत्रों का प्रकाश निस्तेज होने लगता है। भय को भी भय उत्पन्न करने वाली विकटाट्टहास से दिशाओं को प्रकम्पित करने वाली करालवदना भीमलोचना भैरवी आप भक्तों की भयजनित बाधाओं को दूर करने वाली हैं।

घोर नाद गर्जन करें, सकल नाद रव मौन।
केशराशि ज्यों्ज्यों हिलै, स्थिर सी भइ पौन।।
सहसमुखी सहस चरन, सहस बाहु विकराल।
अरिमर्दन कर करत हैं, अट्टहास जिहि काल।।

महा भयंकर भैरवी, कर रुधिरासव पान।
कर कपालखप्परविकट, असहनीय सो ध्यान।।
सकल तेज निस्तेज जहँ, भीम भयंकर माथ।
भयभीत भय होत है, स्वजनन करत सनाथ।।

277

भगमालिनी

छै प्रकार के ऐश्वर्य ही 'भग' कहे जाते हैं। भगवान या भगवती इन्हीं के कारण हैं। इनको धारण करने वाली ही भगवती हैं। ये समग्र ऐश्वर्य धर्म, यश, श्री, ज्ञान, योगविभूति और वैराग्य हैं। भगमालिनी माता ही अधर्म से बचाती हैं।

जो धारत ऐश्वर्य षट्, धर्म सुयश श्री कान्ति।
ज्ञान विराग विभूतिमय, भगमालिनी सुशान्ति।।
धर्म सुयश श्री सन्निधी, ज्ञान योग वैराग्य।
ये ही हैं ऐश्वर्य षट्, जहाँ सौख्य सौभाग्य।।
सकल भाँति सौभाग्य श्री, जाके चरनन माँहि।
भगमालिनि श्रीभगवती, शरण देहु निज पाहि।।

278

पद्मासना

कमलदल के आसन पर पद्मासन लगाकर महायोगेश्वरेश्वरी विराजमान हैं इस सौम्य शुभ्रच्छटा का दर्शन अविद्या के घनीभूत अंधकार को दूर करने वाला है। जो बल, विद्या, पराक्रम और ऐश्वर्यों को देने वाली हैं। आठ ऋद्धियाँ और नौ सिद्धियाँ भी उन्हीं का गुणगान करतीं हैं।

पद्मासन आसीन अहो योगेश्वरि अम्बे।
हरतअविद्याकलुशकरेंनहिंतनिकविलम्बे।।
विद्याविक्रमविजयविभूती नित्य सदा ही।
रिद्धिसिद्धिसमृद्धिकहतजनुजयजगदम्बे।।
पद्माक्षी पद्मानिना, निधिलावण्या ध्यान।
पद्मासनआसीनश्री, नितगुनकरहुँबखान।।

279

भगवती

जैसा कि भगमालिनी के वर्णन में है कि जगन्माता प्रभुत्व, धर्म, प्रसिद्धि, समृद्धि, ज्ञान और विवेक इन ऐश्वर्यों से सम्पन्न हैं।

जाके बल धरम टिकै, मिटत अधरमअनीति।
विमलसुयशवरदायिनी, चरनशरन की प्रीति।।
ज्ञानज्योति जगमग करै, भूति विराग महान।
श्रीऐश्वर्य सुसम्पदा, सकल गुनन की खान।।
गती अगति जगजीव की, विद्याअविद्या भास।
उभय विधी अपरा परा, चेतन मन आभास।।
प्रकटै नित विज्ञानमयि, भासत है सब ठौर।
करुणाकृपाअहैतुकी, भगवति सम नहिं और।।

280

पद्मनाभसहोदरी

महाकाली ही दस महाविद्याओं में प्रथम हैं। सृष्टि के आदि में मधु कैटभ नामके दैत्यों को मारने के लिये भगवान श्रीविष्णु को योगनिद्रा से आपने ही जगाया था। कृष्णावतार में आपही देवकी नंदन की योगमाया के रूपमें बहिन बनीं जो हत्या करने को उद्धत हुए कंस के हाथ के छूटकर आकाश में अष्टभुजी देवी के रूप में दर्शन देकर आकाशवाणी की कि तुमको मारने वाला तो ब्रज में जन्म ले चुका है। तदनन्तर अन्तर्धान हो गईं।

फेनिल क्षीर पयोनिधी, शेष तल्प श्री कान्त।
योगनींदनयननलसी, होत सृष्टि जब ध्वान्त।।
महाकालिका शक्ति ही, खुलवावें पद्माक्ष।
तब ही होवै सृष्टि पुनि, यह रहस्य है साक्ष।।
योगनिद्रा वश हरी, जाके बल सों जाग।
बन सहोदरी विष्णु की, खोलत सबके भाग।।

अहो योगमाया तुम्हीं, भगिनि कृष्ण की धन्य।
शक्तिपुंजअवतरण सो, ता सम भयौ न अन्य।।

उन्मेष निमिषोत्पन्न विपन्न भुवनावलिः।
सहस्त्रशीर्षवदनासहस्त्राक्षीसहसत्रपात्।। 66 ।।

281

उन्मेषनिमिषोत्पन्नविपन्नभुवनावलिः

उनके पलकपुटों की गति से ही सृष्टि और प्रलय का क्रम चलता रहता है, यानी पलक उठते ही सृष्टि रचना और मूँदते ही प्रलय हो जाती है।

खुलतनयन रच जात जग, प्रलयनिमीलितहोत।
चलै अनवरतसृष्टिक्रम, कबहु न श्री दृग सोत।।
पलक उघारत सृष्टि भइ, पुनि झाँपत भइलीन।
लीला सों चौदह भुवन, रच रहि मात प्रवीन।।

282

सहस्त्रशीर्षवदना

सर्वान्तरयामिनी के हजारों सिर और मुख हैं यहाँ हजार की संख्या से तात्पर्य अनन्त समझना चाहिये। वे सब में व्याप्त हैं। ब्रह्माण्ड के बाहर भी और भीतर भी उन्हीं में सब कुछ समाया है। वेद का पुरुष सूक्त 'सहस्त्रशीर्षासहस्त्राक्षःसहस्त्रपात्' और गीता का कथन 'सर्वतः पाणिपादं तत् सर्वतोऽक्षि शिरोमुखम्' यही दर्शाता है।

सर्वनियन्ता सर्वमयि, सर्वेश्वरी कृपाल।
सर्वज्ञा सर्वतोमुखि, सहस वदन विकराल।।
सहसवदनसहस्त्राक्षहैं, सहस सीस अरुभाल।
सहसभुजीशस्त्रास्त्रधर, करहुँनमनतिहुँकाल।।

283

सहस्त्राक्षी

त्रिनयनाजगद्धात्री सोमसूर्याग्निलोचना तो हैं ही इसके अतिरिक्त वे अनन्त नेत्रों वाली भी हैं क्योंकि सबकी नेत्रज्योति उनके ही प्रकाश से है।

व्यापक घटघट में सदा, अन्तर्यामिनि आप।

सबकी हौ साखी तुम्हीं, हरौ अमंगल ताप।।

देखें सबके घटरमीं, जानहि सब मन रीत।

सहस्त्राक्षि ही साखिहैं, जगजीवनअभिनीत।।

284

सहस्त्रपात

भगवती और भगवान में अभेद है। विष्णु सहस्त्रनाम में कहा है ँ सहस्त्रमूर्धाविश्वात्मा सहस्त्राक्षसहस्त्रपात्' उनकी गमनगति की कोई भी थाह नहीं ले सकता। पात् का अर्थ किरण भी है।

जासौं होत प्रकाश निपाता। उदित भानु किरनन सों प्राता।।

सहसकिरन सोभा सुखरासी। सहसपात गति सो अविनासी।।

सबघट रहहि चलइ सबठाँऊँ। कोटिचरन नितसीस नवाऊँ।।

अगनितरूप अलौकिक वेषा। प्रकट अप्रकट एक ही शेषा।।

सहससीसमुखसहस तिहारे। सहसकोटि दृग कर उजियारे।।

सहसबाहु धारिनि विकराला। सहसचरनगति परम निहाला।।

अद्भुतवदन अलौकिकसोभा। जो बरनै निजमुखअसको भा।।

सहसचरन गति अद्भुत माई। कालचक्र जहँलगि सकुचाई।।

सहस चरन सों जो चलै, ताकी गती अनन्य।

भानुप्रभा भासतभुवन, किरन अर्क नहिं अन्य।।

आब्रह्मकीट जननी वर्णाश्रमविधायिनी।

निजाझारूपनिगमापुण्यापुण्यफलप्रदा।। 67 ।।

200

285

आब्रह्मकीटजननी

संसार में सबसे छोटा जीव कीट है और सबसे बड़े ब्रह्माजी जो सृष्टि की रचना करते रहते हैं आप दोनों की ही माता हैं, और आपका स्नेह अपनी सभी सन्तानों पर समान रूप से ही है।

सकल जीव जग के रचै, सब तुम्हरे आधीन।

रच्यौ विधाता आपनें, एक मात प्राचीन।।

जो रचि राखें भुवन त्रय, ताहि बनाऔ आप।

चलै सृष्टिगति कालकी, श्रीचरननपरताप।।

सब पर है समभाव सों सदा सनेह सुचाव।

भव सागर की आप ही, तारनहारी नाव।।

286

वर्णाश्रमविधायिनी

ज्ञान और कर्म दोनों ही क्षेत्रों की विस्तृत व्यवस्था हमारे वेदों में है। ब्रह्मवाणी वेद अपौरुषेय हैं। उनसे पृथक कुछ भी नहीं। वेद ज्ञान के अनादि स्रोत हैं। वर्णाश्रम व्यवस्था भी वेद विहित ही है जो भगवती की इच्छा से ही बनी है।

अनुशासन मानें सकल, वर्णाश्रम मिलि चार।

वेदविहित मर्याद सों, सम्मत लोकाचार।।

287

निजाज्ञारूपनिगमा

वेद शब्द 'विद्' धातु से बना है जिसका अर्थ है जानना लौकिक, पारलौकिक कर्म काण्ड, ज्ञानकाण्ड के सभी रूप वेदों से ही निकले हैं। वेद भगवती की ही आज्ञा है। वेदों की मर्यादा ही सृष्टि की मर्यादा है।

धर्म अर्थ मर्याद सब, आश्रम वर्ण विभेद।
श्री आज्ञा आधीन हैं, ज्ञान बतावत वेद।।

288

पुण्यापुण्यफलप्रदा

इसी संसार में स्वर्ग और नरक दोनों हैं जो जैसा कर्म करता है वैसा ही फल उसे प्रकृति दे देती हैं। प्रकृति स्वरूपा माँ ही सबको कर्मानुसार सद्– गति और दुर्गति देने वाली है किन्तु जो शरण मे आये हुए हैं उनकी दुर्गति को दूर भी कर देतीं हैं। वे कर्मफलों को बिनाफल की चाह से पूरा करके कर्मबन्धनों की जटिल श्रृंखला को काटकर पाशमुक्त हो जाते हैं। वस्तुतः पाप और पुण्य दोनों ही बन्धन कारी हैं। सच्चा साधक ना तो पुण्यफल की कामना करता है ना ही पाप कर्म में रत रहता है। माँ तो सबको कर्मानुसार ही निष्पक्ष होकर फल देतीं हैं। दण्ड के भय से ही अनुशासन सम्भव है इसीलिये पाश, अंकुश, शूलआदि आयुध वे लिये हुए हैं।

आत्मबोध सुहृदय सखा, आत्मस्वरूप सुसन्त।
अखिलसदाश्रय आत्मरति, आत्मप्रकाशअनन्त।।
गढ़ै संभारै जो स्वयं, रच रच आकृति एक।
चालैचाक कुम्हार की, गढ़गढ़ भाण्ड अनेक।।
तपेबिना डिगजाय पुनि, फूटत टिकै न वारि।
अबातपत है मृत्तिका, रिसै न जल की धार।।
चढ़ै चाक पुनिपुनि बनें, तपतप होत नवीन।
ठोकबजाऔकितनौहु, होत न घट तबछीन।।
पाप ताप बढ़ते फँसै, कर्म गतिन के फंद।
राग द्वेष उद्वेग भय, करै चेतना मंद।।
फँसैफँसावत निजमनहिं, मकड़जालसम बन्द।
फड़फड़ातउकतातपुनि, मूढ़ बन्यौ मतिमन्द।।
जीवनपथ पर बढ़त हैं, सकलजीव ता ओर।
जहाँ प्रतीक्षारत खड़ी, मृत्यु लिये कर डोर।।
पाप पराभव करत हैं, पुण्य सृजत हैं छद्म।
उभयगतिन सों जो परे, वहैंमुक्ति कौ पद्म।।
शासन केवल शक्ति कौ, अतिअनुशासनगूढ़।
कर्म कर्मगति देत है, कर्मन की गति रूढ़।।

वृथा भटक हारै यहाँ, गहै न संबल एक।
तरै न तारे बिन कहूँ, देखै खड्ड अनेक।।
पापपुण्य सब कर्मगति, कहूँ भोग कहुँ शाप।
पुण्य देय शीतल छुअन, पाप देत हैं ताप।।
किन्तु ताप यै हू मिटै, लेत चरन की धूरि।
शरनागति कों ही कहौ, भव बाधा की मूरि।।
चरन शरन संबल महा, अहो छाँव दृगकोर।
तहाँ अहर्निशि होत है, नित्य नयौ ही भोर।।
टारी टरै न कर्मगति, चलै प्रकृति कौ चक्र।
रमत कामना कर्म में, कर्मन की गति वक्र।।
सरलसुगम पथ एक ही, एक ध्येय ही ज्ञेय।
करै कर्मफल विरतह्वै, सो साधहिअभिप्रेय।।

श्रुतिसीमन्तसिंदूरी कृतपादाब्जधूलिका।
सकलागमसन्दोहशुक्तिसंपुटमौक्तिका।। 68 ।।

289

श्रुतिसीमन्त–सिंदूरी–कृतपादाब्जधूलिका

कर्मकाण्ड में माँ का महत्व बताकर यहाँ से ज्ञानकाण्ड के विषय में बताया गया है। वेदों पर चढ़ने वाला सौभाग्य सिंदूर (तिलक,चन्दन कुंकुम अर्चनादि) जगन्माता की पद रज से लगाया जाता है, अर्थात् जो अपौरुषेय वेद हैं जिनके विषय में पूराज्ञान आज तक कोई भी नहीं पा सका उनकी पूजा श्रीजी के चरणारविन्द की रज रूपी कुंकुम से की जाती है।

वेदबखानत तत्व जो, करहिंउपनिषदगान।
श्रीचरननरज निगम है, गूढ़अर्थमय ज्ञान।।
वेदन के सौभाग्य की, कुंकुम है पदधूरि।
जो पदरजपावन बनीं, भवबाधा की मूरि।।

290

सकलागमसन्दोहशुक्तिसंपुटमौक्तिका

जिस प्रकार सीप के सम्पुट में चमकता हुआ मोती होता है उसी प्रकार वेद, शास्त्र, मंत्र, तंत्र, मूर्ति आराधना, यंत्रपूजा, योग, ध्यान, जप, होम, दान, तीर्थ आदि जो भी परमार्थ के या ज्ञान पाने के किंवा आत्मदर्शन के संसाधन हैं वे सीप के समान है और भक्ति, आस्था, श्रद्धा समर्पण की भावना मोती के समान है। यदि सीप में मोती ही नहीं है तो फिर सीप का क्या महत्व ? इससे यह स्पष्ट होता है कि माँ को भाव और समर्पण ही प्रिय है उसके बिना सब केवल आडम्बर मात्र ही है।

स्वाँति बूँद आस ही है सीप कौ सम्बल सदा,
लहरलहर हिलोरन सोंउमगिमन यों कहि रही
बिनमोती या सीप सम निरीह का कोऊ कहौ
अबलौंप्रतिक्षा की घड़ी जात ना छन छन सही
भावमुक्ता विरलतम दृग अम्बु वारिधि नीर है
निगमआगम सीपसम जहँ होत अधिकअधीर है
उर सिन्धु उठत हिलोर ज्यों वेदना की पीर है
जबजब मिलै रसबिन्दु मुक्ता मिलन गम्भीर है
निगमागम सीपी सरिस, मुक्ता श्री मुख बानि।
भाव ओप सम्पुट लिये, वाङमयी गुन खानि।।
मोती की सुन्दर चमक, ओप समानी सीप।
तैसे सम्पुट शास्त्र के, मुक्ता भाव समीप।।

पुरुषार्थप्रदा पूर्णा भोगिनी भुवनेश्वरी।
अंबिकाऽनादिनिधनाहरिब्रह्मेन्द्रसेविता।। 69।।

291

पुरुषार्थप्रदा

धर्म, अर्थ, काम, मोक्ष ये चार पुरुषार्थ हैं जिन्हें जीवन में सभी यथारुचि पाना चाहते हैं, किन्तु ये सभी साधना के मार्ग के पड़ाव मात्र है जो माँ की कृपा से ही सुलभ और लाभप्रद हो पाते हैं। इसलिये यह जानना आवश्यक है कि जीवन में कैसी सोच हो। पुरुष

शिवतत्व है सांख्य के अनुसार सनातन जीव जो प्रकृति का केवल मात्र दृष्टा है वही पुरुष है इसे जानना प्रकृति की वास्तविकता को पहचानने के उपरान्त ही सम्भव है वही तो सच्चे अर्थों में पुरुषार्थ हो पायेगा! केवल अर्थ का प्रयोजन धनसम्पदा मात्र पाना या अपनी जीविकोपार्जन को ही पुरुषार्थ मान लेना पर्याप्त नहीं है। धन में यदि धर्म का साथ न हो तो अर्थ अनर्थकारी बन जाता है, अहंता, विषमता, विघटन और अंत में विध्वंसकारी ही होता है। इसी भाँति काम धर्मानुकूल मर्यादित हो तो प्रेम अन्यथा वासना मद और अध:पतन ही करता है। मोक्ष भी निर्लिप्तभाव से कर्मबन्धनों की जड़ता को काटकर परोपकार भाव से तो हो किन्तु किसी भी प्रकार के संचय (पद, अर्थ, यश, महत्वाकांक्षा) के लिये न हो। निरीहता ज्ञानबोध और एकाकी आत्मचिंतन परायण कैवल्यसुख का माध्यम बने तभी सन्यास सच्चे अर्थों में सत्य माना जाता है अन्यथा घोर पतन का कारण ही बन जाता है इस प्रकार माता चारों पुरुषार्थों को देने वाली हैं)

पुरुषसनातन शिव इक पावा। आत्म स्वरूप गूढ़ तस भावा।।

आत्मज्ञान में जो तल्लीना। केवल वही एक स्वाधीना।।

नहिं केवल धन ही है सारा। विरलकोष शिवभगति अपारा।।

धन केवल जीवन उपयोगी। का धनवंत भये सब योगी।।

सो ही सफल सार्थक काया। जो केवल परमार्थ निबाहा।।

धन संचय बन हेतु दुरावा। तृष्णारत मन सदा अभावा।।

पराधीन जड़मति तिन केरी। जिन नहिं धरमपंथ मति हेरी।।

परम स्वतंत्र आत्मरत लाहू। भौतिक जड़मति अर्थ निबाहू।।

होत सफल नहिं साधना, बिना बने सत्पात्र।

करै न पूजन काहुविधि, भौतिकसम्पति मात्र।।

आत्मसमर्पण भाव ही, कर समरथ सब काहु।

अर्थ धर्म के संग ही, देय अमिय फल लाहु।।

बनें काम कुंदन सरिस, पारस प्रेम घिसाय।

तिक्तवासना सों सनौं, अपरअधमगति जाय।।

पावत जीवविहंग नित, मुक्ति सुखदद्रुमछाँह।

बिना अम्बकिरपा गहे, होत न तहँ अवगाह।।

292

पूर्णा

ब्रह्म के पूर्णत्व में से ही सारा संसार पूर्णत्व पाता है उसी में से प्रकट हो उसी में समा जाता है जगन्माता का स्वरूप पूर्णत्व से सम्पन्न है वे देश काल या आकार विशेष की

सीमित मर्यादा में नहीं बँधीं। एकमेव भक्तिभाव ही पूर्ण है अन्य सब अपूर्ण हरि कथा एक सब व्यथा अन्य सत्य ही है तभी तो माँ के नाम स्मरण से मोहनिशा के सारे खद्योत (जुगुनू) लुप्त हो जाते है उनका यह प्रकट प्रकाश भी तो पूर्ण ही है!

पूर्ण सनातन ब्रह्मपद, परा प्रकाम पुराण।

जाकेवशअगजगसदा, देयसुजनकों त्राण।।

देशकालमर्याद कछु, ताकों सकी न बाँध।

अगमअनन्तअपारअति, अविरलगतिनिर्बाध।।

सत्य सनातन एक श्री, शाश्वत सोभाधाम।

स्वयं पूर्ण सर्वज्ञ है, निर्विकल्प निष्काम।।

होतपूर्ण सुमिरन किये, रहै न दूजी आस।

मोहनिशा खद्योतसब, नासें प्रकट प्रकास।।

मन हारै बानी थकै, कहि कहि हारें वेद।

पूर्णा पूर्ण स्वरूप सत, परा अनाम अभेद।।

293

भोगिनी

भोगेश्वर्यों में जो मुक्ति की भावना को प्रधानता दे और मोक्ष के साधनों में भोग जैसा आनंद ले ऐसी तो श्री माँ ही हैं। यही सामन्जस्य सच्चे साधकों का भी अभिप्रेय है। ईशावास्योपनिषद में सत्य ही कथन है **तेनत्यक्तेनभुंजीथा मा गृधः कस्यस्विद्धनम्** । भोगिनी माता भक्त द्वारा समर्पित नैवेद्य का भोग भी लगतीं हैं। जैसा कहा गया है पत्रं पुष्पं फलं तोयं यो मे भक्त्याप्रयच्छति....क्योंकि माता भावना को देखतीं हैं। भवानी भावनागम्या हैं।

भोगैश्वर्य प्रधान जहँ, नित आनंद उछाह।

तहूँविरति उपरतिबनै, सोइ मुक्ति अवगाह।।

मुक्तिबोध पथ में रहै, ताकी वृत्ति सुतृप्त।

भुक्तिमुक्तिमेंसमरसिक, होत भोगिनी लिप्त।।

हृदय समर्पितभाव सों, भोग धरै भरि चाव।

भोगिनि भोगलगात हैं, निरखिभगतिकौभाव।।

294

भुवनेश्वरी

कोटि कोटि ब्रह्माण्डों की जननी उदय गिरि पर आरूढ़ सूर्य के समान माता भुवनेश्वरी ही हैं, जिनकी चरणकमल वन्दना भक्तगण भौंरे के गुंजाररव के सदृश करते ही रहते हैं। वे ही अखिलेश्वरी हैं इसीलिये तो उनका लोक लोकान्तरों में अटलछत्र साम्राज्य है। संसार का पालन भी वे ही करतीं हैं। सभी अमंगलों को दूर करने वाली माँ ही भक्तों के मन की आस पूरी करने वाली हैं।

सौम्या   अतिलावण्य   स्वरूपा। भुवनेश्वरी मोहिनी रूपा।।

दृष्टिदया सों पालन हारी। अरुणाभा सी झलक तिहारी।।

उदितभानु ऊषा मुसकावै। अम्बुज वृन्दन त्वरित जगावै।।

गान करत षट्पद तिन संगा। तैसे भक्तन भरत उमंगा।।

करुणायतनयनन की सोभा। उपजतहरिविरंचि मनलोभा।।

अखिलभुवन कौ एक सहारौ। अटलछत्रप्रियनाम तिहारौ।।

राखैनिकटचरन की ओटा। गढ़िगढ़ि काढ़ैजन के खोटा।।

प्यावत अमरितबिन्दु विशेषा। रहै न कोऊ व्याधि अशेषा।।

सकल सृष्टिसन्तती तिहारी। तुम ही हौ जगपालनहारी।।

आस एक विश्वास विशेषा। हरौ अमंगल कठिन कलेशा।।

सौम्यस्वरूपा विमल छवि, अरुणाभा अम्लान।

माता चौदहभुवनकी, अतिउज्ज्वल मुसकान।।

शिवह्रदयेश्वरि अम्बिके, भुवनेश्वरि जगदम्ब।

कृपाकटाक्ष गहे बिना, मिलै न कहुँ अवलंब।।

295

अंबिका

शिशु के लिये माता ही एकमात्र सहारा है विकल बालक एक छन को भी माँ के आँचल की छाँव के बिना नहीं रह सकता। माँ ही वह छाया है जो उसे हर प्रकार के कष्ट से बचाती हैं। अपना दूध पिलाकर पोषण देती है अपने वात्सल्य की छाँव तले किसी भी प्रकार के अभाव की छाया भी नहीं पड़ने देती। आप तो संसार की माता जगदंबिका हैं इसलिये सभी का योग क्षेम आप ही वहन करने वाली हैं। माँ के द्वारा दिया गया दण्ड भी सन्तान के हित में ही होता है यह भाव मन में दृढ़ता से रखना चहिये फिर दुख मिलें

207

या सुख सभी में समान भाव से जीवन जीना है यही उस परमेश्वरी की बनाई नियति है यह सोच कर सन्तोष करना ही आत्मिक लाभ पाने में सहायक होता है।

रहै न थिर कहुँ विकलशिशु, कछुनसुहावतमोद।
खिसियावत अकुलात है, बिना मात की गोद।।
अँचरा की छाया मिलै, मिलै नेह स्पर्श।
विसरें सिगरे दुखविगत, उपजत तब मन हर्ष।।
अम्बअम्ब कहि दौर कें, थकथक पहुँच्यौ पास।
लेहु सरन में मात अब, करहु न मोहि उदास।।
अम्ब अंबिका जगत की, कीजै मोहि सनाथ।
गहौं टेक शरनागती, पकरि उठावहु हाथ।।

296

अनादिनिधना

पराम्बा आदि अन्त से रहित है जो कपड़े में बुने गये सूत के तानेबाने के समान सृष्टि में ओतप्रोत हैं। धड़े में आकाश की तरह सर्वत्र हैं। मिट्टी से संसार को रचकर फिर मिट्टी में मिला देतीं हैं पुनः मिट्टी से नयी आकृति बनाकर संसार में भेज देतीं हैं जग की सूत्रधार महामाया का माया विस्तार अनन्त है कोई भी विश्वविधात्री का कारण नहीं जान पाया। यही बात विष्णु सहस्त्रनाम में श्री हरि के लिये कही गई है।

अनादिनिधनोधाता विधाताधातुरुत्तमा।
अप्रमेयो हृषीकेश पद्मनाभोऽमर प्रभुः।।

विघटितघटित होत युगनाना। कुंभकार घटनिर्मित जाना।।
नवआकार घरै सो माटी। सृष्टि प्रलय की यह परिपाटी।।
रचै रूप आकृति घट केरी। सो नाना विधि रचना हेरी।।
होतसृजन जब चाक घुमावै। रुकत रुकै सबसृष्टि नसावै।।
प्रतिघट की रचना प्रिय ताकी। मृदासत्य है यह परिपाटी।।
जो ही सत्य बनीं जग आदी। सो ही जगदाधार अनादी।।
ताकौ अन्त न काहुहि देखा। सदा सत्य स्वर्णाभा रेखा।।
अव्याहतअनादि हे माता। अखिलभुवन की हौ तुम त्राता।।
पूर्णतत्व परा रूपा जगद्रूपा सनातनी।
शाश्वतीसर्वकल्याणीसर्वान्तरविवर्जिता।।
पटतन्तुसमाविष्टाघटव्योमान्तरसमादृशा।

अनादिनिधना धात्रीविधात्रीसर्वाकर्षिणी।।
सृष्टिभेदबहुभाँति के, सृजनहार सो एक।
आदिअंतजाकौनकहुँ, लेतसकलतहँटेक।।
सदाएक सी जोत है, सदा एकसीकांति।
प्रकटेंवर्तुलतेजके, होततिमिरतहँ ध्वान्त।।

297

हरिब्रह्मोन्द्रसेविता

ब्रह्मा, विष्णु, इन्द्रआदि देवता अपने अपने क्षेत्र का कार्य संभालते हुए आपकी ही आराधना करते हैं। ये सभी देव विशेष गुणों नामों और विभूतियों द्वारा अपनी अपनी दिव्य सामर्थ्य से सज्जित हैं, किन्तु पूर्ण रूप से याचक की मनोकामना आप ही पूरी करतीं हैं। आप देववंद्या हैं।

सृष्टि रचत ब्रह्मा, पालै जग विष्णु विशेषा,
पोखै सींचै इन्द्र वरुण शिव हरै अशेषा।
यम सबनियमन करै अग्नि प्राणन कूँ धारै,
भरें प्रकृति में आरोग्य अश्वनि उपकारै।
कोष भरें कुबेर धान्य धन आदित्यहि सों,
विश्वदेवता मरुत् सृष्टि कौ रूप निखारै।
ध्यानधरत दिग्पाल अष्ट कर ताकौ अर्चन,
यहै चहत हैं देवि!करें करुणा कौ अर्जन।
दाता हो तुम एक ही, सब भिक्षुक संसार।
याचक बन देव खड़े, इकटक द्वार निहार।।
हरिब्रह्मा अमराधिपति, यम कुबेर दिकपाल।
पावत तुमसों सम्पदा, वैभव भूति विशाल।।

नारायणी नादरूपा नामरूप विवर्जिता।
ह्रींकारी ह्रीमतीहृद्या हेयोपादेयवर्जिता।। 70।।

298

नारायणी

नार जल को कहा जाता है, जल ही जिनका अयन यानी घर है वे नारायण हैं। आपही नारायण की शक्ति नारायणी हैं। आप ही अनेकों लीलामयि और गुणमयि हैं। रमारूप से हरिहृदय में विराजमान हैं।

नारायण की शक्ति हौ, नारायणिजगमात।
रमारूप हरिहृदय में, याेगिनहृदय समात।।
सौम्यसुधामयिछविसदा, नयननकरतकटाक्ष।
क्षमामयी वरदायिनी, हरिलीला की साक्ष।।

299

नादरूपा

नाद ब्रह्माण्ड में समाई है, वही उसका मूलकारण भी हैं। कुंडलिनी में सूक्ष्ममृणाल तन्तुओं के समान नाद ही ऊर्ध्वमुखी चेतना के रूप में व्याप्त हैं जहाँ मृणालतन्तुओं के समान ह्रींकारी माता सबसे उन्नत स्थान में विराजती हैं। बीजमंत्र, बिन्दु और नाद में देवता निवास करते हैं। ह्रीं अक्षर के बिन्दु के ऊपर आठवर्ण हैं (अर्धचन्द्र बिन्दु, रोधिनी, नाद, नादान्त, शक्ति, व्यापिका, समाना और उन्मनी) जो सूक्ष्म से सूक्ष्मतर और सूक्ष्मतम हैं। ये आज्ञाचक्र के आगे हैं।

नाद मूल ब्रह्माण्ड की, अनहद शाश्वत ओम।
भूमिपवनजलअग्नि में, व्याप्तजहाँ लगिव्योम।।
प्राण वायु षट्चक्र में, हृत्तंत्री में नाद।
जड़चेतन जग जीव में, अविच्छिन्न निर्व्याद।।
मुखर नाद की साधना, देय हृदय पट खोल।
गुंजितअलि रव सम्पुटन, योगिनध्यानअडोल।।
नाद स्वरूपा रमत हैं, महाप्राणमयि धात्रि।
अखिलेश्वरिघटघट रमीं, कालिका कालरात्रि।।
हैं मृणाल तन्तुन सदृश, कोटि सूर्य सम तेज।
ह्रींकारी त्रिपुरेश्वरी, नाद व्यापिनी सेज।।

300

नामरूपविवर्जिता

जिनकी झलक सब में समाई है उनका कोई एक रूप, गुण या नाम हो ही नहीं सकता। जैसा भाव होता है वैसा ही रूप, गुण, नाम मन में अंकित हो जाता है। सहस्त्रनामों में भी सहत्र केवल कहने मात्र के लिये ही है वस्तुतः अनगिनत नाम और सम्बोधनों से वे अनेकानेक भावों में प्रकट अप्रकट रूप से विद्यमान रहती ही हैं।

जासु झलक सब तनअभिरामा। ताकौ कहा धरै इक नामा।।

अगनित रूप अनन्त उपाधी। जसजेहि रुचै तस मन साधी।।

सबमहँ रहत सबन्ह ते न्यारी। पहुँच न पावतमतिगति हारी।।

कहूँ न तासु रूप इक राचौ। जो कहिदेय सत्य यह साँचौ।।

भाव अनेक बनत आधारा। तैसे साधन भिन्न प्रकारा।।

नाम रूपगति भेद न जाकौ। प्रकट तहाँशुचि आलय ताकौ।।

सर्व समर्पण शुचिता सोभा। रहै न किंचित् भय दुख छोभा।।

प्रेमाश्रयी एक छवि ताकी। भाव पयोनिधि मूरत आँकी।।

नामरूप वर्जित सदा, जान न पायौ रूप।

रहि सबमें सबसों विलग, भावसुरम्यअनूप।।

301

ह्रींकारी

यह गूढ़ार्थक बीजमंत्र है। आगम में इसे ही प्रणवाक्षर के स्थान पर लिया जाता है। (ह) का अर्थ व्यक्ताव्यक्त आकाश, (र) का अर्थ अग्नितत्व जो जगत में जीवन का संचार करता है, या अन्तराभिमुखता (ई) पूर्णत्व, माँ का सम्बोधन भी है (ई) यह शक्ति का सूचक है (बिन्दु) तीनों का नियन्त्रक है इस प्रकार यह ह्रींकार सृष्टि, स्थिति और प्रलय करने वाली महाशक्ति का सूचक है। (कारी) का अर्थ करने वाली है। यह भुवनेश्वरी का महामंत्र है।

जो सचराचर व्यापिनी, मनका सूत पिरोत।

ह्रींकारी भुवनेश्वरी, शक्ति बिन्दु कौ स्रोत।।

सलजसलौनीछवि सदा, मन्दमधुर मुसकान।

ह्रींकारीध्यावतहृदय, ह्वै प्रफुलित अम्लान।।

302

ह्रीमती

लज्जा स्त्रियों का भूषण है। जिस स्त्री में कुल, शील व सदाचार के साथ विनय सलज व्यवहार की मर्यादा हो उसे भगवती के ह्रीमती स्वरूप की ही प्रतिमूर्ति समझना चाहिये। गृहस्थ के घर में गुणी स्त्री ही लक्ष्मी का स्वरूप मानी गई है उसी प्रकार इन गुणों से युक्त कन्या स्वयं में रत्न ही है। ऐसी स्त्री बुद्धिमान, संतुष्ट रहने वाली, कुटुंब का पोषण करने वाली, कुलोचितलज्जाशीला आपके सुन्दर गुणो के प्रतिबिम्ब के समान होती हैं।

तुष्टि पुष्टि मति कामना, लज्जाभूषित नारि।

ह्री समात तिन सकल में, श्रीसम्पन्न पुरारि।।

मंत्रमयी ह्री रूप है, शिव अनुराग समेत।

बीजाक्षर के जपत ही, शरण आपनी लेत।।

303

हृद्या

योगियों के हृदय कमल में सदा रहने के कारण ही आप हृद्या कहलातीं हैं। भगवान शिव भी आपका ही ध्यान अपने हृदय में करते हैं। भाव के कोमल दूर्वासन पर शिव की हृदयवल्लभा नित्य विराजतीं हैं।

हृदयकमल में आप ही, रहौ सदा नित पास।

ध्यान धरत आठौ पहर, योगी रहें उपास।।

हृदय वल्लभा स्वामिनी, भाव दूर्व आसीन।

आराधिनि शिवरूप की, करतस्वामि आधीन।।

वामदेव हृदयेश्वरी, शिव हिय बस रहिं आप।

हृद्या शुभ अभिधान सों, मेंटत हिय के ताप।।

304

हेयोपादेय–वर्जिता

उनके लिये न ही कोई हेय (त्यागने योग्य) है और ना ही कोई उपादेय (स्वीकार्य) है। प्रवृत्ति और निवृत्ति दोनों ही पथ लौकिक प्राकृत जनों के लिये हैं। लोक या वेद की मर्यादा में ये सभी बँधे हैं परम्बा तो इन सबसे परे है। अस्ति (अस्तित्व या सत्) भाति (प्रकाशित या चित्) प्रियम् (प्रियम् या आनंदमय) की कारण भी भगवती ही है। मंगल–अमंगल, हीन–श्रेष्ठ इन सब से परे हैं वे ही नाद रूपिणी हेयोपादेय वर्जिता है ।

नित्य सनातन जो सदा, प्रतिभासित सी होत।
मृदुलमधुरमधुमयि अमित, सत्चित्आनंद स्रोत।।
ता स्वरूप की झलकसों, झलकत बिंब अनेक।
मिटमिट बनत तरंगबहु, जल प्रतिबिम्बित एक।।
कहूँ प्रेय सुखकर कह्यौ, कहुँ करश्रेय बखान।
उभय गती सों जो परे, निरुपम सी रसखान।।
प्रेम डोर सों बाँध कें, रखें भगत उर माँहिं।
रहें भगतवश जो सदा, असस्वामिनिकहुँनाहिं।।
पचि पचि हारे ग्रन्थ बहु, रच रच हारे शास्त्र।
रट रट थाके मूढ़ विदु, अन्तहु होंय परास्त।।
उपादेय अरु हेय सों, रहित, सर्व सुख मूल।
पूर्ण रूप पूरन करत, मंगलमयि अनुकूल।।
शाश्वतअस्ति स्वरूप है, प्रतिभासत सो भाति।
प्रिय ही करुणाकंद है, सत्चित्आनंद पाति।।
श्रेय प्रेय सों जो परे, भाव बोध अति रम्य।
सब बाधा वर्जित जहाँ, ब्रह्मनाद सों गम्य।।

राजराजार्चिता राज्ञी रम्या राजीव लोचना।
रंजनी रमणी रस्या रणत्किंकिणि मेखला।। 71 ।।

305

राजराजार्चिता

राजाओं के भी राजा यानी सम्राट जिनकी अर्चना करते हैं। यह कथन महाराज मनु की ओरभी इंगित करता है। वे ही श्रीविद्या के प्रथम राजर्षि हुए हैं। धनाध्यक्ष कुबेर भी राजाओं के द्वारा सन्मानित और श्रीविद्या के उपासक हैं। महर्षि दुर्वासा ने अपने लघुस्तव में श्रीयन्त्र की चौदहवीं और पन्द्रहवीं प्राचीरों के मध्य कुबेर और माणिभद्र आदि यक्षों का वर्णन किया है जो माँ के चरणों की वन्दना करते रहते हैं।

पादपीठ में होत हैं, नृपकिरीट नत नित्य।

धन्यभागि राजर्षि मनु, है जीवन कृतकृत्य।।

जो पूजे अस मात कों, धरतहृदय में ध्यान।

निकटवास उर के करें, मिटै तिमिरअज्ञान।।

धनाध्यक्ष राजार्चितहु, पूजहिं जाहि कुबेर।

राजेश्वरशिवशम्भुनित, ध्यावत हैं हिय हेर।।

306

राझी

कामेश्वर की हृदय वल्लभा, कालजयी की कालिका, महादेव की महाशक्ति और त्रिपुरारी की त्रिपुरेश्वरी इस प्रकार आपको अनेकों सम्बोधनों से भक्तगण उपासते हैं। आप ही शिवलीला की साक्षी हैं, प्रलयमध्य भी शिवशक्ति हैं और सृष्टि की नई रचना में भी आप ही त्रिदेवों द्वारा एक सूत्रधार के समान ब्रह्माण्ड के नाट्य मंच पर नई लीला करवाती हैं। वे ही शिवजी की पटरानी हैं।

ध्यावत शंभु सदा उर राखी। एकमेव लीला की साखी।।

तुम सर्वज्ञ रहहुँ आधीना। प्रेमविवश मन श्री रत लीना।।

वन्दहिं त्रिपुरेश्वरि त्रिपुरारी। तुम कामेश्वरि हौं कामारी।।

उरसाम्राज्य तुमहिंआधीना। सुठिसाम्राज्ञि मनोज्ञ प्रवीना।।

ध्यानधरत श्री सदा उपासी। है अनन्यविग्रह शिवकासी।।

अर्धअंग राजत शिव केरी। करुणालय कर दया घनेरी।।

शिवेश्वरी राजेश्वरि अंबा। कान्तनेह साखी अवलंबा।।

कालगतिहु जाके आधीना। सो शिवश्रीपदरजरतिलीना।।

एक रूप सों शिव शिवा, एक प्रेम विस्तार।
राझीप्रियतमहृदय की, ममउर करहु विहार।।

307

रम्या

आप अत्यन्त सौन्दर्यशालिनी हैं। जिनकी सुन्दरता का दिव्यातिदिव्य रस— सागर अपरिमेय हो जो कुंडलिनी के सहस्त्रार में से रस की वर्षा करके साधक के मन और प्राणों को सींच दे ऐसा सौन्दर्य जिसका प्रतिबिम्ब ब्रह्माण्ड की सुन्दरता में समाया है। प्रकृति उस रससार के अंश मात्र से अभूतपूर्व सौन्दर्य की स्वामिनी प्रतीत होने लगती हैं, तो उनके सौन्दर्य का यथार्थ वर्णन करने में कौन सक्षम हो सकता है!

जाकी सुन्दरता भई, प्रतिबिम्बित जग माँहि।
सहस्त्राररस सों रची, का कहि गन्ध बताहिं।।
परिमल सुरभि बतास बन, नवनव सुषमाकंद।
तासों ही सब होत है, ओत प्रोत आनंद।।

308

राजीवलोचना

शिवस्वरूप की अरुणोदय जैसी उज्ज्वल कांति को देखकर माता के कमल के समान नेत्र खिल उठते हैं। वे करुणापूरित नयनों से दयाद्रवित हो अपने भक्तों को निहारकर उनकी पीड़ा दूर कर देतीं हैं, जिससे भक्तों का हृदय प्रसन्नता से खिल जाता है।

अरुणोदय सम शंमु छवि, मात नयन राजीव।
लखिप्रकाश प्रफुलितभये, सोभाअमित अतीव।।
युगलनयन करुणार्द्रवति, सजलकोर दृगदेख।
होतप्रफुल्लितभगतउर, हृदयखिचत सुखरेख।।
रतनारे सुकुमारअति, अरुणाभा सी कान्ति।
जब निरखौराजीवदृग, मिटत हिये की भ्रांति।।

309

रंजनी

रंजनी आनंद प्रदान करने वाली हैं। शिवजी की शुद्धस्फटिक के समान गौरवर्णाभ तन की कांति भगवती के सान्निध्य से जपाकुसुम के समान ललछौंहीं आभा वाली हो जाती है। वे अपने भक्तों के सभी भयों को दूर करके उनका रंजन करने वाली हैं।

भक्त भावना वश रहि माता। अखिल लोकजननी सुखदाता।।

श्रीविग्रह अनुपम सुखरासी। धरत ध्यान नित हृदय उपासी।।

लीलाविग्रह धारणि अंबा। ध्यान गती योगिन अवलम्बा।।

सुन्दर बदन निहारत रीझै। लखत रूप मन अघ तम छीजै।।

कोटि अनंग लजावन हारी। रूप माधुरी लागत प्यारी।।

जनम सफल ताकौ ही साँचौ। नयनन रूपराशिलखि राँचौ।।

कोमलतम वत्सल वरदानी। देत अभय निजजन मन जानी।।

ज्ञानी पावत ज्ञान पुनीता। योगिन ध्यान सुरति लय नीता।।

भक्तन प्रेम पयोधि तरंगा। जिनकौ सकल मोह तम भंगा।।

जे निर्गुनछवि मन कर मानी। तिन सबओर आप सन्मानी।।

शुभ्र स्फटिक शंभु छवि, श्री आभा रतनार।

जपाकुसुमप्रियअंगलखि, नयनन कर मनुहार।।

रसशेवधि करुणायतन, कृपाकटाक्ष विशेष।

रंजनि जब रंजन करत, मिटें व्याधि भयलेश।।

भव भंजनि अघ गंजनी, रंजनि भव्य सरूप।

प्रेम सुधा संजीवनी, भगत वछल तव रूप।।

भवभय भ्रम भंजन करत, गंजनकर सबबाध।

निजजन मन रंजनकरै, रंजनि नित आराध।।

310

रमणी

वे शिव रमणी हैं और चराचर में रमी हुई हैं। योगियों के चित्त में भी आप ही रमण करने वाली हैं और आपके स्वरूप के ध्यान में योगी रमण करते हैं।

रमण करत रम जात जब, कनकन भासित आप।
शिवरमणी शिव संग रहि, करत जासु शिवजाप।।

311

रस्या

माँ तो रस की खान हैं जो जीवन को आनंद रस से भर देती हैं। यदि मन में उसके स्मरण का आस्वादन बार बार होता रहे तो सम्पूर्ण संसार ही रस से ओत प्रोत दिखाई देने लगता है। जीवन की नीरसता दूर हो जाती है। भक्त कभी अवसाद ग्रसित होता ही नहीं संसार के जटिल से जटिल कष्ट भी उसका कुछ नहीं बिगाड़ सकते। रस वह अनमोल औषधि है जो अनेक रूपों में हमें दिखाई देती है। संसारिक भौतिक रस और प्राकृतिक रस एक समय सीमा में बँधे हैं किन्तु यह भक्तिरस तो अबाध है अगाध है। यह तो उन महिमामयी रस्या की ही कृपा है जिसे वह अपने जन के उर निलय में विराजने पर भाव के रूप में प्रकट करती हैं।

रसमयि रस स्रोतस्विनी, रस दायिनि रसखानि।
रम्य रमणरत रस सुधा, बरसत रस वरदान।।
प्रेम सुधारस चाखि कें, सरस लुब्ध अलि होय।
बिसरें अन्य सुस्वाद बहु, रहै आप पुनि खोय।।
चखत कहै का विधि कहौं, कल्पितमननहिंतासु।
जैसे परिमल सुरभि बन, मधुबन भरत बतास।।
ज्यों बदरा बरसें घने, शुष्क धरा रहि भींज।
पीवत त्यों दृगपुटन कों, पिउहियरह्यौ पसीज।।
सिन्धु सरिस इकबिन्दुहै, छकतछकत न अघाय।
एक बूँद चातक लहै, कितहु अनत नहिं जाय।।
नित नित ही नूतन लगै, प्यारौ पिउ पिउ नाम।
स्वाँति बूँद कौ मोल का, कहा और सों काम।।
ता रस कौ प्रतिबिम्ब ही, सरसावै उर बेल।
कला धन्य सुरधन्य सो, जहाँ रसन की केलि।।
जा उर में रस स्रोत नहिं, रूखौ सूखौ खेत।
ऊसर में का तृण जमें, रौंदत सब पद रेत।।
धन्य धन्य सो रस सुधा, जहँ नित सुषमाकंद।
सुरन सुरभि सुमिरन सुमन, सुरति बयारअमंद।।

312

रणत्किंकिणिमेखला

पहले भी भगवती के सौन्दर्य का वर्णन करते हुए रत्नकिंकिणिकारम्य कहा गया है। उनकी करधनी में घुंघुरूओं के मधुर शब्द प्रणव रूप में ब्रह्माण्ड में गुंजाय— मान हैं।

कटिंतट किंकिणिमेखला, रुनझुन सबद रसाल।

व्याप्तअखिलब्रह्माण्डलगि, जहँध्वनिप्रणवनिहाल।।

रमा राकेन्दुवदना रतिरूपा रतिप्रिया।

रक्षाकरी राक्षसघ्नी रामा रमणलम्पटा।। 72 ।।

313

रमा

जैसी आपकी इच्छा होती है वैसे ही स्वरूपों में आप लीला करतीं हैं। जो लक्ष्मी सदैव चंचला हैं वे भगवान विष्णु के हृदय में स्थिर होकर विराज रहीं हैं। आपकी कला तो लक्ष्मी जी और सरस्वती जी में भी है। श्रीजी के एक ओर लक्ष्मी जी और दूसरी ओर सरस्वती हैं। 'ऐंह्रींश्रीं' ये ही बीजाक्षर तीनों स्वरूपों की मंत्रमूर्ति है। वे एक ही अनेक रूपों में लीला रच रहीं हैं। रमा रूप भी आपकी ही विभूति है।

रमण करत हरि हृदय में, स्थिर रमा निहाल।

आद्यशक्ति प्रभुविष्णुकी, जगवन्दिततिहुँ काल।।

श्रीसोभा सोभित सदा, हरि हिय रह्यौ स्वरूप।

वाणी सहित रमें रमा, ऐं ह्रीं श्रीं के रूप।।

314

राकेन्दुवदना

माँ के श्रीमुख की शोभा सोलह कला निधि पूर्णसितेन्दु के समान हैं, उनके मुखार— विन्द को देखकर मानों चन्द्रमा सकुचाने लगता है क्योंकि माता निष्कलंकाभ हैं और चन्द्र कलंकित है।

218

श्रीमुख सोभालखत ससि, मात वदन निकलंक।
घटै बढ़ै छय चन्द्रमा, सोचत मनहुँ सशंक।।

315

रतिरूपा

रति हृदय का वह भाव है जो जीवन में रसप्लावन कर दे जड़चेतन प्रकृति इस रस की रति से अछूती नहीं है। सांसारिक प्राणियों के काम में भी रति है तो योगियों के निष्काम ध्यान में भी वही रति निष्ठा और विशुद्ध प्रेम के भाव में रूपान्तरित होने लगती है। माता पार्वती की ही कृपा से भस्मीभूत कामदेव को पुनर्जीवनदान मिला, माता तो करुणामूर्ति हैं प्रकृति के इस भाव की भी रक्षा करने वाली हैं। सती रूप में और पार्वती के रूप में भी आपने जो शिव आराधना की यह आपकी महारति की अनन्यता ही है।

कामेश्वर कमनीय छवि, कर कमलाक्षी ध्यान।
प्रेम राग मूरति सदा, रति स्वरूप कौ मान।।
ताकों ही सो पात है, जामें रति लय लीन।
जागत हिय में लालसा, नितनितलगतनवीन।।
रतिविहीन जड़लगतजग, रतिमयजीवन होत।
सींचतप्राणन को सरस, बनै आस की जोत।।
मदन छार कर शम्भु ने, नेत्र हुतासन बान।
कर्यौसजीवन काम हू, दै रति कों वरदान।।
ध्यान योग रति साधिहै, निष्ठा ज्ञान उपाधि।
पूर्ण आस शरणागतिन, उपरतिसाधिसमाधि।।

316

रतिप्रिया

रतिप्रिया के रूप में आपके हृदय की शालीनता और आल्हादित होने का अपूर्व उत्साह ही प्रकट होता है। आपकी कृपा से ही काम और रति का पुनर्मिलन संभव हो सका है। प्रेम, अनुराग, रसिकता जिस मानव हृदय के भूषण हैं वहाँ आपका ही निवास समझना चाहिये। रतिविहीन संसार जड़, अकर्मठ और एक सूखे ठूँठ के समान हो जायेगा। रति लौकिक और पारलौकिक दोनों ही प्रकार की होती हैं लौकिक प्रेम ही साधना में कुंदन सा तप कर पारलौकिक रूप में रूपान्तरित हो जाता है। योगी की रति वासना रहित, निर्मल और

विशुद्ध प्रेम की परिचायक होने के कारण महारति बन जाती है। काम—रति का युग्म ही होता है ये एक दूसरे के पूरक है, और जैसा कि गीता में भगवान ने कहा है काम उनकी ही विभूति है। जिसमें भगवदंश हो वह भला नष्ट कैसे हो सकता है ! यही कारण है कि शिवजी ने रतिपति को अनंग बनाया। भक्ति में भी सुरति का लास्य है जिसके कारण ज्ञान वैराग्य दानों में ही सार्थक तत्व मिल पाते हैं अन्यथा ज्ञान में दम्भ और वैराग्य रूखा सूखा सा हो जायेगा एकमात्र भक्ति की रसिकता ही साधना में दोनों को सरस कर के मानों जीवन दान दे रही है।

प्रेम राग रसहीन सब, लागत ऊसर खेत।

जमत न अंकुर काहुविधि, रिसैनीरज्यों रेत।।

ज्ञान दम्भ बन जात है, नीरस बनत विराग।

ज्यौंलौंदेत न रतिप्रिया, भगतिसुरतिकौभाग।।

317

रक्षाकरी

वे ही हमारी रक्षा करने वाली ताप संताप मिटा कर पापों को नष्ट करके अपनी शरणागति देने वाली है। उन करुणावरुणालय के नयन रूपी सीपी से मानों दया के मोती ही निकलते रहते हैं।

पालत सुखसों राखि जननिजशरण लहि करुणा करें,

संताप ताप मिटात छन में कष्ट जो सिगरे हरें।

मन मोद मानत मनहिंमन ममता हिये अँचरा फरे,

करुणाम्बुधी दृग पलक सीपिन दया कन मुक्ता झरै।

भववारिधिकी अतिविकट, भँवरझकोरनझारि।

उबर न पाऊँ काहुविधि, घूमन घूम मझारि।।

जो उबाररहि करि दया, करुणावारिधि नैंन।

करुणाम्बुधिमुक्ताझरें, भींजत मन गहि चैन।।

पालत जो वत्सलहृदय, अग जगकी रखवार।

पकरि उठावै हाथ गहि, एकहि तारन हार।।

पालहि राखहिपोषरहि, दै निज अँचरा ओट।

शिशुहित नितमाता करै, काढ़ैनिजकरखोट।।

318

राक्षसघ्नी

शक्ति की सर्वत्र ही विजय होती है। वे आसुरी वृत्तियों पर प्रहार करके धर्ममर्यादा की रक्षा करने वाली और सज्जनों को अपना आश्रय प्रदान करने वाली हैं।

जबजब हानी होत है, आवत जन पर भीर।
राखि धर्म मर्याद कों, होवै अधिक अधीर।।
जिनमन आसुरिभाव है, आत्तायि अतिक्रूर।
करत राक्षसघ्नी तिन्हें, पल में चकनाचूर।।

319

रामा

नारीशक्ति की महत्ता को कभी भी कम करके नही आँकना चाहिये। भवानी का प्रतिरूप मानकर यथेष्टरूप से सन्मान करने पर ही सम्पन्नता और सन्तोष सम्भव है। रामा का अर्थ है रमण्के भी गुरु भगवान शिव की शक्ति और अनन्य आराध्या हैं शिवजी द्वारा सर्वदा सन्मानित हैं भगवान आशुतोष को रमण कराने की सामर्थ्य आपके अतिरिक्त किसी में हो भी नहीं सकती आत्म स्वरूपा चिन्मय आनंद के रस सागर में आप अपना रामा नाम सार्थक करतीं हैं। सभी स्त्रियों में आपका ही श्रीविभूतिमय अंश विद्यमान है ऐसा भाव जिसके हृदय में होता है वही आपका सच्चासाधक है।

रमै चित्त योगिनन कौ, सर्वमयी सो शक्ति।
रामारमणकरात तब, करहुताहि की भक्ति।।
शक्तिरूप सबनारि हैं, व्यापक हैं सबलोक।
होत मान जहँ नारिकौ, तहाँ रहै आलोक।।

320

रमणलम्पटा

भगवान शिव के संग रमण, विलास, हास, आमोद, प्रमोद में रुचिपूर्ण सहभागिता लेने वाली हैं। यही आदर्श व्यवहार गृहस्थधर्म में स्त्रियों को अनुकरणीय है। शिव पार्वती ही

सद्गृहस्थों की गृहस्थी को सुचारु रूप से चलाने के लिये इष्टदेव है। स्त्रियों के सन्मान की वृद्धि करने वाली धनधान्य भरने वाली माता अन्नपूर्णा की आराधना ही आदर्श है। वे शिवलीला की साक्षी भी हैं इसीलिये संसार की रचना और संहार में अपने पति के साथ ही लीला विहार करने वाली है।

शिवस्वरूपरतिगहनअति, नितचितप्रिययकेसंग।

रमणलम्पटा मोदमयि, भर रहि भाव उमंग।।

लीलामयि जब रमण कर, रचै नयौ संसार।

रमण लम्पटा ही करै, पल में सब संहार।।

काम्या कामकलारूपा कदम्बकुसुम प्रिया।

कल्याणी जगती कन्दाकरुणारस सागरा।। 73 ।।

321

काम्या

कामनाओं को पूर्ण करने वाली देवी काम्या ही है। जैसी कामनाऐं होतीं हैं वैसा ही मनोरथ मन में कल्पित होने लगता हैं। प्रसन्नता की कहीं कोयल कूक रही है तो कहीं मनमयूर बनकर घुमड़ती घनघटाओं को निहार रहा है। आपसे आपके ही रूप के दर्शन देने की कामना मैं करूँ इससे बढ़कर और क्या सुफल हो सकता है?

अति कमनीय मनोहर नाऊँ। ध्यावत ही पूरन फल पाऊँ।।

उर सुरम्य कामना निहारै। नित उपवन निज रूप विहारै।।

कूजत उमगत कोकिल केकी। पिउपिउ चाह चातकन एकी।।

घिरिघिरि सघनसौंध घनमाँहीं। विचरत वन केकी मन चाही।।

सकल कामना फुरत तहाँ पै। सघनघटा घन मिलत जहाँपै।।

धरा धाम उर कौ अति महकैं। मधुरकोकिला मन की चहकैं।।

अति उछाह सुर धनु सतरंगा। भींजत चाउ चेत चित चंगा।।

अस अनुराग चाह अति रम्या। पूरन करत कमनीय काम्या।।

भावभंगिमा नृत्य नित, मनमयूर रह संग।

तहीं काम्या सकलविधि, नितचितभरतउमंग।।

322

कामकलारूपा

कैलाश पर्वत की नीली चोटियों पर शिव के साथ भवानी के लि विलास करने कामार्थ होकर आईं यह लीला अत्यन्त गोपनीय है, क्योंकि शिव ज्ञान और शिवा क्रिया शक्ति के रूप हैं इसी से जगत का निर्माण सम्भव है। यह तत्व सूक्ष्म से भी सूक्ष्म है यत्नतः गोपनीय रखने योग्य है। लाल और श्वेत बिन्दु के समागम से तीसरे रंग गुलाबी की रचना हुई यह मिश्रबिन्दु है यही सूर्य कहा गया है इसी में समस्त वर्ण राशि एवं मातृका हैं यही अहं पद है (अकार विमर्श और हकार प्रकाश) यानी ज्ञान का प्रकट प्रकाश ही माँ की लीलामयी कला है अत्यन्त कमनीय होने से इसकी संज्ञा काम है इसीलिये कामकलारूपा कहा गया है। पराशक्ति में शिव शक्ति का समागम उसी प्रकार सें है जिस प्रकार अंकुर में बीज और बीज में एक वृक्ष होता है। उन्होने ही काम को पुनः शरीर प्रदान किया वे ही समस्त कामनाओं को पूर्ण करने वाली हैं।

कामदा कामिनी काम्या कान्ता कामांग दायिनी।
कामांग नाशिनी यस्मात् कामाख्या तेन कथ्यते।।

ज्ञानशक्ति शिव रूप है, क्रियाशक्ति हैं आप।
ज्यों अंकुर में बीज है, बीजहि तरु हरिताभ।।
नीलाभायुत शिखर जहँ, भव्य भवन कैलास।
केलिकला संगम अहो, शिवरतशक्ति विलास।।
शिव अर्धांगिनि हरप्रिया, सुरतिलीन पति नेह।
सुषमाकंद शिवा सदन, राग लेप अवलेह।।
सकल साधना सिद्धि जहँ, प्रेमराग सों सिद्ध।
रीझत त्रिपुरारी मुदित, कामारी सुप्रसिद्ध।।
कामकला रूपा शिवा, हर हिय कर मनुहार।
मन्मथ मथत मनोहरा, प्रियतम संग निहार।।
काम्या केलि विलासिनी, कामाख्या कमनीय।
अघ विमोहनाशिनि तुम्हीं, शिवाकान्तमहनीय।।
मात पिता जग के तुम्हीं, तुम्हीं ज्ञान के मूल।
प्रकट प्रकासै तेज जो, करै तिमिर निर्मूल।।

323

कदंबकुसुमप्रिया

कदंब पुष्प आपको अतिप्रिय हैं इनकी सुगन्ध ही बरबस मन को अपनी ओर आकर्षित करती है। वर्षात्रऋतु में खिलने वाले ये फूल मन्दमन्द हास्य से मानों घुमड़ते जलधर का अभिनंदन करके गम्भीर भाव के समान अपनी सुरभि बिखेरते जान पड़ते हैं।

अतिशय प्रियकदंब अनुरागे। जे फुहार परते उठि जागे।।

फुरतखिलेंजलधारन न्हाये। ज्यों अमरावलि सोंचलिआये।।

सुन घनसघन गर्जनाकाना। इन्ह कौ मरम षट्पद जाना।।

अतिगम्भीरसुखदशुभगन्धा। चलत वात सुरभित सी मन्दा।।

झूमत हौलै परत फुहारा। झरत मोद किसलय की डारा।।

तिनकी नीकी लगत बतासा। पूरन करत पपीहा आसा।।

हरिताभा लागत तहँ कैसी। तृप्तिसदेह उतरि भू जैसी।।

चुअत वारि रस डारत गाढ़ौ। पाहुन तरुतरभींजत ठाढ़ौ।।

भूषन श्री तन अधिकसुहावै। उमड़िघुमड़िघन घेरत धावै।।

कर्ण कदंबन फूल सुहाये। आभूषण अतिरुचिर बनाये।।

मात कृपा पावस झरी, पपिहा सम दृग जान।

पियत पियत प्यासौ रहै, यहै भक्त कौ मान।।

फुरत कदम्बन डारि जब, बरखा कौ परिवेश।

श्री जी सोभा ही लसै, कुंजन करत प्रवेश।।

324

कल्याणी

शुभकारिणी मंगलमूर्ति जगन्माता सबका कल्याण करने वाली हैं। पद्मपुराण में आपका प्रिय स्थान मलयाचल पर्वत पर बताया है।

सर्व सुमंगल दायिनी, शुभदा कर कल्यान।

श्री मलयाचलवासिनी, देउ भगति वरदान।।

325

जगतीकन्दा

जगत की जड़ आपही हैं जैसे पेड़ में अनेकों शाखाऐं, पत्र, फूल, फल होते हुए भी उसकी मूल एक ही होती है वैसे ही लोकान्तरों का निर्माण करने वाली, संसार में अनेकों विभिन्नताओं को बनाने वाली लोकविधात्री एक ही हैं उनकी आराधना में ही सबकी पूजा माननी चाहिये। जैसा कबीरदास जी ने कहा है

एकहि साधे सबसधै, सब साधे सबजाहि।जो तू सींचै मूल कों फूलै फलै अधाय।।

इसलिये सृष्टि की एकमात्र कारण माँ का नाम जगतीकन्दा भी है।

तरुछाया अति हैं सघन, शाखा तहाँ अनेक।
पत्रपुष्पदलअनगिनत, किन्तु रही जड़ एक।।
खिले सुमनबहुभाँति के, खगवृन्दन के टोल।
जुरत बटोहीगन तहाँ, पावतफल अनमोल।।
तैसे   लोकान्तर बने, बने ठौर तहँ भिन्न।
सब अपने में ही मगन, एकहिमूल अभिन्न।।
सकल पदारथ अर्थमय, साधन हेतु लखाय।
बिना मूल सिंचन किये, होंय तेहु निरुपाय।।
जो जड़ महँ सो फल रमे, पत्रनवृन्त सुवास।
एकहिरस कौ स्वाद तहँ, चलरहिएकबतास।।

326

करुणारससागरा

दया की सागर वात्सल्यमयी अम्बे बहुत ही कोमल हृदया हैं। उनके नयनों में करुणा का सागर हिलोरें भरता रहता है जिन कृपा कटाक्षों से सब तुष्ट होते हैं। वे तो असुरों पर भी करुणामृत बरसाती हैं क्योंकि उनके हाथों मारे गये असुर भी वैरभाव से भजने के कारण उनके आयुधों के स्पर्श से पवित्र होकर सद्गति पाते हैं।

करुणामयि   करुणायतन, करुणावारिधि नैंन।
पोषत   जग करुणासुरभि, करुणामय मृदुबैन।।

दीठि सदा करुणामयी, पावत सब परितोष।
हने असुर करुणा करत, रीतौ कबहु न कोष।।

कलावतीकलालापाकान्ताकादम्बरीप्रिया।
वरदा वामनयना वारुणी—मद—विह्वला।। 74 ।।

327

कलावती

सभी कलाओं का उद्गम भगवती से ही है। वे चौंसठ कलानिधान है। लौकिक—पारलौकिक ज्ञान का एकमात्र स्रोत आप ही हैं। आप से परे कुछ भी नहीं।

पूर्णरूप सों राजती, चौंसठ कला निधान।
हैं स्वतंत्र सबठौर में, कलावती अभिधान।।
कालातीत कलावती, कालजयी अवतंस।
कलामयी शुचिकौमुदी, तहँचितिहै कलहंस।।

328

कलालापा

मधुरस की धारा का अविरल प्रवाह उनकी वाणी में होता हैं। अर्थगाम्भीर्य प्रासाद गुणसम्पन्न भाव औदार्य और सरलता से हृदय पटल पर अपना अमिट प्रभाव डालने वाली वाणी ही कलामयी होती है। आप तो कलाओं की भी जननी हैं जिस प्रकार सदाशिव योग के जनक हैं। तब तो आपकी वाणी का बखान करना भला मनुष्य की सीमित बुद्धि द्वारा कैसे सम्भव है?

मधुर सुमंजुल भाषिणी, मधुमय सदा अलाप।
कलासमुद्गम माधुरी, कलाविलासिनि आप।।

329

कान्ता

कमनीया कान्तिमती मृदुभाषिणी भार्या को ही कान्ता कहा जाता है। शिवा शिव की प्रियकान्ता ही हैं और शिव उनके कान्त प्रिय पति जिनका परस्पर अन्योन्याश्रित प्रेम अनन्य है।

प्रियवादिनिशिवप्रियकरी, शिवकान्ताशिवपाहि।
उमाकान्तशिव सत्यही, शिवाकान्त कहलाय।।

330

कादम्बरीप्रिया

कादम्बरी सर्वोत्तम मदिरा को कहा जाता है। इस नाम में एक गूढ़ार्थ है। ज्ञान योग, क्रियायोग और भक्तियोग जिनकी पूजा के साधन हैं उन्हें केवल आत्मसुख की परमानंदमयी मदिरा ही आनंद दे सकती है। पूजा के नाम पर यह कहना कि मदिराप्रिय भवानी हैं ऐसा अधकचरा ज्ञान अंधकार की ओर ही ले जाता है। मदिरा सेवन और देवता की ओट लेकर जीव हत्या कभी भी आत्मोत्थान के लिये तत्व ज्ञान का कारण नहीं बन सकता किसी में भी इतनी क्षमता नहीं जो एकनिष्ठ ध्यान और सात्विक साधना को छोडकर मर्यादा का उल्लंघन करते हुए परात्परा पराशक्ति का कृपाभाजन बन सके इसलिये गूढ़अर्थ और भावों की व्यंजना को समझना आवश्यक हो जाता है जिससे अर्थ का अनर्थ धर्म के नाम पर न हो और ना ही साधना में पाखण्ड का लेश रहे।

सर्वोत्तम कादम्बरी, चढ़त मत्त मद धार।
सो तौ एकहि आत्मरस, जाकी आपअधार।।
तत्वज्ञान आसव सुखद, कादम्बरी कहात।
मधुमयरसमनभरत है, दृगनसुरति अन्हवात।।
पियत मत्त है जात हैं, जब नैना रतनार।
जासों अधिक न हैकछू तारस पै बलिहार।।
पराअलौकिक अतिअगम, सत्य सनातन मूर्त।
केवल मदिराप्रिय कहें, जानौ तिनकों धूर्त।।

331

वरदा

अभयमुद्रा ही भक्तों को सर्वोत्तम वरदान देने वाली है। संसार के अनेकों दुखों से जो उबारे, मन की शंकाओं का निवारण कर सच्चेमार्ग को दिखा जो जीवन को बोध दे वही तो अमूल्य वरदान है। जो इन चरणों की शरणागति पा लेते हैं उनका चित्त कभी भ्रमित हो ही नहीं सकता। उनकी चरण रज में लेट कर स्वयं मुक्ति भी उसी प्रकार सार्थक हो जाती है जैसे मोती को धारण कर सीप सारगर्भिता बन जाती है उसका मूल्य बढ़ जाता है। मुक्ति तो भक्ति की दासी है जिस हृदय में भक्ति विराजतीं हैं वहाँ मुक्ति मिल ही जाती हैं फिर संसार के छोटे छोटे मनोरथों को माँगना अपनी विशुद्ध भक्ति की मर्यादा भंग करना है। अतः भक्त को कभी भी प्रवंचक नहीं बनना चाहिये। रिद्धि सिद्धि देकर वे सभी प्रकार के मनोरथों को पूर्ण करतीं हैं। करोड़ों जन्मों के पापों को नष्ट करने वाली अनाथों की नाथ हैं। वरदान देने में कभी लोभ नहीं करतीं।

वरदायिनि मुद्रा कर धारै। कर जोरे सब भगत निहारैं।।

शरन गहै मन संशय हीना। साधन सधत सुहेतु प्रवीना।।

वरमुद्रा भगतन की नैया। मिली मात भवसिन्धु खिवैया।।

जिनचरनन शरणागति पाई। तनकी कहूँ न मति बौराई।।

सफल साधना करत भवानी। देंय चरनरज जब कल्यानी।।

अभयमिलतलोटतभुँइ मुक्ती। ज्यों मुक्ता धारत है सुक्ती।।

वरदे रिद्धिसिद्धि की दाता। शरनागति भगतन कौ नाता।।

असरन सरन दीन प्रतिपाला। कोटिजनमअघतमकीघाला।।

सहजरूपकल्याण कर, मेंटत भवभय लेश।

चरनशरन संबल अहो, करत ज्ञान उन्मेष।।

332

वामनयना

वे सुन्दर नेत्रों वाली हैं। शिव वामांग में सदा विराज रहीं हैं। ऐसी मान्यता है कि माँ के दाहिने नेत्र में शिवरूप समाया रहता है और बाँये नेत्र से वे संसार की रक्षा कर रहीं हैं। शिव लीला की सहचरी उनके हृदय के भावों को वामनयन के संकेत से ही मानों बता देतीं हैं। यह नाम साधना का एक गूढ़ मर्म भी अपने में सहेजे हुए है जसे गुरुमुख से ही जानने योग्य गोपनीय ही समझना चाहिये क्योंकि वाम से अभिप्राय वाममार्गीय साधना यानी कौलाचार से भी होता है।

सुन्दररूप सुभग सुठि नयना। सदाशिवांगी के शुभबयना।।

शिव भामा तिन ओर निहारें। शिव वामांगहि सदा विहारैं।।

शिवविरुपाक्ष दाहिने जाके। वामनयन जगहित चित ताके।।

आदिशक्ति शिव संग उपासी। पियसनेह नयनन पुटप्यासी।।

शिवउर मरम जान शिव पाहीं। वामनयन इंगितहि बताहीं।।

दाहिनदृग शिवरूपविराजा। वामनयन जग के हित साजा।।

पूरित तृप्ति भगति वर पावै। नयनन नेह सुधा बरसावै।।

परम सुगूढ़ भेद अस माना। केवल गुरूकृपा वश जाना।।

वामनयना शुभकरी, कृपाकोर सुख नित्य।

तृप्तकरहुनिरखतजनहिं, भवभयहरहुअनित्य।।

333

वारुणीमदविह्वला

वारुणी पान से जो मदविह्वल नेत्रों वाली माँ हैं उनके नयनों में आनंद की लालिमा दिखाई देती है। यह नाम निजानंद से महिमान्वित है जो वारुणी नाड़ी की ओर इंगित करता है यह सर्वत्र गति करने वाली वारुणी नाड़ी सहस्त्रार तक जाती है। परा जगदम्बा को भला लौकिक वारुणी से क्या काम? शरीर में पुषाण नाम से देवी इस क्षेत्र की स्वामिनी हैं। यहाँ वायु देवता भी हैं जिस प्रकार शरीर के अन्य अवयवों में अन्यान्य देवता और कुंडलिनी में चक्र के दलों पर योगिनियाँ तथा तिथियों में मातृकाऐं बताई गई हैं। जिस प्रकार कादम्बरी में व्यंजना से गूढ़ार्थ है उसी प्रकार वारुणी में भी समझना चाहिये कुछ लोग वारुणी का अर्थ केवल मदिरा ही मान कर अर्थ का अनर्थ कर बैठते हैं उन्हें इस गूढ़ साधना के शुद्ध भाव को समझना ही होगा।

पान करत अमियासव जानौ। वारुणिमदविह्वला बखानौ।।

सोनहिंलौकिकजलकौरूपा। छकतअलौकिक अमियअनूपा।।

होंय लीन निज रूप निहारी। आपहि आपन रूप बिहारी।।

साधै योग वारुणी नाड़ी। शून्य चक्र सों प्रीती गाढ़ी।।

सहस्त्रार सों सहज जुड़ावै। महाजटिल तम फंद छुड़ावै।।

जानहिं भेद मरम अति गूढ़ा। होंय सिद्धि तापर आरूढ़ा।।

योग रीत मन सधै सधाये। जागत जंगै उपाय जगाये।।

साधक भये साध्यतल्लीना। जलबिचविचरतहैं ज्योंमीना।।

आनंदामृत रस छकीं, मानमयी मन मान।

जानहिंदुर्लभभेदबरु, कर नहिं सकहिंबखान।।

विह्वलमद नैंना लखे, कर वारुणि रसपान।

होंय मगन शिवरूप लखि, देहुमोहिसोध्यान।।

विश्वाधिका वेदवेद्या विन्ध्याचलवासिनी।

विधात्री वेदजननीविष्णुमायाविलासिनी।। 75।।

334

विश्वाधिका

विराट रूप से वे किसी एक तत्व में निहित नहीं हैं कहीं भी पूरी तरह नहीं समा सकतीं किन्तु सबमें समाई हुई भी हैं। यही तो अलौकिक स्वरूप है पाँच परमेश्वर (त्रिदेव, ईश, सदाशिव) पाँच प्रकार की कार्यशैली (सृष्टि, पालन, लय, तिरोधान, अनुग्रह) से भी बढ़कर हैं। वेद भी कहते हैं स भूमिं विश्वतो स्पृत्वाअत्यतिष्ठद्दशांगुलम्।

विश्वाधारा विश्वमयि, अतिविराट हैं आप।

होत न सीमाकाहुविधि, विश्वाधिका प्रताप।।

335

वेदवेद्या

भगवद्गीता में कहा है

सर्वस्यचाहंहृदिसन्निविष्टोमत्तःस्मृतिर्ज्ञानमपोहनश्च।

वेदैश्च सर्वैरहमेव वेद्यो वेदान्तकृद् वेदविदेवचाहं।।

वही सभी प्राणियों में अन्तर्यामी रूप से विद्यमान है वेदों द्वारा ज्ञातव्य भी वही है, जानने योग्य और बताने वाला और ज्ञान भी वही है।

जाकों ध्यावत वेद नित, आराधत प्रतिमंत्र।

इष्ट वेद विद्या सदा, परमार्थिका स्वतंत्र।।

336

विंध्याचलवासिनी

भगवान श्री कृष्ण के अवतार लेने पर जो कन्या यशोदा माता के गर्भ से गोकुल में जन्मी थीं वही वसुदेव जी द्वारा भगवान को गोकुल में पहुँचाने के बाद मथुरा लाई गई देवकी की आठवीं सन्तान को अपना काल मान कर आकाशवाणी पर विश्वास कर कंस ने क्रूरता पूर्वक उसे उछाल कर मारने के लिये पत्थर पर पटका किन्तु तत्काल ही वह अष्टभुजी देवी बनकर आकाश में स्थिर हो बोली रे कंस! तू मुझे क्या मारेगा! तुझे मारने वाला तो ब्रजमें प्रकट हो चुका है। ये ही योगमाया विन्ध्याचलवासिनी नाम से विख्यात हैं विन्ध्याचल पर्वत हिमालय और मलयाचल के मध्य है। यह साधना के लिये अत्यन्त ही सुरम्य स्थान हैं।

नन्दभवन आनंदमय, जब पायौ ब्रजचन्द।
प्रकटींजसुदाकोंखते, शक्तिआपसुखकन्द।।
पौढ़ाये ढिंगमात के, लाल जबहि वसुदेव।
लै उठाय लीन्हीं हृदय, हर्षाये तब देव।।
शीघ्र मधुपुरी आय कें, पहुँचे कारागार।
रोई शिशु कन्या तबहि, आये पहरेदार।।
पाहन पटकउछार कें, क्रूरहृदय कौ कंस।
बौल्यौ सुनवसुदेव अब, करूँतोय निर्वंश।।
छिटकिहाथसोंअम्बिके, भईतबहिविकराल।
अष्टभुजी नारायणी, बोलीं तब तत्काल।।
रे रे दुष्ट अधीर, तू का मारै मोय अब।
हरन व्याधिभयपीर, ब्रजप्रकटेब्रजराजजू।।
तत्छन अन्तर्धान, भई योगमाया तबहि।
तिनकौकरतबखान, विन्ध्यवासिनीवंदिता।।
काटतकलिकल्मष सदा, मेंटतभवभयपीर।
श्रीविंध्याचलवासिनी, ध्यावहु रे मन धीर।।

337

विधात्री

आप ही सब लोकों को उत्पन्न करने वाली हैं उनका पालन और रक्षा भी करतीं हैं विश्व का निर्माण करने वाले ब्रह्माजी भी आपके द्वारा ही बनाये गये हैं। आपकी शक्ति से ही आदिशेष अपने फणों पर पृथ्वी को धारण करने में समर्थ हो पाते हैं। सम्पूर्ण जगत आपकी ही सन्तति है तो हे माँ! आप मुझे भी बाँह पकड़ कर अपने ही निकट रखिये आप तो सभी स्थानों पर हैं।

रच्यौ विधाता तुम्हीं नें, भयौ विधात्री नाम।

हैं तुमरे आधीन ही, चौदह भुवन ललाम।।

धारण कर मर्याद जो, पालें जग प्रतिपाल।

हरिविरंचिशिवआपकी, लीलालखत निहाल।।

ताके ही अवलम्ब सों, धारत धरनि फणीश।

जाकी सन्ततिसकलजग, ताहि नमावहुँसीस।।

अम्ब अम्ब अवलम्ब गहि, दौरत नियरे आँउ।

गहौ बाँह राखौ निकट, हैं तुमरे सब ठाँउ।।

338

वेदजननी

अपौरुषेय वेद ब्रह्मवाणी ही है अनादि हैं। निगम ज्ञान विज्ञान के आगार हैं। वेद माता गायत्री हैं। परम प्रकाशमयी सूर्यमण्डल में विराजमान, अपने साधक को त्राण देने वाली अमृत प्रदान करने वाली माँ गायत्री ही हैं। गायन्तोत्रायतेयस्मात्गायत्री त्वं ततः उच्यते आपही त्रिदेव रूप से गायत्री मंत्र में समाईं हैं वेदों को प्रकाशित करने वाली परात्पर पराशक्ति हैं।

वेद ज्ञान विज्ञानमय, वेद ब्रह्म कौ हेतु।

विद्याकरत प्रकाश जहँ, निगम बनतहै सेतु।।

अक्षर जाकी कृपा सों, अक्षयनिधि बन जात।

गायत्री वेद जननी, साधक जहँ प्रणि पात।।

339

विष्णुमाया

आदिशक्ति भगवान विष्णु की महामाया है। प्रकृति स्वरूपा, त्रिगुणात्मिका, व्यपनशीला और सर्वव्यापिका है। भगवान तो माया से परे हैं, किन्तु माया हरिइच्छा से उनकी प्रत्येक लीला की साक्षी बनती रही है।

ब्रह्मअखण्ड व्याप्त बिन भेदा। अगमअकथ अतिसूक्ष्म अभेदा।।

मायाश्रित सो प्रकट गुसाँईं। दृश्य रूप सब जग ता माँहीं।।

माया कौ लै आश्रय ईशा। जुगजुग प्रकट होत जगदीशा।।

रचइ रखइ मेंटइ जग मेला। माया निर्मित रच रच खेला।।

कल्प कोटि अगनित ब्रह्माण्डा। माया रचै करै बरु खण्डा।।

शेष तल्प सोबत हरिराया। तिन्हहिं जगावत विष्णु माया।।

मायालीन जीव जग लोका। जागत सोबत नित अवलोका।।

विश्व विमोहनि विष्णू माया। जहँ योगी मन हू भरमाया।।

मायारचित विधान सब, बाँधत हैं गहि डोर।

मायातीत पुनीत अति, केवल मात निहोर।।

माया मायापति सरिस, पार न पावइ कोइ।

जाहिजनावतकरिकृपा, जानत केवल सोइ।।

340

विलासिनी

जब ब्रह्माण्ड में नाद से विक्षोभ हुआ तब सूक्ष्म तन्मात्राओं द्वारा ही महत् अहंकार पंचभूतों के तत्वों से सृष्टि रचना हुई किन्तु इनमें से कोई भी तत्च अकेला ही अपनी क्षमता से संसार को नहीं बना सका देखें श्रीमद्भागवत (द्वितीयस्कन्द, पंचम अध्याय का 32, 33 श्लोक)

यदते संगता भावा भूतेन्द्रियमनोगुणाः।यदायतन निर्माणे न शेकुर्ब्रह्मवित्तमम्।।

तदासंहृत्य चान्योन्यं भगवच्छक्तिचोदिताः।सदसत्वमुपादाय चोभयं ससृजुर्ह्रदः।।

जिस महाशक्ति के आधान से ये तत्व परस्पर मिलकर उसकी आधारभूता शक्ति के आश्रय को लेकर प्राणवान संचरणशील विश्व के रूप में दिखाई दे रहे है यह लीलाविलासिनी परमेश्वरी की ही कृपा है इसे वैष्णव ग्रंथ विष्णु भगवान को, शैवग्रंथ शिवको श्रेयस्कर कहें किन्तु है सबमें महाशक्ति का ही एकमात्र आश्रय। दूसरी ओर सहस्त्रार को भी गुहा या बिल कह कर सम्बोधित किया है तो विश्व की या ब्रह्माण्ड की रचना हो या शून्यगुहा में अमृतसिंचन सबमें माँ का है तो लीलाविलास ही इसीलिये उन्हें विलासिनी कहा गया है।

करत रही विक्षोभ जो, रचत नयौ ब्रह्माण्ड।

भुवनकोश मेंव्याप्त रहि, रचरच नूतनभाण्ड।।

षट्चक्रन में जो करै, नितनित नित्यविलास।

लीलासहितविलासिनी, पूर्ण करहु मन आस।।

क्षेत्रस्वरूपा क्षेत्रेशी क्षेत्रक्षेत्रज्ञ—पालिनी।

क्षयवृद्धिविनिर्मुक्ता क्षेत्रपाल—समर्चिता।। 76 ।।

341

क्षेत्रस्वरूप

'इदं शरीरं कौन्तेय क्षेत्रइत्यभिधीयते' जीवात्मा जहाँ रहे यानी देह ही क्षेत्र है। जीव को ही क्षेत्रज्ञ कहा गया है। चौबीस तत्वों की अनूठी रचना कर्म भोग वश इस संसार में आती है यथा समय जाती भी है जीव दृष्टा बना इस आवागमन में लोक परलोक की यात्रा करता रहता है, जब तक उसके कर्मबंधन शेष रहें। यह क्षेत्र भी एक उपहार ही है साधना में इसका समय रहते जो उपयोग कर लें वे ही चतुर हैं अन्य तो कालगति के आधीन जीते मरते ही रहते हैं। इस क्षेत्र में भी माता ही संचालन करती है शरीर की सात धातु उसी के बलपर क्रियावित हैं हृदय की धड़कनें भी वही चला रहीं हैं। इसीलिये वे क्षेत्र रूप में मानी गई हैं। जिस प्रकार वे इस पिण्ड यानी देह बनातीं हैं उसी प्रकार ब्रह्माण्ड उन्हीं के द्वारा निर्मित है वे सम्पूर्ण ब्रह्माण्ड में भी अन्तर्यामिनि रूप से विद्यमान हैं।

क्षेत्र देह जानौ सदा, जहाँ तत्व चौबीस।

जाके बल जीव टिकौ, जीवन कौ अवनीश।।

एक नियन्ता अखिल की, रचे क्षेत्र ब्रह्माण्ड।

सूर्यचन्द्रजल अग्नि में, ताकौ तेज प्रकाण्ड।।

342

क्षेत्रेशी

इस शरीर रूपी क्षेत्र की स्वामिनी आप ही हैं। इसीलिये क्षेत्रेशी कहलाती हैं।

पंचभूतमय देह कों, कहत विदू जन क्षेत्र।
जीवन की आधार है, क्षेत्रेशी त्रय नेत्र।।

343

क्षेत्रक्षेत्रज्ञपालिनी

हमारा तन क्षेत्र कहलाता है और जीव को क्षेत्रज्ञ कहते हैं। ऐसा हमारे पुराणों और दर्शनों में स्पष्ट कथन है। जो इन दोंनों का पालन करती है वही क्षेत्र क्षेत्रज्ञपालिनी है, शाश्वत आधार है, और जिसका आश्रय लेने से ही साधक साधना के पथ पर अग्रसर होता है, अपनी आयु को सार्थक करता है। वे जगत माता ही एक मात्र आराध्य है। जिस प्रकार जीव के बिना शरीर का कोई अस्तित्व नहीं उसी प्रकार परमेश्वरी के बिना जीव आधारहीन है। जीवन का एक ही लक्ष्य है सर्वभावेन समर्पित होकर आत्मबोध पाते हुए अपने इष्ट की आराधना करना।

देह क्षेत्र अस कहत बखानौ। तहँ क्षेत्रज्ञ जीव कहि जानौ।।
जीवन जीव संग रहि कैसे। लहर नीर कौ संगम जैसे।।
ज्यों लौं है क्षेत्रज्ञ क्षेत्र में। त्यों लौ नयनन जोत नेत्र में।।
गयौ जीव देह भई माटी। यहै एक जग की परिपाटी।।
जीव रखै तन निज आधीना। छूटत तन वपु धरत नवीना।।
जीवनजोतजगै नित जासों। चलें साँस उर की गति तासों।।
देह प्राण मन गति आधीना। जामें होत अंत सब लीना।।
जो क्षेत्रज्ञ जीव की धात्री। सो जगमाता जगत विधात्री।।
कर्म गतिन आधीन है, क्षेत्र लाभ की आन।
जाकी मर्यादा चलै, सो श्री एक महान।।
क्षेत्र साधना कौ बनै, सुन्दर आलय एक।
जहँ साधक क्षेत्रज्ञ नित, लेत आपनी टेक।।
औसर बीत्यौ जात रे, छूटैगौ यह नीड़।

पंछी उड़ि पुनिआत ना, जागौनयनन मीड़।।
पुण्यलाभफल देह अस, मानुसमिल्यौ सरीर।
राखौसफल विवेकमन, गहतहंस ज्यों छीर।।
सबकी पालन हार सो, श्रीमाता सुख खान।
सोइ करावत देहगत, अमरित की पहचान।।
जनम मरन सब होइहै, ताके ही आधीन।
पालत हैजो जीव कों, ध्यानरता ज्यों मीन।।
जीव सदा क्षेत्रज्ञ है, जाके तन आधीन।
जीवनदायिनिउभय की, सो स्वामिनीप्रवीन।।

344

क्षयवृद्धिविनिर्मुक्ता

उत्पन्न होना, बढ़ना, क्षीण होना और अन्त में अपने मूलतत्त्वों में विलय हो जाना यह क्रिया नाशवान देह की होती है किन्तु जो शाश्वत है, आदि अन्त से रहित है वही क्षयवृद्धि से रहित है। जीवन और मृत्यु सृष्टि और प्रलय ये शब्द मायावृत संसार और शरीर धारियों के लिये है जो मायाश्रित नहीं किन्तु माया जिनकी इच्छा से नाचती है जिनकी आधार शक्ति से ब्रह्माण्ड में जीवन का संचार होता है जो प्राणदायिनी है वे ही भवानी अटल अनादि और क्षयवृद्धि से सर्वथा परे है।

जीव अंश परमात्म कौ, चिदाकार है मात।
क्षय बृद्धि तनमात्र की, बनत मिटत है गात।।
अमल राशि चैतन्य घन, क्षय बृद्धि सों मुक्त।
जीव देह जीवन सकल, है माया सों युक्त।।

345

क्षेत्रपालसमर्चिता

क्षेत्रपाल परमेश्वर का बोधक है जो क्षेत्र और क्षेत्रज्ञ दोनों का ही पालन करता है। परमेश्वर की भी आधार शक्ति परमेश्वरी क्षेत्रपाल ईश्वर के द्वारा पूजित है।

क्षेत्रपाल पालत सकल, जीवन कों जगदीश।
तिनकी हू तुम स्वामिनी, ईश नवावत शीश।।

विजया विमला वन्द्या वन्दारु जनवत्सला।
वाग्वादिनी वामकेशी वह्निमण्डल—वासिनी।। 77 ।।

346

विजया

विजयश्री जिनके चरण रज प्रसाद से मिल जाती है। भगवान श्रीराम आपकी आराधना करके विजयी हुए यह विजयादशमी का परिचायक है। अन्तर्मन के विकारादि शत्रु हों या बाहर के दुर्द्दमनीयरिपुओं के कारण दयनीय और विषम स्थिति में घिरा व्याकुल जन उस सर्वेश्वरी शक्ति के सहारे ही अपना मार्ग प्रशस्त कर पाने में सक्षम हो सकता है। पौराणिक कथा के अनुसार पद्मनामक दैत्य का संहार करके विजय पाने वाली देवी विजया नाम से पूजित हुई।

काम कोह मद दंभ अरु, द्वेष असूया द्रोह।
अन्तर्घट के रिपुसकल, बरबस करत विमोह।।
जीते बिन ये सकल रिपु, हारै जीवन खेल।
फँसत फंद में बापुरौ, चलत आयु कों ठेल।।
बाहर हू जग में बनें, शत्रु अनेकन रूप।
चोरकुटिलव्यभिचारिगन, देय दण्ड जब भूप।।
सब शत्रुन कों जो हनै, मार चपेटन पाट।
ताकौ जन विजयीसदा, श्री विजया के थाट।।
जय जयकार सुघोष रव, गूँजत दिशा दिगन्त।
विजया देत विजय सदा, जाकी कृपा अनन्त।।

347

विमला

अज्ञान मोह देता है और अविद्या जड़ता की मूल है जिसके कारण आत्मज्ञान का प्रकाश सर्वथा असम्भव होता है, जहाँ चित्तवृत्ति क्षुब्ध होगी वहाँ समरसता एकाग्रता, तल्लीनता और सर्वभावेन समर्पित होने का चाव मन में आ ही नहीं पायेगा। जिनकी कृपा से साधक का मन निर्मल होता है वे विमलमतिदायिनी माँ विमला ही है। ब्रज में विमला देवी और विमलकुंड के दर्शन चौरासी कोस की परिक्रमा में किये जाते हैं।

मल नहिं जहाँ अविद्या केरौ। नासै अघ तम पाप घनेरौ।।

निर्मल मानस नीरा विद्या। हरै तापमय घोर अविद्या।।

निर्मल मन साधक आराधै। साधन श्रेय प्रेय के साधै।।

मनवश भये तनहु थिरपावै। ध्यानज्योतिनिजरूपहि ध्यावै।।

आत्मबोध सम्बल नित जाके। स्ववश रहै निर्मलमन ताके।।

जो घट मँह सो सकल समायौ। जानत यहै तत्वमनभायौ।।

आत्म ज्ञान सन्मति कौ रूपा। उभय बने सोपान अनूपा।।

जाके सुमिरन ते भय नासै। आत्मज्योति की ओप प्रकासै।।

सफलसाधना ताहि की, उपजै दिव्य प्रकास।

विमला देहु विमल मती, हरखै, हृदयाकास।।

348

वंद्या

विमलमति मिलने पर विनम्रता का गुण सहज ही साधक में प्रकट होने लगता है। विद्या, विनय, विवेक से श्रद्धा भक्ति और उपासना होने लगती है। जिनके चरणों की वन्दना त्रिदेव भी करते हैं वे श्री माँ ही सदा वन्दनीया हैं।

निर्मल मन बानी अरु काया। देय विनय को सुगम उपाया।।

विनत होत उपजै मृदु बानी। भगति विभूषण कहत बखानी।।

विनय बनत निर्मल मन भूषन। श्रद्धा काढ़त भ्रम भय दूषन।।

नमन भक्तिमय वंदन चारू। यहै रुचिर साधक व्यवहारू।।

238

प्रणतिपात सों मुदित भवानी। ताहि रुचै कोमल मन बानी।।
विद्या विनय विवेक सुहाये। भाव सुगंध सुमन शुचि पाये।।
ध्यावत मिलै सदा सुखराशी। नमन करहुँपदकमल उपासी।।
हरिविरंचिशिव सुरमुनि ध्यावैं। योगी जन नित ध्यान लगावैं।।
दृगन झरैं मुक्ता लड़ी, फुरैं अस्फुट बोल।
करहु वंदना तासु पद, विमल भक्ति अनमोल।।

349

वंदारुजनवत्सला

भक्त के हृदय में मान का जो मोल है उसे आराध्य अपनी कृपा दृष्टि से आँक ही लेता है। आराध्य और आराधक के बीच जो रस की भाव मयी धारा सतत प्रवाहित रहती है वह दोनों किनारों को आपस में मिलाये ही रहती हैं। भक्तिभाव पूर्ण वन्दन मात्र से ही भवानी प्रसन्न होने वाली हैं।

हृदयकमल विकसित भयौ, उठत हिलोर उछाह।
पुलकपरागनमगनअलि, जहँ नहिं रस की थाह।।
गुंजारव सुनि सुनि झुके, पद्म पत्र सरसाय।
वन्दन कर मानहुँ मधुप, मन्द मन्द कछु गाय।।
मानत केवल भावमय, भक्ति मान कौ मूल।
उमगत रस की धार सों, जुड़ेउभयविधि कूल।।
नमन करहुँ पदरज कमल, परमारथ की खान।
प्रणतिपात सों मुदित मन, देत अभय वरदान।।

350

वाग्वादिनी

भगवती भक्तों की वाणी में शक्ति का संचार करतीं हैं। निर्मल मन, आत्मसंयम और सद्आचरण से साधक अपनी साधना को उत्तरोत्तर बढ़ाता है। उनकी अहैतु की कृपा से वाणी का अनमोल वरदान मिलता है।

आत्मरूप दृढ़ आत्मरति, निर्मल बुद्धि अडोल।
विनय विभूषण जासु चित, बोलत मधुरे बोल।।
बानी नियमन होत है, जासु कृपाबल सिद्ध।
मधुरस भींजे जहँ बचन, तहाँ न कछू असिद्ध।।
जाकी रसना नेहरस, स्ववश ताहि सब काज।
बलविक्रम सों हू प्रबल, मधुर बचन कौ साज।।
शब्दब्रह्म जननी तुम्हीं, वाग्वादिनी महान।
मूक होत वाचाल पुनि, तासु कृपा बलवान।।

351

वामकेशी

वेदों को निगम कहा जाता है जहाँ भगवान शिव को वामदेव कहा है, और आगम तंत्रशास्त्र कहलाता है। शिवजी तंत्र के प्रणेता हैं। बीस तंत्रों में एक तंत्र वामकेश भी है जो भगवती तंत्र की भी शक्ति हैं वे ही वामकेश शिव की सहचरी वामकेशी कहलाती है।

वामकेश शिव रूप है, तंत्र मंत्र में व्याप्त।
सुरनरमुनिसब जाहि सों, करें सिद्धिफल प्राप्त।।
वामकेशि वामांग हैं, वामकेश के नित्य।
हरै अविद्या कलुष कलि, मायाजनित अनित्य।।

352

वह्निमंडलवासिनी

कुंडलिनी जब ऊर्ध्वचारिणी होने लगती है तब साधक के षट्चक्र स्वतः ही खुलने लगते हैं। मूलाधार में वह्नि (सूर्य चन्द्र और अग्नि) रूप से वे ही समाई हुई हैं। विष्णु सहस्त्रनाम में कहा है अन्न रूप में और अन्न को पचाने के लिये जठासग्नि रूप में भी परमात्मा ही है। गीता में भगवान के कथनानुसार अहं वैश्वानरोभूत्वा प्राणिनां देहमाश्रिता वे जठराग्नि में भी समाई हैं। चेतना का अभास उसी के कारण है। सूर्य, चन्द्र और अग्नि के प्रकाश का भी वही आधार है।

मूलाधार प्रकाश में, महाशक्ति कौ वास।
वह्निरूप सों प्राणमय, जठरअग्निआभास।।
वह्निचेतनादायिनी, अविरलगति कौ स्रोत।
भू नभ रवि शशि वायु जल, जासोंओतप्रोत।।

भक्तिमत्कल्पलतिकापशुपाशविमोचिनी।
संहृताशेषपाखण्डा सदाचार प्रवर्तिका।। 78।।

353

भक्तिमत्कल्पलतिका

कल्पलता की तरह जो अपने भक्तों के सभी मनोरथों को पूर्ण करती है। कल्प वृक्ष तो केवल स्वर्ग में ही है और ऐसा कहा जाता है कि उसके नीचे याचना करने पर प्रत्येक इच्छित मनोकामना पूरी हो जाती है किन्तु भक्ति की यहकल्प लता बिना माँगे ही भक्त को पूर्णकाम बना देती है। स्वर्ग और मोक्ष उस भक्त को तुच्छ लगने लगते हैं फिर संसार के अन्यान्य भोग, वैभव सुख धन ऐश्वर्य की इच्छा का तो प्रश्न ही नहीं उठता करोड़ों जन्मों की साधना जब फलती हैं जब सब पाप नष्ट हो जाते हैं तभी विधाता द्वारा भाग्य में भक्ति पाने की सौभाग्य रेखा खींची जाती हैं। मानसकार ने सत्य ही कहा है....
सन्मुख होय जीव मोहि जबही। जनमकोटि अघ नासहि तबही।। भक्ति में प्रेम का मणिकांचनयोग अद्भुत है। जो माँ के कृपाप्रसाद से ही मिलता है।

करत मनोरथ भक्तन पूरे। रहहिं न काहू भाँति अधूरे।।
कल्पविटपलतिका श्रीशोभा। जाके ढिंग बाढ़त मन लोभा।।
ताप मिटावत अस तरु छाया। अटलछत्र की महती दाया।।
करुणा वारि सरस रस सींचै। पूरितभाव दृगन जन मींचै।।
नर तन पाय न अस सुखसंचै। ताप हरनि द्रुमडारिन बंचै।।
पादप परसत बहइ बयारा। ता सम नहिं दूजौ आधारा।।
धन्यभागि थिरनिधि असपाई। रतनजोति ज्यों स्वर्णसमाई।।
पूरन प्रेमकामना सिगरी। कोउ न गति ताके ढिंग बिगरी।।
जाके मन जस भावना, मिलत सिद्धि तस रूप।
परस कल्पद्रुमडारिनन, सब सुख तस अनुरूप।।
ता छन पर सब बारिहौं, कोटिजनम की साध।
भक्तिलता अवलंब जहँ, हनैं सकल अपराध।।

241

354

पशुपाशविमोचनी

अविद्या बंधन मूलक है और विद्या मुक्तिबोध का आभास कराने वाली है। घृणा शोक, भय, जुगुप्सा, कुल, शील, लज्जा और जातिगत मद ये आठ मुख्य अहंकार के कारण हैं ये साधना के पवित्र पथ पर बन्धन कारक होते हैं पशु की तरह केवल उदरपूर्ति करना और परिवार, धन, पद आदि के जटिलतम मोह में फँसे रहना जिनके जीवन का ध्येय है वे अहंकार के बंधन में बँधे ही रहते हैं उनकी चेतना कभी भी सजग नहीं हो पाती पशुपाश से छूटना भी माँ की कृपा की ही देन है।

घृणा शोक भय जुगुप्सा, कुलशील कौ प्रबोध।

परहित में लज्जा लगै, जाति कुमद अवरोध।।

ये आठौ बन पाश दृढ़, जकड़ बनावें फंद।

इनसों छूटे बिन न कहुँ, होय चित्त निर्द्वन्द।।

पशु सम भोगत कर्मफल, विचरत जनम अनेक।

स्वर्गनरक भू पर फिरत, पावत नहिं कहुँ टेक।।

जानहिं नहिं निज मरम कों, परमारथ सन्मान।

राग द्वेष भय वश फिरत, सो भ्रमवश अज्ञान।।

पाश अविद्या राग के, दंभ द्वेष सों तप्त।

जकड़ बंधनन में पर्यौ, अहनिशि रहि संतप्त।।

जाके मन नहिं भजन रति, उपजै नहिं संज्ञान।

ते नर पशुसम ही चरत, भटकतफिरत अजान।।

काटहि जे जड़पाश सब, मिटै फंद के द्वंद।

जासु कृपाबल सबसहज, सो केवल स्वच्छन्द।।

जगै चेतना चित सजग, निर्मल होत सुभाव।

जगै जोत उरसदन की, ताकों कछु न अभाव।।

अर्चन पदरज कर मुदित, जाकौ फल अभिराम।

मुक्तपाश स्वच्छन्द गति, सुमति सुतप अविराम।।

355

संहताशेषपाखण्डा

तुलसी दास जी ने कहा है

पापिहु जाकर नाम सुमिरहीं। अति अपार भवसागर तरहीं।।

जहाँ छलछद्म, कपट, दुराव हो यानी मन से कुछ और तो वाणी से कुछ और ही तथा व्यवहार में सर्वथा भिन्न स्वभाव के व्यक्ति पाखण्डी कुटिल, स्वार्थरत तथा धोखा देने वाले होते हैं। सूरदास जी ने भी कहा है

तजौ रे मन हरि विमुखन कौ संग

जिनके संग कुमति उपजत है परत भजन में भंग।।

वे भी यदि शरण में आवें तो भी दयालु होकर माँ भवानी उनका पाखण्ड नष्ट कर देती हैं। इतनी दयाद्रवित जननी को छोड़ कर जो अन्य देवों की उपासना करता है वह स्वयं को ही छलता है।

हृदयकपट मिथ्यावचन, चालचलन कछु और।

जिनमति पतियारौनहीं, कहूँ न तिनकों ठौर।।

पाखण्डी सठ होतअति, तजौ सदा तिन संग।

नाहित उबरन पाहिहौ, पड़ै भजन में भंग।।

छेदत तिनके फंद कों, भेद छद्म के पाश।

करत दूर पाखण्ड सब, रे मन ताहि उपास।।

बाँध वेदमर्याद सों, शास्त्र विहित सब गैल।

ज्ञानसरित् अन्हवाय कें, उतरै मन कौ मैल।।

करत पुनीत कृपाअमिय, देय शरण की छाँव।

तनिक तहाँ पाखण्डनहिं, रम्यसुरभिमय ठाँव।।

356

सदाचारप्रवर्तिका

भगवती अपने भक्तों को सदाचारी बनाती हैं। मर्यादित जीवन ही सुखशान्तिपूर्ण होता है और पारमार्थिक चिंतन करने के योग्य बनाता है। पुष्टिमार्ग प्रवर्तक जगद्गुरु श्रीमद्वल्लभाचार्य जी ने कहा है....

भगवानपि पुष्टिस्थो न करिष्यति लौकिकीम् गतिम्

शिष्ट आचरन होत है, एकनिष्ठ कौ ध्यान।
दुस्तर दुर्गुण दूर कर, होवै मन अम्लान।।

तापत्रयाग्निसंतप्तसमाल्हादनचंद्रिका।
तरुणीतापसाराध्यातनुमध्यातमोपहा।। 79।।

357

तापत्रयाग्निसंतप्तसमाल्हादनचंद्रिका

माँ अपने भक्त के हित के लिये दैहिक, दैविक और भौतिक तापों को दूर करती हैं। तापत्रय की अग्नि के संतप्तजन को उसी प्रकार शान्ति देती है जैसे धूप से व्याकुल व्यक्ति चन्द्रमा की शीतल चन्द्रिका में सुशान्ति पाता है। चन्द्र किरणों से निकला अमृत उस ताप को सर्वथा दूर कर देता है।

त्रिविधताप संतप्त जन, पावत हैं जहँत्राण।
सद्य सितेन्दुप्रभासरिस, सींचत है नव प्राण।।

358

तरुणी

जिस प्रकार गोलोक की अधिष्ठात्री भगवती राधा रानी सदा बारह वर्ष की हैं इसीलिये श्रीकिसोरीजू नित्यरास मण्डल की अधिष्ठात्री हैं, शुकदेव जी षोडश वर्षीय, ब्रह्माजी के मानसपुत्र चारों सनत्कुमार सदा पाँचवर्ष के और सब देवगण तीस वर्ष की आयु के माने गये हैं उसी प्रकार राजराजेश्वरी जगन्माता भगवती भुवनेश्वरी महाविद्या चिरषोडशी हैं। जन्ममृत्यु जराव्याधि से मुक्त त्रिकालाबाधित हैं।

कालातीत सनातना, चिर चैतन्य सरूप।
अहो दिव्य लावण्यमय, श्री कौ तरुणीरूप।।
सदा षोडशी ही लखी, कौमारिका ललाम।
चिरयौवन सौन्दर्यमयि, तरुणी सोभा धाम।।

359

तापसाराध्या

साधक के जीवन में तप नियमित होता ही रहता है। तपस्या साधना की मूल है। ज्ञानी और योगी एक तपस्वी ही हो सकता है। यह साधना अनवरत रूप से जन्मान्तरों तक चलती रहती है, जब तक साधक रूपी बिन्दु अपने आराध्य सिन्धु में समा न जाये यह क्रम रुकता ही नहीं। ज्ञान के दीपक में घी की अटूटधारा के समान तप मिलकर ही दिव्य आत्मप्रकाश की किरणों से अज्ञानमूलक जड़ता के घोर अंधकार को मिटाता है। तप, मन, वचन, कर्म में समाने वाली वह ऊर्जा है, जो साधना के पथ की शिथिलता को मिटा डालती है।

कोटिजनम के सुकृतमिल, साधत तप की मूल।

आराधें तापस जिन्हें, करें कलुष निर्मूल।।

तप जीवन की साधना, तप साँसन कौ सार।

ज्ञान दीप में तप सदा, है अटूट घृत धार।।

360

तनुमध्या

भगवती की कटि पतली है जो सौन्दर्य की प्रतीक है। बिल्वेश्वर महादेव की पत्नि तनुमध्या नामसे प्रसिद्ध हैं यह पार्वती जी का ही नाम है जो तीर्थ निवाया नदी के कनारे है, जिसे नींव या नींवानदी भी कहा जाता है। इसके अतिरिक्त एक अन्य अर्थ के अनुसार वे ही तनुमध्या माता हैं जिनका पंचदशाक्षरी मंत्र ही तन है वे मंत्र के मध्य में समाई हैं अथवा माँ की मंत्रमूर्ति है।

पीन पयोधर छीन कटि, नयनानंद नवीन।

रसशेवधि सौन्दर्यनिधि, करुणाकंद प्रवीन।।

बिल्वेश्वर अर्धांगिंनी, तनुमध्या जग मात।

नींव नदी के तीर पै, जगवन्दितप्रणिपात्।।

पंचदशाक्षरि मध्य है, तन जाकौ अभिराम।

वाङ्मयीमूरतसुगढ़, ललितेललित ललाम।।

361

तमोपहा

संसार का अन्धकार दूर करने के लिये जिसका प्रकाश सूर्य, चन्द्रमा और अग्नि में तेज बन कर चमकता है वह साधक के हृदयाकाश में से अज्ञान का गहन तिमिरान्धकार भी मिटाता है। और अपने सुन्दर स्वरूप की मोहनी मूर्ति को सदा प्रकाशित करता है।

जाके दिव्यप्रकाश सों, दमकत हैं रवि सोम।
अगिनिप्रभा के पुंज में, और नखतगनव्योम।।
मेंटत है तम तोम सब, बाहर भीतर माँझ।
ज्ञानजोत उर में जगी, दिपै दीप ज्यों साँझ।।

चितिस्तत्पदलक्ष्यार्थाचिदेकरसरूपिणी।
स्वात्मानंदलवीभूतब्रह्माद्यानंदसन्ततिः।। 80 ।।

362

चितिः

चैतन्य के प्रभाव से ही ब्रह्माण्ड क्रियात्मक है जड़ चेतन में चैतन्य ही गतिशीलता का कारण है। चितिशक्ति ही चेतना है जिसके बिना जीवन का अस्तित्व ही सम्भव नहीं है।

सत्य रूप चेतन्यघन, आनंद अमल सुवास।
चिति के बल चेतन्य हैं, धरती जल आकास।।

363

तत्पदलक्ष्यार्था

प्रत्यक्ष भौतिक जगत की सत्ता में जिनकी शक्ति समाई है वे अमूर्त अनुभवगम्य है वे ही तत् है और यह तत् ही सत् है। त्वमसि और तत्सत् एक ही शक्ति की ओर इंगित कर रहे हैं। यही वेदान्त का सार है यही अद्वैत का सिद्धान्त है जिसकी कृपा से तत् का बोध योगी करते हैं। वह ज्ञान के प्रकाशमय बोधरूप में जगन्माता है।

श्री कौ तत्सतरूप निहारौ। ज्ञानिन इंगित करत विचारौ।।

तत् त्वमसि वेदान्त बखानें। नेतिनेति कहिकहि कें जानें।।

सो उपास्य सोई आधारा। जहँलगि यह ब्रह्माण्ड प्रसारा।।

परमरूपतत्पद की महिमा। गावत गीत गिरालहि गरिमा।।

तत्पद इंगित करत बखानें। नाम रूप श्री कौ सन्मानें।।

तत्पद कौ पावत आभासा। रहै न कछु दूजी मन आसा।।

मिटटे भेद अभेद प्रकासै। कनकन में सों ज्योती भासै।।

तत्त्वम् असि परमार्थ अभेदा। प्रकट बखानें जाकों वेदा।।

सत्यरूप जग उभयविधि, जो भासै सो मूर्त।

अनुभवगम्य अपर सोइ, जानौ ताहि अमूर्त।।

जो व्यापक या मूर्त में, वह अमूर्त आभास।

अनुभवगम्य अपार सो, एक अपूर्व प्रकाश।।

मूर्तजगत आधार जो, सो तत्पद आभास।

ताकी चिन्मयओप सों, दीपित दिव्य प्रकाश।।

जो अणु अणु में रमतहै, कनकन में विस्तार।

ताके बल है सृष्टिसब, भासत यह संसार।।

तत्सत् ही वेदान्त है, सो अद्वैत उपाधि।

एक रूप के नाम द्वै, तत्त्वम्असि आराधि।।

364

चिदेकरसरूपिणी

चैतन्य स्वरूपिणी माँ योगियों के ध्यान में सतत विराजती है अर्थ की चेतना शब्दों में जब समाती है तो शब्द भी रस की सहायता से मूर्तिमान हो उठते हैं जहाँ जहाँ चतैन्य का आभास है वहाँ भगवती प्रकट रूप से अपना दर्शन देती हैं।

जहाँ नित्य चैतन्यघन, करत चित्त अम्लान।

करें योगि आभास सों, चिदानन्द रस पान।।

अर्थ गिरा चैतन्यअति, भरत शब्द में कान्ति।

मिलत एकरसचेतना, उभय हरें चितभ्रान्ति।।

365

स्वात्मानन्दलवीभूतब्रह्माद्यानंदसंततिः

इस संसार के सभी सुख तथा पारलैकिक स्वर्गीय सम्पदा तथा देवताओं के सुख और तो क्या कहें ब्रह्मानन्द को भी अपने आन्दातिशय से लवीभूत यानी छोटा कर देने वाली जगजननी आत्मान्दरूप में भक्तों के हृदय सरोवर में विकसित कमल की भाँति सदा सुवासित रहती हैं।

सुख सौभाग्य सुफल की चाहा। तृष्णासर अहनिशि अवगाहा।।
मन की चाह अतृप्त सदा ही। कांक्षा तृप्ति न होत कदा ही।।
भोगत भोग अपर सुख माँगै। देखत स्वप्न न कैसेहु जागै।।
तृप्त न होय बढ़त मन भूखा। जमहिं न ऊसर भू पर रूखा।।
कर्मन गति कहुँ टरै न टारी। रहै भोग की इच्छा भारी।।
देव इन्द्र गन्धर्व अनेका। देंय न अभय सदाश्रय टेका।।
जो जानइ निजघट की बानी। ताकी मति अतिशुद्ध सयानी।।
मातु कृपा सम्भव सो योगा। कोटिजनम कौ मिटइ वियोगा।।
उर सर विकसित पद्मपरागा। आत्मानन्द सुरभि सतभागा।।
ता समान नहिं आनन्द कोऊ। अमियलाभ वरदायिनि होऊ।।

अतिलघु लागइ ताहि सब, इन्द्र देव गन्धर्व।
जानत निज के रूप कों, मगनमान कौ गर्व।।
पूर्ण ब्रह्म परतीत सों, पूर्ण आत्म गत बोध।
मिटै भेद मति द्वन्द कौ, रहै न बाकी सोध।।

पराप्रत्यक्चिती रूपा पश्यन्ती परदेवता।
मध्यमा वैखरी रूपा भक्तमानस हंसिका।। 81 ।।

366

परा

जो सबसे परे हैं। जिस शब्दब्रह्म के गूढ़ रहस्य को कोई नहीं जानता। जिस प्रकार षट्चक्र हमारे शरीर में हैं वैसे ही वाणी चार रूपों में देह के भीतर है। नाभि में परा, हृदय में पश्यन्ती, कंठ में मध्यमा और जीभ में वैखरी। वाणी का सूक्ष्म रूप परा है जो नाभि

स्थान में है। नादब्रह्म ही शब्द ब्रह्म है। सबसे परे अखण्ड और अगम्य परमेश्वरी परा है।

शब्द ब्रह्म अखण्ड अविनाशी। आनंदगम्य सुचेतन राशी।।
सधन सुलभ नहिं गोचर काहू। अन्तःव्याप्त भावमय लाहू।।
नाद ब्रह्म व्यापक सब माँहीं। अनुभवगम्य ज्ञान उपजाहीं।।
बानी भेद चार करि राखा। ता महँ प्रथम परा कहि भाखा।।
नाभिकुण्ड सों प्रकटत बानी। चार भेद कहि विज्ञ बखानी।।
सूक्ष्मरूप नाभिहि करि वासा। अपररूप सों प्रकट प्रकाशा।।
पश्यंती तस उर गत रूपा। भाव रूप संकल्प सरूपा।।
कंठ गता मध्यमा निवासा। जानहिं नयन भाव की भाषा।।
प्रकट बैखरी होइ प्रभाऊ। 'खं'इति नभगत शब्द सुभाऊ।।
नादब्रह्म नाभी रमीं, परा कहहिं तस विज्ञ।
गुंजनधुनिअव्याहता, जानहिं ताहि न अज्ञ।।

367

प्रत्यक्चितीरूपा

एकाग्रचित्त के द्वारा जिस अन्तर्घट व्यापिनी परा वाणी का रहस्य ज्ञात हो वह योगियों के लिये वह अनुभवगम्य है। नादब्रह्म के आभास को ही ब्रह्मानन्द कहें तो अत्युक्ति न होगी। अनहद की धुनि वंशी की तरह योगियों के ध्यान मेंसुनाई पड़ती है। प्रत्यक् आत्मस्वरूप का द्योतक ही है, चिती चैतन्यघन और रूपा से तात्पर्य है आकार यानी चैतन्यघन आत्मरूप में जो स्थित हैं।

नादब्रह्म घट माँझ समाई। सो अव्यक्त रूप श्रुति गाई।।
अन्तर्घट रमि सो चितिरूपा। ध्यानगम्य अतिदिव्यअनूपा।।
प्रतिघटआत्मरूपसों साँची। प्रत्यक्आत्मा कहि सो बाँची।।
एकनिष्ठ निश्चलमन ध्यावै। सजगबोध तासों मति पावै।।
स्थिर निर्मल जलगत मोती। तत्सत्रूपवृत्ति चित होती।।
परा सकल उपमा ते न्यारी। ध्यावतजनमन होतसुखारी।।
सो सब घटमहँरहिजगव्यापै। मनबानीकहिसकहि ननापै।।
परा नाम नित घट रहि हेरौ। प्रत्यक्चिती रूप श्री तेरौ।।
जो साखी सबठौर की, ताकौ साखि न कोय।

अन्तर्घट रहि सो लखै, जा पर किरपा होय।।
गहन गूँज गम्भीर अति, जाकों सुनैं न कान।
चितस्वरूप चैतन्यघन, सजग होत है ध्यान।।

368

पश्यंती

पश्यंती वाणी का स्थान हृदय है यह भाव प्रधान है भाव का बोध बिना कुछ बोले ही हृदय पर पड़ता है। कहा जाता है कि सहृदय ही हृदय की बात समझ सकता है हृदयहीन कदापि नहीं। जो भाव से रससिंचन कर हमारे हृदय को उस गूढ़ मर्म कों समझने के योग्य बनाती है कि वह हृदयगत भाषा को समझ सके वह 'पश्यंती' माँ का ही रूप है। कर्ममार्ग से भी ऊपर उठने से इन्हें उत्तीर्णा भी कहा गया है....

पश्यन्त्युत्तीर्णेत्यप्युदीर्यते। (सौभाग्यसुधोदय)

परा नाभि मण्डल बसी, पश्यंती उर माँहिं।
सजग चेतनारूप तस, विज्ञ सोसूक्ष्मबताहिं।।
उरआलय में ही बसै, विविधभाव बहु भाँति।
कहूँहंस मोती चुँगें, कहुँ बगुलन की पाँति।।

369

परदेवता

मनुष्य के शरीर में जितनी इन्द्रियाँ हैं उनमें अलग अलग देवताओं का वास है जैसे आँखों में सूर्य, मन में चन्द्रमा, पेट तथा नाड़ियों में अग्नि, वरुण वायु किन्तु हृदय में जो पश्यन्ति रूप से माँ विराज रही है वह तो सब देवों से परे है। हृदय शरीर के सभी अंगों को समान रूप से पोषण देता है सबको देखना ही पश्यन्ती का सार्थक नाम और गुण है वह तो सब देवताओं से परे है। इसीलिये उन्हें परदेवता कहा गया है।

सब देवन सों जो परे, हृदयकमलआसीन।
जो देखै सबकों सदा, सो पश्यन्ति प्रवीन।।

370

मध्यमा

यह बिंबात्मक भाषा है। जिस चेतना से भाव मुखर होने लगते हैं। मध्यमा का स्थान कंठ है। स्मृति, संकल्प, भावनाओं को व्यक्त करने में अस्फुट गुंजन के समान है। ऐसा लगता है मुखर वैखरी और सूक्ष्म परा, पश्यन्ती के मध्य एकयज्ञ के स्तम्भ की तरह मध्यमा मध्य में ही स्थित है।

स्मृतिमय संकल्पमय, गुंजन तस अनुरूप।

भावयुक्ति के यजन में, मनहुँ मध्यमा यूप।।

सूक्ष्म रूप पश्यंति कौ, सुनैं वैखरी कान।

मध्य रहै जो कंठगत, सो मध्यमा प्रमान।।

371

वैखरी रूपा

आकाश का गुण शब्द है। शब्द आकाश में समा जाते हैं। आकाश सर्वत्र है। किसी विशेष स्थिति में विशेष नाम होता है। जैसे घड़े मे होने पर रिक्त घड़े को घटाकाश कहेंगे। हृदय में दहराकाश है। किन्तु यहाँ वह ध्वनि जिसे कान सुन पावें वैखरी वाणी कहलाती है।

'खं' इति व्योम वितान, घनीभूत जहँ शब्द है।

निसृत वाणी जान, सुनैं कर्णध्वनि नाद कों।।

मुखर नाद उद्घोष सों, शब्द अर्थ अनुरूप।

वाणी की स्पष्ट ध्वनि, सो वैखरि कौ रूप।।

372

भक्तमानसहंसिका

भक्तिमय पथ रससिक्त ही है। जो अपने आराध्य को रिझाकर अपने वश में ही कर लेता है। भला हंस मानसरोवर को छोड़ कर अन्यत्र कहीं जा सकता है क्या? भक्तों के मानस रूपी मानसरोवर में हंसिनी बनकर वह आराध्या विचरण करती रहती है। भाव के मोती ही उसे स्वीकार हैं।

मानसरोवर भक्तचित, मुक्ता भावनिहाल।

तहँआराध्या विचरतीं, मानस बाल मराल।।

कामेश्वर प्राणनाड़ी कृतज्ञा कामपूजिता।

श्रृंगाररससम्पूर्णा जया जालंधर स्थिता।।82।।

373

कामेश्वरप्राणनाड़ी

जिस प्रकार प्राणों का पोषण करने के लिये प्राण नाड़ियाँ सम्पूर्ण शरीर में जाल की तरह फैली रहती हैं। अंगप्रत्यंग में समा जाती हैं और हृदय के स्पन्दनों के साथ उनका अटूट सम्बन्ध बना रहता है। उसी प्रकार जगदंबा भवानी अपने प्रियपति की अर्धांगिनी हैं, लीला की सहचरी हैं, अर्ध अंग में वास करने वाली हैं, अभिन्न हैं उनके बिना शिवजी का कोई अस्तित्व ही मानों नहीं हैं, शिव यदि हृदय की धड़कनें हैं तो माता प्राण नाड़ियों के समान हैं। फिर भला दोनों का स्वरूप भिन्न कैसे हो सकता है ? वे तो एक प्राण दो देही ही है।

प्राणनाड़ि पोषण करें, अंग अंग तनमाँहि।

उरस्पन्दन संग गति, बन अभेद रम जाहि।।

शिवप्राणेश्वरि प्राणप्रिय, शिवउरवशिउरधारि।

करें कामना पूर्ण सब, कामेश्वरि कामारि।।

374

कृतज्ञा

कृत 'कर्म' का द्योतक है। अन्तर्यामिनि सब कर्मों की साक्षी है। सुकृति को तो सदय होकर सदाही अपनाती हैं। जीव यदि आरोहण करता है तो तत्क्षण ही भगवद्शक्ति अवरोहण करने लगती है। मानस में कहा है...

जाकी रही भावना जैसी प्रभु मूरत देखी तिन तैसी।।
तथा अन्यत्र प्रसंग में तुलसीदासजी ने कहा है

अतिकोमल चित दीन दयाला। कारन बिन रघुनाथ कृपाला।।

गीता में भगवान ने कहा है जो मुझे जिस भाव से भजता है मै भी उसे उसी भाव से भजता हूँ। करुणामयी तो दुष्टों को दण्ड देने में भी उनपर दया ही करती है।

अतिकोमलचित मात कौ, करें कृपा हर पीर।

जो ताकों जैसे भजै, तैसे भजत अधीर।।

कर्म लेख सब काहु कौ, सबकी मनसा बानि।

सुकृतिकृतज्ञा जानरहि, अखिललोककल्यानि।।

375

कामपूजिता

शिवाशिव की लीला विलक्षण है। अनंग अंग बिना भी जीवन धारण करता है। शिव त्रिनेत्र से भस्मीभूत कामदेव पर आपकी ही कृपा है। रति को वरदान स्वरूप पुनर्जन्म में श्रीकृष्ण पुत्र प्रद्युम्न पति के रूप में प्राप्त हुए। माँ कामदेव पर भी करुणावश कृपा ही करती हैं जिसके कारण प्रकृति के नियम अपनी निर्बाध गति से चल रहे हैं।

भस्मीभूत अनंग पुनि जाके बल जीवन धरै,

छार भई लतिकानमें, ज्यों कोमलकिसलय फरै।

करुणामयि की दीठिसों, अमियफुहारन रस झरै,

नवजीवन पावत अभय, मनोज निज पीड़ा हरै।

पूजहिं चरननरज युगल, पाँवपलोटत मथततमन।

आराधै मन्मथ विकल, अतिउदार माता हृदय।।

रति मन कर सन्तोष, पुनि पावत प्रियप्राणपति।

मिट्यौ शम्भुउर रोष, श्रीनिधि अतिकरुणामयी।।

376

श्रृंगार रस सम्पूर्णा

अनन्त श्रीविभूषिता के श्रृंगार और सौन्दर्य की कोई सीमा ही नही हैं। परमशिव जिनकी रूपमाधुरी के पुजारी हो उन जगतमाता की दिव्य सौन्दर्यमयि विभूति और अलौकिक श्रृंगार का वर्णन क्या कोई कवि मानसकर भी सकता है! रमा और सरस्वती जिनकी सेवा

में तत्पर हों उन *त्रिलोकवन्द्या की अभिनव रूपमाधुरी की छाया प्रकृति में सदा आभासित रहती है।*

श्री अनन्य श्री छटाअनन्या। अस लावण्य सरिस को अन्या।।

सीस सितेन्दू प्रभा विलासा। नयन विलास मोहिनी हासा।।

तन दुति कछु दामिनी दुराई। पूर्ण सितेन्दु निशा सकुचाई।।

मृदुलहास जहँजहँ दमकायौ। कोटि मनोभव भग्न लजायौ।।

मुकुलितकली सुमन की माला। भ्रमित भये तहँ बालमराला।।

जग सुषमा ताकी प्रतिबिम्बा। उषा लालिमा प्रकटी किंबा।।

प्रकृति अकिंचन पावत रूपा। नित नव होत चाह अनुरूपा।।

प्राकृतसुषमा जे जगजानी। छनमहँ बन छन मिटतकहानी।।

छवि सुषमामयरूपअनन्ता। चिरसौरभ शिव सम जहँ कन्ता।।

सरस प्रेम आनन्द अपारा। उभय मिलन उमगत सित धारा।।

पलकनपुट पीबत हैं नयना। समरथ कोउ न कहिसोबयना।।

परमानन्द मगन मन जासू। सो न कहै कछु प्रकट प्रकासू।।

रसमय ज्यों कवि छन्द, सहज समेंटें भावपुट।

कमलकोष मकरन्द, सौरभ सुषमा नितनवल।।

कनक वल्लरी रेख, भाव सुगन्धन सों लसी।

कहि न सकहि विधिलेख, श्रीसुषमाश्रृंगाररस।।

377

जया

सर्वत्र विजय प्रदान करने वाली जया ही हैं। अपने साधकों में भगवती पराक्रम, उत्साह, ओज, बल और तेज का संचार करती हैं। माँ ने तो अनेकों असुरों का हनन किया है, किन्तु जो सच्चा भक्त होता है उसे इतनी क्षमता स्वयं ही प्राप्त हो जाती है कि वह अपने षत्रुओं का संहार करे अब यहाँ सबसे निकट के शत्रु कौन हैं, इस पर ध्यान देना चाहिये। आसुरी वृत्तियाँ अज्ञान, क्रोध, जड़ता, ईर्ष्याजनित असद्वृत्ति ये सब साधना में विघ्न ही हैं। जया की कृपा से साधक इन सभी पर विजय प्राप्त कर सकता है। पद्मपुराण के अनुसार वाराह नामक पर्वत पर सिद्धपीठ है जहाँ जया भगवती नित्य विराजतीं हैं।

रिपुमर्दन तत्छन करैं, शीघ्र सुजन उपकार।

श्री अजेय बलस्वामिनी, जया नाम साकार।।

सरल साधना सुपथ महँ, दर्पदुरति दमनीय।

कोह असूया जड़मती, द्रोह हू असहनीय।।

254

करुणावारिधिनयनलखि, कर रहिपलमेंधन्य।
जरैंआसुरीविपदसब, को उन रिपु तसअन्य।।
गिरि वराह की गुहा में, धन्य पीठ सो एक।
'जया'रूप श्री रहि तहाँ, देत अभयवर टेक।।

378

जालन्धरस्थिता

अनहद की ध्वनि में रमे योगी हृदय में जिनका निरन्तर ध्यान करते रहते हैं वेमाँ जया रूप से ही जालन्धर स्थान में विराजती हैं। सिद्धपीठ में माँ का नित्य वास है। उसी की कृपा से हृदय के कपाट खुलते हैं। विजय धोषरवपूरित शंखनाद से मुखरित चेतना सर्वतोमुखी हो जाती है।

भगति भाव सों बनत हैं, ध्यान ज्ञान के पीठ।
ध्यान अनाहदनादमय, जहँयोगिन की दीठि।।
हृदय कपाटन के खुलत, मिलत ध्यान आनंद।
जहँ मृदंग सी बजत है, अहनिशि ध्वनीअमंद।।
ध्यान योग कौ सिद्ध मठ, जालन्धर स्थान।
विष्णुमुखी श्री पूज्य तहँ, गावत पद्मपुरान।।
सिद्धपीठ जग में बने, करत मनोरथ सिद्ध।
जहाँ ध्यान सों खुलत हैं, हृदयग्रन्थिअनविद्ध।।

ओड्यमाणपीठनिलयाबिन्दुमण्डलवासिनी।
रहोयाग–क्रमाराध्या रहस्तर्पण–तर्पिता।। 83।।

379

ओड्याणपीठनिलया

आज्ञाचक्र में ज्ञान के रुद्रदेव विराजते हैं आज्ञाचक्र में ओड्याण पीठ ही रुद्र ग्रन्थि है मुख से 'वैखरी' रूप में निकलने से पूर्व नाद रुद्रग्रन्थि से होती हुई आती है। कांची पीठ भी ओड्यमान पीठ कही गई है।

जो विशुद्ध सत रूप सों, मूलाधार समात।
नाद अनाहद चक्र में, पुष्ट रूप सों पात।।
भेदत आज्ञा चक्र कों, ब्रह्म नाद अनमोल।
मुखर मुख के नाद कों, कहैंसुनैं सबबोल।।
ज्ञानबिन्दु कौ केन्द्र है, आज्ञा चक्र स्वमेव।
ओड्याण सोइ पीठ है, रुद्र ज्ञान के देव।।
ज्ञान योग श्रीधाम है, कामकोटि की सिद्ध।
धन्यभूमि भारत अहो, कांची पीठ प्रसिद्ध।।

380

बिन्दुमंडलवासिनी

आनंद का सर्वोपरि धाम सहस्त्रारचक्र है जहाँ श्रीमाता सदाशिव के साथ नित्य विराज रही हैं। यहीं से अमृत की निरन्तर वर्षा होती रहती है।

ब्रह्मरन्ध्र के बिन्दु में, सहस कमल दल माँहिं।
जहँ त्रिकोण श्री चक्र में, आनंदराशि समाहिं।।

381

रहोयागक्रमाराध्या

रहसि एकान्त को कहते हैं, संगदोष विघ्नकारी होता है और भीड़ का स्थान हल चल भरा रहता है। चित्त की स्थिरता के लिये तो एकान्त और सुशान्ति अत्यन्त आवश्यक है। आनन्द भवन के अन्दर यदि जाना है तो प्रथम सोपान एकान्त ही है। अधिक सम्भाषण लोक व्यवहार की अधिकता रागद्वेष की उधड़बुन मन को चंचल बना देते हैं। भावना प्रधान रहस्य मयी साधना ही रहोयाग है इसी से भगवती सन्तुष्ट होती है। कुंडलिनी माँ का प्राणमय जाग्रत रूप है जो जीव के अन्दर सुप्त है गुरु कृपा से जब जाग्रत होती है तो उसका प्रकाश करोड़ों सूर्य मंडल से भी अधिक होता है ज्ञान चक्षुओं से जिसके दर्शन सुलभ हैं। सहस्त्रार के अमृतसिंचन से जो तृप्त होती है वही रहोयाग क्रमाराध्या है।

पड़ै न भजनहिं विघ्नकहुँ, टूटै गति न अबाध।
रहसि उजागर होत है, साधक मन की साध।।

नित्य निरन्तर नवलद्युति, होत प्रस्फुटित भाव।

योग मिटात कुयोग सब, तहाँन कछू अभाव।।

संग दोष मिट जात हैं, पड़ै न ध्यानहिं भंग।

रहसि यागक्रम साधिकें, होवैं सब निस्संग।।

तेजराशि सो शक्ति है, झरतअमिय के बिन्दु।

नाद ब्रह्म आनंदमय, सकल कलामय इन्दु।।

बजै अनाहद दुंदुभी, दीपित ज्ञान अमोल।

रहसि याग क्रम सों मिलै, अमृतसर अनमोल।।

382

रहस्तर्पणतर्पिता

<u>रामहि केवल प्रेम पियारा। जान लेउ जो जननिहारा।।</u>

जो प्रेमाभक्ति और साधक की भावमयी आराधना से तृप्त हो जाती हैं उन्हें सहस्त्रार में शून्य से निःसृत अमृत ही स्वीकार है। आत्मसाक्षात्कार हो जाने के बाद ही यह एकान्त साधना की पद्धति समझ में आ पाती है। एकान्त का वह अपूर्व मिलन जहाँ शुद्धचैतन्य के अतिरिक्त कुछ भी शेष न रहे। वाणी के शब्द, मन की कल्पना, बुद्धि के सभी संकल्प विकल्प विरत हो जायें। ऐसी दक्षता आ जाये जिसमें प्रकाश (ज्ञान) विमर्श (ज्ञान का स्पष्टी करण) इन दोनो को उन्मनी अवस्था के अवलम्बन से उस चैतन्य की अग्नि में समर्पित कर दे जो बिना बाहरी समिधा (बाहरी पूजा विधान आदि) के निरन्तर उद्दीपित हो रही है। जिसका प्रकाश तीव्र से तीव्रतर होता हुआ भ्रान्ति के घने अंधकार को मिटा रहा है। एकान्त की ऐसी साधना से जगन्माता सन्तुष्ट भाव से तृप्त होती हैं।

विरत होत इन्द्रिय सजग, मन थिरगतिअविराम।

निष्कम्पित ज्योंदीप की, सजलज्योतिअभिराम।।

रहसि उजागर होत है, परम शक्ति कौ लाभ।

सींचत अमरित बूँद सों, भयौ विजन हरिताभ।।

सहसकोटि रवि ज्योति सो, कोटिदामिनिहु मंद।

कुंडलिनी कौ तेज जब, जागत होत अमंद।।

उपशम पावत बानि पुनि, ज्ञानग्रंथ हू मौन।

चलें श्वाँसगति आपनी, जो पूजै सो कौन।।

मानस मुक्ता जो गहै, मनसा उठत हिलोर।

चेतन स्फुर होत जब, ताकौ ओर न छोर।।

यहै याग है योग कौ, केन्द्र स्वयं ही सिद्ध।
आनंद अमृत जहँ स्रवै, मन मुक्ता अनविद्ध।।
ऐसी साँची प्रीत सों, तोषित अंबा सत्य।
सत्यसत्य सो सिद्धिफल, अमर बनत है मर्त्य।।
ज्ञानपुष्प अर्पित करै, रसना रस की सेतु।
बहै पौन आनंद की, फहरावत सी केतु।।

सद्यःप्रसादिनीविश्वसाक्षिणीसाक्षिवर्जिता।
षडंग देवता युक्ताषाड्गुण्य परिपूरिता।। 84।।

383

सद्यःप्रसादिनी

माँ भावना से ही प्रसन्न हो जाती है और हो भी क्यों न वे तो अति उदार जनवत्सल है अपने भक्त की भावपूर्ण भक्ति का मान रखने वाली है ऐसा कृपा प्रसाद मानों माता का अमृतमय दूध ही है उसी से भक्तों का पोषण होता है।

निजजननिरखि मुदितमन अम्बे। करतअनुग्रह सो अविलम्बे।।
करुणामयि अमोघ वरदानी। देत चरनरति निजजन जानी।।
समता नहिं कछु ता करुणा की। सद्यःउषसप्रभाअरुणा की।।
जितजित दीठिकरत मन हरषै। कोटिगुनी संपद तहँ बरसै।।
को अस देव उदार बताऔ। करत समर्पण जो फल पाऔ।।
पूर्ण पुरातन पूर्ण बनावै। निज कर सों उठाइ अपनावै।।
सुत पर नेह सदा जननी कौ। प्यावतपयअपनौ अतिनीकौ।।
ताड़त वारत परसत पानी। केवलहितचित की गति जानी।।
सुनत द्रवै जन आरत बानी। सद्यप्रसादिनि अंब भवानी।।
अतिउदार वात्सल्यमयि, सब पर होत कृपाल।
ताकीअँचराओट गहि, कस नहिं होउँ निहाल।।
सर्व समर्पण करत ही, देत अभय वरदान।
भगत भाव वश जो रहै, ऐसौ नहिं प्रभु आन।।

384

विश्वसाक्षिणी

काल की भी काल, महाप्रलय की साक्षी, जिनके प्रभाव से ही प्रकृति अपना कार्य करने में सक्षम हो पाती हैं। जो ब्रह्माण्ड रचना के समय सूक्ष्म तन्मात्राओं में गति और जीवन देती हैं पंचभूतों की शक्ति को मिलाकर सृष्टि का संचालन करती हैं जिनकी इच्छा से सृष्टि और प्रलय का क्रम चलता रहता है अनगिनत ब्रह्माण्ड जिनके संकेत से चलायमान रहते हैं वे ही सबकी एकमात्र साक्षी है।

काल कर्मगति डोर चलै ताके आधीना।
भयौ न कोऊ पूर्व तासु सो अति प्राचीना।।
श्रीस्वरूप महँ प्रकृति सदा छाया सी लीना।
ताकेप्रियनहिं विलगहोंयज्यों जल में मीना।।
करै विश्व निर्माण नित, रमे प्रकृति के रूप।
ताके ही बल सबटिके, चलें तासु अनुरूप।।
सकलदेश सबकालमहँ, सब घट साँचौवास।
निरख न पावै मूढ़जन, सुजन गहैं आभास।।
वात बन्हि आकाश औ', दिशा वारि सर्वत्र।
सरित सागरन मेदिनी, पर्वत सर नक्षत्र।।
अणुअणुव्यापकजो सदा, सबघटचालत साँस।
सृजतविश्वनिजबलसकलनिरखकरहुविश्वास।।
निरखैसबमहँतासुछवि, प्रकट प्रमाण प्रसिद्ध।
टिकत न कोऊ तासुबिन, सत्यसत्ययहसिद्ध।।

385

साक्षिवर्जिता

जो सृष्टि की सृजन कर्त्री है। प्रलय के उपरान्त भी जो शाश्वत रूप में रहती है उनका कोई साक्षी नहीं हो सकता, वे ही नित्या सनातना है। एक कल्प के अन्तर संसार को रचने वाले ब्रह्माजी की भी आयु पूरी हो जाती है फिर उन लीलामयी भुवनेश्वरी की लीला का शिवजी के अतिरिक्त कोई भी साक्षी नहीं है क्योंकि वे स्वयं महाप्रलय में तांडव– नृत्य की एकमात्र साक्षिणी हैं।

अलख अनादि रूप धारी सबकी महतारी,

कोउ न ऐसौ देव सकै जो ताहि निहारी।

कालातीत   पुनीत   एक अव्यय तन धारी,

सबकी साखी एक नित्य श्री सिद्ध हमारी।

386

षडंगदेवतायुक्ता

षडंग वेदांगों को भी कहा जाता है स्वरविज्ञान, कल्प, व्याकरण, कोषरचना, कला, छन्द शास्त्र, ज्योतिष साधना पद्धति में षट्चक्रों का ग्रन्थि भेदन हो या ध्यान मंत्रजाप आदि सबमें अंगन्यास करन्यास हृदयादिन्यास हों सबमे छै अंग ही मिलेंगे।

हृदयादिन्यास षडंगः

1–हृदय, 2–शिर, 3–शिखा, 4–कवच, 5–नेत्र 6–अस्त्र।

करन्यासादि षडंगः

1–अंगूठा, 2–तर्जनी, 3–मध्यमा, 4–अनामिका, 5–कनिष्ठिका 6–करतल का पृष्ठभाग

ऐश्वर्य भी छै हैं इन्हीं को भग कहा जाता है। ऐश्वर्यवान ही भगवान या भगवती कहलाने योग्य है ये हैं छै ऐश्वर्य

1–पूर्णता यानी समग्रता, 2–धर्म, 3–सुयश, 4–श्री, 5–ज्ञान, 6–वैराग्य

वाणी के भी छै उद्गम स्थान है

1–कंठ, 2–तालु, 3–मूर्धा, 4–दाँत, 5–ओठ, 6–नासिका

मंत्रों के भी छै अंग हैं

1–ऋषि, 2–छन्द, 3–देवता, 4–बीज, 5– शक्ति, 6–कीलक

महादेव के भी छै गुण हैं

1–सर्वज्ञता, 2–तृप्ति, 3–अनादिबोध, 4–स्वतंत्रता, 5–नित्यता, 6–अलुप्तशक्ति

षट्चक्रों में भी छै देवता हैं

1–मूलाधार में गणेश, 2–स्वाधिष्ठान में ब्रह्मा, 3–मणिपुर में विष्णु, 4–अनाहद में शिव, 5–विशुद्ध में जीवात्मा, 6–आज्ञा में परमात्मा इस प्रकार भगवती की साधना के किसी भी रूप में जायें उसके छै अंग ही मिलेंगे।

मुखर बानि श्रवनन सुनैं, जाप हृदयगत रूप।
गूढ़गिरा अस मंत्रमयि, उर बसि भाव स्वरूप।।
मंत्र ब्रह्ममय बोध है, देव रूप सब छंद।
न्यास बीज कीलक ऋषी, शक्ती सहित प्रबंध।।
तहँ विराग सब भाँति सों, सुयश धर्म संधान।
श्री सम्पदा विभूतिमय, श्री जी रूप प्रधान।।
पुनि षडंग हृदयादि हैं, नाम रूप गुन माँहिं।
मंत्रमूर्ति साधक बनें, साधन सुगम बताहिं।।
हैं षडंग सुर अंग में, विधि हरि हर हेरम्ब।
परमात्म जीवात्म संग, देवमयी हे अंब।।

387

षाड्गुण्यपरिपूरिता

माता छै गुणों से परिपूर्ण हैं। कीर्ति, समृद्धि, सम्पत्ति, विवेक, वैराग्य, धार्मिकता ये छै ऐश्वर्य हैं। छै ही रितुऐं हैं ग्रीष्म, वर्षा, शरद, शिशिर, हेमन्त, बसन्त। छै स्वर हैं रे ग म प ध नी इनमें 'सा' उनका समाहार स्वर हैं छै में से ही निकला हुआ है इसीलिये उसे 'षडज' कहा है। शिवपुत्र कार्तिकेय के छै मुख हैं रसना के स्वाद भी छै ही हैं। हमारे दर्शन भी छै हैं। ऊँ नमः शिवाय यह षडक्षर युक्त महामंत्र शिव प्रिय है। इस प्रकार शिवा शिव छै गुणों से प्रसन्न रहने वाले हैं।

षड्रितु स्वरषड् स्वाद षड्, षड्दर्शन वेदान्त।
षडमाता प्रिय षडानन, षडाक्षरन शिवकान्त।।

नित्यक्लिन्नानिरुपमा निर्वाणसुखदायिनी।
नित्या षोडशिकारूपाश्रीकण्ठार्धशरीरिणी।। 85।।

388

नित्यक्लिन्ना

करुणामयी के कृपाकटाक्ष भक्तों पर अमृत की वर्षा करते ही रहते हैं।
वे नित्य ही अपनी दया से द्रवित हो सबका उद्धार करती है।

दयाद्रवित उर है सदा, दयामयी की आन।

भगतवछलताअस न कहुँ, नित्यक्लिन्नामहान।।

389

निरुपमा

माँ के समान तो केवल माँ ही होती है। सन्तान के हित में यदि वह दण्ड भी देती है तो भी हित के लिये ही माँ के दूध से बढ़ कर कोई दूसरा अमृत तल्य पोषण हो ही नहीं सकता। वह निरुपम है उनकी तुलना किसी से नहीं की जा सकती।

पालै पोखै सकल विधि, ताड़त बार अनेक।

केवल हित ममताविवश, रहै मात मन एक।।

पूत कपूत सपूत कों, प्यावत निज पयपान।

दयादृष्टि ताकी सुधा, को है जननि समान।।

मूढ़न कों हू ना तजत, धरत हिये में ध्यान।

जो न विसारतएकछन, कोउ न तासु समान।।

समता नहिं ताकी कहूँ, का उपमा दें ओहि।

जोममतानिरुपम मिली, दीन्हि दयाकरिमोहि।।

390

निर्वाणसुखदायिनी

निर्वाणसुख मोक्ष का प्रतीक है। जड़ता जहाँ मिटे, आत्मसुख की अखण्ड अनुभूति हो ये सब तभी सम्भव है जब निर्वाणसुख की सम्पदा साधक को मिले, स्थूल देह जो साधन मात्र है उसे भोग का स्थान न समझे, सूक्ष्म शरीर जो पुनर्जन्म का कारण बनता वह भी अहंभाव के छूट जाने से मुक्त हो फिर कारण शरीर जो जीव है वह अपने साध्य में उसी प्रकार रम जाय जैसे बूँद जल में मिल जाती है तब जानो कि निर्वाण सुख सम्पदा मिल गई। इसका सरल पथ केवल मात्र शरणागति आत्मनिवेदन और भक्ति ही है जिस रस से साधक का जीवन कभी नीरस हो ही नहीं सकता। भगवती ने राजा हिमालय से कहा है— मामुपास्य महाराज ततो यास्यसि तत्पदं।

एक रूप श्री विद्या केरौ। रचै विविधविधि रूप घनेरौ।।
बिम्ब एक प्रतिबिम्बअनेका। भासत सकल सृष्टि में एका।।
सबै ठौर सब ओर समानी। रमी सकल सबकाहु रमानी।।
बने विविधविधिमति के भेदा। सत्य वही जो संसयछेदा।।
खोलत ग्रन्थि अहंता मेंटै। जो निर्वाण पंथ कों भेंटै।।
विलयहोत जड़तामिटि भारी। केवल एक रहै सो न्यारी।।
ध्यान योग जप बहु विधिबाँचै। कोऊउमगिमनहिमननाचै।।
कहिकहि थकत पारनहिं पाई। बोधअगम्य सोध भरमाई।।

देखहिं सब स्थूल तन, सूक्ष्म देह गति भिन्न।
कारणतनसबसों परे, जहँ विदुमन नहिंखिन्न।।
कहे बाण ये तीन तन, विगत बाण निर्वाण।
बिन निर्वाण मुमुक्षु कहुँ, पावत हैं नहिंत्राण।।
बिना गहे निर्वाण पद, मिटै न जन कौ त्रास।
शरणागति सो सरलपथ, सो हमकौ आभास।।
देय जन्म पोखै सदा, प्यावै निज पय पान।
गोद सुवावै मुदित हवै, को है जननि समान।।
विधत विधे ज्यों बाण, सालैं सूल चुभत गढ़े।
निकसत पायौ त्राण, अहं भाव तस देह कौ।।
राग मोह के फंद, सूक्ष्म थूल देही जनित।
मिटें तबहि सब द्वन्द, विगत देह की एषणा।।
ज्ञान गुमानहिं दर्प, सो पित्याज्यअज्ञान जिमि।
कलुष असूया सर्प, तमाच्छन्न मन लेत डस।।
विजनगुहा हठयोग, ज्ञानपंथ अति ही जटिल।
बनत न सो संयोग, जो शरणागति सों मिलै।।

391

नित्याषोडशिकारूपा

जो क्षयवृद्धि से रहित, अजन्मा चिन्मयी शाश्वती है। भगवती महात्रिपुरसुन्दरी ही चिरषोडशी नित्या हैं। तंत्र में सोलह नित्याऐं हैं....कामेश्वरी, भगमालिनी, नित्यक्लिन्ना, भेरुण्डा, वन्हिवासिनी, महाबज्रेश्वरी, शिवदूती, त्वरिता, कुलसुन्दरी, नित्या, नीलपताकिनी, विजया, सर्वमंगला, ज्वालामालिनी, चित्रा तथा महात्रिपुरसुन्दरी।

ललिताम्बा षोडशि अहो, षोडशकला निधान।
त्रिपुरसुन्दरी रूप कौ, मंत्र षोडशी ध्यान।।

392

श्रीकण्ठार्धशरीरिणी

शिवजी के अर्धांग में माँ जगजननी का स्थान है। सृष्टि के आधार, संसार माता पिता अभिन्न हैं। ब्रह्मोपनिषद (1—4, 1—3) के अनुसार सृष्टि के आदि में केवल शिवा ही थीं बाद में उन्होंने अपने को दो भागों में विभक्त कर लिया। वे एक प्राण दो देही हैं। वायु पुराण के अनुसार जिस प्रकार अर्ध नारीश्वर हैं उसी प्रकार भवानी भी हैं उनका दाहिनाभाग श्वेत है और वाम भाग नीला उनकी दिव्य लीला को वे ही जानते हैं।

आनंदरूप शिवा अभिरामा। शिवअर्धांग विराजत वामा।।

नीलकंठ श्री कंठ कहाये। जग कल्याणहेतु छवि पाये।।

महादेव देवन के त्राता। तिन अर्धांग रहीं श्री माता।।

शिवअर्धांग छटाछविन्यारी। करत भुवनचौदह उजियारी।।

तस सुषमा छवि श्रीतन पाई। सर्वमयी शिवअंक समाई।।

निजइच्छानिजरूप विहारी। जयजयजयशिवशिवा पुरारी।।

जगवन्दितजगतारनि माता। जगकल्याणिशरनसुखदाता।।

शिवशक्ती शक्तीशिव एका। रतिअभिन्न रहिरूप अनेका।।

अर्धनारि शिव रूप लखि, जो मानत मनमोद।

मानमयी वरदायिनी, रमत शिवा शिव गोद।।

प्रभावती प्रभारूपा प्रसिद्धा परमेश्वरी।
मूलप्रकृतिरव्यक्ताव्यक्ताव्यक्तस्वरूपिणी।। 86।।

393

प्रभावती

माँ का प्रकाश प्रकट और अप्रकट दोनों रूपों में अखिल लोक में व्याप्त है। सात रंगों का प्रकाश भी माँ के दीप्तमान श्वेत रंग से ही निःसृत है। उनकी ज्ञानमयी प्रभा से ही वेद वेदांग भी प्रभासित हो रहें हैं। जीवन में चेतना ऊर्जान्विता प्राण शक्ति भी उसी प्रकार

उनके प्रकाशमय अस्तित्व से टिकी है जिस प्रकार सूर्यमंडल के प्रकाश से संसार को चेतना, ऊर्जा और प्राणशक्ति मिलती है। उनकी प्रभा से ही तो सूर्य प्रभासित है। अखिल लोकविधात्री प्रभामयी है।

सर्व रूप चैतन्य सो, विद्या एक. अनादि।

प्रकट प्रकासै दीप्तिमय, एक रूप अव्यादि।।

सब समात ता एक में, व्यापक सबलगि एक।

सोइ प्रकाश पर्व महा, अघ तम मिटें अनेक।।

विमलज्योतिअतिशुभ्रछवि, दमकत वपुगौरांग।

एक प्रभा सों ही दिपै, वेदन सहित उपांग।।

जगमग शुभ्रप्रकाश, सप्तरंग सों मिलि बन्यौ।

जहाँ होत आभास, वहीं प्रभा चैतन्य मयि।।

394

प्रभारूपा

भगवती प्रकाश की अक्षय निधि है। अणिमादिक सिद्धियों में, अन्तर्धट में, ज्ञान के दिव्य आभास में और पंचभूतों में भी उसी की प्रभा प्रकाशित है जिस प्रकार एक दीपक की लौ से दूसरा दीपक जल उठता है। दीपक की लौ से बाती जिस भाँति अभिन्न है उसी प्रकार प्रत्येक वस्तु उसके आलोक से ही अस्तित्व में है। मानसकार कहते हैं कहहु सो कहाँ जहाँ प्रभु नाहीं।

प्रखर प्रभा अणिमादिक सिद्धी। सर्वोपरि चैतन्य प्रसिद्धी।।

आत्म ज्योति सो सत्य कहाई। दीपशिखा नवदीप समाई।।

जगमगात जागै सब कोई। एक ज्योति जाग्रत जब होई।।

बोधरूप सो अचल समाधी। प्रभापुंज की दिव्य उपाधी।।

जुड़तधरनि नभसों जसभाँती। जैसे लौ सों भिन्न न बाती।।

सबहिठौर नभ रह्यौसमायौ। ताबिनकोउ अखण्ड न पायौ।।

बहत वात ज्यों सदा स्वतंत्रा। प्रसरत नभ ब्रह्माण्डन तंत्रा।।

हैं असीम आत्मा सम दोऊ। रहे सब घट व्यापक ओहू।।

जहँजहँ ज्ञानज्योति की धारा। तहँतहँजगै प्रकाश अपारा।।

मिटें मोहतम मन के भिन्ना। ज्ञानप्रभालखि होत न खिन्ना।।

सबघट वास सबघट राँची। अमुकरूप अस कहत न बाँची।।
एक सत्य जो सब घट पायौ। एक बिम्ब प्रतिबिम्ब समायौ।।
प्रभारूप जग महँदिपत, प्रखर प्रकास प्रकाम।
भीतर बाहर ज्योति सो, कल्पित हैं बहु नाम।।

395

प्रसिद्धा

प्रकटप्रभा तो स्वयंप्रसिद्ध है। नवोदित सूर्य की तरह उसका प्रकाश सर्वत्र समान रूप से फैल ही जाता है। अज्ञान, भ्रान्ति, अन्धकार का कहीं भी लेशमात्र अस्तित्व नहीं रह सकता।

एककिरन की ओप सों, दिपै अखिल कौ रूप।
बिन शरणागति के गहे, पर्यौ अन्ध तम कूप।।
कापरिचय रवि कौ कहौ, दिपत होत भिनुसार।
झँपत दीप अति रंक बन, होतहि रश्मि प्रसार।।
ज्ञान दीप्ति जहँ जहँ दिपै, जगमगात सो ठौर।
प्रभापुंज नव अर्क जहँ, मन्द तेज सब और।।
अघतममूल नसाहिं, एक प्रज्ज्वलित सर किरन।
तिमरउलूक दुराहिं, तासु न कहुँ उपमा मिली।।

396

परमेश्वरि

माँ परमेश्वरी परमेश्वर की शक्ति हैं शक्ति और शक्तिमान में अभेद है जैसे प्रकाश और किरण। वायु और शीतलता जल और रसमयि तृप्ति उस परमशक्ति के बिना किसी का अस्तित्व ही नहीं है। परमेश्वरी ही सबका आधार हैं।

परम प्रकाश रूप जगमाँहीं। अणिमादिक ता मध्य समाहीं।।
जगमग जासों जीवनज्योती। प्रखर प्रभा भू नभ में होती।।
सोइअसीमअनन्तअखण्डा। कर न सकहिकोऊ तस खण्डा।।

266

भूमि अकाश भेद ताहीसों। प्रभारूप जग दिपत जाहि सों।।
तेज रूप अक्षयनिधिताकी। छविअनन्य शिव के संगजाकी।।
परा परात्पर रूप अखण्डा। परम पराक्रमशील प्रचण्डा।।
अखिललोक ब्रह्माण्ड नियन्ता। ध्यावैं नित योगीजनसंता।।
सर्वेश्वरि जगदंब भवानी। परमेश्वरि पावनि कल्यानी।।
परमशक्ति जो ईश की, परम सार कौ सार।
उभयभेद नहिं काहुविधि, सो ही सर्व अधार।।

397

मूलप्रकृति

मूल प्रकृति में पाँच तन्मात्राऐं और अव्यक्तमहत् अहंकार हैं। चौबीस गुणों के मिलने से सृष्टि की रचना होती है। पुरुष प्रकृति का दृष्टा है किन्तु उसको भी प्रेरित करने वाली शक्ति जिसके कारण संसार का निर्माण होता है, अस्तित्व रहता है और विलय भी होता है वह मूल प्रकृति ही सबका कारण है कारण के बिना कोई भी कार्य सम्भव नहीं हो सकता।

बन करकें आधार सृष्टि लीला कों सरजै,
करत दुष्ट संहार अनिष्टन कों जो बरजै।
विलय करै जब सृष्टि प्रलयघन बनकें गरजै,
मूलप्रकृतिसुखराशि शाश्वती की नितकर जै।
प्रकृति सचेतन होत है, मिलत पंच तन्मात्र।
मूलप्रकृति ही शक्तिवह, करतक्रियान्वितगात्र।।

398

अव्यक्ता

वे अन्तर्यामिनि अप्रकट होकर भी प्रकट रूप से दिखाई देने वाले संसार को चलातीं हैं। एक अव्यक्त से ही व्यक्त ब्रह्माण्ड का विस्तार हुआ है। यह रहस्य प्रत्यक्ष सत्य भी है।

देखें नयन न बानी कछु कहि भेद बतावै,
पहुँच्यौकोउ न तहाँक्रिया जो कहिसमझावै।
एक सूक्ष्म सों महत् थूल आपनि गति पावै,
बीज मध्य में छिप्यौ एक नव वृक्ष समावै।
ज्यों वृक्ष के मूल में, एक बीज अव्यक्त।
मूर्तमान अमूर्त सोइ, है बहु भाँति विभक्त।।

399

व्यक्ताव्यक्तस्वरूपिणी

निराकार और साकार दोंनों रूपों में जो सर्वत्र व्यापक है। विश्वरूप उसी का सुन्दर दर्शन है। प्रत्येक प्राणी में, स्थावरजंगम में, देशकाल में वे ही हैं। स्थूल सूक्ष्म में वे ही हैं। प्राणशक्ति, प्रकृति, परा, अपरा और न जाने कितने रूपों में वे ही सब ओर व्याप्त है। इदमित्थम् कहि जात न कैसेहु यह कथन सर्वथा सत्य ही है।

व्यक्त अपर अव्यक्तभवानी। निगमागमसम्मत विज्ञानी।।
मंत्र यंत्र तंत्रादि विभूती। एक अखिल ब्रह्माण्ड प्रसूती।।
जलथलअनलचन्द्ररवितारे। नियमितचलें टरैं नहिं टारे।।
तरुपहाड़गिरिखोहरमानी। नहिंअसठौर न जहाँसमानी।।
गिरिमन्दरपाताल समुन्दर। धराव्योम घन के हू अन्दर।।
सकलरूपताकी ही सुषमा। छविअनन्यमोहिनीनिरुपमा।।
परा परा विद्या अव्यक्ता। जानतजासु विमलमतिभक्ता।।
मनबानीयोगिनगतिथाकै। कोउन काहुहि विधिसोंआँकै।।
निराकारनिर्गमनिधि सोही। अन्तर्घटव्यापिनि अतिओही।।
सो साँची मिथ्यासब माया। ब्रह्ममयी सो ब्रह्मनिकाया।।
व्यक्ताऽव्यक्तसनातनश्यामा। कहैधन्यमतिअतिअभिरामा।।
प्रकटै निजइच्छा निज रूपा। अन्तर्घटव्यापिनी सरूपा।।
व्यापकनभ धट घट मेंजैसे। सो मूरत प्रतिघट में तैसे।।
रचै तन्तुपट सूत्रविताना। तन्तु विहीन कहाँ पट नाना।।
बूँदबूँद ज्यों सिन्धुसमावै। विलय होत ही जान न पावै।।
मूल एक शाखा बहु केरी। लोकविधा त्यों होत घनेरी।।

जहँजहँ नभके प्रसरत तारे। प्रकटै रवि होवै भिनुसारे।।

प्रकटप्रभाजगजीवनसाजै। सकलदिशासबलोक विराजै।।

कहूँव्यक्त अव्यक्त कहुँ, सकल काल सब देश।

ताकौं ही कहि देत हैं, व्यक्ताऽव्यक्त विशेष।।

व्यापिनीविविधाकाराविद्याविद्यास्वरूपिणी।

महाकामेश नयन कुमुदाह्लाद–कौमुदी।। 87 ।।

400

व्यापिनी

जगतवंद्या विश्वव्यापिनी हैं। ऐसी कोई भी वस्तु नहीं जिसमें वे न हो। भावपूर्ण भक्ति से ध्यान द्वारा ही उनकी दिव्यलीला के दर्शन किये जा सकते हैं।

जलथलनभ व्यापकजगमाता। जासों बनीं प्रकृति गुणदाता।।

ज्यों लौं विस्तृत नभ के तारे। नखत व्योम गंगा के सारे।।

सब महँ सम रस स्रोत भवानी। ता बल बने प्राणमय प्राणी।।

जो व्यापक घटघट सब पाहीं। कहौ कहाँ जहँपै श्री नाहीं।।

केवल भाव टेक अवलम्बा। ध्यावत पाप कटें अविलम्बा।।

साँचौ सुख सान्निध्य हु पावै। केवल उरगहि ध्यान लगावै।।

जस भावना रूपतस पासा। निरखत अखिलटेक विश्वासा।।

भाव भूमि की सुगन्ध सौंधी। मेंटत अँखियन तिमिररतौंधी।।

भावमयी मूरत उर साँची। बढ़त राग दिन दूनी राँची।।

सिंचै भगति भाव तरु मूला। फरै बेल आनंद के फूला।।

मूल गहन विश्वास की, अर्पित मति निःकाम।

भावपुहुप जहँपल्लवित, सुमिरत मननितनाम।।

श्रद्धा के सुमनन फली, आनंद पल्लव डार।

रोमावलि किसलय समा, चिरसुषमा मनुहार।।

401

विविधाकारा

काली, दुर्गा, सरस्वती, राधा, सीता, नारसिंही, वाराही, कूष्माण्डा, वैनायिकी, वैष्णवी, पीताम्बरा छिन्नमस्ता, शिवदूती, संकटा, कात्यायिनी, मीनाक्षी, त्रिपुरेश्वरी, चामुंडा आदि अनेकानेक नाम रूप और लीलाएँ हैं, जिन्हें गिना पाना सम्भव नहीं माँ के अनेकानेक सिद्धपीठ हैं। वह एक एक कण में भी है और भक्तों के हृदयमन्दिर में भी निवास करती है। जाकी रही भावना जैसी। प्रभु मूरत देखी तिन तैसी।।

हैं अनन्त लीला अमित, हैं अनन्त गुण नाम।
हैं असंख्य आकार जहँ, अगनित जाके धाम।।

402

विद्याविद्यास्वरूपिणी

जब अज्ञान, जड़ता, मूढ़ता, दुख, हानी, ग्लानी, भय, क्रोध, उद्वेग, व्याधि पीड़ा कभी न अंत होने वाली तृष्णा लोभ और भी अनेकानेक मन को मथने वाले दुखद अनुभव हों और इनकी पीड़ा से मन छटपटाये, दुख दूर करने का साधन ढूँढ़ना चाहे तो समझना चाहिये कि अविद्या का आभास हो रहा है। जो अतिमन्दचेतना के लोग होते हैं उन्हें तो इसका आभास तक नहीं होता वे तो केवल पेट भरने वाले पशु समान ही हैं, मात्र नरपशु! किन्तु जिन्हें इसका लेशमात्र भी अभास होता है कि जीवन विषमदिशा में जा रहा है अब करें तो क्या करें ? तो जान लो उन्हें अविद्या का अनुभव हो गया अब दूसरा पक्ष है विद्या जो ज्ञान रूप में गुरुकृपा से माँ की अनुकम्पा से और अनेकानेक जन्मों के प्रारब्ध के सत्पुण्यों से भक्त के हृदय में समर्पण के रूप में साधक के अन्दर जिज्ञासा बन कर उभरती है। साधक चार प्रकार के होते हैं जिज्ञासु, आर्त, मुमुक्षु और ज्ञानी, इन चारों को ही विद्या सदैव सन्तुष्ट करती है। इस प्रकार माता विद्या के द्वारा अविद्या को दूर करती है दोनों ही माँ के रूप हैं कयोंकि अज्ञान है तभी ज्ञान का उन्मेष है जैसे दिन और रात, यदि रात ही न होगी तो सूर्योदय का सुखद अनुभव ही कहाँ से मिल पायेगा!

जो विद्या विद्या कों धारै। मिटैतिमिर जब किरननिहारै।।

जैसे छाया तन कर राखी। बनी रहै प्रतिपलकी साखी।।

निशा बिना न होत भिनुसारा। प्रकृतिचक्रजेकरइप्रसारा।।

चखै न कटु तीखौ यदि कोई। जानैंनाहिंमधुरफलसोई।।

अहं बुद्धि उपजै तन माँहीं। द्वन्दरागभय मन उपजाहीं।।

भ्रमवश रचै अनेक विताना। मकड़जाल से ताना बाना।।

कर्मबन्धमतिजिन्हहिं फँसाये। बनतअनागतविगत रचाये।।

बनें मूढ़ रच स्वप्ननिकेता। भ्रमवश होत प्रमादअचेता।।

यहै अविद्या मूल समाई। भ्रान्तिनिशा तम मध्य लुकाई।।

बोधकिरन विद्यामयकीन्हीं। तासुदीप्तिनिजघटमहँचीन्हीं।।

विद्याअविद्या उभय तस, जैसे तिमिर प्रकास।

मिटतभ्रान्तिभय विकलता, जब होवै आभास।।

ज्ञानकुठारी सों दुविधा के। काट फन्द चल पथ सुविधा के।।

जब जानैं घट माहिं प्रकाशा। उपजै तब न अन्यफल आशा।।

ब्रह्मानंद शक्ति रहि तामें। नव प्रकाश किरनन उपजामें।।

उभय मध्य भेद जहाँ जानै। मतिहठ छाँड़ बोध पहचानै।।

ज्ञानकिरन काटैतम कुहरा। विलय होय भ्रमभय कौ तिमिरा।।

आनंद अम्बुज खिलत सुहाये। चाह मधुप मकरन्द चखाये।।

जन्म मृत्यु आवर्तन जैसे। विद्या अपर अविद्या तैसे।।

जेते बन्धन बँधत अविद्या। तेते खोलै फन्दा विद्या।।

उभय भेद ताकी ही माया। एक सत्य दूजी तस छाया।।

विद्या करत अविद्या छीना। पुनि विद्या श्री महँ भई लीना।।

धर ध्यान महाविद्या रूपा। परै न भगत अविद्या कूपा।।

तजै भ्रान्तिमय भेद मन, गहै आत्म परतीत।

उपजै तामें ही विरल, पराशक्ति की प्रीत।।

पार होत दुर्गमउदधि, भ्रममयतिमिर प्रसार।

गहै अमरपदअटल जो, पियतसुधामयसार।।

403

महाकामेशनयनकुमुदाल्हादकौमुदी

धर्मार्थकाममोक्ष चारों ही पुरुषार्थ साधक के साधनों को सिद्ध करते हैं। आत्मज्ञान की निधि पाना ही साधक की सर्वोपरि कामना है। जिसके बल से हृदय में शिव कृपा का आभास होता है। शिवजी से बढ़ कर कोई भी देवता नहीं हैं। देवाधिदेव महादेव ने तप में काम द्वारा खिन्न मन करने की धृष्टता पर क्रोधित होकर उसे ही भस्म कर दिया तब से महादेव कामेश्वर कहलाये रति को कामदेव के पुनर्जन्म का वरदान देकर प्रभु ने दीन वत्सलता ही दिखाई है। ऐसे परात्पर ईश शिवजी के कुमुदनी के समान नयन माता की चाँदनी के समान प्रसन्न मुख वाली छवि को निहारने से खिल जाते हैं। भगवती की

पावन आकृति कामारि को भी आकर्षित करती है। उन्हें अपूर्व प्रसन्नता होती है। माँ का यह नाम तपस्वियों को आत्म स्वरूपिणी देवी के दर्शन कराने वाला है।

पुरुषारथ कौ सार, साधनन सार बतावै।

सकलकामना सिद्ध एक ज्ञान निधि पावै।।

जाकेबल यह सत्य सत्य ही चित में ध्यावै।

उरआलय में नित्य कृपा शिव की प्रकटावै।।

जहँ कामेश्वरनयन कुमुद सम खिलैं मनोहर।

आल्हादित लहरन सों पूरित प्रेम सरोवर।।

अहो धन्य सुखराशि कौमुदी चितवन सोभा।

खिलखिलनिरखतकुमुदवदनशिवमनहरलोभा।।

खिन्नमना शिव रतिपतिकीन्हा। परमबोध पावन तप चीन्हा।।
डिगे न जो विधिकोटिडिगाये। जर्यौ काम मनक्षोभ कराये।।
पावन रूप अंब कौ देखै। विह्वल हर्ष नयन शिव पेखै।।
आशुतोष तोषित अविलंबा। भई धन्य कर दरसन अंबा।।
अतिपावन करुणानिधि रूपा। कुमुद समा शीतला सरूपा।।
आत्म स्वरूपिणि मात भवानी। निरखें नित्य तपोनिधि मानी।।
परमौषधि भव ताप नसावैं। शुद्ध भाव चित निरमल ध्यावै।।
अहो अमिय तोषै तिन धन्या। जिन धट प्रकटै भाव अनन्या।।

अमर कहाये देव सब, पियत सुधासव बूँद।

ते हू प्यासे नित रहें, याचत मुनि दृग मूँद।।

विमलभगति शुचिभावकी, ताकेसमनहिं कोय।

परमसार कौ सार यह, राखहुचितअतिगोय।।

निरखत प्रज्ञाआत्मसुख, आत्मज्योतिकौ रूप।

सर्वोपरि अस कामना, परमानंद सरूप।।

रजतज्योत्सनास्पर्श, खिलेकुमुदसमशिवनयन।

अहो अपूर्व सुहर्ष, पावनतम लीला सुरभि।।

भक्तहार्दतमोभेदभानुमद् भानुसुन्ततिः।

शिवदूतीशिवाराध्याशिवमूर्तिःशिवंकरी।। 88।।

404

भक्तहार्दतमोभेदभानुमद्भानुसुन्ततिः

भक्त के हृदय में अज्ञान रूपी अन्धकार से घिरी निराशा की काली रात जिनके अनुग्रह से ज्ञानसूर्य के उदय होते ही बीत जाती है। उसके जीवन में नवप्रभात होता है। उत्साह, ऊर्जा, धैर्य, इष्ट के प्रति समर्पण की भावना अपनी सुनहरी छटा बिखेर देती हैं जिससे दुर्भाग्य, दीनता और दुख दूर हो जाते हैं।

भक्त हृदय तम रैन नसानी। प्रकट प्रभा दीपित ईशानी।।

उदितअरुणछविबालमयंका। रहै न कलुष तिमिर निशिरंका।।

भ्रमखद्योत उलूक सशंका। ग्लानी भय तम मलिन अशंका।।

भासित होत सकल दिशि दीपी। स्फुट मुक्तामय जनु सीपी।।

नवप्रभात लालिमा समाई। ललछौंहीं आभा अरुणाई।।

कोटिक भानुप्रभा तहँ लाजै। जहाँ कृपामयि दीठी साजै।।

ध्यानबिम्बप्रकटी छविसोभा। निरखतनयन तजत नहिं लोभा।।

ध्यानमगन उन्मीलित नयना। गद्गद् गिरा फुरत नहिं बैना।।

ज्ञान प्रभा उर दृग तब खोलै। सिहर फुल्ल रोमांचन बोलै।।

उर विशुद्ध आसनहि अडोला। रहत सदा श्रीरूप अमोला।।

उरबसिहरत भगतभयतापा। उपजत नहिं पुनि भ्रम संतापा।।

प्रकट प्रकाश तिमिर विलगाही। तैसे ज्ञान प्रकट उर माँहीं।।

हरै ज्ञान रवि तिमिर पतंगा। होय प्रभा लखि भ्रमतम भंगा।।

सहस कोटि भानू सम भासै। जाके बल जग तेज प्रकासै।।

अगनित नखतप्रभा तस साँची। सूरज चन्द्रअनल रहि राँची।।

कनकन व्यापक प्रकृतिसमानी। एक अखिलजगसत्यभवानी।।

सो घट धन्य जहाँ सो भासै। जाके बल जग जोत प्रकासै।।

सर्व समर्पित मन वच काया। ता सम नहिं दुर्लभसतभाया।।

ध्यानगम्य सो बनै सुनयना। निरखत निजलोचन मृदुबयना।।

ज्ञानचक्षु उघरें घट ताके। दिव्य ज्योति दीपित उर जाके।।

सत्य सनातन शिवमय जानै। रहत आत्मरत जग पहिचानै।।

रहै न भेद विरह भय रंचा। होय न तहँ कछु कलह प्रपंचा।।

रम्य भूति अनुभूति सुखारी। तम भय मोह अविद्या हारी।।

दीठिभाव निर्झर शुचि लौना। निरखै अग जग रूप सलौना।।
रसमय स्रोत तहाँ नित धारा। नित्य सनातन अमिय प्रसारा।।
तेजोमय ज्ञानार्क है, प्रभापुंज छवि धाम।
जाघट ज्ञानप्रकाश है, ता घट कोटिप्रनाम।।
सान्ध्यसूर्य छिप जातहै, तपतलुकै घनमाँहिं।
ज्ञानअर्कहरतापसब, अस्त न कबहुलखाहिं।।

405

शिवदूती

इनका षोडश नित्याओं में सातवाँ स्थान है। शिवजी की दूती होने के कारण अथवा शिवजी को दूत रूप में भोजने के कारण शिवदूती नाम पड़ा। दुर्गासप्तशती में...

सा चाह धूम्रजटिलमीशानमपराजिता।
दूतत्वमृगच्छभगवन् पार्श्व शंम्भुनिशुम्भयोः।।
यतो नियुक्तो दौत्येन तया देव्या शिवः स्वयं।
शिवदूतीति लोकेस्मिन् ततः सा ख्यातिमागता।।

शिवदूती पुष्कर तीर्थ में विराजतीं हैं। कृपा करने में अति उदार और परमानंद विग्रह वाली हैं।

पुष्कर तीर्थ विराजतीं, गावत पद्मपुराण।
शिवदूतीलीलामयी, बन शिवशक्तिप्रमाण।।

406

शिवाराध्या

शिवाशिव की लीला का रहस्य तो केवल वे ही जान सकते हैं। हमारे पुराणों की कथा के अनुसार पार्वती ने पति रूप में शिवजी को वरण करने के लिये घोर तप किया आज भी सुन्दर सुयोग्य मनवाँछित वर पाने के लिये कन्याऐं अनेकों प्रकार से पार्वती पूजन कर व्रत करती हैं। सीता जी ने और रुक्मणी जी ने भी पार्वती पूजन किया है, किन्तु जिन्हें सब देवता प्रणाम करते हैं, विष्णु भगवान हजार कमलों से जिनकी अर्चना करते हैं वे सुरासुर वन्दित महादेव भी अपनी प्राणेश्वरी हृदयेश्वरी शक्ति का निरन्तर ध्यान करते हैं शक्ति के रहस्य को शिवजी के अतिरिक्त कोई नहीं जानता दोनों का एक ही रूप है अर्धनारीश्वर।

मंत्रों के उच्चारण में ओंकार व ह्रींकार उभयात्मक हैं शेष मंत्राक्षर शक्तिरूप हैं। शक्ति के वेग को शिव ही धारण करने में समर्थ हैं। चाहे वे गंगा हों या महाकाली शक्ति तो प्रकृति के कण कण में समाई हैं उसकी व्यवस्था शिवत्व के ही बल पर होती है। भगवान शिव महाशक्ति के अनन्य उपासक हैं और शक्ति शिव की अनन्य आराधिका हैं।

शिव आराध्या सदा भवानी। शिव सरूप में शक्ति समानी।।

जगदाधार जाहि नित पूजें। जपहिं शिवा उरभाव न दूजे।।

अर्धअंग की राजतसोभा। निरखत छवि मन भयहु अछोभा।।

शम्भु अर्ध नारीश्वर माने। उभय रूप छवि एकहि जाने।।

नाम रूप गुन भेद मिटाये। निज मन श्रीछविहृदय बसाये।।

जपत जाप आरतभय नासै। हृदयकमल छवियुगल प्रकासै।।

उदितज्ञानसूरज अविलम्बा। करहिंकृपा जन पर जब अंबा।।

शिव समान दाता नहिं कोऊ। श्रीपदअंबुज नित गहिसोऊ।।

युगल रूप भव बंधन टारें। करुणावत्सल दृगन निहारें।।

शिवशक्ती की अद्भुत शोभा। अपलकनयनतजहिंनहिंलोभा।।

नित आराधन शिवकरें, शक्ति समानी अंग।

फरै मनोरथ कामना, उर रमि भरै उमंग।।

407

शिवमूर्ति

श्रीयन्त्र में त्रिकोण रूप में भगवती हैं और बिन्दुरूप में सदाशिव हैं इसी प्रकार शिवलिंग में नीचे पिण्डी में शक्ति और शिवलिंग उस पर विराजमान है। कुंडलिनी के सस्त्रारचक्र में शिवशक्ति का वास है। शिवमूर्ति साक्षात भगवती की ही मूर्ति है। दोनों में अभेद है।

त्रिभुजशक्तिशिवबिन्दू मानी। यन्त्रराजअसकहतबखानी।।

शक्ति मध्य शिव सदासमाये। श्री अर्धांग धरत हर्षाये।।

श्री सरूप शिव के ही संगा। निराकारशिवलिंगअभंगा।।

शिवलिंगहि पूजितजगजाना। श्रीसरूपतहँप्रकटबखाना।।

है अनन्य शिवशिवासरूपा। ध्यावतपड़ें न भवभयकूपा।।

एक अधारशिवापदटेका। सत्यधाम शिव नामहु एका।।

भेद न लेश नाम गुनरूपा। मूरति एक अनन्य अनूपा।।

एक जोति सब मंत्र समाई। आगमनिगमपुरानन गाई।।

शिव सरूप कल्याणमय, शिव मूरत श्री आप।

श्री सरूप शिव हैं स्वयं, शमनकरत त्रयताप।।

वन्दहुँ श्रीपदकमल नित, शिवमूरत श्री नित्य।

एक जोति के ध्यानसों, काटत विघ्नअनित्य।।

408

शिवंकरी

गलकारिणी माँ कल्याण करने वाली हैं। अपनी चरण शरण आने वाले को ही अनपायिनी भक्ति का अमोघ वरदान देने वाली हैं। ऋद्धी, सिद्धी, भोग, ऐश्वर्य, सम्पदा, विजय, विभूति, चारों पुरुषार्थ और अधिक क्या कहें जो जैसे भाव से भजे उसे उसी रूप में मिल जाती हैं।

मंगलमयि वरदायिनी, अनपायनि गतिसिद्ध।

भुक्तिमुक्ति फल देत है, शिवंकरी सुप्रसिद्ध।।

शिवप्रियाशिवपराशिष्टेष्टाशिष्टपूजिता।

अप्रमेया स्वप्रकाशा मनोवाचामगोचरा।। 89 ।।

409

शिवप्रिया

सदाशिव की लीला की साक्षी माँ शिव की प्रिया हैं।

सदा रहत उर सदन में, प्रियतम शिव सन्मान।

हृदयेश्वरि प्रियतमाउर, शिव के नित श्री जान।।

410

शिवपरा

प्रकाश का कहीं भी खण्ड नहीं होता। शिव और शक्ति का प्रकाश एक ज्योति रूप में सर्वत्र व्यापक है यही शाश्वतसत्य है। पराशक्ति परमेश्वर की आधारभूता महाशक्ति ही है। मन वाणी से सर्वथा अगम्य बुद्धि के व्यापारों से परे केवल भक्तिभाव से मानस में अपनी कृपा द्वारा अभासित होना ही उस दुर्लभ का दर्शन समझना चाहिये। जिनका ध्यान स्वयं महेश करते हैं वे पराशक्ति स्वयं शिवध्यान में तल्लीन है। वे शिवपरायण हैं।

पराशक्ति शिव ईश की, सर्वोपरि शिव एक।

शिवा साधना लीन शिव, पारायण की टेक।।

त्यों अभिन्नशिवशक्ति हैं, प्रभारशिम नहिं भेद।

एकज्योति दोनोंमिलत, मिटत असम्भव खेद।।

411

शिष्टेष्टा

नियमित आचरण करने वाले कल्याणकारी मन वाले सद्विवेकशील विनयी साधक ही महाशक्ति की आराधना कर सकते हैं। सुशान्त चित्त से ही अच्छे कर्म हो पाते हैं। मर्यादित जीवन ही साधना का एकमात्र पथ है। जो मर्यादा का सम्मान करता है वही पात्र है कोई भी साधना पात्रता के बिना फली भूत नहीं होती फिर यह तो अमोघ फलदायिनी महाविद्या परा शक्ति की उपासना है। इस साधना को समझने के लिये शिष्टता अत्यन्त आवश्यक है, अन्यथा कितना भी बड़ा ज्ञानी पंडित या योगी हो वह भी इस साधना के रहस्य को हृदयंगम नहीं कर पायेगा। ज्ञान का भी मान न हो और यश का धन भी संचय न हों तभी तो अकिंचन निर्लेप भक्त को सुशान्ति का अनुभव हो पायेगा !

शिष्ट वही जो धरै विवेका। करै समर्पन गहि शिव टेका।।

नियमितमनबानी अरु काया। हृदयकरुणअति सबपर दाया।।

अतिविनीतसमदृष्टिविलोकै। मन गति थिर जहँतहँसों रोकै।।

ज्ञानमान जसधन कछु नाहीं। अन्यचाहकछु उर न समाहीं।।

तिनकी इष्ट सदा महतारी। ताप शाप भ्रम तम अघ हारी।।

नयनोत्फुल्ल मल्लिका राजै। शीतल दृष्टि आपही भ्राजै।।

सहजराशि सुखसोभा जाकी। परम इष्टधन श्री नित ताकी।।
देय भाव संपदा सुहाई। दुर्लभ अमर कथा मुख गाई।।
शिष्टजनन की इष्ट जो, परम प्रवीनन मीत।
प्रेमराग आसव पुलक, जो गावत नित गीत।।

412

शिष्टपूजिता

शिष्ट बनते ही विशिष्ट पात्रता आ जाती है। पूर्ण समर्पित भाव से सुस्थिर आसन पर ध्यान करते हुए साधक मन की धारणा ऐसी होती है जैसी निष्कम्पित दीप शिखा, षोडशविधि पूजन, समतामयी दृष्टि और भावपूर्ण हृदय की अटूट आस्था अपने इष्ट का सान्निध्य सुख प्रदान कर देती है।

षोडशविधि अर्चन कर पूजी। होत न कछूचाह मन दूजी।।
थिरआसन मन नहिंकहुँडोला। निष्कम्पितजनुदीपअमोला।।
वचन काय मन श्रीपद पूजा। चितवै चित्त आन नहिं दूजा।।
अविचलध्यान निमीलित नयना। गुंजितमत्तभ्रमर से बयना।।
जगमगज्योति जगै उरमाँहीं। जो पावत सो कहिनबताहीं।।
उमगत चित्त भयौ तल्लीना। रहे ध्यानरत ज्यों जल मीना।।
तिनहिं न कछु प्रियतर है न्यारौ। नित्यसुहातनीरदृगखारौ।।
साँस साँस में प्रीत पुरानी। कहै हृदय गति एक कहानी।।
पाहि पाहि शरणागति अंबा। एकमेव पद रज अवलंबा।।
रिपुमित्र जिन्ह समकरि जाना। भेद न काहुभाँति मनमाना।।
करहिं प्रशंसा निन्दक केरी। धन्य मित्र तुम कृपा घनेरी।।
जोनहिंनिन्दारसमल न्हाऊँ। का कहि जगसुखस्वादबताऊँ।।
तुम सुनार की अगिन हौ, कुन्दन मन मम आप।
तपतकुटत आकृतिगढ़त, भयौ सुगढ़ सहि ताप।।
शिष्ट जनन सम ही है मैया। करहि पार भवसागर नैया।।
कृपा अहैतुक ताकी भारी। निज जनजान अधोगति टारी।।
माँगे बिना देंय सब माता। को करुणामय अस जनत्राता।।
जा पर होत विशेष कृपालू। होत न ताकौ मन शंकालू।।

द्वन्द न द्वेषदम्भ दुखदीना। खिन्न नक्षुभितमलिनमतिहीना।।
तिनकी पीर हरै नित भारी। करुणामयि केती महतारी।।
ते सब भाँति दुलारे लागै।। जे न कछू काहू विधि माँगै।।
तिनहिं देय निजरूपअमोला। उरआलय जिनकौअनमोला।।
धन्य धन्य भक्ती सुखकारी। सकल मनोरथ सिद्ध पुरारी।।
सफलजनमसाँचीसद्करनी। तिनकीगतिनहिंकाहुहिबरनी।।
यथा प्रेम श्रीपद के पाये। तथा इष्ट तिनके सत् भाये।।
कृपामयी पूजित जनशिष्टा। देत ज्ञानधनउज्ज्वलनिष्ठा।।
सब ते प्यारौ प्रेमपथ, सब ते न्यारौ ठाँव।
जाउररहिअखिलेश्वरी, तहँमन त्वरित पठाउँ।।

413

अप्रमेया

प्रमेय परिधि, परिमाण व सीमा को कहते हैं किन्तु जो असीम है उसकी कोई परिधि हो ही नहीं सकती। जिनके रहस्य को जानने की किसी में भी क्षमता न हो वे जगदंबिका अप्रमेया हैं।

नहिं ताकी समता कहूँ, नहिं सीमा परिमाण।
अप्रमेयअति अगम है, करतसकलविधि त्राण।।

414

स्वप्रकाशा

जगद्धारिणी स्वयंप्रभा है। उनके प्रकाशपुंज से ही सूर्य, चन्द्र, अग्नि और आत्मा प्रकाशित हैं। जड़चेतन का अस्तित्व भासित है। मन, प्राण, चेतना में ऊर्जा उसी से आती है। उनके प्रकाश के आगे प्रकाश की पराकाष्ठा फीकी पड़ जाती हैं। वे ही सभी प्रकाशपुंजों की एकमात्र स्रोत है।

जासु कृपा चन्द्रार्क प्रकासै। ज्ञानप्रभा तम तोम विनासै।।
प्रकट अप्रकट तेज सब जेते। भासैं एक ओप सों तेते।।

दिव्यज्ञान कौ तेजप्रचण्डा। करत मोह तमतोमविखण्डा।।
आत्मजोति परमात्म सरूपा। परम तेज कौ रूप अनूपा।।
सबघटएकज्योति की शोभा। प्रकटप्रभासमदूजौ को भा।।
स्वयंप्रभा मूरत श्री केरी। हरै अविद्या सघन घनेरी।।
अस को ठौर जहाँ श्री नाहीं। तेजोमयि सबओर समाई।।
मातकृपा तापर नितहोती। दिपै ज्ञान की जगमगज्योती।।

हरत व्याधि हियमें दिपै, स्वयं प्रभामयिज्योत।
तासों ही जगमग जगत, दीप्तमान नित होत।।

415

मनोवाचामगोचरा

अनिर्वचनीया अगोचरा की अपार महिमा को न तो वाणी द्वारा कह कर समझाया जा सकता है ना ही मन से उस रूप की कल्पना कोई कर सकता है। सागर के जल को अंजुली में भर लिया जाये तो उस जल में स्वाद गुण रंग तो वैसा ही आयेगा जो सम्पूर्ण सागर में है किन्तु क्या पूरा सागर एक अंजुली भर जल में समा गया ? धूप गर्मी तथा प्रकाश देगी सूर्य का सान्निध्य मिलेगा किन्तु प्रकाश कितनी जगह तक फैला है ? यह जान पाना सम्भव नहीं है। जिस प्रकार विस्तृत आकाश आँखें देख रही हैं किन्तु कहाँ तक हैं इसका विस्तार ! यह जानने की सामर्थ्य किसी में नहीं है। वैसा ही स्वरूप माँ का है जिसे न कोई शास्त्र बाँध सका न ज्ञानी साधक ही स्पष्ट रूप से जान सके वह मन बाणी से परे है।

गिरा न कछु कहिपात पुनि, मनहूजहँअसहाय।
पूर्णसनातन रूप कों, कवि को सक्यौ बताय।।
अगम अनिर्वचनीय अति, अद्भुतरूप अमोल।
अतिलघुमनबानी तहाँ, कल्पितनहिंकछु बोल।।
सागर जल भर अन्जुली, परसै किरनन गात।
निरखतदृग आकास पुनि, केतौ गिनै बतात।।
जोगी सके न जान, ज्ञानी तजत गुमानअति।
करि नहिंसकेंबखान, गूढ़गिरा सकुचात पुनि।।

चिच्छक्तिःचेतनारूपाजड़शक्तिःजड़ात्मिका।
गायत्री व्याहृतिः संध्या द्विजवृन्द निषेविता।। 90 ।।

416

चिच्छक्ति:

चैतन्यमयि शक्ति के कारण ही सब कुछ सम्भव हो पाता है। यही ज्ञान, योग, विज्ञान, ध्यान आदि साधना के जितने भी उपाय हैं उन सबमें व्याप्त है। भगवती चैतन्य रूप में हमारे अन्तर्घट में समाई हुई हैं। जिसकी जितनी चेतना मुखर होती जाती है वह उतना ही साधना मार्ग में ऊपर उठता जाता है।

चिन्मयि चित चेतन करें, शक्तिस्रोतसंधान।

जागत है जहँ चेतना, बन कें स्वयं प्रमान।।

417

चेतनारूपा

ब्रह्म की चैतन्य शक्ति जो सब ओर है किन्तु जिसे चर्म चक्षुओं से कोई नहीं देख सकता वे तो अघटित घटना पटीयसी है मायाश्रित नहीं अपितु माया उनके आधीन है जिससे पंच भूतात्मक सृष्टि बनीं हैं। जड़ जीवों में भी वे ही स्थिर है। उनका प्रत्यक्ष अनुभव तभी हो सकता है जब वे ज्ञान के प्रकाश से अन्तर्घट में जाग्रत होती हैं और योगी अपने ध्यान में, साधक साधना में, ज्ञानी ज्ञान की पराकाष्ठा को भी विराम दे कर कैवल्य रूप में अपने ही भीतर उस जाग्रत ज्योति के स्वरूप को पाते हैं, क्योंकि वे तो सब ओर है।

ब्रह्मशक्ति चैतन्य सरूपा। चेतनराशि अलख सब रूपा।।

जड़चेतनमहँकरतनिवासा। लेत पुहुप ताके बल स्वाँसा।।

महत् व्योम महँआइ समाई। भूतसृष्टि जासों उपजाई।।

चेतनरूप ठौर सबजानौ। जड़महँथिररहि सोउबखानौ।।

सबमहँ सदा समान समाई। यामें नहिं संसयकछु भाई।।

कुंडचिदग्नि प्रकटजब भासै। चिन्मयिरूपासदा प्रकासै।।

चलतताहिबलसोंसबमाया। अगनितकल्पकालगतिछाया।।

बनतमिटतपुनिप्रकटतआँकी। कहिनसकतगतिकैसीताकी।।

रही सदा तिहुँ काल महँ, चेतन रूप लखाहि।

जो निरखै प्रत्यक्ष छवि, ता घट प्रकट बताहि।।

418

जड़शक्ति

शक्ति जड़ और चेतन दोनों में समान रूप में स्थित है। उसके बिना वृक्ष आदि का भी अस्तित्व नहीं रह पायेगा। वृक्षों का भी संसार में उतना ही महत्व है जितना जंगम (चलने फिरने वाले) प्राणियों का अस्तित्व है। जड़शक्ति के कारण ही पेड़ पौधे भी साँस लेते हैं वृक्ष हमारे वातावरण को जीने योग्य बनाते हैं। हमारे धर्म में तो वृक्षों और वनस्पति की भी पूजा होती है। भगवान ने गीता में अश्वत्थ (पीपल) को अपनी विभूतियों में अपना ही स्वरूप कहा है। नीम, तुलसी, कदली, वटवृक्ष आदि पूज्य माने गये हैं जो भिन्न भिन्न देवों के प्रतीक हैं।

यद्यपि जड़ सब थूल कहावें। प्राणशक्ति तेहू पुनि पावें।।

सींचत मूल फरै तरुडारी। झुकत पाय फल रितू मझारी।।

जड़ मँहु जे निजरूप समाई। उर्वी अन्न तबहि उपजाई।।

बिना अन्न नहिं देहअधारा। विकलप्राणकस पावहिं पारा।।

करुणावत्सलता अति ताकी। पोषितजड़चेतन की झाँकी।।

चलै सृष्टि मर्याद निबाहे। कहौ तरुन केवल जड़ काहे।।

जो समरूप सदा ही भासै। जड़ जंगम जग जीव प्रकासै।।

जो जसरूप तहाँ तसआँकी। जड़चेतन की निर्मित झाँकी।।

बिना शक्ति टिक पाय नहिं, जड़चेतनकौ रूप।

जड़जंगम मिलि कें बनीं, सृष्टि काल अनुरूप।।

गहन सृष्टि की सरित में, बन तरंग सी यत्र।

जड़ चेतन में सम सदा, व्यापक रहि सर्वत्र।।

419

जड़ात्मिका

संसार में चार प्रकार की सृष्टि होती है श्वेदज (पसीने से पैदा होने वाले जुएँ आदि) अंडज (अंडे में से निकलने वाले सरीसृप, पक्षी) उद्भिज (वृक्ष, तृण, औषधि एवं जड़ी बूँटी आदि) जरायुज (मनुष्य पशु) जड़ सृष्टि वृक्षों की है जो अचल रहते हुए भी प्राण शक्ति सम्पन्न हैं। ज्ञान रहित होते हुए भी सम्वेदनशील हैं। मूक होते हुए भी खिले हुए फूलों के माध्यम से मानों मुस्कराते हैं चोट पहुँचने पर रोते भी हैं जिनमें मनुष्य के समान ज्ञान पाने की बुद्धि तो नहीं हैं फिर भी प्रकृति में अपने अस्तित्व के कारण जीवनी शक्ति (ऑक्सीजन) छोड़ते हैं मनुष्यों को अन्न, फल, कन्दमूल, औषधि देते हैं हमको उनके प्रति सम्वेदनशील होना चाहिये क्योंकि माता उनमें भी जड़ात्मिक रूप में विद्यमान हैं।

282

जड़तरु गुल्मवृन्ततृननाना। बोध न होय तिनहिं कछु आना।।
थूलकाय जिन कछू न भासै। दुर्लभज्ञान न तनिक प्रकासै।।
को काकौ कस लेय अहारा। कौन करत तन माँहिं प्रहारा।।
झरैं छार तरु सूखें डारी। कोउ मूल ते लेय उपारी।।
सींचै कौन हरै को सूला। कौन कुठारिन काटै मूला।।
रुदन करइ पर कहि न जनावै। आपनिगतिनिजवेदनपावै।।
अस जड़विटपन जीवन जानौं। तिनकहिजड़केवलपहिंचानौ।।
बढ़त वृन्त जहँ डार नसानी। तदपि होय नहिं तिनकीहानी।।
काटत उगै जमै बरु डारी। परखत बन उपवनन निहारी।।
फरें पायरितु बन बिन सींचे। फललगि झुकत डार बरुनीचे।।
हरख रुदन स्पन्दन देखा। तिन महुँ खिंची चेतना रेखा।।
तिन महुँ प्राण रहत बन साखी। सृष्टि हेतु मर्यादा राखी।।
जे जड़ जंगम सकल समाई। सो ही करुणा रूप कहाई।।
जड़ चेतन व्यापक सब रूपा। अहो मातु अतिभव्य सरूपा।।
कहिहौं तिनहु सचेतन कैसे। जानहिं तरु तरंग धुनि जैसे।।
जड़ जंगम हैं मात दुलारे। जेते प्रिय हैं प्राण हमारे।।
जड़ चेतन सद् असद् सब, तस माया आधीन।
सब में एकहि जोत है, होत ताहि मँह लीन।।

420

गायत्री

वेदजननीगायत्री स्वरूप में वे ज्ञान का प्रकाश सब ओर फैलातीं हैं। सूर्यमंडल में तेजराशि के रूप में विराजमान हैं सबके कर्मों की साक्षी और वटुकों को वर दान देने में परम प्रवीण हैं। प्रातःसन्ध्या में ब्रह्मा, मध्यान्हकाल में रुद्र और सायंकाल में विष्णुरूप में माँ गायत्री की उपासना की जाती हैं। चौबीस अक्षरों वाला छन्द गायत्री कहलाता है, प्रणवाक्षर संयुक्त महामंत्र गायत्री सर्वाभीष्ट प्रदायक ब्रह्मबोध प्रणेता है।

ब्रह्ममयी गायत्री माता। अखिललोक जननी जन त्राता।।

ब्रह्मानन्द सरूप समायौ। प्रकटत प्रात सावित्री गायौ।।

रुद्ररूप मध्यान्ह प्रकासै। सायं काल विष्णु हरि भासै।।

सकलभुवनसुखसम्बलत्राता। जागतजगै बोधजग पाता।।

वेदजननि ब्रह्माणी बानी। स्वयंप्रभा सी प्रकट बखानी।।

बोधमयीत्रयलोकप्रकासै। उदितभानु सी तम हिय नासै।।

राजत जहँ अक्षर चौबीसा। परमतत्व प्रणवाक्षर ईसा।।

विधिहरिहररविमध्य प्रकासै। उदितहिरण्यगर्भरहि भासै।।

बेदजननि त्राता सकल, अखिलभुवन की मात।

श्री जी की शोभा तहाँ, प्रकट होत नित प्रात।।

421

व्याहृति

व्याहरण का अर्थ है उच्चारण, मंत्रोच्चार करते समय वेद, जननी गायत्री माता के रूप, गुण, आकार, लीला आदि का वर्णन किया जाता है ब्रह्माण्ड में पृथ्वी समेत ऊपर के सात, लोकों में माता गायत्री निवासक रतीहैं। वायुपुराण के अनुसार—

मया भिव्याहृतंयस्मात्वंचैवसमुपस्थितातेनव्याहृतिरेत्येवंनामतःसिद्धमेष्यति।

सातों व्याहृतियों का उच्चारण प्रणव के साथ लेकर त्रिपाद सहित चौबीस अक्षरों वाले छन्द को गायत्री छन्द कहते हैं (ये प्रकृति के चौबीस तत्वों के प्रतीक हैं) इस प्रकार गायत्री मंत्र का जाप होता हैं जो विराट रूप में उन लोकों में विराजमान हैं वे माता ही गायत्री स्वरूपा हैं। ॐभूः, ॐभुवः, ॐस्वः, ॐमहः, ॐजनः, ॐतपः, ॐ सत्यं भर्गोदेवस्य धीमहि धियो यो नः प्रचोदयात्।

अखिललोकब्रह्माण्ड के, सत्यसनातनजान।

प्रणव संग मंत्रन रमे, श्री के रूप समान।।

सप्त लोक जामें रमें, नमत उचारें गान।

नाम प्रकासै रूप छवि, सो गायत्रि महान।।

चार पदारथ पाय कें, अघनकोटि परित्राण।

ज्ञानिनकों ज्ञान मिलें, आर्त पात हैं त्राण।।

वेदजननि रवि मंडलहि, परमतेज कौ सार।

गायत्री कर देत हैं, शरणागत उद्धार।।

422

सन्ध्या

दिन रात के मिलन को ही सन्ध्या कहते हैं। साधक अपने इष्ट की आराधना इसी समय करते हैं प्रातःकाल में ब्रह्मा, मध्यान्ह में शिव तथा सायंकाल में विष्णु भगवान गायत्रीमंत्र की त्रिकालसन्ध्या में विराजमान हैं। इसमें संशय नहीं करना चाहिये भगवान तो कालरूप में चौबीस घंटे यानी आठौपहर हैं किन्तु सन्ध्या के समय अपने भक्तों को भाव के अनुसार अभीष्टफल प्रदान करते हैं। सन्ध्या आराधना का महापर्वकाल है।

सन्धिकाल दिन रात के, हैं सन्ध्या के रूप।

दिन के हू मध्यान्ह में, जाकौ भव्य सरूप।।

सूर्य प्रभा भासै जहाँ, तीन लोक में व्याप्त।

त्रिविधसान्ध्यआराधना, करें ज्ञानिजनआप्त।।

423

द्विजवृन्दनिषेविता

दो बार जन्म लेना द्विज का शब्दिक अर्थ है। एक बार माता के गर्भ से दूसरा ज्ञान पाने का अधिकारी बनने के लिये यज्ञोपवीत धारण करते समय जब बालक को बटुक कह कर सम्बोधित किया जाता है। द्विज ही वेदों का अर्थ जानने का अधिकारी है। जिनका आचरण ज्ञान रहित है वे पशुओं के समान ही पृथ्वी पर केवल पेट भरने मात्र को ही अपना पुरुषार्थ समझने वाले अधम प्राणी हैं। वे कभी द्विज कहलाने के अधिकारी नहीं हो सकते उन्हें ब्रह्मविद्या प्राप्त हो ही नहीं सकती। द्विज एक स्थिति विशेष का सम्बोधक शब्द है। ब्राह्मण, क्षत्रिय और वैश्य वर्ण में जनेऊ धारण करने का उपनयन संस्कार होता है।

प्राकृतजन्म लेत सबलोगा। ज्ञानिहिअपरजनमसंयोगा।।

अंगसहितपढ़कंसबवेदा। सोद्विज होत विगतभयखेदा।।

षोडशसंस्कारजिनचीन्हा। नरतनपायनामद्विज कीन्हा।।

जिनके नहिंआचरणविशेषा। तेनरपशुसमसहतकलेशा।।

जागै नित चैतन्य विवेका। गायत्रीजप साधक टेका।।
द्विज वटुवृन्दनमंत्रउचारै। ते पदपरम सुविज्ञ निहारै।।
सेवहिं ज्ञानजोत मन लाई। बटुकसाधनासफलकहाई।।
ज्योंसुषमारितुराजहि पाई। कोकिलकूजनमनसुखदाई।।
शीतनिशा तमतोम नसावै। ज्ञान प्रभा मार्तण्ड सुहावै।।
बहै ज्ञानकीनिर्मलधारा। जीवनधन्य द्विजन कौ सारा।।
विकसित जीवनवाटिका, सिहर वात मकरन्द।
हरष गूँज मुखरित रहै, जहँनितद्विजकुलवृन्द।।

तत्त्वासनाततत्त्वम्अयीपंचकोषान्तरस्थिता।
निःसीम महिमा नित्ययौवनामदशालिनी।। 91।।

424

तत्वासना

प्रकृति में चौबीस तत्वों का अस्तित्व भगवती के कारण ही है। माता इनमें अपने महामाया रूप से विराजतीं हैं। प्रकृति के सभी कार्य इन्हीं से सम्भव होते हैं।

अग जग सार तत्वचौबीसा। जिनकी साखीकेवल ईसा।।
महत प्रकृति मूल तिन्ह केरी। रची सृष्टि निर्बाध घनेरी।।
सूक्ष्म महद् आकास कहायौ। पंचतत्व कौ सार समायौ।।
वहै वात नहिं मूरत जाकी। प्राण गहैं स्फूरति ताकी।।
अगिनिसमात रूप अरु तापा। परसतताकों गहौ प्रतापा।।
जल महँ येसबतत्वसमाये। जीवनजोति जीव जिन पाये।।
धरा गन्धमय धारै जीवा। औषधि अन्न करइ संजीवा।।
यहै पंच भौतिक सब तत्वा। गहत सूक्ष्म तन्मात्रा सत्वा।।
दस इन्द्रिय ग्यारह मनजानौ। जीव तहाँअव्यक्तबखानौ।।
जाकी इच्छा निर्मित माया। तत्वमयी सृष्टी निरमाया।।
तत्व सनातन ब्रह्ममयि, सुधामयी श्री आप।
सर्वमयी तत् रूप है, गावहिं वेद प्रताप।।

425

तत्

जिसकी सत्ता सर्वोपरि है जो अनाम है जिसके रूप को किसी सीमा में बाँधा नहीं जा सकता। वह तत् के सम्बोधन से ही जाना जा सकता है। तत् त्वम् असि सबकी साक्षी सबकी कारण एक तुम ही हो।

सत्य रूप भासत सदा, सब तत्त्वन को सार।
तत् ध्रुवसमही हैअटल, सबकौ बनत अधार।।

426

त्वम्

तत् विशुद्धज्ञान व ब्रह्मस्वरूप का उद्बोधक है। तुम ही अगम्य, अनादि, सबकी मूलकारण, शाश्वत चैतन्यराशि हो।

तुम ही त्वम् तुमही तत्बोधा। करहिं जासु योगी नितसोधा।।
भगत कहहिं तुम हृदयसमानी। साधकजानहिं तुमगुनखानी।।
ज्ञानी कहहिं ज्ञान की निष्ठा। ता महँ लोकसकलउपविष्ठा।।
जे जाने अनजाने सो हू। तुम सब भाँति समावत ओहू।।
तत्वरूप तुम सबकीसाखी। नहिंसमरथ जो मुख कहिभाखी।।
भावरूप तुम विद्या रूपा। काढ़त निज जन भव तम कूपा।।
सबसमात तुमही में देखा। तुम सों भिन्न न जग की रेखा।।
जग व्यापिनि सर्वत्र समाई। निज इच्छा बस सृष्टि रमाई।।
भाव रूप सों भगत उर, सिंचित मूरत जासु।
यहै दिव्यछविमात की, जगमग करत प्रकास।।
अमल अलौकिकज्ञानघन, तत्त्वम्असि हे मात।
सस्मितमुख निरखहुँ मुदित, जीवन शुभ्रप्रभात।।

427

अयि

ओ माँ! (अयि) यह शब्द केवल एक सम्बोधन मात्र ही है जो भक्तों के मन को आपके प्रति आकर्षित कर देता हैं। वे तो केवल भाव परखती हैं जिसके आगे अन्य सब गौण हो जाता है।

अहोदिव्यछवि रूप अस, अहो परमसुखकंद।
तत् त्वमसि करुणामयी, अयिमय ब्रह्मानंद।।
तनपुलकितउमगतमना, किलकतहौंउठिप्रात।
अयि अयि ओकरुणामयी, आवहुनियरे मात।।

428

पचकोषान्तरस्थिता

उस परमसार के सार को जानने के लिये मनुष्य का शरीर ही एकमात्र साधन है। यह मनुष्य देह देवताओं के शरीर से भी दुर्लभ है, क्योंकि देवता जिस अमृत को पीकर अमर हुए हैं, स्वर्ग में हैं फिर भी उनकी एक अवधि है किन्तु सीमित मनुष्य जीवन जिस अमृत तुल्य ज्ञान को प्राप्त कर जन्म मृत्यु के फेर से छूट सकता है वह देवताओं के वश की बात ही नहीं तो मानना पड़ेगा कि नर तन देव दुर्लभ है। अब बात शरीर की है तो यह भेद भी जानना चाहिये कि क्या जो रूप रंग वय हमें अपना दिख रहा है वही शरीर मात्र है! उत्तर होगा कदापि नहीं....इस स्थूल देह के कारण अन्य भी हैं जो क्रमशः सूक्ष्म होते रहते हैं प्राणमय शरीर भोजन आदि द्वारा स्थूल शरीर का पोषण करता हैं प्राण हैं तो देह है प्राणों को मन संयत करता है मन को विज्ञान मय शरीर विवेक द्वारा अच्छे बुरे का ज्ञान कराता है अन्यथा पशु और मनुष्य में भेद ही न रहे और अन्ततः आनंदमय कोष अन्तर्जगत में विराजमान अपने मूलकारण जीव को आत्मसुख का आभास कराता हैं इन सभी में भगवती चेतना रूपमें रहती हैं तो यह सिद्ध हुआ कि अन्तर्यामिनी हमारे पाँचौ शरीरों में है और उन्हीं की इच्छा शक्ति से हमारा जीवन चल रहा है तो क्यों न उनके पथ पर चलें!

पंच कोषमय बनत सरीरा। जाकों जानत केवल धीरा।।
अन्नरचिततनथूलकहावै। ताके बिन न ध्येय सध पावै।।
पंचप्राण जीवन आधारा। जिनसों पोषित है तन सारा।।
प्राणबिनाटिकसकीनकाया। जासों शक्तिस्रोतउपजाया।।

मनोमयी पुनि सूक्ष्म कहावै। सजग चेतना जासों पावै।।
बुद्धि विवेक ज्ञान उपजावै। सोइ कोष विज्ञान कहावै।।
जानै भेद असद् सद् करौ। जहँसंसय कौ होत निबेरो।।
ज्ञानांकुश संयत सब देखा। प्रकटैभिन्न असद्सद्रेखा।।
सर्वोपरि आनंदघन तोषा। तहँ साधक पावत परितोषा।।
पंच कोष ताकों ही साधें। शाश्वत रूप सदा आराधें।।
आनंदमयविज्ञानमय, मनोन्मयी यह काय।
प्राणमयी आनंदमयि, पाँचौं कोष कहाय।।

429

निःसीम महिमा

महिमामयी की महिमा की कहीं कोई सीमा ही नहीं है। शाश्वत स्वयं सिद्ध सर्वोपरि विशुद्ध ज्ञानप्रभा की अतुलनीय महिमा का पार कोई नहीं पा सकता।

करुणा की आगार दयानिधि रूप पारावार है,
प्रेमाभक्ति प्रसारिणी सोइ ज्ञानरस की धार है।
सीमा नहीं ताकी कहूँनिःसीममहिमा गुणन की,
भवतारिनी दुखहारिनी सो एक तारन हार है।

430

नित्ययौवना

जो अनादि, अनन्त, त्रिकालाबाधित, शाश्वती सनातना है। वे चिरलावण्यमयीषोडशी नित्ययौवना ही है। काल जिनके आधीन है उन महाकाल की महाशक्ति ही है। जरा, व्याधि, आयु के अनुसार शरीर का परिवर्तन तो प्राकृत नरों के लिये है जो जन्ममृत्यु के चक्र में पड़े रहते हैं।

चिरनवीन वपु रूप है, कोमलछवि सुकुमार।
नित्ययौवना षोडशी, अभिनवकुसुमित डार।।

431

मदशालिनी

संसार में मदग्रसित व्यक्ति का आपा ही नही रहता धन, विद्या, रूप, यौवन, पदप्रतिष्ठा, कुल, वैभव, बाहुबल और भी न जाने कितने ही प्रकार के मद के कारण हैं जो चित्त की जड़ता को बढ़ाते रहते हैं। व्यक्ति की आसुरी प्रवृत्ति हो जाती है ऐसा मनुष्य कितना भी दान, जप, अर्चना करे उसका सब व्यर्थ है किन्तु माता तो अपनी दया के और आनन्द के मद से सदा ही भरी रहती हैं यदि सच्चे हृदय से शरणा गति पाई जाये तो वे स्वयं कृपा करके भक्त का मद दूरकर देती है तब उनके मदविह्वल नैना अपनी ओर आकर्षित करते हैं जिनके रूप पर सवयं शिव भी मोहित हैं।

दया द्रवित मद मनअनुरागा। मत्त छकतनित रस सों पागा।।

करुणारस की झरत फुहारी। परसत अमरित बिन्दु सुखारी।।

जा पर रीझ देंय निज रूपा। सो न परहि कबहू भव कूपा।।

अहो गर्व चरनन रज केरौ। कृपाकोर जब निज जन हेरौ।।

जासुकृपा गहि सुधिबिसराऊँ। मदछकि मत्तगुनन नितगाऊँ।।

देय सम्पदा जो बिन माँगे। मदविह्वल नैना अनुरागे।।

मदशालिनि मोहनि मतवारी। परमानन्द मगन छवि न्यारी।।

रूप अलौकिक निरखत तेरौ। सकल व्याधि संताप निबेरौ।।

मादक मदसंसार कौ, सकल व्याधिनन मूल।

उतरै जाकी कृपा सों, निकसें हिय के सूल।।

शिवअम्बुज की भवँरिका, मानिनि मत्तकटाक्ष।

मदविह्वल सुविलासमय, रीझ रहे विरुपाक्ष।।

मदघूर्णित–रक्ताक्षी मदपाटल–गंडभू।

चन्दनद्रवदिग्धागी चाम्पेयकुसुमप्रिया।। 92।।

432

मदघूर्णितरक्ताक्षी

आनंदराशि में अपने भक्तों के प्रति प्रेम का मानियुक्त मद सदा भरा ही रहता है। तभी तो उनके नेत्रों की लालिमा से अपूर्व कृपा का आभास होता है। वे सांसारिक मद को दूर

करती हैं। प्रेम भाव का मान सदा माँ को अपने भक्तों के निकट ले आता है। वे तो वत्सला है। मदयुक्त नेत्रों से विह्वल उनका रूप जिसकी जैसी कामना होती है उसे वैसा ही दृष्टिगोचर होने लगता है। असुरों को उनके नयनों की लालिमा अतिभयंकर प्रलयंकारी लगती है तो वहीं साधकों को मद से विह्वल नेत्र सदा ही अभय देने वाले लगते हैं।

रक्ताम्बुज चंचल रुचिर, अनियारे से नैंन।

निजानंदमद सों छकत, तिनउपमाकछुहैन।।

रीझत नैंना मद भरे, राखि नेह कौ मान।

ललछौहीं सी लालिमा, दीठि माधुरी जान।।

मान मद छके नैंन, भरें भुवन में लालिमा।

निकसेंकछू न बैंन, मदनतजतनिजमोहमद।।

433

मदपाटलगंडभूः

भावपूर्णमद से जिनके कपोल गुलाबी रंग के हो रहे हैं। शिवा शिवप्रेम में सदा ही डूबी रहतीं हैं। प्रियपति के अनुराग से छकी रहतीं हैं , इसीलिये कामेश्वरवल्लभा के कपोल पाटलवर्ण के हो रहे हैं (मन के भावों की मुखाकृति पर स्पष्ट छाप पड़ती है) दूसरा भावार्थ यह निकलता कि जिनके कपोलों पर कस्तूरी का लेप लगा हो मृगमद कस्तूरी की सुगन्ध ही है। अन्य परोक्ष अर्थ यह भी है कि जो आत्मसुख कस्तूरी की भाँति साधक को सुगन्धित करता हैं और वह उसी को मृग की तरह बाहर ढूँढ़ने निकलता है किन्तु वह सुगन्ध तो उसी में समाई है जैसा कबीर दास जी ने कहा है

कस्तूरी कुंडलबसै मृग ढूँढ़ै बन माँहि। ऐसे घटघट राम हैं दुनियाँदेखै नाहिं।।

आत्मानंद की सुगन्ध के रूप में वे स्वयं साधक के हृदय में है। उनके कपोलों की कांति गुलाबी हो रही है।

मृगमद मोदमुदितमना, फिरतबनहि नितमत्त।

जानतनहिं का विधि गहौं, काकीगन्धप्रदत्त।।

सो सुगन्ध घटघट लसी, आत्मरूपसुखरासि।

साधक समरथ होत है, अर्पित करतसुवास।।

लसी कपोलन लालिमा, नेह सुधा भरपूरि।

मानमयीमनमोद भरि, रही न हिय सों दूरि।।

निरखत हैं विरुपाक्ष, नेहसुधा मद की छकी।
लसी लालिमा साक्ष, मिलि कस्तूरीगंध सों।।

434

चन्दनद्रवदिग्धागी

माता के सभी अंग चन्दन के अंगराग से शोभायमान हो रहे हैं। केशर कस्तूरी और फूलों की सुगन्ध चन्दन में मिलकर महँक रही है।

सुरभि सुगन्धित मदभरी, अंगराग आसव लसी।
कस्तूरी केसरकुमुद, घिसघिस चंन्दन में बसी।।

435

चाम्पेयकुसुमप्रिया

चम्पा के पुष्प आपको अत्यन्त प्रिय हैं। वे फूल वास्तव में बड़भागी हैं जिन्हें आपके गले लगने का सौभाग्य मिला।

चम्पा की कलियन गुँथे, भाँतिभाँति के हार।
हियलगिपुहुपनभाग ज्यों, करतमनहुँ मनुहार।।

कुशला कोमलाकाराकुरुकुल्ला कुलेश्वरी।
कुलकुण्डालया कौलमार्ग तत्पर सेविता।। 93।।

436

कुशला

ब्रह्माण्ड नियामिका सृष्टि के निमित्त सभी कार्यों का संचालन करती रहती है। उनकी कुशलता की कोई थाह ही नहीं है किन्तु जो उनके प्यारे भक्त हैं उनका योगक्षेम उन्हीं के आधीन रहता है। वे मंगल करने वाली सर्वमंगला महामाया साधक का कभी भी अमंगल होने ही नहीं देतीं। वे तो कुशलता पूर्वक श्रेय–प्रेय का पथ प्रशस्त करती हैं।

योग क्षेम साधत रहीं, भक्तन के हित आप।
कुशल होय मंगल करें, कुशला भव्य प्रताप।।

437

कोमलाकारा

माँ की अहैतु की कृपा का अमृत सदा ही अपने भक्तों पर बरसता रहता है। एक बार उनकी शरण में पहुँच कर तो देखो। वे अपने पास आने का मार्ग स्वयं ही खोल देगी। कृपा कटाक्ष युक्त सुहावनी मूर्ति अत्यन्त शोभनीय लगती है।

बिनकारण करुणा करें, अतिकोमलचित मात।
शरणागत वत्सल सदा, कृपा कटाक्ष सुहात।।

438

कुरुकुल्ला

कुरुकुल्ला विमर्श (ज्ञान प्रकट करने का मुखरित माध्यम) स्वरूपिणी माँ का नाम है ये जल की भी अधिष्ठात्री हैं। ललितास्तव में लिखा है......**कुंकुमविलिगात्री कुरुकुल्लां मनसि कुर्महे सततम्।** श्रीचक्र में विमर्शमय सरोवर की अधिष्ठात्री देवी हैं। विमर्श तत्वचिंतन के विचार विमर्श की शक्ति जो तर्कसंगत तथ्य को सटीक रूप से प्रस्तुत करे, साधक के मन में किसी प्रकार का संसय न रहे। कोल्हापुर स्थान का नाम देवी के नाम पर ही है जो कालान्तर में कुरुकुल्लापुर से कोल्हापुर हो गया।

पर्वतीय श्रृंखला में, कोल्हापुर है नाम।
शक्तिविमर्शस्वरूपिणी, कुरुकुल्लाकौ धाम।।

439

कुलेश्वरी

माता आकीट ब्रह्मजननी हैं। छोटे से छोटे जन्तु से लेकर सृष्टि नियंता ब्रह्माजी के भी प्रादुर्भाव की कारण है। संसार उनके कुल में ही समाया हुआ है। सबके भोजन की, नींद की, दुखदर्द दूर करने की चिंता माँ ही करती है अतः उन्हीं के आधीन रहकर निश्चिंत रूप से आराधना करनी चाहिये।

अतिविस्तृतकुल मात कौ, सब ताकी सन्तान।
पालन करै कुलेश्वरी, जननी हृदय महान।।

440

कुलकुण्डालया

नरतन में ही कुंडलिनी शक्ति जाग्रत हो सकती है अन्य पशुपक्षी आदि तो केवल खाते, पीते, सोते, जगते संसार व्यवहार करते भयग्रस्त होते और अपने मूल स्वभाव के अनुसार क्रियायें करते हुए अंत में मर जाते हैं। यदि पशुवत् जीवन ही मनुष्य जीता है तो अपने ही अन्दर छिपी उस अमोघ शक्ति को जानने का भी प्रयत्न नहीं करता तो फिर मनुष्य और पशु में भेद ही क्या रह गया ? कुल कुण्डलया माता रूप में हमारी कुंडलिनी शक्ति को जाग्रत करती है। षट्चक्रों में भिन्न भिन्न संख्या में कमल दल हैं। जिन्हें भेदकर इड़ा, पिंगला और सुषुम्ना नाड़ी सहस्त्रार चक्र यानी शून्य में समा जाती है जो शिवशक्ति का निवास स्थान है। वहाँ से अमृतपान करके साधक के अंग अंग में उसे आप्लावित करती हुई पुनःलौटकर मूलाधारा में आ जाती है। इसी को जीव से ब्रह्म का मिलन कहते हैं।

कोटिकोटिरविशशि दिपें, दिपैभुवन विस्तार।
जो विषतन्तु तनीयसी, अद्भुतरूप प्रसार।।
जहाँ चतुर्दल कमल हैं, मूलाधार प्रसिद्ध।
तहाँ रमतनिजरूप में, कुंडलिनी सुप्रसिद्ध।।
रक्तकमलरहिकर्णिका, तहँ त्रिकोणआभास।
शीतल अगणितचन्द्रमा, कोटिनसूर्यप्रकास।।
कोटिकोटितहँदामिनी, दिपत बिन्दुरहिजान।
लिपटींतहँ विषतन्तु सी, महाशक्तिपहचान।।
सप्तव्याह्नती सप्तसुर, सप्तलोकअरु सिन्धु।
सातौतलनप्रसिद्धहै, व्याप्त रह्यौ रसबिन्दु।।
ऊर्ध्वलिपटित्रिवलीबनी, कुंडलिनी रहिसोइ।
जागत भेदत चक्रषट्, ब्रह्मरन्ध्र महँ गोय।।
सहसदलनकौसितकमल, रत्नजटिततहँपीठ।
रहत सदाशिव संग में, देंय दयामयिदीठ।।
जहँ अमरित कौ पानकर, अंगअंगपुलकात।
पुनि निजआलय में रमत, मूलाधार समात।।
गुप्त गंग सी पावनी, जीव ब्रह्म की सेतु।

ब्रह्मरन्ध्रसों जो मिलत, फरत अमरपदकेतु।।

इड़ा जान्हवी पिंगला, कालिंदी सम जान।

सूक्ष्म सरसुती सुषुम्ना, सो संगम पहचान।।

कुलकुंडालया तुम्हीं, कुंडलिनी की शक्ति।

प्रकटप्रकासै जासुघट, ताकी अनुपमभक्ति।।

सो सार्थक जीवन अहो, सोई रूप सुधन्य।

जहाँ समाई प्रकटघट, ताकी गती अनन्य।।

441

कौलमार्गतत्परसेविता

तांत्रिक, साधना तीन प्रकार की है।

1–दक्षिणाचार या समयाचार 2–कौलाचार या वामाचार 3–मिश्र

दक्षिणाचार साधना वैदिक विधि है जो संयमप्रधान है। कौलाचार वाम मार्गीय साधना है जो बाह्य पूजा पद्धति वाली है पंचमकार होने के कारण ब्राह्मणों का इसमें निषेध है। जिसमें साधक भगवती की देन समझ कर भोगों को भोगते हैं उसमें यदि भोगासक्ति मन में आये तंत्र का प्रयोग देश, काल और पात्रानुकूल न हो यशलिप्सा, पाखण्डदम्भ, विधि का दुरुपयोग और भी न जाने कितने ही प्रकार के प्रलोभन साधक को लक्ष्य से भटका सकते हैं विघ्नकारी बन सकते हैं तब एक बार गिरने पर दीक्षित साधक उबर नहीं सकता इसीलिये अपात्र के लिये यह कौलमार्ग घातक भी है। इसके नियमों से भगवती साधक पर प्रसन्न तो शीघ्र होती है यदि वह साधना में सफल हो तभी अन्यथा अधःपतन अवश्यम्भावी जानो तीसरा है मिश्राचार इन सभी में सच्चे गुरु मिले तभी साधक तल्लीन हो पाता है फिर माँ की कृपा यदि हो जाये तो यह कौलमार्ग में तत्पर रहने वालों के द्वारा पूजित है। शक्ति के उपासक वाममार्गीय तांत्रिक कौल कहलाते हैं।

समयाचारी कौल अरु, मिश्रसाधना तीन।

फरै जहाँ आराधना, साधक सुकृतप्रवीन।।

निगमागम सम्मत बने, वैदिक समयाचार।

वामाचारी कौलकहि, मिश्र उभयआचार।।

वामाचार परायणा, तंत्र मंत्र जप जोग।

इनमेंरहि तत्पर करें, साधक जगकेभोग।।

किन्तु नयदिसधपातहैं, संयमनियमकठोर।

पतनशीघ्रअतिहोतहै, अधोगती अतिघोर।।

कुमार गणनाथाम्बा तुष्टिः पुष्टिर्मतिर्धृतिः।
शान्तिस्वस्तिमतीकान्तिर्नन्दिनीविघ्ननाशिनी।। 94 ।।

442

कुमारगणनाथाम्बा

जगजननी कुमारस्कन्द और गणेश जी की माता हैं। कर्मकाण्ड में गणेश अम्बिका का साथ साथ पूजन किया जाता है। माता को अपने दोनों ही पुत्र प्रिय हैं। दोनों माता पिता के भक्त, ज्ञान के आगार, रिद्धि सिद्धि प्रदाता ब्रह्मज्ञानी योगीश्वर तथा भक्तों को अभीष्टफल देने वाले हैं।

गौरी गोद दोउ सुकुमारा। इत गणपति उतरहेंकुमारा।।
ज्ञानप्रभा सेनापति केरी। तेजराशि अति जात न हेरी।।
षडानन षट्मात तुम्हारी। माता गौरी हैं अति प्यारी।।
भोग मोख दाता हैं भाई। करहु दया मो पर करुनाई।।
सुषम ज्ञानजोति की न्यारी। दोनों की तुमहीं महतारी।।
नमनकरतसुरसम्पतिपावें। पुनिपुनिशिवधामहिंलखिधामें।।
हे हेरम्ब हरहु सब विघ्ना। गौरी नंदन ज्ञान निमग्ना।।
सबविधि सुन्दर सबते प्यारे। इष्टदेव सम पूज्य हमारे।।
ऋद्धिसिद्धिविद्यानिधि दाता। ब्रह्मज्ञान अरु योगप्रदाता।।
मोदकप्रियगणपति मन मोहैं। संग षडानन सुन्दर सोहैं।।
विघ्नहरन मंगल करन, शिवगौरी के लाल।
जननीसंगकुमारलखि, पुनिपुनिनयननिहाल।।
मातपिता ही ईश सम, दोनों सहज विनीत।
देउ भाव आराधना, पावहुँ भगति पुनीत।।

443

तुष्टि

सबको संतुष्ट करने वाली माता तुष्टिदात्री है। उनके पास जो भी जाता है उनकी करुणा की छाया में सदा ही सन्तुष्ट रहता है। विषम वभाव भी मेल खाने लगते हैं जैसे शिव परिवार के वाहन बैल, सिंह, चूहा, मोर, सर्प सब एक दूसरे के जन्मजात शत्रु होते हुए भी

वैर नहीं मानते अपने आराध्यों के साथ वे भी पूजे जाते हैं। भूत, प्रमथ हों या देव, असुर, ज्ञानी मुमुक्षु हों या आर्तदीन याचक हों शिव के द्वार पर सभी समान हैं। माँ सबको तुष्टि देने वाली है। वे स्वयं भी शिव प्रेम में तुष्ट रहती हैं।

भक्ति भावमयि अर्चना, वंदन अर्चन पाद।

तुष्ट करत मनमोदअति, नत पदरज आपाद।।

शिव आराधें शक्ति कों, शक्ति करें शिव गान।

हैं अनन्य प्रेमीयुगल, अहो धन्य अस ध्यान।।

तोषै निज जन मन सदा, होवै चित्त सुशान्त।

प्रियाकटाक्षन रस झरै, मगन उमा के कान्त।।

श्री सबकी मनस्वामिनी, श्री सबकी ही अम्ब।

गहें मोद मन में सदा, कार्तिकेय हेरम्ब।।

शिव की शक्तिशिवासदा, पावतशिवमनतोष।

जहाँ अन्नपूर्णेश्वरी, भरें तुष्टि धन कोष।।

जो ध्यावै अर्पित करै, मानै निज मन मोद।

सो होवै संतुष्ट मन, तुष्टिदात्रि की गोद।।

कार्तिकेय केकी चढ़े, मूषक पर हेरम्ब।

नन्दी वाहन शम्भु हैं, व्याघ्र चढ़ी हैं अम्ब।।

किलकें करें बिलास बहु, अट्टहास घनघोर।

रहें निकट प्रमथादि गण, भैरव नाद बहोर।।

देव असुर मुनिवृन्द बहु, साधक योगी दीन।

सभी तुष्ट मन होत हैं, याचक ज्ञान प्रवीन।।

444

पुष्टि

जब मन संतुष्ट होगा तभी पुष्टिवर्धन भी होगा। पुष्टि बलवर्धन को कहते हैं। जब साधक में शक्ति संचार हो। संशय रहित, पूर्णसमर्पित भक्तिभाव से भरा संतुष्टमन जहाँ होगा वहाँ आरोग्य, बल, ऐश्वर्य अपने आप ही मिलते जायेंगें। देवाराधन में पुष्टि परमावश्यक है। अपुष्टमन को भी निरन्तर उपासना से और इष्ट की कृपा से पुष्टि मिल ही जाती हैं। पुष्टिभाव को देने वाले शिव हैं *(सुगन्धिं पुष्टिवर्धनम्)* जगद्गुरु महाप्रभु श्री वल्लभाचार्य जी ने भी पुष्टिमार्ग की स्थापना की जिसमें ब्रह्मसम्बन्ध देने की दीक्षा से जीवों का उद्धार किया, वहाँ भी श्रीकृष्ण प्रिया यमुना जी की शक्ति रूप में *(नमतकृष्णतुर्यप्रियाम्)* आराधना की गई है।

जब तुष्ट मन होत गंभीरा। पुष्ट बनैं तहँ सहज सरीरा।।
तब उर रमतनिरन्तरभक्ती। छय न होत ताकी कछुशक्ती।।
भावसुगन्धि पुष्टि अनुकूला। करै कोटि अघ कों निर्मूला।।
होत ब्रह्म सम्बन्ध पुष्टि सों। मगनमनोरथ भावतुष्टि सों।।
विमल भक्ति पोषै मनबानी। विलसितमुक्तितहाँहरषानी।।
मिलत पुष्टिमारग मन भायौ। चलै सुपथ तहँप्रेमछवायौ।।
श्री शक्ति सोइ पुष्टिसरूपा। बनौ ताहि के मनअनुरूपा।।
चरनसरन जो ध्यावत आवै। मनबाँछित जीवनफल पावै।।
उपजै तहाँ न कल्मष काई। सदा रहे सुषमा मनभाई।।
चलै सुपंथ उमगिअनुरागा। टिकें हंस भाजत सबकागा।।
धन्यसुगतिआपनि पहिंचानें। मतिगतिआत्मरती ही जानें।।
मनसा बाचा निर्मल काया। पुष्टि प्रवाह भाव उपजाया।।
पूर्णहोत पूरन फल चाखै। और न कछु दूजौ मुखभाखै।।
मोहजनित मिथ्या सुखत्यागें। एक पुष्टिकारी फल माँगें।।
प्राची पट भइ लालिमा, खिलें कली नवजात।
दोऊ उमगत निरखि कें, पुष्टि नवीन प्रभात।।

445

मति

जगदाधार माँ मतिरूपा हैं। साधक अपने आराध्य को यथामति ही समझ पाता है। जिसकी जैसी भावना होती है वह उसी स्वभाव का हो जाता है।

सुमति कुमति सबके उर रहहीं। नाथ पुराण निगम अस कहहीं।।
जहाँ सुमति तहँ सम्पति नाना। जहाँ कुमति तहँ विपतिविधाना।।

मानसकार ने सत्य ही कहा है कुमति जिनके जीवन को विषाक्त बनाये हुए है वे कितना ही तप स्वाध्याय कर लें उन्हें आत्मरूप का बोध कभी हो ही नहीं सकता। माता अपने भक्तों को वह बुद्धिबल देती हैं जिसके सहारे वे संसार के घोर कष्टों का पार पाने में सक्षम हो पाते हैं। ताप से व्यथित नहीं होते अपने कर्म बंधनों की श्रृंखला काटने में समर्थ हो साधना के पथ में बिना किसी अवरोध के बढ़ते ही जाते हैं। ऐसे लग्नशील साधकों को माँ वह अनमोल मति देने में देर नहीं करतीं। देवदारु के वनों में इनका प्रिय स्थान माना गया है।

भाव जगें जाके मन जैसे। उपजै मति ताके घट तैसे।।

कुमतिकषाय होतजहँघोरा। निकसैं मुखसों बचन कठोरा।।

हिंसा कलहद्रोहदुखदावा। ज्वालामुखिज्यों उगलत लावा।।

जमें न तृन सिंचे नहिं धरनी। भोगतहैं आपनि ते करनी।।

सुमतिकुमति सबघट रहि तैसै। ज्ञानविवेकप्रकटजहँ जैसे।।

सुमतिकुमतिसम्मती सुभाऊ। निकट दिखावतप्रकटप्रभाऊ।।

प्रेरित करै कर्म गति तैसे। भाव तरंग जासु मन जैसे।।

कर्मबंध अति नाच नचावै। तृष्णा फल भ्रमवश भटकावै।।

जहँनिर्मलमतिचिन्मयचारू। उपजै नहिं तहँ कुमतिविचारू।।

निर्मल मानस शीतल धारा। लहर लहर आनन्द प्रसारा।।

उपजै जहाँ न राग विशेषा। होत न हानिखिन्नमनक्लेशा।।

पद्म पत्र पुट सरिस मन, रही मृणालअभिन्न।

मृदुमकरन्दसुवासमय, अलिमनभयौन खिन्न।।

करुणा कर दीजै मोहि, सुमतिसुभाव सुचेत।

बन सुपात्र जासों सजग, साधक साधें हेत।।

अद्भुत वरदायिनि अहो! निर्मल बानी गात।

देवदारु वन में बसें, पुष्टि प्रदाता मात।।

446

धृति

धैर्य साधक के लिये एक अनिवार्य गुण है। इसके बिना न तो साधना हो सकती है और ना ही संसार व्यवहार में कुशलता आ पाती है। प्रत्येक विषम परिस्थिति मन को विचलित कर देती है। उस समय अधैर्य से मन की तो हानी होती ही है बनते काम भी बिगड़ जाते हैं। जिनकी दया से यह दुर्लभ गुण मन में अटूट आस्था के रूप में आता है वे धृति स्वरूपा माँ ही हैं। मन के ये अनमोल गुण....तुष्टि, पुष्टि, मति, धृति, शान्ति, स्वस्ति, कान्ति, नन्दिनी, विघ्ननाशिनी, तेजोवती आदि माँ के ही नाम हैं उनके ही कृपा प्रसाद से साधक इन गुणों को आत्मसात कर पाने में समर्थ हो पाता हैं अतः यदि जीवन में कोई शुभ कार्य सम्पन्न हो तो उस सफलता का श्रेय आदिशक्ति को ही देना चाहिये न कि स्वयं को ! ऐसा करने से साधक में दंभ की दुर्गन्ध, मान का मद, अहंकार की अकड़ नहीं आयेगी तब विनम्रता उसका भूषण ही बनेगी। धृतिस्वरूपा माता पिंडारक क्षेत्र विराजतीं हैं।

परमानन्दमगन मन जाकौ। जीवनसहजसुगमअतिताकौ।।
कबहु न डिगै न चलहि चलाये। केते विघ्नफंदबनाये।।
झकझोरै झंझा बरु वाता। सीतनिशा कहुँ प्रबलप्रपाता।।
धँसै न दलदलमें कहुँपाऊँ। होत न दिग्भ्रमकौनहुँठाँऊँ।।
दुर्गमगैल मिलत भव माँहीं। जीवजहाँनिजगतिविसराहीं।।
मोह द्रोह मद दंभ गुमाना। काँटे कीच ताप जहँ नाना।।
धैर्य बिना नहिं छाँवविशेषा। पायत्राण जहँमिटतकलेशा।।
धीरज मित्र एक तहँत्राता। पलपल संबल शरणप्रदाता।।

जिनके मन धीरज नहीं, रंच न थिरमति होय।
डिगैंछिनहिंछिनमेंविकल, संचितनिधिरहिखोय।।
गहौ पात्र कर धैर्य कौ, तामें अगनित रत्न।
दीपित भासै चेतना, पूरन होंय प्रयत्न।।
धैर्य हिमालयसम अडिग, जहँ औषधिभंडार।
आतप वात प्रभंजनहु, रहे तहाँ पर हार।।
राजत हैं सबगुण वहीं, मतिगति होतमहान।
धृतिभावमयि श्रीसदा, करतअखिलकल्यान।।
धृति स्वरूप हैं मात, पिंडारक के क्षेत्र में।
सम्बल अधिकसुहात, धैर्य भरे सद्ज्ञान कौ।।

447

शान्ति

सुशान्तचित्त ही सुस्थिर हो सकता है। अशान्तस्य कुतो सुखम् ? यह गीता का भगवद् वाक्य सत्य ही है। स्थिरता के बिना तो सामान्य जीवन भी दूभर हो जायेगा तो फिर अशान्त मन से साधना के लिये अत्यावश्यक धीर गम्भीर मति कहाँ से सम्भव हो पायेगी!

शान्तिसरिस तपनहिं कछू, धननहिंतोषसमान।
सत्संगति बिनसुख नहीं, परमश्रेय सम ज्ञान।।
नीरसबानी बिजन बन, जो न शान्ति के हेतु।
शीतलमलयज सी सुखद, बनत साधना सेतु।।
शमन करै संताप बहु, दमित करै परपंच।

शान्ति पताका के तले, होय न हानी रंच।।
कलहकोहमददम्भ भय, कुटिलचाल मतिरंक।
जिनके मनसंताप अति, ते न होंय निश्शंक।।
भटक भटक हारे थके, पुनि भटके विलगाय।
बिंधे कंटकन मेंफँसे, फिरत जतन तज हाय।।
शान्तिबिना सन्तोष नहिं, परमारथ की आस।
शान्ति सुशीतल तोय सों, तोषिततृष्णाप्यास।।
जासु कृपाबलदेत है, परम शान्ति धन कोष।
सफल साधना ताहि की, मिलै परम सन्तोष।।
शान्तिविटप में ही फरै, सरससुफल कल्याण।
शान्तिछाँववटसीघनी, मिलैक्लान्त कों त्राण।।
शान्ति हिमालय अद्रि सम, औषधिगुणभंडार।
करत धरनि उर्वर सदा, बहीं नदी नद धार।।
शान्तिसरिसनहिं सुखकहूँ, धननहिंतोषसमान।
सत्संगतसम लाभ नहिं, परमारथ सम ज्ञान।।
खात पियत सोबत जगत, पावत रे मन चैन।
शान्तिरुख की मूल है, शान्ति मती की देन।।

448

स्वस्तिमती

माँ की करुणा ही कल्याण पथ को प्रशस्त करने वाली है। बाहर भीतर कल्याण ही कल्याण हो रंचमात्र भी हानि न हो ऐसा दयालुदेव कहीं कोई दूसरा कभी भी मिल सकता है ?

जगकल्याणविधायिनी, करतसदा ही त्राण।
योगक्षेम संवहन है, स्वस्तिमती की आन।।

449

कान्ति

जहाँ सुशान्तचित्त हो कल्याण वहाँ स्वतः ही होगा। तन मन से स्वस्थ होने पर ही ओजस्विता आती है। निर्भय और निश्चिंत होकर जो जीवन बिताता हैं केवल उसे ही कान्ति का अमोघफल मिलता हैं। चिंता, कातरता, दीनता, भय, अवसाद मन के शत्रु हैं माँ की कृपा से इन सभी पर विजय पाकर चिंतामुक्त व्यक्ति ही सच्चा साधक बनकर कान्तिमान व्यक्तित्व का धनी और सम्मानपूर्ण जीवन जीता है।

शान्तिस्वस्ति के भावसों, होतकान्तिनिष्पन्न।

जेती गहन सुशान्ति मन, तेतौ होत प्रसन्न।।

दृढ़ इच्छा संकल्प बल, साधै सकल प्रयास।

करमबानि मन ताहि सों, चलतबिनाआयास।।

दृढ़भरोस विश्वास बल, मातकृपा फल मान।

ज्ञानविवेकसुनीति फल, सघनसाधना ध्यान।।

कृपाकोर किरनन फुरत, जीवन शुभ्रविहान।

मुखरहोत मन की कला, करतभावमयगान।।

450

नन्दिनी

सच्चिदानंदस्वरूपिणी, मंगलविग्रहधारिणी, करुणाकंदा, भक्तवत्सला, दीनप्रतिपाला, सौन्दर्यशेवधि, शक्तिस्रोतस्वनी, अनादि, अगम्या, जगद्धात्री, आनंदकंदरूपा सदा ही ब्रह्मानन्द में निमग्न रहतीं हैं। उनके ध्यानमात्र से आनंद की रसधारा भक्त के चैतन्य हृदय में सतत प्रवाहित हो रही है।

आनंदरस मकरंदमृदु, मगन मधुप बलिजाय।

अभिनन्दनकरनन्दिनी, मनअहनिशिउमगाय।।

सच्चिदानंद रूपिणी, मंगल   मूरत आप।

नंदनकानन बनत मन, नंदिनि के परताप।।

451

विघ्ननाशिनी

विघ्नविनाशक जिनके पुत्र हैं उनके भक्तों के काम में कोई बाधा आ ही नहीं सकती। अटूटविश्वास ही दृढ़आधार बनता है। कर्मकाण्ड में गणेश अम्बिका का साथ साथ पूजन करने का विधान है। कुमार गणनाथाम्बा महेशानी कृपामयी अपने भक्तों का सदैव ध्यान रखती हैं।

विघ्नहरें कल्याणमयि, पूजित संग गणेश।

योगक्षेम साधें सकल, रहै न कंटक लेश।।

तेजोवतीत्रिनयना लोलाक्षीकामरूपिणी।

मालिनी हंसिनीमातामलयाचलवासिनी।। 95।।

452

तेजोवती

तेजरूप में वे ही सूर्य, चन्द्रमा, अग्नि, तारे, उल्का, व्योमगंगा और भी अनेकों ब्रह्माण्डों के रहस्यों में समाई है। वे ही माँ भुवनेश्वरी गायत्री रूप में सूर्यमंडल में विराजमान रह कर तीनों लोकों को प्रकाशित करती हैं। इसके अतिरिक्त आत्मज्ञान के दिव्य प्रकाश से वे ही अपने भक्तों का कल्याण करने वाली है। मन के अनेकानेक दुर्गुणों से भरे अँधेरे को भी दूर करती है। तेजवान ही सर्वत्र विजय पाता है। तेज हीन कितना भी ज्ञानी अथवा वीर हो कभी भी उद्यमशील नहीं हो सकता उसमें कर्मठता, उत्साह, ओज, दृढ़ता, अदम्य साहस, वीरोचित उद्यम, उद्दामगति शीलता, कर्मकुशलता, प्रवीणता, दक्षता, उदारता, संयम और धैर्य ये गुण तेज से ही सम्भव हैं। साधक के मुख पर उत्साह की कान्ति स्पष्ट दिखाई देती है। यदि यह कहें कि जीवन को वही सच्चे अर्थों में जी पायेगा जो इनगुणों से युक्त हो तो भी अतिशयोक्ति नहीं होगी।

तेजमूर्ति राजत रहि अंबा। रविशशिअनल बने प्रतिबिंबा।।

अखिलकोटि ब्रह्माण्ड प्रसारा। तेजरूप कौ ही विस्तारा।।

ज्योतिर्मयीअपरिमिततेजा। कनकनव्यापक सहज सहेजा।।

भर्ग तेज कौ नाम विशेषा। रविमंडलहि प्रकाश अशेषा।।

देवदीप्ति तेजोमयिभासै।। अविरलगति जो दिव्यप्रकासै।।

गायत्री तेजोमयि ध्यावै। भूर्भुवः स्वः में जो पावै।।

परमतेजतहँद्युतिमयसोभा। निरखतरूप अकिंचन को भा।।

अगम अलौकिक प्रभा निहारै। भीतरबाहर दीप्ति प्रसारै।।

तेजपुंज ताकौ महा, व्याप्त अखिल ब्रह्माण्ड।

ज्ञानदीप की ज्योतिसों, ज्ञानी होत प्रकाण्ड।।

तेज सरूप सत्यसंकल्पा। रहैं न तहाँ व्याधि भय अल्पा।।

मन कौ तम जानैं सबकाहू। ग्रसै सद्गुनन कों ज्योंराहू।।

दुर्गुण मन के तिमिरविशेषा। करें छीन छनछन वयलेशा।।

जान न सकै हानि असकोऊ। तेजहीन ज्ञानी वरु सोऊ।।

तेजोमयि ही विजय प्रदाता। तेज ओज बल विद्या दाता।।

तेजहीन आसा कस बाँधै। निबिड़बिजन काकेबल फाँदै।।

सर्वोपरि है तेजविशेषा। आत्मज्योति सो कहहिं अशेषा।।

तेजोमय बलबान कहावै। कर्म कुसलता उद्यम पावै।।

जहाँ आत्मबलतेजबल, सत्यसत्य तहँ ओप।

तेजोवति तहँतहँ करै, आधिव्याधिकौ लोप।।

453

त्रिनयना

जगन्माता के नेत्रों में सूर्य, चन्द्रमा और अग्नि समाई हुई है। उनके अलौकिक रूप की सुन्दरता का कौन बखान कर सकता है? दयाद्रवित नेत्रों की सुन्दरता को तो केवल वही निहार पायेगा जिस पर माँ अपनी करुणा कटाक्ष से दयादृष्टि करेंगी। किसी में इतना साहस नहीं जो उनकी नेत्र ज्योति के सम्मुख टिक सके। कालचक्र जिनके संकेत मात्र से चलता रहता है और भृकुटि विलासमात्र से महाप्रलय तत्काल हो जाती है वे त्रिनयना ही सदा पूज्यनीय हैं।

श्री मुख की सोभा अहो!जगमगात तिहुँकाल।

सूर्य चन्द्रमा अग्नि हैं, अद्भुत नयन विसाल।।

अम्बुजाक्ष करुणा भरे, अनियारे से लाल।

युगलनयन शशि सूर्य हैं, ज्ञान अक्ष है भाल।।

भृकुटि भंगिमा सों सदा, होत प्रलय तत्काल।

नयनन के संकेत सों, चलै अनवरत काल।।

304

454

लोलाक्षीकामरूपिणी

माँ के नेत्रों में स्वाभाविक चंचलता है। अपनी बनाई हुई इस गुणमयी सुन्दर सृष्टि को वे चंचल कटाक्ष युक्त नेत्रों से देखती रहतीं हैं। सूर्य कर्मों के साक्षी हैं चन्द्रमा शीतलता और अमृत सिंचन से प्रकृति में आनंद फैलाता है। अग्नि (ज्ञानचक्र) में भृकुटि के मध्य में प्रत्येक मनुष्य में है। चर्मचक्षु तो सभी के खुले रहते हैं, किन्तु आज्ञाचक्र के खुलने पर ज्ञान का आभास उसी को होता है जो सद्विवेकी है।

निजनिर्मित ब्रह्माण्ड कों, निरखें चंचल नैन।
कर्मसाखि बनकें चलें, रविशशि नितदिनरैन।।
सोम अर्क हैंयुगल दृग, ज्ञान हुताशन भाल।
भुकुटि मध्य सोभैसदा, बन त्रिनेत्रतिहुँकाल।।
दृष्टिदयामयि दृगन की, कर करुणाविस्तार।
लोलाक्ष करुणा द्रवित, हरें भूमि कौ भार।।
कामेश्वर मनकामना, पूर्ण करत ये नैंन।
अनियारे रतनार दृग, भाव भरे सुठि बैन।।

455

मालिनी

मालिनी रूप में माँ को माला धारण करना उन्हें अतिप्रिय हैं। उनकी माला भी सर्वथा अलौकिक है। वे विद्या की वाङ्मयी माला पहनतीं हैं। अक्षरब्रह्म ही कंठ का आभूषण है। इक्यावन वर्ण उस माला के मनका हैं जिस माला में फूलों को रत्नों और मणियों के साथ गूँथकर बनाया जाता है वह वैजयन्ती माला कहलाती हैं। यहाँ भी नौ रस पुष्पपराग और विविधभाँति के छन्द फूलों की तरह शोभाय मान हैं। भाव की सुगंध कला का रूप हैं अर्थ और शब्द की सार्थकता ऐसी लगती हैं मानों शिव और गंगाजी एक साथ हों। श्रीविद्या की उपासना साँसों का सार लेकर ही सम्भव है इस माला में साँसों का ही धागा पिरोया हुआ है। गीतविधाऐं गुथीं हैं। सद्ज्ञान मोतियों की लड़ियों रूप में और संगीत के सात स्वर जैसे भौंरों का गुंजन हो। दिव्यवाणी की माला उनके कंठ का स्पर्श पाकर धन्य हो जाती है!

गले वाङ्मयि माला सोहै। मनका मानिक अक्षर मोहै।।
नवरस नवल परागन राँचे। छन्द वैजयन्ती सम साँचे।।

भावसुवास सुरुचि अनुकूला। कलारूपमयि मंगलमूला।।

अर्थ पुहुप सम रंगबिरंगे। जतन सार्थक ज्यों हर गंगे।।

साँसनसूत पिरोये मोती। दमकउठी रतनन की जोती।।

गीतविधा गुँथ मध्यसमाई। अभिवनमाला जब पहिराई।।

मुक्तालड़िमानहुँसद्ज्ञाना। हैं विवेक की मन्जरि नाना।।

सप्तसुरन भृंगावलि जानी। विद्यामाल धन्य सन्मानी।।

परसतसोभा कंठकी, दिव्यज्ञान की माल।

वर्ण समावत वांग्मय, बानी होत निहाल।।

456

हंसिनी

भक्तों के हृदयरूपी मानसरोवर में हंसिनी के समान विचरण करने वाली माँ को भावना के मुक्ताकन चुँगना ही अतिप्रिय है। उस मानसरोवर का आभास पाने के लिये ही तो सब साधनाऐं की जातीं हैं। अपने आपको श्रीचरणों में समर्पित करते हुए अपनी प्रत्येक साँस में अर्चना करना अजपाजप से ही सम्भव है। हमारी निश्वाँस से 'सः' और जब हम साँस लेते हैं तो 'हः' की ध्वनि निकलती है। यह सोऽहं का आभास बिना किसी व्यवधान के प्रयत्न किये बिना हमको अनवरत होता रहता है केवल अनुभव करने की देर है हम उस हंसिनी की केलि किलोलमय आनंद क्रीड़ा की तरंगों का हर समय अनुभव कर सकते हैं।

मानसरोवर सम विमल, भक्तन चित अम्लान।

करकिलोल विचरैं तहाँ, 'श्री' हंसिनी समान।।

भरत साँस'हं'ध्वनि तहाँ, निकसत'सः'आभास।

यह सोऽहं कौ जप बनै, बिना किये आयास।।

साँस साँस में अर्चना, अर्पित जीवन सिद्ध।

अजपाजप साधै सकल, ध्यावतज्योतिप्रसिद्ध।।

कोटि जनम की साधना, एक समर्पित साध।

सधें साँस अर्पित किये, छमहिं कोटिअपराध।।

बिखरे मोती भाव के, पूरित सरवर तीर।

चुँगचुँग मुक्ताकन तहाँ, विहरत हंसिनि धीर।।

457

माता

श्रीविद्याभुवनेश्वरी ही सबकी माता हैं। अनेकानेक ब्रह्माण्डों का सृजन करने वाली सबका पालन करने वाली माँ ही सबका योग क्षेम सँवारतीं हैं। सात मातृकाऐं और षोडशी उन्हीं के स्वरूप हैं। ज्ञान के द्वारा भी वे ही वाणी रूप से पोषण करती हैं, जिस ज्ञान से पुष्ट होकर साधक अमृत तुल्य आत्मसुख के अमोघ फल को पा लेता है। जिस तरह माता अपना दूध पिलाकर सन्तान को पालती है उसी प्रकार आप ज्ञानामृत से अपने साधकों का पोषण करती हो। वे आब्रह्म कीटजननी हैं। उनके द्वारा नियन्त्रित काल जब जीवन का अन्त कर देता है तब वे जीव को दूसरे तन के रूप में नया वस्त्र पहना कर कर्मानुसार पुनः जीवन दे देती है। वे तो सृष्टिनियंता ब्रह्माजी से लेकर एक छोटे से कीड़े तक की माता हैं।

सकल लोक की सिरजन हारी। माता केवल आप हमारी।।

जनम देय रच सृष्टि सिहावै। लोकमात जगजननि कहावै।।

पालै सकल भाँति बहु तोषै। ज्यों अंडन खग पाँखन पोखै।।

सप्त मातृका ताके रूपा। अपर षोडशी नाम अनूपा।।

अक्षर माँझ अकार सरूपा। बोधमयी बाणी कौ रूपा।।

सींचतज्ञान बेल तरु छाया। मिलै अमियफल जाकी दाया।।

काल नियन्त्रण तस आधीना। खेंचत डोरी परम प्रवीना।।

नियति नियुक्तकाल अन्हवावै। वेषबदल नट पुनिज्यों आवै।।

सबविधि साँचौ ताहि कौ, हितउदारउपकार।

पार न पावत काहुविधि, महिमा अगमअपार।।

को कहि पावत मात के, सुकृत अनेकउदार।

जो पालै सन्तति सदा, वत्सल दीठि निहार।।

458

मलयाचलवासिनी

जो भी महत्त्वपूर्ण स्थान विशेष संसार में है वैसे ही गुणों वाले विशेष तत्त्व इस शरीर में भी हैं। मलय पर्वत की सुशीतल बयार भगवती को प्रसन्न करने वाली है। वैसी सुशान्ति सहस्त्रार चक्र में भी है। जिसकी छाँह में साधक तापमुक्त होकर अमृत तुल्य आनंद का अनुभव करता है।

शीतलता कौ एकहि ठाँऊँ। ताकौ मलयाचल है नाऊँ।।

चंदन वास रहत सब ठौरा। नंदन सी सोभा सिरमौरा।।

सो मलयानिल घटघटसाजा। शीतलतासों सहजनिवाजा।।

समरसबोध ताहि की भाषा। शम दम क्षमा वृन्तकरिराखा।।

ऊपर मूल अधर महँ डारी। सींचत अमृत सब घट न्यारी।।

गहरे पैठत छाया पावै। साँसन सरस सुवास समावै।।

जड़तातिमिर शोक भय नासै। सुरभिसुवास साँस में वासै।।

सिंचे मूल छाँह तरु देखे। मलय पवन सम सो तहँ पेखे।।

मलयानिल व्याधी हरै, चन्दन छाँह प्रभाव।

लिपटे रहें भुजंग बरु, छाँड़त नाहिंसुभाव।।

ताप दग्ध संतप्त सब, कहाँ सुशीतल ठौर।

बिनागहे तसछाँह कों, हरै व्याधि को और।।

सींचत अमृत स्रोत सम, सहसचक्र सों हेर।

सूख न पायौ जो कतहु, कालचक्रके फेर।।

जागै चेतन शक्ति जब, षट्चक्रन की टेक।

लिपटी कुंडलि मार कें, उठी छनहिमेंएक।।

मलयानिल स्पर्श सी, पाय छुअन ता माँहि।

गहतचेतचितमें भरै, सो का कहत बताहि।।

मलयाचलघटघटबन्यौं, मेंटतक्लान्तिअनित्य।

तहाँ विराजत नित्यही, मलयवासिनीनित्य।।

सुमुखी नलिनी सुभ्रूः शोभना सुरनायिका।
कालकण्ठीकान्तिमती क्षोभिणीसूक्ष्मरूपिणी।। 96 ।।

459

सुमुखी

तेजराशि के रूप का बखान करने में कौन समर्थ है ? ज्ञान के प्रकाश से मुख मण्डल की आभा अप्रतिम लग रही है। सुन्दर मुस्कान, भक्तिदान का अपूर्वमान, करुणा मय कटाक्ष, उन्नत विशाल भृकुटि भंगिमा, गरिमामय भव्यभाल पर रक्तचंदन का लेप नेत्रों की चमक ऐसी जैसे मोती भरे हों पलकों का स्पन्दित होना ऐसा लगता है जैसे कमल की कली सजीव होकर चलायमान हो गई हो। ललछौंहे से विशाल नयन सुन्दरता की पराकाष्ठा

308

हैं। सुमुखी, सुभ्रूसुहासिनी के दर्शनकरने से ज्ञानियों को विनय शीलप्रज्ञा और सद्गुणों का वरदान स्वतः ही मिल जाता है।

ज्ञान तेज कौ साज प्रभामण्डल आकासा।
करुणा सो अव्याज, बढ़ावत दरस पिपासा।।
वत्सल सी मुस्कान रूप की अप्रतिमभाषा।
भक्ति दान कौ मान कहत ताकी परिभाषा।।
उन्नतभुकुटिविसाल, गरिमा दिपत भालअति।
चन्दनचर्चित लाल, सुमुखी शाश्वत षोडशी।।
हरत हिये के सूल, सस्मित शुभ्रसुहासशुचि।
कटै अविद्या मूल, दृष्टिपात सों हेर कें।।
चिन्मयिचित भरिचाव, मधुरहास सों मोहिनी।
तहाँ न कछू अभाव, दृगन ओप मुक्ता दिपें।।
पलकपुटनकी चाल, ज्यों सजीव उत्पलकली।
रतनारे जु रसाल, ललछौंहे नैना जुगल।।
श्रीमाता के नैन, गहन मानसर से सदा।
गूढ़ भावमय बैन, मुनिमन मानस हंस के।।
सुन्दरता गुनखान, रूपराशि सुन्दर सुमुखि।
ज्ञानिन कों वरदान, विनयशील प्रज्ञा प्रखर।।

460

नलिनी

शून्यचक्र को सहसदल कमल कहते हैं, जो तेजराशि का पुंज भी है और अमृत की फुहारों से रस निर्झर जैसा भी है यही साधना की पराकाष्ठा है। उस कमल को जो मृणाल की तरह धारण करतीं हैं वे नलिनी रूप में माँ हैं। शरीरकी नाड़ियाँ मृणाल के समान हैं। षट्चक्रों में भिन्न भिन्न प्रकार के कमलदल हैं। ऐसे कमलों में अनहद नाद भौरे के गुंजन की भाँति लगती है।

सहसकमल दीपित झरैं, अमृतरसन फुहार।
नलिनसरूपा सकलविधि, साधै तन्तुनभार।।
पद्म गन्ध पद्मानना, पद्मराग से पाद।
हृदयपद्म पद्मासना, गुंजित अनहत नाद।।

461

सुभ्रू

भृकुटि भंगिमा से जो भुवनेश्वरी कोटिकोटि ब्रह्माण्डों कों चलाती हैं। उनकी भ्रू भंगिमा भंग होते ही महाप्रलय हो जाती है। उनकी भृकुटि विलास के संकेत मात्र से प्रकृति अपना कार्य करती रहती है। कालचक्र चलता रहता है। सौन्दर्य राशि की विशाल भौहें सम्मोहन शक्ति की संचालिका हैं सबको अपने सम्मोहन से बाँध लेतीं हैं। भृकुटियों का सम्बन्ध आज्ञाचक्र से भी है। भृकुटि विलास का वर्णन कोई भी कवि शब्दों में बाँध कर नहीं कर सकता और अधिक क्या कहें परमशिव की लीला विहारिणी का भृकुटि विलास आशुतोष को भी अपने आधीन कर लेता हैं।

भृकुटि भंगिमा भंग भइ, होत प्रलय तत्काल।

भृकुटिन की मर्यादसों, चलै सृष्टि तिहुँकाल।।

भृकुटिन की संमोहिनी, मोहित करत निहाल।

भुकुटिचाल सों बँधतशिव, विश्वंभर प्रतिपाल।।

462

शोभना

जो अपने नाम, रूप, गुण के ध्यान मात्र से सभीको शोभायुक्त कर दें उनकी शोभा के क्या कहने ! सौम्य सौहार्द की प्रेममयीमूर्ति, वात्सल्यमय करुणाविग्रह, सदा भक्त कल्याण करने को तत्पर रहने वाली, मनोहारिणी मंगलमूर्ति सभी पापों को तत्काल नष्ट करती हैं। शाकुम्भरी माता की शोभा के प्रताप से सारा संसार शोभा से सम्पन्न हो रहा है।

सोभानिधिसौहार्द की, सौम्यमूर्ति हैं आप।

सोभितसबगुनसों सदा, हरतअमंगलपाप।।

शुभंकरीशाकुम्भरी, शुभ सबभांति ललाम।

मनोहारिणी मोहिनी, मंगलमयि अभिराम।।

463

सुरनायिका

अनहदनाद के स्वर (दोंनो कान बन्द कर लेने पर निरन्तर एक प्रकार का गुंजन सा स्वर सुनाई देता है वह हमारी कुंडलिनी की उपस्थिति का द्योतक है। मृत अवस्था में यह स्वर बन्द हो जाता है) इड़ा, सषुम्ना, पिंगला नाड़ियों के द्वारा षट्चक्र के खुलने पर अनहद के स्वर वंशी की मधुरध्वनि के समान कानों में सुनाई पड़ते हैं। ऐसे दिव्यसंगीत के स्वरों की नायिका सुरनायिका हैं। दूसरे अर्थ में देवताओं की भी नायिका हैं। सुरद्रोही असुरों का संहार करने वाली दुर्गा दुर्गति दूर करने वाली हैं।

इड़ा सुषुम्ना पिंगला, संगम अनहदनाद।

सुर की जो है नायिका, कुंडलिनी अव्याद।।

पूज्य सदा सुरनायिका, देव शक्ति की मूल।

सुरद्रोहिन की काल बन, काटत लै त्रिशूल।।

464

कालकण्ठी

कालकूट विष का पान करने से भगवान शिव का नाम कालकण्ठ हो गया। चराचर की मृत्यु का कारण महाभयंकर कालकूट को शिव के अतिरिक्त कोई भी नहीं समेंट सकता था। बाहर कहाँ फेंकें ? सर्वत्र जीवों का वास है इसलिये उसे भगवान भोले नाथ ने अपने गले में ही रोके रखा ऐसी दीन वत्सलता का दूसरा उदाहरण कहीं भी नहीं हैं। भगवान का कण्ठ नीला पड गया और नाम नीलकण्ठ हुआ।

पश्यतांसर्वदेवानांपिशाचोरगराक्षसाम्। धृतंकण्ठेविषंघोरंकालकण्ठस्ततोऽस्म्यहम्।।

तब भला उनकी परमाधारशक्ति इस लीला के स्वरूप से कहाँ भिन्न हो सकतीं हैं! अतः कालकण्ठ की प्राणेश्वरी कालकण्ठी कहलाईं।

कर्यौहलाहलपानशिव, धर्यौ कण्ठ में काल।

नीलकण्ठ त्रिपुरारि की, लीला देख निहाल।।

कालहु के हैं काल जो, त्रिभुवन में परताप।

शक्ति कालकण्ठी बनीं, महाकाल की आप।।

465

कान्तिमती

जिनकी सुन्दरता के अंशमात्र से प्रकृति सुन्दर और सजीव दिखाई देती है ऐसे अप्रतिम रूप के सागर की शोभा का वर्णन कौन कर सकता है ? वे कान्तियुक्त प्रभामयी हैं।

उषा लालिमा सी अहो!सौम्यबनीं अतिकान्ति।
तेजराशि उज्ज्वल वदन, हरै अमंगल भ्रान्ति।।

466

क्षोभिणी

इस शब्द का गूढ़ार्थ है। सृष्टि संचालन में सूक्ष्म तन्मात्राओं में भगवान ने माया को अपने आधीन करके उन सभी तत्त्वों में प्रवेश किया तभी वे अपने अपने गुणों के अनुसार एक दूसरे से मिल कर ब्रह्माण्ड को रचने में समर्थ हुए यानी मायाश्रित आधार शक्ति ने विक्षोभ उत्पन्न किया।

प्रकृतिं पुरुषं चैव प्रविश्यात्मेच्छयाहरिः।
क्षोभयामास भगवान् सर्गकाले व्यपाश्रिताः।।

मूलाधार चक्र में चेतना का मूल विक्षोभ उत्पन्न करने का कार्य करता है। उसमें हुए विचलन (विक्षोभ) को ही साधक विवेक के द्वारा विशुद्धि चक्र में शुद्ध चैतन्य के प्रकाश स्वरूप अनुभव करता है। सृष्टि में विक्षोभ हुआ तभी सभीतत्त्व अपने अपने गुणों को प्रकट करपाये किन्तु भगवान की चैतन्यभूता आधार शक्ति के बिना सृष्टि रचना तत्त्वों के होते हुए भी पूरी नहीं हो सकी ईश्वर की वह आधार शक्ति ही क्षोभिणी है।

प्रकृति पुरुष में करत है, अन्तर्यामिनि वास।
सर्ग काल ब्रह्माण्ड में, होय क्षोभ अनयास।।
निज जन को करुणामयी, देय क्षोभ कौ बोध।
मनसों ताहि मिटात पुनि, पावत भगत प्रबोध।।

467

सूक्ष्मरूपिणी

भगवती के तीन सरूप हैं सूक्ष्म, स्थूल और परा, सूक्ष्म रूप से एक एक कण में समाई हैं। देशकाल में सर्वत्र व्याप्त हैं, स्थूल रूप में सब लोकों से भी वृहदाकार हैं तथा परारूप से सब में रहते हुए अन्तर्यामिनि माँ सबकी साक्षी होते हुए. भी सबसे परे हैं। मन बानी से परे हैं।

सूक्ष्म समाई सकल में, थूल रूप ब्रह्माण्ड।
पराअलौकिकरूप है, ऐसी ज्योति प्रकाण्ड।।
हैं अगम्य अविनाशिनी, गिरातीत गोतीत।
सूक्ष्मरूपिणी सकलविधि, व्यापक सदापुनीत।।

वज्रेश्वरी वामदेवी वयोवस्थाविवर्जिता।
सिद्धेश्वरीसिद्धविद्यासिद्धमातायशस्विनी।। 97 ।।

468

वज्रेश्वरी

शक्तिपीठ जालन्धर में महावज्रेश्वरी देवी की उपासना होती है, यहाँ जल में तपस्या करके इन्द्र ने भगवती की आराधना की थी। माँ ने शक्र को प्रसन्न होकर वज्र दिया।

नित्या श्री वज्रेश्वरी, सोभित कर असिचक्र।
शक्तिपीठजालन्धरहि, वर पायौ जहँ शक्र।।

469

वामदेवी

वामदेव भगवान त्र्यंबकेश का ही नाम है, वामदेव की अर्धांगिनी होने से वामदेवी नाम प्रसिद्ध हैं। आगमविधि से उपासना वामाचार कहलाती है। तंत्र साधना का कौल मार्ग भी वामाचार ही है। जगत्माता की कृपा से ही वह साधना सध पाती है।

वामदेव मृड शम्भु हैं, शिव वामांगिनि आप।
वामदेवी उपासना, मेंटत है भव ताप।।
फलदायिनि वरदायिनी, वामाचार प्रसिद्ध।
आगमविधि की साधना, जासुकृपाबलसिद्ध।।

470

वयोवस्थाविवर्जिता

कालकण्ठी ने काल को अपने कण्ठ में धारण कर रखा है। जिनकी इच्छा से काल चलता है वह उनका क्या बिगाड़ पायेगा ? काल के नियम तो वहीं तक सीमित हैं जहाँ के जीव उसके आधीन हों मृत्यु लोक का मनुष्य जीवन काल के ही आधीन रहता है इसीलिये बाल यौवन जरा मृत्यु ये शरीर के परिवर्तन केवल जन्म लेने वाले और मरने वाले मनुष्यों के लिये हैं। अजन्मा, अनादि, सर्वोपरि, पराम्बाजगद्धात्री तो चिरयौवना , चिरन्तना, चिन्मयी, चैतन्य घनराशि हैं।

वय सीमा केवल करै, लौकिक जीवन माप।
सदा अलौकिक जो रही, ताकौ रूपअमाप।।
चिरन्तना चिर यौवना, चिर चैतन्य विलास।
सदा त्रिकालाबाधिता, मधुर सुमन्द सुहास।।

471

सिद्धेश्वरी

काशीनगरी शिवक्षेत्र है। शिवजी का यह प्रिय निवास स्थान कैलास के समान है, जहाँ अन्नपूर्णा माँ सिद्धेश्वरी की पूजा होती है। इनसे सौभाग्यवती स्त्रियाँ पति की दीर्घआयु की मंगल कामना करती हैं कुमारी कन्या सुन्दर शीलवान पति प्राप्ति हेतु पूजा व्रत आदि करती हैं।

काशी जिनकी प्रियसदा, सिद्धेश्वरि जगमात।
रिद्धिसिद्धि की स्वामिनी, कुशलकरें अहिवात।।
सिद्धेश्वरी उपासना, करै अमंगल चूर्ण।
मंगलदायिनि कर कृपा, फरै मनोरथ पूर्ण।।

472

सिद्धविद्या

जो सनातना नित्य हैं अनित्यमाया के आवरण को अपने दिव्यज्ञान के प्रकाश से दूर करती हैं वे महामाया, विद्यास्वरूपिणी, मंत्रस्वरूपिणी भी हैं। मंत्रमयी मूर्ति साधक के जप के समय मूर्तिमान होकर उसके अन्तर्घट में साकार हो जाती है। पंच दशाक्षरी मंत्र सिद्धमंत्र हैं जिन्हें साधने के लिये कोई कठिन नियमाचरण या समय की मर्यादा नहीं हैं। सिद्धविद्या माँ की मंत्रमयी साधना का सरल ढंग है।

नित्या   पंचदशाक्षरी, विद्या सिद्ध कहात।
योगक्षेम साधकन कौ, जहाँ सफल है जात।।

473

सिद्धमाता

भगवती सिद्धों की भी माता हैं। वरदान देने में, भक्तों की रक्षा करने में स्वयं सिद्ध है। साधक केवल भक्तिभाव से आराधना ही कर सकता है जो यह बात कहते हैं कि अमुक देवता या देवी को हम अपने जप तप से सिद्ध कर चुके हैं या बड़े ऊँचे पहुँचे हुए तांत्रिक या साधक हैं तो ऐसे लोगों को निश्चित रूप से घोर पाखण्डी धूर्त और अहंकारी समझ कर त्याग देने में ही भलाई है, क्योंकि जो स्वयंसिद्ध हैं उन्हें मर्त्यप्राणी भला क्या सिद्ध कर पायेगा? सच्चे साधक तो हंस के समान बिरले ही होते हे कभी अपने मुँह से सत्कृत्यों का बखान भूलकर भी नहीं करते।

स्वयं सिद्ध वरदायिनी, कल्याणी जगमात।
रिद्धिसिद्धिकीस्वामिनी, सिद्धनमात कहात।।

474

यशस्विनी

माँ की आराधना से कभी भी साधक की दुर्गति हो ही नहीं सकती क्योंकि वे सभी व्यसनों से दूर रहने की सत्प्रेरणा देतीं हैं। सुकृत तो सुयश ही देंगें। यह लोक और परलोक देनों ही सुधर जाते है अतः निर्भय होकर उस राह पर चलते चलो।

होत न हानी काहुविधि, जाकी ऐसी गैल।

पुण्यपराक्रमनितबढ़ै, चढ़त सुयशकौ शैल।।

लोक सुमंगल कर्म सों, साधै जो निर्बाध।

शरणदेंय सबविधिसदा, यशस्विनी आराध।।

विशुद्धचक्रनिलया आरक्तवर्णात्रिलोचना।

खट्वांगादि–प्रहरणा वदनैक समन्विता।। 98।।

475

विशुद्धचक्रनिलया

विशुद्धिचक्र कण्ठ में है। षोडशदल कमल में देवी का निवास स्थान है। यह वाणी का क्षेत्र है। नाभि में वाणी का परा रूप है विशुद्ध चक्र में वाणी पश्यंती रूपमें विद्यमान हैं मुख से वही प्रकट होकर वैखरी बन जाती है।

चक्र विशुद्धि में रहत, जो वाणी कौ क्षेत्र।

तहँ षोडशदलपद्म में, सदा वसीं त्रयनेत्र।।

476

आरक्तवर्णा

उत्साह ओज का प्रतीक लाल रंग उनकी छवि की शोभा बढ़ाता है। दिव्यकांति प्रातः कालीन सूर्योदय के समान ललछौंहीं सी है।

विद्रुमआभा लगतहै, ज्योंसन्ध्या की कान्ति।

आरक्तवर्णा अहो, दै रहि मनहिं सुशान्ति।।

477

त्रिलोचना

सूर्य, चन्द्रमा, अग्नि उनके नेत्रों में समाये हुए हैं। हमारे शरीर में भी देवों का वास है। आँख में देखने की शक्ति सूर्य से ही आती है और सूर्य में जो प्रकाश है वह भगवती के तेज से आता हैं। उसके ही प्रभाव से सूर्य प्रखर तेजवान, चन्द्रमा शीतल ज्योत्स्नामय और अग्नि उष्मा की संवाहिका है। इसके अतिरिक्त ज्ञान चक्षु जो आज्ञाचक्र में है उसका दिव्य प्रकाश यानी ज्ञान का आभास जिस से योगी अपने आत्माराम प्रभु का ध्यान के माध्यम से

दर्शन करता हैं ज्ञान के आधार को ही जीवन का आधार बना लेता हैं उस ज्ञाननेत्र के द्वारा देखने की क्षमता भी माता की कृपा से ही सम्भव है।

सूर्य चन्द्रमा अग्नि हैं, जाके लोचन माहिं।

ताकीशक्तिसोंहीसब, बाहरजगत दिखाहिं।।

दिव्यचक्षु है ज्ञान के, करै योग संधान।

दिपैबोधकीजोतिजहँ, भृकुटिमध्यकरध्यान।।

478

खट्वांगादि–प्रहरणा

सुदर्शन चक्र, त्रिशूल, धनुष बाण, तलवार, मूसल, खट्वांग, हलायुध, पट्टिश, पाश और भी अनेकों अस्त्र शस्त्रों को धारण करतीं हैं। कहीं तो मात्र अपनी हुंकार और घोर अट्टाहास से तीक्ष्ण नखों से भयंकर चाल से रौंदकर मसल कर गजघंटा के घोर निनाद से अपनी तीक्ष्ण दृष्टि से ही घोर से घोर दुर्दमनीय आतिताइयों को मृत्यु का ग्रास बना देतीं हैं। श्रीमाता अपने भक्तों की रक्षा करती हैं और आसुरी वृत्ति के असुरों का संहार करती हैं। जिसके प्रमाण हमारे पुराण आदि हैं। धर्म की हानी होने पर वे ही अनेकानेक अवतार धारण करके साधु जनों की रक्षा करती रहीं है।

चक्र शूल शर पाश अरु, असिमूसल हैं हाथ।

खट्वांग हल पट्टिशहु, भंजत हैं अरि माथ।।

अस्त्र शस्त्र सों काट कें, करत असुर संहार।

त्रस्त जनन की आप ही, केवल एक अधार।।

479

वदनैकसमन्चिता

जो माता सहस्त्राक्षी, सहस्त्रवदना, सहस्त्रपादा, सहस्त्ररुपा, सहस्त्रायुधधरा, सहस्त्रशीर्ष अतिविराट स्वरूपिणी है वे ही अतिसौम्य रूप में एक मुखी लावण्यमयी भी है। उन्हें कोई जान नहीं सकता देख नहीं सकता वे अगम्या, अनिवर्चनीया हैं किन्तु भक्तों के वश में भी हैं। वे करुणाकंदा, दयाद्रवी भूता, अतिवत्सला हैं। अतिसौम्यरूपा भी हैं तो अतिरौद्ररूपा भी हैं जो जिस भाव से आराधना करता हैं वे उसे उसी भावना के अनुरूप दर्शन देतीं हैं।

जो सबमें बहुविधि रमीं, विविधरूप में व्याप्त।

एक मुखी शुभ दर्शना, यहै भाव यह आप्त।।

सौम्या सत्य सनातना, एक शाश्वती मात।
एकवदनसुमुखी सदा, निरुपमछवि कौ गात।।

पायसान्नप्रियात्वक्स्थापशुलोकभयंकरी।
अमृतादिमहाशक्तिसंवृताडाकिनीश्वरी।। 99।।

<h1 style="text-align:center">480</h1>

<h2 style="text-align:center">पायसान्नप्रिया</h2>

सात्विक स्निग्धरस युक्त व्यंजनों का भोग लगाना देवी माँ को प्रिय हैं। घृतमिश्रित सुगन्धित खीर(पायस)का भोग लगता है। इष्ट को जो नैवेद्य अर्पित किया जाता है वह दोषमुक्त और अमृततुल्य हो जाता है। भोग लगाने के बाद वही प्रसाद कह लाता है। पूजन के उपरान्त साधक जब प्रसाद ग्रहण करता है तो मन बानी को तो दृढ़ता प्राप्त होती ही है प्राणों में भी भगवती की कृपा समा जाती है। भक्त महाप्राण बन जाता हैं। कहा भी गया हैं जैसा अन्न खाओगे वैसा ही मन होगा यदि प्रतिदिन सात्विक भोग प्रसाद को पाओगे तो साधना का पथ बिना किसी रुकावट के तथा बिना श्रम के ही निर्विघ्न रूप से प्रशस्त होता रहेगा।

अति प्रिय लागत भावमय, पूजन विधि संयोग।
शुद्ध सरस स्निग्धअति, घृत पायस कौ भोग।।

<h1 style="text-align:center">481</h1>

<h2 style="text-align:center">त्वक्स्था</h2>

हमारा शरीर सात धातुओं से मिलकर बनाहै। चर्म, रक्त, मांस, मज्जा, वीर्य, स्नायु, अस्थि इन सबका अस्तित्व देवी की शक्तिमयी कृपा से ही है जो शरीर को सामर्थ्य देतीं हैं। हमारा तन भी उनका ही निवास स्थान है। तभी तो कुंडलिनी जैसी दिव्य ज्ञान प्रभा की सीढ़ी मनुष्य को ईश्वर ने दी है। पशुओं से मनुष्य वाणी के गुण के कारण ही भिन्न है। सार्थक वाणी शब्द अर्थ का बोध विशुद्धि चक्र में त्वचा रूप से स्थित माता के कारण ही स्वर सुन पाते हैं कंठ में स्वर स्थित होते हैं फिर जीभ से उच्चरित होकर सुनाई पड़ते हैं। स्वरों का सुरीला होना स्पष्ट सुनाई देना मस्तिष्क द्वारा नियन्त्रित होना यह वाणी की दिव्यता ही है जो पशुओं के पास नहीं है। अतः वाणी को माँ का वरदान समझ कर सार्थक सार गर्भित वाणी ही बोलनी चाहिये। मितभाषी होना वाणी का तप है।

सप्तधातु तन माँहिं हैं, उन सबमें है वास।
चक्र विशुद्धी कण्ठ में, त्वचा रूप आभास।।
कोमल दिव्य सरूप में, चक्रविशुद्धि समात।
कण्ठ सुरीलेसुर सजें, अमृत जहाँ लजात।।
दुर्लभ नर तन में अहो, बानी कौ है वास।
प्रकटअसदसद्कौकरै, मुखरितसुरनप्रकास।।
परा अलौकिक रूप है, वृहद रूप ब्रह्माण्ड।
सूक्ष्मरूप सबकाहु में, कहूँ न रीतौ भाण्ड।।

482

पशुलोकभयंकरी

पशु अज्ञानियों को कहा गया है। जो केवल तन पोषण को ही जीवन का ध्येय समझकर विषयों में आसक्त होते रहते हैं। पशुओं की तरह खाना सोना भयभीत होना राग द्वेष के कषाय में लिप्त होकर संकल्प विकल्पों से घिरे रहने में ही अपने जीवन की इतिश्री मान लेते हैं धर्म, स्वाध्याय, आस्था का जिनसे कोई लेना देना नहीं होता वे दो पैर के पशु ही है।

येषांनविद्यानतपोनदानंज्ञानंनशीलंनगुणोनधर्मः।
तेमृत्युलोकेभुविभारभूतामनुष्यरूपेणमृगाश्चरन्ति।।

ऐसे मूढ़ अज्ञानियों को माँ भय देने वाली है। काल रूपी भय उन्हें सताता रहता है। सच्ची साधना की राह भी कठिन जान पड़ती है जबकि यह साधनापथ अति सरल, सरस और अभीप्सित फल की ओर ले जाने वाला है। दूसरा पक्ष माँ के साधकों का है जहाँ ज्ञानी और भक्त के लिये वे मृत्यु की भी मृत्यु और भय की भी भय हैं यदि किसी कारण वश साधना अधूरी रह जाये तो पुनर्जन्म में वे साधक की अधूरी साधना को पूरा कराती हैं। आराधना के सुकृत कभी निष्फल नहीं होते। भयमुक्त जीवन चाहने वाले को पशुता छोड़नी ही पड़ेगी।

केवल पोषण करत हैं, जो तन कौ दिनरात।
पशु सम तिनकी चेतना, जीवन व्यर्थ गँवात।।
तिनकों ही अतिभयलगै, तिनकों ही अतिदर्प।
छटपटात व्याधिन घिरौ, ग्रसै मृत्य कौ सर्प।।

अर्न्तघट की वासिनी, तासों रहें अबूझ।
व्यर्थ भटकतौ जो रहै, बिसरै मन की सूझ।।
भयंकरी तिनकों लगै, कठिन सत्य की गैल।
ते न समझ पायेकछू जिनके मन अतिमैल।।

483

अमृतादिमहाशक्तिसमन्विता

विशुद्धिचक्र में अमृतादि महाशक्तियाँ हैं जैसा पहिले कहा गया है यह अमृतवाणी के पश्यंती रूप के कारण हैं कंठ से सुरीले स्वर निकलते हैं भाव प्रकट होते हैं यहाँ सोलह दल के कमल पर सोलह योगिनियाँ विराजमान मानी गईं हैं ये सभी शक्तिस्वरूपा ही हैं।

चक्रविशुद्धी में करत, वास अमिय की शक्ति।
तहँ योगिनि सेवाकरें, ध्येय हृदय शुचिभक्ति।।
अमृतांश सों ही जगै, जगजीवन की जोत।
षोडश दल के चक्र में, चन्द्रबिम्ब में होत।।
षोडशयोगिनि घिरत हैं, तहँ रहिं चारों ओर।
शक्तिनिलय तहँ पर बन्यौ, पूर्णसितेन्दू कोर।।

484

डाकिनीश्वरी

विशुद्धिचक्र का वर्णन ही इन नामों में किया गया है जहाँ भगवती डाकिनी नाम से षोडशदल कमल में विराजमान हैं।

डाकिनि इति अभिधान सों, चक्रविशुद्धिसभाँर।
मुखर होत वाणी तहाँ, योगिनि सिद्धि अधार।।

अनाहताब्ज निलया श्यामाभा वदनद्वया।
दंष्ट्रोज्ज्वलाक्षमालादिधरारुधिरसंस्थिता।। 100।।

485

अनाहताब्जनिलया

राकिनी नाम से हृदय में माता का निवास है। यहाँ से हृदयस्थ माता के नामों का वर्णन प्रारम्भ होगा। अनाहत चक्र में बारह दल का कमल है जिसमें कालरात्रि आदि योगिनियाँ विराजमान हैं। श्यामवर्ण त्रिनेत्रधारी दो मुखी हैं। हृदय प्राणों का केन्द्र है जब तक धड़कनें चलती हैं तब तक जीवन रहता हैं माँ का निवास, ध्यान का केन्द्र, भावना का स्रोत हृदय ही हैं। आगे के नामों में हृदयस्था भगवती के रूप और गुणों की ही चर्चा होगी।

द्वादशदल के कमल पर, हैं राकिनि आसीन।

कालरात्रि सहचरि बनीं, रहें अनाहद लीन।।

486

श्यामाभा

महाविद्या शाश्वत षोडशी हैं ये जीवन का संचालन करतीं हैं। इनकी आभा श्याम वर्ण की हैं। मंत्र भी षोडशाक्षर हैं। ये त्रिनेत्र धारण करने वाली श्यामा सुन्दरी हैं। हृदय में इनका निवास है।

षोडशाक्षरीमंत्र की, षोडशि श्यामा आप।

हृदयसरोवर में करें, जीवन कौ संलाप।।

अनहद की वंशी बजै, स्पन्दन संगीत।

तुमबिन जीव न देह में, यहहीसांचीरीत।।

487

वदनद्वया

हृदय में आकाश और वायु दोनों तत्व हैं, इसीलिये हृदय में शून्य स्थान को दहराकाश कहते हैं। आकाश का तत्व शब्द और वायु का तत्व स्पर्श है। ये दोनों तत्व ही माता के दो मुखों के समान हैं इसीलिये जो हृदय में निवास करने वाली देवी हैं उन्हें वदनद्वया कहा जाता है।

दहराकाश समात हैं, शब्द वायु स्पर्श।
यही वदनद्वय मात के, उपजै हिय में हर्ष।।

488

दंष्ट्रोज्ज्वला

भगवती के मुख की उज्ज्वल दंतपंक्तियाँ अतिसुंदर हैं जो गुलाबी अधरोष्ठो की मणि के समान कांति से अनार के दानों की शोभा को धारण करतीं हैं। यहाँ माँ के सौन्दर्य का वर्णन किया है।

दमकत हैं दन्तावली, सम मुक्ता लड़ि होत।
दाडिम सी रतनार ज्यों अधराभा मणि जोत।।

489

अक्षमालादिधरा

उनकी चार भुजाएं चक्र, त्रिशूल, गदा और अक्षमाला से सुशोभित हैं। इस स्वरूप के ध्यान से सभी आधिव्याधियों का नाश होता है तथा शक्तिवान बनने के साथ साथ आत्मिक उत्थान आध्यात्म के पथ पर चलने का बोध देता है। अस्त्रशस्त्रों को धारण किये माँ के स्वरूप ध्यान के साथ मंत्र जप सात्विक उपासना है। साधक शक्तिवान, वीर, तेजवान बनें किन्तु कभी सात्विकता न छोड़े। आसुरी भाव न आये। माता इसीलिये अक्षमाला से विभूषित हैं।

सोभित हैं कर में सदा, चक्र गदा अरु सूल।
अक्षमाल जप सों करें, सकल व्याधि निर्मूल।।

490

रुधिरसंस्थिता

रुधिर सरोवर में निवास करने वाली माता हृदय में सदा विराजतीं हैं। हृदय में से ही रक्त शुद्ध होकर पूरे शरीर में जाता हैं। जीवन के लिये हृदय का सुचारु रूप से काम

करना बहुत आवश्यक है। हृदय में जो रक्त है वहाँ भी माता का निवास है। प्रत्येक धड़कन उसके आधीन है। यह धारणा नितान्त भ्रान्तियुक्त है कि देवी यदि रुधिर में निवास करती हैं रुधिर ही प्रिय है तो बलि के रूप में किसी निरीह प्राणी का रुधिर चढ़ा दो बात स्पष्ट है कि रुधिर सरोवर में निवास यानी हृदय में ही वास है तो यदि रुधिर अर्पित करना ही साधक की भक्ति भावना है तो अपने हृदय को ही माँ के प्रति समर्पित कर दे अर्थात् स्वात्मनिवेदन जिसके लिये हमारे आर्षग्रन्थ हमको प्रेरित करते रहते हैं।

हृदय केन्द्र है रक्त कौ, स्पन्दन के संग।

शुद्धवायु सों मिलकरै, पोषण तन के अंग।।

सुगढ़भाव कौ है निलय, जागै जीवन जोत।

अनहद की झंकार सों, स्पन्दन तहँ होत।।

सों ही साँची अर्चना, भगतन भाव अडोल।

होय समर्पित भावसों, उर आलय अनमोल।।

त्योंलौं जीवनगति चलै, नाड़िन कौ आभास।

ज्योंलौं उरमें करत हैं, रुधिरसंस्थिता वास।।

कालरात्र्यादिशक्त्यौघवृतास्निग्धौदनप्रिया।

महावीरेन्द्र वरदा राकिण्यम्बा स्वरूपिणी।। 101।।

491

कालरात्र्यादिशक्त्यौघवृता

हृदय के द्वादश दल कमल पर कालरात्रि आदि बारह योगिनियाँ विराजतीं हैं। अनाहद नाद इन्हीं के कारण होती है। जीवन दायिनी माँ प्रत्येक जीव के अन्दर है।

कालरात्रि है शक्ति कौ, अति अमोघ अवतार।

द्वादशदल के कमल पर, योगिनि करें विहार।।

महाशक्ति बल होत है, हृदय रक्त संचार।

ताके ही बल चलत है, सांसन कौ व्यापार।।

492

स्निग्धौदनप्रिया

माता को घृतमिश्रित भात, खीर, मक्खन आदि सुगन्धित नैवेद्य अतिप्रिय हैं। यथार्थ में इष्ट अपने भक्त की भावना के अनुरूप ही समर्पित पूजा अंगीकार करते हैं। किसमें इतना सामर्थ्य है जो उस विराट का पेट भर सके? किन्तु भाव प्रेम ही पूजा में प्रधान है। पत्रं पुष्पं फलं तोयं यो मे भक्त्या प्रयच्छति भक्ति पूर्वक जल फल, पत्र, पुष्प भगवान स्वीकार करते हैं उन्हें कभी भी अहंकार से की गई पूजा स्वीकार नहीं जैसे दुर्योधन के पकवान श्रीकृष्ण भगवान ने नहीं खाये किन्तु विदुर जी के घर साग का भोग लगाया इसी प्रकार माता को भक्ति की भावना प्रेम की स्निग्धता अतिप्रिय है। साधक मानसिक रूप से भी पूजा कर सकता है। चरित्र में करनी कथनी भिन्न न हो शुद्ध सतोगुणी वृत्ति को विवेक की मथानी से मथकर बुद्धि रूपी दही का सार निकाला वह प्रेम नवनीत के समान कोमल और स्निग्ध हो गया उसके समान प्रिय माता के लिये कुछ भी नहीं है। फिर विरह के ताप से प्रेम तपाकर घृत बन गया ऐसी भावसुगन्ध से रचा नैवेद्य दिव्य है शीघ्र ही अंगीकार कर लिया जायेगा। इससे बढ़.कर पूजा का कोई दूसरा विधान हो ही नहीं सकता।

शुद्ध सत्व भोग जो लगावै। मूँग भात घृत पायस भावै।।

मात भोग प्रिय कहहुँबताही। अतिस्निग्ध नेह सम नाहीं।।

नवनवनीत विलोड़तमथनी। भिन्न जहाँनहिंकरनीकथनी।।

गोरस शुद्ध छीर पय साँचौ। भावसुगन्ध तहाँ मन राँचौ।।

मथमथ बुद्धिविवेक दही कों। सारज्ञानअनुभूत कही कौ।।

प्रेम सुधा नवनीत समाना। ता सम नाहि पदारथ आना।।

विरहताप तप घृत सो होई। मिलतसुभाव भोग रससोई।।

सो रस करइ समर्पणसेवा। तासम दूजी प्रिय नहिं मेवा।।

यह सुरुचिसोंजोनितचाखै। तासुख कों को कहिकें भाखै।।

अतिस्निग्ध प्रेमघृत साँचौ। भाषा नयनन सोंकहि बाँचौ।।

नितप्रति जो स्निग्ध घृत, पायसगोरस माँहि।

भोगभावकौ अमियसम, ताकों कहहुँ बताहि।।

घृत ओदन मधु मिश्र कर, भोगलगावत अंब।

पायस अतिप्रिय मात मन, मोदकप्रिय हेरम्ब।।

493

महावीरेन्द्रवरदा

महावीरों को वरदान देने वाली देवी ही हैं। यहाँ इस आशय को स्पष्ट रूप से जान लेना चाहिये कि माता वीरों को ही वरदान देतीं हैं कायर या कुपात्रों को कभी कुछ नहीं मिलता। पौरुष वीरों का स्वभाविक गुणहै। दृढ़संकल्पशक्ति आस्था को बढ़ाती है। बाहुबल, तपस्या का बल, योगबल, विद्याबल, ज्ञानबल, धैर्यबल तो साधक के अमूल्य गुण हैं ही इसके अतिरिक्त भक्ति का बल प्रेम के आँसू भी हैं जिनसे इष्ट जो सब बलवानों का भी बल है वह स्वयं भक्त के वश में हो जाता है। फिर ब्रह्मज्ञान पाकर अमृत जैसा अभय पाने का वरदान तो विरले ही वीर पाते हैं। जगदम्बा तो ऐसे महावीरों को वरदान देने वाली है।

ब्रह्मज्ञानि जन कों सदा, देत अभय वरदान।

वीर कहावत मात के, ते सब पुत्र महान।।

तपबल भुजबल योगबल, विद्याबल अति श्रेय।

पदरजसेवन भगतिबल, अतिअभीष्ट अभिप्रेय।।

धीर धुरन्धर साधु मन, अडिग रहै बरजोर।

डिगै डिगाये पै न जो, धीरन कौ बल घोर।।

ज्ञानिन कौ है ज्ञानबल, योगिनबल तपसिद्ध।

प्रेमासव है भगति बल, जानैं जननि प्रसिद्ध।।

494

राकिण्यम्बास्वरूपिणी

अनाहत चक्र में हृदयेश्वरी माँ 'राकिनी योगिनी के रूप में निवास करतीं हैं। हृदयमें स्पन्दनों का संचालन इन्हीं की शक्ति से होता है।

जीवन की संचालिका, हृदलकमलकरवास।

जाकी किरपा सों मिलै, भावयोग आभास।।

रमीं योगिनी रूप सों, चक्र अनाहद आय।

अधिष्ठात्रिहैंहृदयकी, राकिणि नाम कहाय।।

मणिपूराब्ज निलया वदनत्रय संयुता।

बज्रादिकायुधोपेताडामर्यादिभिरावृता।। 102 ।।

495

मणिपूराब्जनिलया

जिस प्रकार हृदय में वायु और आकाश दो तत्त्वों के प्रतीक स्वरूप माता के दो मुखों को दर्शाया गया है उसी प्रकार नाभि स्थान के मणिपूरचक्र में आकाश वायु और अग्नि तीन तत्त्व हैं इनके गुण हुए शब्द, स्पर्श और रूप इन तीन तत्त्वों के प्रतीकात्मक रूप में तीन मुख वाली देवी नाभि स्थान के दशदल कमल पर मणिपूर चक्र में निवास करतीं हैं। यहाँ लाकिनी नाम की योगिनी विराजमान हैं।

मणिपूरहि दशदलकमल, तहँलाकिनी निवास।

अग्नि, वायु, आकाशमय, त्रिमुखी रूप निहार।।

496

वदनत्रयसंयुता

भोजन को पचाने के लिये अग्नि तत्त्व जठराग्नि के रूप में उदर में रहता है। प्राणों की ऊर्जा का संचालन भी उसी से होता है। यहाँ मणिपूरचक्र का वर्णन है किन्तु यहाँ विशेषता यह है कि उदर में जल के अतिरिक्त अग्नि और वायु भी हैं। जठराग्नि के कारण ही भूख लगती है। मणिपूरचक्र में विराजमान माता का वर्ण लाल रंग का है। यहाँ वे दशदल कमल पर आसीन हैं।

तेजोमयि त्रिमुखी अहो, अगिनीवदन निहार।

रक्तवर्ण जठराग्निमय, दशदलकमल विहार।।

जीव देहधारी सदा, भखें नित्य आहार।

पावकजल संयोग सों, पचै अन्न कौ सार।।

497

वज्रादिकायुधोपेता

लाकिनी नाम की योगिनी दशदलपद्मासीना हैं। चक्र पाश त्रिशूल और बज्रायुधों को अपनी चार भुजाओं में धारण करतीं हैं। प्राण ऊर्जा की संचालिका हैं।

चक्र पाश त्रिशूल अरु, बज्रायुध हैं हाथ।
रिपुमर्दन छन में करें, होवें भगत सनाथ।।

498

डामर्याधिभिरावृता

मणिपूर चक्र के दशदल कमल की प्रत्येक पाँखुरी पर डामरी आदि योगिनियाँ विचरण करतीं हैं। ये सब माता की सहचरी हैं। उनकी आज्ञा का पालन करतीं हैं।

डामरिआदिकयोगिनी, दस सहचरि हैं साथ।
डमडमडमडम बजत है, डमरू जिनके हाथ।।

रक्तवर्णा मांसनिष्ठा गुड़ान्न प्रीतमानसा।
समस्तभक्तसुखदालाकिन्याम्बास्वरूपिणी।। 103।।

499

रक्तवर्णा

नाभिकुंड में विराजमान परांबा भगवती ललिता जी की डामरी आदि दस योगिनियाँ सेवा करतीं हैं। उन सबके वर्ण की आभा गहरे लाल रंग की है जो कमल की दसों पाँखुड़ियों पर विराजमान होकर माता की सब ओर से सेवा करतीं हैं। जिनकी पूजा हमारे तंत्र में विधि विधान पूर्वक की जाती है। वे ही हमारे जीवन में किस प्रकार प्राणों का पोषण कर रहीं हैं इसका यहाँ जीवन्त दर्शन हो रहा है। अतः यह सत्य है कि हमारा तंत्र पुरातन विज्ञान है। मनुष्य ही विधाता की सर्वोत्कृष्ट रचना है और माता हमारे भीतर ही अन्तर्घट में भाँति भाँति के रूपों द्वारा हमारा कल्याण कर रही है। ऐसी दयाद्रवीभूता जननी को छोड़ कर दूसरा कोई सम्बल कहीं भी नहीं हैं।

दसदलकमल सुपाँखुरिन, घिरींयोगिनी घेरि।
सेवहिं जो सब भाँति सों, रहीं भवनमें टेर।।
लालकमल की लालिमा, जाकी आभा लेय।
ललछौंहीं लालीललित, ललिताजी ही देंय।।

500

मांसनिष्ठा

मांस शरीर की एक धातु है। अस्थियों की सुरक्षा करना शरीर को पोषण और आकार प्रदान करना बल बढ़ाना यह मांस से ही सम्भव है। जिस प्रकार विशुद्धि चक्र में भगवती त्वचा रूप से, अनाहतचक्र में रक्त रूप से स्थित है उसी प्रकार मांस के रूप में भी वे शरीर में विद्यमान है।

चक्रविशुद्धी में त्वचा, रक्त अनाहद माँहि।
तैसेइ मांस रूप में, नाभि कुंड उपजाहिं।।

501

गुड़ान्नप्रीतमानसा

गुड़ से बने अपूप (पूए) गुलगुले गजक आदि गन्ने की मिठास से निर्मित नैवेद्य का रुचि से भोग लगाती हैं।

गुड़सों बने अपूप हैं, अतिप्रिययजाकौ भोग।
सरस इक्षु रस प्रेम सों, रही नित्य आरोग।।

502

समस्तभक्तसुखदा

जो भी सच्चे मन से माता की पूजा अर्चना नामस्मरण, वन्दना ध्यान भजन करता है माँ अपने भक्त को कभी भी निराश नहीं करती धर्म, अर्थ, काम, मोक्ष सांसारिक सुख सौभाग्य

सम्पदा सब कुछ देती है। कोई उसके द्वार से निराश नहीं होता। अपने भक्तों के लिये माता अति उदार हैं।

सुखसौभाग्य प्रदान कर, भक्तनहित उपकार।
भुक्ति मुक्ति की सम्पदा, देंय पदारथ चार।।

503

लाकिन्याम्बास्वरूपिणी

मणिपूर चक्र में लाकिनी नाम से माँ विराजमान हैं। यहाँ 'लकार' लावण्य और लालित्य का बोधक है।

श्रीललितालालित्यमय, लाजत कोटिककाम।
लाकिनि अम्बा जहँरमीं, ललछौंहीं अभिराम।।

स्वाधिष्ठानाम्बुजगताचतुर्वक्त्रमनोहरा।
शूलाद्यायुधसम्पन्नापीतवर्णातिगर्विता।। 104।।

504

स्वाधिष्ठानाम्बुजगता

कंठ में विशुद्धि चक्र में षोडशदल कमल पर डाकिनी' नाम की योगिनी का त्वचा रूप में स्थित हैं। हृदय में अनाहतचक्र में राकिनी' नाम की योगिनी का द्वादशदल कमल पर रक्त में निवास है। मणिपूर चक्र में दस दल कमल पर 'लाकिनी' नामकी दस डामरी आदि योगिनियों के साथ माता का निवास है तथा स्वाधिष्ठान में षट्दल कमल पर 'काकिनी' नाम से चतुर्भुजी त्रिनेत्रधारिणी माता का निवास है। इनका पीला वर्ण हैं।

षट्दलपद्म विराजतीं, स्वाधिष्ठान निवास।
चतुर्मुखी त्रय नेत्रमयि, पीताम्बरा उपास।।

505

चतुर्वक्त्रमनोहरा

माता के चारों मुख चार (आकाश, वायु, जल, अग्नि) के प्रतीक हैं। स्वर्णाभा धारण किये अत्यन्त मनोहर स्वरूप है।

चारु चितौंनी चितत हैं, चतुमुखी चहुँओर।
चारतत्व जासों बने, साध सृष्टि की डोर।।

506

शूलाद्यायुधसम्पन्ना

अनेकों आयुधों को धारण करने वाली माता स्वाधिष्ठान में निवास करती है। ये पीठ की रक्षा करती हैं।

सूल कृपाण परिघ असि, पट्टिश शंर संधान।
शेभित जहँ शस्त्रास्त्रबहु, विंध्यवासिनीजान।।

507

पीतवर्णा

पीले वर्ण की छवि परागकणों के समान शोभायमान हैं जो उनकी नैसर्गिक सुन्दरता को बढ़ा रही है।

पीत वर्ण पीताम्बरा, लसत परागन गन्ध।
सौम्यसुधामय मूर्ति सों, मधुमयहोतसुगन्ध।।

508

अतिगर्विता

अपने अलौकिक स्वरूप की दिव्य माधुरी छटा से जो पुलकित होती रहतीं हैं वे त्रिपुर सुन्दरी शिवपरायणा हैं भागवान शिव की गोद में मानपूर्वक विराज रहीं हैं। विधाता की लेखनी में इतना सामर्थ्य कहाँ जो परम्बा के अप्रतिम रूप सौन्दर्य के वैभव का बखान कर सके ! मन वाणी से अकथ परम लावण्यमयि ज्योति भक्तों के त्रिविध तापों का नाश करती हैं।

निजस्वरूपमें रमतनित, आत्मज्योति की पुंज।
अप्रतिम छटा सुहावनी, मोहक रूप निकुंज।।
मानकरत रहि मानिनी, मानत मन नित मोद।
मुदित अंक राजत शिवा, नीलकंठ की गोद।।
ता सम कोऊ नहिं कहूँ, कछू न पटतर पाय।
है अशक्तविधि लेखनी, उपमा का कहिजाय।।
जो मनसा वाचा सदा, अकथ बनीं हैं आप।
परमज्योति लावण्यमयि, हरै त्रिविधि भवताप।।

मेदोनिष्ठा मधुप्रीता बन्धिन्यादिसमन्विता।
दध्यन्नासक्त हृदया काकिनीरूपधारिणी।। 105 ।।

509

मेदोनिष्ठा

जिस प्रकार माँ मांस में हैं उसी प्रकार मेद में भी उसका वास है। जिससे शरीर में कान्तिमान सौन्दर्य दिखाई देता है।

दमकतदुति तन माँहि, सुन्दर वपु लावण्यमय।
सो कहि मेद बताहिं, तामें हू स्थित रही।।

510

मधुप्रीता

मधुरस का पान करना उन्हें अत्यन्त प्रिय है। यहाँ मधु से आशय मद्य कदापि नहीं समझना चाहिये। वे तो दयामदारुणापांगा है यदि मदशालिनी हैं तो दया करने के कारण भक्ति वत्सलता का मद है। कहीं भी मदिरा का उल्लेख नहीं है। सप्तशती में माँ ने कहा है गर्जगर्जक्षणंमूढ़मधुयावत्पिवाम्यहममयात्वयिहते त्रैव गर्जिष्यन्त्याशु देवताः।।

मधुरसपानसुधासरिस, करतसरुचिरुचिआप।

दयानिधान भवानि कौ, मधुरस प्रेम अमाप।।

511

बन्धिन्यादिसमन्विता

कुंडलिनी के प्रत्येक चक्र का वर्णन हो रहा है। यहाँ स्वणिष्ठान चक्र में जो षट्दल कमल हैं वहाँ छै बन्धिनी आदि योगिनियाँ सहचरी के रूप में माता की सेवा करतीं हैं।

षट्सहचरि हैं सेविका, बन्धिन्यादिउपाधि।

रहें संग में योगिनी, हरें असम्भव व्याधि।।

512

दध्यन्नासक्तहृदया

दहीभात, श्रीखण्ड, घी, मधु, बूराभात रुचिकर भोग हैं। सात्विक नैवेद्य ही देवी को प्रिय हैं। भाव पूर्वक जो अर्पण किया जाये उसे माँ चाव से स्वीकार करती है। शुद्धता, सुरुचि, भक्ति भाव तथा धैर्य पूर्वक नैवेद्य बनाना चहिये। भोग लगाने के उपरान्त जो प्रसादी भक्त लेता है उसमें देवता की कृपा का अमृत फल मिलता है। कहीं भी कसी भी हिन्दू धर्म में यह नहीं कहा गया कि हिंसा करके मांस रक्त आदि को अर्पित करो तभी देवी प्रसन्न होंगी। हिंसात्मक बलि आदि मिथ्या धारणा है। इसका सुधार होना चाहिये श्री ललिता सहस्त्र नाम माँ की वाङ्मयी मूर्ति है जिन नामों में माता के गुणों का वर्णन है वही सत्य है अन्य केवल अनर्गल प्रलाप या मिथ्यादंभ मात्र ही हैं। माता तो आब्रह्मकीट जननी हैं सभी में विराज रही हैं फिर कैसे किसी के वध से प्रसन्न हो सकती हैं?

दध्योदन स्निग्धअति, मधुरसघृतमय भोग।
सत्व बढ़ावत साधु कौ, बढ़ै योग संयोग।।

513

काकिनीरूपधारिणी

काकिनी में 'क'कार कर्तृत्व का द्योतक बनकर सृष्टि रचना की ओर संकेत करता है। स्वाधिष्ठान चक्र में प्रजनन की शक्ति समाहित है। जो माता की आधार भूता शक्ति से ही सम्भव है।

धरें काकिनी रूप कों, स्वाधिष्ठान सँभार।
सृष्टिनियन्त्री बन यहाँ, रचत रहीं संसार।।

मूलाधाराम्बुजारूढापंचवक्त्राअस्थिसंस्थिता।
अंकुशादि प्रहरणा वरदादि निषेविता।। 106 ।।

514

मूलाधाराम्बुजारुढ़ा

साकिनी नामक पंचमुखी देवी कुंडलिनी में सोती रहतीं हैं। योगीजन अपनी साधना करके यत्न से उन्हें जगाते हैं। यहाँ चतुर्दल कमल है। यही साधना का आधार है। साढ़े तीन लपेटे में घिरी महाशक्ति मूलाधार में ही सुप्त अवस्था में हैं। जब जाग्रत होतीं हैं तो एक झटके में उठ कर सहस्त्रारोन्मुखी हो जातीं हैं यह क्रिया पराम्बा की महती कृपा से ही फलीभूत हो सकती है।

अतिप्रगाढ निद्रा घिरी, कुंडलिनी रहि सुप्त।
खुलै चक्र आधार कौ, भेद चक्र सब गुप्त।।
मूलाधार विराजतीं, दाबि पूँछ मुख मांहि।
कुंडलिनी अधोमुखी, जगै ऊर्ध्वगति जाहिं।।

515

पंचवक्त्रा

जिनकी लीला के प्रताप से ब्रह्माण्ड का संचलन हो रहा है वे पंचाननप्रिया पार्वती ही पाँच मुखों को धारण करने वाली मूलाधार में महाशक्ति के रूप में चार पंखुरी वाले कमल दल की शोभा को बढ़ा रहीं हैं। योगी मूलाधार पर ध्यान केन्द्रित करके ही कुंडलिनी उपासना करते हैं। यह योग और भोग दोनों का स्थान है। चेतना का केन्द्र बिन्दु है। जो केवल शरीर मात्र का पोषण ही जीवन का ध्येय समझते हैं या जिन्होंने माता के चरणों का आश्रय नहीं लिया अपने भीतर छिपी महाशक्ति को नहीं पहचाना जो श्री यन्त्र की दिव्य उपासना में आस्था नहीं रखते मंत्रमयी साधना में दत्तचित्त से एकाग्र होकर आसन, प्राणायाम, ध्यान आदि नियमों को नित्य नहीं साध पाते आस्तिक नहीं हैं तंत्र, मंत्र और यंत्र में जो समाई हुई हैं हमारे शरीर में भी विद्यमान अन्तर्यामिनि माता सिद्धेश्वरी को नकार कर केवल अहंभाव से पेट भरना ही परम पुरुषार्थ समझते हैं ऐसे अपात्रों को यह ब्रह्मविद्या के समान सर्वोत्कृष्ट श्रीविद्या का ज्ञान भूल कर भी नहीं देना चाहिये।

पंचभूतमय सृष्टि की, रचनाकरत प्रताप।
पंचानन शिव की प्रिया, पंचवक्त्रा आप।।

516

अस्थिसंस्थिता

ऐसी कोई काया नहीं जहाँ माता का निवास न हो जिस प्रकार विशुद्ध चक्र में त्वचा, अनाहत में रक्त, मणिपूर में मांस, स्वाधिष्ठान में मेद (चर्बी) उसी प्रकार मूलाधार में अस्थि के रूप में माता विराज रही हैं। शरीर को आकार देना मांसपेशियों को साधना रीढ़ की हड्डी के सहारे नाड़ियों के द्वारा रक्त संचार करना अस्थियों का ही काम है। कर्मानुसार जन्म मिलता है वैसा ही प्रारब्ध फल भोगना पड़ता है। दयासिन्धु की चरण शरण पाकर यदि अपना जीवन उसे सौंप दिया जाये तो वे उसकी सहायता भी करतीं हैं बाहर भीतर सबकी तन रचना में आप ही हो तो अब आप ही मेरे जीवन की डोर को पकड़ो और दूसरा कोई सहायता करने वाला नहीं है।

प्रतितन में स्थित सदा, प्राणशक्ति बन आप।
तुम हीं तनआकृति रचौ, बनीं अस्थिकौनाप।।
जाकी इच्छा सों धरें, जीवन जीव अनेक।
प्राण अडिग सी धुरि बने, उर स्पन्दन टेक।।

जनमजनम की डोर रहि, जबलौं ताके हाथ।

लेत आसरौ एक ही, जीवन भयौ सनाथ।।

बाहर भीतर एक तुम, तुम हीं चारों ओर।

अब करुणाकरिकें गहौ, असजीवन कीडोर।।

517

अंकुशादिप्रहरणा

मूलाधार को जिसने साध लिया समझ लो कि वह अपने अमृतपथ पर चल पड़ा इस चक्र में ही कुंडली सुप्तावस्था में रहती है। उसे ही विभिन्न प्रकार से योगध्यान, संयम, इष्ट के प्रति समर्पित भाव से जगाना है। योग और भोग दोनों की ही भावनाएं इस चक्र में निहित हैं। जैसा कि लोक व्यवहार में सुनने में आता है कि अपने ऊपर अंकुश रखना सीखो अन्यथा पछताओगे इच्छाओं पर अंकुश क्यों नहीं है ? आदि श्रेय पथ के साधक हों या प्रेयपथ के, लोकमर्यादा की बातें हों या आध्यात्म की, कौलाचार के कठिन नियम हों या दक्षिणाचार की विधि सभी में स्वयं पर अंकुश रखने की अपनी मर्यादा को समझाने की बात सबसे पहिले आती है। इस अंकुश रूपी अस्त्र को माता धारण करके अपने साधकों को स्ववश बनाती हैं।

साधक होत सुजानअति, करै धीरमति काज।

ज्यों अंकुश संकेत सों, वश होवें गजराज।।

अंकुश सों संयत करैं, धन्य साधकन भाग।

खुलें चक्र संयम सधै, कुंडलिनी रहि जाग।।

518

वरदादिनिषेविता

वरदान देने में प्रवीण माता अपने भक्तों का हितचिंतन हर प्रकार से करती हैं। उनके योगक्षेम का निर्वाह करना श्री माँ के ही भरोसे है। वाणी ज्ञान वैभव धनसम्पदा विजय, विभूति, पुरुषार्थचतुष्ट्य और सबसे श्रेष्ठ श्रीचरणों की आसक्ति मिलना कोटि कोटि जन्मों के पुण्यसंचय से ही सम्भव हो सकता है। ज्ञान द्वारा वे अपने साधकों को अभय देने वाली हैं।

सुकृत सर्धें साधन फलें, सफल साधुसन्मान।
सिद्धबानि के सुफल सों, वरदे!कर कल्याण।।
वरदायिनि धनदायिनी, शिवंकरी कल्याणि।
जाकीकरुणादीठिसों, फलदायिनि भइ बानि।।

मुद्गौदनासक्तचित्तासाकिन्यम्बास्वरूपिणी।
आज्ञाचक्राब्जनिलया शुक्लवर्णा षडानना।। 107 ।।

519

मुद्गौदनासक्तचित्ता

मूँगभात का सात्विक भोग उनको अतिप्रिय है। घृतमिश्रित भात खीर मूँग ये भोज्य पुष्टिवर्धक सात्विक पदार्थ हैं।

शुद्धसत्वमय रसभर्यौ, सरस स्वाद घृत पूर।
मूँग भात पायस दही, आरोगत भरपूर।।
जाकों नितप्रिय लगत है, मूँगभात कौ भोग।
घृतसुगन्ध मोहक लगी, सुरुचिपदारथ जोग।।

520

साकिन्यम्बास्वरूपिणी

पंचानना अंकुशधारिणी मूलाधार में निवास करने वाली आद्याभवानी साकिनी नाम से प्रसिद्ध हैं। यहाँ महाशक्ति आधार बनीं हैं। योगियों के लिये कुंडलिनी शक्ति की आराधना का प्रारम्भ यहीं से होता है।

साकिनि मूलाधाररहि, सहचरियोगिनि संग।
अद्भुत लीलामयि अहो, आनंदराशि तरंग।।

521

आज्ञाचक्राब्जनिलया

मूलाधारचक्र से विशुद्धिचक्र तक जो स्थूलरूप है वही आज्ञाचक्र में सूक्ष्म रूप है। यह ज्ञानचक्र भी कहलाता है। कंठ में आकाश तत्व, मुखमें वायु, अग्नि, जल और नासिका में पृथ्वीतत्व समाया हुआ है। इन पाँच तत्वों से परेहोने के कारण ही यह चक्र सूक्ष्म रूप माना है। दो दल का है यह भगवान शिव का स्थान है। ध्यान का केन्द्र दोनों भौंह के बीच ललाट में तीसरी आँख (ज्ञान नेत्र) है। माथे पर तिलक बिन्दी लगाने का भी यही संकेत और तात्पर्य समझना चाहिये कि आज्ञाचक्र में शिवजी की आराधना हो रही हैं ज्ञान चक्षु खुलें कल्याण तभी सम्भव हो पायेगा।

थूल   रूप   आधार सों, रहै विशुद्धी माँहि।

सूक्ष्म बनीं सो ही यहाँ, आज्ञा चक्र समाहि।।

रस पियूष   कौ स्रोत है, सहस्त्रार कौ ठाँव।

ज्ञानविटप पटतर बनीं, आज्ञा की ही छाँव।।

वायुअगनिजल मुख रहैं, कंठ समायौ व्योम।

स्थित भइ भू नासिका, 'आज्ञा' में है ओम।।

द्विदलकमलपरज्ञानमय, भृकुटिमध्यशिवध्यान।

अचल धारणा योग की, करै सफल संधान।।

कुंडिलनी अति सूक्ष्म है, परमधाम की गैल।

ज्ञानप्रभा सों दीप्तिमय, आज्ञा कौ दृढ़सैल।।

राखत ज्ञानप्रभा सदा, श्री कौ सदन सुरम्य।

बन्यौ गोचरातीत अति, योगिन पंथ सुगम्य।।

522

शुक्लवर्णा

जहाँ शिव वहाँ शक्ति का निवास सदा ही होता है। आज्ञाचक्र के मध्य दीप्तिमय ज्ञान प्रकाश में शिव के साथ शिवा भी विराजमान हैं। श्वेत मराली रूपमें योगियों के ध्यानमुक्ता को चुँगती हुई अमोघ साधना का पुण्यफल प्रदान करतीं हैं। द्विदल कमलआसीन हाकिनी नाम से प्रसिद्ध ज्ञानचक्र में ध्यानलीन योगियों की आराध्याभवानी परमप्रिय शिवजी के साथ निवास करतीं हैं।

यहाँ विराजत हंसिनी, मानहु श्वेतमराल।

ज्ञानप्रभा चन्द्रानना, दीपित हैं तिहुँकाल।।

यहाँ योगिनी हाकिनी, पूजित हैं श्रीमात।

शरदज्योत्स्नाज्योंखिली, बीतीं पावसरात।।

523

षडानना

आज्ञाचक्र में भवानी के षट्मुख बताये गयें हैं। विशुद्धि से लेकर मूलाधार तक एक एक करके गुणों की संख्या और उसी प्रकार माँ के मुखों की संख्या बढ़ती जाती है। आज्ञाचक्र में छै मुखी हैं विवेक पूर्ण बुद्धि का परिष्कार भी यहीं से होता है। काम, क्रोध, मद, लोभ, छल, मत्सर छै विकारों को ज्ञान के द्वारा नियन्त्रित किया जाना षडानना की कृपा से ही सम्भव है।

शिवशक्ती कौ है सदा, भृकुटिन मध्य निवास।

काम क्रोध मद लोभ छल, मत्सर रहै न पास।।

साधै सब विधि साधना, षडानना कौ ध्यान।

आज्ञा चक्र जगै जहाँ, मिलै सुदुर्लभ ज्ञान।।

मज्जासंस्थिताहंसवतीमुख्यशक्तिसमन्विता।

हरिद्रान्नैक–रसिका हाकिनी रूप धारिणी।। 108।।

524

मज्जासंस्थिता

जिस प्रकार त्वचा, रक्त, मांस, मेद, अस्थि, स्नायु में माता समाई है उसी प्रकार मज्जा में भी स्थित है। मस्तिष्क में मज्जा पाया जाता हैं। अच्छे बुरे की पहचान भी यहीं से होती है।

तन की सातौं धातु में, जाकी शक्ति समाइ।

मज्जा में हू स्थिता, घट घट में हैं पाइ।।

525

हंसवतीमुख्यशक्तिसमन्विता

आज्ञाचक्र में देवी की हंसवती और क्षमावती देवियाँ सेवा करतीं हैं। हंसवती साँसों को चलाती हैं और क्षमावती संतुलन और नियन्त्रण रखतीं हैं।

जीवनडोरी बाँधि कें, साध प्राण कौ संग।
संयत जीव चलावती, क्षमावती निज ढ़ंग।।
उभय शक्तिताकीअटल, अहनिशिजोअनुभूत।
भृकुटिन मध्य विराजतीं, ज्ञानचक्र मेंस्यूत।।
कुंडलिनी की शक्ति ही, देय एक अवलंब।
चक्रभेदगतिजानकें, तनिक न होतविलम्ब।।
क्षमावती योगिनि मिलीं, हंसवती के संग।
नीरक्षीर विवेक सोंइ, चालतस्वाँस प्रसंग।।
हंसवती मराल समा, करत विवेक प्रदान।
श्वाँस औरनिःश्वाँसमें, कर क्रमवत्संधान।।

526

हरिद्रान्नैकरसिका

हल्दी के शुभ रंग से निर्मित भोज्य पदार्थ देखने में खाने में स्वाद और गुणों से भरपूर लगते हैं। हल्दी में रोग प्रतिरोधक क्षमता के औषधीय गुण पाये जाते हैं। इसे शुभ सूचक भी माना जाता है।

हरदी के शुभ रंग में, पीत रूप गुण गोय।
आरोगत नैवेद्य नित, मथ मथ दही विलोय।।

527

हाकिनीरूपधारिणी

जीव ब्रह्म का सम्बन्ध सहस्त्रार तक पहुँचना ही है। आज्ञाचक्र के दोदल वाले कमल पर हाकिनी नाम से जगदम्बा स्थित हैं। दन दलों को सः और हः की संज्ञा दी जाती है।

मनुष्य के निश्वास से सः और श्वास लेने पर हः की प्रतिध्वनि जीवनपर्यंत चलती रहती है। यह सोऽहं का संगीत ही हमें अपने श्रेय के पथ से जोड़ सकता है। हमारा चिर साथी है। मनुष्य शरीर में ही यह अनुभव हो सकता है। इस बात को समझने की शक्ति है। अन्य योनियों में कुछ इन्द्रियाँ मनुष्य से अधिक सचेत हैं जैसे कुत्ते में सूँघना, घोड़े में चलना, हाथी में परिस्थिति भाँपना चिड़ियों का भूकम्प आने से पहिले पलायन कर जाना आदि किन्तु कुंडलिनी की सार्थकता सोऽहं का संगीत केवल मनुष्य तन में ही सम्भव है। अन्य किसी में ऐसी समझा कहाँ ?

सः हः बन साँसन रम्यौ, सोऽहं कौ संगीत।

सहस्त्रार के मार्ग की, यही सुगम सी रीत।।

जहँ साँसन के कमलद्वय, तिनकौसःहःनाम।

राजत हाकिनि रूप सों, आज्ञाचक्र प्रकाम।।

सहस्त्रदलपद्मस्था सर्ववर्णोपशोभिता।
सर्वायुधधरा शुक्लसंस्थितासर्वतोमुखी।। 109 ।।

528

सहस्त्रदलपद्मस्था

कुंडलिनी में छै चक्र हैं इन सब में अलग अलग संख्या में कमलदलों का वर्णनकिया है। इन सबकी कुलसंख्या पचास हुई उनमें सहस्त्रारचक्र के मिल जाने से इक्यावन संख्या हो गई जिन पर भगवती का ही आधिपत्य है। कुछ विद्वान इक्यावन वर्ण संख्या मानते हैं जिसमें सम्पूर्ण वाङ्मय समाहित है। ज्ञान और विद्या का भण्डार है। भगवान शिव के साथ अभिन्न स्वरूप में 'शिवा' याकिनी' नाम से विराजमान हैं। जिस प्रकार भगवान विष्णु के संग में गरुण जी सदा साथ रहते हैं हरि लीला के साक्षी हैं प्रभु की सेवा करते हैं उसी प्रकार योगिनियाँ माता की सेविकाएँ हैं उनकी सभी शक्तियों से सम्पन्न हैं। उनसे घिरी हुई अपरिमेया, अपराजिता, अमोघायोगियों के ध्यान में भी अगम्या दयाद्रवीभूता भक्तों के चित को अपने रूप में बाँधने वाली वत्सला माता नित्य ही निवास करतीं हैं। इससे परे कुछ भी नहीं हैं। और अधिक जानने की आवश्यकता शेष रह ही नहीं पाती। पूर्णता का ऐसा अमृत क्या कहीं दूसरा हो सकता है ?

षट्चक्रन के कमलदल, मिलकें बने पचास।

'शब्दब्रह्म' अक्षरन की, सिद्धि करत हैं वास।।

सर्वोपरि है सहस दल, जहँ इक्यावन वर्ण।

घिरींयोगिनिनसोंतहाँ, ज्यों हरि संग सुपर्ण।।

529

सर्ववर्णोपशोभिता

शोभा की आगार अपने ही शुभ्रप्रकाश से प्रकाशित हैं जिनके कारण धरा, दिशाऐं और आकाश प्रकाशमान हैं। सागर में तरंगें उठतीं हैं, प्रकृति अपने अपने कार्यों को कुशलता पूर्वक करती है। वह पराविद्या सभी वर्णों से, रंगों से, नादब्रह्म से सुशोभित है। क्रिया योगमय तंत्र, इष्ट की साक्षात मूर्ति रूप में मंत्र तथा मंत्र और तंत्र की उपासना से सिद्ध यंत्र में अपनी अलौकिक शक्तियों के साथ शोभायमान हैं।

रूपमयी लावण्यमयि, जहँ शोभित सब अंग।

धराव्योमदीपितसदा, जलनिधि उठत तरंग।।

वर्णमयी   विद्यामयी, शब्द ब्रह्ममयि नाद।

तन्त्रयन्त्र मेंमन्त्रमयि, जहँ नहिं रंच विवाद।।

530

सर्वायुधधरा

रुद्राध्याय में भगवती का सहस्त्रभुजी रूप में वर्णन हैं। वे सभी भुजाओ में अनेकानेक शस्त्रास्त्रों को धारण करतीं हैं।

सहसभुजा धारण करें, अस्त्र शस्त्र ब्रह्मास्त्र।

अभयदेत शरणागतन, धन्य भनत जे शास्त्र।।

सहसभुजा सोभितसकल, दिव्यआयुधन धारि।

राखत हैं निजजनकुशल, करुणादृगननिहारि।।

531

शुक्लसंस्थिता

शुक्लसंस्थिता माता शुक्ल यानी वीर्य की शक्तिरूपा है। मन को वश में रखते हुए संस्कारवान साधक अनुशासन में रहकर स्वयं को वीर्यवान तेजवान बनाते हुए प्रज्ञाबल से युक्त करता है। इसके विपरीत सांसारिक लोग पशुओं के समान आचरण करते हुए वासना और विषयों के वशीभूत होकर अपना अमूल्यवीर्य को नष्ट कर तेजहीन होते हैं।

योगी वीर्य को ऊर्ध्वगति में ले जाकर रोकते हैं। वही सच्चे अर्थ में साधना के योग्य बन पाते हैं।

साधत संयम साधना, प्रज्ञा बल कौ तेज।

शमन दमन सम्बल गहै, राखै शुक्ल सहेज।।

ऊर्ध्वगती साधें सुजन, करहिंपतिततन भोग।

जो जानहिं या मरमकों, सधै सत्य ही योग।।

532

सर्वतोमुखी

माता के सभी दिशाओं में नेत्र और मुख हैं। यह विराट रूप की ओर संकेत है, जिनके तन में सम्पूर्ण ब्रह्माण्ड समाया हुआ है जो सर्वव्यापक है सबकी साक्षी है। सर्वतोक्षिशिरोमुखम् सृष्टि का उद्गम, मध्य की स्थिति और अन्त सब उनके समक्ष ही होते हैं। वह सर्वतोमुखी माँ सबको सब ओर से देख रहीं हैं।

जाकेतन यह भुवन समायौ। ताकौरूप कौन लखि पायौ।।

सकलदिशा अम्बर ता माँहीं। कोटिकोटिब्रह्माण्ड समाहीं।।

सकलठौर व्यापकदृग जाके। अगनितबाहुसीसमुख ताके।।

सकल सृष्टि की साखी एका। अन्तर्यामिनि रूप अनेका।।

सबकी साखि रही सबठौरा। ता समान देख्यौ नहिंऔरा।।

तन्तु रमे हैं पट में जैसै। प्रतिघट व्योम समावत तैसे।।

जो अमूर्त मूरत सो आँकी। निरुपमछटामयी अस झाँकी।।

जीवन जोत जगै जग माँही। विलयहोत तामेंहि समाहीं।।

सबकी साखी एक ही, निरखें सबकों अक्ष।

आदि मध्य औ अन्त हू, जाके सभी समक्ष।।

सर्वौदनप्रीतचित्तायाकिन्यम्बास्वरूपिणी।

स्वाहास्वधाऽमतिर्मेधाश्रुतिस्मृतिरनुत्तमा।। 110।।

533

सर्वौदनप्रीतचित्ता

ब्रह्मरन्ध्र में रहने वाली शक्ति सभी प्रकार के भात का रुचि से प्रेम पूर्वक भोग लगाती है। गुड़भात, सूपोदन, दालभात, दधिओदन, घृतओदन, पायस (खीर) का भोग लगाती है। सहस्त्रार में माता याकिनी नाम से विख्यात हैं और इन्हें केवल 'या' कह कर भी सम्बोधित कर सकते हैं। जैसा कि दुर्गा सप्तशती में या देवी सर्व भूतेषू शक्तिरूपेणसंस्थिता कहा है जहाँ वे महाशक्ति विभिन्न रूप में प्राणियों में निवास करतीं हैं और सभी प्रकार के अन्न से निर्मित पदार्थों का भोग लगातीं है। सर्वान्नासक्तचित्तां परशिव रसिकां याकिनीं भावयामः।।

दधिओदन कौ भोग नित, घृतमिश्रित अतिप्रीत।
आरोगत है भाँति बहु, सबविधि सों रुचि रीत।।

534

याकिन्यम्बास्वरूपिणी

जो देवी सात चक्रों में विभिन्न नामों से जानी जातीं हैं। वे सहस्त्रार में 'याकिनी' नाम से श्रीमाता ललिता जी ही हैं।

याकिनि अम्बा रूपिणी, श्रीललिता कौ नाम।
सहस्त्रार आसीन हैं, पूर्ण मनोरथ काम।।

535

स्वाहा

सभी यज्ञों में स्वाहाकार मंत्रों के द्वारा ही देवता को आहुति अर्पित की जाती है। आत्मज्ञान की साधना में भी एक विलक्षण हवन विधि है जिसे साधक स्वत्म निवेदन के द्वारा पूर्ण करता है उसमें आत्मरमणरत चित्त ही 'होता' (हवन करने वाला) है। आत्मज्ञान का बोध हवन सामग्री बनती है, आत्मनिवेदन हवन क्रिया कही गई है तभी आत्मदेव जो इष्ट से अभिन्न बन गया है (ईश्वर अंश जीव अविनाशी) वही उसे अंगीकार भी करता है। यही ज्ञान की पराकाष्ठा है। वैदिक यज्ञों में होता अध्वर्यु, उद्गाता और ब्रह्मा अनेकानेक उद्देश्यों को लेकर कर्मकाण्ड के अनुसार यज्ञ करते हैं किन्तु आत्म ज्ञान के बिना उनको

अधूरे भूलभुलैयाँ वाले ही समझने चाहिये क्योंकि न तो कामनाओं का अंत हैं ना ही जीवन असीमित.....जीवन की सार्थकता जिस यज्ञ को करने में है जो सर्वसुलभ, सुगम और अपने आप में पूर्ण है वह है आत्मज्ञान का दिव्ययज्ञ और विशेष बात ध्यान देने की यह है कि ज्ञान भी भक्ति रस के बिना शुष्क है इसलिये आत्मनिवेदन करके शरणागत होना यानी आत्मज्ञान पा लेने के बाद भी उसे अपने आत्माराम इष्ट को अर्पित करना ही यज्ञ है जहाँ भगवती स्वाहाकार रूप में उन सभी यज्ञों को पूर्ण करती हैं।

अन्तर्घट में रमण कर, निजानन्द सों नित्य।

सर्व समर्पित आत्म रति, मेंटै भेद अनित्य।।

होताचित तहँ आत्मरत, आत्मबोध हवि देय।

स्वात्म निवेदन हवनशुचि, आत्मदेवबनलेय।।

देवमयी ही मंत्रमयि, सर्वमयी सब ओर।

यजनमयी तुम हवनमयि, स्वाहाकार बहोरि।।

अर्पितहवि गहि देव सब, स्वाहाकार विशेष।

स्वत्वसमर्पित होत जहँ, स्वाहा तहाँ अशेष।।

536

स्वधा

साधना के सुपथ का श्रेय केवल स्वत्च समर्पण की भावना को ही मिलता है। पूर्वजो ने हमें संस्कार दिये माता पिता से जन्म मिला पालन पोषण हुआ यथा स्थिति शिक्षा मिली हम जो भी साधना की बातें कर रहे हैं उनका श्रेय भी माता पिता को ही जाता है। वे जाग्रतदेव ही हैं। जीवन पर्यन्त आदर भाव से अनुशासित रह कर उनकी सेवा करना और दिवंगत हो जाने के बाद श्रद्धा पूर्वक श्राद्ध गृहस्थों का अनिवार्य धर्म है यह प्रेय का सरल मार्ग ही है जो अभिप्रेय (अभीप्सित फल को देने वाला) है। पिंडदान, पुण्यतिथि पर श्राद्ध में जगन्माता स्वधाकार भी होती है। जिस स्वधा से पितृ वसु, अर्यमादि देव तृप्त होकर वंशवृद्धि, आयु, आरोग्य, विद्या, यश समृद्धि पाने का सत्य आशीर्वाद देते हैं।

स्वधा पिण्ड अर्चनकरत, पितर तृप्त तहँ होंय।

अर्पित भाव अनन्य सों, लहै लाभ सब कोय।।

स्वत्व समर्पण भावना, सरल सुपथ कौ श्रेय।

प्रेय मार्ग सों साधकन, होत सुलभ अभिप्रेय।।

537

अमति

जिस ज्ञान के मोती को चुँग लेने पर हंस जैसी स्थिति हो जाये ऐसे अनमोल अनुभव को कह कर या मति से सोच कर अभिव्यक्त न कर पायें यतोवाचो निवर्तन्ते अप्राप्यमन सासह मति का व्यापार जिससे दूर रहे वही 'अमति' हैं। मति की सामर्थ्य संकुचित हो जाये। इसी को गीता में कहा है। व्यवसाया मित्काबुद्धिरेकेहकुरुनंदन

मति न कछू सोचैजहाँ, शान्तहोत निरुपाय।

अचल बनें प्रज्ञा बलहु, सोई अमति कहाय।।

आत्मराम बन रमण कर, बाहर भीतर एक।

मनसा वाचा मूक ह्वै, लेत चरन की टेक।।

538

मेधा

विष्णुसहस्त्रनाम में भगवान के लिये कहा है

सुमेधामेधजोधन्यसत्यमेधाधराधर

स्मरणशक्ति मेधा कहलाती है। सप्तशती में

मेधासिदेविविदिताखिलशास्त्रसारा,

संसार की समस्याऐं बुद्धि को जटिलता की ओर ले जातीं हैं और आध्यात्म की गहराई लोकरीत मर्यादा का निर्वाह करने की प्रत्युत्पन्नमति को देता है अर्थात भजन करने वाला केवल वैरागी ही नहीं हो जाता अपितु संसार व्यवहार को भी उचित देशकाल के अनुसार साधते हुए स्वस्थ चित्तवृत्ति से बिना किसी बाधा के साधना करता रहता है। ऐसी मेधाशक्ति भगवती की ही देन हैं।

सुमिरनकर नितमातकौ, बढ़ै सुमिरनीशक्ति।

सोई मेधा आप हौ, देहु अचल सद्भक्ति।।

539

श्रुति

अपौरुषेय वेद जो ऋषियों के मन में प्रकट हुए हैं वे भी जिनका गुनगान करते करते पार नहीं पा सके ज्ञानविज्ञानमय समस्त लोकों का विश्लेषण करने वाले अपरिमेय ब्रह्मनादमय वेद जिनके विराट रूप को जान नहीं पाये वे श्रुति भी देवी का ही सरूप हैं।

गूढगिराश्रुतिसारमय, जोऋषित्रऋचासमात।

ब्रह्म नादमय वेद हू, ताके ही गुन गात।।

540

स्मृति

वेदों के गूढ़ज्ञान का ही विवेचन स्मृतियों में किया गया है। मनुस्मृति पाराशर स्मृति विशेष रूप से उल्लेखनीय हैं जिनमें वर्ण व्यवस्था, श्रौत, स्मार्त कर्म षोडश संस्कारविधि आदि आते हैं।

गहिगहि श्रुति के सारकों, स्मृति बनीं अनन्य।

लोक वेद मर्याद लिख, भये ऋषी गण धन्य।।

541

अनुत्तमा

जिनके समान कोई नहीं है उनसे अधिक होने का तो प्रश्न ही नहीं उठता वे भगवती अनुत्तमा है उनसे उत्तम कोई नहीं है।

जाके समनहिंऔरकछु, तासोंअधिकनकोय।

सर्वाधिक सर्वोत्तमा, अनुत्तमा सो होय।।

346

पुण्यकीर्तिःपुण्यलभ्यापुण्यश्रवणकीर्तना।
पुलोमजार्चिता बन्धमोचनी बर्बरालका।। 111 ।।

542

पुण्यकीर्ति

जिस प्रकार उपजाऊ मिट्टी में ही अंकुर जम सकता है। उसी प्रकार पाप रहित और सुपात्र हृदय वीणा से झंकृत होकर ही साधना के सुर निकल पाते हैं। जन्म जन्मान्तारों के पुण्यों का फल हो तभी माता की आराधना हो सकती है। जिनके मन में पाप लेशमात्र भी शेष हों या जो भोगों के प्रति आसक्त चित्तवृत्ति वाला हो वह कभी भी भजन ध्यान कर ही नहीं सकता। पूर्वपुण्यों की पावन फल सम्पदा ही जीवन में उपासना को सफल बना पाती है। जिसके हृदय में ज्ञान का सूर्य प्रकाशित हो वह धन्य हो जाता है।

श्री गुनगान सुकीर्ति विशेषा। हरै कोटिजन्मन अघ लेशा।।

उदित होंय सत्पुण्य प्रभाऊ। हरित धरा उर की उपजाऊ।।

रहैं पाप कछु जिनके शेषा। ते न भजहिं श्रीपदरज लेशा।।

जिनमन रहहि भोगपर प्रीती। ते न करहिंगुनमय परतीती।।

पुन्य पुरातन पावन रासी। करइ सफल जीवनहि उपासी।।

जनम जनम की पूँजीसाँची। जहाँ कथाछनकों सुनि बाँची।।

ज्ञान अर्क उर व्योम प्रकासै। धन्यधन्य घट जहँ नितभासै।।

सुमिरत रूप करै गुन गाना। धन्य सुकीरत पुन्य प्रधाना।।

विमलकीर्ति सत्पुण्य की, लेत सुतन तस लाहु।

ताकौ ही जीवन सफल, जाकौ सहज उछाहु।।

543

पुण्यलभ्या

शुभकर्मों के शीतल जल से सींचने पर पुण्य की जीवन दायिनी वायु के स्पर्श से आनंद के पल्लववृन्त खिल उठते हैं, और अमृत का फल भावना की डालियों में से झरने लगता है, जिसे पाकर अन्य किसी दूसरे फल की इच्छा भी मन में नहीं होती। जब हृदय के सरोवर में माता का ध्यान कमल के समान खिल जाय तो समझना चाहिये करोड़ों जन्मों की साधना सफल हो रही है। जब तक पाप नष्ट नहीं होते हैं तब तक पुण्यों का लाभ

भी नहीं होता जब पुण्यों की डाली फल देने लगे तो हृदय हर्ष से हरे भरे उपवन के समान हो जाता है।

सुकृत वारि सींचत फुरै, सिहरत पुण्य बयार।

आनंद पल्लव मंजरी, झरत अमिय फल डार।।

कोटिजनम की साधना, सफल होय अस जान।

उमगत जब उरसलिल में, श्रीजी पद्म समान।।

रहै न उरगत चाह कछु, धरै ध्यान नहिं आन।

परम लाभ जीवन सफल, चातक बूँद प्रमान।।

बिना छीन सब पाप के, करें न पुण्यहु लाभ।

फरें पुण्य की डार सब, उर उपवन हरिताभ।।

544

पुण्यश्रवणकीर्तना

जिसके श्रवण और कीर्तन से पुण्य मिलता है। माता के गुणों का गान करना तभी सम्भव है जब पुण्य उदय हो रहे हों। माँ के लीलागान करने से साधक का मन निर्मल हो जाता है फिर उसके मन में कठिनाई से मिटने वाले द्रोह और क्रोध कभी नहीं आ सकते। ऐसे सुन्दर स्वभाव में कल्मषता टिक ही नहीं सकती वह अपने स्थिर मन से भगवती के गुणों का चिंतन कर जब गुणगान करने लगता है तो ऐसा लगता है जैसे हंस मोती चुँग रहा हो। ऐसा साधक अपने रस में स्वयं ही निमग्न हो जाता है। तब सबमें जगद्धात्री का रूप जान कर वहचराचर की वन्दना करता है और उसका भाव देवमूर्ति का ही प्रतिबिंब बन जाता है। ऐसी विभूति संसार में दुर्लभ ही हैं जहाँ संत हंस ही रमण कर सकते हैं दंभी कौए दूर भाग जाते हैं। ऐसे कीर्तन करने वाले साधुजन अपने प्रेम की अश्रु धारा से मानों आराध्य को अर्घ्य अर्पित करते हैं और अमृत जैसे मधुर भाव के फल का भोग लगाते हैं।

कोटिजनमअघ जबहिनसावै। तब जानौ जनजस सोगावै।।

पावै सकलसिद्धिफल नाना। करिहै जब रसना गुनगाना।।

नाम रूप गुन जबहि लुभाने। समुद भाव साधक सन्माने।।

अमर पंथ अभेद सो पायौ। जनम कृतारथ गुन जबगायौ।।

श्रवणकरत पुण्यन फल पावै। कोटिजनम के पाप नसावै।।

निर्मलभाव उपज मन माँहीं। दुःसह द्रोह कोह विलगाहीं।।

कल्मषविगत मनहिं सतभाऊ। सममतिहोतप्रसिद्ध प्रभाऊ।।

थिरमन गुनहिं गुननमनगाये। मुक्ताकन ज्यों हंस चुँगाये।।
ध्यान एक गान सोइ एका। करत एक सन्मान विवेका।।
फुरतरोम किसलयसमडोलैं। रसना रसिक स्वादरसघोलै।।
सुषमानिरख कोकिला बोलै। मधुरमधुर रस बयननघोलै।।
सुमिरन करपुनिपुनिदोहरावै। आपनस्वाद आप पुनि पावै।।

पदपंकज वंदन करहुँ, नयनन लेंहुँ निहार।

सकलसम्पदा भाव की, सुमिरन पर बलिहार।।

नमन करत सबमें लखि रूपा। भयौभावतस मूर्तिसरूपा।।
असविभूति दुर्लभ जगमाँहीं। हंस रमें अरु काग नसाहीं।।
नयननअंबु अर्ध्य शुचिलौना। अमियभावफलस्वादसलौना।।
छनप्रतिछन अर्पित कर पूजा। एक समर्पणभाव न दूजा।।
वन्दनकरै अखिल सो जानी। जयतिजयतिजगदंबभवानी।।
तुमस्वामिनि हौं दास कहाऊँ। विनयभाव प्रतिजन्मनपाऊँ।।
हँसहुँकहहुँ रोबहुँकछु गाऊँ। निरखतघन मनमोर नचाऊँ।।
खेलहुँखेल खिलावहु जैसे। बन प्रतिबिंब रहहुँढिंग तैसे।।
मोदमानमय सरबस भावा। क्रीड़ाकेलि सुरति मन चावा।।
सफलजनम सब भेद मिटायौ। धन्यधन्यजीवनफल पायौ।।
चरनकमलरज परसतनयना। एक समर्पनऔर न चयना।।
अजपा जाप सुखदसोपाना। सर्व समर्पन अन्य न जाना।।

श्रवन कीर्तन ध्यान अरु, वन्दन अर्चन पाद।

देउ दयाकरि जो रुचै, भगतिविमल अव्याद।।

अघ नासै छय होयमल, अमलविमलगतितासु।

कमलनालपंकहिनिकसि, निरमलउषसप्रकासु।।

545

पुलोमजार्चिता

इन्द्राणीशची ने भी आपकी उपासना से सुखसौभाग्य प्राप्त किया है। जिसके फल स्वरूप इन्द्र को स्वर्ग का राज्य पुनःमिला नहुष का पत्तन हुआ और शची की मनोकामना पूर्ण हुई। मातादेव मनुष्य ऋषिगण सभी के द्वारा पूजित हैं।

शची पुलोमा तप कियौ, अर्चन चित मन लाइ।
पायौ सुख सौभाग्य पुनि, करत नमन हरखाइ।।

546

बन्धमोचनी

वे करुणा करके अपने साधक को सभी बन्धनों से मुक्त कर देती है। बन्धन भी अनेक प्रकार के हैं यथा कारागार का बन्धन, अज्ञान रूपी जड़ता का बन्धन, कर्म बन्धन, भव बंधन, मोह बन्धन, मुक्ति का मोह भी बन्धन, स्वर्ग लोक की एषणा भी बन्धन ज्ञानी होते हुए भी ज्ञानमद के कारण अहं भाव में गुमान से भर जाना भी बन्धन ही है। सार यह है कि भव के अनेकानेक बन्धनों को केवल भाव बन्धन ही काट सकता है। भक्ति भाव के बन्धन में तो वे अजेया स्वयं ही बँध जाती है। बन्धन मनस्ताप का कारण है और मुक्ति पाने के लिये भक्तिभाव साधना का एकमात्र मार्ग है जो केवल शरणागति लेने से ही मिल सकता है।

शरणागत कों त्राण दै, अभय देत स्वच्छंद।
बन्ध मोचनी शरण गहि, पावत गती अमंद।।
जड़मति के बंधन कटें, मेंटत मन कौ ताप।
परम पराक्रम करत है, बन्धमोचनी आप।।

547

बर्बरालका

सुन्दरता की राशि के सुन्दर सघन काले अलक कुन्तल केशराशि अत्यन्त ही शोभायुक्त हैं। उनकी लटें जितनी घनीं हैं उतनी ही कोमल भी हैं।

घुंघरारे कारे घने, कोमल कुंतल केश।
छविसुषमाअलकावली, कहें न सारदशेष।।

विमर्शरूपिणीविद्या वियदादिजगत्प्रसूः।
सर्वव्याधि प्रशमनी सर्वमृत्युनिवारिणी।। 112 ।।

548

विमर्शरूपिणी

वाच्येनापि प्रकाशेन विना किंबा विमृश्यते (वाणी के बिना विचार विमर्श हो नहीं सकता) वाचकेन विमर्शेन बिना किंबा प्रकाश्यते (बोले बिना कोई भी विमर्श स्पष्ट रूप से समझ में आ नहीं सकता।) जो ज्ञान विचारों में होताहै वह शब्दों के द्वारा प्रकट भी होना चाहिये तभी उसकी सार्थकता है। माता तो वाणी और ज्ञान की उद्गम स्थली हैं विद्या की पराकाष्ठा हैं जो अपनी कृपा से ही विमर्श की शक्ति देती हैं जिससे गूढ़ज्ञान वाणी का विषय बनकर स्थाई रूप से विद्यमान रहपाये अन्यथा हमारे जितने भी ग्रन्थ हैं आर्षमनीषियों की साधना की पद्धतियाँ हैं सब सुरक्षित कैसे रह पातीं ? विना विचार विमर्श के कोई भी तथ्य स्पष्ट नहीं हो सकता।

कर विमर्श शुचिज्ञान कौ, बचननसों परिपुष्ट।
सद्यः होत प्रकाश तब, साधक मन संतुष्ट।।
ज्ञान गोचरी बन गिरा, प्रकटावत सुप्रकाश।
सम्भाषण बिन काहु विधि, होत नहीं आभास।।

549

विद्या

महाविद्या ही विद्या रूपा हैं। वे पराविद्या हैं जो वर्णनातीत हैं सबमें रह कर भी सबसे परे हैं, अपरा भी वे ही हैं जो साधक के हृदय में आभास रूप से प्रकट होतीं हैं और चौसठ कलाओं का ज्ञान जिनमें ललित कलाऐं भी हैं। जिनका जितना अभ्यास किया जाये उतनी ही निखरती जातीं हैं। विद्यामयी माता अपनी सोलह कलाओं से सदा ही शोभायमान रहतीं हैं।

विद्या परा प्रकाशमयि, अपरा में आभास।
ललितकलाविद्या सदा, बढ़त किये अभ्यास।।
विद्याज्ञानप्रकाश सों, दिपत ज्योति कौ पुंज।
सर्व सारमयि साधना, सुरति सुगन्धन कुंज।।

550

वियदादिजगत्प्रसू:

भगवती तेज की भी तेज हैं उनके प्रकाश से ही आत्मप्रकाश सम्भव हैं सूर्य, चन्द्र अग्नि और नक्षत्रों का प्रकाश भी उन्हीं के प्रकाश से प्रकाशित हो रहा है।

जाके नित्यप्रकाश सों, नखत प्रकाशित होत।
दिपै व्योम ता ओप सों, वही आत्मगत जोत।।

551

सर्वव्याधिप्रशमनी

भवसागर से पार उतारने वाली जगदम्बा आर्तजन की पुकार को सुनकर शीघ्र ही दौड़ कर भक्त के निकट आतीं हैं। इस संसार में अनेकों कष्ट हैं किसी को भी चैन नहीं मिलता कोई आश्रय नहीं है यदि इष्ट का अवलम्बन हो तो जीवन दूभर हो जाय। ऐसी करुणा वत्सला की शरणागति लेना ही एकमात्र उपाय है वे सभी आधिव्याधियों को मिटा सकतीं हैं। उनका आश्रय लेकर तो देखो और किसी दूसरे द्वार की तो आशा भी नहीं करनी चाहिये।

डगमगात गहरात जात भँवरन फँसि डूबै,
छूटत है पतवार धार बिच आह पुकारै।
रुँधत प्रान तनशिथिलभयातुरमन घबरायौ,
कौन देय परित्राण त्राहिअब कौन उबारै।
टेरत ही छनएक विलम्ब कियेबिन सत्वर,
पकड़ बाँह काढ़ै छन में ही पार उतारै।
राखै नितहीचरणशरण की छाया में निज,
ऐसौ है इक ठौर ताहि मन मूढ़ बिसारै।
त्रिविधतापहारिणितारिणि जो भवअर्णवकी,
सत्य रूप चैतन्य परम आनंद निहारै।
साँचौ नातौ राखि ताहि की टेक गहौ रे!
धराधाम अतिधन्य जहाँ श्रीपद निज धारै।

आधिव्याधिसंताप दुख, भवतम कौ अज्ञान।
बाधा सबविधिसोंकटै, धरत इष्टकौ ध्यान।।
शमनकरत सब व्याधिनन, पूर्णप्रकामस्वतंत्र।
ठौरनाहिं कछुआन है, भजहु ताहि कौ मंत्र।।

552

सर्वमृत्युनिवारिणी

सबको सीमित आयु ही मिली है उसमें भी अनेकों कष्ट, रोग, व्याधि, भय, चिंन्ता, हानी, ग्लानि, स्पर्धा, अवसाद, मोह, तृष्णा, राग, द्वेष और भी न जाने कितने प्रकार के बाधा जनित कष्ट हैं जिन्हें चाह कर भी अपने आप दूर नहीं कर सकते अपितु हम लोग उनके विषय में सोच सोच कर अपना आपा और खोने लगते हैं। माता अपने जन की ये सभी कठिनाइयाँ दूर कर उसे सरल पथगामी बना कर भयमुक्त करतीं हैं। वे तो काल की भी काल हैं महाकाल की शक्ति हैं मृत्यु के भयानक भय को भी मथने वाली हैं। मूढ़मति भी उनकी शरणागति लेकर भवभय के अन्धकार से उबर सकते हैं।

कालग्रसित सब मर्त्य हैं, जराव्याधिनन ग्रस्त।
हानी भय के ताप सों, होवें निशिदिन त्रस्त।।
महाकालिका काल कों, कर कें निज आधीन।
टारत भय जो मृत्यु कौ, ऐसी परम प्रवीन।।
तन पोषक जन मूढ़ मति, ज्ञानहीन जड़जान।
आत्मज्ञान सों जो विमुख, नहिंविवेकपहचान।।
ऐसेहू जन शरण गहि, पावत सुख निर्वाण।
भवभयतम तिनकौ मिटै, उबरत हैं गहिपाणि।।
जो कालहु की काल है, मथै मृत्यु भय घोर।
महाकाल की शक्ति कों, रे मनत्वरितनिहोर।।

अग्रगण्याऽचिन्त्यरूपा कलिकल्मषनाशिनी।
कात्यायिनी कालहंत्री कमलाक्ष निषेविता।। 113।।

553

अग्रगण्या

कर्मकाण्ड के विधानों में गणेशाम्बा की पूजा सर्व प्रथम की जाती है। जिस प्रकार गणपति प्रथम पूज्य हैं उसी प्रकार उनकी माता भी प्रथम पूज्य हैं। वे ही सबकी आधार शक्ति हैं उनके बिना किसी का कोई अस्तित्व ही नहीं सबके कर्मों की साक्षी हैं जिनके प्रकाश से सूर्य, चन्द्रमा, तारे प्रकाशमान हैं आपसे ही संसार फलीभूत हुआ हैं प्राकृतिक सुषमा भी आपके प्रताप के कारण है इसीलिये प्रत्येक शुभ पर्व में प्रकृति के उत्सवों में यथा होली, चैत्र नवरात्रि, शारदीय नवरात्रि, दीपावली में काली पूजन महालक्ष्मी गणेश पूजा की जाती हैं। यज्ञोपवीत विवाह आदि प्रसंगों में गौरी गणेश के पूजन का, शिव पार्वती पूजा का विधान है। और नित्यप्रति की दैनिक पूजा में भी ध्यान, जप, सन्ध्यावन्दन, हवन आदि से पहिले आपका स्तवन, नमन, वन्दन होता है।

जो सबमें सब भाँति सों, रहै बनीं दृढ़ मूल।

जाकेबिन अस्तित्व नहिं, ता बिन सबनिर्मूल।।

सर्वोपरि राजत तुम्हीं, सबकी साखी एक।

तुम सों ही ब्रह्माण्ड की, शाखा बनीं अनेक।।

सर्व प्रथम हो पूज्य तुम, आराध्या सब भाँति।

तुमसों ही दीपितभुवन, रविशशिउडगनकांति।।

फलीभूत तुम सों जगत, सुमन सुगन्ध बहार।

प्रतिपल्लव की चेतना, विकसित है प्रतिडार।।

554

अचिन्त्यरुपा

जो सबकी साखी है वे ही सब कार्यों को करने की शक्ति प्रदान करती हैं। मन वाणी और क्रिया से हम जो भी कार्य करते हैं सब अचिन्त्य स्वरूपा के कारण ही सम्भव है। ज्ञानवर्तिका से अज्ञान को तो मिटा सकते हैं परन्तु जिसके कारण अज्ञान और ज्ञान में अन्तर ज्ञात होता है दोंनो का अस्तित्व आभासित होता है। फिर एक के रहने से दूसरा विलुप्त सा लगता है अन्ततः दोनों ही भ्रम के समान ही लगते हैं यानी ज्ञान भी पीछे छूट जाता है केवल एक अद्वैत निष्प्रपंच कोमल सा भाव जो चिंतन का विषय है ही नहीं वह उसी प्रकार एकाकार हो जाता है जिस प्रकार दीपक की लौ बाती को तो जला सकती है किन्तु आग को नहीं जला पायेगी आग में जाते ही वह स्वयं आग ही हो जायेगी यही अद्वैत की रीत है। अज्ञान को ज्ञान के प्रकाश से दूर कर सकते हैं। चिंतन ज्ञान का हो सकता किन्तु जिसके कारण ज्ञान और अज्ञान में भेद ज्ञात होता है वह प्रकाश किसी ज्ञानवर्तिका से नहीं अपितु स्वयंसिद्ध है। उस तक पहुँच गये तो वैसी ही गति होगी जैसी दीपक की लौ की आग के निकट पहुँचने पर होती है। उसे कोई चिंतन की सीमा में नहीं बाँध सकता। वे सबकी आधार अचिन्त्यरुपा हैं।

चितचिन्तन करिकरिपचिहारै। नहिं काहूविधि ताहि निहारै।।
मूक बनीबानीअतिथाकी। कहि न सकहिअचिन्यगतिताकी।।
नेति नेति कहि वेद बखानै। निगमागम नित नूतन मानै।।
जाकों नियरे राखै अंबा। सो जानै बिन भये विलम्बा।।
घटघटव्यापक एक प्रकाशा। जासों सजग होत सब भासा।।
ताके बलजीवनगति चालै। सो प्रतिपल अभिन्न बन पालै।।
करइ कर्ममन, बचअरु काया। सो सब ताके बल निरमाया।।
भ्रमित जीव मन सदा बिचारै। हौं केवल कर्ता मति धारै।।
को मो माहि ंरह्यौ नितसंगा। रम्यौरहत पर सदा असंगा।।
जाके बल नितचालैंस्वाँसा। उरगति के अधीन सब आसा।।
प्रेरित करहि कर्म मन बानी। जीव संग सो सदा समानी।।
कछु न छिपै करिजतन छिपाये। मो तो मध्य न भेदपराये।।
अस अभेद प्रकटै जस भावा। ताकोंनहिंकहुँ कतहु अभावा।।
जा पर होय कृपा की दीठी। ताकों लगत बात अस मीठी।।
कलुष कषाय कुभाव कुसंगा। चढ़ै न ता मन एकहु रंगा।।
तब अचिन्त्यगतिसहजहिंजानैं। निजअन्तरवासिनि पहचानै।।
मिटै भेद मन थिरगति चारू।तजै व्यर्थ जग के व्यवहारू।।
हिय में दिपत ज्ञानकी बाती। विरमति मति चेतनगतिपाती।।
शिव सरूप बन ज्ञानमयि, सोई एक अचिन्त्य।
साखी सबकी एक ही, ध्यान धरौ तस नित्य।।
जारि सकै घृत वर्तिका, होत प्रज्ज्वलित दीप।
तेज तेज में ही मिलै, पहुँचत अगनि समीप।।

555

कलिकल्मषनाशिनी

कलियुग के ताप असहनीय हैं। जो बाहर सांसारिक संघर्ष के द्वन्द में और भीतर आन्तरिक मनोव्यथा के समर में रोग, शोक, मूढ़ता, जीवन में अन्तहीन चिंता इन सबमें एक टूटन पीड़ा अवसाद, भयग्रस्त मन और दुःखों को सहन करते करते क्षीणता देती है। कहीं किसी की सहायता नहीं मिलती ऐसी स्थिति में केवल मातृनाम और शरणागति उसे अपनी अभय छाया देती हैं जैसे आग से जले हुए को जलधारा और ठन्ड से अँधेरे में व्याकुल जन को सूर्य का प्रकाश मिल जाये, किन्तु जिसके हृदय में भक्ति नहीं है वह

चाहे कितने ही प्रयास कर ले वे सभी विफल ही होते हैं इसलिये आस्था विश्वास और दृढ़ता का होना अति आवश्यक है, तभी उसका हृदय भक्ति से पुष्ट होगा जहाँ कलिकल्मषनाशिनी का नित्य निवास हो वहाँ कलियुग के ताप हो ही नहीं सकते।

बुझइ अगिनि परते जल धारा। हरै अर्क तमतोम अपारा।।

तैसे नामगान जिनसाधा। मिटहिं कोटिअघकलिकीबाधा।।

पाप अनेक ज्ञात अज्ञाता। जिनसों होत घोर गति पाता।।

उबरत होत न जहाँविलम्बा। शरणागति केवल अवलम्बा।।

राखै कंजपत्र वत साँची। कमल नाल सी सद्गति राँची।।

कोटिप्रयासतहाँलगिथाके। होंयविफलमन भगति न जाके।।

कलिमल हरति सुमंगल मूला। हरहिं मातु भवबंधन सूला।।

रहहिं चरन चितचाउ अमंदा। सो साँचौ सुरभितमकरन्दा।।

होइ ताहि सों उरकी पुष्टी। अविरलधार सरस रस वृष्टी।।

कलिमलहरनि एक श्रीदाया। चरणशरण रज एक उपाया।।

सर्व समर्पण साधु चित, भगति नेह दृगवारि।

भाव अंजुरी भरि जहाँ, श्री तिन लेंय उबार।।

556

कात्यायिनी

महारास की मंजरी विष्णुप्रिया तुलसी के समान चौदह भुवनों में सुवासित है। सब लोकों के ऊपर गोलोक धाम में श्यामाश्याम एक प्राण दो देहधारी बने विराज रहे हैं उनकी अनन्यरसप्रिया ब्रज की कुमारियों ने जब श्रीललिता जी के कात्यायिनी रूप की उपासना की तब कार्तिकमास में प्रभात वेला में श्री यमुना स्नान कर देवी की पूजा की। तभी वे नन्दगोपसुत को पतिभाव से वरण करके महारास मंडल में प्रवेश की अधिकारिणी हुईं। इस दिव्य प्रेम और रास के तो शिवजी भी पुजारी बने। भोलेनाथ अपने मन में रतिभाव को रोक न सके और पहुँच गये गोपेश्वर रूप में जहाँ हरिहर ने मिलकर नृत्यमग्न हो महारास की शोभा को चौगुना आनंद दायक बना दिया जहाँ कामदेव लज्जित हो गया तभी तो मदन मोहन को साक्षान्मन्मथमन्मथः कहा गया है। कात्यायिनी माता ने कात्यायन ऋषि की तपस्या से प्रसन्न होकर पुत्री रूप में उनके यहाँ प्रकट होने का वरदान दिया सुन्दर वर प्राप्त करने के लिये कात्यायिनी पूजा आज भी कन्याओं द्वारा की जाती है।

जासु नाम सुमिरन परतापा। काटत कोटिपाप तम शापा।।
परम विशुद्ध रूप निरुपाधी। मुनि कात्यायन मन आराधी।।
तब कात्यायिनि नाम कहाई। गायत्री सम महिमा गाई।।
निजजनपर वत्सलनितजननी। ध्यावतनाम रूप दुखहरनी।।
परा शक्ति महिमा तव न्यारी। पावैं सुफल मनोरथ चारी।।
नमत रहीं जाकों ब्रज बाला। कातिक नहाइ भईं निहाला।।
जो वर माँगौ सो धन पायौ। मिल्यौ श्यामसुन्दर मनभायौ।।
एक नेह राशि तिन्ह पूजी। माँगी नाहिं चाह कछु दूजी।।
शरद महोत्सव पायौ नीकौ। महारास रस रंग हरि कौ।।
लाजैं कोटि मनोभव जामें। शंभु सखी बन आये तामें।।
प्रेम पयोधि तरंग अपारा। मन तहँ मथ मन्मथ मन हारा।।
जाकों शिव सनकादिकध्यावैं। शुकसमाधिरहिध्यानलगावैं।।

वरदायिनि अनपायिनी, रसदायिनी प्रसिद्ध।

अमृतमयि कात्यायिनी, करहु मनोरथ सिद्ध।।

जित गोपी तित कान्ह दिखायौ। नवलरंग त्रिभुवन में छायौ।।
शरद ज्योत्सना की उजियारी। धन्य भये शिव रास निहारी।।
प्रानप्रिये प्रियतम घनश्यामा। जूथ जूथ महारासहि वामा।।
कात्यायिनीकृपाफल पायौ। कोटि जनम कौ सुफल समायौ।।
हे कात्यायिनी महामाया। योग अधीश्वरि कीजै दाया।।
सुफल मनोरथ पूरन कीजै। नन्दगोपसुत ही वर दीजै।।
फरै प्रेम परिपूर्ण कहावैं। महारास रस जो नित ध्यावैं।।
जाविधि धरहिंध्यानतवमाता। सुफलमोदमयमनउमगाता।।
नमें जेहि रस सुरहरषाये। जहँ शिवगोपेश्वर बनआये।।
नाचतमुक्ति सहज हरषाई। सफलभगतिरसमहिमागाई।।
जो कात्यायिनिमनआराधै। तिनहिं न कामश्रृंखला बाँधै।।
उपजै रस पूरित मन आसा। विकटभयंकरभवतमनासा।।

श्री ललिते आराधिके, कात्यायिनी सरूप।

ब्रजललनापावतरहीं, जिन सों वर अनुरूप।।

557

कालहंत्री

मृत्युलोक में कालचक्र के आरे आयु को काटते हुए बढ़े जा रहे हैं। छण से लेकर कल्पतक निरन्तर यह गति चलती रहती हैं। इसमें काल का भय वहीं सताता है जहाँ तृष्णा का मरुस्थल हो जिसका न कहीं ओर छोर है न कहीं तृप्ति जनित संतोष ही....जो जीव शरणागति लेकर माँ के आश्रय में अपने को समर्पित किये हुए हैं केवल वे ही इस महा भयंकर काल से तनिक भी विचलित नहीं होते। उनका मृत्यु कुछ भी नहीं बिगाड़ सकती क्योंकि भजन के जो क्षण हैं वे अमृतमयी साधना से अक्षुण्ण हो गये वे काल ग्रसित नहीं हो सकते जन्मान्तरों की साधना का फल भी तभी मिलता है जब माँ कृपा करके जीव को अपनी शरण में आने की प्रेरणा देती है वह मृत्युमथनी महाकाल की महाशक्ति अपराजेय सदा ही अभय देने वाली है।

कालचक्र जो सततघुमावै। ताकी गति कौ पार न पावै।।

कालातीत अबाधित दाया। गुनातीत गुन रीत समाया।।

छीन आयु भोगत अज्ञानी। कर्मबन्ध जकड़त सब प्रानी।।

छनछनछीन आयुरहि बीती। होतनाहिं जिनकों परतीती।।

मानैं तन केवल जो अपनौ। मूँदै नयन रचै कहुँसपनौ।।

साधै साध्य न मेंटत भेदा। उपजावत मन में बहु खेदा।।

तृष्णा खड्ड न जो कहुँफाँदै। मोहडोर औचक ही बाँधै।।

करतरह्यौ मन भोगअभीप्सा। कबहु न पूरी होवैलिप्सा।।

लै अवलम्बन जो सिरनावैं। सहज पार भवसिंधु पठावै।।

सो छन कालजयी है साँचौ। जामहँभजनकरतमननाचौ।।

जपतप जोग समाधि विवेका। संयमध्यानभजनफलएका।।

कटैनगतिकहुँकालकी, कालविवशसब जान।

करै स्ववश जो कालकों, मातबिनानहिंआन।।

भखत कालसबकोंचलै, रुकै न छनकों एक।

छनछन छीजै आयु यों, निष्फलजनमअनेक।।

मोह निशा बीती जगौ, कटे स्वप्न के फंद।

अरुणाई आवतनिकट, अब क्यों लोचनबंद।।

भजौ कालहंत्री सदा, जो काटै भव फंद।

आराधौ गहि तासु पद, रहौ सदा निर्द्वंद।।

558

कमलाक्षनिषेविता

भगवान विष्णु ने भी श्रीजी की उपासना की हैं। भवानी श्रीहरि की भी इष्ट हैं अपनी आराध्या की मनोहर छवि के ध्यान से और उनके नयनों की कृपा पूर्ण कमनीयता को निहारने से भगवान के नयन भी वैसे ही भाव से पूर्ण हो गये यानी वे भी भवताप मोचक भक्त वत्सल प्रभविष्णु बन गये। कमल नयनों को निरन्तर निरखने से कमलनाभ भी कमलाक्ष कहलाने लगे।

क्षीरोदधि निवास हरि कीन्हा। योगविनिद्रा आश्रय लीन्हा।।

उघरहिंपुण्डरीक दृग प्यारे। रचहिं सृष्टि लोचन अनियारे।।

पलकझपत संवरण सृष्टि कौ। उपक्रमचालै प्रलयवृष्टि कौ।।

क्रीड़त निज इच्छा आधीना। विधि कों विरचत परमप्रवीना।।

युगआश्रयअरविन्दयुगलदृग। लाजतजिनहिंनिरखिशावकमृग।।

करुणालय नयननहिंनिहारे। दीठि अमिय मिस कृपा प्रसारे।।

अहो धन्य जे सेवहिं चरना। नीलाम्बुद श्यामल शुभ वरना।।

नमन करहिं पावहिं वरदाना। हरि सेवित श्री जी सन्माना।।

निरुपमकमलाक्षीमुखसोभा। निरखत बढ़त दृगन कौ लोभा।।

परमारथ दाता हरि एका। निर्मल मति श्री पद रति टेका।।

कमलनयनहरिध्यानधरि, सेवहिंनित पदकंज।

त्रिपुरसुन्दरी एक श्री, सबविधिभव भयभंज।।

कमलाक्षी कमलानना, चरनकमल चितधारि।

रचहिं सृष्टिप्रभविष्णुहरि, श्रीजीओर निहारि।।

पूजहिं कमलापति तुम्हें, इष्ट हरी की आप।

कमलाक्ष भये विष्णुप्रभु, जिनके भव्य प्रताप।।

कमलनयनकमलायतन, इन्द्रनीलमणि श्याम।

श्रीपति पूजहिंचरणनित, श्रीजी के अभिराम।।

ताम्बूलपूरितमुखी—दाडिमी कुसुमप्रभा।

मृगाक्षीमोहिनीमुख्यामृडानीमित्ररूपिणी।। 114।।

559

ताम्बूलपूरितमुखी

माता के श्रीअंग और श्रीमुख की शोभा अप्रतिम है। उनके आभूषण अंगों में होने के कारण शोभा पाते हैं ना कि अंग आभूषणों से सुसज्जित हैं। उसी प्रकार श्री मुखारविंद की लावण्यमयी कान्ति, नयनों के कृपायुक्त कटाक्ष, कपोलों की लालिमा, मुकुट बने अर्धचन्द्र की माधुरी, अलकावलि की घुँघराली लटें, अर्धोन्मीलित त्रिनेत्र वात्सल्य भरी मुस्कान और सदाशिव के प्रति अपूर्व सम्मोहन जनित स्नेह जिस प्रकार अपने आपमें अनूठा है उसी प्रकार अधरों में ताम्बूल की लालिमा अधरों की लाली से ही लाल दिखाई दे रही है। रागों के समान सम्मोहित कर देने वाले स्वरों के अद्वितीय प्रवाह की तरंगों के समान मन्द मन्द मुस्कान अपनी सम्मोहन छटा बिखेर रही हैं सुगन्धित ताम्बूल से सुवासित मुख की सुगन्ध किसे नहीं भायेगी?

अधरन पै लाली लसै, मुख ताम्बूल सुगन्ध।

नेह सुरभि आसव तहाँ, सौरभ मनहु अमंद।।

रूप माधुरी प्रकृति रचि, श्री सम्पदा सुहाय।

सबविधिसुन्दरतासदनमुखछविकिमिकहिजाय।।

मन्द मधुर स्मित जहाँ, मनहुँ तरंगित राग।

अधराधर की लालिमा, कैंधौं मधु रितु फाग।।

श्रीमुख की सोभानिरखि, हुलसतहिये हिलोर।

लखें शिवनयनइन्दुमुख, मानहु तृषितचकोर।।

560

दाडिमीकुसुमप्रभा

अनार की नई कोमलवर्णा सुन्दर स्निग्धकली अपने रूप को जिस प्रकार मुखर सा कर देती है जिसे खिला हुआ देख कर ऐसा कौन है जिसका ध्यान आकर्षित न हो ? ऐसा ही कोमल सुन्दर लालिमापूर्ण देवी का रूप उनकी तन मन की कान्ति का मानों आलेखन ही प्रदर्शित कर देता है। डाडिमकली स्नेह के अनुराग की दीपित ज्योति के समान दिखाई देती है।

दाडिम सी आभा निरख, अतिकोमल रतनार।

मन्दमधुर स्मित जहाँ, सुरतिन लास्य विहार।।

अभिनव जोतप्रसारसों, सौरभ वितिरित होत है।

रतनारी डाडिम कली, नेह राग की जोत है।।

360

561

मृगाक्षी

मृग के नयन अतिचंचल, सुन्दर और सुकुमार होते हैं, जिस प्रकार मृगकस्तूरी की गन्ध पर मोहित होते हैं वंशी की तान पर रीझते हैं और संगीत के सुरों में मुग्ध होने के कारण ही पकड़ भी लिये जाते हैं अन्यथा उनकी कुलाँचें भरी चाल को कोई भी बाधित नहीं कर सकता। उसी प्रकार माता के दयापूर्ण कोमल किन्तु चंचल नेत्र भक्त के हृदय की छाँव, भक्तिमय गीतों की मधुर धुन और भक्ति रस के माधुर्य की पवित्र कस्तूरी को ही मानों ढूँढ़ती रहती है इसीलिये वे भक्त के वश में भी हो जाती हैं भक्ति का बन्धन उन्हें बाँधने में समर्थ है अन्यथा किसमें इतना सामर्थ्य है जो उस परम स्वतंत्र सर्वोपरि सत्ता को पल भर के लिये भी अपने आधीन करने के विषय में सोच भी सके ?

मृगशावक सम चंचल नैना। कहत दीठि जनु मधुरे बैना।।
ढूँढ़त रहे जिन्हें अनजाने। परम चतुर कछु हृदय रमाने।।
प्रेमगन्ध कस्तूरी पाई। ढूँढ़त मृग लोचन तहँ जाई।।
मुग्ध करत चंचल अनियारे। ये दृग रहहिं सदा मतवारे।।
जिन्हेंसदा मृगउपमादीन्हीं। कोमलचपल उभयगुन चीन्हीं।।
तान सुनत थिर से जबहोवें। चंचलभाव चितत ही खोवैं।।
सुर ते कछुप्रियतरतिननाहीं। जबउरध्वनितभाव प्रकटाहीं।।
राग रची कस्तूरी पाई। ता सम वस्तु न दूजी भाई।।
जो भ्रम पंक सहज तजै, भजै नेह अनुराग।
तिनकी उरतरुछाँहतजि, हमनजाहिंकहुँभाग।।
कस्तूरी सी लगत है, भगति बयार सुगन्ध।
अस मृगनिर्भय उर रहें, मान नेह कौ बन्ध।।

562

मोहिनी

वे मोहिनी त्रिभुवन को सम्मोहित करतीं हैं। महामाया अधीश्वरी की माया से तो ब्रह्माण्ड मोहित है। जो इस मायापट से ढँके हुए रहते हैं वे अज्ञानी मोह की नींद में सोते हैं किन्तु जो उनकी कृपा से अज्ञान के प्रमाद को त्याग चुके हैं केवल वे ही जाग पाते हैं। जिनकी मोहिनी से ज्ञानी और योगी भी मोहित हो जाते हैं, किन्तु भक्त तो उनके रूप के सुधासव को हंसों की पंक्ति के समान छककर पान करते हैं वह अलौकिक सम्मोहनभरी मुस्कान नेत्रों की भावपूर्ण करुणामयी चितवन आकर्षित किये बिना रह ही नहीं सकती।

मनोराज्य महँ अगजगसारा। सोबत जागत करत विचारा।।
सपने मन रचि भेद अनेका। ताके वश आधीन विवेका।।
बाँधत मनहिं अनेकन माया। अकथ भेद लिप्सा उपजाया।।
मनकीगति कहुँ अन्त न पावै। छनमें इत छनउतकों धावै।।
जनम मरन परपंच सदा ही। पावत चैन न छनहु कदा ही।।
सम्मोहन नित रचतविलासा। पियतपियतनहिं बुझतपिपासा।।
तृष्णा मृग आपौ जब खोवै। वंशी सुन प्रमाद में सोवै।।
तुरत काल आखेटक बाँधै। विवश बन्यौमृग बनहि न फाँदै।।

खुलें नैननहिं जबलगि, नहिं तबलगिभिनुसार।
तिनहिं मिलत मायामयी, मोह नींद आधार।।
पकड़तपकड़त हटतजो, हटत हटत पकड़ाय।
आवत छननहिंपकड़ में, रही सकल भटकाय।।
मरुथल में भटकत फिरै, मृगतृष्णा जल मान।
खोजत खोजत थकत रे, भूल्यौ बेसुध भान।।

छूटै छनहि न आनंदराशी। कोटिकोटि रतिनिधीप्रकाशी।।
जाकौ चित चोरै सो रूपा। बड़भागी सो भाग्य अनूपा।।
तृण सम लगत इन्द्रपद जाकों। अतिलाघवअपवर्गहुताकों।।
चाहै कछू न चितवै काऊ। अस सरूप कौ दिव्य प्रभाऊ।।
प्रेममयी व्रज बनिता जैसे। पियत सुधा रस नयनन तैसे।।
जिन्हज्ञानगरिमा न उपासी। एक प्रेमअमरित की प्यासी।।
नत उद्धव तिन चरनन माँहीं। रूपमोहिनीसकल लखाई।।
अस मायावश जगत भ्रमाहीं। उबरै सोइ जो पहुँचै पाही।।

जब जागै तबही मिलै, आनंदराशि अपार।
भुवनमोहिनी रूपलखि, पावत रे मन सार।।

.सागर मन्थन भयहु अपारा। चौदह रतन हलाहल न्यारा।।
अमियकलश देखत हर्षाने। आसुरि वृत्ति असुर लपकाने।।
असुर आसुरी वृत्ती सेवै। तासों हरि अमरित नहिं देवै।।
तब मोहिनीरूपहरि लीन्हा। देव सुपात्र विलंब न् कीन्हा।।
मोहिनि वेष हरी तहँ कैसे। रतनराशि महँ हीरक जैसे।।
रूप माधुरी सब मन मोहैं। बरनै निज बानी अस को है।।
रीझे असुर निहारत वदना। मन्मथविवश भयौमनवश ना।।

मोहित मन कछुसूझ न काहू। कपटवेष कीन्हौ तब राहू।।

शम्भु रिझाने मोहनि रूपा। यदपि रूप कामारि अनूपा।।

काशीपति हरि सों लिपटाने। एकरूप हरिहर तब जाने।।

सुधा बिन्दु गहि देव सब, जानत मरम अपार।

ठाढ़े ठगे असुर तहाँ, मोहिनि रूप निहार।।

झरे सुधा निर्झर अहो!, सस्मित मुख दृग प्रेम।

करि कटाक्ष शिवकोंलखें, मोहनि करिहैं क्षेम।।

विश्व विमोहनि छवि अहो, मनमोहनि हे अम्ब।

जिनकौ मन मोहित करें, गहै चरण अवलम्ब।।

धरि पियूष घट कटि भये, मोहनि हरी ललाम।

अमियघूँटप्यावत सुरन, असुरन के हिय काम।।

मोहनि पट ढँकि करत हैं, जगमाया विस्तार।

सोबत हैं जन बापुरे, जगें पाय निस्तार।।

मुनि योगी साधक सभी, मोहित हैं सब भाँति।

रूपसुधा कों छकि पियें, भगत हंस की पाँति।।

563

मुख्या

सृष्टि के आदि में ब्रह्म के ध्यानयोग से सर्वप्रथम शक्ति का ही प्रादुर्भाव हुआ है महामाया ने ही अपनी आधारशक्ति से ब्रह्माण्ड में प्रकृति का संचालन किया है वे ही त्रिदेवों की तीन महाशक्ति महाकाली, महा सरस्वती और महालक्ष्मी हैं। शक्ति के बिना प्रकृति में स्पन्दन भी नहीं हो सकता ब्रह्माण्ड की महाप्राण शक्ति भी वे ही हैं। आदौ प्रादुर्भूच्छक्तिर्ब्रह्मणो ध्यानयोगतः इसीलिये वे मुख्या हैं। दूसरे अर्थ में मुख से प्रकट जो हो यानी वाणी का प्राकट्य श्री जी के मुख से ही है।

सकलसिद्धि कीआदिश्री, सो अनादिनिरुपाधि।

मुख में है वाणी विमल, तासों मुख्योपाधि।।

ध्यानयोग सों ब्रह्म के, प्रथम प्रकट हैं शक्ति।

आद्या ही मुख्या सदा, देहु चरण अनुरक्ति।।

363

564

मृडानी

जनसुखकृतेसत्वोद्रिक्तौ मृडाय नमोनम:

सत्व, सुख, सौभाग्य को बढ़ाने वाले शिवजी का ही नाम मृड है। शिवप्रिया ही मृडानी हैं।

मृड ही सुखसौभाग्यश्री, सबसम्पति की मूल।

मृडशिव कौअभिधानशुभ, जो काढ़त भवशूल।।

अहो शूलपाणी प्रिया, वरदे शुभे शिवानि।

मृड की प्रियाभवानि कौ, अतिप्रियनाममृडानि।।

565

मित्ररूपिणी

करुणामयी प्राणी मात्र की हितचिंति का सुहृदया मित्र हैं। प्रारब्धवश दुख मिले तो समझो पाप कट रहे हैं, और सुख मिले तो पुण्य क्षीण हो रहे हैं। देवताओं के भी पुण्य जब क्षीण हो जाते हैं, तो वे भी स्वर्ग से नीचे की ओर ही आते हैं पाप पुण्य दोनों जब न रहें तब उस अनौखी मित्रता का स्पष्ट अनुभव हो जाता हैं। द्वासुपर्णासयुजासखाया सच्चे मित्र ही वास्तव में मित्रता को निभाते हैं। संसार मलनाशिनी अपने भक्तों को कभी लौकिक गति में गिरने ही नहीं देती श्रीमद् वल्लभाचार्य जी ने सत्य ही कहा है **भगवानपिपुष्टिस्थो न करिष्यति लौकिकीं गतिं** इसलिये जीवन में जो हो रहा है जैसा भी हो रहा हैं वह अभिन्न मित्र हमारी चिंता स्वयं करें हमारे योग क्षेम को वे ही देखें उन पर पूरी तरह आश्रित होकर निश्चिंत हो जाओं तभी सच्चे मित्र की अनौखी मित्रता समझ में आ पायेगी।

सुहृद सखा तुम सम नहीं, देख्यौ कहूँ महान।

जो सबकी हितसाधिका, राखत अपनी आन।।

असुरन कों संहारती, करतीं अघ तम छार।

काटत तिनके पाप सब, करत रहीं उद्धार।।

पुण्यापुण्य न शेष कछु, नहिं कर्मन कौ मैल।

एक सहायक पाय कें, बनीं सरल सब गैल।।

त्राहि त्राहि करुणायतन, पाहि पाहि हे अंब।

तुमहीं एक सनातना, तुमहीं हौ अवलम्ब।।

नित्यतृप्ता भक्तनिधिर्नियन्त्रीनिखिलेश्वरी।
मैत्र्यादि–वासनालभ्या महाप्रलयसाक्षिणी।। 115।।

566

नित्यतृप्ता

पूर्णस्य पूर्णमादाय पूर्णमेवावशिष्यते सदा सन्तुष्ट और अपने स्वरूप के ही आनंद में पूर्ण रूप से निमग्न रहने वाली माता अपने सच्चे भक्तों को भी कामना रहित बनातीं हैं। भक्ति अमोघ फलदायिनी हैं जो अपने आश्रित को पुष्टि प्रदान करती है जिसके सहारे वह कामनाओं के भयंकर जाल में फँस ही नहीं सकता।

निजसरूप में कर रमण, लीलामयि सन्तुष्ट।
बनीं नित्यतृप्ता तुम्हीं, करत भगत परिपुष्ट।।

567

भक्तनिधि

शरणागत हो कर जो त्राण मिलता है तब सभी प्रकार के त्रास मिट जाते हैं घोर अमंगल दूर हो जाते हैं। चरण शरण की रति को छोड़ कर दूसरा किसी भी प्रकार का प्रलोभन मन में नहीं रहता। उस सुवरन (सुन्दर वर्णवाली या खरे सोने की भाँति खरी) माता का वरण, करना चाहिये। दूसरे भाव के अनुसार प्रसन्न मन से भाव का स्मरण करके हृदय में रचा लेना चाहिये। उस गूढ अक्षयनिधि को ही भक्त की निधि मानो जो संसार के सुख माँगते हैं वे मूर्ख हैं।

जो रति लहि न चहै कछुकाहू। एकमेव शरणागति लाहू।।
भगतिविमल माँगत मनलीना। पाय परमगति चतुरप्रवीना।।
सकलसिद्धि की स्वामिनिएका। लेहु तासु शरणागतिटेका।।
जगसुख सपने जागत भाजे। भगतहृदयमाँगत जिनलाजे।।
तुम सुखसार अपारअनंदा। गूढ़ राशि चिति निधी अमंदा।।
अससुवरन सुवरन करसाँचौ। मुदितभावसुमिरनकरिराँचौ।।
अक्षयनिधि राखत उर गूढ़ा। जे माँगें जग सुख ते मूढ़ा।।
हृदय भगति सुखराशि अपारा। दारिददूषन दुखभयहारा।।

मान ज्ञान जस सम्पदा, स्वर्ग मोक्ष सुख लाहु।

चहै न कछु मन कामना, माँगत भगति उछाहु।।

568

नियन्त्री

जिनके नियन्त्रण में पूरा ब्रह्माण्ड यन्त्र के समान संचालित है। नक्षत्र मंडल अटल ध्रुव की धुरी पर घूमते रहते हैं। सूर्य चन्द्रमा समय पर ही निश्चित दिशा में उदय व अस्त होते हैं वायु सतत प्रवाहित रहती है जल जीवन दायक तत्वों से सबको संतुष्टि प्रदान करता है। अग्नि (जठराग्नि) भोजन पचाती है जल में भी विद्यमान है (बड़वाग्नि) प्रकृति में भी उष्मा का स्रोत है। पृथ्वी जड़ जंगम के सभी जीवों को जन्म देती है पोषण करती है। ऐसा कोई भी स्थान नहीं जो नियमबद्ध न हो। वह जगद्धात्री सबकी नियन्त्रणकर्त्री हैं। इसके अतिरिक्त अपने प्रिय भक्तों का तो विशेष रूप से नियन्त्रण करने में कुशल हैं। जिस प्रकार तेज हवा में आँचल की ओट करके दीपक की लौ को बुझने से बचा लिया जाता है उसी प्रकार अपने भक्त के मन को वे भव बाधाओं की चोट से बचा कर साधना में लगाये रखने में परमप्रवीन हैं।

झंझा में दीपक जरै, कर अँचरा की ओट।

तैसे राखत भगतमन, वारत भव की चोट।।

करै नियन्त्रण आपनौ, रख अपने आधीन।

जगत नियन्त्री एक हैं, माता महा प्रवीन।।

569

निखिलेश्वरी

प्रकृति के देवता जैसे जल, नदी, वायु, सूर्य, चन्द्र, पर्जन्य (वर्षा करने वाले बादल) जिनका वेदों में अनेकानेक सूक्तों द्वारा स्तवन किया गया है। ग्रहनक्षत्र दिशाओं के देव यम वरुण अग्नि सोम स्वर्ग पितृ आदि के देव इनसे अधिक श्रेष्ठ पंच परमेश्वर हैं उन पर भी जिनका शासन अनुशासन चलता है। वे परमेश्वरी सर्वोपरि है इसीलिये निखिलेश्वरी कही जातीं हैं।

कोटि कोटि ब्रह्माण्ड की, एक नियन्ता आप।

निखिलेश्वरि कौ भव्यअति, भूषितभुवनप्रताप।।

570

मैत्र्यादिवासनालभ्या

जो जिस भाव से आराधना करता है उसे उसीभाव के अनुसार इष्ट की अनुभूति होती है। मैत्री, करुणा, मुदिता और उपेक्षा चार प्रकार के भावों से इष्ट का ध्यान साधक करता है। मित्रभाव से जैसे सुदामा ब्रज के गोपग्वाल, करुणा के अन्तर्गत शबरी, गजेन्द्र, मुदिता से हनुमान जी, नारद, सनत्कुमार प्रह्लादध्रुव, बलि आदि जो धर्म और ज्ञान की खोज करते हैं भक्ति, ज्ञान वैराग्य जिनके मार्ग हैं। उपेक्षा से यथा कंस, रावण, हिरण्यकशिपु, हिरण्याक्ष निरन्तर ध्यान करते रहे जिसकी जैसी भावना होती है प्रभु उसे वैसे ही दिखाई देते हैं। **जाकी रही भावना जैसी। प्रभु मूरत देखी तिन तैसी।।** माता भी भक्त को उसी भाव से फल देतीं हैं मैत्री में तुम्हीं हो माता पिता तुम्हीं हो तुम्हीं हो बन्धु सखा तुम्हीं हो प्रार्थना यही भाव दर्शाती है करुणा वत्सल तो माता हैं ही वे आर्त के दुख को हरने वाली हैं। मुदिता रूप में ज्ञान भक्ति से प्रसन्न होतीं हैं। और वैर भाव से भजने वाले असुरों का उपेक्षा पूर्वक संहार भी वे ही करतीं हैं। उनके शस्त्रास्त्रों से मारें जाने पर दैत्य भी उस मुक्तिपद को पाजाते हैं जिसे साधुजन पाने के अधिकारी हैं क्योंकि वे भी ध्यान भजन तो करते ही हैं भले ही वैर भाव से मन में उपेक्षा रखकर ही करें!

मित्र भाव सों भेद सब, मिटें मिटै मन भ्रांति।
दीपितसुखसौभाग्यकी, अहनिशिउज्जवलकांति।।
दुख में विगलितकरुणउर, पिघलत है जबरोय।
एक आसरौ पायकें, रहे क्लान्त थकि सोय।।
परमारथ कौ पंथ है, सब धर्मन कौ सार।
मुदित भाव सों जोग है, चरन सरन पतवार।।
वैर ठान सुमिरन करें, तिनकौ हू उद्धार।
हनै उपेक्षा भाव सों, कर असुरन संहार।।
मैत्री करुणा मुदित अरु, धरै उपेक्षा भाव।
चारों ही विधि सों सदा, भगतन हरै अभाव।।
ज्ञानी ज्ञानामृत गहै, हरै त्रिविध भव ताप।
सखाभाव भगतन हिये, असुरन कों संताप।।
सबके काटत फंद जो, हरत सकल दुखद्वन्द।
सूत्रधारिणी एक ही, अहो जननि स्वच्छन्द।।

571

महाप्रलयसाक्षिणी

नटराज की लीला सहचरी महा प्रलय के समय ताण्डव नृत्य की साक्षी बनतीं हैं। कल्पान्त में नई सृष्टि के निमित्त प्रलय होती हैं जब सृष्टि अपने मूल कारण में समा जाती है और सबकी मूल कारण केवल जगदम्बा ही हैं किसी में इतना साहस नहीं जो शिव के खुले त्रिनेत्रों की ज्वाला से उत्पन्न प्रलय के समय उनका ताण्डव नृत्य देखने का साहस भी कर सके शिवाशिव से अभिन्न हैं इसीलिये वे उनकी इस लीला में भी साक्षी हैं।

निरखिनिरखि शिव मुदितमानमयि महाभैरवी शक्ती।

तांडव नर्तन की हैं साखी मनसा शिव अनुरक्ती।।

निज इच्छासों होत अवतरित रख अधीन निजमाया।

निर्मितकर ब्रह्माण्ड अनेकन भई सनातन जाया।।

शिवा शाश्वती सत्य सनातन सरस सुरम्य सुशीला।

शिवभामा शिवप्रिया मोदमयि करत अनेकन लीला।।

महाप्रलय की साखि हौ, महाभैरवी आप।

लोकविलय जहँ होत हैं, जाकेभव्यप्रताप।।

पराशक्ति परानिष्ठा प्रज्ञानघन रूपिणी।

माध्वीपानालसा मत्तामातृका वर्णरूपिणी।। 116।।

572

पराशक्ति

परा महा शक्ति पंचभूत निर्मित सृष्टि से परे हैं, किन्तु उन्हीं की शक्ति से यह पच भूतात्मक सृष्टि संचालित भी होती है। वे सर्वव्यापिनी होकर भी अगोचरा, अगम्या, अलभ्या, अकथनीया हैं। जो इस रहस्य को अपनी आस्था और श्रद्धामयिभक्ति से जान प्राता हैं वही उस दुर्लभ आदिशक्ति का स्वरूप पहचान सकता है।

सर्वोत्तम है शक्ति जो, सबमें व्यापक होत।

बाहर भीतर एक ही, जगै ताहि की जोत।।

जो सबमें रहिकें सदा, होवै सब सों भिन्न।
पराप्रतापिनिशक्ति ही, सबमें रही अभिन्न।।

573

परानिष्ठा

सभी सद्गुणों की पराकाष्ठा वहीं पर होती है जहाँ श्रद्धा अपने सच्चे और सुन्दर रूप में विद्यमान हो। निष्ठा स्वयं में सफलता का जीवन्त रूप है। ज्ञान जब कर्म मार्ग में सहायक होता हैं तो उसी प्रकार कर्मफल के जंजाल को काट देता है जिस प्रकार लकड़ी में प्रकट होकर आग उसी को जला कर भस्म कर देती है। पाप पुण्यों का लेश भी शेष नहीं रह पाता मानों आग के धुऐं में पुण्य और राख में पाप दोनों ही आग के जलते समय लकड़ी से अलग हो गये शेष रहा केवल एक प्रकाश और उष्मा जो दिशा बोध दे अपनी सार्थकता को दर्शाता है। यही ज्ञान की पराकाष्ठा और निष्ठा का सर्वोपरिरूप है। परानिष्ठा का स्वरूप माता की ही जाग्रत भावमूर्ति है।

एकनिष्ठ श्रद्धा आधारा। करै अघन पै कूट प्रहारा।।
बरतअगनि काष्ठ भयौ छारा। तैसौ ज्ञानिन कर्मप्रकारा।।
शेष न कर्म फलन कौ हेतू। कर्मसुपंथ बनत तहँ सेतू।।
श्रद्धादीपज्ञान जहँ बाती। भेदत भ्रमतम कलुषित राती।।
कर्मबन्ध रज्जू भइ छिन्ना। सो प्रज्ञामय ज्ञान प्रपन्ना।।
एकदीप रश्मिनबहु भासै। प्रकटत ही जो ओप प्रकासै।।
श्रद्धा दीप ज्ञान बिन सूनौ। निष्ठा हीन सुकर्म बिहूनौ।।
निष्ठा सरस प्रेमधृत जामें। कर्मयोग की दिशा बतामें।।

ज्ञानओप श्रद्धामयी, सजग कर्मपथ सेतु।
एकनिष्ठ जहाँ प्रेम है, पूर्ण समर्पित हेतु।।
गुनन पराकाष्ठा बनीं, दिव्य बोध निर्बाध।
बँधै डोर मर्याद की, ताकों मन आराध।।
शक्तिपुंजकीकिरणसों, भासतभुवनप्रकास।
बाहर भीतर एक ही, भू सागर आकास।।
भस्मभूत ज्ञानाग्नि में, होंय कर्म सबछार।
करत परानिष्ठातहाँ, भगतन कौ उद्धार।।

574

प्रज्ञानघनरूपिणी

गहरी नींद की सुषुप्ति अवस्था में जब इन्द्रियाँ और मन अडोल से हो जाते हैं तब बाहरी जगत का कुछ भी भान नहीं रहता। द्वन्द रहित अवस्था में शरीर और मन उसी प्रकार स्थिर हो जाता है जैसे बिना हलचल वाला गहरे जल का सरोवर हो जब ऐसी ही स्थिति ज्ञान के कारण सदा बनीं रहे चाहे सो रहे हो या जाग रहे हो, तब समझ लेना चाहिये प्रज्ञा में सघन ज्ञान का अकूत भण्डार संचित है। इसी को ऋतम्भरा प्रज्ञा कहा जाता है। सहस्त्रार के अमृत को पाने के लिये ऐसी ही अवस्था में पहुँचना अनिवार्य है जो केवल उसी के वश में है जिसे गुरु रूपा माता की पूर्ण कृपा का प्रसाद मिले। प्रज्ञा में सघन ज्ञान के आनंद को प्रदान करने वाली प्रज्ञान घन रूपिणी ही जगन्माता हैं।

रहै न लेश अविद्या माया। ऋतसत्मय जहँ ज्ञान जगाया।।

सहसकमल निःसृत रस धारा। श्री गुरु चरनपियूष प्रसारा।।

सुधासार प्लावन सो सींचै। पियतपियत दृग आपहि मींचै।।

पूर्ण सत्यपूरित फलचाखा। गिरा न गूढ़ मरम कहि भाखा।।

मतिसकुचात थकी पुनि बानी। सकलसाध दृगनीर समानी।।

लिखै नयन मसि साँसन पाती। उरस्पन्दन गहिगहि थाती।।

प्रज्ञा प्रफुलित पद्मपाँखुरी। सुरभि कोष मकरन्द राखि री।।

ज्ञानकोष कौ रतन अनूठौ। जे तर लगत जगत सब झूठौ।।

गहरी नींद सुषुप्ति कहावै। जहँ प्रपंच सब निपट नसावै।।

तैसी दशा सदा जिनसाधी। रंच न ताहि सतावत व्याधी।।

मिटे व्यथा भ्रम संभव खेदा। मन सत भाउ गहै निर्वेदा।।

थूलसूक्ष्म कारण तन जामें। विलय होंय सब तन्मयता में।।

सहजरूप मन रहै अडोला। निष्कम्पितसरवर सम चोला।।

आनंदगिरि ज्ञानरवि भासै। एक दीप्ति तहँ प्रकट प्रकासै।।

तृप्तिसरोवर न्हाय कें, तन मन शुचि है जाय।

आतप ताप तृषा मिटै, सघन ज्ञान तरु छाय।।

575

माध्वीपानालसा

'प्रिय तेरा मधुमय चिर बसन्त' यह उक्ति सत्य ही हैं। प्रकृति में मधुरता है, प्रेम में मृदुता ज्ञान में माधुर्य, प्रेमपूरितनयनों में मधुरस की बूदें तन मनको रसभिसिक्त कर आनन्दमग्न होकर पलकों के कपाट बन्द कर लेती हैं। महाप्रभु जी ने इसी मधुरिमा से अभिभूत होकर कहा है... **मधुराधिपतेरखिलंमधुरम्** *ललिता नाम के लालित्य में ललित मधुरता भरी हैं माता प्रेम के मधुपर्क का पान करने वाली माध्वीपानालसा है।*

मत्तमधुपसममनजहाँ, करत रह्यौ नित गान।

मधु सों हू मीठौ लगत, प्रेमासव कौ पान।।

सकल साध पूरी तहाँ, सकल मनोरथसिद्ध।

नेहनीर की बूँद गहि, साधक भये प्रसिद्ध।।

दृग अंबुद मुक्ता झरें, भाव सुगन्ध विभोर।

सुरतिसुखदश्यामलसघन, नाचउठ्यौमनमोर।।

मानी चित चातक भयौ, नेह सुधा भरि पूरि।

धन्य समर्पितपुलकमन, फुरत रोमांचन भूरि।।

कस न होय पूरी तहाँ, इच्छितसाध अभीष्ट।

मग्न मनोरथ मुग्ध मन, बनैं भक्त औ' इष्ट।।

ललिते!मधुमय नाम तव, मृदुल माधुरे गीत।

गावत गावत मनमधुर, मन्दिर भयौ पुनीत।।

अहो धन्यवसुधा जहाँ, धन्यप्रकृति कौ रूप।

प्रकटप्रभासै जहँललित, रूपराशि प्रतिरूप।।

पुलकनेह नयननलखौ, बरसतरस की बूँद।

बाहरभीतर भींज कें, लेहु पलक पुनि मूँद।।

576

मत्ता

सच्चिदानंद स्वरूपिणी अपने स्वरूप में ही मग्न हो कर रीझ रहीं हैं। शिव जी के चन्द्रमुख को देखकर आनंदमयी की मोहक मुस्कान नयनों के कटाक्षों से झरती हुई रस की फुहारें और हृदय सागर में आनंद का मानो ज्वार उठने लगा है जिसके सम्मोहन में

शिवजी भी बँध रहे हैं। शिवा मधुमय चषक का पान करके मतवारे नयनों वाली हैं ऐसा अपूर्व ध्यान भक्त के देहाध्यास को मिटाने वाला हैं फिर उसे कभी तृष्णा नहीं सताती व्याधिभय और संसार के दुख कष्ट नहीं पहुँचा सकते।

निज रूपहि रीझत रही, आनंद विग्रह धार।

कर किलोल रमणीयअति, अहोमत्तव्यवहार।।

सत्य सत्य केवल तुम्हीं, सत् चेतन आधार।

तुम बिन और न जानहूँ, एकहिजोतिनिहार।।

द्विधा भेदसों रहित जो, सहित सत्यसंकल्प।

गूँजत है आनंदरव, सो विलास नहिं अल्प।।

अति मोहक मुस्कान है, झरैं दृगन रसबिन्दु।

उदधिज्वारआनंदकौ, शिवमुखमनहुँ सितेन्दु।।

दीठि माधुरी मदभरी, मादक दृगन कटाक्ष।

सम्मोहन सों बँधत हैं, मतवारे विरुपाक्ष।।

मधुमय चषक पियत शिवा, मतवारे से नैंन।

यहै रूप उर राखिकें, फुरैं अमिय से बैंन।।

बिसरै तनकौ भान, रही न तृष्णा व्याधिभय।

कर मन मत्ता ध्यान, सुधासार या रूप में।।

577

मातृकावर्णरूपिणी

अ से क्ष पर्यन्त पचास स्वर और अक्षर वर्ण हैं इन्हें ही मातृका कहा गया है। श्रीचक्र मातृका रूप है। मातृका शब्द का प्रयोग मंत्रों के सन्दर्भ में ही होता है।

वर्ण रूप हैं बानि के, सजग चेतना बिन्दु।

ज्ञानबोध सबविधिजहाँ, विस्तृतविद्यासिन्धु।।

वर्ण मातृका अक्षरन, शब्दब्रह्म के स्रोत।

चक्रराज के रूप में, मंत्रमूर्ति अभिप्रोत।।

महाकैलास निलया मृणालमृदुदोर्लता।
महनीयादयामूर्तिर्महासाम्राज्यशालिनी।। 117।।

578

महाकैलासनिलया

महाकैलाश में सदाशिव के साथ भवानी नित्य निवास करतीं हैं। वे ही यन्त्र राज श्रीचक्र में बिन्दु रूप में हैं श्रीचक्र को भी कैलाश माना गया है। जहाँ त्रिकोण, वलय, कोणों में मातृकाएं, योगिनियाँ और त्रिकोण में स्वयं श्रीजी तथा मध्यबिन्दु में सदाशिव विराजते हैं। सहस्त्रार को भी कैलाश कहा गया है जहाँ साधक की साधना का चरमलक्ष्य सिद्ध होता है।

यन्त्र रूप श्री चक्र में, सोभित है कैलास।
सहस्त्रार में ताहिकौ, अद्भुतबन्यौनिवास।।
जो तनमन में रहि सदा, उरस्पन्दन पास।
सोइ महाकैलास में, करें शिवसहितवास।।

579

मृणालमृदुदोर्लता

कुंडलिनी में जो शक्ति सन्निहित है वह अपने आप में ही पूर्ण है मृणाल तन्नु के समान अति कोमल रूप में छै चक्रों समाई हैं जीवन की आधारभूता ज्ञान और ऊर्जा की एक मात्र स्रोत हैं अत्यन्त कोमल होते हुए भी वह अपार शक्ति से सम्पन्न है। दूसरे अर्थ में भवानी के दोनों हस्त कमल मृणाल तन्नुओं के सदृश अति कोमल और सुकुमार हैं।

अतिकोमल कर कमल भवानी। ज्यों मृणाल तन्तुन सन्मानी।।
परस करत पुलकावलि सिहरै। रोम रोम आपनि गति विहरै।।
बिसरै सुधि गहि सरन तिहारी। और न मन लालसा हमारी।।
जहाँ सदा सुभ मंगल नाना। मिलत तहाँ नव जीवन प्राना।।
आत्मानंद लाभ गहि लीना। करै सुजन मन सदा प्रवीना।।
संजीवनि सी श्री वरदानी। परसै कृपाकोर गहि पानी।।
थकैमती नहिं मुख कछु भाखै। परमगूढफल जो कछु चाखै।।

शीतलसौम्य सदाश्रय मूला। मिटें ताहि ढ़िंग सब भव सूला।।

जानहुँ मंत्र न पूजन रीती। करुणा वत्सलता परतीती।।

है सर्वोपरि सासन ताकौ। महतसुआसन शिवसम जाकौ।।

कुंडलिनी के चक्र षट्, तहाँ समाई आप।

तन्तुमृणाल सदृश बनी, हरतअमंगलपाप।।

षट्चक्रन में सूत्र जो, तन्तुमृणाल समान।

रमत साधना क्षेत्र में, सदा एक वरदान।।

580

महनीया

राजराजेश्वरी महानों में महान, श्रेष्ठों में श्रेष्ठ, पूज्यनीयों में प्रथम पूज्यनीया श्रेयस्करों में भी श्रेयस्कर और पवित्रों में परम पवित्र हैं। उनकी करुणा दृष्टि से सब कामों में पूर्णता आती है। केवल भक्तिभाव से ही उनकी अर्चना सम्भव है। किसमें है इतना सामर्थ्य जो उनकी पूरी तरह से उपासना करनेके विषय में सोच भी सके ! केवल आत्म समर्पण युक्त नमस्कार ही हम कर सकते हैं। प्रार्थना के अक्षरों में भाव उसी प्रकार ओत प्रोत हो जिस प्रकार फूल सुगन्ध को सहेजता है। हृदय रससिक्त हो अक्षरों के अक्षत, रस के फल भाव के फूल ही उस महनीया की पूजा है।

सर्वोपरि तुम अतिमहनीया। सौम्यसुधा रसमय कमनीया।।

अतिसंकुचित रंकमन मेरौ। कर न सक्यौ दर्शनकछुतेरौ।।

देहु दयाकरि मनहिंसुभावा। बनहिं जासुसंपद उर चावा।।

अक्षत आखर फल रस भावा। मूर्तिरूप तव प्रकटप्रभावा।।

भाव समाहिं आखरन तैसे। सुमन सुगंध सहेजत जैसे।।

अतिवत्सलकृपालुमनपटुता। हरै सदा मति रसना कटुता।।

महिमामय तव नाम उचारै। बाहर भीतर ज्योति प्रसारै।।

अर्पित करहुँतुमहिंउरनीकौ। रहै न किंचित हू सो फीकौ।।

महादेव सम आप कृपालू। वन्दहुँ पद रज होहुँ निहालू।।

जासु कृपा महिमामहनीया। होहिं न शरणागत दयनीया।।

श्रेयस्कर में श्रेय जो, सब श्रेष्ठन में श्रेष्ठ।

महनीया सबसों महत्, पूज्यनीय में ज्येष्ठ।।

581

दयामूर्ति

माँ अद्भुत दया की सागर हैं। उनकी करुणा दृष्टि से कोई भी अछूता रह ही नहीं सकता अपने आराधकों को तो उनका अभीष्ट देना कोई आश्चर्य की बात नहीं किन्तु जो युद्ध में सामने से आघात करते हैं उन असुरों का मर्दन भी वे दया के कारण ही उपेक्षा पूर्वक कर रहीं हैं, जिससे उन्हें भी वह परमपद प्राप्त होता है जो उनको अहर्निश भजने वाले साधकों को मिला है क्योंकि भजन तो वे भी करते हैं चाहे वैरभाव से ही क्यों न हो ध्यान में तो माता का ही चिन्तन होता है। इन सबसे श्रेष्ठ दया दान वह है जो भक्तों को मिलता हैं वे तो भक्ति के प्रभाव से उन्हें ही सदा के लिये अपने हृदय में बाँध लेने में पूर्णतः सक्षम हो जाते हैं।

करुणामयिकरुणायतन, अतिकोमल उर धार।

दयामूर्ति दृग दान सों, करत सदा उपकार।।

अन्न देय पोषण करें, प्यावहि जो पय पान।

करुणाकर असुरन हनै, करत सूल संधान।।

दण्ड देत हू जो करै, दया दान उपकार।

दयामयी जननी अहो! तुम करुणा आगार।।

भगतवछलता अतिघनी, भगतन पै अति प्रीत।

निज सरूप कौ दान कर, रखै आपनी रीत।।

582

महासाम्राज्यशालिनी

भौतिक संसार का साम्राज्य तो अस्थाई है। न जाने कितने राजा हुए जो यह मानते रहे कि इस भू मंडल के एक मात्र भोक्ता वे ही हैं किन्तु इस धरती का एक छोटा सा टुकड़ा तो दूर की बात है वे धूल के कुछ कण भी अपने साथ नहीं ले जा पाये। राज्य के लिये जीत हार का खेल केवल उनके अहं की ही तुष्टी करता रहा महासम्राज्य तो जीव कें जीवन जगत का है जहाँ अविद्या, अपस्मार (अहंभाव के वशीभूत होकर जो नहीं करना चाहिये उसे ही ठीक मान कर करना एक प्रकार की जड़ता मूलक मानसिकता) रूपी शत्रुओं द्वारा वह अपने भक्तों को परास्त नहीं होने देती। जीव का ध्येय पूरा होता है। जैसा कि पूर्व के नामों में कहा गया है कि माता भंडासुर का वध करने को तत्पर रहतीं हैं। सभी लोक श्रीजी के ही आधीन हैं।

जग साम्राज्य अनित्य कहावै। जहाँ न थिर कोऊ रहि पावै।।

कूटनीति अतिदारुण रूपा। विघटित भये कालवश भूपा।।

होत न तहाँ तुष्ट सब सृष्टी। कहूँ शुष्क भू कहुँ अतिवृष्टी।।

किन्तु मातृ साम्राज्य अनौखौ। कृपावारि अम्बुधि तहँ चोखौ।।

निजजन पालक मात कृपाला। चलै न कालचक्र की चाला।।

सकल मनोरथ पूरन करनी। मातृशरण सुख भवदुख तरनी।।

जो आधीन रहहिं तज शंका। होत न सो काहू विधि रंका।।

चौदह भुवन तासु आधीना। सबकी शासक परम प्रवीना।।

सब पर शासन करत हैं, जीवमात्र आधीन।

शाश्वत है साम्राज्य तहँ, शासक परम प्रवीन।।

आत्मविद्यामहाविद्या श्रीविद्या कामसेविता।

श्रीषोडशाक्षरीविद्या त्रिकूटाकामकोटिका।। 118 ।।

583

आत्मविद्या

सद्पात्र ही आत्मविद्या के रहस्य को समझने में समर्थ हो सकता है जिसने इसे समझ लिया केवल वही ब्रह्मविद्या पाने का अधिकारी बन सकता है। यह देवताओं के लिये भी कठिन पथ है जिस पर माता की करुणा दृष्टि हो वही मनुष्य इस पथ पर आगे बढ़ने को तत्पर हो पाता है। जिसे काल की अबाध धारा भवसागर की कठोर भँवरें, संसार के दुखों के मगरमच्छ हानी नहीं पहुँचा पाते। कृपा की नाव, शरणागति की पतवार, आस्था के विश्वास से उसे भक्ति का अनौखा प्रसाद देते हुए सहारा देते हैं।

आत्मरूप जाने बिना, आत्मज्ञान नहिं होय।

इन्द्रिनसुख में व्यर्थही, गयौजनम पुनि खोय।।

पराशक्तिकी दयाबिन, पावत नहिं सो तत्व।

सो जानै जिन देत है, जननीनिजअपनत्व।।

शरणागतिसौभाग्यसुचि, निजमनकी परतीत।

भूलै अपनौ भान जब, अगम गिरा गोतीत।।

आत्मबोध विद्या महत्, जासोंअधिकन कोय।

देवन दुर्लभ सम्पदा, गहै पात्र यदि होय।।

584

महाविद्या

संसार में प्रचलित अनेकानेक विद्याओं की तथा कलाओं की जानकारी तो सभी रख पाते हैं किन्तु आत्मज्ञान को जानकर जिस पराविद्या की गोपनीय ज्ञानमयी दीक्षा से जो अपना जीवन रससिक्त कर पाता है ऐसा साधक देव दुर्लभ ही है। अजपाजप से जिसके अन्तर्घट में आठौ पहर आनंद की तरंगें हिलोरें भर रहीं हों वही महाविद्या की सत्यरूप से सेवा करने का अधिकारी है। मंत्र साधना के गूढ़ रहस्य को समझ कर साधना की गोपनीयता का महत्व जाना जा सकता है।

मंत्रसाधना अति ही गूढ़ा। जाहि न जानैं कबहू मूढ़ा।।

लौकिकविद्या सबन बखानी। परा सोइ जोजानै ज्ञानी।।

हरै कोटि अघमूल अविद्या। आत्मज्ञानज्योतिमहाविद्या।।

मंत्रमूर्ति मंत्रस्थ समानी। देवमयी शक्ती सन्मानी।।

षोडशाक्षरी अक्षर मूला। हरें असम्भव सम्भव शूला।।

षट्चक्रन को भेद बखानै। ध्येयपरम ताकौ सब मानै।।

मौनबानिमनसों जो ध्यावै। अजपाजप सो सदाकहावै।।

मंत्रमयी मार्तण्डसरीखी। नासै अघ निजरश्मिन तीखी।।

परा पश्यंति वैखरी रूपा। ज्यों ज्यों उतरत गूढ़सरूपा।।

नाम रूप गुन भेद मिटावै। तन्मय बन मंत्रन जोध्यावै।।

ध्यानमयी ध्यानी के संगा। भरै उमंग उछाह अभंगा।।

उठिहिलोर आनंदसरमाहीं। ज्यों ज्यों उतरतमनउमगाहीं।।

परा महाविद्या है सोई। आगम निगम तहाँलगि गोई।।

तहाँअमरपदसंभव साँचौ। अवलोकत उर पृष्ठन बाँचौ।।

देव सदा मंत्रस्थ नित, मंत्रमूर्ति सो देह।

नाद अनाहद देवमयि, बन्यौ धन्य विदेह।।

585

श्रीविद्या

श्रीविद्या का ही पर्याय हैं ऊँ (ब्रह्मबोधक) ऐं (वाणी) श्रीं (लक्ष्मी) ह्रीं (शक्ति) क्लीं (देवी की सम्मोहिनी मूर्ति) गूढ़ार्थ भरे बीजमंत्र हैं। जिनमें श्रीविद्या का स्वरूप समाया हुआ है।

ब्रह्माण्ड के भीतर बाहर सब ओर जिसका प्रकाश व्याप्त है वे ही विराट ब्रह्माण्ड की जननी मंत्रमयी (षडाक्षरी मंत्र, नवाक्षर मंत्र, पंचदशाक्षरी, षोडशाक्षरी मंत्र) में विद्यमान हैं। वे ही यंत्ररूप में श्री चक्रराज में हैं और तंत्र रूप में समस्त आगम शास्त्र की प्रणेता शिवजी के समान पूज्यनीया हैं उन्हें ही आत्मज्ञान के द्वारा साधक अपने अन्तर्घट में षट्चक्रों के भेदन द्वारा प्राप्त करता हैं वे ही भक्तों को उनकी भावना के अनुसार अभीष्ट प्रदान करने में सक्षम हैं। विद्या पराविद्या का द्योतक है। गायत्री मंत्र भी ब्रह्मविद्या का ही सरूप हैं जो त्रितापों को मिटाने वाला है। दुख ताप अविद्या सभी अज्ञानता मूलक होने के कारण अनित्य ही हैं। ज्ञान के द्वारा साधक सत् असत् का भेद समझ कर ताप मुक्त होता है।

मंत्र षडाक्षर नवाक्षर, पंचदशाक्षरि सोइ।

महामंत्र गायत्रि कौ, सार सुधा रस गोइ।।

श्रीशक्ती परब्रह्मकी, हरिहरविधि की नित्य।

ब्रह्मबोधमयिभक्तिनित, हरतत्रितापअनित्य।।

586

कामसेविता

शिवजी के तीसरे नेत्र की ज्वाला से काम भस्म हो गया, पुनः रति को जब वरदान मिला यह माता की कृपा के कारण ही सम्भव है। अंग हीन अनंग पूरे संसार में प्रभावी है किन्तु वह केवल दोष और बाधा जनित काम नहीं है अपितु वह भी साधना में स्वच्छता निर्मलता का प्रतीक बन सकता है जिस प्रकार ब्रजवनिताओं का प्रेम है। वे काम को भी जीत सकीं मदन मोहन मन्मथ को मथने में सक्षम हैं ऐसे अपूर्व प्रेम के महापर्व में काम का सम्मोहन भी कान्ति हीन सा ही दिखाई पड़ता है। प्रकृति का यह सहज भाव परिष्कृत होकर साधक का एक श्रेष्ठ गुण बन जाता है गीता में कहा है कि काम मेरी विभूति है, किन्तु लौकिकरति को छोड़ कर समाधि की सुरति जगानी पड़ती है जो माता की कृपा के बिना सर्वथा असम्भव है।

जग व्यापत सब ठौरअनंगा। मथतमनहि मन्मथ मनभंगा।।

बिनकर परस करत जगकेरौ। भ्रमनकरत पगबिनाघनेरौ।।

खेंचत चलैं पंचशर बाना। विकलप्राण पावहिं कस त्राना।।

मोह अस्त्र सम्मोहन भारी। ताके ही वश सृष्टी सारी।।

भस्मीभूत त्रिलोचन कीन्हों। पुनिरपि संजीवन कर दीन्हों।।

मुनिमनविकल करै छन माहीं। नारिपुरुषमयजगउपजाही।।

मातुकृपा सों जनम पुनीता। पावत बढ़ी मनहि मन प्रीता।।

बोध सहित जो रति मनराखै। सो ताकौ साँचौफलचाखै।।

रचै रमै मन भगति तरंगा। ताकों बाधक कहुँ न अनंगा।।
हरिविरंचि नारद मुनि केरे। भये विवश बुधि जन बहुतेरे।।
अहं भाव मन जो धरिराखें। ते मूरखमन के फल चाखें।।
सर्वविदितब्रजकुलकीबनिता। कहुँनकहाईमनसिजदलिता।।
लौकिकरतिजबपलटै जाकी। तबविवेकमति उपजै ताकी।।
मोह न तनकौमनबसकीन्हे। रचै मनहिं साहित्य सुचीन्हे।।

बने मदनमोहन अहो, मथ्यौमनोभव कृष्ण।
रच्यौरासमन्मथमथत, रेमन!निरखसतृष्ण।।
सोइ भाव सो अर्चना, सोई रति सो नैंन।
गूढ़प्रेम कौ ज्ञानसो, कहि न जनावै बैन।।
विकलनिहारत ही रहै, देयजतन सबडार।
एक समर्पण ईशकौ, करै कामविष छार।।
मिटैवासनासकलविधि, फलउपासना एक।
और आस नाएकहू, सुरतिसुवासिनिटेक।।
जद्यपि बाधकबनसदा, विकलकरतमनमार।
सदास्वबससाधकनकौ, अर्पितमन साभार।।
इष्टकृपाबल ही सदा, साँची मूरि कहाय।
जतनजगै जो नींदसों, जागतसूलनसाय।।

587

श्रीषोडशाक्षरीविद्या

षोडशाक्षर मंत्र में अट्ठाईस अक्षर हैं। इसका अर्थ उस विद्या से है जिसमें सोलहवाँ अक्षर 'श्री' प्रयुक्त किया जाता है उस मंत्र का सम्बन्ध यंत्र से है मंत्र का स्वरूप समझ कर तंत्र, मंत्र, यंत्र, षट्चक्र, मातृका, ब्रह्माण्ड और पिंड का पारस्परिक सम्बन्ध समझ में आ सकता है इसीलिये षोडशी नाम प्रसिद्ध है।

षोडशाक्षरी मंत्रमयि, श्री विद्या अतिगूढ़।
तासों षोडशि नाम है, भक्तिभाव आरूढ़।।
गुप्तगंग सम पावनी, परा शाम्भवी सिद्ध।
जो अभीष्टफलदायिनी, गोपितमंत्रप्रसिद्ध।।

588

त्रिकूटा

त्रिकूट के अन्तर्गत शक्ति कूट, कामकूट, वाग्भवकूट आते हैं। मानव शरीर में भी मूलाधार, मध्य और वाग्भव ये तीन कूट हैं जिनमें भगवती का निवास स्थान हैं।

विरतवासना मनजबहि, तजै अनेकन द्वन्द।
सो पथ सहजउपासना, ताकी गती अमंद।।
श्रीमत् पंचदशाक्षरी, धरै कूट त्रय बोध।
हरिहरविधि तहँ ही रमें, यहै शक्तिकौशोध।।
महाकालिका अरु रमा, महा सरसुती रूप।
यहींविराजतसकलविधि, सबविधिसदाअनूप।।
इड़ा पिंगला सुषुम्ना, नाड़िन कौ आभास।
मूल मध्य वाग्भव बने, त्रयत्रिकूट कौ वास।।

589

कामकोटिका

सहस्त्रारचक्र में शिवशक्ति के विराजमान स्वरूप के आनंद से साधक का तन्मय होकर अमृत वर्षा में भीगना अपने आप में अपूर्व आभास है। जहाँ करोड़ों कामदेव का सौन्दर्य क्षणभर में क्षीण हो जाता है।

शिवशक्ति भये एक जहँ, नित्यविलास नवीन।
अकथनीय सुषमासुरभि, कोटिकाम छन छीन।।

कटाक्षकिंकरीभूत कमलाकोटि सेविता।
शिरःस्थिताचन्द्रनिभाभालस्थेन्द्रधनुःप्रभा।। 119।।

590

कटाक्षकिंकरीभूतकमलाकोटिसेविता

जिनके कृपामय कटाक्षों के अवलोकन से उनकी दासियाँ लक्ष्मी जी के समान वैभव को प्राप्त करतीं हैं। श्री सम्पन्नता बढ़ जाती है। वे बड़ भागिनी योगिनियाँ उनकी किंकरी बनने के योग्य हो जातीं हैं। ऐसी करोड़ों दासियों के द्वारा उनकी सेवा नित्य होती है।

कमला सम सोभा मिलै, होंय किंकरी धन्य।

करत रहीं सेवा सकल, पाय कटाक्ष अनन्य।।

591

शिरःस्थिता

चन्द्रमा के समान शीतल कान्तिमान सभी कामनाओं को पूर्ण करने वाली सहस्रार में निवास करतीं हैं। परमगुरु शिव के सान्निध्य से जिनकी शोभा अवर्णनीय है ऐसी दिव्य छटामयी शिरःस्थिता माता ही सदैव वन्दनीय हैं।

सर्वोपरि हैं जो सदा, सर्वशक्ति सम्पन्न।

ब्रह्मरन्ध्र में नित बसै, जानै सोइ प्रपन्न।।

प्रकट प्रकासै गुरुप्रभा, शरणागति शुचि धाम।

करै बोध सद्असद् कौ, यहै गुरू कौ काम।।

साधै सकल क्रिया विधी, सधै कामना बिन्दु।

रमै नाड़ियन चक्र में, अमियस्रोत ज्यों इन्दु।।

ब्रह्म रूपिणी ब्रह्ममयि, अपर न कोऊ काहु।

बिन पाये सद्गुरुकृपा, मिलतनाहिं कछुलाहु।।

जनम जनम घट में रमीं, जन्मान्तर कौ योग।

जनम मरनकीश्रृंखला, करत न तासु वियोग।।

अमिय कटोरा जो पियै, पावै पुनि जो ठाँव।

सुधास्रोत सों न्हायकें, अघतम सकलनसाउ।।

शिरःस्थिता नित नमहुँ, यहै अमर पद एक।

गहत टेक जाकी अहो, विसरै विपद अनेक।।

592

चन्द्रनिभा

पूर्ण सितेन्दु के समान जो सहस्त्रार में अमृत वर्षा कर रहीं हैं वे साधक की संजीवनी हैं। नयनों में भक्ति के अश्रुओं के घिरते बादल मानों उन्हें अपने भाव के आलिंगन में बाँधने को तत्पर रहते हैं।

पूर्ण सितेन्दु समा प्रभा, सींचै अमृत स्रोत।
शुभ्रचन्द्रिका ताहि की, कर रही ओतप्रोत।।
हृदयकमल मेंभाव के, कन तुषारसम देख।
नयनाम्बुद प्रतिबिम्ब में, ताहिरूप की रेख।।
अमियझरैज्योंशशिसदा, बनऔषधिन समाय।
त्योंही घटमें शशिसमा, इन्दुप्रभाछिटकाय।।
जो शशि में अमृतझरै, सो ही घट में एक।
चन्द्रनिभा संजीवनी, गहौ ताहि की टेक।।

593

भालस्था

ज्ञानचक्र में निवास करने वाली माँ भालस्था हैं। दोनों भृकुटियों के मध्य में स्थित इन्द्रधनुष की भाँति सतरंगी किरणों के प्रकाश से जगमगाता हुआ जिसके ऊपर चन्द्रकिरणों की सी अमृत वर्षा सहस्त्रार से हो रही है ऐसा मनोहारी, योगियों के ध्यान का केन्द्रस्थल आज्ञाचक्र भालस्थ ही है जहाँ माँ का निवास है।

ज्ञान ओप जेहि की दुति, दिपै मध्य भ्रूभाग।
बनत्रिनेत्रप्रतिघटसजग, प्रतिछनजोरहिजाग।।
ध्यान मूर्ति कौ केन्द्र, आज्ञाचक्र कहात जो।
प्रणव रूप सर्वेन्द्र, इन्द्र चाप रंगन सज्यौ।।

594

इन्द्रधनुःप्रभा

यहाँ भी आज्ञाचक्र का ही वर्णन हैं। ऊपर दो दो जोड़ों में नामों का गुण वर्णित है। इन्द्रधनुषी आभा में जो रंगों का कथन है वह यहीं से हमारे पूरे शरीर में अपना नियन्त्रण भी करते हैं और अनेकों भागों में फैले भी रहते हैं इच्छा शक्ति, ज्ञान शक्ति और क्रिया शक्ति का तालमेल रखने में सहायता करते हैं। जैसे हृदय, पाचन और तन्त्रिका तंत्र स्वतः :संचालित हैं किन्तु कुछ अंग ऐसे भी हैं जिन पर हम अपनी इच्छा शक्ति से रोक लगा सकते हैं तन्त्रिकाओं की संवेदना को सजग सखना आज्ञाचक्र के विशेष रंगों का ही कार्य है यहाँ लाल रंग विशेष रूप से पाया जाता है जो मस्तिष्क के संचालन में महत्व रखता है।

सहस्त्रार में इन्दुवत्, दमकत रजतप्रकास।

ज्ञान चक्र भ्रूमध्य में, इन्द्र धनुष आभास।।

सप्तरंग कौ होत है, भृकुटिन मध्य प्रसार।

जो तन के प्रत्यंग में, करै शक्ति संचार।।

हृदयस्था रविप्रख्या त्रिकोणान्तरदीपिका।

दाक्षायणी दैत्य हंत्री दक्षयज्ञ विनाशिनी।। 120।।

595

हृदयस्था

हृदय धड़कनों से निरन्तर आहत होता है फिर भी अनाहत ही रहता है इसी कारण से यहाँ अनाहदचक्र है। माँ का निवास स्थल है। भावनाओं और का ऊर्जा का केन्द्र है। भावनाओं से ही भगवती का सान्निध्य मिलता है। जीवन की डोर जब तक माँ की इच्छा होगी यहीं से चलती रहेगी। यहाँ अग्नि और आदित्य का निवास माना गया है। इसलिये अपने शरीर को भी माता का पवित्र मन्दिर मानते हुए हृदय को माँ का सिंहासन समझना चाहिये।

यह तन है श्री कौ निजमंदिर,उरनिवास विग्रह अक्षत।

आत्मजोति अविराम दिपत जहँ,अमरगूँज स्पन्दन व्रत।।

रे मूरख आहत क्योंपलछिन,कर न व्यर्थ नश्वरचिन्तन।

मुक्त अनाहत धाम यही है,अनघअनाहद को अन्त न।।

चिन्मयचारु सुचित्त चेत हिय में ही सोहै,

अनहद् की धुन स्पन्दनरत नित ही जोहै।
नित्यधाम नियरे उर के मोहनि जहँ मोहे,
क्यों हताश है कहै हाय मेरौ अब को है?
आनन्दराशि के सहित, रहें अग्निआदित्य।
ताकी ऊर्जाओप सों, आयुचक्रगति नित्य।।
भावस्रोत उद्गम यहीं, जीवन कौ गठबंध।
आनंद अर्णव में मिलै, सरिता गती अमंद।।
पलपल आहतहोत हू, रह्यौअनाहदतनित्य।
दहराकाश समात है, पूर्ण भाव के कृत्य।।
महात्रिपुर श्री सुन्दरी, तहाँ विराजत आप।
पराबीज हृदयस्थ है, हरत भगत के ताप।।
चक्र अनाहद में दिपै, आत्मरूप की जोत।
जगतबीज कीजाग्रती, सदायहीं सों होत।।
भावबोध ज्ञानाग्नि कौ, पारावार अपार।
हृदयकमलआसीनहैं, करुणानिधि आगार।।

596

रविप्रख्या

हृदय में सूर्य की प्रखर कांति है। प्रकाशपुंज का केन्द्र है। यह पंचदशाक्षरी श्रीविद्या का पवित्रधाम है।

प्रखरकांति रविसदृश है, दमकत है आलोक।
पंचदशी श्रीधाम शुचि, हरै असम्भव सोक।।

597

त्रिकोणान्तरदीपिका

मूलाधारस्थ त्रिकोण में साधना का केन्द्र बिन्दु है। जो सूर्य किरणों से प्रभावित रहता है। जगत में जिस प्रकार सूर्य मेरुपर्वत के चक्कर लगा कर तीन कोनों में प्रकाश फैलाता है यहाँ भी तीनों कूट उसी के प्रकाश से प्रभावित रहते हैं।

मूलाधार त्रिकोण में, रवि रश्मिन कौ तेज।
योगक्रिया साधै सुगढ़, तहँ संकल्प सहेज।।

598

दाक्षायणी

भक्तों को अभीष्ट कृपा प्रसाद का वरदान देने में दुष्टों का संहार करने में, हित साधक बन कर योगक्षेम का निर्वहन करने में जो अत्यन्त ही दक्ष हैं वे ही माँ दाक्षायणी (दक्ष की पुत्री) हैं।

शिवादुष्टदमनीशुभकरनी। भवजलनिधि की आपहि तरनी।।
सदा भगति अनपायनि दीजै। वरदे मोहि आपनौ कीजै।।
देत अभयवर तुम अतिदक्षा। करत सदा भगतन हितरक्षा।।
तिनके योग क्षेम आधीना। सुखद शरणदायिनी प्रवीना।।
आय उबारहु दैअवलम्बा। हितसाधत नहिं तनिकविलम्बा।।
जो तवरुचि सो फल हैसाँचौ। ताकौंहीविधिनिजकरबाँचौ।।
स्वर्णाखर अंकितजस भाला। सो गावहि तवनाम रसाला।।
मोपर हू कर कृपा भवानी। देहु गिरा निज गुन सन्मानी।।
गावहुँ मोद हिये लै भारी। वत्सल एक जगत महतारी।।
चरनसरनरज परसत पानी। गद्गद् गिरा हृदयहुलसानी।।
मोर मनोरथ जानहु नीका। गान बिना लागत सबफीका।।
महाशक्ति की अद्भुतलीला। जाके पिता दक्ष गुन सीला।।

महाशक्ति तनया भई, दक्ष साधना धन्य।
पूर्णभगतिकौफलमिल्यौ, पुण्यप्रभावअनन्य।।
भगतबछलताअतिघनी, वरदायिनि कीदक्ष।
रहै न सूनौ पाहुनौ, ताके गये समक्ष।।

599

दैत्यहंत्री

तामसी वृत्ति वाले, क्रोधी, अहंकार के मद में मत्त, ककर्श बचन बोलने वाले, कठोर हृदय के, दयाहीन, कर्मों से दूसरों को सताने में जिन्हें प्रसन्नता होती हो ऐसे पुण्यहीन अधोगति वाले पामर असुरों का वध माता उपेक्षा पूर्वक करके सज्जनों का त्रास मिटातीं है। आसुरी वृत्ति जिनकी हो उनको ही दैत्य समझना चाहिये।

जिनकी मति तामसमयी, अहं भाव सों हीन।

अधपतन के मूल जे, सकलपुण्य जिन छीन॥

बल बखान निज मुख करें, देहधर्म ही मूल।

परुखबचन कर्कशगिरा, सदा हिये महँसूल॥

अतिप्रसन्न ते होत हैं, दीनबचन सुन कान।

साधुजननकोंत्रासअति, बाधकमनहिं गुमान॥

ऐसे दैत्यन कों हनें, कर कृपान लै मात।

त्रासमिटावत भगत के, त्रान तासुढ़िंगपात॥

निजजनदीनविलोक कें, छनमेंकरत सनाथ।

एकमातकीगहिसरन, कोउ न रह्यौअनाथ॥

दीनन देखि दया करें, दीनबन्धु मर्याद।

हृदय होत शार्दूलसम, करत मात कीयाद॥

600

दक्षयज्ञविनाशिनी

आदिशक्ति माँ भुवनेश्वरी से दक्ष प्रजापति ने तपस्या करके उनसे अपनी पुत्री के रूप में अवतरित होने के लिये वरदान माँगा था। तब माँ ने कहा था जब तक मेरा सन्मान होगा मै तुम्हारे घर में रहूँगी किन्तु यदि मेरा कभी अपमान हुआ तो उसी समय तुम्हारा त्याग कर दूँगी। दैववश अहंकार के कारण प्रजापति को यह बात विस्मृत हो गई कि मेरी पुत्री ही आदि शक्ति हैं और अनादि परमेश्वर शिव केवल जामाता नहीं अपितु देवों तथा असुरों के भी पूज्य सनातन ईश रुद्र भगवान हैं। दक्ष ने अपने यज्ञ में ना तो शिव को देवताओं के साथ कोई स्थान दिया और ना ही घर में अपने आप आई पुत्री का यथोचित आदर ही क्रिया तब सतीजी ने अपनी योगाग्नि से स्वयं को भस्मकर दिया इस पर साथ में आयेरुद्र गणों ने यज्ञ में भयंकर उत्पात मचाया शिवजटा से वीरभद्र की उत्पत्ति, दक्ष का सिर काटना, पूषा, भगदेव को प्रताड़ित करना आदि अनेकों उत्पात हुए खिन्न मन शिव जी को रौद्ररूप में सती को कंधे पर उठाये घूमते देख विष्णु भगवान ने चक्र से सती के तन को खण्ड खण्ड कर दिया जिससे इक्यावन शक्ति पीठों की स्थापना हुई फिर देवताओं की प्रार्थना पर पुनः हिमालय राजा के घर पुनर्जन्म में पार्वती जी का प्रकट होना, सप्त

386

ऋषियों का आना पार्वती का तप द्वारा शिव को पति रूप में प्राप्त करना ये सब कथाएं पुराणों मेंवर्णित हैं शिवशक्ति तो सदासे अभिन्न हैं उनकी इच्छा से ही लीला होती है। माता की इच्छा से ही दक्ष का यज्ञ विध्वंश हुआ।

देख पिताघर शिवअपमाना। रह्यौ न जासु आप तन भाना।।
परमाराध्य इष्ट पति ईशा। जाहि नमावत विधि हरि सीसा।।
जगतपिता कल्याण सरूपा। नमत जासु पद रज सुर भूपा।।
शिवपदरज सों होंय निहाला। भजहिंयोगि जाकौंतिहुँकाला।।
सकल विश्व आधार महेसू। सेवहिं नारद सारद शेषू।।
विद्यानिधि भोले भण्डारी। तिनकों देत दक्ष क्यों गारी।।
चिता भस्म भूषन विष मानै। बाघम्बर पट चीर बखानै।।
धूतवेष लिपटे बहु व्याला। कर कपाल त्रय नेत्र विसाला।।
दक्ष निषेध कर्यौ मख माहीं। देवन मध्य तहाँ शिव नाहीं।।
जाहि भजेबिन होय न काजा। कस असमूढ़न रच्यौसमाजा।।

जब भगवति ने दक्ष कूँ दियौ सुरुचि वरदान।
प्रकट होहुँ तव सुता बन, बढ़ै तोर बहु मान।।
किन्तु जासु छन होइगौ, मेरौ यदि अपमान।
तजिहौंतन छोड़ों तोहि, छन महँ करहुँपयान।।

सहन न होय तिक्त अपमाना। अगनी जोग भस्म तनठाना।।
भस्म भई तहँ सती सरूपा। चकित भये सुर नर मुनि भूपा।।
कुपित रुद्र गण तोरहिं झंडा। भयौ यज्ञ छन में सत खंडा।।
यज्ञ वेदि ठंडी कर डारी। पूषा की दाढ़ी हु उखारी।।
प्रकटे वीरभद्र शिव जूटा। अगनी बाण शिखा ज्यों छूटा।।
काट्यौ सीस दक्ष भुँइ डार्यौ। भग पूषा कौ रूप बिगारौ।।
ऐसौ शम्भु कोप परिनामा। भस्म भई जब सती सुवामा।।
शिव सन द्रोह उपासैं देवा। पूरन होय न ताकी सेवा।।
शिव अपराधी शठ हठ ठानैं। तासु कुगति को कहतबखानैं।।
सफलसाध जहँ शिवसन्माना। शिवबिनमिलतनकाहुहि माना।।

जनमजनम की साध यह, करहुँशक्तिशिवध्यान।
शिवबिनशक्ति न शक्तिबिन, होवैशिवकौं ज्ञान।।
प्रकटीं हिमगिरि गृह पुनः, कर पुनितप आराधि।
उमा अपर्णा पार्वति, हरहु सकल मम व्याधि।।

फली तपस्या मात की, निरखत शंभु निहाल।
शिव विवाह लीला सुखद, पहराई वरमाल।।

दरान्दोलितदीर्घाक्षीदरहासोज्ज्वलन्मुखी।
गुरुमूर्ति गुणनिधिर्गोमाता गुहजन्मभूः।। 121।।

601

दरान्दोलितदीर्घाक्षी

समुद्र में हिलती हुई लहरों के बीच विशाल शुभ्र शंख के समान जिनके बड़े बड़े नेत्रों की सुन्दरता अपनी ओर अकृष्ट कर रही है। जिनके कटाक्ष से भय, व्याधि और त्रिताप मिट जाते हैं। नयनों में गहरे सागर के समान नीलिमा है जो गम्भीर स्वभाव की द्योतक है।

शुभ्रशंख की कांति सम, सुन्दरनयन विशाल।
निजभक्तन के भयहरें, निरखत करें निहाल।।
सागर सी गहरी झलक, नयन मध्य नीलाभ।
श्वेतसमुज्ज्वल शंख सम, दीर्घनेत्र अमिताभ।।

602

दरहासोज्ज्वलन्मुखी

शंखध्वनि मंगलकारिणी, मनोहर, भय, भ्रमहारिणी और सजग चेतना जगाने वाली होती है। उज्जवल दंत पंक्तियाँ शंख के समान चमक रही हैं। माता का हँसती हुई मुद्रा का ध्यान चेतना का संचार करता है।

उज्ज्वलकांतिसुहासकी, सोभितअतिमुखकांति।
सर्वानंद प्रदायिनी, देत अमर वर शांति।।
शंखनाद सम भय हरें, करें सुचेतन चित्त।
पूर्ण मनोरथ करत हैं, ध्यावहु ताकों नित्त।।

603

गुरुमूर्ति

जगद्गुरू श्री वल्लभाचार्य जी को निवेदित किया है

अज्ञान तिमिरांधस्यज्ञानांजनशलाकया। चक्षुरुन्मीलितंयेनतस्मैश्रीगुरुवेनमः

शक्ति रहस्य के अनुसार

गुकारस्त्वन्धकारस्यरुकास्तन्निवर्तकः ।ब्रह्मज्ञानैकरूपत्वाद्गुरुरित्यभिधीयते।।

अज्ञान भ्रम, भय, दैन्य, दुरभिमान को मिटा कर जीवन का पथ सरल गति से जो प्रशस्त करे वही सद्गुरु है। पात्रता तो गुरु और शिष्य दोनों में ही होनी चाहिये अन्यथा घोर अनर्थकारी परिणाम सामने आते हैं। कलिकाल में पाखण्ड प्रचुरता है। समाज में संत हंस और सच्चे गुरु मिलने बहुत ही कठिन हैं। यदि कोई गुरु न मिले तो अपने सद्ग्रन्थ और इष्ट का स्वरूप ही गुरु बनने के लिये एक आदर्श है। भवानी तो शिव समान ही हैं शिवजी भी जिनके नाम रूप गुण का सन्मान करते हैं वे ही परमगुरु सर्वज्ञ और हमारी नित्य आराध्या हैं जो आनंद धाम सहस्त्रार में शिवजी के संग हमारे ही अन्दर विराजमान हैं उन्हीं की भावमयि आराधना ज्ञान प्रदान करने का सीधा और सरल माध्यम है।

अहो धन्य जिनकी पद सेवा। शक्तिमंत्र शिव ही गुरु देवा।।

मेंटत अंधकार हिय केरौ। तिमिर ताप सब मिटत घनेरौं।।

जीव ब्रह्म संयोग करावै। घोर अविद्या सहज मिटावै।।

सद्गुरु मंत्र एक श्री रूपा। सदा अभेद प्रकट सद्रूपा।।

मंत्र रूप ध्यावत फल होई। परम साधना उर बसि गोई।।

करुणाकंद नयन श्रीशोभा। ध्यावत गहै न फल असकोभा।।

मन्द मन्द स्मित छवि ध्यावै। मंगल मूरति हृदय बसावै।।

मोहि न कछू और सों काजा। करहुसोइ जोतुमकों साजा।।

एकमेव शरणागति दीजै। सदा मोहि आपन कर लीजै।।

निज कर लेहु उठाय भवानी। शक्ति रूप माता कल्याणी।।

मंगल मूरति मंगला, कर मन प्रातः नित्य।

गुरुमूर्ति जगजननि ही, करहिंपूर्णसत्कृत्य।।

604

गुणनिधी

सतोगुण, रजोगुण और तमोगुण के संयोग से ही यह सृष्टि बनीं हैं। हमारा तन मन भी गुणों की एक अनूठी रचना है। कर्मानुसार उनमें हेर फेर होता है। तम, रज और सत क्रमानुसार एक दूसरे से श्रेष्ठ हैं। जिस मनुष्य की जैसी प्रवृत्ति होती है उसकी वैसी ही वृत्ति भी बन जाती है। साधना पथ में धीरे धीरे अभ्यास करते करते ये गुण भी उपशम पाने लगते हैं फिर निर्गुण अवस्था प्राप्त होने लगती हैं। इस दशा में मुमुक्षु के लिये दस दिशाओं में मंगल ही मंगल है। जो गुणों का निर्माण करने वाली हैं जिसके कारण गुण अपनी सत्ता बनाये रखने में समर्थ हैं। इसके अतिरिक्त सभी सद्गुणों की एकमात्र आधार भूता निधी माता ही है।

सत रज तम गुण धारि कें, रचत सृष्टिब्रह्माण्ड।

मायामयि गुणनिधि अहो, गुणन रच्यौ तनभाण्ड।।

605

गोमाता

गो के अनेकों अर्थ हैं यथा (1) इन्द्रियाँ जिनसे शरीरधारी बाहरी संसार से सम्पर्क रख सकता है। (2) गाय जो अपने दूध से हमारा पोषण करती है और माता के समान पूजनीय है। (3) पृथ्वी जो संसार के प्राणियों को धारण करती हैं पोषण करती है वह भी माता के समान पूजनीय हैं। ये सभी जगदम्बा के ही रूप हैं, इसलिये इन्द्रियों की पवित्रता शमन और दमन से संयम करके होती है। गौसेवा गोवंश रक्षा धर्म का आधार स्तम्भ है और पृथ्वी का सम्मान यथा योग्य पर्यावरण का संरक्षण, जल का सदुपयोग भी है इसके अतिरिक्त पृथ्वी का कुदोहन (पैट्रोल, जल आदि खनिज मात्रा से अधिक निकालना) वृक्षों का काटना विषैली गैसों से वायुमंडल को दूषित करना माता को दुख देने के बराबर महापाप है। सच्चे अर्थों में भगवती की सेवा प्रकृति की सेवा है। गायों का संवर्धन ही धर्म है।

महाशक्ति गोमात है, जो तन माँहि समाइ।

जाके बलसों चलत हैं, इन्द्रियगनसमुदाय।।

गो वसुधा कौ रूप है, गोसव अमियसमान।

गो संवर्धन धर्म शुचि, गोवर्धन शुभ ध्यान।।

606

गुहजन्मभूः

गुह एक रहस्यात्मक नाम है इसके अनेक अर्थ हैं, गुप्त रहना या रखना (आत्मविद्या का रहस्य अत्यधिक गूढ़ और गोपनीय है जिस प्रकार यमराज ने नचिकेता को इस विद्या के उपदेश में बताया है) पात्रता के अभाव में यह विद्या सफल हो नहीं सकती इसीलिये परम रहस्यमयी गोपनीय है। दूसरा अर्थ सोम कार्तिकय देवताओं के सेनानी षड्मुखस्कन्द का नाम भी गुह है जिनकी माता अन्नपूर्णा ही हैं।

गोपनीय रूपहि गुह जाना। जहँलगि सकलरहस्य समाना।।
जो यह परमगूढ़ धन पावै। दिव्यजोति आलय रहि ध्यावै।।
ताकों प्रकट भेद सब दीखे। योग ज्ञानमय तत्व सरीखे।।
होत सुयोग योग के ध्याये। दुख वियोग त्रयताप नसाये।।
परमानंद आत्मसुख तोषै। दृष्टि विमल पावत मन पोषै।।
मायापट छेदत जगदंबा। काटत क्लेश न करइ विलम्बा।।
गुह जननी सेनानी माता। कार्तिकेय अंबा सुखदाता।।
सदा विजयविक्रम की दानी। देहु चरनरति भगतिभवानी।।

जगदम्बागुहजननिजो, कल्याणीसुखखान।
परमगूढ़धनताहिकौ, कोकरिसकतबखान।।

देवेशी दण्डनीतिस्थादहराकाशरूपिणी।
प्रतिपन्मुख्यराकान्त तिथिमंडलपूजिता।। 122 ।।

607

देवेशी

देवताओं के द्वारा जिनकी पूजा अर्चना की जाती है वे सुरेश्वरी जगदवन्द्या हैं हरिद्वार में इनका प्राचीन मन्दिर है।

देवाराध्या आप ही, देवेशी जगमात।
पूरतमंगलकामना, कुसलहोंय अहिवात।।

जाकौ नित अर्चन करैं, हरिविरंचिदेवेश।
सबकीइष्टसनातना, हिय मेंभजहिंमहेश।।

608

दण्डनीतिस्था

न्यायंदण्डेनशासनः यही नीतिशास्त्र का विधान हैं। न्याय से उचित निदान देखते हुए अनुचित कर्म को रोक कर भक्त के चित्त को ज्ञान से उदबोधन देती हुई (मन में सन्तोष हो जाये इस प्रकार से समझाते हुए) क्षति को टाल कर कोमल मन से ही दण्डित करतीं हैं। भगवती अपने साधक का योग क्षेम निर्वहन स्वयं करतीं हैं तो उस कुशलता में दण्ड विधान भी समाया हुआ हैं। इस भाव में गहरी आस्था बड़े से बड़े दुख में विषम परिस्थितियों में मन को विचलित नहीं करती। हजारों हाथों में शस्त्रास्त्र धारण किये हुए वे आसुरी वृत्ति पर ही प्रहार करतीं हैं। अंकुश से वे अपने साधक को कभी निरंकुश नहीं होने देतीं। माता भवभेषज हैं।

अवरोधन कर न्यायसों, शोधन करत निदान।
उदबोधन कर भगतचित, कोमलदण्डविधान।।
सहस करन में शस्त्र बहु, धारत हैं श्री मात।
करत आसुरी वृत्ति पै, दण्ड नीति सों घात।।
ताकौ ही शासन चलै, अनुशासन चहुँ ओर।
भृकुटिभंगिमा सों सदा, बनीं रात अरु भोर।।
पापजाल कट जात हैं, जहाँझुकै सिर माथ।
दण्डनीति सों करत हैं, सासन अंकुश हाथ।।

609

दहराकाशरूपिणी

हृदय में दहराकाश समाया हुआ है। माता हृदय की धड़कनों में समाई हुई हैं। प्रत्येक प्राणी की जीवन डोर उन्हीं के हाथ में है।

दहराकाश हृदय रह्यौ, उर स्पन्दनधार।
जहाँ अनाहतगतिचलै, जीवन की आधार।।

610
प्रतिपन्मुख्यराकान्ततिथिमंडलपूजिता

प्रतिपदा से पूर्णिमा तक शुक्ल पक्ष की तिथियों में नित्याओं का पूजन होता है कामेश्वरी, भगमालिनी आदि नित्याऐं हैं। इन तिथियों में तंत्र में निर्देशित साधनों से भगवती की पूजा की जाती है। यहाँ ध्यान देने की बात यह है कि जिस प्रकार महाकाश में चन्द्रमा की कलाऐं घटतीं बढ़तीं हैं उसी प्रकार दहराकाश में भी चन्द्र किरणों का प्रभाव पड़ता है किस तिथि में कौन से नक्षत्र में किस देवता का या ग्रह का वास है वह उस अंग विशेष पर समय विशेष पर मानव शरीर पर अपना प्रभाव अवश्य दिखायेगा। सिर से हृदय तक ये सब निवास करते हैं। भारतीय ज्योतिष का यही मूल सिद्धांत है। माता तो सब देवताओं की स्वामिनी हैं अतः उनका शासन ही भक्त के जीवन का विधान बन जाता है और पूजन करके उनकी दया ही उसके लिये अमूल्य औषधि है।

शुक्लपक्षतिथि शुभसकल, नित्या कहिसम्बोध।

तिन मँह तंत्रविधान सों, पूजहिं भगत प्रबोध।।

स्थित हैं तिथि नखत में, सकलभाँति सों देव।

सब देवन की स्वामिनी, केवल एक त्वमेव।।

कलात्मिकाकलानाथाकाव्यालापविनोदिनी।

सचामर रमा वाणी सव्य दक्षिण सेविता।। 123।।

611
कलात्मिका

भगवती की कलाओं को कौन गिन सकता है! कला से तात्पर्य प्रकाश की किरणें और दिव्य लीलाओं का हेतु भी है। कला कौशल, आत्म विद्या की कला, ललित कलाएं (संगीत, काव्य, चित्रकला धनुर्विद्या, रथ चलाना हाथी घोड़े की सवारी आदि चौंसठ कलाएं मानी गई हैं।) इसके अतिरिक्त सूर्य की बारह महिनों की अलग अलग कलाएं, चन्द्रमा की शुक्ल पक्ष और कृष्ण पक्ष की घटती बढ़ती सोलह कलाएं अग्नि की दस प्रकार की कलाएं बताई गई हैं। लौकिक और पारलौकिक दोनों ही क्षेत्रों में कला का महत्व है। आत्मज्ञान को प्राप्त करना अपने आप में अनूठा अनुभव है, ज्ञान के प्रकाश से जीवन को गरिमा पूर्ण बनाना एक अलग ही कला है योगः कर्म सुकौशलम् भी कला ही कहा जायेंगा। जो इस आत्मविद्या में निपुण हो गया समझिये उस पर माता की कृपा है वे तो कलात्मिका हैं। चतुष्पाद (जगना, सोना, स्वप्नावस्था, तुरीया) भी कला के ही अन्तर्गत आते है।

अगनित कला विलास है, लीलामय ब्रह्माण्ड।
ज्ञानजोत की कला सों, दीपितयह तन भाण्ड।।
सकल कला की मूल है, जाकी कान्ति अपूर्व।
प्रकृतिप्रभामयि दिपत है, खिलें धरनि के दूर्व।।
कलामयी की कला सों, कला कलात्मक होत।
द्वादशरवि शोडष शशी, दिपै अगनि दसजोत।।
चौसठ कला निधान हैं, चतुष्पाद की हेतु।
आत्मबोध के लाभ की, बनीं कलात्मक सेतु।।

612

कलानाथा

चार कलाओं को ही चतुष्पाद0 की संज्ञा दी गई है। ये चारों अवस्थायें हमारे जीवन में आतीं हैं। 1 जागना (जिसमें हम भौतिक संसार के सभी कार्य करते हैं जैसे बोलना, सुनना, चलना किसी बात को समझना समझाना और भी अन्यान्य काम हैं), 2 स्वप्न देखना (जब गहरी नींद न आई हो तब अव्यक्त चेतना अधूरी इच्छा अभिलाषाओं को मनोराज्य में ले जाती है। मन सपने को ही सत्य सा समझने लगता हैं इसमें कभी भ्रम की स्थिति होती है तो कभी अधूरी इच्छाऐं पूरी होने जैसी प्रतीत होती। जागने पर ही पता चल पाता है अरे! यह तो सपना था), 3 सोना (गहन निद्रा जिसमें मन शान्त हो कर पूर्ण विश्राम की स्थिति में होता हैं भीतर बाहर कुछ भी बोध नहीं होता) ये तीन अवस्थाऐं तो प्रत्येक मनुष्य प्रतिदिन अनुभव कर ही लेता है इनमें कोई प्रयास नहीं करना पड़ता किन्तु जो चौथी कला है जिसका अनुभव केवल वह ही कर सकता है जिस पर कलानाथा माँ की पूर्ण कृपा हो वह है 4 तुरीयावस्था (ज्ञान की पराकाष्ठा में चित्त स्थिर दीपक की लौ के समान हो, मुमुक्षु की चेतना मुक्ताकाश के पंछी की भाँति उन्मुक्त हो, समाधि का चैतन्याभास जगे और परमार्थलाभ की आनंदअनुभूति मन बाणी को मौन कर गहरे सरोवर की भाँति निस्पन्द कर दे। यही विमल विवेक साधना की चरम परिणति है)

चारकला अनुभवभरी, जीवनसूत्र पिरोय।
जामें जो रम जात है, तामें तैसौ होय।।
चतुष्पादकीकलाकौ, करहुँ बखानयथेष्ट।
कलानाथशिवस्वामिनी, मातआपहीश्रेष्ठ।।
जागत जागें बोध अनेका। देह भान सज्जा मनटेका।।
जाग्रतिहोतलखहिनिजभाऊ। जानतभौतिकजगतप्रभाऊ।।
बोलतसुनतचलतकरकाजा। लखतसमझसमझातसमाजा।।

स्वप्नलीन पलकन जबझाँपै। तबनकछूअगजगनिजभाँपै।।
मनोराज्यसुरतिन बहुरूपा। जगअभिलाष परयौ भ्रमकूपा।।
चिंतै सोइ मनोरथ पावै। चिर अभिलषित मोद मनभावै।।
संतोषै मन छन बन राजा। रंक बजावत मन के बाजा।।
मिटैं स्वप्नआडम्बर जागे। कुहरतिमिर रविरश्मिन भागे।।

जाग्रत स्वप्न सुषुप्ति अरु, अपर तुरीय प्रमान।
जाकौ मन जहँ लय भयौ, ता कौ तैसौ भान।।

चित्त अचेत नींद में सोवै। मूर्च्छा सम विस्मृतिमन होवै।।
मनअचेत निद्राअतिगहरी। सकलभाँतिसों सुधिसबठहरी।।
तनमन की सबव्याधिनसावै। गहननींद लगि बोधसुवावै।।
सबसों परे तुरीयअवस्था। धन्यभागि जोकरहिं व्यवस्था।।
तहाँ चतुर्थकलारहिआँकी। सरलबोधकछु रीत न बाँकी।।
चिन्तनअन्य न चित्तविरक्ता। हृदयचिरन्तनचाह न रिक्ता।।
थिरचितध्यानदिवसअरु राती। निष्कम्पितदीपककीबाती।।
विमलविशुद्धि सारमयटेका। परमबोध कौ सत्फल एका।।

बरसै अरुणाभा अमिय, जागत जगै तुरीय।
फलितसमाधिसुफल जहाँ, विमलविवेकवरीय।।
ज्ञान सरोवर डूब कें, पूरि हिय कौ पात्र।
सकल कला की स्वामिनी, रोमप्रफुल्लितगात्र।।

613

काव्यालापविनोदिनी

कलिकाल में सबसे सरल मार्ग अपने आराध्य के गुन कीर्तन करना ही है। काव्य, संगीत, नृत्य, चित्रकला, मूर्तिकला आदि में यदि समर्पण का भाव हो तो साधक अपने प्रभु को भक्ति के माध्यम से पा लेता है। भक्ति में तो वह आकर्षण है जो निरंजन को भी रंजन कर के साकार बना देती है। माता ऐसे काव्य के आलाप से प्रसन्न होती हैं।

स्वरन साधना की मंजरि सुरभितअतिगहरी।
सद्य स्फुटित भाव सुमन, कलिका मधुलहरी।।
गुनन गान आराधन सम साधन नहीं दूजौ।

नृत्य गान कर कर नारद हनुमत नें पूजौ।।
मानत मनहिं प्रमोद मोदउपजावत जो नित।
परमप्रसादी कला भव्यफल पावत सो चित।।
स्वर संगम में न्हात पुनीता नित नित वानी।
भाव भानु तनया शुचिमति जान्हवी समानी।।
गुप्त रही अर्पित मन की सरसुती जहाँ पै।
नित ही होवै परम पुनीत प्रयाग तहाँ पै।।
स्वर आलापन कर विनोद बहुभाँतिरिझावै।
कला कल्पकमनीयकामदा सम फल पावै।।
आनंदलहरी सुरन की, चितत चारु चित चाव।
काव्य कलामंजरि मधुर, रस छन्दन नव भाव।।
चीतहि चित्त सुचारु छवि, मोहक मुद्रा धारि।
स्वरमेलयगतितालमिलि, सरगम सुगमसुखारि।।
कवि कोविद आराधकन, देत भाव छवि रूप।
तरल सरलसंगीत स्वर, सब रस के अनुरूप।।
रीझत रीझै जाहि पर, रीझ रिझावै जाहि।
भावमयी निज रूप कों, स्वयं समर्पे ताहि।।

614

सचामररमावाणीसव्यदक्षिणसेविता

माँ की आराधना मे बीज मंत्रों में ऐं ह्रीं श्रीं आता हैं। ऐं सरस्वती ह्रीं भवानी और श्रीं लक्ष्मी जी का रूप है। दाहिनी ओर वाणी और बाँई ओर लक्ष्मी जी हाथ में चँवर लेकर खड़ीं हैं। मध्य में जगत्धात्री विराजमान हैं सरस्वती ज्ञान विज्ञान विद्या देतीं हैं जिससे इस मर्म का बोध होता हैं कि केवल धन की लालसा निस्सन्देह घातक है। वहीं लक्ष्मी की कृपा से दरिद्रता दूर होती है श्री सम्पन्नता आती हैं। दोनों के सामन्जस्य से ही भवानी की साधना फलित है। इसीलिये दोनों के मध्य श्री भवानी भुवनेश्वरी विराज रहीं हैं। ऐसा लगता है एक ओर श्वेत कमल दूसरी ओर लाल कमल और बीच में सोने की सी आभा वाला स्वर्ण कमल खिल रहा हो।

दहिने चमर दुलावत बानी। बाये रहीं रमा वरदानी।।
विद्याविनयविवेकज्ञान की। प्रखरसुप्रज्ञा गुननखान की।।
अपरा परा गूढ़मति दाता। कला योग विज्ञान प्रदाता।।

396

हरै अविद्या जड़ता माया। करत ज्ञानमयि निर्मलदाया।।
विमलविवेक उपासक पावै। मनसावाचा जे नित ध्यावै।।
रमा हरें दारिद दुख दोषा। श्रीसम्पन्न पात मन तोषा।।
भरें अन्न धन के भंडारा। होवै नित नव ज्ञान प्रसारा।।
मध्य भुवनईश्वरी विराजै। दिव्यप्रभा श्रीजी की साजै।।
उभय हरें भय क्लेश, शुभसंपत् संकल्प शुभ।
सत्य सो पूरित देश, हरें विकलता चित्त की।।
मंत्रमयी भुवनेश्वरि माता। करुणामयि निजशरणप्रदाता।।
देत रमा सम्पति शुभअर्था। दूर होत हैं कुटिल अनर्था।।
बिनविवेकभौतिकसुखसाजा। तिन्हमहँलोभभयदुखछाजा।।
उपजततहँत्योंलौंयहमाया। ज्योंलौं नहिं विवेकउपजाया।।
तन धन सुन्दरता छन केरी। सदा रमा चंचलगति हेरी।।
केवल विद्या देत सुबुद्धी। होत विमलमति मिटै कुबुद्धी।।
छनभंगुर नरजीवन पायौ। तामहँ यदि धनमोह समायौ।।
त्वरितभ्रष्टमतिडिगैअकारथ। सधै न बंचककौ परमारथ।।
इत राजत किंजल्क सित, मध्य कमलस्वर्णाभ।
उत रक्तोत्पलसहसदल, निरुपमछविअरुणाभ।।
असनिरुपमछवि उर बसै, रमै प्रीति मन चाउ।
मेंटत दारिद दुखद अघ, जाकौ प्रबल प्रभाउ।।
त्याग युक्त ही भोग सुहावै। साधत समता ताप मिटावै।।
यहै विवेक बुद्धि बलजाके। सकलसरलसाधनपथ ताके।।
निबिड़निशा नैराश्यनसानी। विमलबुद्धि ऊषा मुसकानी।।
करै विवेकबानि कौ सोधन। स्वरसाधना देत परिबोधन।।
नाद ब्रह्म कौ ज्ञान अनूठौ। हरै अविद्या जड़तम झूठौ।।
विमलबुद्धि कौ यह परसादा। हरैशोकभयसकल प्रमादा।।
श्री वाणी के मध्य भवानी। धन्य धन्य श्री जी वरदानी।।
रमा चँवर आपन कर लीन्हा। बीजनढुलत भारतीलीना।।
श्री वाणी के मध्य में, शोभित श्री जी आप।
संगम सद्गुण अर्थ कौ, पूरित भव्य प्रताप।।

भरै धान्य धन कोष, चिन्मयि चारु चिरंतना।
उपजावत परितोष, चारु चित्त चेतन चरित।।

आदिशक्तिरमेयाऽऽत्मापरमापावनाकृतिः।
अनेककोटिब्रह्माण्डजननीदिव्यविग्रहा।। 124।।

615

आदिशक्ति

जो ब्रह्माण्ड जननी हैं वे ही आद्या हैं उनका उद्भव कहाँ कब कैसे हुआ कोई नहीं जानता उनके ही लीला विलास से अनेकों प्राकट्य हुए हैं आसुरी वृत्ति वाले असुरों का संहार और अपने भक्तो पर कृपा के अमृत की वर्षा करके माता ने ही उनका उद्धार किया है। भवसागर से तारती हैं। आदि शक्ति परमेश्वरी ईश्वर की भी आधार भूता हैं।

आदिशक्ति आद्या शिवा, एक मूल अव्यक्त।
युगयुग धारत रूप जो, तरे अनेकन भक्त।।

616

अमेया

जिन्हें किसी सीमा में बाँधा न जा सके। जिनका कोई नाप न हो संसार के सुख की सीमायें मर्यादा सभी कुछ नापी जा सकती है। किस वस्तु से क्या बढ़कर है इसका अनुमान हो सकता है, किन्तु जिससे बढ़कर कहीं भी कुछ हो ही नहीं सकता वह अमेया कह लातीं हैं।

लौकिकजगकवि कहतबखानै। पराअलौकिक को कहि जानै।।
भू आकास दिशा पाताला। कालहंत्रि व्यापक तिहुँ काला।।
गणनागिनत सकलविधिसाधी। जिनजिनकी कहि नामउपाधी।।
जग सम्पत्ति गिनीं बहुतेरी। नाम उपाधि बताइ घनेरी।।
सचराचर जगपालन हारी। सर्वोपरि सबते ही न्यारी।।
अनु परमानु कन कन बासा। सकल ठौर सब ओर प्रकासा।।

उमा अंग सब लोक विराजै। शिव अर्धांग सदा रहि साजै।।

प्रणवरूप जगदंब भवानी। अखिल भुवन अधिपति कल्याणी।।

जाकौ कहूँ अन्त नहिं पायौ। ओर छोर नहिं कहत बतायौ।।

अहो अलौकिक दिव्य अमेया। निरुपाधिक अव्यक्त अजेया।।

अपराजिता अपरिमिता, त्रिभुवन व्यापिनि गेय।

सब ता महँसो शिव रमीं, अलखअनादिअमेय।।

617

आत्मा

हमारे आर्षमनीषी कहते हैं द्वासुपर्णा सयुजा सखाया आत्मा परमात्मा दो पक्षी हैं जो एक ही वृक्ष पर निवास करते हैं। दोनों का मिलन जब होगा तो भेद नहीं रहेगा। ईश्वर अंश जीव अविनाशी प्रत्येक प्राणी की आत्मा में उसी शक्ति का निवास है। यह आत्मज्ञान ही परमपद का ज्ञान प्रकाशित करता है।

आत्मरूप सब घट रमीं, देत अमरपद लाभ।

जहाँ परमपदजोतसों, प्रकट होत अमिताभ।।

618

परमा

परम शिव को और परमा माता के लिये सम्बोधित करते हैं परमेष्ठि पद शिवजी का स्थान है। जिस पद से बड़ा अन्य कुछ भी नही वह परमपद कहलाता है।

परमेष्ठीपद परम सुख, अनुभवगम्य अतीत।

परमईश की शक्ति हैं, परमा परम पुनीत।।

परम पद है ईश कौ, परमा तिनकी शक्ति।

करुणाकर जो देतहैं, निजअनपायनिभक्ति।।

619

पावनाकृतिः

जिनके स्वरूप का ध्यान और लीलाओं का गुणगान करने से हृदय में भवानी की भावमूर्ति प्रकट हो कर पापों को नष्ट करती है अवगुणों को दूर करके अपराधों को क्षमा करती है। ऐसी पवित्र आकृति की मन से नित्य ही आराधना करनी चाहिये।

धरत ध्यान ता रूप कौ, गावत गुनगन गान।

होतहृदय में प्रकटछवि, हनें अघन की खान।।

दमित होंय अवगुन सकल, करें क्षमा अपराध।

पावनाकृती उर बसी, रे मन नित आराध।।

620

अनेककोटिब्रह्माण्डजननी

जिस प्रकार कुम्हार के द्वारा मिट्टी की चाक घुमाने पर अनेकों बर्तन बन जाते हैं। उसकी जैसी इच्छा होती है वैसे ही आकार के भाण्ड बनते हैं उसी प्रकार जगद्धात्री अनेकानेक ब्रह्माण्डों की रचना करने वाली हैं।

रचत कोटिब्रह्माण्ड, निजइच्छा सों जो सदा।

अगनितनिर्मितभाण्ड, कुंभकार की चाक ज्यों।।

621

दिव्यविग्रहा

आपके रूप को किसी सीमा में नहीं बाँधा जा सकता ज्ञान प्रकाश के रूप में भक्ति की भावना के अनुरूप अनेकों स्वरूपों में भक्त के हृदय में आप निवास करने वाली हैं। सचराचर जगत भी आपकी ही मूर्ति है। एक छोटे से तिनके से लेकर बड़े से बड़े वृक्ष, पर्वत, अम्बर और दिशाओं मेरु, मेदिनी, सागर और लोक लोकान्तरों में समाई हुई हैं। सभी के भीतर सब ओर आपका ही रूप जानकर आपको कोटि कोटि प्रनाम करती हूँ।

जो अतिअद्भुतअगमहै, अकथरूप छविधाम।

दिव्यविग्रहा ज्ञान वपु, ताकों कोटि प्रनाम।।

क्लींकारी केवलागुह्या कैवल्यपददायिनी।

त्रिपुरा त्रिजगद्वन्द्या त्रिमूर्तिस्त्रिदशेश्वरी।। 125।।

622

क्लींकारी

क्लीं बीजाक्षर सम्मोहनात्मक है। सच्चिदानंद स्वरूपिणी, अमेयात्मा, ज्ञानविग्रहा, कामेश्वरी, विद्यामयी, मंत्रमयी, चैतन्यराशि हैं। प्रकृति का सम्मोहन खिले फूलों की सुन्दरता मुकुल कलियों की मुस्कान सौरभ परिमलबतास में जो सुन्दरता दिखाई दे रही है सभी आपकी सौन्दर्य राशि का ही प्रतिफल है। श्रीमाता कामेश्वर की महाशक्ति हैं। यह साधना का बीजाक्षर है एक अर्थ में 'क' शरीर, 'ल' मन और बन्दु 'ई' आत्मा का प्रतीक है। सकल कलात्मिका श्रीमाता को साकार करने वाला बीजाक्षर स्वयं सिद्ध होता हैं। षट्चक्रमें 'क' काकिनी स्वाधिष्ठान 'ल' लाकिनीमणिपूर 'ई' याकिनी नामक योगिनी बनकर सहस्त्रार कमल में संयोग स्वीकार करती हैं। मंत्र, तंत्र, और यंत्र में बीज मंत्राक्षर आराध्य की मंत्रमूर्ति हैं।

कुसुमितपल्लव मोहिनी, चिरसुषमामय नित्य।

सम्मोहन की स्वामिनी, आनंदरूप सत्य।।

मंत्रमयी विद्यामयी, परा भवानी आप।

कामेश्वर की कामिनी, लाजत काम प्रताप।।

कोटि मनोभव लाजहीं, ताकी सुषमा धन्य।

सर्वकामना तासु वश, क्लींकारी जु अनन्य।।

623

केवला

शिवसूत्र में कहा है **तद्विमुक्तस्तुकेवली** आत्मतत्व अचल, अटल, अविनाशी, अप्रमेय, अव्यय, अनिमेष, अपराजेय और अपने आप में अद्वितीय ही है। आत्मा के रूप में देवी नित्य सनातना है सांसारिक बंधनों से मुक्त होने पर जो कैवल्य तत्व शेष रहता है वही शाश्वत है। अन्य सब पार्थिव है जो क्षण क्षण क्षीण होने वाले हैं मुट्ठी में पकड़ी हुई रेत के कणों की तरह कितना भी कस कर पकड़ लो वे हाथ से छूटते ही रहते हैं। केवल आप ही सत्य हो।

आत्मतत्व में रमत ताहि अहनिशि जो ध्यावै।

असद्तत्व सब छाँडि सुपथ मुक्ती कों पावै।।

जपजप अजपा जाप जतन कर जोग जगावै।

आनंद अंकुर उर उर्वी उर्वर उपजावै।।

मन बानी कौ कर उपशम मुनि मौन मनावै।

भगत भगति के विमलभाव की जोत जगावै।।

जाकों ध्यावत कोटि अघन के छब्म नसावै।

अगम अलौकिक एकमेव केवल तुहि पावै।।

624

गुह्या

गूढ़ज्ञान की पिटारी में सुरक्षित आस्था की निधि को, ध्यान के आवरण में लपेट कर, मौन का ताला लगा लेने पर केवल मात्र सत्पात्र ही गुरु कृपा से इस रहस्य को समझ सकते हैं। इस पराविद्या के तत्व को कह कर या केवल सुन कर कोई भी नहीं समझ सकता इसका रहस्य तो वही जान सकता है जिस बड़भागी ने गुरुकृपा फल के रूप में जगदम्बा की साधना को सफल बनाया हो।

गुरुकृपा सों ज्ञान जोति जा घट में जागै।

दिव्य चेतना मिलै सुरति में जो नित पागै।।

कहतसुनत समझतसमझात न जो कछुमाँगै।

गोपनीय रखि गुह्यरूप उर कौ तम भागै।।

625

कैवल्यपददायिनी

कैवल्यपद की अनुभूति सीप में बन्द अछूते मोती की तरह अपनी निर्मल चमक के समान है। मोक्ष का सच्चा अर्थ अज्ञान के आवरण से निकल कर आनंद के सत्य से अवगत होकर उसमें निमग्न होना है। सुरति में रमी माँ भक्ति के ही रागासव से भीनी भीनी सुगन्धमय ध्यान को अचल कर देती है। तन मन स्थिर हो कर उस तल्लीनता में जब रमने लगता है तभी कैवल्य का अनमोल मोती अपनी आभा से चैतन्य राशि की किरणें छिटकाता हुआ अन्तर्जगत को आलोकित कर देता है। इस कैवल्यपद को देने वाली एकमात्र भगवती ही हैं।

जाकीसुरतिसमाधि सों, सफलहोंहि सबसिद्ध।

अतिदुर्लभ कैवल्य पद, ज्यों मुक्ता अनविद्ध।।

626

त्रिपुरा

वेदत्रयी (ऋक्, यजु, साम) त्रिलोक (भू, भुव:, स्वर्ग) शिव के त्रिनेत्र (सूर्य, चन्द्रमा, अग्नि) तीन वर्ण (ब्राह्मण, क्षत्रिय, वैश्य) तीन देव (ब्रह्मा, विष्णु, महेश) तीन कूट (वाग्भवकूट, मध्यकूट, शक्तिकूट) त्रिगुणमयी सृष्टि, त्रियक्षर (ॐ) तीन नाड़ियाँ (इड़ा, पिंगला, सुषुम्ना) त्रिवेणी आदि जो कुछ भी संसार में सारमय है सभी का त्रयी में ही समाहार है और इसकी अधिष्ठात्री त्रिपुरेशी माता त्रिपुर सुन्दरी ही त्रिभुवनात्मिका त्रैलोक्यवन्द्या त्रिपुराभवानी हैं।

वेदत्रयी त्रिलोक शम्भु के हैं त्रय लोचन।

तीन वर्ण त्रिदेव त्रिवेणी भव भय मोचन।।

कूटस्वर हू तीन त्रिगुण हैं जगतनियामक।

सर्वोपरि त्रिपुरेशि जाहिअतिप्रियहै रोचन।।

त्रिपुरान्तक प्रियकान्त हैं, त्रिपुरसुन्दरीआप।

त्रिपुरात्रिभुवनजननिहे, हरहुत्रिविधिभवताप।।

627

त्रिजगद्वन्द्या

साधक अपनी साधना में पूर्ण होता है उसकी इड़ा, पिंगला, सुषुम्ना नाड़ियाँ ग्रन्थि भेदन क्रिया उपासना के क्रमागत चक्र भेदन शून्य में इष्ट से एकाकार होने का अपूर्व आभास आदि तीनों कूटों में विचरण ही उसके लिये एक ब्रह्माण्ड के समान है कहा भी है यत्र पिंडे तत्र ब्रह्माण्डे इस प्रकार साधक तीनों नाड़ियों और तीनों कूटों में जिनका वन्दन करता है वे त्रिजगद्वन्द्या माँ भुवनेशी ही हैं। तीनों लोक पृथ्वी अन्तरिक्ष स्वर्ग भी उन्हीं की वन्दना करते हैं।

वन्दनीय सब विधि सदा, धरा स्वर्ग पाताल।

इड़ा पिंगला सुषुम्ना, कुंडलिनी सुविशाल।।

व्यापक जड़चेतन सकल, सबविधिहैंसबठौर।
ताकों नमनकरत त्रिजग, त्रिभुवनकीसिरमौर।।

628

त्रिमूर्ति

त्रिमूर्ति में एक विशद 'भाव' प्रधान हैं। देवी भागवत पुराण के अनुसार शाम्भवी श्वेतवर्ण, श्रीविद्या की अधीश्वरी ललिताम्बा लालिमायुक्त कान्तिमती और महाकाली श्यामा हैं। त्रिमूर्ति में ब्रह्मा जी, शिव जी और नारायण भी हैं। त्रिपुरार्णव के अनुसार 3नाड़ी 3स्वर (अ, उ, म् यानी ओंकार) 3गुण आदि सभी को त्रिमूर्ति ही कहा जाता है।

श्वेत शाम्भवी श्यामा काली। श्री विद्या रक्ताभ निराली।।

जासु कृपाबल पावत चीन्हा। हरिहर विधि हैं देव प्रवीना।।

सरस्वती अरु लक्ष्मी राजै। महाकालिका मध्य विराजै।।

भूमी भुवः स्वर्ग त्रय लोका। तव आधार तहाँ आलोका।।

तुम त्रिमूर्ति त्रयदेव भवानी। तुम त्रिवेद त्रय अक्षर जानी।।

प्रणवाक्षर ही रूप तिहारौ। हृदयगुहा आलोक निहारौ।।

ज्ञानयोग जुगती चित जाके। वच मन काय चेतना ताके।।

जो त्रिमूर्ति रूपहि चितध्यावै। सब तीरथ कौ सार समावै।।

परम पुनीत ताहि की करनी। उतरै अति अगाध वैतरनी।।

भवभय मिटें कटें सब सोका। तीनलोक व्यापक आलोका।।

इड़ा सुषुम्ना पिंगला, ध्यान योग रहि मंत्र।

'अ''उ''म'त्रिमूर्तिस्वरूपहैं, मंत्रबीज सबतंत्र।।

सुमिरन वंदन ध्यान जप, सर्वसमर्पण भाव।

चितवै चित्त त्रिमूर्ति छवि, पावतपुण्यप्रभाव।।

629

त्रिदशेश्वरी

देवताओं की आकृति सदैव तीस वर्ष की युवावस्था की होती है। सभी देवांशों की ईश्वरी माँ ही हैं। चिरयौवना षोडशी रूप में ही हैं। जिनकी कृपा से ही ये सभी देवता अपने अपने देवत्वगुणों से सम्पन्न हो चिरकाल तक जरा व्याधि से मुक्त हो पाये हैं। तीस वर्ष

की सदा रहनेवाली देव आयु का वरदान देने वाले अमोघ चमत्कारिक प्रभाव से ही आप त्रिदशेश्वरी कहलातीं हैं।

चिरयौवनमय देव सब, रूपवान वय तीस।
व्याप्त सभी देवांश में, तुम देवन की ईश।।

त्रयक्षरीदिव्यगन्ध्याद्यासिंदूरतिलकांचिता।
उमा शैलेन्द्र तनया गौरी गन्धर्व सेविता।। 126।।

630

त्रयक्षरी

त्रयक्षरों से युक्त प्रणवाक्षर (ॐ) तीन अक्षर (ऐं, ह्रीं, श्रीं) जिनके बीज मंत्र हैं। तीनों कूटों में इनकी उपासना की जाती है। वाग्भवकूट में ज्ञान के माध्यम से कामराज कूट में क्रिया योग के द्वारा और शक्ति कूट में इच्छा शक्ति के अनुशासन से मंत्र साधना की जाती है।

त्रयक्षरन के मध्य में, मंत्र शक्ति कौ स्रोत।
जागत तीनों कूट में, बीजाक्षर की जोत।।
पंचदशी के मंत्र हैं, श्री विद्या के रूप।
वाग्भव में वागेश्वरी, ज्ञानार्जिता सरूप।।
ज्ञानमुक्ति कौ बोध है, ज्ञानज्योति साकार।
हरै अविद्या के कलुष, अघपर करतप्रहार।।
कामराज में सिद्ध हैं, क्रिया योग संलाप।
मध्य कूट ताकौं कहें, सक्रिय अजपाजाप।।
जोस्वामिनि हैं बुद्धिकी, इच्छाशक्तिकहात।
सिद्धमनोरथ करत हैं, भगतत्राण नितपात।।
तीन भेद हैं वर्ण के, बाला मंत्र प्रसिद्ध।
नित्याक्षर मासाक्षरन, संग युगाक्षर सिद्ध।।
अ उ म् त्रिअक्षर ब्रह्ममय, महामंत्र ओंकार।
त्रयक्षरी राजत जहाँ, मूरति मंत्र निहार।।

631

दिव्यगन्ध्याढ्या

भवनामयि को केवल भाव की सुगन्ध ही प्रिय है। चैतन्य के पुष्प और भक्ति के अनुराग का मकरन्द ही दिव्यगन्ध है।

दिव्यगन्ध सों ओत प्रोत ब्रह्माण्ड निकाया।

जाके सजल सुगन्ध लेप सों निर्मितमाया।।

सुरतिसुरभि में रचीबसी लग जात समाधी।

देवन दुर्लभभगति विमल ताके बल साधी।।

धरत धरनि निजगन्धपूत जासों निरव्याधी।

रहै न दिव्यसुगन्धन सों कहुँ पूजा आधी।।

सर्व समर्पण साध पिपासा। सौरभ परिमल मन्द बतासा।।

झरत आँखियन मधुमय वारी। भींजत रीझत दृगजल खारी।।

अर्पित पद क्षालन जल बिन्दू। हर्षित पूर्ण भयौ मन इन्दू।।

अर्घ्य सुवासित मलय बयारा। रोमावलि षोडश उपचारा।।

पुलकपवन तब कहै उचारी। अस बसन्त चिर बनीं बयारी।।

सर्वोपरि है मंत्र यहीं पै। जहाँ सफल साधन फल दीपै।।

जासु सुगन्ध भुवन विस्तारा। बलि बलि जाऊँ बारम्बारा।।

अगरु सुवासस्वाँसप्रतिस्वाँसा। उर दीपक दमकत मृदुहासा।।

पूरित दिव्यसुगंधसों, जासु भुवनविस्तार।

ताके पद्मपराग सों, उरसोभित है हार।।

जहां तरंगें उमगि कें, कहें साधना भेद।

अहो सुगन्धनसों लसत, रागभरौनिर्वेद।।

632

सिंदूरतिलकांचिता

देवी को सिंदूर का तिलक चढ़ा कर सौभाग्यवती स्त्रियाँ पति की मंगल कामना करतीं हैं कुमारी कन्याऐं सुन्दर व गुणी पति की चाह पूरी हो इसीलिये माता पार्वती का पूजन करतीं हैं। सीता जी ने अपने मनोरथ को पूर्ण करने के लिये पुष्प वाटिका में माँगौरी की

406

सिंदूर से माँग भर कर सौभाग्य की कामना की और श्रीराम को वररूप में प्राप्त किया रुकमिणी जी ने भी गौरी पूजन करके श्री कृष्ण को पति रूप में पाया ब्रज की कुमारी गोप बालाऐं भी कात्यायिनी पूजा से ही श्रीकृष्ण को प्राप्त कर महारास के महोत्सव में स्थान पा सकीं। माता को सिंदूर का तिलक अत्यन्त प्रिय है। तिलक श्री सौभाग्यमय मान को बढ़ाता है।

पूजिततिलकावलिरुचिर, कर सौभाग्य प्रदान।
सिय हिय पूर्ण मनोरथहि, मिले रामभगवान।।
साधिसाध उर राखिकें, सबविधिरुकमिनिपूज।
सुगढ़सलौनौ श्याम वर, मिल्यौचंद्र ज्योंदूज।।
अविनाशीशिव जासुबल, करत हलाहल पान।
नीलकंठ त्रिपुरारि की, हैं अभिन्न ज्यों प्रान।।
शिवभामिनी प्रसन्नअति, रचि सिन्दूर सुभाल।
ज्यों प्राचीमुखदिपतहै, अरुण बिन्दुवत् लाल।।
बढ़ै नित्यसौभाग्यसुख, करत दरस नितप्रात।
सिंदूरार्चन सों मुदित, मंगल मूरति मात।।

633

उमा

उमा पार्वती जी का ही प्रियनाम है। प्रणव जिसमें समाया है 'उ'म'अ'में ही'अ'उ'म' है। आदि शक्ति के जितने भी अवतार हैं सब आपके ही रूप हैं शिव के स्वरूप में अर्धनारीश्वर आप ही हो।

'अ'उ'म उमाछवि'रूप समायौ। प्रणव बोधमय वेदन गायौ।।
है ओंकार ब्रह्ममय शोभा। अनहद रूप परमपद जो भा।।
उमा शक्तिशिव रूपनाम की। भुवनेश्वरि चरअचर धाम की।।
शिवशक्ती महँ भेद न चीन्हा। लीलामयि श्रीविग्रह कीन्हा।।
शिववन्दनि गिरिनंदिनि गौरा। शिवाहिमालय की सिरमौरा।।
सेवत जाके विविध सरूपा। गहे भावना फल अनुरूपा।।
आदि शक्ति जगदंब भवानी। अखिलभुवन त्राता सुखदानी।।
दुर्गा रमा षोडशी तारा। मातंगी काली अवतारा।।
भद्रकालि शिवदूति प्रचंडा। ललिता शिवा तुही चामुण्डा।।

407

महालक्ष्मी काली श्यामा। बगला कौमारी अभिरामा।।
कमला वाराही तुम ऐन्द्री। बीजमंत्र ओं ऐं क्लीं श्री ं ह्रीं।।
नाम अनेक रूप गुननाना। को समरथ जो करै बखाना।।
नारसिंहि नारायणि रूपा। शिवा वैष्णवी ब्रह्म सरूपा।।
मंत्रमयी गायत्री माता। अखिल भुवन व्यापिनि जगत्राता।।
रचैकोटि रविशशिग्रहनाना। लीलामरम न काहुहि जाना।।
अर्धनारीश्वर रूप तिहारौ। सोभित शिव के संग निहारौ।।
प्रनवउँ पद रज बारम्बारा। हरहु मात भवव्याधि प्रहारा।।
उमा भवानी शाम्भवी, कल्याणी जगमात।
कृपाकोर की डोरगहि, जनअपनेअपनात।।

634

शैलेन्द्रतनया

हिमराज के घर माता पार्वती का जन्म उनकी दिव्यलीला का ही संकेत है। जहाँ माता ने मैंना महारानी और हिमालय राजा को अपने माता पिता होने का श्रेय देकर कृतार्थ किया। शिव को पुनः पति रूप में प्राप्त करने के लिये फिर से तप किया सभी सिद्धियों की स्वामिनी सबको वरदान देने वाली वे कल्याणी माता शैलेन्द्रतनया ही हैं।

शैलसुता बन भू पर आई। शैलराज तनया कहलाई।।
शिव समान वर दूसर नाहीं। प्रकटत हियअनुराग प्रवाही।।
मनमन्दिर शिव सदाविराजै। सुमिरत लाल कपोलन लाजै।।
मुदित मन मैंना महारानी। प्रकट भई शिवप्रिया भवानी।।
तप कीन्हौ शिव के हितअंबा। गहि पदटेक एक अवलंबा।।
खाये पत्र फल कछू मासा। कीन्हों पुनि तप घोर प्रकासा।।
पत्रहु त्याग वात आहारा। आराधन अति घोर तुम्हारा।।
भयहु अपर्णा नाम पुनीता। ध्यावहिं जाहि राम प्रिय सीता।।
सफल मनोरथ पूरन काजा। गौरी व्रत शुभ सिद्ध समाजा।।
सुन्दर वरदायिनि श्री माता। जो माँगै सो सब कछु पाता।।
सिद्धि स्वामिनी शैल कुमारी। पुरबहु सब मन साध हमारी।।
जयजय शैलपती की कन्या। शिववामांगिनि सोभित धन्या।।
माँगहिं सुन्दरवरसकल, पूजहिं कन्या तोहि।
देहु सुभगसुन्दरसुगढ़, प्रियपति माता मोहि।।

आराधीं   जनकात्मजा,पायहु वर श्रीराम।
पूजि रुकमिनीधन्यभइ,मिलेतिनहिंघनश्याम।।

635

गौरी

माता पार्वती का रूप कुन्द के फूलों के समान, निष्कलंक पूर्ण चन्द्रमा और बिजली की सी चमक लिये हुए है। उनकी सौन्दर्य राशि का प्रतिबिम्ब ही मानों प्रकृति में समाया हुआ है। नखों की उज्ज्वल कान्ति से पृथ्वी शोभायमान हो रही है। सस्मित मुख अत्यन्त सौम्य और लावण्यमय है। सुख सौभाग्य को देने वाली मंगल मूर्ति शिवा सदा ही शिवजी के द्वारा सन्मानित हैं वे मेरे हृदय सदन में विहार करते हुए शिव जी के सहित सदा निवास करें।

गौर वर्ण निर्मल विधु शोभा। उपमा लजै मदन मन छोभा।।

दमकै छवि चपला घनमाँहीं। उपमा कोउ तासु सम नाहीं।।

कुन्द प्रभा आभा मुख राजै। उपमा कहत सारदा लाजै।।

सबसौभाग्यप्रदायिनि गौरा। शिवा सुमन शिव मानहुँ भौरा।।

लहैप्रकृतिसुषमाछवितासों। वसुधा विलसित नखत प्रभासों।।

सर्वोपरि सब मंगल मूला। काटत कठिन काल के सूला।।

सस्मितमुख अतिसौम्यसरूपा। दिव्यप्रभा छवि परम अनूपा।।

सबगुनखानि सकलसनमानी। जगवंदित गिरिसुता भवानी।।

शिवसन्मानत जासुछवि, नित हियहुलस अपार।

हृदयसदननिवसहु सदा, उरगति माँझ विहार।।

636

गन्धर्वसेविता

जिनके गुणगान से गन्धर्व अपने संगीत को धन्य करते हैं सात सुरों की इन्द्रधनुषी छटा से माता का सुयश आलोकित होता है। वह अलौकिक संगीत भी साधना का स्रोत है। जिस गान पर माता रीझ रहीं हों वह क्या किसी साधना से कम है?

सप्त सुरन में इन्द्रधनुष सी छटा समाई।

नवल तरंगन रसफुहार सों जो उमगाई।।
गानविशारद गन्धर्वन सों सेवित युगपद।
मुखरभाव सों तालछन्द में कीरति गाई।।
गावत हैं गन्धर्वनित, विमल सुयश जाकौ सदा।
सफलगान की माधुरी, रस बरसत जहँ सर्वदा।।

विश्वगर्भा स्वर्णगर्भाऽवरदा वागधीश्वरी।
ध्यानगम्याऽपरिच्छेद्याज्ञानदाज्ञानविग्रहा।। 127 ।।

637

विश्वगर्भा

सर्वेश्वरी सम्पूर्ण सृष्टि की माता हैं। अनेकों ब्रह्माण्ड कोष उनके द्वारा निर्मित हैं। वे विधाता का भी सृजन करने वाली हैं। अपनी संतान का पालन पोषण करना सबके हित की चिंता करना रक्षा करना उनका ही दायित्व है फिर मूढ़मन क्यों चिंता करके व्यर्थ ही कष्ट उठा रहा है ? सबकी पालनहार तो वे एक ही हैं।

अखिलविश्व जगजननि हैं, रच ब्रह्माण्डनकोष।
पालत निजसन्तति मुदित, पावत हैं मन तोष।।
जड़चेतन चर अचर सब, जासों हैं प्रकटात।
मीन सरिस पालत भुवन, मीनाक्षी हैं मात।।
संतति हित ही करत रहि, माता सहन कलेश।
खेद न ताके मन तनिक, नहिं शंका लवलेश।।
जो हिरण्यगर्भा सदा, हैं अमरित कौ सिन्धु।
हरिहरविधि जासों अमर, होत पियत इकबिन्दु।।

638

स्वर्णगर्भा

जिनकी आभा सर्वोपरि हो वही स्वर्णाभा है। सु से अभिप्राय सुन्दर और अर्ण से आभा का तात्पर्य है। सबसे उत्तम आभायुक्त तो मंत्र ही हैं। जिन्हें माता अपने गर्भ में धारण करतीं हैं यहाँ स्वर्णगर्भा से अभिप्राय हिरण्यगर्भा भी हो सकता हैं विश्व जिनके प्रकाश से

410

आवेष्टित होता है। वे हिरण्यगर्भा ही है यानी माता अन्तर्यामिनि रूप से विश्व में समाई हैं तभी तो यह जग सत्य प्रतीत हो रहा है पृथ्वी प्राणमयी लगती है अन्यथा जीवन की कोई कल्पना भी नहीं कर सकता।

सुन्दरतम जो है सदा, अर्णभा अभिधान।

सबसों अभिवनमंत्रहैं, जिनकीजोतिमहान।।

हैं हिरण्यगर्भा अहो, जाकी शक्ति अमाप।

विधि कौ हू निर्माणकर, बनींस्वयंभू आप।।

639

अवरदा

प्रत्येक स्थिति में पात्रता का ही महत्व होता है। माता भी केवल आस्था भक्ति भाव और समर्पण के आधार पर ही फल देती हैं। यद्यपि वे सब में होते हुए भी सबसे परे हैं, फिर भी भाव के अनुरूप भक्त का अभीष्ट भी प्रदान करतीं हैं और अभक्तों को कुछ भी नही मिलता आसुरी भाव वाले लोगों को उनके कर्मानुसार दण्ड भी मिलता है इसीलिये वे अपात्रों के लिये अवरदा हैं।

वरदा भक्तन कों सदा, वरदहस्त अनमोल।

जानतनाहिं अपात्रकछु, का है ताकौ मोल।।

दुर्लभ बुद्धि विवेक सों, नरतन ही वरदान।

लेंयनकछुफलमूढ़मन, तनिकनजिनकोंभान।।

सदा अवरदातिनहिकों, जिनकेमनअतिमैल।

ते भटकें बंचक अधम, पावतनहिं तवगैल।।

पामर पशुसम आचरन, चढ़ै मत्त मद मोह।

जिनकेमनअतिवासना, करें स्वजनसों द्रोह।।

640

वागधीश्वरी

माँ वाणी की भी अधीश्वरी हैं। सृष्टि के अनेकानेक जीवों में केवल मनुष्यों को ही वाणी का वरदान मिला है। ऐसे दुर्लभ गुण को पाकर भी जो अपनी वाणी का दुरुपयोग करते

411

हैं वे पशुओं की तुलना में भी निकृष्ट हैं। परा, पश्यंती, मध्यमा और वैखरी वाणी में माँ की ही कृपा समाई हुई है इसलिये वाणी का सन्मान सदैव करना चाहिये सार्थक और हित की बात ही विवेक पूर्वक मुँह से निकले व्यर्थ का अनर्गल प्रलाप न हो वाणी से हिंसा यानी अपशब्द किसी को दुख पहुँचाने वाले कठोर बोल मुँह से न निकलें भक्त को सर्व प्रथम मौन का यथा सम्भव अभ्यास करना चाहिये। यही वाणी का तप है।

नर तन में दुर्लभ अहो, वाणी कौ वरदान।

मनन करत उपजै गिरा, गूढ़ज्ञान कौ भान।।

नादब्रह्म में है सदा, उज्ज्वल मति उद्घोष।

परा रूप सों मूल रहि, पश्यन्ती परितोष।।

स्वर वाणी के रूप हैं, वैखरि दिव्य सरूप।

कला साधना सुरन सों, प्रकटत भव्यअनूप।।

वाणी में अमरित रम्यौ, वशकरि लेंयसुजान।

पशुसमअधम नकरहिं जे, वाणी कौ सन्मान।।

641

ध्यानगम्या

भक्तों के ध्यान में इष्ट साकार होते हैं, जो वाणी का या ज्ञान का विषय नहीं हैं, जिसे कोई जान नहीं पाता वही ध्यान में समा जाता है। ध्यान से ही धारणा फलीभूत होती है।

इष्टरूप सुमिरत हिये, एक निष्ठ धरिध्यान।

जागै यामें आत्मरति, मिटै देह कौ भान।।

मनइन्द्रिय तन प्राणगत, रहै न संसय एक।

आनंद अवलम्बनमिलै, गहतध्यान की टेक।।

चितसोधन ताकौ सहज, पावत है सुखमूल।

अटलध्यान रत जो रहै, काढ़ै सिगरे शूल।।

प्रतिघट ताकौ वास है, कनकन में आभास।

धरतध्यानतापल मिलै, बिनश्रमबिनआयास।।

ज्ञानस्रोत उद्गम बनैं, युक्त विवेक विराग।

उठत तरंगेंभगति की, भावजलज जहँजाग।।

फरै धारणा ध्यान सों, मन कामना अनन्य।

जेहि छन जा ठौर मिलै, धराधाम सो धन्य।।

कहि न जनावै ज्ञानकहुँ, पचिपचि हारे वेद।

सोइ भाववश ध्यान में, सबघट सदा अभेद।।

सब में एक समात है, एक समानी सर्व।

फरै भावमय ध्यान जहँ, बनैं महत् सो पर्व।।

नित्य होय उत्सवनयौ, नितनितनव सो रूप।

गूँगौ खात अघात ना , मीठे लगत अपूप।।

642

अपरिच्छेद्या

अपरिच्छेद्या उसे कहा जाता है जो देशकाल की सीमाओं से सर्वथा परे हो जिसे किसी स्थान विशेष या समय विशेष में बाँधा नहीं जा सकता वह तो परम स्वतंत्र है भला किसमें इतना सामर्थ्य है जो उस गति को जान पाये ! किन्तु भक्ति में इतना सामर्थ्य है जो न केवल उसे बाँध कर रख ही सकती है अपितु इष्ट के सान्निध्य में मन चाही भाव की केलि भी कर सकती हैं माता अपने भक्तों के आधीन हैं और भक्त अपने इष्ट के भाव में बँध रहा है। आहा! कैसा अन्योन्य सम्बन्ध है यह !!

मुदितमनाध्यावतजबहि, खिंचत जात ता ओर।

तन्मय है तद्रूप बन, बँधै भावना डोर।।

देश काल सों है परे, जाहि न जानें मूढ़।

अगमअगोचर सो सदा, रह्यौ मरम अतिगूढ़।।

भक्तिभावमयि ताहि कों, प्रकट करै छन माँहि।

सुगंधसमानीज्यौंसुमन, चकमकअगनि समाहिं।।

प्यारौ ठौर सदा बनै, न्यारौ निर्मल धाम।

प्रकटत भावजलज तहाँ, जो घटसर निःकाम।।

ठौर ठौर सर्वत्र जो, छन छन में प्रकटाय।

मेंट देय अघ छार सब, एक बार अन्हवाय।।

भक्तिभाव कालिन्दि सम, ज्ञान जान्हवी होत।

नितविरागसरसुति सदा, तहँ संगम के स्रोत।।

भक्तहृदय नित प्रान सम, अति ही प्यारे भक्त।

सजलसुरति सों भींज कें, हैं अनन्य आसक्त।।

दृगजल पाद्य तहाँ बनैं, प्रेम राग नित भोग।
सुमन प्रफुल्लित गात है, हर्ष सुखद संयोग।।
उर आलय दमकै सदा, पलकन मुदे कपांट।
नित नवीन आनन्दमय, अहोभगति के थाट।।
देशकाल बाधक नहीं, साधक छन अनमोल।
अपरिच्छेद्या की सुरति, कहै न बानी बोल।।

643

ज्ञानदा

सधना करते समय यम, नियम, आसन, प्राणायाम, प्रत्याहार, ध्यान, धारणा और समाधि रूप अष्टांगयोग के माध्यम से केवल एक ज्ञान को ही लक्षित किया जाता है। ज्ञान वह दिव्य प्रकाश है जो जीवन की राह में कभी नहीं बुझने पाता। चन्द्रमा की कलाएँ घटती बढ़ती हैं, सूर्य भी साँझ को अस्त हो जाता है आग भी सीमित ईंधन के बाद बुझ जाती है और नक्षत्रों का प्रकाश भी एक ही सथान पर सदा एक जैसा कभी नहीं रहता किन्तु श्रीविद्या का प्रकाश ध्रुव तारे के समान अनन्य रूप से अटल हो कर चमकता ही रहता है। उस निरामय निर्गुण ज्योति में करोड़ों सूर्य चन्द्रमाओं से भी अधिक प्रकाश समाया रहता है। ज्ञान के सूर्य का उदय होते ही अज्ञान के अन्धकार की रात समाप्त हो जाती है। मोहनिशा में संकल्प विकल्पों के सपने देखता जहुआ मूढ़मन जब तक स्वयं नहीं जागता तब तक वह ज्ञानार्क के दर्शन कर ही नहीं सकता।

घटैं चन्द्र की कला, अस्त रविरश्मि नित्य ही
बुझैं बन्हि घिरि अभ्र नखतगनकी गतिन्यारी।
सदा एक सी चिरनवीन निरुपम ताकी छवि,
ध्रुव अनन्य अभिराम अटल कैसी उजियारी!
कोटि कोटि चंद्रार्क बन्हि जासों प्रकटाये,
परम तेज में तेजपुंज सब रहे समाये।
दिपतदीप्ति की एकरश्मि सों सकल पिरोती,
सब तेजन कौ तेज निरामय निर्गुण ज्योती।
काट अविद्या मूल शूल सब भज मन ताही,
चरणशरण कौ वरणअभयफल देत सदा ही।
मोह निशा अज्ञान तम, जड़ता निद्रा घोरि,
सोवत सपने जीव तहँ, ज्यौंलौं करवट फेरि।
स्वप्नस्रोतकौ अंत ना, जहँ भटकन के फंद।

भ्रमना के बंधन बँधे, मन मानत स्वछन्द।।
जगै जगाये पै न जो, गहै न जागत भान।
तन्द्रालस में एक सी, दिन औ रैन समान।।
तबहि नसै श्रमस्वप्नकौ, लखिकेंउज्ज्वलभोर।
घोरनिबिड़तम नाशिनी, एक उषस् की कोर।।
सम्मुख आवतजीव तब, जब सबपाप नसाय।
जब निरभ्रचितगगन में, नवलअरुणप्रकटाय।।
तेज पुंज जब ज्ञान कौ, काटत अघतम फंद।
सघन ध्यानमयि धारणा, ध्यावत भगतिअमंद।।
ज्यों ज्यों बाढ़त लालिमा, घटतजात तमकोप।
बालअरुणछविकोंनिरखि, झप्यौइन्दु बिनुओप।।

644

ज्ञानविग्रहा

नहिं ज्ञानेन सदृशं पवित्रमिह विद्यते ज्ञान ही माता की पवित्र मूर्ति है ज्ञान का विस्तार अगाध है माता के स्वरूप का विस्तार भी अगाध है, अमोघ है।

हरै अविद्या मूल, ज्ञान रुख पावन परम।
सरसधारकौकूल, तृप्तिहोतछकिछकिपिये।।
पावनकछुनहिंज्ञानसम, कटेंकोटिअघखान।
मातपिताबन्धूसरिस, को हितु ज्ञानसमान।।
ज्ञानशलाका खोल दृग, सदा दिखावै पंथ।
अन्तरकेपटजब खुलें, सफलतबहिसद्ग्रंथ।।
कहै विवेक बन्धुबनौ, हितअनहित कौ भेद।
ज्ञान बिना डूबै तरी, होत एक हू छेद।।
सत्यसनातन ब्रह्मही, सकलसृष्टि कौ सार।
ज्ञानरूपसों ही करत, अखिलभुवनविस्तार।।

सर्ववेदान्त–संवेद्या सत्यानन्द स्वरूपिणी।
लोपामुद्रार्चितालीलाक्लृप्तब्रह्माण्डमण्डला।। 128।।

645

सर्ववेदान्तसंवेद्या

वेदांतों में अनेको तर्क पूर्ण तथ्यों के माध्यम से दर्शनों के अकाट्य प्रमाणों के द्वारा जिस परमबोध रूप आत्मा का दिशा निर्देश किया हैं ईश्वरीय सत्ता की अनुभूति कराई गई है उस सबका सार माता के नाम रूप की महिमा में स्वतः समा जाता है। वेदांत का सार भूततत्व आप ही हैं जिस प्रकार दही से मक्खन निकला और तपाने पर सुगन्धित घी बनता है वैसे ही सब का निचोड़ जगदम्वा की भावपूर्ण आराधना बन जाती है।

रहै सदा थिर एक ही, कारण सकल कहाय।
सत्यसत्य शाश्वत सदा, चिन्मयचितअभिप्राय।।
है अनन्त जो ज्ञान सत, रूप ब्रह्म कौ जान।
एक ओप सों सब दिपें, प्रतिघट में पहचान।।
सत सरूप चैतन्य हैं, अमल अनघ अविराम।
अमितराशि आनंदघन, अखिल रूप अभिराम।।
सच्चिदानंद भावमय, पूर्ण पुरातन भूरि।
पूर्णकरत परिपूर्ण सो, भाव भगति भरि पूरि।।
रस सरूप रसखान सो, सुखराशि धन एक।
महात्रिपुर श्रीशक्ति ही, देत आपनी टेक।।
सारभूत रस स्रोत, वेदन कौ वेदान्त में।
तक्रमथे घृतहोत, सुखदसुगन्धितस्वाद शुचि।।
पलपलमिटिछिनछिनबनैं, रहै न थिर छनएक।
विलय होंय जलमध्यही, बुदबुदउठत अनेक।।
पटमाया कौ झीन, हटत मिटै सब भ्रान्तिमय।
जहाँ रहे सब लीन, निर्विशेष सो सत्य है।।
कल्पित सबअज्ञान, भ्रमितभटक अटकात जो।
जाहिगहे लहिभान, अखिलसत्यकी धुरि सोइ।।
निकसै नव नवनीत, तक्रमथत बहु बार ज्यों।
तैसे ज्ञान पुनीत, सारगर्भ वेदांत कौ।।
उपनिषदनकीमूरि, अस्ति भाति प्रियलगतमन।
कररहि संसय दूरि, तिमिर रतौंधी आँखियन।।

646

सत्यानंदस्वरूपिणी

मिथ्या आनंद सत्य आनंद के ठीक विपरीत होता है। मिथ्या माया ही है क्योंकि माया ज्ञान से छूट जाती है ज्ञान शाश्वत है सांसारिक व्यवहार के सभी बंधन मिथ्या और अवास्तविक हैं किन्तु जड़ता मूलक मन की भ्रांति के कारण ही वे सत्य जैसे प्रतीत मात्र होते हैं। शरीर और शरीर से सम्बन्धित घर, धन, पद, प्रतिष्ठा, स्त्री, सन्तान में यदि मोह जनित आसक्ति है तो कभी भी सत्य आनंद का स्मरण हो ही नहीं सकता किन्तु यदि सत्य की अनुभूति और देह की क्षणिकता का बोध हो गया है तो फिर ये सभी मिथ्या बंधन साधक का कुछ भी नहीं बिगाड़ सकते क्योंकि वह जीवन्मुक्त होकर यथा योग्य व्यवहार अनासक्त भाव से करके केवल अपने कर्मबन्धनों का क्षय ही कर रहा होता हैं। वैराग्य के प्रत्यूष काल में ही ज्ञान वेला का नव विहान (शुभ प्रभात) होता है तभी चैतन्य की कोयल अपना कूजन करती है। इस प्रकार सत्यानंद की स्थिति ही वास्तविक है वे शाश्वती जगद्धात्री मंगलमूर्ति सत्यानंदस्वरूपिणी ही है।

आनंद अमल सत्य यदि मानौ। तौ केवल अविनाशी जानौ।।

सो नहिं सुख जो नितभटकावै। चलतगैल पथ में अटकावै।।

धनयशसंपति घर सुत दारा। इन महँ सुख मानै जो सारा।।

इन लगि जो मानै मन चीतौ। जीवन अमरितघट कररीतौ।।

बूँद बूँद छीजै रिसरिस कें। पालै घर गृहस्थि पिसपिस कें।।

अपनौ पुरुषारथ अति मानैं। घर पालक निज कर्म बखानैं।।

संग न कोऊ साथ निभावै। निज मति मोह विवश भरमावै।।

जिनमति तनिक न होतविरागा। ते सठ मन्दभागि हतभागा।।

ज्यों लौ तन इन्द्रिय मन मीते। भोगैं भोग सबहि मन चीते।।

होय तुरत विपरीत विधाना। पोषत हू भये रिपु समाना।।

जरा रोग सों तनगति नासै। घोंट घोंट श्वाँसन जम फाँसै।।

ज्योंज्यों लगतमृत्युअतिनियरे। त्योंत्यों जकड़मोहमनजिय रे।।

छीन आयु जीवन घट सूनौ। लगौ वृक्ष सब भाँति बिहूनौ।।

ठूँठ डार पर कहूँ न पाँखी। भ्रम की परत आँखियन ढाँकी।।

ऐसौ जीवन पशू समाना। जिन केवल घर लगि सुखमाना।।

साधौ एक न सत्य उपाऊ। मनशशि ग्रसत मोह कौ राहू।।

मोहनिशा कौ निबिड़तम, रह्यौ स्वप्नमेंखोय।

टूटे तन्तुन प्रान के, कहा लाभ अब होय।।

सत ही जीवन सार, जो त्रिकालमहँसत्य है।
अन्य असतव्यवहार, अटकावतमन भाँतिबहु।।
शरणागति नौका बिना, मिलै रम्यनहिं कूल।
पारकरत भवनदजहाँ, शान्तिरुख की मूल।।
जे नहिंपावतजनमलगि, आत्मरमणनिजरूप।
ते नृप लागे रंक सम, रहें सदा विद्रूप।।
भस्मी विष्ठाकीट ही, तीनहु तनगति जान।
औसर बीत्यौ जात रे, काहे नहिं पहचान।।
बिन विरागप्रत्यूष के, होत न ज्ञान विहान।
चेतनकोकिलकूककें, करै न मुखरित गान।।

647

लोपामुद्रार्चिता

भगवान हयग्रीव ने ऋषि अगस्त्य और उनकी धर्म पत्नी लोपामुद्रा को ललिता सहस्त्र नाम और श्रीविद्या के गूढ़ नामों के अर्थ की दीक्षा दी है। दूसरे अर्थ में नश्वर माया का लोप करके मुद्राओं के द्वारा जिस अविनश्वर तत्व की उपासना की जाये वह श्रीजी का ही रूप है।

नश्वर भ्रम कौ लोपकर, अविनश्वरकी आस।
गूढ़भाव की अर्चना, मुद्रा साधि उपास।।
मुनि अगस्त्य अर्धांगिनी, लोपामुद्रा नाम।
जानत श्रीविद्यामरम, नितउठि करत प्रनाम।।

648

लीलाक्लृप्तब्रह्माण्डमण्डला

जिनकी इच्छा मात्र से ही ब्रह्माण्ड मण्डल में प्रलय और सृष्टि की रचना का खेल चलता रहता है। वे ब्रह्माण्ड मण्डल पर शासन करतीं हैं उनके अनुशासन से ही प्रकृति अपना कार्य करने में सक्षम है। माता स्वाधीन हैं जीव मात्र उनके आधीन है। हम अपनी इच्छा से प्रकृति में परिवर्तन नहीं कर सकते।

सृष्टि प्रलय सबखेल तिहारौ। विरचि हरीहरविधि विस्तारौ।।

शक्तिबिना शिव करहिंनकाजा। शक्तिसहितसबसृष्टिसमाजा।।
रचे अनेकन तव अवतारा। कोटि कोटि ब्रह्माण्ड प्रसारा।।
कल्पकल्प में तुमहिं समानी। प्रलयपयोनिधि उठत हिमानी।।
गरजें प्रलय अभ्र बहु गाजे। शिव ताण्डवरत डमरु बाजे।।
उठीं उदधि विकराल तरंगा। प्रलय वीचि उत्तंग अभंगा।।
प्रलयपयोनिधि डूबत धरती। कहुँकहुँशिखरन कूट उभरती।।
वातचपेटन दिशा भ्रमानी। कहत भँवर जल मध्य कहानी।।
जल निमग्न डूबत भू कैसे। अम्बर मध्य नखत गन जैसे।।
दिवा रैन कौ भरम लुकायौ। देश काल ता मध्य समायौ।।
जहँ तहँ प्रलय प्रवात थपेरे। अट्टहास जनु करत घनेरे।।
शत सहस्त्रशत वर्ष विताने। कालचक्र का कहत बखाने।।

उठउठगिरत तरंग, प्रलयपयोनिधि की महा।

उभरे गिरि उत्तंग, भूमि सप्त खण्डन रची।।

खेलखेल में रचरही, नित नव जो ब्रह्माण्ड।

कालचक्र कीस्वामिनी, विदुकविकहेंप्रकाण्ड।।

स्थिर होत जीवनहिं आसा। होत नवलविधि नवल प्रकासा।।
उदितभानुगिरिउज्ज्वलसविता।प्रथमकिरनतेंलिखजनुकविता।।
जलतरंग थकथक कहुँ सोई। तटवर्तुल बन जहँतहँगोई।।
नभ निरभ्र नीलाभ अशेषा। मर्यादित जलनिधि जल शेषा।।
अलसाई सी खोलत आँखें। लहरन अगँड़ाई लघु पाँखें।।
अंकुर सिहर उठे लघु केरे। दूर्वादल कहुँ सघन घनेरे।।
टेर रहे खग मुखर समाजा। अहो बनहिं विचरें मृगराजा।।
लगी धरा जनु सद्यस्नाता। बहें श्रृंगगिरि शुभ्र प्रपाता।।
नवअंकुर नवधान्य लुभाने। शष्य श्यामला शुचि पट ताने।।
कलकलछलछलहलचलकरती।सरिताउमगिचलींमनहरती।।
नवलसृष्टि नवरचनान्यारी। भृकुटि भंगिमा सों भइ सारी।।
रचै मिटावै जोड़े तोड़े। कहुँ करगहि कहुँ पुनरपि छोड़े।।
प्रकृति धरे नितनवपरिधाना। नभ मेंउज्ज्वलनवलविताना।।

धरैं विविध अवतार, युगयुग में इच्छा करत।

हरें भूमि भयभार, झपकत पलक प्रलय भई।।

सृष्टि औ उपसंहार, माया स्वामिनि करत है।

क्रीड़ा विविध प्रकार, मायाश्रित निर्माण नव।।

अदृश्या दृश्यरहिता विज्ञात्री वेद्यवर्जिता।
योगिनी योगदायोग्यायोगानन्दायुगन्धरा।। 129।।

649

अदृश्या

माँ का सरूप तो दृश्यादृश्य विवर्जिता है। उन्हीं की शक्ति से संसार भासित है वे ही अन्तर्यामिनि रूप में सबके भीतर हैं किन्तु चर्म चक्षुओं से किसी को दिखाई नहीं दे सकती इसीलिये वह अप्रकट (अदृश्या) हैं ज्ञान के प्रकाश में भावभक्ति से वे ही अपने भक्तों को सदा दर्शन देतीं हैं किन्तु अभक्तों को कहीं भी और कभी भी नहीं आभास मिलता माता तो भावनागम्या है।

छन भंगुर नश्वर तन छूटै। जैसे काचौ मटका फूटै।।
पल पल विघटित होत जनावै। परिवर्तनमय सदा कहावै।।
नश्वरजग नश्वर सो माया। जहँ सबकी नश्वर सी काया।।
तहँ अविनश्वर कितै समानौ। यहै सनातन बोध बखानौ।।
देखै सब पर जो न दिखानी। जगव्यापक अदृश्य भवानी।।
ज्ञानचक्षु सों नित प्रकटानी। चर्म चक्षु काहुहि नहिं जानी।।
सत्य सत्य सोइ सत्य सरूपा। धरै असम्भव सम्भव रूपा।।
प्रकटज्ञान सत् रूप दिखावै। मायापट झट आनि लुकावै।।
जो अदृश्यसबठौरमें, प्रकट होतहियमाँहि।
साखी है सबउरबसी, हैं सबके ही पाहि।।

650

दृश्यरहिता

माता सबके हृदय में विराज रहीं हैं किन्तु अज्ञानी को अज्ञान के कारण और भोगी को राग द्वेष के कारण, क्षुद्रज्ञानी को ज्ञान के दम्भ के कारण और अभक्त को अश्रद्धा के कारण दिखाई ही नहीं देतीं। वे तो सरल प्रकृति साधुमन निर्मल भक्ति की सुधाधार से सजल दृगों में सतत निवास करने वाली शोभानिधि हैं।

तन धन की ममता मन की चंचलता सारी।
क्षुद्र प्रकृति बन जात इन्द्रियन की अँधियारी।।
अहंकार बन दंभ ज्ञान कौ अति अटकावै।
थिरमति सों सुमिरन एकहि सबविध्न नसावै।।
मिटै भेद जब ध्यान मूर्त ह्वै ध्येय समावै।
अविचल सो सुठिभाव ज्ञान की जोत जगावै।।
दीखत तबहि सरूप रूप ताकौ विस्तारै।
सबहि ठौर सो एक पुंज की ओप निहारै।।
सब प्रपंच जहँ लगि मिटें, निर्मलमति निर्बाध।
दिपै दीपविज्ञान कौ, विकसित ओप अगाध।।
अन्तर के पट खोल कें, रखौ ज्ञान कौ दीप।
तबहि निहारौगे समुद, दुर्लभ निधीं समीप।।

651

विज्ञात्री

वे सबको जानने वाली हैं अन्र्यामिनि हैं उन्हें कोई नहीं जान सकता जो भावना से जान भी लेता है तो मुँह से यथा तथ्य कह कर बता नहीं सकता कारण कि उनका वर्णन करना मन और वाणी का अविषय है। जिस प्रकार वस्त्र में धागे के ताने बाने बुनकर पूरा वस्त्र बनता है उसी प्रकार जगद्धात्री सबमें व्याप्त है।

जाकी कृपादृष्टि बिन पाये। चलै न पदमपि बिना चलाये।।
स्वाँस स्वाँस में सहज समानी। उर स्पन्दन रमी भवानी।।
तबहिपात्रता उर की मानौ। जब निजदृष्टि सम भयीजानौं।।
सो अन्तर्यामिनि घट साँची। भृकुटि भंग जग माया नाची।।
जानै घट घट की सब भाषा। को कहि गुनैं तासु परिभाषा।।
कन कन में रचि रचना न्यारी। सो साँची सबकी महतारी।।
जानै जाकौ जतन जनावै। देय दिव्य दीठी जो ध्यावै।।
सो सबमें सब ताहि समाये। बुन बुन पट ज्यों तन्तु बनाये।।
ज्ञान प्रभा आभा विज्ञाना। विविध पत्र ज्यों विटप विताना।।
सोई एक विश्व की धात्री। जगदंबे विज्ञान विधात्री।।

अग जग की सर्वज्ञ हौ, सत्यसत्य आराध्य।

जाकीगति निर्बाधअति, रे मन ताकों साध।।

ब्रह्मसत्य माया असद्, कहि समझावै कौन।

जानै जो या मरम कों, रहै सदा वह मौन।।

जो निज बल माया रचै, तानै तन्तु वितान।

सत्य ब्रह्म शाश्वत दिपै, सोश्री एक महान।।

652

वेद्यवर्जिता

जो ज्ञानातीत हैं उन्हें भला ज्ञान से भी कैसे जाना जा सकता है। जो सबकी प्रमाण हैं किन्तु जिनके उद्गम को कोई नहीं जानता वे सबकी एकमात्र कारण हैं किन्तु उनका कोई कारण बता नहीं सकता उनका स्वरूप ऐसा ही है यह बात कोई कह ही नहीं सकता इसीलिये वे वेद्य वर्जिता हैं।

जो जानत सबकौमरम, जाहि न जानै कोय।
नहिंकछुसाधनकहिसकै, इदमित्थम् असहोय।।

653

योगिनी

दुख के संयोग से जो वियोग कराये वही योग है चित्तवृति को संयमित करना ही योग है। आराध्य से मिलना ही उसका फल है। आनंद का पथ ही उसका माध्यम है। श्रीविद्या के सूर्य के समान प्रखर ज्ञान के प्रकाश में सभी मंत्रों का स्वरूप जगमगाता है। माता मंत्रमयी ही हैं। वे परमाराध्य योगिनी तभी अपने साधक को कृपा कटाक्षों से वरदान देने को तत्पर होती हैं जब सच्चा साधक शरणागति का सत्पात्र बने उसका देहाध्यास मिट जाये इस जीवन में यदि ऐसा वरदान मिल गया तो वह धन्यभागि उस परमपद का अधिकारी स्वतः ही हो जाता है जिसके लिये कहा है **यं लब्ध्वा चा परं लाभं मन्यते नाधिकं ततः** फिर उसकी गति निर्बाध रूप से यद्गत्वा न निवर्तन्ते अप्राप्य परमं पदम् होती है।

चित्त वृत्ति अवरोध सों, मिटै विषय अभिलाष।
मन के निग्रह सों भयौ, उज्ज्वल योगप्रकाश।।
ध्यान योग की साधना, कर रही दुख वियोग।

ब्रह्मजीव कौ होत जब, चिन्मय सुख संयोग।।
अधिष्ठात्रि षट्चक्र की, कुडलिनी कौ तंत्र।
श्रीविद्या मार्तण्ड सम, दीपित हैं सब मंत्र।।
सफल होंय साधन सभी, ध्यानधरत छन मात्र।
वर योगिनि को पात है, शरणागति कौ पात्र।।

654

योगदा

जल की बूँद नदी में और नदी का जल सागर में समा जाये तो अपने अस्तित्व को पृथक रख ही नहीं सकते उसी प्रकार क्रिया योग की विधि से आत्मा को अपने गन्तव्य तक जाने में साधन सहायता करते हैं ठीक वैसे ही जैसे नदी के मार्ग में कभी पहाड़ से गिरने पर झरने जैसी गति शीलता (आकुल होकर अपने आराध्य से मिलने की तत्परता) तो कभी वन में टेढ़ी मेड़ी आकृतियों में जलधारा का बहते रहना (जटिलताओं में भी मार्ग को खोज निकालने की युक्तियाँ) फिर समतल पर फैला हुआ जल विस्तार (मानों समता की दृष्टि से उदारता सब ओर फैल गई हो) फिर सागर के समीप आते ही त्वरित उसमें समा जाना (शरणागति पाने के बाद अविलम्ब आत्म समर्पण करते हुए आराध्य से मिलना) प्रकृति मानों साधक की क्रियाओं का प्रतिबिम्ब ही प्रतीत होती है । ऐसी दिव्ययोग शक्ति को जगाकर आत्मज्ञान देने वाली चैतन्य राशि महाविद्या ही हैं ।

बूँद समानी सरितज्यों, सरिता सागर मध्य।
यहै योग की रीत है, बहत जात निरवध्य।।
ब्रह्म रूप अर्णव महा, अहो तरंग विलास।
आत्मज्योतिकौ नदजहाँ, उमगतपहुँचैपास।।
गति तरंग उत्तंग अति, उफनत नदीप्रचंड।
गिरिनिर्झरवन पार कर, तरै धरासतखण्ड।।
जीवनजल सरितानकौ, गतितरंग के साथ।
जीव संग त्योंयोगबल, पकरतकरुणाहाथ।।
देत साधना सघनफल, लेतशरणनिज आय।
योगदायिनीअम्बश्री, जब बन जाय सहाय।।
जिज्ञासा जिज्ञासु की, गहरी आर्त पुकार।
ज्ञानभरी अति गूढ़ता, माता लेंय निहार।।
फरै साधनाकौबिटप, सींचत निशिदिनवारि।
अहो!महोत्सवअमित यह, आठौपहरमझारि।।

योगिन की हौयुक्तितुम, तुही योगबलज्ञान।
ध्यावत ध्याता ध्येयकों, सधै ध्यान संधोग।।
देउ कृपासोंयोगबल, निजसरूप कौ ज्ञान।
करुणामयिमूरतिनिरख, गावतहौं नितगान।।

655

योग्या

जिस प्रकार एक योग्य नाविक हो तो कैसी भी विषम से विषम परिस्थिति क्यों न आजाये वह कभी नाव को डूबने नहीं देता उसी प्रकार जगजननी जब अपने भक्त को साधना पथ में अग्रसर करती हैं तो हर प्रकार से कल्याण करके उसका योगक्षेम वहन करती हैं। वे परम प्रवीन है उत्तम वैद्य की तरह भवभेषज हैं सब भाँति से योग्य हैं अतः उन पर निर्भर होना ही अभय प्राप्त करने का एकमात्र उपाय है।

योगयुक्त मति दायिनी, हौ तुम ही सबजोग।
देत अभय वर योगिनन, दुर्लभ मन संयोग।।
ध्यान जापवन्दन नमन, श्रवनसुखदसबकाहु।
भजै जाहिविधि मातुकों, मिलैताहितसलाहु।।
चित्तवृति निर्मलकरत, सहज जुड़ावत नैन।
सबसाधन कौ सार है, एक योगिचित चैन।।
एक मूरि संजीवनी, सकल भाँति सों योग।
फरै साधना साधकन, भुक्तिमुक्ति संजोग।।

656

योगानंदा

योग के आनंद को देने वाली परमेश्वरी योगियों के ध्यान में रमण करतीं हैं। उन सनातना का स्वरूप नित्य ही नया प्रतीत होता है। योगनिद्रा में लीन शिवशक्ति के रूप का ध्यान योगियों के लिये 'चिंतामणि चित चाउ भरि निरखहुँ नयन सतृष्ण' ही है।

योगानंद प्रदायिनी, योगिनि सिद्ध प्रवीन।
योगिनकेचितमें रमीं, नितनित होतनवीन।।
लीन योगनिद्रा नयन, शिवशक्ती संयोग।
जोध्यावैअसरूप कों, ताकोंकहुँ न वियोग।।

657

युगन्धरा

अबाधित, अखण्ड कालचक्र जिनकी शक्ति से ही गतिशील है। चारों युग उसी कालचक्र में समाये हुए हैं माता के नयनोन्मेष से ही सृष्टि और प्रलय का खेल चलता रहता है।

सत् द्वापर त्रेता कलिहु, कालरूप युगनाम।
जाके बल सोंगतिकरहिं, ताकीशक्तिप्रकाम।।
योगरूपिणी योगप्रिय, योग नींद तल्लीन।
पलकउघारत सृष्टि भइ, मूंदत होवै लीन।।

इच्छाशक्ति, ज्ञानशक्ति, क्रियाशक्तिस्वरूपिणी।
सर्वाधारा सुप्रतिष्ठा सदसद्रूप धारिणी।। 130।।

658

इच्छाशक्ति, ज्ञानशक्ति, क्रियाशक्तिस्वरूपिणी

इच्छाशक्ति के कारण ही जिज्ञासु के मन में ज्ञान को पाने की प्रबल जिज्ञासा होती है। बुद्धि का कार्य चिंतन मनन करना, सोचना, संकल्प, विकल्प करना और निर्णय लेना है। मस्तिष्क में सोचने विचारने की क्षमता होती है इसलिये इच्छा शक्ति का स्थान सिर है फिर ज्ञान का सम्बन्ध भावनात्मक भी है इसलिये हृदय संवेदनशील होकर ज्ञान को सक्रिय करता है तदनन्तर जैसे भी कर्म होते हैं वे कर्ता की बुद्धि और हृदय के परिचायक ही होते है। यह बात तो लौकिक अथवा पारलौकिक दोनों ही अवस्थाओं में समझनी चाहिये। संकेत पद्धति में कहा है इच्छा शिरःप्रदेशश्च ज्ञानं च तदधोगता। क्रिया पदगताह्यस्या एवं शक्तित्रयंवपुः। इच्छाशक्ति सिर, हृदय ज्ञान शक्ति और अधोभाग क्रिया शक्ति के केन्द्र हैं। इन प्रमुख तीन शक्तियों को त्रिपुर भी कहते हैं जिससे भगवती को त्रिपुरा या त्रिपुर सुन्दरी कहा गया है।

जहँदृढ़तासंकल्प की, दिपै ज्ञान की जोत।
क्रियाशक्ति सों कर्मकौ, निर्भयमारग होत।।
हृदय भावना पुष्ट कर, देत सुगम उद्बोध।
इच्छाज्ञानक्रिया मिलें, तहाँन कछु अवरोध।।

659

सर्वाधारा

अखिलेश्वरी सभी की आधार शक्ति हैं। प्रकृति की मर्यादा उन्हीं के बलपर स्थिर है। वे ही सबका योगक्षेम वहन करतीं हैं इसीलिये वे सर्वाधारा हैं।

जो सबकी आधार गुसाँई। अतिमर्यादित सृष्टि बनाई।।

सिन्धुमध्यवसुधाथिरराखी। अदृशडोर नखतनकीसाखी।।

मर्यादित नभ तनै विताना। कितनेउडगन घूमत नाना।।

जहँपावकतहँलपटविशेषा। जलमें तृप्तिकपट नहिंलेशा।।

पंचभूतमयिजगकी रचना। सदा निरापद संत सुबचना।।

कहहिं हितूबनसमरसबानी। ज्ञानिन गिरागूढ़मतिजानी।।

तिनकीबन आधारनिराली। करै सृष्टिकी जो रखवाली।।

मीनाक्षी बन पोषै माता। योग क्षेम राखत सुख दाता।।

सबकारण की एक ही, है आधार अनादि।

जाके हैं आधीन नित, शम्भु हरी ब्रह्मादि।।

660

सुप्रतिष्ठा

जिनकी सुन्दरतम प्रतिष्ठा है वे ही सर्वोपरि सुप्रतिष्ठित हैं सबकी पूज्य हैं सब पर उन्हीं का शासन चलता है। प्रत्येक प्राणी की हृदयगुहा में उनका ही निवास है वे घटघट की जानने वाली अन्तर्यामिनि हैं। उनसे बढ़कर कोई भी नहीं हैं इसीलिये सदाशिव की आदिशक्ति को सुप्रतिष्ठा कहा गया है।

सकलठौर सबभाँति सों, जो हैं सदा प्रतिष्ठ।

जाके चित भासत रहीं, ताहि बनावत निष्ठ।।

661

सदसद्रूपधारिणी

जिस प्रकार दिन के बाद रात होती है उसी प्रकार सत् और असत् दोनों एक दूसरे से विलोम ही हैं यह एक दार्शनिक विवेचना हैं जब असत् का भान होगा तभी तो सत् की जिज्ञासा उठेगी सत् का बोध होने पर ही असत् का लोप हो जायेगा जिसका लोप होगा वह मिथ्या और जो बना रहेगा स्थिर रहेगा वह ही सत् है। माता महामायाधिपति की महाशक्ति हैं माया उनके आधीन हैं, किन्तु एक झीने आवरण का मानों अवगुन्ठन ओढ़े हुए है। ज्ञानकी हवा सेवह झीने अवगुन्ठन का पट ज्यौंही हटा त्यों ही माया तिरोहित हो जायेगी कबीरदास जी ने अपने पद में कहा है सन्तो भाई आई ज्ञान की आँधी, भ्रम की टाटी सबै उड़ानी माया रहै न बाँधी।

मिथ्या माया पट बनौ, सत्य रूप विज्ञान।
टिकतउभयताशक्तिसों, ताहिसकौकोजान।।

अष्टमूर्तिरजाजैत्रीलोकयात्राविधायिनी।
एकाकिनी भूमरूपा निर्द्वैता द्वैतवर्जिता।। 131 ।।

662

अष्टमूर्ति

भूमिरापोऽनलोवायुः खं मनोबुद्धिरेव च अहंकारइतीयंमेभिन्नाप्रकृतिरष्टधा,

(आकाश, वायु, अग्नि, जल, पृथ्वी, मन, बुद्धि, अहंकार) गीता में भगवान ने अपनी ये आठ मूर्तियाँ कही हैं ये ही आठौ तत्व भगवती के भी स्वरूप समझने चहिये।

पंचतत्व के संग में, मन बुद्धि अहंकार।
ये आठौ ही तत्व है, मातृ मूर्ति साकार।।

663

अजाजैत्री

जिनका जन्म न हो वे अजा यानी अजन्मा अनादि और जैत्री से तात्पर्य जीतने वाली सदा विजयी हाने वाली भगवती है। अजामेकां लोहित शुक्ल कृष्णां कह कर वेदों में कहा है

कि प्रकृति में लाल (प्रभात की लालिमा), श्वेत (दिन का प्रकाश), कालारंग (निशीथ) काल का प्रतीक है, वह ब्रह्मरूप ही है वैदिक सूक्तों में प्रकृति के विभिन्न सूक्त हैं जैसे उषस्सूक्त, पर्जन्यसूक्त, नदीसूक्त आदि जैसा कि हम अनुभव करते हैं कि संसार ईश शक्ति के बिना टिक ही नहीं सकता उसी भाव का वैदिक सूक्त भी अनुसरण कर रहे हैं अपौरुषेय वेद परोक्ष रूप से ब्रह्म का ही वर्णन करते हैं ऋषियों की कल्पना भी परोक्षभाव से उसी ओर संकेत कर रही है। जैत्री का अर्थ विजय पाने वाली एक रंग दूसरे रंग पर क्रमशः विजय पाता रहता है। यानी रात के बाद दिन और दिन के बाद रात होती रहती है। सबमें उन्हीं का रंग समाया हुआ है।

जो अतिअगम अनादि है, ताकौ मध्य न अन्त।

अखिलभुवनव्यापक अहो, शाश्वत एक अनन्त।।

श्वेत श्याम अरु लालिमा, जाके रूप समाहिं।

वासर यामिनि भोर की, समता कहत बताहि।।

664

लोकयात्राविधायिनी

जिसकी मर्यादा के अनुशासन से सृष्टि का नियम चलता है अनेकों लोक जिस ब्रह्मांड में अपनी धुरी पर गतिशील हैं समयानुसार नक्षत्र अपनी अपनी गति के क्रमानुसार यात्रा करते रहते हैं यह उन्हीं भवानी का विधान है संसार में जो कुछ भी घटित हो रहा है और जो अघटित है (होने वाला है) सबका विधान भुवनेश्वरी की इच्छा पर ही निर्भर है। कर्म प्रधान विश्व करि राखा। जिसपर करुणा दृष्टि होगी उसे ही निर्वेद का अवलम्बन मिलता है जिसके बल से साधक जटिल कर्म की रस्सी के फंदों को काटने में समर्थ हो पाता है। श्रेय और प्रेय साधन लोक कल्याण के लिये ही हैं।

सृष्टि प्रलय जो करत है, चालै लोकविधान।

ताकी मर्यादा अटल, सो ही एक प्रधान।।

श्रेय प्रेय साधन सकल, करत लोक कल्यान।

राखत कर्म प्रधान जग, याकौ सृष्टि प्रमान।।

बाँधत काटत रज्जु जो, खोलतग्रन्थिन भेद।

हरै करुणा दीठि सों, प्यावै पय निर्वेद।।

चौदह भुवनन व्यापिनी, दिव्यधाम तस जान।

पराअलौकिकजासुगति, घटघटव्याप्तसमान।।

665

एकाकिनी

वे ही एक हैं। वे करुणामयी सर्वसमर्थ हैं। एकोऽहंद्वितियोनास्ति भाव का यहाँ प्रावधान है। दूसरे अर्थ में जिसे एकान्त की साधना से ही प्राप्त किया जा सकता है। **वासेबहूनांकलहोभवेद्वार्ताद्वयोरपि, एकएवचरेत्तस्मात्कुमार्याइवकंकण** श्रीमद्भागवत के एकादश स्कन्द में कथा है कि दत्तात्रेय जी के चौबीस गुरुओं में कुमारी कन्या भी सम्मिलित है। वह कुमारी कन्या अपने हाथ के कंगनों को देखती है तो पाती है कि यदि बहुत कंगन होंगे तो बजेंगे ही और यदि दो ही पहने जायें तो भी आपस में टकरा कर ध्वनि तो करेंगी ही इसलिये केवल एक ही पहनती है। और अत्रिकुमार दत्तात्रेय जी इस प्रसंग से एकान्त सेवी बनने की शिक्षा ग्रहण करते हैं बहुत लोग जहाँ होंगे वहाँ कलह की सम्भावना अधिक होगी और दो लोग जहाँ होंगे वहाँ बात चीत तो होगी ही इसीलिये सच्चे साधक निष्प्रपंच हो कर यथा सम्भव मौनी और एकान्तसेवी ही होते हैं। भय भी वहीं होता है जहाँ दो के होने की धारणा हो द्वन्द ही भय का कारण है भगवती अकेले ही सृष्टि पालन और प्रलय करने में समर्थ हैं।

भ्रमवश भटकघुमातरह्यौ अपने या मन कों।

सुजनबन्धु धनधाम इष्ट मानत प्रियतन कों।।

बनत न कोउ अधार सपदि जो आन उबारै।

फँसत प्रपंचन तृष्णा में हाय ही उचारै।।

मोह भरे होवैं नित मिलन बिछोह घनेरे।

फेरि फेरि कें बाँध रहे सपने के फेरे।।

जड़ता व्याधि असाध न कबहू सक्यौ निबेरे।

परत प्रपंच अथाह वृथा कहि तेरे मेरे।।

ज्यों लौं उबरत नाहिं मूढ़ अपने बंधन सों।

टूटत नहिंजंजालजाल जो रच्यौ मनहिं सों।।

कबहु सुहावत नाहि ठौर जाकों एकाकी।

उपजै नाहिं विरागसुदृढमति होत न ताकी।।

बिना गहे आधार के, सहत अनेक प्रहार।

भँवरफँसतनिकसनचहै, कस भवबंधन पार।।

एकोऽहं आभास बिन, मिलै न मूरि महान।

विपदाबनतज रे सपदि, भूरिसुपथहिपयान।।

एक उबारै सकलविधि, पकर उठावै हाथ।

चरनसरनकी टेकही, कररहि सदा सनाथ।।

सिरजै पालैजोसदा, विलय करत जगरूप।

ता इच्छा आधीन सब, चलें तासु अनुरूप।।

ज्योंलौं छाँड़ौ द्वन्दनहिं, कस निर्द्वन्द कहाय।

एकाकी निर्विघ्न चित, विचरत हैं सतभाय।।

666

भूमरूपा

यह वेदान्त में कहा गया विशेष अर्थ बोधक अपने आप में सारगर्भित शब्द है। अथातो ब्रह्मजिज्ञासा ब्रह्मसूत्र का आदि है। मुमुक्षु हो या ज्ञानी हो मूढ़ हो या विद्वान हो सभी जिज्ञासु ही होते हैं आर्त को भी जब तक जिज्ञासा नहीं होगी तब तक उसे दुख और दुख का कारण फिर दुख से छूटने का प्रयास और कौन किस प्रकार दुख से छूटने में सहायक हो सकता है तदनन्तर क्या दुख स्थाई रूप से छूट सकता है? यदि हाँ तो कैसे ? ये सभी प्रश्न जिज्ञासा के ही अन्तर्गत आते हैं भूमा बोधरूप है जीव की जड़ता मिटा कर ब्रह्मबोधमयी गूढ़ वाणी है जो स्थाई रूप से सुख की पराकाष्ठा ही समझनी चाहिये। एक हो कर भी जो सब में हैं वे ही सर्वमयी हैं अनेक रूपों में हैं वे ही भूमा हैं। जैसे अनेक रंगस्फटिक में भासते हैं जल में रंग रस, वायु अग्नि में गन्ध, मेघ की बहुरंगिनी छटा किन्तु जिस तरह स्फटिक, जल, वायु, अग्नि इन रंग रस गन्ध आदि से असम्पृक्त हैं फिर भी सब जगह सभी कालों में हैं यही भूमा का स्वरूप समझना चाहिये।

हों प्रतिबिम्बतरंगबहु, फटिकमनी रहि एक।

सर्वव्यापिनी सृष्टि में, अम्बे भई अनेक।।

घिरत घटा बहु रंगिनी, सघन मेघ आधार।

रिमझिम परत फुहार कहुँ कहुँ मूसलाधार।।

मिलें रंगरसगन्ध सब, किन्तु न बदलै तोय।

सीतलगुन छाँड़ैनहीं, घुलनसील बरु होय।।

अगिनिवायुबहुगन्धमयि, पुनि छाँड़ै तसगन्ध।

तैसेइ भगवति सर्वमयि, बधें न काहुहिबन्ध।।

आत्यन्तिकसुखसार जहँ, आनंद स्रोत अपार।

सार्वभौम सर्वोपरी, भूमा कौ विस्तार।।

भूमा की अनुभूतिगहि, गहन होत अवगाह।

रहै न किंचिन्मात्र हू, आन लाभ की चाह।।

ब्रह्मबोध गुम्फित गिरा, जिज्ञासा अव्याज।

भूमाचेतन ताहि की, करै सिद्ध सब काज।।

परमारथरससार कौ, सूखत कबहु न स्रोत।

दिव्य बोध अस पाय कें, भूमा रूपहि होत।।

ब्रह्मज्ञान है ब्रह्ममय, तहँ न द्वैत कौ भेद।

व्यापक जो सर्वज्ञ है, भूमा व्यापक वेद।।

भेद न पावतकोउ कहुँ, जाकौअतिविस्तार।

भूमा भव्य उपाधि की, लीला अपरम्पार।।

667

निर्द्वैता

द्वैत में ही अनेकानेक प्रपंच हैं जो निष्प्रपंच हैं वे ही तो निर्द्वैता है ! एक वे ही सबमें हैं उनके समान अन्य दूसरा कोई नहीं। सभी संशय द्वैतभाव के हटते ही दूर हो जाते हैं। जब असत्माया का आवरण हट जाता है तो केवल मात्र निर्द्वैत ही शेष रहता है। वे ही परमानंदघन चैतन्यराशि हृदय के तापों को दूर कर देतीं हैं।

लय पालन स्थिति करें, बनी विधात्री आप।

सर्वमयी भूमा सदा, श्री कौ दिव्य प्रताप।।

जो आनंदघनरूप सों, हैं घटघट में व्याप्त।

भेद न लेशलखौ तहाँ, करेंस्वजनमनआप्त।।

जहाँ चित्त निरलेप है, तहाँ होय फल लाहु।

प्रकट जनावै तहँसुखद, रूपसुधा सतभाउ।।

ब्रह्म सत्य माया असत्, यहै सार कौ मूल।

मिटत द्वैत के भेदजहँ, कढ़ें हृदय के सूल।।

668

द्वैतवर्जिता

अद्वैत के भाव में सोऽहं का आभास होता है। मिथ्या हठ के कारण अहंकार की प्रबलता होने से शोक, हर्ष, राग, द्वेष, कषाय आदि विकार चित्त में सूल की भाँति गढ़ कर चुभते रहते हैं यह पीड़ा ऐसी ही होती है जैसे सपने में स्वयं की हानी देख कर व्यक्ति धबरा जाये जब तक वह नींद में से जागेगा ही नहीं उसे अपना आपा भला कैसे हो सकता है।

वह तो आँखें बन्द करके केवल रात होने का ही अनुभव करता रहेगा कितना सूर्य चमक रहा है कितना प्रकाश कब से फैल रहा है इसका भान तो तभी होगा जब वह स्वयं जागे। द्वैत से जो उबारतीं हैं वह ही द्वैतवर्जिता माता है।

ता सम नहिं दूजौ अपर, तैसौ कोउ न आन।
दिपै जोत सों आपनी, दीपित जोति प्रमान।।
सोऽहं के आभास सों, मिटै द्वैत अध्यास।
सो तौ साँचौ सत्य है, रहै सदा ही पास।।
कौन अपर ता सम कहौ, का उपमा है गूढ़।
ठौर अनेकन मान कें, विरथा भटकत मूढ़।।
अविनश्वर चैतन्य घन, या नश्वर तन माँहि।
झीने पट के हटत ही, सकलद्वैत विलगाहिं।।
शुद्धसनातनसत्यचित, आनन्द घन की राशि।
अमलअलौकिकआत्मगत, केवलमूरि उपासि।।
मुँदतआँखियनतमलखै, हठवशसुनत न एक।
बौरावत क्यों आँधरौ, देखत स्वप्न अनेक।।
खोजत सपने मूढ़ धन, पकरत हू विलगाय।
बिनजागे सुनपात ना, को अबताहिजगाय।।
हर्षशोक संवेगबहु, भय विषाद मति क्लेश।
स्वप्नसरिसचित में रहें, करेंविकल मनशेष।।
है साघनसुठि एक ही, शुभ्र ज्ञान की ओप।
दिव्य मूरि सोई करै, दुर्वह रोगन लोप।।
द्वैतरहित अद्वैतमयि, अपर न कोऊ साखि।
सदासहेजहुसहजसुख, चिन्तामणिचितराखि।
जगमगजागैजोति जब, खोलहुतनिककिबार।
रश्मिकरन सों खेंचि कें, करततिमिरकेपार।।

अन्नदा वसुदा वृद्धा ब्रह्मात्मैक्यस्वरूपिणी।
बृहती ब्राह्मणी ब्राह्मी ब्रह्मानन्दा बलिप्रिया।। 132।।

669

अन्नदा

माँ जन्म देती है तो अबोध शिशु को दूध भी पिलायेगी ही उसी प्रकार पृथ्वी देवी अन्न आदि से जगत का पोषण करती हैं। अन्नपूर्णा माता की कृपा से ही धरा शष्यश्यामला है। तैत्तरीयोपनिषद में 'येअन्नंब्रह्मोपासते' कहा है। प्राणी मात्र अपने शरीर निर्वाह के लिये क्षुधा शान्त करते हैं। सबको अन्नदा माँ अन्न देतीं हैं।

पौषें जीवन प्राणधन, तोषें तनमन साध।

अन्नपूर्ण अन्नदा, आद्या नित आराध।।

670

वसुदा

भवानी अपने भक्तों को सांसारिक और पारमार्थिक सम्पत्तियाँ प्रदान करतीं हैं। उनकी चरणरज में ऋद्धि सिद्धियाँ हैं, किन्तु सच्चा भक्त तो अणिमादि सिद्धियों को, स्वर्ग, मोक्ष को भी अपने भक्ति भाव के आगे तुच्छ ही समझता है पृथ्वी में अन्न, धन (सोने, चाँदी, अन्यधातुऐं और हीरा आदि की खानें) हैं। सागर में रत्नराशि (मोती, मूँगा, शंख आदि) पर्वतों शिखरों पर औषधि–भण्डार, वृक्षों की भाँति भाँति की छालें, रस, गोंद, फल, फूल, पत्ते सभी कुछ जो भी हमारे जीवन को भव्य भोगों के उपयोग में आने वाले हें वे सभी वस्तुऐं माँ की कृपा से ही मिलतीं हैं। इन सबका उपयोग ही करना चाहिये उपभोग नहीं यही एक साधक की मर्यादित सोच है।

देत संपदा सकल विधि, भाँति भाँति सों पोष।

श्री पदरज सिद्धिन सदन, पाय गहौ सन्तोष।।

जा पर होत अमियकृपा, ताकौं लघु सबधाम।

रिद्धि सिद्धि फीकी लगें, मन कौ पूरन काम।।

जेतौ धन वसुधा गहै, पालत सब जग नित्य।

सो सब श्री परताप है, जानौ अपर अनित्य।।

जस संपद ऐश्वर्य सुख, अणिमादिक परताप।

जा पर दृग हेरत हँसीं, मिलत ताहि ते आप।।

श्रीप्रसाद सब जानकें, करहु सविधि उपयोग।

तृष्णा तूल बढ़ात बहु, करिहौ यदि उपभोग।।

671

वृद्धा

सबकी वृद्धि करने वाली एकमेव राज राजेश्वरी ही हैं। वृद्ध शब्द ज्ञानवृद्ध और वयोवृद्ध दोनों के लिये प्रयुक्त होता है। आप सबकी आदि हैं इसीलिये अनादि कहलातीं हैं। आपसे बढ़कर या आप से पहिले कोई नहीं हुआ इसलिये आप सबसे बूढ़ी होने के नाते वृद्धा (बूढ़ी) कहातीं हैं। आगरा के शीतला मन्दिर में माता को बूढ़ी माता कह कर ही सम्बोधित किया गया है जो अति प्राचीन है।

जो अनादि सर्वोपरी, साँची सबकी मूल।

पालतपोषतलय करत, काढ़तभवभयशूल।।

जाकेशिशुजगजीव हैं, ध्यानीजनमुनिसिद्ध।

जगतप्रसविनीमाततुम, हौजननी अतिवृद्ध।।

672

ब्रह्मात्मैक्यस्वरूपिणी

आत्मा और ब्रह्म के स्वरूप की एकता जहाँ हो वही माँ का सच्चा भाव सरूप है साधना की डोर का बन्धन ही सत्यार्थ में ब्रह्मसम्बन्ध है। आत्मज्योति के प्रकाश से ही स्मरण करने की साधना फलीभूत हो पाती है इसीलिये माता ब्रह्मात्मैक्यस्वरूपिणी हैं।

जीव ब्रह्म की एकता, या विधि होवै नीक।

बँधै साधनारज्जुसों, करकर सुमिरन ठीक।।

आत्मजोत की लौ जहाँ, पहुँचैसुमिरनसाध।

ब्रह्मात्मैक्य स्वरूपिणी, रे रे चित आराध।।

673

बृहती

सदा बढ़ने वाला प्रताप है जिनका वही वृहती नाम से सुशोभित हैं अपने आप में अनमोल गुणों से सम्पन्न हैं लौकिक गुणों का धर्म वहाँ नहीं है। यह ऐसा सूर्य है जो कभी अस्त ही न हो ऐसा शीतल चन्द्रमा है जो कभी क्षय ही न हो सदा बना रहे ऐसी अनूठी रीत

434

को केवल वही पहचान सकता है जो अपने आपको समर्पित करके केवल नामगान में ही तल्लीन रहे। चातक की तरह मानी और विश्वासी हो।

आनंदरूप बढ़त दिन दूनौ। रहै न काहू विधि घट सूनौं।।

नितनव लागत दिव्यप्रभाता। झरत अमिय के सघन प्रपाता।।

ताछवि की महिमाअतिन्यारी। बढ़तबढ़त जहँ ज्योतिप्रसारी।।

सो अखण्डमार्तण्डअभेदा। होत न अस्त न निशि कौ खेदा।।

सदा प्रकासै अविरल धारा। ताकी ओप लेत जग सारा।।

प्रकटै उर तमतोम सिराई। नव आभा उज्ज्वल छिटकाई।।

भासत भुवन भास्कर तासों। ओप अंश ते अंशु प्रकासौ।।

प्रकटत जहाँ ज्ञान की जोती। भस्मी छार अघन की होती।।

उमगत वपुपूर्णेन्दु लखि, उरसागर कौ ज्वार।

बढ़ततरंगन सों पुलक, हियधरिबिम्ब निहार।।

ता समबढ़त न कोउकहुँ, तासौबड़ौ न कोय।

जापर कृपा करतरहीं, दसदिसि मंगल होय।।

होवै छीन न छय कबहु, छीजै नहिं लवलेश।

सुमिरन की अस सुमिरनी, हरैअसम्भवक्लेश।।

सदा लुटावत घटट नहिं, लूट सकै तौ लूट।

बृहती की बेल बढ़ै, कहौं न नैंकहु झूठ।।

674

ब्राह्मणी

उपनिषदों में ब्रह्मतत्व को जानने वाले को ब्राह्मण कहा गया है। शिव ही ब्राह्मण कहलाने योग्य हैं क्योंकि वे ही ब्रह्मज्ञानी हैं। उनकी अर्धांगिनि ब्राह्मणी कही गई हैं। यह नाम शिव शक्ति की एकात्मकता का द्योतक है।

ब्रह्मरूप विज्ञानमय, शिव ही ब्राह्मण रूप।

शिवअर्धांगिनि ब्राह्मणी, सदा रहें अनुरूप।।

675

ब्राह्मी

ब्रह्म की क्रियाशक्ति ब्राह्मी हैं, ये ही महामाया है ज्ञान का बोध जगाने वाली वाणी स्वरुपा भी आप ही हैं। जल में तरंगों की तरह शक्ति को शक्तिमान से पृथक नहीं देखा जा सकता।

अधिष्ठात्रि चैतन्यकी, जो हैं सबकीसाखि।

देत बोध ब्राह्मी सदा, आन आपनी राखि।।

676

ब्रह्मानंदा

ब्रह्मानंद ही आत्मानंद है यही सनातन सत्य है इससे बढ़ कर उन्नत दूसरा कुछ भी नहीं है। जहाँ साधना के स्रोतों से आनंद की फुहारें झरतीं रहतीं हैं। अनहद की वंशी अपनी तान छेड़ती है तब चतैन्य चित कुरंग की तरह स्थिर होकर सुनता है और अपनी सुध बुध भूल जाता है। वे ही मानस मराल हैं और वे ही मतवाले गज की भाँति अपने मद पर ही रीझने लगते हैं तथा अपूर्व ब्रह्मानंद में जिनका मन मगन होने लगता है वे मानी पपिहा की भाँति अपने आराध्य को सजल जलद के समान टकटकी लगाकर देखते ही रहते हैं। स्वाँति ही उनका आधार है वे पिउ के अतिरिक्त अन्य कुछ मुख से निकालते ही नहीं। ऐसे अपूर्व ब्रह्मानंदरस का जो अपने कृपा कटाक्ष से दान दे रहीं हैं वे ब्रह्मानंदा ही हैं।

सत्य सनातन सुंदर ठाऊँ। अनघ अपार असीम प्रभाऊ।।

आनंदगढ़ की सुन्दरगैला। अतिउन्नत राजत चितशैला।।

निरुपमछवि उपमा नहिंताकी। चिन्मयचित्त चेतनाजाकी।।

सोभा सतरंगी किरनन की। मुखरचेतना मन नंदन की।।

नवरस झरत तहाँनितजाना। स्रोतसाधना बहत समाना।।

अनहद की बाजत है वंशी। आठौ पहर हृदय अवतंशी।।

साँसनसुमन सुरभि भरलेहीं। जे या सुन्दर गढ़के गेही।।

विचरैं नितनितहंससमाना। तिनसम कोउअपरनहिंजाना।।

मत्त गयन्द बने मग झूमें। अपनों ही मद आपहि चूमें।।

तिनसाधना सफल सतजानी। ब्रह्मानन्द मगन ते ज्ञानी।।

चातक सम मानी घनप्यारे। पिउतजिकबहुनबचनउचारे।।

ब्रह्मानंदमगन मन कैसौ। स्वाँति परस घनपपिहा जैसौ।।

सत् चित् आनंद सुगढ़ में, जे पैंठे ते धन्य।

ब्रह्मानन्दमगनमना, तिनसम कोउ न अन्य।।

ते ही साँचे सन्त हैं, ते ही साँचे सिद्ध।

प्यारे मानस हंस के, ये मोती अनविद्ध।।

677

बलिप्रिया

अहंकार का शीश काट कर जो चढ़ा दे वही सच्चे अर्थ में बलि चढ़ाना है। जब तक बलि नहीं चढ़ती साधक को सिद्धि नहीं मिल पाती। विशुद्ध ज्ञान का अंजन जब आँखों में लगा लिया जाये तभी उस निरंजन के दर्शन हो पाते हैं। ज्ञानी को ज्ञान का अभिमान और मै ही विशेष रहूँ यश की आकाँक्षा आदि पुनः उसे पतन की ओर ही ढकेलती है। अहं का भाव नष्ट किये बिना उसे कुछ भी प्राप्त नहीं होता यह अहं ही माता का ग्रास है जिसे वे क्षण भर में चबा जाती हैं अपने भक्त के अहंकार को दूरकर उसकी बलि स्वीकार कर लेती है। वे करुणामयी सचराचर की माता है सारा संसार उन्ही की करुणा के सहारे पर प्राणधारण करता है इसलिये बलि के नाम पर निरीह पशुओं का वध एक अन्धविश्वास ही है। चाहे वे तांत्रिक हों या रूढ़िवादी परम्परा को मानने वाले लोग उन्हें अपने हृदय के भावों कों सचेत करके स्वयं अपने क्षणिक जीवन का विचार करते हुए घृणित हिंसात्मक बलिविधान को रोकना चाहिये मेरा यही एक व्यक्तिगत अनुरोध है।

एक समर्पण साध है, परमसिद्धि कौ द्वार।

अहंकार के सीस कों, छन में देउ उतार।।

कामकोहमदलोभ मृग, अहनिशकरतबिगार।

भटकत तृष्णा गैल में, लूटत हैं बटमार।।

बाधक साधक नेंम के, करें सदा ही घात।

दम्भबज्रसमअतिकुलिश, गिरत करैआघात।।

ज्ञानिनमन अभिमान नहिं, ना मदमत्सरदंभ।

तिनकों ही दीखें हरी,प्रगटफारि कें खंभ।।

दृग अंजन रचि ज्ञानकौ, हरै नेत्र के रोग।

निर्मलदीठी जबमिलै, प्रिय सोंनाहिंवियोग।।

भावभोग नित प्रेम कौ, ज्ञानासव कौ पान।

चबै नित्यही सो सदा, सेवक मनअभिमान।।

मैं ही ज्ञानीध्यानि हौं, भक्तिभाव नहिंलेश।
मत्सर बन उपजातजो, हियमेंक्लेशविशेष।।

अम्ब तुही तेरौ सकल, मै मेरौ कछु नाहि।
जो या'मैं'कीबलिकरै, सो तवप्रियकहिवाहिं।।

सत्यसत्य यह बात, सरलपंथ सबसाधु की।
दैहौं बलि दिनरात, अहं ग्रासनित मातकौ।।

भाषारूपा बृहत्सेना भावाभाव विवर्जिता।
सुखाराध्या शुभकरीशोभनासुलभभागतिः।। 133।।

678

भाषारूपा

परा, पश्यंती, मध्यमा और वैखरी के रूप में वाणी देवी सबके शरीर रूपी मन्दिर में विराज रही हैं। पशु पक्षी भी भाव प्रकट करने के लिये ध्वनि का ही सहारा लेते हैं। वाणी उन्हीं की कृपा प्रसाद है।

शब्दब्रह्म वाणी परा, है पश्यन्ति अनन्य।
कर्णगोचरी वैखरी, नाद रूप आसन्न।।

उरगत भाव सुगम बनें,सोमध्यमाकहाहिं।
मुखरबानिही बैखरी,आखर बरन बताहिं।।

व्यापक जो जगजीव में, भावगहतहैमूल।
वर्णअर्थ पुष्पांजली, चढ़ें गिरा के फूल।।

नर तन में अद्भुतबन्यौ,भाषाकौ संयोग।
शब्दअर्थगुम्फितगिरा,भावज्ञान कौ योग।।

679

बृहत्सेना

बृहत्सेना से तात्पर्य सृष्टि के सभी तत्वों से है। भुवनेश्वरी के भुवन का संचालन पंच महाभूतात्मक तत्व योग्य सैनिकों की भाँति करते हैं। जिससे प्रकृति में सन्तुलन बना रहता है। अन्य अर्थ में हाकिनी आदि योगिनियाँ शरीर रूपी भगवती के गढ़ में सैनिकों की भाँति संरक्षण का कार्य करतीं हैं।

भूमि व्योम जलअनललगि, वहतवातआमन्द।
प्राण शक्ति आधीन जहँ, कालचक्र निर्द्वन्द।।
सबकीआश्रय एक श्री, वृहत्सैन्य सब लोक।
पावत इंगित सब चलें, एक ज्योतिआलोक।।
जाकी जैसी भावना, ताकी तस परतीत।
गावत भाव तरंग गति, अपने अपने गीत।।
कोउ कहै सर्वज्ञ श्री, कहै कोउ सब तंत्र।
योगज्ञानविज्ञान कहुँ, कहूँ विजयध्वनि मंत्र।।
सिद्धि सधे साधक हिये, अपने अपने भाव।
सकलठौर सबकालमँह, रंच न रहै अभाव।।
जान न पायौ मरमकछु, थके बानिमन हार।
गूढ़ गिरा रहि मूक जहँ, गहै एक आधार।।
बनीं योगिनी सैन्यबल, भाँतिभाँति के शस्त्र।
टारेंजोसबविघ्नकों, अरि बल होत निरस्त्र।।

680

भावाभावविवर्जिता

मन और वाणी का विषय न होने के कारण माता का रूप निर्विकल्पा, निरामया, निष्कारणा, निष्प्रपंचा निरुपाधिका निरंजना निरत्यया होनेसे भाव से भी परे है किन्तु उसके बिना किसी भी तत्व का अस्तित्व नहीं हो सकता वह तो सबमें समाई है अतः अभाव भी नहीं हैं।

जाकों पावत नाहिं, मन वाणी के भाव कछु।

सकलठौर सबमाँहि, रहै न कतहुअभावपुनि।।

भाव अभाव हु सों परे, व्यक्ताव्यक्त न भेद।

सबमें हू रहिकेविलग,कहि न जनाबत वेद।।

681

सुखाराध्या

यह भ्रम है कि अमुक स्थान विशेष पर जाने से अमुक समय में किसी विशेष अनुष्ठानादि द्वारा या अधिक धनव्यय करके ही राजसी पूजा से माता की प्राप्ति होगी। वे तो दयाद्रवीभूता भावनागम्या हैं प्रत्येक हृदय में वे ही समाई है यदि प्राणी मात्र का अपमान करके किसी मूर्ति की पूजा भोगराग में लीन होकर यह समझा जाये कि मैने माँ को पा लिया तो केवल पाखण्ड ही है। शरीर को अधिक कष्ट देकर निराहार रहकर भी उन्हें नहीं पा सकते वे तो भक्तिभाव से सुख पूर्वक हर समय हर स्थान पर हर किसी को मिल सकती हैं क्योंकि वे तो उसके हृदय में ही है। शिव शक्ति में अभेद है वे ही परा रूप में अनादि अगोचर हैं अपरारूप से ध्यान में पूजा में सरल आराधना भी है। परा, अपरा और परापरा वे ही तो हैं

सुख सों कर आराधना, अमियमूरि सुखराशि।

कायक्लेश नहिंलेश तहँ, आठहुपहर उपासि।।

जागत सोबत चलत उठि, बैठत लोटत मौन।

खात पियत सोबतउठत, करैनसुधिकहुँगौन।।

सर्व समर्पित साधु चित, क्रियायोग संधान।

हरै व्याधि व्यवधानसब, एकइष्ट कौ ध्यान।।

बहु पूजाविधि यज्ञ तप, जप माला कौ फेर।

सब साधन ता गैल के, एक प्रेम पथ हेर।।

आनंद मंगल नित रहै, फरै प्रेम की बेल।

नाम रूपगुन रीझ मन, करौ भाव कौ मेल।।

अगम अगोचरअलभअति, दुस्तर दुर्लभ दूर।

सो ही सुलभ सुगम्य है, प्रेमासव में पूर।।

682

शुभंकरी

वात्सल्यमयी जननी अपनी सन्तान को सुख देने के लिये कल्याण के लिये सदा तत्पर रहती हैं। असुरों को दण्ड देकर उनका भला ही करती हैं। पापों को नष्ट करती हैं इस प्रकार दण्ड में भी दया का दुर्लभविधान देखने को मिलता है। सबका समान रूप से कल्याण उसी प्रकार करती हैं जिस प्रकार वायु सब जगह बिना किसी भेदभाव के बहती है। अपने भक्तों में तो माँ का प्रेमस्वतः ही अधिक होता है जो उन्हें जिस भाव से भजता है वे उसे उसी भाव से फल भी देती है।

सबकी पालनहार जो, रखै योगअरु क्षेम।
शुभंकरी शुभदा अहो, लेत अनौखौ नेंम।।

683

शोभनासुलभागतिः

मंगल कारिणी भवानी कठिनाई से मिटने वाली दुर्गति को भी छन में दूर कर देतीं है। अमंगल को दूर करके दशदिशाओं को मंगलमय बना देतीं हैं। उनकी साधना के सरल पथ पर चलने वाले को चारों पदार्थ सरलता से सुलभ हो जाते हैं। ब्रह्मपुराण में त्रिंशति के अनुसार कहा है कि जो पंचदशी के मंत्रों को धारण करता है उसके लिये वह असुलभ गति यानी दुर्लभगति देती जो विरले योगियों को ही मिलती है, जहाँ से लौट कर पुनः इस ससांर में नहीं आना पड़ता उन परमेश्वरी का शोभाधाम भक्त के हृदय में ही है। जो इस साधना की सुन्दर राह पर चल पड़ते हैं उनकी कभी दुर्गति नहीं होती।

दुराक्रांत उर दुर्गती, होवै छन में दूर।
पुण्यप्रभा उद्भासिनी, करै अमंगल चूर।।
दशदिशिशुभसंयोग की, बनीसुमंगलकारि।
मंगलमूरति करत है, सिद्ध पदारथ चारि।।
दुर्गतिमिटैसुगतिमिलै, चलौ सुलभसी गैल।
विमलसुमतिसर न्हायकें, दूरहोत मनमैल।।
दुर्लमअति असुलभगती, जो काटतभवफंद।
जनममरन के पाशसों, मुक्तहोत निर्द्वन्द।।
सोमितसोभाधाम, भगतहृदय मेंअतिसुलभ।
पूर्णमनोरथकाम, सत् शोभनासुलभागति।।

राजराजेश्वरी राज्यदायिनी राज्यवल्लभा।
राजत्कृपा राजपीठनिवेशितनिजाश्रिता।। 134।।

684

राजराजेश्वरी

अखिलेश्वरी सम्पूर्ण ब्रह्माण्ड पर शासन करतीं हैं। रिद्धि सिद्धि दासियों की भाँति सेवाटहल करती रहती हैं स्वयं सरस्वती और रमा चँवर हाथ में लिये हैं योगिनियाँ सहचरियाँ बनीं हैं सब देवता और पाँचों परमेश्वर भी जिन्हें वन्दन करते रहते हैं और सदाशिव जिनके ध्यान में उनका रूपही निहारते हैं परमलावण्यमयि शोभा की आगार महाविद्या हैं। वे जिस प्रकार पूरे ब्रह्माण्ड पर शासन करतीं हैं उसी प्रकार भक्तों के हृदय पर भी राज करतीं हैं। किन्तु भक्तों का साम्राज्य तो उनके चरणों की धूल है। जहाँ उन्हें भव बाधा को दूर करने वाली संजीवनीमूरि मिल रही है। जिसके आधीन रह कर तितिक्षा का अमोघ अस्त्र मिलता है जिससे सभी शत्रु परास्त हो जाते हैं। भक्त के सब दुर्गुण दूर हो जाते हैं उनकी कभी हानी नहीं होती।

सब पर शासन करत हैं, अटल छत्र है एक।

सत्य राजराजेश्वरी, देहु चरण की टेक।।

रिद्धि सिद्धि सेवा करें, चवँर दुलावत बानि।

योगिनि सब सहचरि बनीं, श्रीविद्यावरदानि।।

भगतन कौ साम्राज्य है, श्री चरनन की धूरि।

करै पराजित शत्रु सब, मिलै जहाँ भवमूरि।।

रहै सुरक्षितसकलविधि, भगतहृदयकौ कोट।

कढ़ें खोट ताके सभी, लगन न पावै चोट।।

685

राज्यदायिनी

भक्त के चित्त में जो प्रेम का सागर हिलोर लेता है तो माता पूर्ण चन्द्रमा की भाँति शीतलता से उसे और बढ़ातीं हैं। वे अपने आपको ही पूर्ण स्वरूप में भक्त के हृदय में स्थाई रूप से प्रतिष्ठित कर देतीं हैं। जब अखिल लोक नियन्त्री ही अपने आपको दे रही हैं तो उस अपार सुख के साम्राज्य के आगे मोक्ष और स्वर्ग यानी लौकिक अथवा पारलौकिक सभी कुछ तुच्छ से प्रतीत होते हैं। फिर भला भौतिक सुख सम्पत्ति का क्या मोल!

ताकों गहि कें तुच्छ है, स्वर्ग भूमि कौ राज्य।
जब निष्कंटक मिलत है, भगतिविमलसाम्राज्य।।

686

राज्यवल्लभा

राजराजेश्वरी सभी प्रकार के राज्यों का आधिपत्य करने वाली हैं। चौदह भुवन उन्हीं के आधीन हैं। जो उनके आश्रय में आता है उसे निष्कंटक भक्ति का साम्राज्य देतीं हैं उसके सब दुख दूर हो जाते हैं अभय मिलने से सभी कठिनाइयों के कंटक दूर होते हैं। भक्तों के हित की माता स्वयं चिंता करतीं हैं।

सुघढ़स्वामिनी राज्य की, सिंहासन आसीन।

अभय मिलै कंटक मिटें, जो ताके आधीन।।

अखिलकोटि ब्रह्माण्ड पै, एक छत्र है राज।

राज्यवल्लभा राखतीं, अपने जन की लाज।।

687

राजत्कृपा

अपने भक्तों पर कृपा बरसाने के लिये वे सदैव आतुर रहतीं हैं। जिस प्रकार मछली ध्यान मात्र से अपने अंडों का पोषण करती हैं वैसे ही माँ का भी नाम मीनाक्षी है। वे भी अपने प्यारे भक्तों का सदा ध्यान रखतीं हैं।

करुणालय कृपालसुखकंदा। वत्सलउर रखि नेहअमंदा।।

पोषै वत्सल उर मीनाक्षी। अमिय प्रेमधारा की साक्षी।।

असजननी की गोदबिहाई। कहूँ न अनतठौर पुनिपाई।।

सो मैयासाँची सतभाऊ। भेद न कछू रंक या राऊ।।

सदा निहारै निज संताना। एकमेव हित चितसन्माना।।

अविचलसकलभुवन ते न्यारी। जगदंबेजगकी महतारी।।

कृपाकटाक्षसुफल गहियोगी। रहें न शिवतत्त्वकेवियोगी।।

शिवसनकादिशेष जस गावें। नादब्रह्मरमिअलखजगावें।।

सकलदेवसबमुनिगनसेवें। अनत न कछू माँगपुनि लेवें।।

साँची छवि साँची पद सेवा। देय पदारथ चारहु मेवा।।
राजत कृपाकटाक्षनअंबा। हरहु ग्लानिमनकी अविलंबा।।
करहु अभयपदजोगभवानी। नेतिनेतिकहि वेद बखानी।।
कोमलचितनवनीतसमाना। तपन न सह्यदयावशआना।।
द्रवित होत लखि हानीतापा। रहै न ताकौआपनआपा।।

अम्बे कृपा कटाक्ष करि, करहु अविद्या छीन।
पावहुँभगति सरूप शुचि, असमतिपरमप्रवीन।।

गज कौ फंदछुड़ायौ छन में। हरीरूप व्यापक कनकन में।।
फारि खंभ नरहरि बन आई। तुही मात वत्सल सुखदाई।।
शिव हरि विधि तेरे ही रूपा। कबहु नारि कबहू नर रूपा।।
तुम तौ रूप भेद ते न्यारी। कहै न कछु मतिअल्प हमारी।।
जड़चेतन में सकल समाई। कलप कलप अवतार धराई।।
निज इच्छा आधीन सरूपा। घटघट प्रकट ज्ञानमय रूपा।।
ज्ञान बिना नहिं साधनदूजा। ज्ञान एक सम्बल शुचिपूजा।।
हरै अविद्या माया मोहा। काम रूप दम्भ मद कोहा।।
सोइ ज्ञान तवकरुणासम्भव। होत अन्यथा सदा असम्भव।।
जहाँ ज्ञान उपशम कों पावै। छन में अमरितभींजत न्हावै।।
प्रकटै भक्ति विमल सुखदाई। जानौ तब करुणा बरसाई।।
सबविधिसुगतिसिद्धिसो साँची। यहै रीतकिरपा करिबाँची।।
बिसरतदेहभान तत्काला। प्रतिछन प्रफुलितभयौ निहाला।।
यहै कृपाकरि अब वर दीजै। आपनकर अपनौ करिलीजै।।

मंगल मूरत मातु उर, शिशु पर धरत सनेह।
हरित धरा भींजत रही, जब जब बरसै मेह।।

688

राजपीठनिवेशितनिजाश्रिता

माता अपने आश्रय में रहने वालों को राजगद्दी (सर्वोच्च आसन) प्रदान करने वाली हैं। वह चाहे संसार का वैभवपूर्ण राज्य हो अथवा योगियों का आध्यात्मिक उच्चस्थान क्योंकि योगी भी किसी सम्राट से कम नहीं होते हैं।

कोष भरे धन धान्य सों, गज बाजन के झुंड।
निर्झर सरिता बागबहु, अमियस्वाद जलकुंड।।
भूमि भोग साधन बहुल, रिपु विहीन सम्राट।
जा पर करै कृपा अहो, ताकौ भाग्य विराट।।
भावभगति साम्राज्य है, अकथ, अमोल महान।
जो श्रीपदआश्रय गहै, रखें भगति कौ मान।।
सर्व समर्पित साधु चित, होय कहूँ नहिंछीन।
तिनकों   श्री माता करें, राजपीठ आसीन।।

राज्यलक्ष्मी कोशनाथा चतुरंगबलेश्वरी।
साम्राज्यदायिनीसत्यसन्धासागरमेखला।। 135 ।।

689

राज्यलक्ष्मी

राजराजेश्वरी भक्तों के हृदय की राजलक्ष्मी हैं जहाँ लक्ष्मी का निवास होता है वहाँ दुख दरिद्रता दूषण, दुर्भाग्य, दीनता कभी हो ही नहीं सकती। माता अपने भक्तो को दुर्गति से बचाकर सौभाग्य प्रदान करती हैं। वे सम्राटों कें द्वारा भी पूज्यनीय हैं बल, विक्रम, दण्डनीतियुक्त न्याय, कोष, धनसम्पदा, युद्ध में विजयश्री को पाना, तेजउत्साह, अदम्य धैर्य ये सभी गुण जिस राजा में होंगे वही अपनी राजगद्दी को संभाल पाने में सक्षम हो पायेगा। माता रज्यलक्ष्मी के रूपमें भी पूज्य हैं)

भगत हृदय साम्राज्य की, आप लक्ष्मी एक।
दुख दारिद दुर्गति हरै, दूषन मिटें अनेक।।
ओज पराक्रम वीर्य बल, दुर्दमनीय उछाह।
वैभव राजोचित मिलें, तासुकृपा नहिं थाह।।

690

कोशनाथा

कोशों की स्वामिनी भी आप ही हैं। मनुष्य शरीर में अन्नमय, प्राणमय, मनोमय, विज्ञानमय और आनंदमय कोश हैं। माता प्रत्येक जन्म में साधक का हित ही साधती हैं। उसे अपनी

भक्ति प्रदान कर आगे बढ़ते रहने की सत्प्रेरणा देतीं हैं यही ऊर्जा उसे चैतन्य पथ की ओर अग्रसर करके अपने लक्ष्य तक पहुँचाती है। इसके अतिरिक्त संसार में और भी कोश हैं सोना, चाँदी, रत्न, धनधान्य शस्त्र आदि ये सभी सम्पदायें माता की कृपा से मिलती हैं किन्तु योग उपासक का कोश तो इन सबसे निराला है भक्ति के अतिरिक्त साधक किसी भी पदार्थ को महत्व ही नहीं देता क्योंकि इन सबकी एक परिधि है किन्तु भक्ति असीम फलदायिनी हैं, उसका कोश तो अपरिमित है।

जीव देह के कोश हैं, कहें ज्ञानि जन साँच।

अन्नप्राण विज्ञान मन आनंद मिलि के पाँच।।

कर्मगतिन आधीन तन, चलै आपनी रीति।

साधकहित साधें सदा, यही मात की नीति।।

स्वर्णरतनधनधान्य बहु, शस्त्रअस्त्र के कोश।

अम्ब कोशनाथा तुम्हीं, देत रहीं परितोष।।

सर्वोपरि है कोश, विमलभगति अरु ज्ञान कौ।

जासों गहि सन्तोष, तुच्छ पदारथ चार हू।।

691

चतुरंगबलेश्वरी

युद्ध में ओज, तेज, बल, पुरुषार्थ, अदम्यसाहस, उत्साह, आत्मविश्वास, कुशलनीति, चतुरता, धैर्य और कूटनीति आदि सभीगुण उस भवानी की दया दृष्टि से ही सम्भव हो पाते हैं। फिर चाहे वह युद्ध संसार में लड़ने वाले राजाओं के द्वारा हो या फिर व्यक्तिगत रूप में अपना जीवन संग्राम हो। चतुरंगिनी सेना में हाथी, घोड़ा, रथ और पैदल सेनाओं की शक्ति और इनके सेनापतियों का कुशल संचालन होता हैं। भवानी युद्ध के जितने भी संसाधन हैं उन सबकी अधिष्ठात्री हैं। इसीलिये इन्हें चतुरंग बलेश्वरी कहा गया है। मनुष्य के शरीर में भी उनकी चतुरंगिनी सेना का बल है जिसकी चार अवस्थाये हैं जाग्रत, स्वप्न, सुषुप्ति और तुरीय अवस्था जो माता के बल से ही गतिशील होतीं हैं।

जाग्रत स्वप्नसुषुप्तिअरु, हैं तुरीय मिलि चार।

इन सब में बल आपकौ, जीवन की आधार।।

सैनिकगज रथबाजमिलि, चतुरंगिनिसेनाबनीं।

सबकोंजोबलदेत है, महाबलेश्वरि बन धनीं।।

692

साम्राज्यदायिनी

सांसारिक सुख, देवताओं का सुख, मोक्ष का सुख आदि सभी प्रकार के सुख भक्ति से रसमय साम्राज्य के आगे बौने लगते हैं। कर्मानुसार भगवती भाँति भाँति के सुख और साम्राज्य को देती है किन्तु अपनी कृपा का अखण्ड अक्षत राज्य तो अपने लाढ़ले भक्तों को ही देती हैं। बरसात की जल बिन्दुओं को पकड़ कर आकाश पर चढ़ पाना जिस प्रकार असम्भव है उसी प्रकार शरणागति पाये बिना रसमय भक्ति का साम्राज्य भी असम्भव ही जानना चाहिये।

सप्त खण्ड भू के भवन, भोगविभव की खान।

षड्रसभोजनस्वादमय, कर को सकतबखान।।

पावत कोउ न तृप्ति हू, करकर जतनउपाय।

भोगरोगकारकसकल, अन्त गिरत निरुपाय।।

विशदराग रसभोग सब, भौतिकसुख के मूल।

दर्पन लिये दिखातमुख, काल मसानहिंकूल।।

भव्यभोग गजपीठ पुनि, चामर ढुलत सिहाय।

सज सुगन्धश्रृंगार बहु, कितनहु लेहु बनाय।।

झकझोरत तन डार कों, काल झकोरा देय।

तहुँ न तृप्ति तृष्णा भरै, हरै न मतिभ्रम हेय।।

नरतनदुर्लभ अमर नहिं, काहे सुधि बिसराहि।

अमियचखत अक्षय बने, ते न अमरपद पाहिं।।

कल्पआयु सुरलोक की, अप्सरि कल्प लतान।

पाय संपदा दैव की, देंय शाप वरदान।।

राग द्वेष भय दंभ मिलि, उपजें भोग कषाय।

हन्तभागि ते देव हू, कालविवश निरुपाय।।

कहौ कहा तपदानजप, ज्ञानहवन सर न्हान।

बिनशरणागति के गहे, सुफल न होतमहान।।

हैं ये सब भ्रम मात्र ही, बारिद बूँद समान।

बूँदपकरि चढ़िपात को, जायगगनलगियान।।

रे रे मन सोचतवृथा, तपसिन जोगिन सिद्ध।

पोथिन के आखरपढ़त, जिन दीठीमतिगिद्ध।।
अहंकारमय ज्ञान जो, जानै कछू न और।
शुष्क ज्ञान कौ होत है, दम्भ लेप ही ठौर।।
मिलतजिन्हें अपवर्ग, पावत ते सुखराशि हू।
तृणसम तिनकोंस्वर्ग, तहूँन रसमयकोष है।।
मुक्ति जन्म माँगतजहाँ, परी पलोटत पाँय।
सोतौसुखसाम्राज्यहै, काकहि सबद बताहिं।।
सरसै छवि लावण्यमयि, त्रिभुवनमोहिनिरूप।
बरसि सुधा सस्मितवदन, नितआनन्दअनूप।।
नाम गान गम्भीर धुनि, सागर गूँज समाय।
ज्योंज्योंउतरतगहनअति, त्योंत्योंप्रकटतजाय।।
गुन प्रकटत गुनगान ते, हरै विपद कीखान।
मिलत सम्पदा नेह की, रंकहु भूप समान।।
या सुख केसाम्राज्यकों, ललचावें सुर देख।
कब पावहिं नरतन अहो, खेंचै विधनारेख।।
करत समर्पण एकछन, मिलततुरतसाम्राज्य।
जाकौंयाचतसुरसकल, मानस्वर्गसुखत्याज्य।।
परमसुखद सौभाग्य है, माँगत भाव विराट।
चिरनिधि वैभवखान है, बनत भगतसम्राट।।
जेहितरलागततुच्छअति, स्वर्गमोखवयकल्प।
अस साम्राज्यप्रदायिनी, करत नदेरी अल्प।।
अतिदुर्लभवरदान, मिलतजाहिकीशरणगहि।
अनत नहैकहुँत्राण, सुखसाम्राज्यप्रदायिनी।।

693

सत्यसन्धा

सच्चिदानंद स्वरूपिणी माँ की साधना सत्य के द्वारा ही की जा सकती है। शिव स्वरूप के साथ आनंद की उमगती गंगा जी की त्रिलोक पावनी धारा के समान माता भी सत्य में ही निवास करतीं हैं। मनसा वाचा कर्मणा जो सत्य का ही अनुरण करते हैं वे ही उस पथ की ओर अग्रसर होने का साहस कर पाते हैं। पूरे ब्रह्माण्ड को अपने सत्य स्वरूप के बल पर धारण किये हुए हैं। सृष्टि, स्थिति, प्रलय का क्रम भी वही सत्यशीला महाशक्ति

करतीं हैं। प्रत्येकजीव में उनका वास भी सत्य ही है और यह दृश्यमान संसार भी उसी सत्य से भासित हो रहा है।

सत्य अखण्ड ज्ञान सों सोहै। ब्रह्म स्वरूपा नित्या जो है।।

सत्य सत्य शिव रूप अपारा। आनंदगंग जहाँ शुचि धारा।।

सत्य ज्ञान निजरूप जनावै। अनत न कोउ जतन सों पावै।।

छल आडम्बर कपट अनेका। कबहु न पावत ताकी टेका।।

निर्मल मन बानी शुचि जाकी। साँची भगति प्रेममयि ताकी।।

सत्य रूप धारइ ब्रह्माण्डा। रचत सृष्टि अरु प्रलयप्रचंडा।।

सत्य रूप सबघट बसि सोहै। निजरूपहि निजमोहनि मोहै।।

सत्यरूप भासत जग नाना। ता बल ही कर अनुसंधाना।।

साँची सत्ता सत्य की, साँची ताकी गैल।

बनै सोइ साँचौपथिक, जाकेमननहिंमैल।।

694

सागरमेखला

वसुन्धरा माता की जीवन्त मूर्ति हैं। धरती में धैर्य ही गुण विशेष समाया है। जो सब जीवों को उत्पन्न करतीं हैं धारण करतीं हैं उनका पालन करतीं हैं। धरती माता का श्रृंगार करना जीव मात्र का कर्तव्य है।ये हमारी माता हैं। पर्वतों का मुकुट नदियों के हार सरोवरों के कंकण हरी भरी वनराजि की ओढ़नी शष्य श्यामला वसुन्धरा का श्रृंगार ही तो है। खगवृन्दों का कूजन मानों घुंघरू बज रहे हैं और समुद्र करधनी की भाँति शोभाायमान है।

रजत मुकुट हिमवान कौ, धरें हरितपरिधान।

कंठाभरण बनीं सरित, तानत व्योम वितान।।

रत्नाकर की मेखला, बाजत ध्वनि गम्भीर।

धरारूपिणी मात हैं, जिनकी मति अतिधीर।।

दीक्षिता दैत्य शमनी सर्वलोकवशंकरी।

सर्वार्थदात्रीसावित्रीसच्चिदानंदरूपिणी।। 136 ।।

695

दीक्षिता

अमर कथा इसकी प्रमाण हैं कि परम गूढ़ज्ञान के धन को देवाधिदेव आदिशक्ति को ही सौंपते हैं वेद, तंत्र और पुराणों में पार्वती जी की जिज्ञासा और शिवजी के द्वारा समाधान के अनेकों उदाहरण हैं जो पवित्र स्तोत्र बन कर हिन्दू धर्म के प्राण और आस्था के आयाम बने हुए हैं।

ज्ञानमयी दीक्षा गहें, परम गुरू शिव मान।

शिवलीला की सहचरी, हैं शिवरूपसमान।।

हैं अनेक साखी बने, आगम निगम पुरान।

शम्भुभवानी के कथन, जिनकेहोत प्रमान।।

696

दैत्यशमनी

दुर्दान्त दैत्यों को मारने वाली दुर्गा माँ ही हैं ये दैत्य दो प्रकार के हैं एक तो वे मानसिक अवगुण जो साधना मार्ग में बाधा पहुँचाते हैं जैसे अपस्मार (मिथ्या दम्भ को भी सही ठहराना) क्रोध, विवेक हीनता, लोभ, रागद्वेष, काम आदि दूसरे प्रकार में समय समय पर जो असुर दानव हुए हैं महिषासुर, रक्तबीज, शंभु, निशंभु आदि को देवी ने ही मारा है। माता आतताइयों का हनन और भक्तों की रक्षा करने, दुर्गति से बचाने में तत्पर रहती हैं।

अहंकार अज्ञान अघ, मन के विषयविकार।

भांडासुर है देहगत, दानव   अपस्मार।।

दुर्गति दुर्गम दैन्यअति, आधि व्याधिकेफंद।

दुसह   वेदना मेंट कें, काटत   दुर्ग द्वन्द।।

रक्तबीज   महिषासुरहु, शुंभ निशुंभन संग।

हनेंविकटरिपुचंडिका, चढ़त रह्यौ रणरंग।।

काट काट खट् खड्गसों, बाजतघंटानाद।

तुमुलघोष रणमत्तमद, केहरि करतनिनाद।।

सूल चाप शर परिघ लै, बन उमंत प्रचंड।

सिंहचढ़ींरणचंडिका, राजत कर जमदण्ड।।

पाश शंख ध्वनि घोररव, फिरै सुदर्शनचक्र।
प्रलय वात सी जब फिरें, हुंकारें भ्रू वक्र।।
विस्फारितलोचन लखत, झपेंसूर्यअरु चन्द्र।
लपलपातजिव्हातहाँ, उठरहिं ज्वालअमंद्र।।
गट्गट्गट्गट्गट्गटक, सोमासव करपान।
रौंदत हैं नरमुंड बहु, करकें सर संधान।।
धरती अम्बर डोलते, फणिधर होत अधीर।
तुमुलघोषरव सों जहाँ, फटींदिशायें चीर।।
अहो भयानक भैरवी, भद्रकालिका रूप।
दैत्य दमनि दुर्दान्तिका, दुर्दमनीय सरूप।।

697

सर्वलोकवशंकरी

स्वाधीनवल्लभा भुवनेश्वरी गुणातीत, कालातीत भगवान शिव को भी अपने आधीन कर सकतीं हैं तो फिर सृष्टि उनके आधीन हो इसमें कोई आश्चर्य की बात ही नहीं है। जो कुछ है भविष्य में जो भी होगा वह सभी कुछ उनकी मर्यादा की डोर से यन्त्रवत बाँधा हुआ ही हैं। इतना होने पर भी वे अपने आराधक की सदैव सहायता करती हैं। इसे उनका पक्षपात न समझकर ऐसा मानना चहिये कि वे भाव को ही परखती हैं। समर्पण को निष्फल नहीं होने देतीं फिर कोई भी वस्तुदुर्लभ नहीं हैं क्योंकि वे दयामयी अपने भक्त के मनोरथ को पूर्ण करने के लिये अपने आपको ही उसके हृदय में चिरप्रतिष्ठित कर देतीं हैं।

परम विरागी शिव सदा, रहें जासुवश नित्य।
भव की प्रियाभवानि के, को कहिपावै कृत्य।।
ताके ही आधीन हैं, सकल लोक कौ तंत्र।
एक मंत्र मानौ यही, भुवनेश्वरी स्वतंत्र।।
साधक साधें साधना, पावत फल अनमोल।
मिलैसाध्यसान्निध्यजब, कहिनसकेंकछुबोल।।
जाके सब आधीन हैं, ताकी रीत नवीन।
भावभगति वश मात भइ, भक्तन के आधीन।।

698

सर्वार्थदात्री

महायोगनिलया अपने साधक की भक्ति से प्रसन्न होकर सभी मनोरथों को पूर्ण करती हैं। जो सच्चे मन से अपने आपको समर्पित करता हैं उसे चारों पुरुषार्थों की प्राप्ति होती है किन्तु जो अपने हृदय में अपनी आराध्या को प्रेम पूर्वक विराजमान करता है उसके सौभाग्य की तो कहीं तुलना ही नहीं है। इष्ट से भक्ति न माँग कर अन्य वस्तु माँगने वाले बंचक ही होते हैं इसलिये माँ से मंगलमयी साधना माँगना ही चतुराई है।

पूजहिं जो नित मनसा वाचा। तिनकौ होत समर्पनसाँचा।।

करतल चार पदारथ पावें। सबविधि साधनसफल बनावें।।

मगनमनोरथ पावत नीके। तिनकों लगें जगतसुख फीके।।

चितचिन्तामणि चारुजहाँपै। उदितज्योत्सना नवलतहाँ पै।।

चिन्मयरुचिरभावमयनयना। अस्फुटअधरकहहिं कछुबयना।।

मातु मोहि दीजे फल ऐतौ। हृदयकमल खिल पावै जेतौ।।

नित्य नवीनमोदफल पाऊँ। पावत किरन तिमिरविलगाऊँ।।

तव आभामण्डल उर राजै। आप सरिस श्री आप विराजै।।

वरदायिनि ऐसौ फल दीजै। हाथ उठाइ सरन गहिलीजै।।

असनिधिछाँड़ि लेंयजोभिन्ना। ता सम अपरनकोऊखिन्ना।।

जनम जनम अघ कोटि नसावै। एकमेव शरणागति पावै।।

पाहिपाहि जननी रखलाजा। सिद्धकरहु जनके सबकाजा।।

भावसुगीत सुगन्धशुचि, परिमल रम्यबतास।

चिरनवीनसौरभ फरै, मनमधुवन की आस।।

699

सावित्री

मंत्रों में ज्ञान के सूर्य को प्रकाशित करने की सामर्थ्य जिनसे आती है वे वेद माता गायत्री ही हैं उन्हें ही सावित्री भी कहते हैं। मंत्र प्रभावशाली होते हैं, इष्ट की मूर्ति को धारण करने की क्षमता भी मंत्रों में है। **मंत्रमूर्तिर्भवेत्बुधः** अर्थात् मंत्रों को धारण करने वाला भी मंत्रमूर्ति हो जाता है **देवोभूत्वादेवंयजेत्** जो ज्ञान रूप में हमारे भीतर हैं वे ही प्रकट रूप में

452

बाहर भी हैं सूर्यदेव में भी उनका प्रकाश है वह भी माता सावित्री का ही रूप है। तत्सवितुर्वरेण्यम् मध्यान्हकालीन सन्ध्या में सावित्री नाम से गायत्री उपासना की जाती है।

जो निज बल ते सूर्य कों, देत रहीं आलोक।

वेदमातृ सावित्रि हैं, निज उर माँझ विलोक।।

गायत्री   सावित्रि अरु,सरसुति   हैं त्रय नाम।

मंत्रजपत साधें बटुक,करतिहुँ काल   प्रनाम।।

700

सत्चितआनंदरूपिणी

सच्चिदानंद स्वरूपिणी पूर्णसनातन ब्रह्मस्वरूपा के कारण सबका अस्तित्व है। उनके ही कारण चैतन्य आभासित होता है और उन दयामयी की कृपा से ही भक्ति की अनमोल निधि उसके प्यारे भक्तगण पाते हैंतभी सच्चे आनंद का अनुभव होता है।

सत्कारण सबकौ अहै, चित भासै चहुँओर।

उदित अर्क आनंद कौ, होत नित्यनवभोर।।

रहें नखत गन   तेजमय, लहै चेतना जीव।

जाके चेतन   रूप सों, होवै विश्व सजीव।।

ध्यान धरें सब एक ही, पावें सुख आनंद।

जाकी   जैसी   धारणा, तैसी   गती अमंद।।

उदित होय सौभाग्यजहँ, छीनहोंय सबपाप।

मिटैंकलुष तमअघ तहीं, प्रकटै आनंदआप।।

सो सत चित आनंदघन, पूरन पायौ   प्रेम।

धन्यधन्य ता घट दिपै, ज्योंसुकान्तिमयहेम।।

देशकाल परिच्छिन्ना सर्वगा सर्वमोहिनी।

सरस्वती शास्त्रमयी गुहाम्बा गुह्यरूपिणी।। 137।।

701

देशकालपरिच्छिन्ना

कहहु सो कहाँ जहाँ प्रभु नाहीं। हर समय हर स्थान पर माँ विराजमान है। कोई कहीं भी पुकारे यदि प्रार्थना में आतुरता, स्वभाविकता, कातरता, सच्चा प्रेम और श्रद्धा है तो वह बिना देर किये शीघ्र ही प्रकट होतीं हैं।

सकल ठौर सब काल में, प्रकट होत बलवान।
देश काल सों भिन्न नहिं, ऐसी ताकी आन।।

702

सर्वगा

चैतन्यराशि की अगम गति का कोई पार नहीं पा सकता वे बाहर भीतर ब्रह्माण्ड में और ब्रह्माण्ड के बाहर भी सदैव गतिमान ही हैं उन्हीं के कारण चाहे हमारे प्राण हों हृदय की धड़कनें हों या सूर्यचन्द्र आदि नक्षत्र हों कालचक्र की अनवरत गति हो या हमारे जीवन की सावधि गति हो एक यन्त्रवत् निरन्तर चलायमान रहतीं हैं।

चिन्मय चेतनरासि, गतिशीला दुर्गम गती।
रे मन नित्यउपासि, प्रगतिदेंयजोकरिकृपा।।

703

सर्वमोहिनी

भगवती की सम्मोहिनी शक्ति अप्रतिम है। असुर तक मोहित हो जाते हैं उनके लावण्यमय रूप पर निशम्भु शम्भु युद्ध करने से पूर्व देवी की सुन्दरता पर मुग्ध हुए बिना रह ही न पाये। तो फिर भक्त मोहित हो जायें इसमें आश्चर्य की बात ही क्या है ?

त्रिभुवनमोहिनि रूप सों, बिसरै आपौआप।
भये चराचर मोह वश, सम्मोहन परताप।।

सुरासुरन मोहित करें, मन्दमधुर मुसकान।
असुरन की सेना ठगी, भूलतअपनौभान।।

704

सरस्वती

वीणापाणि वागेश्वरी वाणी माँ का सौम्य स्वरूप है। अज्ञान के अन्धकार को जो दिव्यज्ञान के प्रकाश से दूर करतीं हैं। अविद्यामूलक जड़ता को मिटाकर लौकिकविद्या ललितकलाऐं, साहित्य, वार्ता (दण्ड, न्याय, वणिज्य जिन्हें त्रयीनाम से भी जाना जाता है) और अलौकिकज्ञान (पराविद्या, योग, आध्यात्म, वेदोपनिषद आदि) ज्ञान की सभी विधायें माता सरस्वती की कृपा से ही सम्भव है। माता का यह सौम्यरूप श्वेतपरिधानयुक्त शुभ्रकमलासीन हंसासनारूढ़ा वीणा, पुस्तक, अक्षमाला, और अभय मुद्रा वाला है। महासरस्वती, महालक्ष्मी और महाकाली ये तीनों ही रूप माता भुवनेश्वरी के ही हैं।

शुभ्र धवलद्युति धारिणी, श्वेताम्बर परिधान।
सुस्मित सित पद्मासना, देंय अभय वरदान।।
वीणा पुस्तक धारिणी, नाद सुरन संधान।
हरत अविद्याकौकलुष, सौम्यरूप कौ ध्यान।।

705

शास्त्रमयी

चाहे लौकिक विद्या हो या अलौकिक विद्या सभी कुछ माता की ही प्रेरणा से प्रकट रूप में मिली है। शास्त्रों को प्रमाण सम्मत माना गया है। माँ के ही अंगो से ही चौंसठ कलाऐं विज्ञान, वेद, आयुर्वेद, धनुर्वेद आदि का प्रादुर्भाव माना गया है। सरस्वती भी उनकी जिव्हा से प्रकट हैं। वे ही सर्वशास्त्रमयी हैं।

वाङ्मयी श्रुति रूप ज्ञानमय प्रज्ञा बानी
सद्शास्त्रन कौ सारउपनिषदवेद बखानी
नीतिदण्ड अरु न्याय लोकमर्यादा ठानी
चौंसठकलाविधान गीत औ काव्यकहानी
तंत्र मंत्र कौ रूप यंत्र में प्रकट भवानी

पराअलौकिकज्योतिसक्यौनहिं कोऊजानी
शास्त्रमयी कौ रूप सदाही विज्ञ बखानी
जो पावै सो होत धन्य किरपा वरदानी
जासों शास्त्रप्रकटभये, चौंसठकलापुराण ।
विद्याधन के तंत्रसब, वेदन मिले प्रमाण ।।
विद्या ब्रह्मस्वरूपिणी, बोधप्रदायिनि नित्य ।
गूढ़गिराप्रकाशमयि, हररहिं भ्रान्तिअनित्य ।।
माला पुस्तक धारिणी, वरदे वीणापाणि ।
हंसासनि वागेश्वरी, नमहुँ गिराकल्याणि ।।

706

गुहाम्बा

'गुह' स्वामी कार्तिकेय का नाम हैं भगवती स्कन्द माता हैं वे ही गुह की अम्बा हैं। इसके अतिरिक्त 'गुह' गुहा या गुफा को भी कहा जाता है। साधकों की हृदयस्थ भाव की गुफा ही अत्यन्त गूढ़धन का एक मात्र सुरक्षित स्थान हैं। जिस भाव की गूढ़ता को बड़े बड़े ज्ञानी प्रकट नहीं कर पाते उसे भक्त हृदय सहज ही जान लेता है। किसी भी तीर्थ, मन्दिर, अनुष्ठानादि से भक्त का हृदय कम नहीं हैं।

कार्तिकेय गुह योगीश्वर देव सेनानी
अग्निनंदन गांगेय शिवप्रियसुत ज्ञानी
षडानन उत्फुल्लगती स्कन्द प्रतापी
शिखिध्वजीकुमार धरा केकीचढ़िनापी
तारिकारि हे उमासुत, गणपति अग्रज आप ।
जिनकी अम्बाआप हैं, हरत त्रिविधिभवताप ।।
गहनगुहा जो ध्यान की, योगिनहृदयप्रसिद्ध ।
तहाँ गुहाम्बा सत्य ही, नित्य भवानी सिद्ध ।।

707

गुह्यरूपिणी

जिसे कहकर न तो समझाया जा सकता है ना ही जिसको चिंतन या ज्ञान के द्वारा पूर्णरूप से जाना ही जा सकता हैं किन्तु उसे भक्त अपने भाव की सीप में उसी प्रकार छिपा लेतें हैं कि मोती की चमक सीप में आभा भी भर दे फिर भी मोती छिप कर भी

456

यानी उसी के भीतर रह कर भी अलग ही रहे भक्त अपने आराध्य को पा भी लेता है फिर उस भेद को भी नहीं खोल पाता जिस प्रकार उसने अपना भाव जगाया हैं भाव की सीप गुप्त रखने के लिये ही है। **सो जानै जेहि देहु जनाई। जानत तुम्हहिं तुम्हइं होइ जाई।।** मानसकार ने यह सत्य ही कहा है।

मिटै द्वैत आभास जहँ, गुह्यगुहा सो जान।

भाव सीप मोती ढँकै, गोपनीय पहचान।।

दिपें दिशादशजाहि सों, तेजराशि कों पाय।

हृदयगुहाअतिगूढ़ जहँ, जतनहिंदेहु छिपाय।।

नयन भये अन्तर्मुखी, बानी राखत मौन।

फुरतरोम कछुकछु कहैं, अहोरूपअस कौन।।

परमसार कौ सार है, नाम गान कौ श्रेय।

गुह्यरूपिणी गुप्त अति, अनविद्य अपरिमेय।।

सर्वोपाधि विनिर्मुक्ता सदाशिवपतिव्रता।
संप्रदायेश्वरीसाध्वी गुरुमण्डलरूपिणी।। 138 ।।

708

सर्वोपाधिविनिर्मुक्ता

जो आद्या स्कन्द और गणेश जी की माता हैं, परमविरागी अवधूत योगियों के इष्ट महादेव जी की प्रिय पत्नी हैं भक्तों के हृदय में वात्सल्य पूर्ण मुस्कान की अप्रतिम प्रकाश युक्त मूर्ति हैं वे ही ब्रह्माण्ड की रचयिता और पंचपरमेश्वरों के ऊपर आसीन सभी प्रकार की उपाधियों से परे अनिर्वचनीया अप्रमेया हैं।

शिवहृदयेश्वरिशिवप्रिया, गुहगणेश की मात।

भक्तन की सर्वेश्वरी, नमहुँ चरन नित प्रात।।

योगिन की आराधिका, करहिं अर्चना सिद्ध।

अनिर्वचनीया तुम्हीं, अविचल अनघ प्रसिद्ध।।

नहिंउपमा नहिंनामकछु, नहिंउपाधि कौ मान।

निरूपमएकस्वतंत्र श्री, पहुँच न पावत ज्ञान।।

457

709

सदाशिवपतिव्रता

शिवशक्ति की लीला उनकी ही इच्छा से होती है। शिवा महाकाल की महाशक्ति हैं। महाकाली अनेकों प्रकार से अपनी लीला करतीं हैं। वे शिव को पत्नी भाव से ही पूजती हैं। अर्धनारीश्वर रूप अद्वितीय है। पातिव्रत धर्म की मनोहारिणी महिमा पार्वती जी के तप की अनूठी उपाधि ही है।

शिव की प्रियभामिनी पुनीता। मानइ नित्यशिवचरनप्रीता।।

दुराराध्य तप कर्यौ भवानी। भई अपर्णा शिव सन्मानी।।

शिव समान नहिं दूजौ कोहू। श्रीमयरूप सदाशिव ओहू।।

पतिव्रत धर्म कायमनवाचा। भृकुटिभंग लखिकालहुनाचा।।

सबै नचावत एक भवानी। शिव सरूप महँ सदासमानी।।

परमाराध्य परमगुरु एका। जगतपिता शिव नाम अनेका।।

सदारहें शिवशक्तिअभिन्ना। ध्यावै जो न होयकहुँखिन्ना।।

पतिव्रतधरम सती की छाया।करै असम्भव सम्भव दाया।।

जगदाधार सदाशिवा, शिव तिनके आधार।

लीलामय वपुरूप सों, कर रहिं नित्यविहार।।

710

सम्प्रदायेश्वरी

श्रीविद्या का ज्ञान अपने आप में ही एक सम्प्रदाय है, जो भगवान शिव के श्रीमुख से निःसृत है जिसे ब्रह्माजी और विष्णु भगवान ने भी अपनाया और वर्णन किया है। शेषसनातन, नारद, दत्तात्रेय, दधीचिऋषि, अगस्त्य, लोपामुद्रा ने भी जिसका वर्णन संहिताओं में किया है। अत्यन्त गूढ़साधना का मार्ग जो दक्षिण पथ और वामपथ में विभक्त हुआ तांत्रिक, मांत्रिक और सिद्ध योगी जहाँ नत हुए वह शाक्तपंथ अपने वैभव में अद्वितीय सम्प्रदाय है, जिसकी अधिष्ठात्री आद्या भवानी ही हैं।

श्री विद्या श्री रूप है, ज्ञान पंथ सों एक।

सिद्धिसदन हैदिव्यवपु, साधकजन की टेक।।

हरिहर विधिसनकादिमुनि, प्रकटायौ सुप्रकाश।

शेष सनातन ब्रह्ममय, जानत सद्गुरु व्यास।।
आराधें श्रीपद कमल, नमन करें तिहुँ काल।
भगतिप्रिया सुखदायिनी, मुनिमन मुक्त मराल।।
दत्तात्रेय दधीचि ऋषि, रचीं संहिता सिद्ध।
बनीं कादि विद्या जहाँ, सम्प्रदाय सुप्रसिद्ध।।

711

साध्वी

माता सद्गति देने वाली सदा ही मंगल करने वाली हैं। शरणागत की रक्षा करना उनका साधु स्वभाव है।

सौम्यसुधा लावण्यमयि, साधु स्वभाव सुशान्त।
सदासुमंगलदायिनी, रहै न चित जहँक्लान्त।।
जाकी शरणागति गहे, लहैं साधु जन त्राण।
दयाद्रवित दृग रससुधा, करै पुष्ट तन प्राण।।

712

ई

जिस प्रकार अक्षराणाम् अकारोऽहं में अक्षर ब्रह्म का बोध होता है उसी प्रकार 'ई' प्रकृति का ही सम्बोधन समझना चाहिये। उस अव्यक्त को उसी की इच्छा से व्यक्त करने के लिये महामाया पराशक्ति ही हैं। जिसे तंत्र में काम (वामकेश्वर तंत्र के अन्तर्गत योगिनी हृदय में शून्याकारा तुर्यरूपा ज्ञानातीता स्फुरणशीला बिन्दु रूपा बताया है जो ज्ञान के प्रकाश का यथार्थ स्वरूप है। यही ब्रह्माण्ड की स्रष्टा हैं) कहा गया है।

ओंकार शिवरूप ज्यों, त्यों ई शक्ति सरूप।
मातृशक्ति धाता बनीं, पालत सृष्टि अनूप।।
निर्विकल्पनिरुपाधि जो, निरुपमब्रह्मअनादि।
तिनकी हू आधार हैं, 'ई' सर्वेश्वरि आदि।।
है अव्यय अक्षर अनघ, ब्रह्म सरूप अकार।

'ई'सम्बोधनप्रकृति कौ, जो सबकी आधार।।
व्यक्त करै अव्यक्त कों, मायाश्रित रच रूप।
लीला की सहचरिबनीं, अप्रकटप्रकटसरूप।।

713

गुरुमंडलरूपिणी

मंत्र दीक्षा के द्वारा ज्ञान और साधना का मार्ग आदिकाल से चलता आ रहा है
सदाशिवादिमारम्यभैरवाचार्यमध्यगामृअस्मादाचार्यपर्यन्ताममृवन्देगुरुपरम्पराम्।।
गुरु मंडल में माता ही परमगुरु हैं यह निर्विवाद सत्य है। वे ही ईश की भी ईश्वरी हैं।

आदिगुरू शिव शक्ति ही, भैरव मध्यम जान।
देवें दुर्लभ ज्ञान जो, सो गुरु तृतीय प्रमान।।
मातपिता गुरु मान कें, मिलैं अभयसुख योग।
जीवनसार्थक सर्वविधि, सफल ताहिकौ होय।।

कुलोत्तीर्णा भगाराध्या मायामधुमती मही।
गणांबा गुह्यकाराध्याकोमलांगी गुरुप्रिया।। 139 ।।

714

कुलोत्तीर्णा

जो ज्ञानातीत और इन्द्रियातीत है। तंत्रशास्त्र में इन्द्रियों को कुल कह कर सम्बोधित
किया है। जो ज्ञानातीत है वह भला इन्द्रियगोचर कैसे हो सकता है? ज्ञान तो केवल
साधना का मार्ग ही बनाता है। साध्य तो अपनी कृपा से ही साधक को मिलता है केवल
ज्ञानी होने से या बलपूर्वक हठ करके केवलमात्र इन्द्रियों को हठात् रोक कर कोई भी
उसे पाने की अभिलाषा भी नहीं कर सकता भक्तिभाव से सरलता पूर्वक उसे अपने हृदय
में साधक प्रतिष्ठित कर सकता है ज्ञान की शुष्कता या इन्द्रियों को बलपूर्वक रोकना व्यर्थ
ही है।

कुलइति इन्द्रियतत्त्वउचारा। अनुभव विषय सरससुखसारा।।
लखै सुने परसै मुख चाखै। सूँघत सिहर बानि पुनि भाखै।।

इच्छारत कर्मन आधीना। मति संकल्प विकल्प प्रवीना।।

जब संकल्प उठत मन केरे। कर्म वर्तुलाकार घनेरे।।

टिकत न कहूँ सदामनभाजै। भोगनविरत न होय न जागै।।

मन बानी जो कहि न बखानै। सो इन्द्रियातीत कहि जानैं।।

जो न नयन कौ विषय कहूँ पै। ज्ञानदृगनकी पहुँच तहूँ पै।।

दिव्य चक्षु दीठी सो पावै। ज्ञान जोति तस ठाँव पठावै।।

तब ही बनै योग आधारा। सो सुयोग संयोग अपारा।।

चिन्मयचिदाकाश चिद् रूपा। चारु चिरंतन रुचिर सरूपा।।

अगम अगोचर जो सदा, ज्ञानातीत पुनीत।

आनंदमूरत अतिविरल, अनुभव तासु सुगीत।।

कहैं ज्ञानिजन ज्ञानकुल, अपर तंत्र तन मान।

तन महँरहि तासों परे, कुलोत्तीर्ण तस जान।।

715

भगाराध्या

विश्व के प्रत्यक्ष देव भगवान सूर्यनारायण ही हैं। जहाँ त्रिदेव हैं जो तीनों लोकों को प्रकाश और जीवन देने वाले हैं। देवी के तेज से ही सूर्यमंडल तेजवान हैं सूर्यअर्घ्य देकर सूर्यदेवता की पूजा माता की ही पूजा है।

सविता मण्डल मध्य रहि, भासै भुवन प्रकास।

सूर्यअर्घ्य जो देंयनित, फलै सकल मनआस।।

716

माया

सत्य को ढकने वाली ही माया है। यह ईश्वर की महाशक्ति है। इसी के आधीन प्रकृति के कार्य होते रहते हैं। ज्ञान द्वारा मायापट को हटा कर ही ब्रह्म और जीव में अभेद हो पाता है। समस्त ब्रह्माण्ड माया के आधीन हैं किन्तु माया मायापति के आधीन है। इसीलिये ईश्वर को मायापति कहते हैं महामाया उनसे भिन्न नहीं हैं। उन्हीं की शक्ति हैं।

माया रचै विचित्र विधाना। स्वप्न जगत के तनहिं विताना।।

सघनजलद आकृति सी भासै। कहूँनिबिड़ कहुँ घटाप्रकासै।।

कब भासै कब सिमटनसावै। ताकौ भेद न कछु कहि पावै।।

प्रकृति भ्रमत ताके बल नाचै। घट घट सूत्र ताहि के राँचै।।

यह तन मोर धाम धन साँचौ। कर्म तन्तु बुनबुन पट राँचौ।।

सत्य सत्य यह सत्य बताहीं। मायामय मन भ्रमत सदा ही।।

तपै थकै कहुँ उमगत फूलै। मनहि मान सत मन रहि भूलै।।

यहै महामाया हम जानी। जाहि न कहि पावै कछु बानी।।

जबैआँखियनमिटततरतौंधी। तब न होत कहुँ मतिगति औंधी।।

साधक साध्य भेद जब नाहीं। तब जानहु किरपा उपजाहीं।।

सूत्रधार नाटक रचै, नाचै नट बहु भाँति।

एकाकी बिचरै कहूँ, कहूँ बनें बहु पाँति।।

बनीं आवरण सत्यकी, स्वप्नसरिस है भान।

टारी टरै न जासु गति, ऐसी माया जान।।

717

मधुमती

योगशास्त्र के अनुसार योगी की चार प्रकार की अवस्थाएं होती हैं, इनमें चौथे प्रकार के वे हैं जो अतिक्रान्त शक्ति वाले मानव कहलाते हैं। ये दूसरों से श्रेष्ठ माने गये हैं। इनमें से जो ध्यान की अवस्था में सात प्रकार की भूमिकाओं का भी अतिक्रमण कर जाते हैं (आज्ञाचक्र के आगे सात ध्यान की सूक्ष्म बिन्दुओं को पार कर विशुद्ध उन्मनी अवस्था तक पहुँचना) वे ही मधुमती स्थिति को पा सकते हैं जहाँ पर देवी देवता और सिद्ध आदि दर्शन देते हैं, वरदान भी दे जाते हैं किन्तु इस अवस्था में मन की आसक्ति और प्रलोभन या गर्व की भावना शीघ्र पतन का कारण भी बन सकती है। इसलिये सच्चे योगी को सदा ही सावधान रहने की आवश्यकता को भूलना नहीं चाहिये। यह ध्यान की सर्वोपरि अवस्था है जिसका अनुभव करने के बाद साधक को कुछ भी पाना शेष नहीं रह जाता यही तारक का कारण भी है, यानी भवबाधा के समुद्र को तारने वाला अमोल ज्ञान ही तारक है। मधुविज्ञान की उपासना का ज्ञान अतिगोपनीय है और योग्य गुरु ही पात्रता को परख कर इसकी दीक्षा देते हैं। दूसरे अर्थ में सभी प्राणियों में माँ का मधुमय स्वरूप प्रतिष्ठित है। इसलिये उन्हें मधुमती कहा गया है।

ज्ञानज्योति की ओप सों, जगमग ध्यानकपाट।

खुलें द्वार सुखभवन के, अहो धन्य यह थाट।।

भगति नृत्य कर रीझरहिं, मुक्ति पलोटत पाँय।
अस अपूर्व आनंद कें, अनुभव योगि बताहिं।।
मधुमय मधुरस भींज कें, नयनन चषक भरात।
मिटत मोह मद मान सब, देहाध्यास दुरात।।
योगिन की हैं चार गति, सर्वोपरि अतिक्रान्त।
सप्त गतिन कों भेदकें, होंय न तनिकहुभ्रान्त।।
उर सुमनन मकरन्द, रसशेवधि सबविधि लसै।
खिलत चाह अरविन्द, प्रकटमधुमती मधुरतम।।
चिर मधुरितु कौ लास्य, ज्यों प्रानन में मदभरै।
तहँ मधुमतीउपास्य, रमि हिरण्यमयि विश्व में।।

718

मही

पृथ्वी स्वरूपा शक्ति समस्त संसार का पालन पोषण करतीं है। स्थावरजंगम प्राणियों को जीवन देती है। वसुन्धरा में जो जीवनी शक्ति है उसका मूल कारण जगदम्बा की आधार शक्ति ही है।

मही महा महिमामयी, शक्ति स्वरूपा मात।
पालैपोषै जो जगत, नमहुँ ताहि उठि प्रात।।

719

गणाम्बा

सम्पूर्ण ब्रह्माण्ड भगवान शिव का परिवार है। सबका पालन विश्वम्भर शिव और माता पार्वती ही करते हैं। गणों का अर्थ समूह भी होता है जो पूरे ब्रह्माण्ड के स्वामी हैं उनके लिये तो सभी समूह पालनीय ही होंगे चाहे वे देवगण हों या असुरगण अथवा मनुष्यगण, दूसरी ओर शिवगणों का विशेषभाव प्रतीत हो रहा हैं प्रमथ गणों के अधिपति गणेश जी ही हैं उनकी माता स्वयं आप ही हो।

प्रमथगणन केंअधिपती, गणपति हैं हेरम्ब।
सकलभाँति पोषें तिन्हें, माता गौरी अम्ब।।

विश्वम्भर शिव हैं पिता, अन्नपूर्णा मात।
सुह्रदसखाशिवभक्तहैं, स्वामीगणपतितात।।

720

गुह्यकाराध्या

कुंडलिनी की रहस्यात्मक शक्ति अतिसूक्ष्म रूप में मूलाधार चक्र में विद्यमान हैं जिसे जगाने की क्रिया गुरु द्वारा निर्देशित मार्ग से तभी सम्भव हो पाती है जब भगवती की कृपा का प्रसाद मिले। एक अन्य अर्थ में गुह्यक देव विशेष है जो स्वर्ग में रहते हैं उनकी भी आराध्या आप ही हैं।

गुह्य प्रान्त अतिगुप्त है, साधन कौ आधार।
जगै कुंडलिनीशक्ति जहँ, सो ही मूलाधार।।
स्वर्गलोक के देव हैं, गुह्यक जिनकौ नाम।
ते हू आराधन करें, करकें चरन प्रनाम।।

721

कोमलांगी

आपके कोमल मन में भक्तों के प्रति करुणा भरी है। स्वरूप से कमनीय कोमलता की कुंदन कांति झलकतीं है। आपके कोमल भाव को ही मानों सम्पूर्ण पृथ्वी ने अपने भीतर धारण कर लिया है तभी तो धरा धैर्य और मर्यादा से जीवों का पोषण करती है।

अतिकोमल सुकुमार, किसलय कोमलता गहें।
तनकमनीयनिहार, लाजत हैं किंशुक कमल।।
ह्रदय कमल मकरन्द, सुरभित पद्मपराग पद।
भृकुटि विलास अमन्द, देंय दृष्टिदान अभय।।
अभयदान दृगदीठि सों, जब करुणामय होत।
सो सुखराशी उर बसै, दिपै ज्ञान की जोत।।
नयनधार अभिषेक सों, धन्य जनम यह होत।
स्वर्ग मोख तृन सम लगें, आपनआपा खोत।।
यहै एक साधन सफल, पूर्ण लाभ छन माँहि।

उरआलय में जब बसें, सबसुधितबबिसराहिं।।

722

गुरूप्रिया

परमगुरु शिवजी की आप प्राणेश्वरी हैं। शिव आपकी समर्पित भक्ति से ही आपके वश में हैं। जिनके वश में सम्पूर्ण ब्रह्माण्ड है। ज्ञानयोग, क्रियायोग और भक्तियोग अपके ही कृपा प्रसाद से मिलता है।

आदि गुरु आराध्य शिव, अक्षर विद्या धाम।

शिवाशक्ति आराध्यकी, कर मन तासु प्रनाम।।

ज्ञानप्रभा योगहि रती, साँची शिव की शक्ति।

अनुरक्ती आराध्य की, जासों उमगत भक्ति।।

जाके वश हैं भुवन त्रय, सो वश तुमरे जान।

नमहुँ गुरुप्रिया संग शिव, दो देही इक प्रान।।

स्वतंत्रा सर्वतंत्रेशी दक्षिणामूर्तिरूपिणी।

सनकादिसमाराध्या शिवज्ञानप्रदायिनी।। 140 ।।

723

स्वतंत्रा

सब आपके आधीन हैं। चौंसठ तंत्र आपके ही द्वारा चलाये गये हैं। केवल आप ही इन सबकी परिधि से इतर हैं आपके ऊपर किसी का भी प्रतिबन्ध नहीं है।

चौंसठतंत्रन स्वामिनी, जो चलात सब तंत्र।

शासनकरसबपर सदा, एकहि मात स्वतंत्र।।

पराधीन सब तंत्र, तापर हैं आश्रित सकल।

एकहि सदास्वतंत्र, परमेश्वरि अक्षय सदा।।

724

सर्वतंत्रेशी

ईशी से अभिप्राय है ईक्षित यानी जो दिखाये अभिव्यक्ति कराये। आपके द्वारा ही ज्ञान का प्रकाश प्रकट होता है चौंसठ तंत्रों को भी आप ही दर्शातीं हैं। सभी तंत्रों और आगमाचारों में शिवशक्ति की आराधना को ही प्रधानता दी गई है।

सर्व तंत्र चौंसठ कल्याणी। नमहुँ एक मंगला भवानी।।

श्रीविद्या सोहै सब माँहीं। श्री बिन पूर्ण न कछू कहाहीं।।

किरन प्रभा रवि मंडल जैसे। श्री समात सब तंत्रन तैसे।।

श्रीप्रकाससबओरप्रकासै। श्री सों रवि शशि उडगन भासै।।

मंत्रमयी सब तंत्रन सोभा। श्री बिन तंत्र साधनन छोभा।।

पूरन फल पूरन सब यागा। होवै मति श्री पद अनुरागा।।

सकल तंत्र की एकहिटेका। शिव शक्ति के रूप अनेका।।

आगम निगम पुरानन गामें। शिव शक्ती के रूप समावें।।

जाके रश्मि प्रकाश सों, विद्या देय प्रकास।

चौंसठतंत्रन माँहि तव, है अभिन्न आभास।।

725

दक्षिणामूर्तिरूपिणी

पंचानन शिवजी ने दक्षिणाभिमुख से तंत्र शास्त्र का उपदेश भगवान विष्णु और ब्रह्माजी को दिया है। भगवती भी दक्षिणाभिमुखी मूर्तिस्वरूपा हैं। वे ही शिवजी के साथ सभी तंत्रों में समाई हुई हैं। तंत्र में उनके द्वारा दिये गये मंत्रों का भी उल्लेख है। उनके बिना त्रिदेवों की साधना भी अधूरी ही है।

दक्षिणाभिमुखि हौ शिवा,दक्षिणमुखि शिवरूप।

हरि विधि पावत ज्ञान तहँ,तंत्रशास्त्र अनुरूप।।

मंत्र फलें ना शक्ति बिन,साधन सधै न एक।

देंयसिद्धि शिव तबहि जब, लेहु शक्ति की टेक।।

पंचानन परमेश शिव, शिवा विराजत संग।

466

दक्षिणाभिमुख सों प्रकट,तंत्र समात तरंग।।
परम गुरु परमेश शिव,नमत काल अरु देश।
देंय ज्ञान दीक्षा सविधि, हरि विधि कों उपदेश।।
शिव लीला की साखि हौ, सकल भाँति सन्मानि।
दक्षिणामूर्ति आप हौ,भव की प्रिया भवानि।।
शक्ति बिना नहिं मंत्र हैं, शक्ति बिना नहिं तंत्र।
यंत्र रूप हू हैं शिवा, सर्वेश्वरी स्वतंत्र।।

726

सनकादिसमाराध्या

ब्रह्माजी के मानसपुत्र सनत्, सनंदन, सनातन और सनत्कुमार श्रीविद्या के प्रकाश की गुरु श्रृंखला में हैं। आदिगुरु, सदाशिव, नारद, शेषसनातन, सनत्कुमार भैरव, अगस्त्य ऋषि लोपामुद्रा, दधीचि, दुर्वासा ऋषि आदि ये सभी श्रीविद्या के गुरु हैं।

ज्ञान वृद्ध सनकादि प्रवीना। ब्रह्म ज्ञान रस नित्य नवीना।।
मानस सुत विधि के ये चारौ। तपोनिधी सब ग्रन्थ उचारौ।।
सदा लगत वे पांचबरस के। उमगत प्रफुलित रोमहरष के।।
परमानंद मगन अनुरागी। तिन पद पूजहिं मुनिहु विरागी।।
नारदादिमुनिजिनकों ध्यामें। भगति लाहु फलमिलि कें पावें।।
सुषमाकंद ब्रह्मव्रत धारी। सदा रहें जन हित उपकारी।।
करुणा वरुणालय सुखकंदा। भगति गंग की धार अमंदा।।
श्रीविद्या तिन नें आराधी। मिली ताहि सों गुरु उपाधी।।

ऊर्ध्वचेतना गतिविरल, सदा सनातन धाम।
करुणामय के ध्यानरत, रहें सदानिष्काम।।
आराधें नित अम्ब कों, श्री विद्या कौ रूप।
तासों ही गहिपरमपद, जो सबभाँतिअनूप।।

727

शिवज्ञानप्रदायिनी

अनिर्वचनीय शिवस्वरूप ज्ञानघन हैं। शिवतत्व को जानने के लिये आत्मतत्व को जानना अत्यन्त आवश्यक है जो बिना ज्ञान के सम्भव ही नहीं होता जिनकी दया से ज्ञान द्वारा शिवस्वरूप का ध्यान सम्भव होता है वे ज्ञान देने वाली चैतन्यराशि महाविद्या ही हैं। जिस प्रकार अग्नि को उष्णता से, वायु को स्पर्श से, जल को शीतल प्रवाह से, फूलों को सुगन्ध से जाना जाता है उसी प्रकार आत्म तत्व के साक्षात्कार से ही परब्रह्म के चैतन्यघन रूप की अनुभूत होती हैं। जल में चन्द्र के बिम्ब से जैसे उसका दर्शन होता है उसी प्रकार चैतन्यमूर्ति शिव भी आत्मतत्व के प्रकाश की निर्मल धारा में प्रतिबिम्बत होते हैं। यह शिवत्व का प्रकाश बिना शक्ति की कृपा के सम्भव नहीं है।

परमतत्व शिवज्ञानघन, हैं अचिंन्त्यअविराम।

जाके बल ज्ञान जगै, महाशक्ति अभिराम।।

झिलमिलातप्रतिबिम्बशशि, खेलतरहीं तरंग।

राखतनिजउरमेंसरित्, होय रूप नहिं भंग।।

परस वायु कौ होत है, उष्णअग्नि गुनताप।

जलशीतलसुमननसुरभि, त्योंशिवत्वमेंआप।।

शिवतत्व कौ बोध, ताकी करुणा सों मिलै।

अनतनाहिंकहुँसोध, शक्तिबिनासबशून्यपथ।।

चित्कलाऽनन्दकलिकाप्रेमरूपाप्रियंकरी।

नामपरायणप्रीता नन्दिविद्या नटेश्वरी।।141।।

728

चित्कला

चैतन्य शक्ति के बल से ही संसार गतिशील है। जीवमात्र में वह चेतना व्याप्त है। वही जीवन की स्रोत है।

जो चित में चिति बन रमीं, चैतन्य घनराशि।
चिन्मयचारुचिरन्तना, अहनिशि ताहि उपास।।

729

आनंदकलिका

वह अपूर्व आनंद की कली हृदय में खिलती है तो जीवन को रससिक्त बना देती है। आनंद के बिना सब कुछ सूखा नीरस लगता हैं संसार का आनंद तो उस अपरिमित आनंद का कुछ ही अंशमात्र है। किन्तु माँ के स्वरूप तो सत्य आनंद और चैतन्यराशि का अमोघ रूप है जो केवल समर्पण से कृपा का अमृत बरसने पर ही मिल सकता है।

भाव सलिल है हृदय सर, उमगि तरंगन तीर।
खिले समर्पण पद्म तहँ, सुरतिन सुरभिसमीर।।
मत्तमधुप मकरन्द चख, चपल चाउ भरि देत।
उदित होत जबजबकिरन, झूमि झकोरा लेत।।
सद्य प्रस्फुटित नवकली, खिले तहाँ अरविन्द।
छकै न रस कोषहि लसै, अद्भुतरूपमिलिंद।।
कलाअनौखी अलि अहा, सीखै जो रस मग्न।
रजनी नियरे जानकेहु, लेश ध्यान नहिं भग्न।।

730

प्रेमरूपा

प्रेम भक्त की अनमोल निधि है। यह भाव छिपाने से भी नहीं छिपता किन्तु इसे प्रकट मे उसी प्रकार गोपनीय रखना चाहिये जैसे धन को छिपा कर रखते हैं। प्रेम के अनेकों रूप

हैं किन्तु है वह एक ही रत्न जिसके मन में प्रेम है उसके पास अपनी आराध्या को वश में करने की सामर्थ्य भी है।

प्रेम पयोनिधि ताकौ रूपा। अति अगाध विस्तार अनूपा।।

प्रकटै तहँजहँ प्रेम बुलावै। जिमि नरसिंह खंभ में आवै।।

सब निधि तापर देउ लुटाई। माँगौं एक चाह मन भाई।।
बिसरै अन्य रहै बस एका। एक प्रेम कौ सम्बल टेका।।

प्रेमपिपासा नयनन राजी। पुलकित रोम प्रेमछवि साजी।।

गद्गद्गिराकहैकछु भाखी। हम तौ बने प्रेम के साखी।।

अन्य पदारथ कछू न माँगे। परमारथ दाता के आगे।।

बँधै न काहू के हु बँधाये। सोई बँधै प्रेम अपनाये।।

सखादास्य तस भावअनेका। भेदअनेक प्रेम बस एका।।

जा उर प्रेम रमे सतभाऊ। सो ही एक भूमि पर राऊ।।

रंकसमान ताहिसबलागैं। कबहु न कछु काहू सों माँगै।।

प्रेम नयन जलधार न्हवावै। दृग मुक्तन माला पहिरावै।।

सुमन झरैं नयनन मिसताके। सबपदार्थपूजा महँ वाके।।

प्रेमासव कौ पान करावै। प्रेम राग रस भोग लगावै।।

अर्पित करै प्रेम उर माला। पाहि पाहि प्रेम प्रतिपाला।।

सुमनसुगन्धसुभावशुचि, सजलदीप सम नेह।

पिउपिउ कर माँगत पुनि, पपिहारसना मेह।।

देहगेह कौ भान नहिं, नहिं कछु मन सन्देह।

जो माँगै एकहि निधि, छिपत छिपात न नेह।।

गोपनीय धन प्रेम कौ, राखौ जतन छिपाय।

रहै एक यह सम्पदा, अन्य भले सब जाय।।

हृदय प्रेमश्री कौ सदन, अहो प्रेम धन धन्य।

अन्यआस मिथ्या सकल, साँचौ संग अनन्य।।

731

प्रियंकरी

जगदम्बा सबका प्रिय करने वाली है कर्मगति के अनुसार जिसका जैसा प्रारब्ध योग होता है उसके मन की गति भी वैसी ही होने लगती है। प्रत्येक व्यक्ति अपनी प्रिय वस्तु पाने

470

के लिये तत्पर दिखाई देता है, किन्तु जो भगवती को अपनी सभी वस्तुओं से अधिक प्रिय मानता है उसे वे आद्या भी उतना ही प्रिय मानतीं हैं फिर उसके कल्याणपथ की सभी विघ्नें स्वतः ही दूर हो जातीं हैं। गीता में भी श्री भगवान ने कहा हैं जो मुझे जैसी भावना से भजता है मै भी उसे उसी प्रकार भजता हूँ।

मिलैसोइ जो मन कों भावैं। आपनिगति मनआप रमावै।।

ध्यान रज्जु खैंचे सो कैसे। चुंबन लोह तत्व कों जैसे।।

कर्मगतिन मर्याद बनाई। दैवाधीन जहाँ जो पाई।।

निर्मलमतिरति नहिं कछुलेशा। ध्यावतएक प्रेमसविशेषा।।

सदा मिलै करुणा तरुछाया। दुर्लभफल संजीवनिदाया।।

पावत है जहँ मनविश्रामा। रहै न दूजौ कछु फलवामा।।

तन धन सुह्रद धाम धन केरे। बाँधै नहिं बंधन के फेरे।।

सब ममता सब चाहबटोरी। चरनशरन की बाँधौ डोरी।।

ताकौ नितप्रिय करइभवानी। अखिललोकधात्रीकल्याणी।।

जाकीरुचिजहँलगि रमै, करत सतत मनचाह।

ताकों तैसौ देत है, कर्मगतिन अवगाह।।

ताकौं ही नित प्रियकरै, रख नियरे निजओर।

प्रियंकरी करुणामयी, कस नहिं लेत निहोर।।

732

नामपरायणप्रीता

ललितासहस्त्रनाम पारायण भगवती को अत्यन्त प्रिय है। नाम पारायण न केवल कीर्तन या जप से ही होता अपितु लीलाचिंतन ज्ञान के प्रकाश में निधिध्यासन और सर्वोत्तम समर्पण भी नाम की ही प्रीति है। चराचर जगत माता की जीवन्त मूर्ति मान कर रागद्वेष से रहित हो समता का व्यवहार भी उसी माँ की प्रिय पूजा है जिसमें दानदया का समावेश स्वतः ही हो जाता है। नामपरायणता ही आराध्य के निकट आने की सरल राह है। भावना से भक्ति पूर्वक जो नाम की रस धारा प्राणों में हृदय के साथ स्पदिन्त होती रहती है, वह संजीवनी की तरह जीवनौषधि ही है। जिसे यह सौभाग्य मिल गया समझो उसके भाग्य से देवता भी ईर्ष्या करते हैं। माँ स्वयं उससे प्रेम करने लगतीं हैं फिर उनका सान्निध्य सुख मिलना कोई कठिन बात नहीं है।

बड़भागी अतिधन्य अनवरत रटै नाम गुन।
जानै मर्मप्रकाश सदा उर गहै ताहि सुन।।
प्रतिसाँसन के मनका जीवन सूत समाये।
रहै न उर स्पन्दन की धुन बिना बजाये।।
तत्व एक ही गहै तजै बाकी प्रपंच सब।
कहौ कवनभयक्लेशरहत हैतहाँ रंच तब।।
निष्प्रपंच निर्द्वंद सदा अविकल मन साँचौ।
सुनसुन आपनिधुन आपनीमस्ती में नाँचौ।।
भेद न मानो नैकु नाम नामी में किंचित्।
वाणी गहै अभेद भावना में सब संचित्।।
वंचित् रहौ न नैकु कृपासों, करौ परायण।
जानौं केवल एक तत्व वह नाम रसायन।।
प्रेम के युगपक्ष जुड़े जबजब अभिन्न ह्वै।
रागी रस में भेद कहाँ वे कहाँ भिन्न द्वै।।
बरसत नेह धार भरै दृग अन्जुलि जाकी।
छकतछकतहू प्यासबढ़तसोइ तृप्तिताकी।।
कृपाअमिय की धार प्रेम कौही प्रतिफल है।
नामपरायण आस जगे उर में प्रतिपल है।।
नाम रूप गुनगान में, रहै प्रीति सों युक्त।
जेतौ गहरौ उतरिहै, तेतौ होवै मुक्त।।

733

नन्दिविद्या

नन्दिकेश्वर भगवानशिव के प्रियभक्त हैं। ये श्रीविद्या के अनन्य उपासक हैं जो दिव्य विद्या परमार्थदायिनी श्रेय और प्रेय मार्ग का ध्येय ही हैं भुक्ति मुक्तिदायिनी निराश्रयों की आश्रय सर्वशरणप्रदाता और जीवन को सफल करने वाली कल्पलता हैं। जिससे साधक अपने आराध्य को सुगमता से पा सकता है। इष्ट पर रीझकर रिझा भी सकता है शिव द्वारा सन्मानित परमगोपनीय सत्यसन्धा महाविद्या की आराधना का मार्ग ही एकमात्र कल्याण का पथ है।

द्वन्दअविद्या मिटेंजाहि सों। प्रकटित परमप्रकाश ताहि सों।।
विविधभाँति नश्वरसुख भासै। थिर न रहैछिनछिनमें नासै।।
एकहि आनंद अनघ अपारा। बढ़ै चौगुनौ घटै न धारा।।
सो धारा रससिन्धुसमावै। उमगिउमगिअहनिशि जो ध्यावै।।
नन्दि करहिंआराधन ताकौ। जपतजापनितशिवढिंगजाकौ।।
नासै सकल अविद्या मूला। काढ़ै उर के भव भय शूला।।
सो श्रीविद्या मूल कहावै। सुमिरत आनंद मंगल पावै।।
शिव सन्मानित विद्या सोई। राखै उर महँ जो रचि गोई।।
जासों पावत शिव पद प्रेमा। सो नन्दीश्वर कौ दृढ़. नेंमा।।
शिवगण में नंदीश्वर न्यारे। जग माता के हैं अति प्यारे।।

शिवचरननरतिबढ़तनित, सत्यसनातननेंम।
नन्दीश्वरकीसाधसों, सधें योग अरु क्षेम।।
आनंदघन रूप हिये, आनंदमय कर देत।
नित्यानंदित ह्वै उमगि, आनंदामृत लेत।।

734

नटेश्वरी

चिदम्बरेश्वर नटराज प्रलयकाल में तांडव नृत्य करते हैं उस लीला की एकमात्र साक्षी भवानी ही हैं। जो सम्पूर्ण संसार को नट की तरह रचते हैं नचाते हैं वह प्रलय के समय उन्हीं में उसी प्रकार लीन हो जाता हैं जैसे पानी का बबूला जल में समा जाता है। प्रलय के भयानक दृश्य में लास्य से नृत्य करना आप के ही बस की बात है।

नटवत् अखिलनचावनहारी। नाचेंसब सुनसुनकरतारी।।
रचत लोक मर्यादा सृष्टी। पालैं जगकटाक्ष रस वृष्टी।।
प्रकटहोंय सब ताके रूपा। लीलामय कौतुकन अनूपा।।
खेलतखेल खिलावत हाँसै। मायाफंद फेंकिसब फाँसै।।
नृत्यतहोय प्रलयजगमाँहीं। सबउपाधिनिजहेतु समाहीं।।
नटेश्वरी नटराज पियारी। शिवामहेश्वरि महिमा न्यारी।।
आदिशक्ति अविनाशी एका। शिवशक्ती के रूप अनेका।।
जहाँ शक्तितहँ शिवसन्माना। शिवासंगशिवएकहिजाना।।

प्रकृति अधिष्ठात्री तुम्हीं, नटेश्वरी शिववाम।
रचतलोकप्रतिस्वाँसमें, जगतजननिकौकाम।।
प्रलयंकर हररूप, जटाजूट खुल जात जब।
होंय प्रिया अनुरूप, विरूपाक्ष सहभागिनी।।
उडगन विक्षोभित भये, अट्टहास सागर करै।
दिशा तिमिर में लीन, तहँ पै हर बाधा हरै।।
डमडमडमरूबजउठ्यौ, नृत्यलीननटराजकौ।
खुलततीसरौनेत्र तब, डगमगातधरती धसी।।
प्रलय मध्यकरलास्य, नटराज तांडव करहिं।
अतिअद्भुत वहहास्य, नटेश्वरी नटराज की।।

मिथ्याजगदधिष्ठानामुक्तिदा मुक्तिरूपिणी।
लास्यप्रिया लयकरी लज्जा रम्भादिवन्दिता।। 142।।

735

मिथ्याजगदधिष्ठाना़

ब्रह्म सत्य जगत मिथ्या यह वेदान्त का प्रमुख मत है। ब्रह्म और जगत में भेद नहीं हैं जो भेद है वह भी मिथ्या है। यदि जगत मिथ्या है तो ब्रह्म का रूपकैसे हो सकता है ? इस शंका का समाधान यह है कि माया रचित जगमिथ्या है क्योंकि माया क्षणिक व नाशवान हैं और ब्रह्मबोध सत्य व शाश्वत है। कर्मबन्धनों के मकड़जाल से ज्ञान के प्रकाश के कारण जो मुक्त हो छूट जाने में समर्थ होते हैं वे ही इस मिथ्या जगत से मुक्त हो पाते हैं उन्हें ही ब्रह्मबोध का अधिकार मिलता हैं यह संसार तो माता के रूप में ही अधिष्ठित है। सबमें उसी का प्रकाश विद्यमान है।

ईश बिना नहिंजीवकहुँ, टिकै न कहुँ संसार।
सारमिलै ज्यों लौं नहीं, जीवन लगै असार।।
भाण्ड बनाबत मृत्तिका, भेद न तामें लेश।
भाण्ड फूट माटी बनें, रही मृत्तिका शेष।।
सत्यज्ञानबिन मुक्तिनहिं, मुक्तिबिनानहिं लाभ।
उषस्लालिमाबिनकबहु, होत न नभ नीलाभ।।
मुक्ति छुड़ावत फंद सों, कर्म तन्नु के जाल।

मकड़जाल सम कर्मफल, जकड़ बनेंजंजाल।।
कर्म सदाश्रय सों गहे, बनें पथिक पथयोग्य।
कर्मबन्ध के त्यागबिन, लहै न चित आरोग्य।।
यहै चिकित्सा चित्त की, यहै पुष्टि कौ मूल।
कर्मग्रन्थि इत की कटी, उत के कढ़िहैंसूल।।
मिटै रतौंधी आँखियन, दिखै सत्य जग रूप।
बिन माया जग सुन्दर, माया करत कुरूप।।
सुन्दर सहजसुवासित, जलजसहजसुखराशि।
भरे कोष मकरन्द सों, नहीं पंक कौ वास।।
धूरि छवाये ज्यों पुहुप, रूखे शुष्क लखाय।
धुबत मेघजलधार सों, वृन्तपुटनखिलजाय।।
तैसौ मिथ्याभास है, द्वन्द द्वैत आभास।
साँचौ सुमन सरूप है, मिथ्या धूर अकास।।
छलविहीन शिशुसमजगत, अमलप्रेम विस्तार।
विमलदीठि जहँलौं परी, तहँ आनन्द प्रसार।।
द्वन्द द्वेष स्व अपर कौ, कोह द्रोह कौ भाव।
विकृत मन आसक्त कौ, पावत सदा अभाव।।
अखिललोक ताके शिशू, जननी एक उदार।
संसृति में नहिं भिन्नमन, यहजगजीवनसार।।
पलपलपरिवर्तित जगत, छनछनजीवन छीन।
गहिपुनिसाँसनसार लै, करौनाहिं मतिदीन।।
ईशअंशबिन एकछन, थिर न रहै कछु शेष।
जानौं सब में ताहि की, किरपाकोर विशेष।।
ब्रह्म सत्य माया असत्, ब्रह्म जीव नहिं द्वैत।
मिथ्या माया भ्रम तजौ, लखौ अभय अद्वैत।।
ब्रह्म रूपिणी ब्रह्ममयि, ब्रह्म बोध विज्ञान।
सदासमायीसकल में, लेउ सहज ही जान।।
रस जलमें गतिवातमें, सुरभिसुमन के गात।
त्योंजगमेंजगजननि हैं, ज्योंरविरश्मि प्रभात।।

736

मुक्तिदा

भक्ति की सरस छाँव तले मुक्ति तो स्वयं ही आ विराजती है। उसे ढूँढ़ने के लिये थोड़ी सी भी प्रतीक्षा नहीं करनी पड़ती। ज्ञान का प्रकाश, वैराग्य की दृढ़ता, मुक्तिबोध का सवस्थ चिंतन और अपूर्व आनंद का दिव्य अनुभव जहाँ है वहाँ ही मुक्ति दायिनी जगदम्बा की कृपा सुलभ होती है।

भगति स्वामिनी देत हैं, मुक्ती कौ वरदान।

करै रागरस भींज कें, मुक्त कंठ सों गान।।

सब बंधन कट जात हैं, मिटै अविद्या फंद।

मुक्ति सौंध की छाँव में, रहै न अन्तर्द्वन्द।।

उरमंजूषा रहि छिप्यौ, आत्मबोध कौ कोष।

जो जानत या भेदकूँ, सो पावत परितोष।।

एक साधना एक पथ, एक चाह की राह।

दुर्लभमुक्ति जहँ मिलै, ताकी कहूँ न थाह।।

737

मुक्तिरूपिणी

अत्यन्त अद्भुत रमणीय माधुरी का लास्य ही अलौकिक आनंदरस की धारा मुक्ति का अनुभव है। तुरीयावस्था के उपरान्त पाँचवीं अवस्था ध्यान में आत्मानुभूति की आती है। जहाँ देहाध्यास मिट जाये सभी साधनों का विराम हो आनंद की दिव्यतरंगों के प्रवाह में सुधिविस्मृत हो जाये वह मुक्ति का ही स्वरूप जानना चाहिये।

नूपुर बजै तुरीय के, सजै योग कौ रूप।

ध्यान ओढ़नी ओढ़ कें, नाचै आत्म सरूप।।

ज्ञानांजनदृगआँजकें, मान सुतिलक लगाय।

सुगन्धसमाधिसुहावनी, सुरतिनसोंमुसकाय।।

अहोमुक्तिकौ लास्य यह, अद्भुतनर्तनगान।

बिसराई सुधि आपनी, रही यही पहचान।।

ज्ञानध्यान बिसरै जहाँ, रहै न कछु परतीत।
प्रीतिपुरातन जबजगै, यहै मुक्ति की रीत।।
मुक्तिदायिनी मात ही, निर्मल रूप सुभाव।
पूर्णमगनचित होत है, लेश न रहै अभाव।।

738

लास्यप्रिया

नटराज की नटेश्वरी भला क्यों नहीं होंगी लास्यप्रिया ? वे तो करोड़ों कामदेव का भी मानमर्दन करने वाली कामेश्वर को भी रिझाने वाली हैं। उनके सुरम्यनृत्य संगीत की छायासे प्रकृति की सुषमा भी तरंगायित हो रही हैं फूल खिल रहे हैं भौंरे गुंजाररव करके मस्त हो रहे हैं। नदी, सरोवरों की लहरें अठखेलियाँ करती सी प्रतीत होतीं हैं।

नृत्यमाधुरी की झलक, हाव भाव सविलास।
लास्यमनोरम निरखिकें, लजै मनोभव हास।।
उन्मीलित नैंना लखे, सुस्मित मन्द सुहास।
सुषमाछवि की धन्य सो, जो पूरै मनआस।।
जहाँजहाँ दीठी परै, खिलें बिना रितु फूल।
रीझें अलिवृन्दन विपुल, रहीं मन्जरी झूल।।
सिहरें दूर्वादल हरित, मँहके पद्म पराग।
अँगड़ाईकिसलयनकी, कमलकलीरहिजाग।।

739

लयकरी

लय के बिना तो सभी कुछ विलय हो जाय। प्रकृति लय से चलती हैं सूर्य चन्द्र तारे धरती की रितुएं प्राकृतिक धान्य, फलफूल, वृक्ष औषधि सब लय के ही अनुसार अपनी अपनी दिशा में सक्रिय हो रहे हैं। संगीत में ताल लय के सामन्जस्य से ही गान, नृत्य और वादन होता हैं जीवन में भी लयात्मकता होती है जो यथासमय स्वतः ही परिवर्तित होती रहती है। कब बचपन बीता कब युवा से बूढ़े हो चले परिवर्तन ही लय का काम है। साधना के क्षेत्र में भी लयात्मकता बनीं रहती है। जिसे साधक स्वयं अनुभव करते यह सब भवानी की ही कृपा से सम्भव हो पाता है।

लयान्विता चित साधना, लय सों ही संगीत।
जीवनलय सों चलतहै, यही प्रकृति की रीत।।

740

लज्जा

मार्कण्डेय पुराणान्तर्गत कहा है **या देवी सर्व भूतेषु लज्जा रूपेण संस्थिता। नमस्तस्यै नमस्तस्यै नमस्तस्यै नमो नमः।।** *लज्जा गुण ऐसा अनमोल है जो गुणी की शोभा कौ चौगुना बढ़ा देता हैं व्यक्तित्व में सौम्यता, शील स्वभाव, वाणी की मितव्यता है। स्त्रियों में लज्जा का विशेष महत्व है। बिना लज्जा के गुण भी अवगुणों की श्रेणी में आ जाते हैं। देश काल और पात्र के अनुसार ही सद्ग्रन्थ भी यह बात बार बार कहते हैं कि पात्रता और शील का विचार करके ही ज्ञान जैसी अनमोल थाती सौंपनी चाहिये। कुपात्र में लज्जा नहीं होती और सत्पात्र कभी लज्जा एवं शील आचरण को छोड़ता नहीं है।*

लज्जाशीलस्वभाव कौ, सुबरन कौ सद्रूप।
ओट रखै लज्जा सदा, लज्जाहीन कुरूप।।
गुन भूषन दूषन रहित, विनय चारु परिवेश।
नम्र बनाबत सुजन कों, पात्रकाल औ देश।।
लज्जा अवगुंठन किये, सजै साज श्रृंगार।
यहविभूतिहै नारि की, लज्जा कौ सद्हार।।
श्री जी कौ ही रूप है, लज्जा कौ सदपंथ।
शील पात्र कों ही मिलै, कहैंयही सद्ग्रन्थ।।

741

रम्भादिवन्दिता

भगवती की सर्वाकर्षणी शक्ति को अप्सराओं ने उपासना करके प्राप्त किया है। जिसके कारण वे स्वर्ग की शोभा बढ़ाने वाली सम्मोहन कला में पारंगत बन सकीं।

सर्वाकर्षण शक्ति है, सम्मोहनि कौ रूप।
विश्वविमोहनि की कृपा, होवैजबअनुरूप।।

रम्भा उर्वशि मेनका, अप्सरि रहीं सुजान।
स्वर्गलोकश्री जो रहीं, सम्मोहन की आन।।
श्रीविद्या की अर्चना, निष्फलकहूँ न जाय।
रम्भादिक वन्दन करें, पूर्ण मनोरथ पाय।।

भवदावसुधावृष्टि पापारण्यदावानला।
दौर्भाग्यतूलवातूला जराध्वन्तरविप्रभा।। 141 ।।

742

भवदावसुधावृष्टि

संसार रूपी अरण्य में दावानल की भीषणता को अमृत की वर्षा करके बुझाने वाली माता हैं। जंगल में जिस प्रकार जंगली आग हिंसक पशु और प्राकृतिक आपदाओं का भय सदैव बना रहता कहीं भी सुरक्षा का अनुभव नहीं होता उसी प्रकार इस संसार में मन के विकार बाहर की कठिनाइयाँ जीवन में उथल पुथल कर देतीं हैं बन में लगे दावानल की तरह त्रिविध ताप असह्य वेदना देते हैं। ऐसी विकट परिस्थितियों में यदि इष्ट का आश्रय न हो तो इस कलि काल में भला किसे सुख शान्ति मिल सकती है? उपरोक्त पंक्ति का दूसरा अर्थ यह भी है। भव—दा—वसुधा—वृष्टि। भव शिवजी का नाम है संसार को भी भव कहा जाता है दा देने से तात्पर्य है वसु सम्पत्ति यानी भोग और मोक्ष दोनों की वर्षा करने वाली हैं।

यत्रास्तिभोगोनतु तत्रमोक्षोयत्रास्तिमोक्षोनतुतत्रभोगः।
श्रीसुन्दरीसाधकपुंगवानांभोगश्चमोक्षश्च करस्थ एव।।

सत्यसत्य शिव रूप ही, करत लोककल्यान।
तहाँभुक्ति मुक्ती उभय, सो श्री पदरज जान।।
जोचाहतसुखभोगसब, तिनहिं मुक्ति नहिंसिद्ध।
जिनके मन तृष्णा नहीं, ते मुमुक्षु अनविद्ध।।
योगभोग संयोग सब, अघटित घटित समाहिं।
कर्मयोग पथ सुदृढ़ बन, रहै न संसय ताहि।।
ज्ञान दीप्ति प्रज्ञा प्रबल, अर्पण सम्बल साध।
भुक्तिमुक्ति करतल रहीं, आनंद अनघ अगाध।।
भव अरण्य दावानलहि, तपत ताप त्रय घोर।

जनम मरन के फंद में, कर्मबन्ध की डोर।।
सुधावृष्टि जहँ होत है, तहाँ शमित सब ताप।
कटें पाप सुमिरन किये, सुजन उबारहिंआप।।
कृपाकोर की किरन सों, नयननखुलतकपाट।
शरणागत द्वारे परे, जोहत दरसन बाट।।
अमरित परसत नित्यही, दयादृष्टि रसवृष्टि।
मिटत तापभवदावके, सुख पावत सबसृष्टि।।

743

पापारण्यदावानला

जाने अनजाने पापों के भयंकर घोर विकट जंगल को नष्ट करने के लिये भवानी की आराधना नाम जाप दावानल के समान है।

इष्टनाम दावाग्नि जब, दहक उठै चहुँओर।
बरें पाप जंजाल सब, भव अरण्य के घोर।।

744

दौर्भाग्यतूलवातूला

जिनके स्मरण मात्र से दुर्भाग्य और विकट दुख की धुंध उसी प्रकार उड़ जाती है जिस प्रकार तेज आँधी के आने पर कपास के फूलों की रुई उड़ने लगती है।

प्रनतपाल जगदंब भवानी। अखिल लोकधात्री कल्याणी।।
गहे शरण मेंटत मनआपा। नासें कोटिजनम लगि पापा।।
ज्यों दावाग्नि तूल वातूला। तैसे जरइ हृदय के सूला।।
दुर्गति दुर्गम दुर्वह तापा। दारिद दोष दूषनन शापा।।
दुख दुर्भाग्य भाग्यहत कोऊ। सरनागती उबारहिं सोऊ।।
प्रकटतकिरनदिपतदिशिप्राची। देखतदसहुदिशाउठिनाचीं।।
जानइनिज अस्तित्त्वप्रभा सों। केवल उदितअरुणआभासों।।
रहै न कोऊ कबहुअभागा। शरणागतिलहि संशय भागा।।

ज्योति रूप तुम एक अधारा। जार तूल वातूलन सारा।।

हरौ आधिभवव्याधि सब, ज्योतिरूप हे अम्ब।

शरणागति की टेकसों, मिटे दोष अविलम्ब।।

जाके सुमिरन सों मिटें, दुख दुर्भाग्य समूल।

आँधी में उड़ जात हैं, ज्यों कपास के फूल।।

745

जराध्वांत–रविप्रभा

जिस प्रकार सर्दी की ठिठुरती हुई अवस्था में सूर्य की धूप नई उष्मा और ऊर्जा देती है उसी प्रकार माता के नाम स्मरण का प्रभाव जरा अर्थात बुढ़ापे की मलिनता, हीनता और आधिव्याधि को दूर करता है। साधक जराग्रस्त कभी नहीं होता उसके तनमन में सदा प्रफुल्लता, उत्साह और पुरुषार्थ की उष्मा भरी रहती हैं। वह कभी मलिन, दीन या व्याधि ग्रसित नहीं होता। ऐसी संजीवनी शक्ति को भला कौन शिरोधार्य न करे! जिसकी कृपा अमूल्य वरदान देने वाली है।

निबिड़निशानैराश्य की, जड़ता जकड़न देय।

जरा शिथिल तनमन करै, बलपुरुषारथ हेय।।

प्रखर प्रभा मार्तण्ड की, ठिठुरन शीत बिहात।

ऐसी ऊर्जा नाम के, सुमिरन सों मिल जात।।

भाग्याब्धिचन्द्रिका भक्तचित्तकेकीघनाघना।
रोगपर्वतदंभोलिः मृत्युदारुकुठारिका।। 144 ।।

746

भाग्याब्धिचन्द्रिका

पूर्णमासी के चन्द्रमा को देखकर जिस प्रकार सागर में ज्वार आ जाता है उसी प्रकार आपका स्मरण भक्तों के सौभाग्य को बढ़ाने वाला है

पूर्णसितेन्दू निरखिकें, भयौ सिन्धु बलिहार।

उठें हिलोरें ज्वार सों, रतनन के अंबार।।

रजत ज्योत्स्ना नाम की, पूर्णेन्दु सम आप।
बढ़ैभक्त के भाग्य कौ, सागरअमितअमाप।।

747

भक्तचित्तकेकीघनाघना

जैसे घनघोर वर्षा ऋतु में मोर मस्त होकर नाचता है उसी प्रकार भवानी के लीला चरित्र भी पावस की ही भाँति भक्तों को मयूर सदृश मतवाला बना देते हैं। वह रोमांचित होकर कभी थिरकता हैं कभी प्रफुल्लमन से नाचता हैं कभी विभोर होकर मधुर स्वर में जोर जोर से गाने लगता है उसके नयन हर समय घने बादलों को ही निहारते रहते हैं। आनंदनंदन की हरियाली ही हरियाली देखने को लालायित रहता है।

श्यामल घटा उमड़ि घनघोरा। चितवत नाचै रे मन मोरा।।
घिरघिर सघनदिशासब घेरै। पपिहाअपलक घन नित हेरै।।
थिरकिथिरकि नाचै मनमोरा। लखिनवजलदहिहोत विभोरा।।
ज्योंज्यों घनबिच दामिनि दमकै। पावसरूपसि नैंनाचमकैं।।
त्यों त्यों निरखि उचारै बैना। अहो मनोरथमय अस रैना।।
हरित भूमि तृणपल्लव झूमे। लतिका द्रुमवल्लभ मुख चूमे।।
झरि झरि बूँदन वेगि न्हवावै। शीतल वात फुहारन आवै।।
परसै शीतल गात प्रकम्पा। घिरीं घटा सतरंगी चम्पा।।
उरउछाह सम सुरधनुसोभा। निरखतबाढ़त नयननलोभा।।
नई लगत प्रति बूँद रिझानी। खोलत चंचु पपीहा मानी।।

बनहु सघन घन दामिनी, घिरहुघेरिघिरि मोय।
नाचहुँ बन केकी मुखर, पुनिपुनि चितवततोय।।
परस पाणि जलधार सों, फुरै रोम सब गात।
चलत वात सिहरै घना, धन रिमझिम बरसात।।
घुमड़ घटा घनघोर घिरि, बरसै जलधर धार।
हरिताभा चहुँदिशिनिरखि, केकी करत पुकार।।
थिरकन चारु सुहावनी, मोरपाँखि खिल जाय।
रिमझिम बूँदन भींजि कें, केकी कूक बताहिं।।
ज्यों पावस में दस दिसा, सतरंगी पहचान।
ऐसौ भगतन कौ हृदय, रंगै भक्ति कौ मान।।

748

रोगपर्वतदंभोली

आरोग्य की निधि जगदम्बा की दृष्टि अपने भक्तों के संकट और अविद्या ही नहीं अपितु भयंकर से भयंकर रोगों को भी दूर कर देती है वे तो काल की भी काल हैं रोग के पहाड़ों पर कुठार की भाँति प्रहार कर देतीं हैं। ऐसा प्रतीत होता है जैसे बादलों में कड़कती बिजली सी उनकी कठोर दृष्टि रोगों के पर्वत को छार–छार कर रही है। वास्तव में माता भक्तों के लिये संजीवनी ही हैं।

जीवन की औषधि वरदानी। देंय दया दीठी कल्यानी।।

आधिव्याधि दुख सदा सतावै। ताकौ कोउ मरम नहिं पावै।।

वात पित्त कफ नाना रोगा। उपजें सकल कर्म के भोगा।।

छीनकाय छनछनछयपावै। रोगिहि कबहु न मृदुफल भावै।।

भखै कुपथ्य भोग बहु भोगा। मिलै न चैन मनोभव रोगा।।

तामसखिन्नविकलमनजाकौ। कबहु न तननिरोगरहिताकौ।।

अस्थिर चित्त बचनकटु भाखै। आपनिकरनी आपहि चाखै।।

दंभ ग्लानि मद मिथ्या द्रोहा। घेरत तृष्णा संभव मोहा।।

मानत केवल तन निज रूपा। कालविवश पर्यौ भवकूपा।।

ताकोंलगै मधुरफल फीकौ। तिक्त छारकटु लागत नीकौ।।

हितअनहित नहिं कछुपहचानै। पंथ न परमश्रेय कौ जानैं।।

स्वप्न रचै पुनि स्वप्न निहारै। जगत घ्रूत जीवन तहँ हारै।।

मृगमरीचिका सी तपन, शोक सिन्धु दे बोर।

दंभ भँवर सों घेरि कें, फेंकै मोह झकोर।।

जनम मरन की श्रृंखला, बँधी पड़ी रे पाँव।

चलनौ चहै न एक डग, कस पहुँचैगौ ठाँव।।

भग्न मनोरथ मन के फूले। अपने मकड़जाल महँ भूले।।

निज समान समझत नहिंकाऊ। ते रोगी जानहु सतभाऊ।।

तिनकेजतन विफल सब जानौं। नीतिअनीति भेद पहचानौं।।

जहाँ दंभमद मन अतिलोभा। ते पण्डित हू विवश प्रलोभा।।

तिनके हैं भवरोग असाधा। कालविवश उपजत बहु बाधा।।

ज्यौंलौं नहिं अवलोकै नयना। फुरैं न उर ते साँचे बयना।।

स्वस्थ चित्त समरथ तब जानौं। संजीवनी मूल पहिंचानौ।।

मिटै मदन कौ ताप जहाँपै। उदय होत रसस्रोत तहाँ पै।।

नहिं दावानल कोह जरावै। नंदनकानन सम फल पावै।।

मोह निशा की भूल भूलैंया। दृगभ्रम सी भव की भटकैंया।।

जटिल फंद भवव्याधि निवारै। एक जगन्माता उद्धारै।।

संजीवनी मूरि सो साँची। मेंटत भाल कुअंकन बाँची।।

कड़कड़कड़कड़कड़कड़कती, सौदामिनिघनघेरि।

टूटें पर्वत श्रृंखला, शिखरन सहित निबेर।।

गर्जत तर्जत गिरत है, छन में धरती फार।

तैसी भगवति दीठि हू, करै रोग सब छार।।

मिटें व्याधितनकीसकल, मनकीसिगरीआधि।

कल्मष्टा अघ की कटै, ताके पद आराध।।

749

मृत्युदारुकुठारिका

भगवती अपने भक्तों के मृत्यु भय को उसी प्रकार काट देती हैं जैसे कुल्हाड़ी लकड़ी को काटती है। धैर्यबल के धनी सच्चे साधकों के मन में मृत्यु की पीड़ा का भय नहीं रहता जिन्होनें देवों से भी दुर्लभ ज्ञान का अमृत पी लिया हो वे भला मृत्यु से भयभीत क्यों हों ? आयु अवधि तो विधाता की भी निश्चित है अज्ञानियों और ज्ञानियों में अन्तर केवल इतना ही है कि अज्ञानी विषम परिस्थितियों में भयग्रस्त मोहग्रस्त होकर मूढ़मना होते हैं और ज्ञानी भक्ति की आस्था से भव से पार हो जाते हैं ज्ञान और धैर्य बल से कष्टों के पार निकल जाते हैं जीवित रहते हुए निष्ठावान, मृत्युकाल में ध्यानस्थ फिर आगे की गति में भी अपने इष्ट की कृपा पर पूर्णतः निर्भर हो प्रत्येक स्थिति में अभय ही पाते हैं अमरता को देने वाला आत्मसुख जिसने पा लिया वह मृत्यु से कदापि भयभीत नहीं होता।

करत अनेकन खण्ड, ज्यों कुठार काठहि परत।

काटत मृत्यु प्रचण्ड, श्रीजी कर कोदण्ड गहि।।

मिटत कठिनतम पीर, धीर धुरन्धर साधकन।

पावत दिव्य शरीर, अमरन दुर्लभ तासु गति।।

मथै मृत्यु छन मात्र में, भय होवै भयभीत।

काल काल की कालिका, धरत ध्यानपरतीत।।

हानि ग्लानि संताप भय, मृत्यु रोग भव व्याधि।

चरन सरन की टेक सों, रहै न लेशहु आधि।।

भव भेषज श्री नाम शुचि, अमरमूरि श्री ध्यान।
अमिय प्रेम की निधिविरल, पियत होंयनवप्रान।।

महेश्वरी महाकाली महाग्रासा महासना।
अपर्णा चण्डिकाचण्डमुण्डासुरनिषूदिनी।। 145।।

750

महेश्वरी

देवाधिदेव महादेव की ईश्वरी महेश्वरी हैं। अत्यन्त शान्त सौम्य स्वरूप है। मनवाणी से परे ज्ञानातीत श्रीविद्या माता महाविद्या ही हैं। उन्हीं की इच्छा से समस्त संसार की प्रत्येक गतिविधि चल रही है। वे भक्तों को उनका अभीष्ट देने वाली हैं। संत हंस उनके चरणों की छाँव तले रहते हैं।

सुस्मित शान्त सरूपिणी, शोभाशेवधि धन्य।
जानत सब सर्वेश्वरी, शिव उत्संग अनन्य।।
तिनकी इच्छा सों चलें, सृष्टिनियमसबभाँति।
चरनछाँव में साधुजन, ज्यों हंसन की पाँति।।

751

महाकाली

दस महाविद्याओं में महाकाली प्रथम हैं। हासोज्ज्वल दंष्ट्रा कराल वदना विकट अट्टहास से भयानक, अत्यन्त रौद्रमुखी, दुःसह वेगवती, प्रचण्ड कालिका घने मेघ के समान खुले केश से विक्रान्त, श्यामा का उद्दीप्त उन्नत भाल लाल लोचनों के अप्रतिम तेज के कारण देखने में असहनीय हैं जिनकी दृष्टि कड़क कर कौंधती हुई बिजली की भाँति हैं वे महाकाल की आद्याशक्ति ही हैं। भक्तों को अभीष्ट वर देने वाली हैं अज्ञान के अन्धकार को उनकी करुणा मिटा देती है। अपने शरणागतों को अभय देने वाली और पुरुषार्थ प्रदान करने वाली हैं।

तीननेत्र अतिरौद्रमुखि, दमकत दिपत ललाट।
कर खप्पर भर सोमरस, रहीं जीभ सों चाट।।

महाकाल की शक्ति हे!असि द्विधार कर वाम।
मुंडमालिनी कालिके, चरनन कोटि प्रनाम।।
अस्त्र सस्त्र बहुभाँति सों, सहस करन में धार।
महा भयानक हास सों, कर असुरन संहार।।
खुले केश घनराशि से, दीठि दामिनी घात।
परते ही सब भस्म हैं, जैसे बज्राघात।।
पाद प्रहारन सों हिलै, डगमग धरती व्योम।
ज्ञान प्रभामय रूप है, ज्योंप्रणवाक्षर ओम।।
महाकाल की शक्ति हौ, महाकालि जगमात।
सिद्धमनोरथ करत हौ, ध्यावहुँ नितउठिप्रात।।
लोटे शिव चरन तले, रुकौ दुसह तब वेग।
स्वाँस स्वाँस ज्वाला उठै, गति विक्रमसंवेग।।
भय होवै भयभीत, काली कालकराल ग्रस।
वरदायिनि की रीत, सदा भवानी वत्सला।।

752

महाग्रासा

सर्वेश्वरी सर्वग्रासा यानी महाग्रासा भी हैं प्रलय और सृष्टि उन्हीं की इच्छा से होती है। जिसमें संसार की रचना और विलय होता है। जिस समय प्रलय की घड़ी आती है तो क्षण मात्र में सब कुछ विलीन होकर अपना अस्तित्व खो देता है तब ऐसा लगता है मानों यह विश्व जगदम्बा का एक ग्रास ही है प्रलय का यह रौद्र रूप सबको तिरोहित कर देता। उनकी लीला केवल वे ही जानतीं हैं महामायेश्वरी काल को भी अपना ग्रास बना सकती हैं फिर उनके द्वारा प्रलय में सबका भक्षण कर लेना कोई आश्चर्य की बात नहीं है। एक ही ग्रास में अनेकानेक ब्रह्माण्डों का भक्षण वे लीलामात्र में कर लेतीं हैं इसीलिये उन्हें महाग्रासा कहा गया है।

रचें रखें मेंटें स्वयं, सकल सृष्टि अनयास।
एकबेर महँ करप्रलय, ज्यों मुखमेंइकग्रास।।
सूक्ष्मन सों है सूक्ष्मतम, ज्येष्ठनसोंहूज्येष्ठ।
एक इष्ट श्री नित्य है, श्रेष्ठन सोंहू श्रेष्ठ।।

486

753

महाशना

जगत में जितने भी जीव हैं सबकी क्षुधा की तृप्ति प्रकृति के रूप में माँ कर रहीं हैं। अनेकों प्रकार सुस्वादु भोज्यपदार्थ उन्हीं के द्वारा बनाये गये हैं जिनका हम सभी उपयोग करते हैं किन्तु जो प्रलयकाल में सबको एक ही ग्रास में खा सकतीं हैं उनके भोजन की क्या सीमा है? वे तो महा+अशना (बहुत अधिक भोजन करने वाली हैं) सम्पूर्ण ब्रह्माण्ड जिनके शरीर में समाया हुआ है उनका भोजन भी विलक्षण ही होगा।

भोजनदेंय असंख्यविधि, सकलसृष्टि कों मात।

अकथस्वादआसवबने, गिनगिन को कहिपात।।

बिन अयास लीलै छनहिं, कोटिकोटि ब्रह्माण्ड।

काविधिभोजनहोयतस, नहिंकवि कहै प्रकाण्ड।।

754

अपर्णा

देवीस्तव के अनुसार मानमयी शिवप्रिया ने तप करते हुए पति रूप में शिवजी को ही चाहा वे शिवनाम का अनेकों बार जाप कर चुकीं किन्तु ध्यानस्थ शिव फिर भी नयनोन्मीलित ही बने रहे तब उमा ने कहा मेरे आराध्य! तप का फल आप क्यों नहीं देते ? आप ऋणी हैं मेरे इसीलिये आपका नाम अपर्ण हो जायेगा (पर्ण का अर्थ ऋण है) और मेरा नाम अपर्णा। एक अन्य कथा के अनुसार ब्रह्मपुराणान्तर्गत देवी ने पर्ण यानी पेड़ से स्वतः झरकर गिरे हुए पत्तों का भी भोजन त्याग दिया था और शिवजी को पाने के लिये वन में कुमारावस्था में घोरतप में लीन हो गईं। रामचरितमानस में भी कहा गया है <u>उमा नाम तब भयहु अपर्णा।</u>

गौरीशिव लगि व्रतजबकीन्हा। सदाशम्भुचिततब हरलीन्हा।।

मानमयी बोली तब अम्बा। काहे प्रिय अब करहु विलम्बा।।

केती बार नाम शिव लीन्हा। तदपि नएकहु फलप्रभुदीन्हा।।

नयनोन्मीलित रहे तुम्हारे। ऋणी होहु प्रिय कंत हमारे।।

अपर्ण नाम आप शिव लेहू। होंहुँ अपर्णा यह वर देहू।।

शिव सब भाँति उमा सन्मानी। नाम अपर्णा भयहु भवानी।।

करत कठिन तप त्यागतमूला। पत्र वृन्त अशेष फलफूला।।

तज अहारमनसाधन ठाना। ऐसौ तप को करहि सुजाना।।

मनबचकरम साधानालीना। नाम भयहु अस तबहिनवीना।।
दुर्गमबन तपगति अतिऊनी। बाढ़ी प्रीति मनहि मन दूनी।।
तपैव्योमधरनी दिशि चारी। धन्य उमा तप की बलिहारी।।
शिवसमान दाता नहिं कोई। शिवासनेह विवश हैं ओही।।
शिवचरनन अनुराग विशेषा। डिगैनछन हू मनतस लेशा।।
हैं अनन्य शिवशिवा सरूपा। हृदय विराजहु हे भव भूपा।।
चरननरति ध्रुव सी अटल, पतिपदप्रेमपराग।
तजे पत्र हू तप करन, धन्य अपर्णा भाग।।

755

चण्डिका

सुख की लालसा में जो बंचक लोग जीवन पर्यंत भटकते रहते हैं। उदरपूर्ति को ही पुरुषार्थ मानकर देहगेह पर ममता बढ़ाते हुए धन, कुल, वैभव, विद्या आदि के मद में डूबे हुए तामसी वृत्ति के मनुष्य ही उस चण्डिका के कोप भाजन होते हैं। जितने भी असुरों का माता ने संहार किया है वे सभी मोहान्ध या मदान्ध ही हैं। पतित भी यदि उनकी शरण में आ जाये तो उसका उद्धार कर देतीं हैं, किन्तु आसुरी भाव के ज्ञानी भी दण्ड के ही पात्र होते हैं।

बन प्रचंड क्रोधाग्नि सों, हनै तमस कौ मान।
भावआसुरी जिन हृदय, निबिड़ अंधअभिमान।।
क्रूर हृदय के पतित जो, बंचक पामर लोग।
तिनकौ कबहु न चण्डिका, करैसुखदसंयोग।।

756

चण्डमुण्डासुरनिषूदिनी

चण्डमुण्ड असुरों का संहार करने के कारण भी देवी का नाम चण्डिका चामुण्डा विख्यात हुआ।

चण्डमुंड कौ घात कर, भयौ चण्डिका नाम।
कोटिअर्कसम तेजकौं, कर मन सततप्रनाम।।

असुराधम जो जो हने, करकें सूल प्रहार।
मुंडमालिनी चर्चिका, करत अखिल उद्धार।।
चंड मुंड विध्वंस सों, हरखे मुनि नर वृन्द।
चामुण्डे आराधिके, करुणामयि सुखकंद।।
हर्यौ धरनि कौ भार, चंडमुंड कों मार कें।
भगतन कौ उद्धार, करें भवानी चण्डिके।।

क्षराक्षरात्मिकासर्वलोकेशी विश्वधारिणी।
त्रिवर्गदात्रीसुभगा त्र्यंबकात्रिगुणात्मिका।। 146 ।।

757

क्षराक्षरात्मिका

भगवान श्रीकृष्ण ने गीता में भी यही कहा हैं जो विराट ब्रह्माण्ड का नियामक है वह सकल विश्व की रचना करके भी सबसे परे कूटस्थ है। उसी को अक्षरब्रह्म कहा जाता है। वही निर्विकल्प निराकार सबका कारण होते हुए भी कारण रहित सत्य और आनंद का चैतन्य स्वरूप है और वही क्षर भी है जो कन कन में समाया हुआ प्राणी मात्र की हृदयगुहा में अन्तर्यामी रूप से विद्यमान है। अपने अंश से अक्षर ब्रह्म और नश्वर क्षर जीवरूप मे जड़चेतन में सत्य और चैतन्य को प्रकाशित करते हैं। उनके बिना जीवन की कल्पना भी नहीं की जा सकती।

द्वाविमौ पुरुषौ लोकेक्षरश्चाक्षर एव च।
क्षरः सर्वाणिभूतानिकूटस्थोक्षर एव च।।

सत्यसत्य अक्षर वही, अमिट अमोघ प्रताप।

रचै रंग बहु भाँति के, रहै लेप बिन आप।।

पराशक्ति प्रणवाक्षरी, अक्षर परम स्वतंत्र।

बन सबकी कारणवही, रचें स्वयं कौ तंत्र।।

सचराचर में जो रमीं, क्षर रूप सोइ जान।

ताकेबिनटिकपाय नहिं, जड़चेतन के प्रान।।

एकछत्र हैं स्वामिनी, जो विराटब्रह्माण्ड की।

वही सृजनकरतींरहीं, सृष्टीके प्रतिभाण्डकी।।

758

सर्वलोकेशी

सात लोक ऊपर के और सात लोक नीचे के हमारे शास्त्रों में कहे गये हैं। धरती अंतरिक्ष, स्वर्ग में जहाँ तक सूर्य का प्रकाश है आगे जन, मह, सत्य और गोलोकधाम है। उसी प्रकार नीचे अतल, वितल, सुतल, तलातल, रसातल और पातल लोक बताये गये हैं। कर्मानुसार जीव अनेकों लोकों की यात्रा करता है। माता सभी पर समान रूप से कृपा करके उसके कर्म के अनुसार फल भी देतीं हैं। माता सभी लोकों की एकमात्र स्वामिनी हैं। भक्तहृदय में यह दृढ़ विश्वास बना रहता है कि माँ मुझे कहीं भी भेजे उनकी कृपा का वरद हस्त तो सदा ही मेरे साथ है।

भूःभुवः स्वः में आपही, जनमहसत्य समात।

आनंदघन गोलोक हू, तुम सों ही है मात।।

अतलवितलसुतलनसहित, तलातलहुपाताल।

रसातल मर्याद संग, तुम सों होत निहाल।।

759

विश्वधारिणी

धरती, सागर, बादल, आकाश, पर्वत, सूर्य, चन्द्रमा, तारे, नदी, वन, उपवन, दृश्य या अदृश्य सभी कुछ जो हम विश्व में देखते हैं या जो अनुमान से जाना जा सकता है अथवा प्रामाणिक आप्तवचनों से जिसकी सत्ता का आभास पा सकते हैं उन सभी को माँ ने ही बनाया है और वे ही इन सबको टिकने की सामर्थ्य भी देती है। सत्य ही भवानी में विश्व रूप है। वे ही हिरण्यगर्भा हैं।

अम्बुद सागर अद्रि वन, उपवन सरित तड़ाग।

मेरु व्योम नभगंग शशि, उडगन भू के भाग।।

जितदेखहुँ तित हौ तुम्हीं, कतहुँनाहि हौ दूर।

नमहुँ तुमहि दसदिसन में, दृग अंजलिभरपूर।।

बाहर भीतर आप कौ, अप्रतिम ओप प्रकाश।

सोइ ज्योति अन्तर जगै, दिपै भूमि आकाश।।

सृष्टि रूप मर्याद कौ, धारत हैं जो भार।

विश्वधारिणी सकलविधि, हैं सबकी आधार।।

760

त्रिवर्गदात्री

इष्ट के प्रति भक्ति की भावना तो पुरुषार्थ चतुष्टय से भी बड़ी है फिर भी माँ धर्म, अर्थ, काम रूपी तीनों पुरुषार्थ अपने भक्तों को प्रदान करतीं हैं। यहाँ यह बात ध्यान देने योग्य है कि मोक्ष का उल्लेख क्यों नहीं हुआ ? इसलिये कि मोक्ष तो ज्ञान सहित भक्ति के आधीन स्वतः ही हो जाती है और भक्त कुछ चाहता ही नहीं ऐसे प्यारे भक्तों को तीनों पुरुषार्थ माँ कृपा करके देती हैं।

धर्म अर्थ अरु काम, तीन वर्ग पुरुषार्थ के।

दयामयी कौ नाम, देय साधकन त्रिविधिसुख।।

ज्ञान अर्क अपवर्ग, जो भगतन के वश रहै।

राज्यभोग सुखस्वर्ग, जिन्हें तुच्छअति हैं लगे।।

761

सुभगा

भग का अर्थ छै प्रकार के ऐश्वर्या से है तभी ईश्वर को भगवान के नाम सम्बोधित करते हैं। ये ही छै प्रकार के ऐश्वर्य भगवती में भी समाये हैं ऐसा समझना चाहिये।

धरें ब्रह्म अवतार जब,महामाया अधीन।

षडैश्वर्यन की कला,लीलावपुलयलीन।।

तैसेई लीलामयी,श्री विद्या जगमात।

धरें भगवती नाम तब,षट् ऐश्वर्य समात।।

देंयसदासौभाग्यनिधि, ज्ञानविभवकी खान।

भुक्तिमुक्तिऐश्वर्यजो, कीरति करतप्रदान।।

परापरा अपरा कहूँ , हैं भगमालिनि धन्य।

विद्याबल ऐश्वर्य में, तुम समाननहिं अन्य।।

762

त्र्यंबका

त्र्यंबकेश्वर की प्रिया भगवती त्रिपुरसुन्दरी ही त्रिनयना त्र्यंबका हैं। वे ही शिवलीला की सहचरी और अपने प्रियपति की अभिन्नहृदया प्राणवल्लभा हैं।

त्रिलोचन शिव त्रिपुरान्तक, त्र्यंबकेशत्रिपुरारि।
अहो शिवप्रिया त्र्यंबका, त्रिपुरेश्वरि बलहारि।।

763

त्रिगुणात्मिका

प्रकृति के अन्तर्गत सूक्ष्मतन्मात्राऐं, महत्त्व, अहंकार, पंचमहाभूत, एकादशेन्द्रियाँ आती हैं। सत, रज,तम के मिश्रितगुणों से निर्मित यह सम्पूर्ण सृष्टि है, जो यथा समय परिवर्तित भी होती रहती है। जीव इस परिवर्तन का भोक्ता है उसी की आधार शक्ति आप ही दृष्टा हैं। स्वभाव आचरण आदि इन तीन गुणों के अनुसार ही होते हैं ये सभी मायाश्रित हैं और महामाया अधीश्वरी इनकी विधात्री हैं। वे इनसभी को बनाती हुई भी अन्तर्यामिनि रूप से सबमें समाविष्ट रहते हुए भी सबसे परे ही हैं।

प्रकृति त्रिगुणमयि रचत है, नितनवीन परिधान।
जासों लागत गुणन कौ, नितनव सृष्टिविधान।।
सत रज तम के योग सों, बने विविधविधि रंग।
गुण स्वभाव संयोग सों, जाकौ जैसौ ढंग।।

स्वर्गापवर्गदा शुद्धा जपापुष्पनिभाकृतिः।
ओजोवती द्युतिधरा यज्ञरूपा प्रियव्रता।। 147 ।।

764

स्वर्गापवर्गदा

इच्छाओं को हठ पूर्वक रोक कर कुंठित मन से कभी भी आराधना हो ही नहीं सकती। कामनाऐं अपना आकर्षण सदा ही बनाए रखतीं हैं। धरती के भोग ऐश्वर्य फिर परलोक

की मंगल कामना करते हुए पुण्यसंचय से स्वर्ग प्राप्ति हेतु प्रयत्न या नियम पूर्वक वीतरागी मन से मोक्ष जैसे परम पुरुषार्थ को पा जाने की अदम्य उत्साह पूर्ण दृढ़ इच्छा शक्ति ये सभी कुछ भगवती की ही आराधना से सम्भव है।

बनें न बाधककाहुविधि, त्रिविधतापजहँलेश।
सोइ स्वर्ग सुखधाम है, पावत देव अशेष।।
किन्तु जहाँनहिंलेशहू, सुखकौ स्वार्थविशेष।
मुक्त मुक्ति में लीन है, होत नयन उन्मेष।।
है अनित्य सुख स्वर्ग में, कालाधीन प्रमान।
भरै नित्य आनंद सों, सदा मोक्ष कौ भान।।
स्वर्गापवर्ग प्रदायिनि, वरदायिनि सुख कंद।
मेंटत भगतन के हिये, सकलदोषदुखद्वन्द।।

765

शुद्धा

शुद्ध चैतन्य घनरूप से अविद्या को दूर करके ज्ञान का प्रकाश प्रदान करतीं हैं। तीनों गुणों का संचालन भी शुद्ध सत्व से ही सम्भव है। वे सब में रह कर भी सबसे पृथक हैं।

शुद्धसनातन रूपशुचि, जो व्यापक सब ठौर।
एकछत्रस्वामिनितुम्हीं, तुम समान नहिं और।।
रहै न अघतमलेश, मिटै क्लेशचिन्ता सकल।
शुद्ध सनातन वेश, काटत हैं भव फंद कों।।

766

जपापुष्पनिभाकृतिः

जपापुष्प लाल रंग का होता है भगवती की आभा भी ललछौंहीं ही है। जपा पुष्प में 'अं' गूढ़ अर्थ में है जिसे मिलाने पर अजपा हो जाता है श्वाँस लेते समय सः और श्वाँस छोड़ते समय हः की ध्वनि सोऽहं के दिव्य नाद को उत्पन्न करती है। यह स्वभाव से ही प्रकट होता है जहाँ बिना जपे ही मंत्रक्रिया की प्रक्रिया निरन्तर चलती रहती। माता इस

क्रियायोग की द्रष्टा है। वे ही तो प्रत्येक श्वाँस की पृष्ठभूमि में रहकर साधक को प्रेरणा देती हैं यही मुक्ति का पथ है।

जपा कुसुम सम वर्ण, ललछौंहींआभाविमल।
तपत होय ज्योंस्वर्ण, दिव्यप्रभामयआपत्यों।।
अजपाजप सों साधकें, स्वाँसन कौ संयोग।
सोऽहं केआभास सों, होत न कबहुवियोग।।
सः ध्वनिमय प्रश्वास, पहुँचत होवें प्राणनव।
हं ध्वनिकर निश्वास, जोबाहरनिकसतरही।।
स्वाँस और निश्वास की, बढ़ी अनवरतडोर।
सोऽहं मंत्र स्वयंबनौ, अजपा कहत निहोर।।
सः शक्ती हं बीज है, ध्याता आत्मा देव।
अजपाजप विधिनै रच्यौ, अर्पितहोत त्वमेव।।
द्रष्टा हौ सबभाँति सों, तेजराशिघन आप।
स्वयंक्रिया आधीन यह, पूरित अजपाजाप।।

767

ओजोमयी

इन्द्रियों को ओज ही शक्तिशाली और ऊर्जावान बनाता है। चित के चैतन्य में ओजगुण ही है इसी के कारण तेज और स्फूर्ति आती है। जैसे सूर्य के प्रकाशित होने से कुहरा मिट जाता है शीत का प्रकोप और अँधेरा एक साथ ही दूर हो जाते हैं। उसी प्रकार ओज से अवसाद, अपस्मार, भय, रागद्वेष आदि मलिनता दूर होती है ये गुण अज्ञान को मिटाने में अहंभूमिका निभाते हैं। ओज से ही उत्साह बढ़ता है जो लौकिक या पारमार्थिक दोंनो का ही कार्यक्षेत्र प्रशस्त करता है।

ओज तेज अर्णव अहो, मात हृदय विस्तार।
कृपाकटाक्षन के परत, मिटै कठिनतमछार।।
ओजमयी शार्दूलगति, पल महँकरत प्रदान।
टारत राग अमर्ष भय, अभयअमरपद जान।।
ओज विभूषितकरत नित, बुधिविवेकविज्ञान।
सत्यसनातन साधुचित, दृढ़संकल्प सुजान।।

जहँ अदम्य उत्साह है, शुचि संकल्प प्रधान।
निष्कंटक मारग सकल, सिद्धमनोरथ जान।।
तिमिर कुहरपट चीर कें, प्रकटकिरनकीकोर।
तैसेइ ओप मिटात तम, अन्तरमनझकझोर।।
प्रकटावत ज्योंतेज, भुवन भास्कर विश्व में।
सातौ रंग सहेज, प्रकृति प्रभा ऐश्वर्यमयि।।

768

द्युतिधरा

ओज उत्साह बढ़ाता है जिसके परिणाम स्वरूप प्रसन्नता और स्फूर्ति की आभा मुख मंडल पर स्पष्ट दिखाई देती है। और उसी का प्रकाश अप्रतिम द्युतिमय छटा बिखेरता हुआ सर्वत्र छा जाता है। उत्साह सम्पन्न व्यक्ति का व्यक्तित्व भी प्रभावशाली होता है। शक्ति के उपासक किसी भी अवस्था में कहीं भी कभी भी दीन हीन या उद्वेग से शिथिल होकर खिन्न मन वाले नहीं होते।

परम प्रकाशरूप छवि जाकी। प्रभा चंद्रअर्कांग्निहु ताकी।।
तेजपुंज लखि तेजहु झाँपै। मिटैतम द्युति कोऊ न नापै।।
अर्क मध्य जे तेज अनूपा। चन्द्र ज्योत्स्ना श्री कौ रूपा।।
जीवनज्योति तेज आधीना। जो शाश्वतनितलगतनवीना।।
श्री सर्वज्ञ सनातन बानी। जाके बल जीवत है प्रानी।।
ज्ञानरूप सो प्रभा समाई। प्रज्ञाबल कहि निज घट पाई।।
पुरुषार्थ परमारथ दाता। तेज रूप सेवक जन त्राता।।
ज्ञानपुंज बन लागतनीकौ। तेज बिना जीवनअतिफीकौ।।
धरा धाम द्यौ दिसिसकल, व्यापकतेजप्रचंड।
एकपुंज की ओपसों, जगमगज्योतिअखण्ड।।
दिव्य तेजघनराशि की, ओजमयी है कान्ति।
तासों होवै दूर तम, हरै भीति की भ्रान्ति।।

769

यज्ञरूपा

चाहे ज्ञानयज्ञ हों या कर्मकाण्डिय सब आपका ही रूप है। वेदों में विष्णु भगवान को यज्ञ कहा है शक्ति तो पंच प्रेतासनासीना हैं यानी पाँच परमेश्वरों पर भी जिनका शासन चलता है। यज्ञविधान आपका ही स्वरूप है।

यज्ञ क्रिया हौ आप ही, यज्ञ मंत्र औ' पात्र।
यज्ञ विधानहु आप सों, यज्ञरूप सब गात्र।।

770

प्रियव्रता

जिस प्रकार गीता में श्रीकृष्ण जी के सन्दर्भ में कहा है 'सर्वदेव नमस्कारंकेशवंप्रतिगच्छति' वही भाव यहाँ भी है सभीव्रत, संकल्प, उपवास, इष्टसेवा, दान, तप, जाप चाहे किसी भी देव को समर्पित हों वे सब भवानी को ही अर्पित होते हैं क्योंकि वे सर्वदेवमयी हैं। शक्ति के बिना किसी की भी सत्ता नहीं शिव भी शक्ति से अभिन्न हैं। राजा प्रियव्रत ने आत्मज्ञान नारदजी से पाया फिर साधना की वे भी माता को अत्यन्त प्रिय हैं उन्होंने अपने रथ से सूर्य के तेज की तुलना करके रात में भी दिन के समान प्रकाश फैला दिया था और रथ के पहियों से भूमि के सातद्वीप बना दिये ऐसे महापराक्रमी राजा भी श्रीविद्या के परम भक्त रहे हैं। यह कथा श्रीमद्भागवत पुराण में वर्णित है। महाराज मनु श्रीविद्या के उपासक हैं जिनका वर्णन पीछे हो चुका है उनकें दो पुत्र उत्तानपाद जो अटलभगवद्भक्त ध्रुवजी के पिता हैं दूसरे राजा प्रियव्रत हैं जो नारदजी से ब्रह्मज्ञान पाने के अधिकारी बने।

मनु पुत्र प्रियव्रत भये, महाव्रती तप धन्य।
सप्तखण्ड भू केकिये, तिनसमाननहिंअन्य।।
तपोनिधी नृपनें कियौ, आत्मज्ञान कौ याग।
भगतिपरायणता निरखि, जगौभूमिकौभाग।।
सर्वदेवमयि आप ही, सर्व सिद्धिमयि आप।
होंय आपके ही सदा, व्रतधारण तप जाप।।

दुराराध्या दुराधर्षा पाटलीकुसुमप्रिया।
महती मेरुनिलया मन्दारकुसुमप्रिया।। 148।।

771

दुराराध्या

भगवती की आराधना करना अत्यन्त कठिन ही नहीं अपितु सर्वथा असम्भव भी है किन्तु केवल उनके लिये जो रागद्वेष में फँसे अहंकार से ग्रसित विषय भोगासक्त देहाभिमानी और वासनाओं से कलुषित मन वाले हों उनके द्वारा वैभवपूर्ण रीति से किये गये पूजा के विधान भी निष्फल ही होते हें क्योंकि हृदय तो भक्ति और समर्पण के भाव से सर्वथा शून्य है!

पोषण कर निजदेह कौ, भोगत भोग अनेक।

साध सकैनहिं काहुविधि, पाखण्डी व्रत एक।।

निर्मलमननिश्छल बचन, कर्म करत निष्काम।

ताकी जीवन राह ही, पहुँचत अविकल धाम।।

772

दुराधर्षा

किसी भी प्रकार से कोई भी उन्हें बाँधने में सक्षम नहीं हैं वे परमस्वतंत्र एकछत्र साम्राज्यशालिनी है। व्रत, नियम, संयम, दान, जप, होम, तप, साधना, ज्ञान आदि कोई भी साधन उन दुराधर्षा को वश में नहीं कर सकते हाँ केवल भक्तो की कोमल भावना जो उनके रूप के प्यासे नयनों से अनवरत उनका अभिषेक करते रहते हैं प्रत्येक साँस में उन्हीं का अजपाजाप चलता रहता हैं। ऐसे निष्किंचन साधुओं के निर्मल हृदय को छोड़ कर वे कहीं नहीं जातीं। वे ही इन्हें बाँध पाने में समर्थ हैं।

जप, साधन, यम, नियमबहु, धरैंयोगिजनध्यान।

बाँध सके नहिं काहुविधि, गूढ़झानि कौ ज्ञान।।

परमस्वतंत्र सुजान, बाँध सकै नहिं कोउ कहुँ।

यहै भगति की आन, सदा रहै भगतन हिये।।

773

पाटलीकुसुमप्रिया

श्वेत और लाल रंग मिलकर पाटल रंग बनता है। श्वेत सात्विकता और लाल उत्साह का प्रतीक है जो माता के अंगराग और सुन्दर छवि के समान रंग वाला है। पाटल रंग के फूलो का अभिप्राय गुलाब के फूलों से है।

श्वेतसुमन सतभाव सम, लाल उछाह प्रतीक।

उभयगुनन गहिकें खिलें, सुरभिगुलाबननीक।।

अंगराग श्री अंग कौ, पाटल सुमन समात।

धन्यभागि उर हार अति, जो परसें श्रीगात।।

गमकत नये गुलाब के, अतिप्रिय लगें प्रसून।

सुरभि सुगन्धित सों मुदित, बढ़ौचावदिनदून।।

बिल्वपत्र शिवलिंग के, ज्यों प्यारे श्रृंगार।

तैसे पाटल कुसुम हैं, शिवा कंठ के हार।।

774

महती

जिनका आसन सबसे ऊँचा है जो सब पर शासन करतीं हैं उनकी महती महिमा तो दखो ! वे भक्त पर प्रसन्न होकर उसका सदैव मान रखतीं हैं, यही उनकी भक्त के वश में होने की महती आन है।

महिमामयि की महत्ता, को करिसकत बखान।

जों सबसों महती सदा, रखें भगति कौ मान।।

775

मेरुनिलया

कुंडलिनी शक्ति जब जाग्रत होती है तो मेरुदण्ड के मध्य से तीनों नाड़ियाँ ग्रन्थिभेदन करतीं हुई शून्यचक्र सहस्त्रार की ओर जाती हैं। क्रमशः चेतना का उत्तरोत्तर उत्थान होता रहता है और साधक अपने लक्ष्य की ओर तीव्र गति से अग्रसर हो जाता है।

इड़ा सुषुम्ना पिंगला, मेरुदण्ड के मध्य।
पहुँचत हैं जब शून्य में, पावतगति निरवध्य।।
चक्रराज के निलय में, षोडश नित्या संग।
मेरु मध्य में राजतीं, भर चैतन्य तरंग।।
करत संतुलन भूमि कौ, मेरु मध्य भूभाग।
अडिगअटलध्रुवसमसदा, जहाँज्योतिरहिजाग।।
जीवन श्रृंग सुमेरु है, एक धुरी निःकाम।
साँस सूत मनका बने, उरगति के अविराम।।

776

मन्दारकुसुमप्रिया

हारश्रृंगार के फूल जिन्हें अत्यन्तप्रिय हैं वे फूल भी मानो भक्तिभाव को प्रदर्शित करते हैं। रत्रिविकासी हारश्रृंगार प्रातःकाल की बेला में स्वतः ही झर जाते हैं मानो प्रसन्नता के आँसू हों अपनी भीनी भीनी सुगन्ध बखेरते हुए भोर के वातावरण को मादक बना देते हैं। लालरंग अनुराग का प्रतीक है और श्वेत सात्विकता का ऐसा समर्पण का भाव माता को अत्यन्त प्रिय है।

भीनी गन्ध सुहावनी, होत निशा हर्षाहिं।
आनंदपल्लव डार में, सुरभित रस उमगाहिं।।
खिलतखिलत झर जात हैं, हँसत हारसिंगार।
शुद्ध समर्पण के सहज, बन प्रतीक उपहार।।
साज सुगन्धनसों लसे, बन निशीथ के फूल।
एक समर्पण साध चित, रही न नैंकहु भूल।।
राग रंग सों मिलि बने, श्वेत और रतनार।
हे मन्दार कुसुम प्रिया, पुहुप हृदय आभार।।

वीराराध्या विराड्रूपा विश्वतोमुखी।
प्रत्यग्रूपापराकाशाप्राणदाप्राणरूपिणी।। 149।।

777

वीराराध्या

'वीराभोग्यावसुन्धरा' जो वीर हैं वे ही धर्म की रक्षा मर्यादा का निर्वाह और समाज की आदर्श व्यवस्था कर सकते हैं और वे ही जीवन को सही अर्थ में जीने के अधिकारी होते हैं। आत्मानुसन्धान करना ही साधक का परम पुरुषार्थ है। अपने करुणा विगलित हृदय से प्राणी मात्र की रक्षा करता है और उपद्रवियों को दण्ड भी न्यायोचित रूप से देने में देरी नहीं करता ऐसे वीरों के द्वारा ही वीराराध्या पूज्यनीय हैं।

पुरुषारथ कौ सार कह्यौ आत्म अनुरक्ती।
सधै अखण्डित सुरतिसोइ जानौ सद्भक्ती।।
पर पीड़ा विष हरै सदा करुणामृत युक्ती।
हनै आसुरी वृत्ति यही अपराजित शक्ती।।
वीरोचित यह धर्म है, हरै अघन की कीच।
संरक्षण में सब रहें, निर्भय आँखिन मींच।।
निर्भय आँखिन मींच नीच नहिं सीस उठावै।
हित अनहित कौ भेद राखि कर्तव्य निभावै।।
ऐसे वीरन की सदा, आराध्या जग मात।
दण्डदेंय जो दुष्टकों, सुजनन कों अपनात।।

778

विराड्रूपा

जिनके गर्भ में भुवनकोष समाये हुए हैं उनके विराटरूप की सीमा को भला कौन नाप सकता है ?

अतिविराट सो रूप है, महिमा अपरम्पार।
कोउ न कहि पावै कबहु, सीमा कौ विस्तार।।

779

विरजा

विरजादेवी उत्कल देश में पूजी जाती हैं इनकी स्थापना ब्रह्माजी के द्वारा की गई है ये शुद्ध सतोगुणी रूप से सम्पन्न हैं। वि+रज (रजरहित) हैं यानी पाप से रहित हैं,

जहाँ न रज कौ लेश है, शुभ्र सत्व छवि धाम।
शाश्वत चिति सौन्दर्यमयि, विरजा रूप ललाम।।

780

विश्वतोमुखी

वेदों में जिसे अनेकों सिर, बाहु, पाद, मुख वाली कहा हैं। संसार को पालने वाली माता अपनी सन्तति की ओर ही सदा मुख किये रहती हैं सबके घट में वही एक साक्षी है। विराटरूप से चराचर ब्रह्माण्ड उन्हीं में समाया हुआ है। उनसे भिन्न कुछ भी नहीं वे ही विश्वतो मुखी हैं।

चरण अक्ष सिरबाहुबहु, सबदिसि रहीं निहार।
भीतर बाहर हौ तुम्हीं, सकल भुवन आधार।।
जड़ चेतन में व्याप्त, अन्तर्यामिनि घट रमीं।
कहैंश्रुतिवचनआप्त, विश्वतोमुखीसकलदिसि।।

781

प्रत्यग्‌रूपा

जिनका स्वरूप बहिर्मुखी जीवों के लिये सर्वथा दुर्लभ है क्योंकि बाहर केवल जड़ता मूलक आभास ही दिखाई देता है अन्तश्चेतना के बिना कोई भी उसे बाहर नहीं खोज पायेगा चाहे कितने ही मठ मन्दिरों में घूम ले। वे अन्तर्मुखी चेतना के सजग होने पर ही ज्ञान चक्षुओं से बाहर जड़ चेतन में व्याप्त होती हुई आभासित तो होती हैं किन्तु केवल मात्र बाहरी चर्मचक्षुओं से उन्हें जान पाना असम्भव है।

बहिर्मुखीमन जड़ बनें, सक्यौ न चेतनआँक।
प्रत्यग्रूपा चित रमी, देखहु घट में झाँक।।

782

पराकाशा

सूर्य चन्द्रमा और अग्नि की गति जिनसे संचालित हैं, जो इन सबसे ऊपर हैं वे ही हमारे हृदयाकाश में विराजमान हैं इसे ही दहराकाश भी कहते हैं। वे ब्रह्माण्ड से परे भी है और उसमें समाई हुई भी है। वे भूमा सबसे परे हैं इसीलिये परा, परात्मिका हैं तुरीयातीत गति भी जिनको नहीं पा सकती वे तत्वातीत यानी तत्वों से परे भी हैं इसीलिये पराकाशा हैं। यही तंत्र में कादिमत की भी मान्यता है।

ब्रह्माकाश   निवासिनी, सर्वोपरि   सर्वेश।
अखिलतंत्रआश्रयबन्यौ, उत्पतिलयसविशेष।।
सूर्यअग्निशशिगतिकरें,व्याप्तअखिलब्रह्माण्ड।
सो ही हृदयाकाश में, रहींज्योतिपिण्डाण्ड।।
क्रियाशक्ति सर्वोपरी, शिरस्था   परा व्योम।
शिवसान्निध्य सुहावनौ, है   प्रणवाक्षरओम।।
सर्वात्मा   सर्वेश्वरी, माहेश्वरी   अनादि।
पराकाश में बसत हैं, कहें योगमत कादि।।

783

प्राणदा

हमारे शरीर में पाँच के प्राण (प्राण, अपान, व्यान, समान, उदान) वायु रूप में ऊर्जा संचालित करते हैं जिससे पूरा शरीर चेतनता का आभास करता है। इनके निकलते ही शरीर शव हो जाता है। ये प्राण चराचर में हैं।

जड़चेतन जगजीव सब, पावत प्राण अधार।
धारत जीवनताहि सों, साँसन कौ विस्तार।।
श्वाँस और प्रश्वाँस सब, तव इच्छा आधीन।
याविधि जीवनगति चलै, सो ही परमप्रवीन।।

प्राणबिनानिस्सारतन, तन बिन जीवन शून्य।

बिनाप्राणआधारकै, कर न सकतकछु न्यून।।

कर्मसमर्पितकरसदा, रख मति नित्य अनन्य।

जहाँचाह तहँ राह है, श्रीतजभजहुन अन्य।।

पंचभूतमय देह अस, तव माया आधीन।

पंचप्राण की शक्ति हू, होवै चरनन लीन।।

784

प्राणरूपिणी

जड़चेतन में प्राणों का समावेश माता की शक्ति से ही सम्भव हुआ है यथा योग्य जीवन का निर्वाह करते हुए सब उसी के आधार पर टिके हैं।

जड़चेतन जगजीव में, स्पन्दित हैं प्राण।

शक्तिस्रोत संचालिका, जीवनकोंदेंत्राण।।

मार्तण्डभैरवाराध्यामंत्रिणीन्यस्तराज्यधूः।

त्रिपुरेशी जयत्सेना निस्त्रैगुण्या परापरा।। 150।।

785

मार्तण्डभैरवाराध्या

भैरव जी ने भगवती की आराधना की है ये शिव का ही स्वरूप है उत्साह, पराक्रम, ओज, उद्यम शीलता तंत्र और मंत्र विधानों का संचालन, भुक्ति मुक्ति देने की क्षमता, सिद्धियों को साधने की क्षमता साधक की मनोवाँछा पूर्ण करने की अपूर्व करुणा भैरवनाथ में ही है। मार्तण्ड सूर्य भगवान को कहते हैं। वे भगवती के तेज से ही तेजोमय हैं भगवती महाविद्या उग्रतारा सूर्यमंडल में ही विराजमान हैं। माता गायत्री में त्रिदेवों की उपासना होती है। श्रीचक्र में भी मार्तण्डभैरव का पूजन किया जाता है।

जासों गहत तेज मार्तण्डा। विश्व प्रकाशत तेज प्रचण्डा।।

दिवस रैन कौ भेद बतावै। आराधन कर जग नितध्यावै।।

सो श्रीमहिमा गूढ़ बखानी। ध्यावत अर्क तिनहिं सन्मानी।।

एक रूप जे त्रिविध बनाये। गायत्री महिमा जग गाये।।
शुद्ध सत्व मय ध्यान समानी। आद्या परमाराध्य भवानी।।
सूर्य प्रभा मण्डल जग जानैं। ताकी जोति एक श्री मानैं।।
भैरव तारनहार कहाये। डरै मृत्यु ताके गुन गाये।।
अभय अमरपद मोक्षप्रदाता। शिवसरूप भैरव जन त्राता।।
है अनुकम्पा महत भवानी। सदा सूर्य भैरव सन्मानी।।
पूजहिं जे धरि ध्यानअखण्डा। तिनहिं सिद्धभैरवमार्तण्डा।।
श्री भैरव की जोति सरूपा। मातु एक श्री विग्रह रूपा।।
परमाराध्य शिवा शिव केरी। हरैं भक्त की पीर घनेरी।।

मोह भ्रान्ति भय भ्रम हरै, दम्भ दुराग्रह दूर।
भैरव साधें सकलविधि, साधन फल भरपूर।।
ओज उछाह उभय बढ़ै, उद्यम करें प्रवीन।
तेजराशिनवअर्क की, नितप्रति शक्तिनवीन।।
तपत तेज मार्तंड कौ, राशि गोचरन मध्य।
सदा शक्ति पूजन करें, सूर्य देव निरवध्य।।
जड़ चेतन जीवन गहैं, है रवि तेज प्रचण्ड।
निबिड़निशातम हरत है, रश्मिनसों मार्तण्ड।।
धरा गहै जीवन जहाँ, उपजैं औषधि अन्न।
संजीवनीसुधा पियत, दशदिशि होत प्रसन्न।।

786

मंत्रिणीन्यस्तराज्यधूः

राजश्यामला शक्ति ही श्री ललितम्बा की मंत्रिणी शक्ति हैं जो साधक की सदा रक्षा करतीं हैं मंत्र शक्ति छत्र के समान है शक्ति प्रदान करने वाला और आत्म साक्षात्कार करने का माध्यम है।

श्रीललिता की मंत्रिणी, राजश्यामलाशक्ति।
सबविधि सधैंविधानसबसाधकमनअनुरक्ति।।
साधक मनअनुरक्ति, युक्तिसों ध्यानलगावें।
एकनिष्ठ ह्वै अराध्य कों चित में ध्यावें।।

जान   न पावै भेद बिना सद्वृत्ति विचारे।

कितनहु करै प्रयत्न, मूढ़मन जड़बनहारे।।

मंत्र छत्र सम बनत है, साधक पावें त्राण।

मेंट आसुरी वृत्ति को, पोषै निर्मल प्राण।।

पोषै निर्मल प्राण, योग औ'क्षेम सँवारै।

योगीमन की कर्म कुशलता टरै न टारै।।

मंत्रइष्ट की मूर्ति हैं, गोपनीय यह भेद।

आत्मज्ञानसान्निध्य ही, देयभ्रान्तिसब छेद।।

787

त्रिपुरेशी

त्रिपुरा त्रिलोकस्वामिनी हैं। हमारे शरीर में स्थूल, सूक्ष्म और कारण ये तीन प्रकार हैं मन, बुद्धि और अहंकार से देहाध्यास होता है श्रीचक्र में भू कैलाश और सुमेरु को त्रिपुरा माना गया है तीन ही कूट बताये हैं वाग्भव, मध्यम और शक्तिकूट त्रिपुरेश्वरी इन सभी की संचालिका हैं। जल में मछली के समान हमारा अस्तित्व भी उन्हीं पर टिका है। साधक की सभी आशाएं वे ही पूरी करतीं हैं इसीलिये श्रीचक्र में सर्वाशापूरक चक्र की अधीश्वरी हैं।

थूल सूक्ष्म कारण बने, देह जीव अरु प्राण।

मन, बुद्धि अहंकार सों, तन की रचना जान।।

श्री त्रयलोक अधीश्वरी, तहँ त्रिकूट हू तीन।

भू कैलास सुमेरु हैं, त्रिपुर तासु आधीन।।

ताकेबल सब टिकत हैं, होत ताहि महँलीन।

जीवनदायिनिजलसरिस, जीवजगतज्योंमीन।।

अधीश्वरी त्रय कूट की, त्रिपुरेश्वरि हैं आप।

सर्वाशा पूरी करें, मेंटत हैं त्रय ताप।।

788

जयत्सेना

भवानी की सेना में नित्यायोगिनियाँ सदा विजय का ही अभियान चलातीं हैं अनेकानेक असुरों का तो माता ने लीलामात्र में संहार किया ही है इसके अतिरिक्त वे भक्तों की साधना में सफलता के लिये देहजन्य अभिमान (भाण्डासुर) को भी अपने ज्ञानांकुश से वश में करतीं हैं।

मारे असुर भाँतिबहु माता। बनी सदा निजजनकुलत्राता।।
देहजनित अध्यास मिटावै। करत साधना जो ढिंग आवै।।
देह भाण्ड भाण्डासुर पायौ। अहं भाव मति जहाँ समायौ।।
आसुरिभावभाण्डासुर कौ। फलै न शुचिफलभावअसुर कौ।।
ज्ञानांकुश सों ताहि चलावै। दम्भ पंक सों निकरि पठावै।।
असुरनिकन्दनि जयजगमाता। आनंदअमलराशिसुखदाता।।
साधक सिद्ध बनें सो आई। मात उबारें जाकों धाई।।
मिटी अघन की तममयरेखा। अतिलाघव सों मारतदेखा।।
हरौ व्याधि जगदंबभवानी। कलुष कलह तमशोकनसानी।।
जहँ जसरूप नामगुन तैसे। व्याप्त सकलभुवनन में वैसे।।
आधिव्याधि भवतापसब, मेंटें कर तम दूर।
जयत्सेना विजय करें, निर्भय मंगल मूरि।।

789

निस्त्रैगुण्या

तीनों गुणों के संयोजन से ही विश्व की रचना माँ ने की है किन्तु वे स्वयं त्रिगुणातीत हैं। इस रहस्य को जो जान लेता है वही उनके निर्गुणरूप का साक्षात्कार अपने हृदयाकाश में कर लेता है। जिनकी भाव छवि ऐसी प्रतीत होती है मानों प्रभातकालीन नीलाभ नभ हो और उस नवीन आभा में नवार्क का उदय हो रहा हो।

लीलाअलखसकलजगमाँहीं। निजइच्छा निर्मित उपजाही।।
देव असुर नर जेते रूपा। सत रज तम सबमें अनुरूपा।।
मर्यादा बन्धन सब बाँधे। प्रकृति सजगप्रहरी बन साधे।।

मनसा वाचा कर्म विपाशा। जैसौ हृदय भाव तस आसा।।
विमल बुद्धि मानस सर हंसा। प्रज्ञामति सविशेष प्रशंसा।।
प्रकटै तहँ सो बिम्ब विशेषा। जहँ नहिंपंकमलिनतालेशा।।
सो जानत है प्रकट प्रभाऊ। निर्गुनभाव जासु सतभाऊ।।
गुनन रमत निर्गुनजोजानै। सो ही स्वयंज्योति पहिंचानै।।
निष्प्रपंच निर्मल निर्व्याधी। निर्विशेष नहिं तनिक उपाधी।।
व्योमसदृश घट की नीलाभा। जोजानहिंनिर्गुनसतलाभा।।
परमप्रकाश प्रकटघटजागै। निशाउलूक तिमिर घनभाजै।।
सत्यप्रकाश उदितउरभानू। होइ न तहँ सन्ध्या अवसानू।।

निर्गुन निर्मल पद्मपुट, प्रसरत तिनके पात।
करुणामुक्ता कन मिलत, होवें सद्यस्नात।।
गुनन रचत गुन सों परे, सो ही निर्गुननाम।
रूपनामगुन जहँ रमें, जानौ भगति सकाम।।
त्रिगुनमयी रचनासकल, त्रिभुवन में सन्मान।
किन्तु त्रिगुन सों जोपरे, सोनिस्त्रैगुनिजान।।
गुनमयिहै जगसृष्टि, प्रकृतिविधात्रीसृजनसों।
कर रहि करुणावृष्टि, सदा भवानीअम्बिके।।

790

परापरा

जो आभासित हो या जिसे माध्यम बना कर पूजा की जाये वह अपराशक्ति है अवस्थाओं में जाग्रत, स्वप्न और सुषुप्ति हैं किन्तु जो अनुभवातीत तुरीयावस्था है वह परारूप है अद्वैत, परावाणी प्राणियों मे अनिर्वचनीया है। अपराकापूजन अनेकों प्रकार से किया जा सकता है श्री चक्र में पूजन न्यास, ज्ञान, ध्यान, योग आदि तीसरी परापरा वह शक्ति है जो अपनी लीला से ब्रह्माण्ड में अनेकों प्रकार से व्यक्त है। वही चैतन्यराशि हैं जिनकी चेतना से सब सचेत हो रहे हैं किन्तु मूर्तिमान होकर भीअमूर्त हैं शुद्धचैतन्यतुरीयातीत परा हैं।

पर परोक्ष अपरा प्रत्यक्षा। उभय परापर ताकौ लक्षा।।
पर अरुअपर परापर भेदा। हरें असम्भव तीनहु खेदा।।
ताकौ भेद न जानें मूढ़ा। केवल बूझें ज्ञानी गूढ़ा।।

507

सगुन सदा अपरा सद्रूपा। निर्गुनअलख परा कौरूपा।।

एकज्योतदूजी तसआभा। तेजराशि कौ प्रकट प्रभावा।।

अगमअगोचर प्रकटप्रभाऊ। सो ही परापरा सतभाऊ।।

जाकीशक्तिव्याप्ततिहुँकाला।सोभगतनचितकरतनिहाला।।

ईश संग सोभित ईशानी। शिवशक्ती हैं परा भवानी।।

परागीत सम्बोधित गामें। सिगरे साधन अपर कहामें।।

परारूप कहि सकै न बानी। अपराशुद्धसत्व विज्ञानी।।

पर अद्वैत अभेद बतावै। अपर नित्यबोध चित ध्यावै।।

परापर पूजहिं गुणसीला। सचराचरव्यापकतसलीला।।

जाग्रतिस्वप्नसुषुप्ती अपरा। सचलसमाधी तुरीयापरा।।

भेदपरापर कौ सो जानें। जो शिवतत्त्वसत्यकरिमानें।।

अपरा पूजनसबकरहिं, ध्यावहिंधरिचितध्यान।

परा अभेद अगोचरी, अव्यय अन्तर्धान।।

लीलामयि सब महँ रहें, जड़चेतनकौभाण्ड।

परापरा चैतन्यघन, जानौं तत्व प्रकाण्ड।।

सत्यज्ञानानंद रूपा सामरस्य–परायणा।
कपर्दिनीकलामालाकामधुक्कामरूपिणी।। 151 ।।

791

सत्यज्ञानानंदरूपा

सत्य रूप से इस विश्व की रचना करतीं है चैतन्यरूप से सब में चेतना का प्रसार करतीं
हैं तथा ज्ञान से वे ही अपना बोध देती हैं। आप परमानंद स्वरूपा हैं।

सत्य रूपसों रचत है, जो ब्रह्माण्ड अनेक।

ज्ञानमयी चैतन्य निधि, आनंद राशि एक।।

792

सामरस्यपरायणा

अर्धनारीश्वर रूप समरसता का ही प्रतीक है। माँ की कृपा से ही साधक अपने आराध्य से सामरस्य पा सकता है जिसमें वह ध्यानध्येय और ध्याता का भेद ही नहीं देखता इसी को सामरस्य या सायुज्यमुक्ति भी कहते हैं। वह महाशक्ति तो जड़ चेतन सभी में बिना किसी भेदभाव के समान भाव से विराजमान हैं। उनके बिना तो किसी का भी अस्तित्व टिक ही नहीं सकता।

नाम रूप गुण में सदा, समरसता अनुरूप।

सामरस्य तासों भयौ, शिवशक्ती कौ रूप।।

मिटै भेद जब ध्यान में, ध्याता ध्येयसमात।

समरसता फलदायिनी, सामरस्यकहिजात।।

जो समातसमभाव सों, सकलसृष्टि कीमूल।

सब में ताकौ अंश है, ताके बिन निर्मूल।।

793

कपर्दिनी

भगवान भोलेनाथ के सिर पर गंगा जी उनकी जटाओं से केलि विलास करती हुई प्रतीत होतीं हैं शिवजटा की सुगन्ध उनके जल में समा जाती है। गंगेश्वर शिव का नाम कपर्दि भी है, इसीलिये उनकी प्रिया कपर्दिनी कहलातीं हैं।

करतरहींअठखेलि सी, सुरसरिशिवसिर धन्य।

अंगराग सम लसत है, जटा सुगन्ध अनन्य।।

जटाजूट में लिपट कें, भई मानिनी गंग।

नाम कपर्दि महेश कौ, सदा कपर्दिनि संग।।

शिव कपर्दि गंगेश हैं, करुणामय जग नाथ।

कपर्दिनी हरकीप्रिया, कर रहिं विश्वसनाथ।।

है अभिन्न शिव रूप सों, है अनन्य अनुराग।

सहस्त्रार में सत्य ही, रहीं कपर्दिनि जाग।।

794

कलामाला

चौंसठ प्रकार की कलायें भगवती की गले में माला के समान शोभायमान हैं। महाविद्या वर्ण, रस, छन्द, वाणी, सभी प्रकार के ज्ञान, विज्ञान, स्वर संगीत आदि चौंसठ प्रकार की कलाओं के आभूषणों को धारण करतीं हैं। उनसे ही परा, अपरा और परापरा शक्ति का ज्ञान आभासित होता है। सभी कलाओं का ज्ञान उनसे ही निःसृत है।

रचै सृष्टि बहु भाँति सों, अनुपम कला निधान।
सोभित हैं हिय हार सी, चौंसठ कला विधान।।

795

कामधुक्

कामधेनु देवताओं की गाय है जो सभी प्रकार की कामनाओं को पूर्ण करती हैं। श्रीमाता भी अपने भक्तों को मनोवांछित फल देकर उनका अभीष्ट प्रदान करने वाली हैं।

सुफल मनोरथ भगत के, कामधेनु सी देत।
भक्ताभीष्टप्रदायिनी, आधि व्याधि हर लेत।।

796

कामरूपिणी

कामेश्वर की प्रिया परम स्वतंत्र हैं। वे अपनी इच्छा के अनुसार अनेकानेक अवतारों में अनेकों रूपों को धारण करके लीला रचतीं हैं। अपनी इच्छा से रूप धारण करने वाली हैं। जैसा मानस में वर्णित है **निज इच्छा निर्मित तन माया गुन गोपार ।**

अगनितलीला रचत हैं, निजइच्छा सों आप।
कामरूपिणी के अहो, गावत वेद प्रताप।।

कलानिधिःकाव्यकला रसज्ञा रसशेवधिः।
पुष्टा पुरातना पूज्यापुष्करा पुष्करेक्षणा।। 152।।

797

कलानिधी

महाविद्या के प्रकाश से ही सभी कलाऐं प्रकाशित हो रही हें। सभी विद्याऐं चाहे लौकिक कला शिल्प आदि हों या अलौकिक ज्ञान मंत्र तंत्र आदि हों सभी कुछ उन्हीं कलानिधी के प्रकाश से प्रकाशित है।

विद्या वर्ण विभूषिणी, ज्ञान रूपिणी मात।
सकलकलानिधिहौतुम्हीं, अहोअलौकिकगात।।
कलानिधी कल्याणि हे, सुवरन सुभ्र सुवास।
तेजराशि अप्रतिम करै, चौंसठकला प्रकाश।।

798

काव्यकला

हृदय की कोमल भाव प्रवणता, कविमन की सूक्ष्म संवेदना रसोद्रेक की तरलता संवेगों से द्रवीभूत कल्पना आस्था के मूर्तिमान आभासमय समर्पण से ही कविता बनकर अपने इष्ट की अर्चना करती है।

अतिउदार मन मात की, भाव भगति परतीत।
कविमन की कलिकाखिलै, यहकविताकीरीत।।

799

रसज्ञा

सभी प्रकार के रसों का ज्ञान माता को है। सभी कलाऐं रस से ही सजीव हैं। जीव जगत में रस ही प्रधान है। प्रकृति रस की स्रोत हैं उर्वि उर्वरा बनकर रसमय अन्न जल देती है जो हमारे जीवन को प्राणवान बनाते हैं। भोजन में भी स्वाद षट्रस व्यंजन बनकर सरसता देता है। ज्ञान भी यदि रसपूर्ण न हो तो कितना भी सारगर्भित क्यों न हो वह नीरस और बोझिल ही लगेगा इसीलिये भक्ति ज्ञान को सरस करके साधक को पुष्टकरती है। वह रसज्ञा ही सब प्रकार के रसों की स्रोत है।

कला रसमयी ही रुचै, रसमय प्रकृतिसुजान।
भोग राग रंगन सरस, रंजन विविध विधान।।
विमलभगतिरस सों सिंचौ, सरस ज्ञानविज्ञान।
दीठि रसज्ञा की करै, रसमय नित्य विहान।।

800

रसशेवधि

सरसता ही उपहार स्वरूप है और नीरता बोझ बन जाती है। जीवन में तो परिवर्तन ही नयापन लाता है। चाहे लौकिक प्रसंग हों या पारलौकिक सबमें एकलय और गति का तारतम्य वाँछित ही है। रस की सागर भगवती अपने प्रेमरस से भक्त के चित को रसमग्न ही कर देती है। फिर उसकी जहाँ जहाँ भी दृष्टि पड़े उधर रस की फुहारें ही दिखाई देतीं हैं। भक्तिरस की अनवद्य धारा जब चित्त को सराबोर कर दे तब आँखों से रस की धार अविरल अश्रु प्रवाह ही बन जाते हैं उस रसशेवधि की रसमयी दृष्टि ही जीवन सार है।

रसमयिदै रसदान नित, उपजै रस की खान।
रसमयि जीवन गतिबनैं, मति रसमयी प्रमान।।
ज्यों्ज्योंउतरहिंरसससरहिं, त्यों्त्यों बढ़ै मिठास।
पीपीअंजुलि छकतना, छनछन बाढ़त प्यास।।
रसदान सम दान नहिं, रस गान सम गान।
रसपान समपान नहिं, रसिकमान सम मान।।
जितजितदीठिजायतित, रस की परत फुहार।
बिनरितुतहाँ बरखानई, रितु बिन बसंतबहार।।
नित नवीन उत्सवतहाँ, नितनव आनंद होय।
चाखै नितनयौस्वादपुनि, रखैमनहिंमन गोय।।
पट लपेट कें हीरकनि, कितनहु लेउ दुराय।
छिपैनजतननकरिकबहु, दुतिदमकतहीजाय।।
रस तरंग सों भींज कें, डूबौ बार अनेक।
रससागर की विरल सी, बिन्दुपूर्ण ही एक।।
कैसौ पारावार सो, रस कौ सिन्धु अपार।
डूबत जामें एक छन, होय तुरत ही पार।।
परब्रह्म कौ रूप तहँ, अतिही सरल सुलभ्य।
प्रतिघट में प्रतिबिम्बसम, सहजरसहिंमेंलभ्य।।

पुष्टि देत मन प्रान कूँ उपजावत विज्ञान।
आनंदघन की राशि में, रस लयलीनमहान।।

801

पुष्टा

जीवमात्र का पोषण करने वाली एकमात्र आप ही हैं। अपने भक्तों का कृपामयी दृष्टि से सदा ही पोषण करतीं है। पुष्ट हुए बिना कोई भी शक्ति सम्पन्न नहीं हो सकता ज्ञान भी तभी पुष्ट हो पाता है जब उसमें भक्ति से रस का संचार हो। वैष्णव मत में पुष्टिमार्ग यही सूचित करता है कि जीव भक्ति से पुष्ट होकर ब्रह्मसम्बन्ध का अधिकारी बन सकता है। सभी साधनाएं पुष्टि से ही संचालित हैं। शक्ति से ही सब सम्भव हो पाता है।

पुष्टतुष्ट संन्तुष्ट सबहि विधि होंय तहाँ पैं।

कबहू भयौ ना खिन्न ध्यानअभिन्न यहाँ पै।।

मनका माला सूत समा समरसता न्यारी।

होवै मति अतिपुष्ट सरसरति पुष्टि तिहारी।।

जाकौं ध्यावत होत हैं, पुष्ट जीव के प्राण।

तनमन प्रफुलितनित्यही, सो ही पुष्टि प्रमान।।

पुष्टि पुरातन पंथ है, पुष्टि सिद्धि कौ स्रोत।

ब्रह्मरूप जग लगत है, रस सों ओतप्रोत।।

पुष्ट करत है कर कृपा, देंय ज्ञान परिपुष्टि।

भगतिभाव संतृप्त मन, मिलै मोदमयि तुष्टि।।

पालत है दृग कोर सों, राखत नियरे आप।

निश्चिंतमन जासु ढिंग, मिटें सकल संताप।।

802

पुरातना

सनातन शक्ति अनादि अयोनिजा हैं अनेकों ब्रह्माण्डों की रचना करने वाली शाश्वत स्वरूप वाली भवानी जिसे विमल बुद्धि देतीं हैं वही इस रहस्य को समझने में समर्थ हो पाता है।

शाश्वत सत्य पुरातना, अव्यय रूप अनादि।
अखिलेश्वरी अयोनिजा, सृष्टि सूत्र की आदि।।
सृष्टि विधात्रि विधान सों, रचें कोटि ब्रह्माण्ड।
जाकों देंय विमलमती, सो कवि बनतप्रकाण्ड।।

803

पूज्या

माता प्रथमपूज्य और सबके द्वारावन्दनीया होती हैं। उन्हीं की उपासना आठौ पहर करनी चाहिये।

जगकारनि धारनि धरनि, भवतारनि जगदंब।
उर आलय की इष्ट हे, जीवन की अवलंब।।
नयन धार कौ अर्घ्य है, रोमावलि कौ हार।
मधुर भाव नैवेद्य नव, पुलक षोडशोपचार।।
सबविधि पूजित प्रथम हे, आद्याशक्ति भवानि।
अष्टप्रहर वन्दन करहुँ, जोरत हौं जुग पानि।।

804

पुष्करा

पुष्कल या पुष्कर का अर्थ है पूर्णता यानी जो अपने भक्तों की मनोकामना को सदापूर्ण करती है। पुष्कर कमल को भी कहा गया है। माता के नयन कमल के समान हैं उनके कटाक्षों से ही भगतो का भय दूर हो जाता है। कामनाएं पूर्ण होतीं हैं। पुष्कर तीर्थ में भी पुष्करा देवी विराजमान हैं।

पुष्कल फल सब भाँति सों, फरै भगतमनचाह।
करत पुष्करा अतिसुगम, भगति पंथ की राह।।
करुणावारिधि ये नयन, दमकत हैं निज ओप।
राखत निर्भय भगतचित, करें अघन कौ लोप।।

805

पुष्करेक्षणा

भक्तों का हृदय भौंरे की भाँति भगवती के कमल नयनों में ही रससिक्त होता रहता है। वे अपनी दयामयी दृष्टि से जब भी निहारतीं हैं तब सभी मनोरथ स्वतः ही सिद्ध हो जाते हैं।

सजल जलज जल माँहि ज्यों, तरत रहे अभिराम।
पद्म पुटन रससिक्त से, अलि मन   लुब्ध ललाम।।
पूर्ण रहहिं परिपूर्ण कर , पुष्टि पुरातन पाय।
अमरकोष मकरन्द गहि, मधुप अनत कित जाय।।
पुष्करेक्षणा दीठि बिन, कौन पूर्ण मन काम।
जित चितवै तित होत है, सफल मनोरथ धाम।।
सब साधन सध जात हैं, पावत तस आधार।
पुष्टकरत जो सकल विधि, हृदय ताहि कों धार।।
करुणापूरित दृगन सों, करत दया की दृष्टि।
पूर्ण मनोरथ करत हैं, परत अमिय रस वृष्टि।।

परं ज्योति परम धाम परमाणुःपरात्परा।
पाशहस्ता पाशहन्त्री परमंत्र विभेदिनी।। 153 ।।

806

परमज्योति

उस तेजोराशि के तेज से ही सूर्य, चन्द्रमा, ग्रह, नक्षत्र आदि तेजवान हैं। आत्मा में ज्ञान के द्वारा जो अद्वैत की अनुभूति होती है जिसे आत्मज्ञान का बोध भी कह सकते हैं वह भी उनकी कृपा के प्रकाश से ही सम्भव हैं। वे परमते जवती हैं।

ताहि जोति की जोत सों, जगमग तीनों लोक।
दिपै भानुशशिअग्नि अरु, नखतन में आलोक।।

आत्मजोति आलोक में, रही अनौखी ओप।
परमजोति शाश्वतसुगम, रे मन तनिकविलोक।।

807

परमधाम

जिनके तेजपुंज के प्रकाश से सूर्य में तेजराशि दिखाई देती है। सौम्य छवि की अमृत के समान मोहक कांति को चन्द्रमा शीतलता के रूपमें धारण कर रहा है और नक्षत्र मंडल में उन्हीं की आभा प्रकाशित हो रही है। इसके अतिरिक्त जहाँ सूर्य चन्द्रमा का प्रकाश भी नहीं पहुँच पाता जो अपने ही प्रकाश से प्रकाशित होते रहते हैं ऐसे परम धाम में भी वे ही अटल ध्रुव के रूप में विराज रहीं हैं जहाँ पहुँच कर कोई भी पुनः इस मर्त्यलोक में पुनः नहीं लौटता।

तेजपुंज की ओप सों, तपै भास्कर घाम।
सार अंश छविसुधा सों, दिपै चन्द्र अभिराम।।
तपत अगनिगन नखतसब, तेजरासि के सार।
परमधाम ध्रुव अटल की, एक तुम्हीं आधार।।

808

परमाणुः

सृष्टि का सबसे छोटा भाग परमाणु है उसमें भी माता अपने सम्पूर्ण शक्तिमय रूप से विद्यमान है। वृहदरूप से पूरे ब्रह्माण्ड से भी बड़ी हैं और सूक्ष्मरूप से वे एक परमाणु में भी समाई हुई हैं। सृष्टि और प्रलय का चक्र उनके पलकों के उन्मेष और निमेष से चलता रहता है। कण कण में उनका निवास है। **कहहु सो कहाँ जहाँ हरि नाहीं।**

पलकझपत भइ प्रलयविशेषा। उघरत नयन सृष्टि नवरेखा।।
श्वाँस श्वाँस में कहत कहानी। अखिलभुवन आधार भवानी।।
ता महँ सकल भुवन विस्तारा।कोटि कोटि ब्रह्माण्ड प्रसारा।।
सो अणु अणु कन कन में राजै।पल निमेष परमाणु विराजै।।
वसुधा रूप सृष्टि अवलंबा। हैं सुमेरु सी सो जगदंबा।।

सर्वव्यापि सचराचर रूपा। अखिल कोटि ब्रह्माण्ड सरूपा।।

भीतर बाहर एक समाना। अखिलेश्वरी रूप जग नाना।।

वृहदाकार रूप तव माई। सकल सृष्टि ता मध्य समाई।।

सकल भुवन में एक ही, जाकी जोत अखण्ड।

पिण्डपिण्ड में दीप सोइ, जगमगात ब्रह्माण्ड।।

सृष्टिबनत परमाणु सों, अणुअणु में है व्याप्त।

घटघट में अतिसूक्ष्म रहि, कहें वेदमत आप्त।।

809

परात्परा

परात्पर परब्रह्मस्वरूपिणी महामाया ही सबकी आधार हैं अपने शरणागतों की रक्षा करने में सदैव तत्पर वत्सला माता को छोड़ कर भला दूसरा आश्रय कहाँ मिलेगा ? सबमें विद्यमान होते हुए भी सबसे परे हैं माया की आश्रय दाता होकर भी माया से परे, सर्वान्तरयामिनी, शरणागतवत्सला, ध्यानातीत होकर भी अपने भक्तों के वश में हैं जो जैसे भाव से भजता है उसे वैसी ही अनुभूति प्रदान करने वाली हैं।

परमेश्वरि पराविद्या ब्रह्म विद्या सुधावहा

परब्रह्मस्वरूपा श्री परमतत्व विधायिनी

ब्रह्म रुद्रहरि स्रष्टा सर्वसृष्टि निकृन्तनी

सर्वोपरि समाविष्टा सर्वसौभाग्य दायिनी

आत्मज्योतिचिदाकारा सर्वरूपासदाशिवा

सदसद्रूपमयिनित्याशाश्वतीसत्सनातना

वत्सला वत्सलपरा वत्सपालन तत्परा

वात्सल्यरसपुष्टात्वं वत्सकल्याणकारिणी

हारिणी तमाशेषा नवनवोरुण उषस् वत्

शरणागत सुखदात्री भवपाशात्विमोचनी

810

पाशहस्ता

भवानी बायें हाथ में पाश धारण किये हुए हैं जिससे संसारी व्यक्तियों को मोहपाश में बाँधती हैं और अपने भक्तों को अपनी चरणों की दृढ़ आसक्ति देकर भक्तिरस की प्रेममयी डोरी से बाँधतीं हैं।

मोहपाश बाँध्यौ जग सारौ। राग द्वेषमय भेद निहारौ।।

आशा पाश ममत्व बढावै। जाकौ अंत न कोऊ पावै।।

धावत थकै उठै पुनि धाई। गहत गहत सब मति बौराई।।

करतल टिकत न कछुकहुँदेखा। कालकर्मगतिअतिहिविशेषा।।

छनछन छीजै गति अवरुद्धा। ताकी मति नहिं होत विशुद्धा।।

मै मेरौ धन धाम निहारै। सपने जोवत सदा विहारै।।

कछू न तृष्णा संचै भाई। रेत जथा अंजुरि रिस जाई।।

पावत नहिं विश्रान्ति विशेषा। मोहपाश जकड़त सब देखा।।

विषय बेल विषयन की फैली। घूँट घूँट चखि लगै विषैली।।

मद सम सुख लालसा सतावै। तृष्णा चषक पूरि जे प्यावै।।

जबजब होइ कृपा अवलंबा। करहिं न माता तनिक विलम्बा।।

काटें मोह उबारें छन में। जो व्यापक जग के कन कन में।।

उबरत होइ मोह रति हानी। मातशरण गहि मती सयानी।।

ज्ञान कुठारहि काटै पाशा। मन बानी सों कर विश्वासा।।

उपजै तब सद्बुद्धि विवेका। भव भय शूलहु मिटत अनेका।।

जनममरन पुनिपुनिलहत, पावत नहिं विश्रान्ति।

बाँधत भवभयपाश जब, उपजावत मनभ्रान्ति।।

सदा लिये कर पाश जो, काटै भव के फंद।

मुक्ती रस मकरन्द सम, सत्चितआनंद कंद।।

मुक्ति बोध निर्बाध अति, ताकी गती अमंद।

पाशहस्ता करत रहीं, मुक्त पाश दुख द्वन्द।।

518

811

पाशहंत्री

लज्जा, घृणा, जुगुप्सा, शोक, कुल, शील, जातिगत अभिमान और भय ये आठ प्रकार के पाश हैं जो व्यक्ति के मन को बाँधे रखते हैं। माता अपने पाशों द्वारा इनसे मुक्त करदेती है। कर्म बंधनों की जकड़ती डोरी कट जाने पर शरणागत हुआ साधक त्राण पाता है।

लज्जाघृणाजुगुप्सासोका। निजकुलशील जातिभय लोका।।

अष्ट पाश अस डारत फेरा। मिटत विवेक कुचक्रन डेरा।।

कर्मबंध बाँधत जिन पाये। तिन मति छूटत नाहिं छुटाये।।

स्वप्नसत्य तिन कहुँ जगमाँहीं। डूबतगिरतपरत उतराहीं।।

काटै पाशहंत्रि तिन पाशा। रखैं सदा निजमन विश्वासा।।

करत समर्पित जीवनस्वांसा। रखें न काहु भाँतिमनआसा।।

चरन सरन चित नितउमगाहीं। ते निर्द्वंद अमर पद राहीं।।

काटें मात तिनहिं के फंदा। विचरहिं सकलभाँति निर्द्वंदा।।

मायामय जग फंद सब, काटत लगत न देर।

पाशहंत्रि   की   टेक गहि, रे सद्भागी   टेर।।

812

परमंत्रविभेदिनी

अभय देने वाली माँ अपने शरणागत की कभी भी हानी नही होने देतीं। शत्रु द्वारा किये गये अभिचार प्रयोगों को (मारण प्रयोग जैसे घात या भूत, पिशाच आदि व्याधियों द्वारा कष्ट देना आदि अनिष्टों को) नष्ट कर देतीं हैं। इसलिये शक्ति के उपासकों को निर्भय होकर हर समय हर स्थान पर रहना चाहिये। वे अपनी माता पर ही निर्भर रहते हैं किसी और का न तो आश्रय लेते हैं ना ही किसी के आगे दीनयाचना करते हैं। सिंहवाहिनी के शिशु शार्दूल ही कहलाते हैं।

ओट देत निज शरण की, काढ़त है सब खोट।

लोटत जो गहिचरणरज, तिनहि ंन पहुँचै चोट।।

विफल करें परघात कूँ बरु बैरी संसार।

होंय कितनहू प्रबलअरि, करें आय संहार।।

मूर्ताऽमूर्ताऽनित्यतृप्ता मुनिमानसहंसिका।
सत्यव्रतासत्यरूपासर्वान्तरयामिनी सती।। 154 ।।

813

मूर्ता

पराविद्या ही अपररूप से मूर्त रूप में सबमें भासित हैं चैतन्यराशि ही हमारे प्राणों में समाई हुई हैं। मूर्तविश्व उन्हीं के कारण हैं। मूर्तरूप की ही पूजा अर्चना होती है। ध्यान का आधार भी मूर्त ही है। किन्तु वह अमूर्तभाव के कारण ही मूर्तिमयी जान पड़ती है। भक्ति की भावना ही मूर्ति को ध्यान में साकार कर देती है।

अरी भावने! तेरौ   कोऊ   पार   न पावै।

मूर्त करै ताकों तैसौ जा पल तू ध्यावै।।

व्यापक जो सर्वत्र ताहि ढिंग आनबुलावै।

रंजन   कर निरंजन कूँ   साकार बनावै।।

814

अमूर्ता

जिसमें महाप्रलय भी समा जाये और जिससे नवीन सृष्टि का उद्गम भी हो उसे भला किस सीमा में बाँधा जा सकता है ? जिस प्रकार दीपक भिन्न भिन्न हैं किन्तु प्रकाश के विस्तार का कोई विभेद नहीं घड़े में आकाश की भाँति जो सबमें अलग अलग रूपों में विद्यमान है फिर भी आकाश की तरह सबसे भिन्न है उसी प्रकार मूर्त की भावना अनेकों हो सकती हैं वस्तुतःजो सबका आदिकारण है वह कल्पनातीत हैं जहाँ कोई कल्पना ही नहीं वहाँ मूर्ति कैसे सम्भव हो पायेगी ?

जासों सब आकार हैं, ताकौ का आकार।

व्यापक है चरअचर में, भासत भिन्न प्रकार।।

सर्ग स्थिती प्रलय हू, जहाँ होत हैं लीन।

ता अमूर्त कों मूर्त में, कौन गढ़ै मति हीन।।

निरालम्ब निर्लेप जो, निरामया निःसीम।

होतविलयकल्पान्तजहँ, सोकस होय ससीम।।

घटघट मेंरम रही सो, प्रतिघट ज्यों आकास।
दीप दिपतहैंअनगिनत, पर नहिं भिन्नप्रकास।।
जाकी   जैसी भावना, ताकौ तैसौ   मूर्त।
जड़ चेतन संज्ञा वही, सबमें एक अमूर्त।।
स्वाँस स्वाँस में जो रचै, सृष्टी कौ विस्तार।
कबहुदीपनहिंकहि सकत, कैसौ भानु प्रकार।।
ताकी   कल्पित मूर्ति सब, सो तौ सदा अमूर्त।
पराशक्ति कों जो कहै, एक मूर्ति सो धूर्त।।

815

अनित्यतृप्ता

शाश्वती चिदानंदमयी होकर भी वे भाववश भक्त द्वारा अर्पित पूजा सामग्री स्वीकार करतीं हैं। भक्ति से सदा प्रसन्न रहतीं हैं। संसार तो अनित्य है फिर भी वे सबका यथेष्ट कल्याण कर रहीं हैं और हम अनित्य मनुष्यों द्वारा की गई उपासना का भी यथोचित फल दे ही रही हैं भाव कभी निष्फल जाता ही नहीं क्योंकि माँ इससे प्रसन्न हो कर परितृप्त हो रही हैं।

अणुअणु में व्यापकसदा, कनकन में सो एक।
नित्यानित्य भाव गहै, ताके भेद अनेक।।
नित्यसनातनरूप है, क्षणिकन कह्यौ अनित्य।
मायाश्रित हैंउभयगति, जानौ अस ध्रुव सत्य।।
रचें महामाया सदा, माया पटल वितान।
भासत अखिलेश्वरि अहो, दोनों मध्य समान।।
भावाश्रित ही फल मिलै, जाकौ जैसौ ध्यान।
जेती जाकी अँजुरी, ते ते जल कौ पान।।
पट तन्तुन सम रम रही, जग में जो सर्वज्ञ।
जानैं नहिं या मरम कूँ ते पण्डित हू अज्ञ।।
जग अनित्य है ताहु पै, तुष्टमना हैं मात।
कालनियन्त्री जानतीं, सिगरे मन की बात।।

521

816

मुनिमनमानसहंसिका

मुनियों के मन रूपी मानसरोवर में हंस के समान किलोल करने वाली हैं। जिनके मन में लेश मात्र भी दुराव की कोई भावना न हो और प्रेम भाव के मोती हों भक्ति के अनुराग से भरा हुआ निर्मलचित्त हो वहीं पर आप सदा हंस की भाँति किलोल करती रहतीं हैं।

अमल सुसीतल मानस नीरा। लहरन में मनि मुक्ता हीरा।।

पंक न शेष लेशनहिं काई। तटतर सुषमा सबविधि छाई।।

झिलमिलातझलकतदुति कैसी। सघनसौंधविचदामिनिजैसी।।

अनुपम रूपराशि कौ नीरा। भव भय बंधन हारी तीरा।।

पीवैं श्रवन पुटन रस सारा। उमडत आनंद सरिता धारा।।

फीकौ लगै अपर सब संगा। रमै एक मन कथा प्रसंगा।।

करै नृत्य मन नाना रंगा। होय मोह राग भय भंगा।।

झरैं हरख सुमनन की माला। नयन कहें सो भेद रसाला।।

कम्पित कंठ अस्फुट बोला। कहें सबद जहँ तहाँ अमोला।।

उदित पुन्य श्रवनन करत, पूरनपुण्यप्रभाउ।

पूर्णकाम पूरित मन, अघतम कोटि नसाउ।।

रसना रससम्पुट भइ जासू। तब गुन कीर्तन करहिं प्रकासू।।

गद्गद् गिरा हृदय हरसानी। बरबस सी सारदा लजानी।।

भावसरित् उमड़त लै हिलोरा। हर्ष रोम फहरत सब ओरा।।

सो सब अस कीर्तनहिं प्रभावा। ताल मुखर सुरसंगम भावा।।

मुद्रा बनहिं सहज सब ताकी। कहै कुंडिलनी योग प्रभा की।।

खुलत ग्रन्थि रसस्रोत रमानी। पूरित पूरन रंध्र समानी।।

नवरस सिद्ध सकलविधि तासू। जोनत होंयशमित भ्रमजासू।।

अजपाजप जापै उर जापा। नासै द्वन्द द्रोह मति पापा।।

हानिग्लानिकलिकल्मष छीजै। आनंदमयि गिरिनंदिनि की जै।।

मुनिमनमानससर विमल, रमै हंस तहँ एक।।

आनंदकन मुक्ताचुँगत, कौतुक करत अनेक।।

दुर्लभ सृष्टि रची बहु भाँती। बक चकोर मृग चातक पाँती।।

जस प्रकृति तसरूप बहोरी। चातक स्वाँतिहि चन्द चकोरी।।

सकललोक में निरुपमएका। हंस विमलमति की गहि टेका।।
जस उपमा तस नियम सुभाऊ। गरिमामय हंसन मन राऊ।।
निर्गुनमति गति लगत विचक्षण। गहै हंस मुक्ताफल तत्क्षण।।
एक टेक एकहि व्रत नेंमा। रहै सदा मोतिन सों प्रेमा।।
ललक न और ठौरनहिं दूजौ। मानसतट विहरत तिन पूजौ।।
सो मानस शुचिभाव समाना। लखौ विमलसर घटघट नाना।।
उमड़ भाव सरिता लै हिलोरा। हर्ष रोम फहरै सब ओरा।।

मुनिमनसत्यसुभाउ सम, निरमल मानसनीर।
दृगकनमुक्ता तहँचुँगत, बसैं हंस मति धीर।।
सदा उपासक ठौरउर, जोबत कहूँ न और।
मुनिमन मानसहंसिका, भावभगति सिरमौर।।
दिपै हेमआलय सरिस, बनत हिमालय आप।
सितधारा भागीरथी, प्रकटित भगति प्रताप।।
मानसरोवर सदा सों, हंसन मति कौ ठौर।
नितकिलोलरतमानसों, तासमकोउ न और।।
चुँग चुँग मुक्ता सार गहि, लहै आपनी प्रीत।
नीरछीर कों भिन्न कर, हंसनमति की रीत।।
मुनिमानस निर्मल सदा, मानसरोवर मान।
पलकन सों मोती चुगै, विमल नीरतहँजान।।
मानस सर तिनउरसदा, विहरत है तहँकौन।
कर किलोल बन हंस जो, जानत होवैमौन।।
कहि न बतावैबानिकछु, मन तहँ लेत विराम।
हंसन गति तौ हंस सी, सो उपमा अभिराम।।

817

सत्यव्रता

श्रीमद्भागवतानुसार परम में सत्य ही जिनकी सत्ता है जो सनातन है उनके व्रत भीसत्य पर ही आधारित हैं। सत्यव्रतं सत्यं परं जिसत्यं सत्यस्य योनिं निहितं च सत्ये करुणामयी आर्तपुकार पर अतिशीघ्र ही आतीं हैं। अनेकों अवतार उनकी इसी करुणावत्सल स्वभाव के कारण ही हुए हैं। सत्यरूप से वे सभी के अन्दर हैं। योगियों को उनकी साधना का फल

देने वे तुरीयावस्था में आत्मज्ञान देतीं है। ध्यान में अपने स्वरूप का दर्शनदेना ज्ञान में संशयों को छेदना और भक्ति में पूर्णता की ओर अग्रसर करना यही तो दर्शाता है।

करै सत्य में वास सदा सों मंगलकारी।
सत्यव्रता माता सोई भक्तन हितकारी।।
कल्प कल्प में हरत रही हैं भू कौ भारा।
एक शक्ति के भये अहो केते अवतारा।।
सतव्रत सों ही करत अनुग्रह अद्भुत न्यारौ।
करुणावत्सल आप आय जन तुरत उबारौ।।
परम सत्यव्रत भाव सत्य है अद्भुत साँचौ।
कहूँ राम कहुँ लीलावपु बन मोहन नाचौ।।
जाकों प्रिय नित सत्य सोइ अघ हरै हमारौ।
सब घट में सो एक तन्तु पट भेद विचारौ।।
सत्य संन्निहित श्री सदा, हरै अविद्या मूल।
ज्ञान रूप सों हृदय रहि, करै पाप निर्मूल।।
सत्यरूप सों नित सदा, साँची गति सो आप।
फरै तुरीया में जहाँ, प्रकटत काटै पाप।।
जानौ केवल सत्य की, एक सहज पहचान।
निज घट में झाँकत मिलै, ताकी मूरि महान।।
साँचौ व्रत है सत्य प्रण, सत्यविनय हितकारि।
सत्य रूप मंगलमयी, सदा अमंगल हारि।।
सो तौ लीला ज्ञानमयि, नित्यबोध कौ रूप।
हरिहर विधि अवतार में, साँचौ सत्य सरूप।।
ज्योंलौं मिटै न राग, द्वन्द कषायित शूल उर।
प्रकट न मन अनुराग, करैकल्पनाकोटि बरु।।
नित्य होत अवतार, शुद्ध सनातन जीव में।
सत्यरूप कौ सार, व्यापक है सब ठौर जो।।

818

सत्यरूपा

नित्यानंदमय सत्य स्वरूप से जो अनित्य, असत् के तिमिरान्धकार को मिटाती हैं जिस प्रकार बादल दिशाओं को तो अपनी धटाओं से प्रकाश हीन कर सकते हैं किन्तु सूर्योदय को नहीं मिटा सकते। जो सत्य है वह सदा के लिये है अटल है असत्य ही अनित्य है इसीलिये वह सत्य के प्रकट होते ही विलुप्त हो जाता है।

आनन्दरूप सकल जगमाहीं। मायारचित प्रपंच समाहीं।।

घनपटकरैदिशाअँधियारौ। ढाँकि सकैनहिंकहुँ भिनुसारौ।।

वातवेग सों घनउड़िभागे। टिक न सकहिंसूरजके आगे।।

तैसे भव बाधा भव माँही। प्रकटत सत्य असत्य दुराहीं।।

सदा सनातन शाश्वतरूपा। कहौकहाँ कब भयौ अलूपा।।

लुप्तप्राय केवल असमाया। प्रकृतिजीवजग जोउपजाया।।

प्रकटत सत्यरूप के भासे। तासों निबिड़ अविद्या नासे।।

श्रीविद्या रूप सोइ साँचौ। व्यापक लोक चराचर बाँचौ।।

सत्यरूप त्रिभुवन में साँची। जो धटमाँहिप्रकटकरि राँची।।

निबिड़निशातमतोम नसानी। जयतिजयतिजगदंबभवानी।।

जहाँअसत टिकपायनहिं, भयभ्रमना की कीच।

पद्म खिलत देखे सदा, पंक भरे जल बीच।।

819

सर्वान्तर्यामिनी

जिनके अन्तर्यामिनि रूप से समस्त सृष्टि में चेतना है। वही तो सबके हृदय में विराजमान है।

सकललोक कीस्वामिनी, सबउरकरतनिवास।

सो साखी सबठौर की, ताकौ सदा प्रकास।।

सत्यअसत्य अहित हितहु, अशुभशुभनसंकेत।

यथाकथितमतिउपजरहि, कर विवेक संकेत।।

आनंद रूप अमल अनघ, सत् चेतन कौरूप।

जो कनकन में रम रही, साँचौ सत्य सरूप।।

उरप्रकोष्ठ आलय रमत, रखत विवेक कपाट।

सब घट जाननिहारि कौ, सत्य रूप विराट।।

820

सती

सतियों में धर्म, विश्वास, अटूट बन्धन, मर्यादा, पतिपरायणता, पवित्र अनुरागमय प्रेम, त्यागमय नैसर्गिक व्यवहार की अनौखी आस्था मिलती है। सांसारिक जीवन में भी वे किसी योगी से कम नहीं हैं। इसी के बल से कुल की पवित्रता, वंश की शुद्धता, गृहस्थी का संतुलन, लोक व्यवहार में रुचिकर समायोजन परम्पराओं का सही मूल्यांकन, पारलौकिक क्रिया श्राद्ध, यज्ञविधान अनुष्ठानादि में सहभागिता और कठिन परिस्थितियों में धैर्य पूर्वक पति का साथ निभाना धार्मिक उत्सवादि में पूरा सहयोग एक सती नारी के ही वश की बात है। सती शिरोमणि माता पार्वती जिनका पूर्व जन्म भी सती नाम से ही हुआ उन्होंने घोर तप से शिवभक्ति और पतिव्रताओं के दिव्य पथ का आदर्श प्रस्तुत किया है।

सर्वशक्ति संपन्न हैं, सती शिरोमणि आप।

अहोपातिव्रतधर्म सों, त्रिभुवनव्याप्त प्रताप।।

ब्रह्माणी ब्रह्मजननी बहुरूपा बुधार्चिता।

प्रसवित्रीप्रचण्डाऽऽज्ञाप्रतिष्ठाप्रकृटाकृतिः।। 155।।

821

ब्रह्माणी

ब्रह्माणी की कृपा से ही ब्रह्मज्ञान की अनुभूति सम्भव हो पाती है। अद्वैत भाव की साधना अकथनीय ब्रह्म का साक्षात्कार जब तक न हो तब तक सभी साधन अपना पूरा फल नहीं दे सकते। ज्ञान, भक्ति, निधिध्यासन, अष्टांगयोग के यम नियम आसन प्राणायाम प्रत्याहार धारणा, ध्यान समाधी बिना ब्रह्मज्ञान के अपूर्ण ही है जो ब्रह्माणी की कृपा से ही मिलता है। विधाता की शक्ति भी ब्रह्माणी हैं।

ब्रह्म रूप विद्या ब्रह्माणी। जो विरंचि शक्ती कल्याणी।।
पूरनफलपावतपरितृप्ता। होय न खिन्न रंचनहिं कृलप्ता।।
परमगूढ धन भगतन केरी। जिनपर कृपादृष्टि निजहेरी।।
सर्वसमर्पण कर सुखमानै। तजै न छनहिं न दूजौ जानै।।
सकल मनोरथपूरनकाजा। करुणाकंद सुभगति निबाजा।।
अक्षयनिधि पूरित सब कामा। परमानंद अखण्ड सुधामा।।
सर्व समर्पण करकें साँचौ। श्रीपदरजरतिलय उर राँचौ।।
सदा रहत ताके उरमाँही। जो न भगतितज दूसरचाहीं।।

नित्य अनन्य भाव सों, सेवहि नित पदपद्म।
ज्ञान शलाका दृगन में, आँजत मेंटै छद्म।।
है गोतीत पुनीत अति, जगै प्रीत मन माँहिं।
ऐसे सुख कों मौन की, महिमासबदबताहिं।।
अगम ब्रह्म आनंद की, आत्मज्योतिप्रतिमूर्ति।
ताके ही बल सों जगै, ज्ञान प्रभा स्फूर्ति।।
शब्द ब्रह्म जननी तुही, सुदृढ़ ज्ञान स्तम्भ।
ब्रह्मशक्ति ब्रह्माणि ही, मेंटत मन कौ दम्भ।।

822

ब्रह्म

सच्चिदानंद स्वरूपिणी ब्रह्मरूप ही है। जो सबमें उसी प्रकार ओत प्रोत है जैसे तन्तु से पट भिन्न न हो। ज्ञान से जब भेद मिट जाये तब अद्वैत के बोध से ही ब्रह्म सम्बन्ध होता है। यही साधना की मर्यादा है।

ब्रह्मानंद सरूप उपासी। चेतन अमल सुखद सुखरासी।।
परम धाम सतरूप अपारा। रचइ कोटि ब्रह्माण्ड प्रसारा।।
जासु प्रकाशप्रभा सत भासै। तासों ही सब ओप प्रकासै।।
जानतजाहि शेषनहिं आना। मिटइ भेद मतिसंभव नाना।।
सबघटव्यापक जो जग माहीं। माया तन्तुनपट विलगाहीं।।
भावमयी लीला सो जानें। ब्रह्मरूप सब घट में मानें।।
जड़चेतन में जो समभावा। नमनकिये मिटजाहिं अभावा।।

ज्ञानसुचेतनजाकौरूपा। ध्यावत परहि न भव तम कूपा।।

श्रीमाता सर्वज्ञ शुचि, परब्रह्म सुखखानि।

सर्वज्ञा सर्वेश्वरी, सर्वमयी वरदानि।।

मिटैं द्वैत परपंच सब, रहै न मन संदेह।

पूर्ण पिपासा मिटत है, जैसे पपिहा मेह।।

823

जननी

जगदम्बा तो सबकी माता हैं ही वे ही सबकी जननी हैं। सबका पालन करना हित सोचना रक्षा करना उन्हीं का काम है।

अखिलेश्वरि ब्रह्माण्ड की, जननी सत्य कहाय।
राखत पालत शिशुसदृश, करुणामृत निज प्याय।।

824

बहुरूपा

एकोऽहंबहुस्याम वे एक ही अनेकों रूपों में प्रकट होतीं रहतीं हैं। अज्ञान रूपी अपस्मार के जिस प्रकार अनेकों प्रकार के रूप हैं उतने ही ज्ञान रूपिणी भगवती के अनेकों भाण्डासुरों को मारने के लिये प्रकट या अप्रकट रूप हैं। कोई भी उनकी गणना करने में समर्थ नही हैं। विद्या और वर्ण रूप में (सोलह स्वर और बत्तीस व्यंजन जिसमें ह को सबका मूल माना गया हैजो व्यंजनों से अलग है जिसे मिलाने से संख्या तैंतीस हुई) उनमें भी आप ही समाई हैं तभी तो वाणी के शब्द और अर्थ के सहित भाव की आराधना सम्भव है।

एक रूप बहु भासै माता। अगनित भाण्डासुरन निपाता।।

धरत रहीं अवतार अनेका। नाम रूप लीला गुन टेका।।

जड़ चेतन व्यापक जगदंबा। रश्मिपुंज नाना विधि किंबा।।

तेजराशि जगओतप्रोत कौ। एकस्रोतरविअखिल जोत कौ।।

कनकनव्यापक छनछन देखी। धारा लहरनमध्य विशेषी।।

रमा शिवा श्यामा चामुण्डा। कहूँ अतिसौम्य कहूँ प्रचण्डा।।

भुवन मोहिनी छवि अभिरामा। तुमहीं मात सदाशिववामा।।

रूप भाव अनुरूप निहारौ। घटघट व्यापिनि नाम तिहारौ।।

एक तुम्हीं व्यापक अखिल, कोटि कोटि ब्रह्माण्ड।

कहि न जनावै कोउ बुध, कितनहु सिद्धप्रकाण्ड।।

825

बुधार्चिता

चार प्रकार के बुधजन उपासना करते हैं प्रथम जो ज्ञानी हैं वे जिज्ञासु बनकर, दूसरे आर्तजन करुणा पाने के लिये, तीसरे अर्थार्थी्धन, बल, ऐश्वर्य, पद प्रतिष्ठा आदि के पाने के लिये और चौथे मुमुक्षु हैं जो मुक्ति के परम पुरुषार्थ को प्राप्त करते हैं, किन्तु इन सबमें निष्किंचन भक्त ही ज्ञान आदि लेकर भी सच्चेप्रेम से शरणागति ही माँगते हैं जो अनमोल है। वे ही अपने जन्म और साधना को सच्चे अर्थ में सफल बनाते हैं।

याचत ज्ञानी ज्ञान धन, बुधजन लेय विवेक।

मिटै आर्तजन पीर सब, मिलै मुमुक्षुन टेक।।

विद्याबल धनबल मिलै, यश वैभवकी खान।

भावप्रबल ताकों मिलै, जाकी बुद्धि महान।।

तृप्त पिपासा होत है, समरथ पावें लाभ।

जो माँगें शरणागती, रंच न रहै अभाव।।

भुक्तिमुक्ति पावतसुखद, जो सेवें या भाँति।

सबते न्यारी लगत है, भगत मरालन पाँति।।

826

प्रसवित्री

अखिलेश्वरी चराचर जगत की एकमात्र विधात्री हैं। सब उन्हीं की सन्तान हैं ब्रह्माण्ड कोश की रचना उन्हींने की उनसे ही सूर्य, चन्द्र आदि ज्योतिर्गण प्रकट हुए। ज्ञान, विद्या की भी जननी आप ही हैं। मंत्रों का प्रादुर्भव भी आप से ही हुआ है।

जीव जगत परपंच, तासों ही सर्जित भये।

तहाँ न संसय रंच, जगत प्रसविनी मात ही।।

सविता ज्योति प्रदीप्त, भासित ताकी प्रभा सों।

गायत्री की दीप्ति, जहँ तत्सवितुर्वरेण्यम्।।

सविता की ही ओप, व्यापकत्रिभुवनजीवजग।

प्रतिअंकुर रहि रोप, कनकन वसुधा में रमी।।

एक प्रसूता मात, अखिल भुवन ब्रह्माण्ड की।

पियतजगतनवजात, करुणामृतकौरुचिर पय।।

भुवन विधात्री एक, हिरण्यमयि करुणामयी।

तिन चरननकी टेक, गहौ पाय पोषणसुखद।।

827

प्रचण्डा

अत्यन्त सौम्य होते हुए भी अपने भक्तों को सताने वालों के लिये वे अतिभयंकर रूप वाली हैं। दैत्यों का दमन करतीं हैं। भय ही तो अनुशासन का कारण होता है। भय बिन होत न प्रीत। उनके भय से ही ब्रह्माण्ड में अनुशासन रह पाता है। नक्षत्र अपनी धुरी पर यथा क्रम चलते रहते हैं। वायु, जल, अग्नि अपने गुणों से पृथक नहीं होते। पृथ्वी जीवों को धारण करती है। सूर्य, चन्द्र समय पर रितु अनुसार धूप और शीतलता प्रदान करते हैं। जो कुछ भी हमको दिखाई दे रहा हैं वह प्रचण्डा के प्रताप के कारण ही तो है।

भृकुटिभंग ब्रह्माण्डनिपाता। बहै सलिल चलिभुवनन वाता।।

धरै धरित्री जीवन प्राना। अविचल शैल अचल द्रुम नाना।।

प्रखरप्रभा रवि नखतन नाना। तपैअगनिजलरसमय जाना।।

कर्मगतिन भोगत सब तैसे। घूमें चाक कुम्हारन जैसे।।

प्रतिघट में प्रकटित तसछाया। ताके बल ब्रह्माण्ड भ्रमाया।।

माया पट ओढ़ै मति तैसे। धरै वेष नट नाटक जैसे।।

अतिसौम्या अतिरौद्र प्रचण्डा। राजतकरुणामयि करदण्डा।।

ता बल मोहनास्त्रमन्मथकौ। चलै विश्वमें विजयसुरथ कौ।।

उदधि गहै आपनि मर्यादा। घूमें नखत धुरी बिन बाधा।।

अनुशासनमयि एक प्रचण्डा। वक्रभ्रकुटि सों भू शतखण्डा।।

ताके भय सों काल डराई। महिमाअमितकोटि विधि गाई।।

प्रकटै सो धरि धरि अवतारा। ताकी लीला अलखअपारा।।

जाकों अपनावै एक बारा। ताकी है सब भाँति अधारा।।

विलग करें जाकों करि कोहा। विधिसबभाँतिवामकरिद्रोहा।।

हरें अविद्या जाकी माता। दस दिसि होत ताहि सुखदाता।।

अपरम्पार अपार अनूपा। कृपा डोर काढ़ै भव कूपा।।

देत चेतना चित्त में, उमगत मन आल्हाद।

कोपत रूप प्रचंड अति, तारौ ज्यों प्रहलाद।।

भय कों हू भयभीतकर, बनीं काल की काल।

भस्मभूत अघ होत हैं, अतिप्रचण्ड सो ज्वाल।।

सकल सम्पदा विश्वकी, तृणसमलागत जाहि।

मिलत एकअनमोलनिधि, कछूअलभनहिंताहि।।

828

आज्ञा

सनातना स्वयंभू अनादिशक्ति की आज्ञा न तो प्रकृति के नियमों में सीमित है ना ही वह जीवात्मा के सीमित क्षेत्र की ही शक्ति है। वे ही सबकी ज्ञाता हैं कालजयी की कला को भला कौन जान पाता है ! होनी भी उन्हीं के आदेशानुसार होती है। यहाँ आज्ञा का तात्पर्य आज्ञाचक्र के ज्ञानोन्मेषण से भी समझना चाहिये।

मानत तस आदेश प्रचण्डा। चलइ अनेक कोटि ब्रह्माण्डा।।

तपत सूर्यशशि शीतलछाया। शीतलवात फुरत सब काया।।

तरल तोय अति दाहक तापा। जीवन देय धरणि परतापा।।

सब निज निज मर्यादा जानें। ताकौ ही अनुसासन मानें।।

अर्पित करइ कर्म मन बानी। देत विमल विज्ञान भवानी।।

जानइ गुन निर्गुन कौ भेदा। छेदत मन संसय भ्रम खेदा।।

प्रकट जनावहि तासुसरूपा। अविकलमन तस होय अनूपा।।

आज्ञाचक्र खुलत भ्रम नासै। आपहि आपनि जोति प्रकासै।।

हरै तिमिर भ्रम निशा कौ, मिलत अभय प्रत्यूष।

पावतजीवनसफलगति, कसनहिं पियत पियूष।।

सूर्य चंद्र कों बाँध रहि, तस मर्यादा डोर।

घूमत हैं बँध ध्रुव धुरी, करत रात अरु भोर।।

मध्य रहै सब में रमीं, जगै सुचेतन धर्म।

ध्यान योग साधत अहै, षट्चक्रन कौ मर्म।।

ज्ञानदीप अघ तम ग्रसै, ग्रसै मृत्यु भय ताप।
एकज्योतिजगमग जगी, शमितसकलसंताप।।
आधिव्याधि रहिपाँयनहिं, शेष न कछुसंकल्प।
जागत आज्ञाचक्र के, विघटित भये विकल्प।।
प्रकृति नियममर्यादनहिं, नाहिं जीव गतिलेश।
लीला दिव्य कहात है, आज्ञा ही आदेश।।

829

प्रतिष्ठा

जो सबमें प्रतिष्ठित हैं, जिनमें एकनिष्ठ होकर साधक ध्यान स्थ होता है। वे पराशक्ति ही सर्वोच्च पद पर प्रतिष्ठा पाने के योग्य हैं।

नैया खेवनहार जगत की ता पर निष्ठा।
गहौ ताहि की टेक मान की मूर्त प्रतिष्ठा।।
कला सरस अभिधान दान है अहो भक्ति कौ।
अभिनव रति वरदान अनुपम परा शक्ति कौ।।
मुनि नर किन्नर देव चराचर गहें टेक कों।
प्रणत पाहि हेअम्ब! गहत अवलम्ब एक कौ।।
सर्वोपरि सर्वत्र षोडशी मंत्र विराजै।
अटलछत्र सो एकमेव त्रैलोकहि भ्राजै।।
युक्ति सुबुद्धिविवेक, अनुशासन साधन सकल।
गजअंकुश वशएक, सुपथ चलावै सजग ह्वै।।

830

प्रकृटाकृति

अन्तर्यामिनि रूप से जगन्माता सब कहीं हैं किन्तु प्रकट रूप में भी उनके दर्शन होते हैं। प्रकृति में वे ही अपना रूप दर्शाती हैं सूर्य का तेज, चन्द्रमा की ज्योत्स्ना, ऋतुओं में परिवर्तित वातावरण, वनराजि के प्राणों में चेतना का स्पन्दन, शरीर में उष्मा का संचार, भजन में ध्यान, भोजन और जल में तृप्ति कहाँ तक कहें जहाँ कहीं भी दृष्टि जाती है वे ही दिखाई पड़ रहीं हैं। श्रीचक्र के प्रथम वृत्त में इनकी पूजा की जाती है।

अप्रकट रहि सबठौर रमि, प्रकटजनावै आप।
ता बिन नहिं भासत कछू, ऐसौ भव्यप्रताप।।
जड़ चेतन में जो दिपै, सूर्य चन्द्र नभ माँहिं।
अगिनि अद्रि हू ताहिकी, प्रकटाकृतीबताहिं।।
प्रथम वृत्त श्रीचक्र में, प्रकृटाकृति दर्शात।
साधक मनतल्लीन ह्वै, मग्न मनोरथ पात।।
भुवनकोशविश्वाकृती, जलनिधि कौ हू रूप।
प्रकटतआभा सों दिपै, श्री कौ सत्य सरूप।।
ताकी आकृति ठौर सब, सत्य रूप आभास।
जा पर होतकृपा वरद, जानें बिन आयास।।
भाव रूप प्रकटत हिये, ज्ञान रूप सों ओप।
मूर्तिमती ध्यानहिं रमीं, कहूँ न ताकौ लोप।।

प्राणेश्वरी प्राणदात्री पंचाशतपीठरूपिणी।
विश्रृंखला विविक्तस्था वीरमाता वियत्प्रसू:।। 156 ।।

831

प्राणेश्वरी

देह में प्राण हैं तो जीवन है अन्यथा निश्चेष्ट शवमात्र ही। माता ही हृदय की धड़कनों का संचालन करने वाली है। प्राणों को भोजन आदि से बल वही देती हैं। वे ही प्राणों में ऊर्जा प्रदान करतीं हैं।

जीवनदायिनि जीव की, प्राणशक्ति की स्रोत।
जासों उरगति होत है, प्रतिछन ओतप्रोत।।

832

प्राणदात्री

प्राण शक्ति की स्रोत आप ही हैं। जबतक देह में प्राण हैं तभी तक जीवन है यह तो सभी जानते हैं किन्तु साधक अपने प्राणों की विकलता को मिटा सकता है। इष्ट का स्मरण

उसके प्राणों में नित्य नवीन स्फूर्ति भर देता है योगःकर्मसुकौशलम् का अनुशीलन व निधिध्यासन से चैतन्य घनराशि का स्फुरण कर सकता है फिर तो प्राणों की बेल अमृत से सिंचीं हुई प्रतीत होने लगती है। प्राणोत्सर्ग के समय भी विकलता छू नहीं सकती वह योगी निश्चिंत होकर अपनी मृत्यु का महापर्व उल्लास से मनाता है। सत्य तो यही है कि विकलता ही आधि व्याधि की जननी है सुस्थिर चित्त में ही ऊर्जा का प्रवाह रहता है जो प्राणवायु का महानतम गुण है ऐसी दिव्य ऊर्जस्विता मनुष्य को इष्ट की कृपा से महाप्राणमानव बना सकती है। उन प्राणदात्री मातेश्वरी के श्रीचरणों में कोटिकोटि नमन है। प्राण, अपान, उदान, व्यान और समान ये मुख्य पाँच प्राण हैं कहीं कहीं पुराणों में इनकी दस और कहीं सात संख्या बताई गई है।

बिना प्राण नहिं मनअरुकाया। या विधिजीवजगतउपजाया।।

प्राणदायिनी सम्बल शक्ती। एकमेव श्रीपद अनुरक्ती।।

जबलगि प्राण तनहिंरहिपावैं। तबलगि साँससगती उर लावै।।

प्रति स्पन्दन उरगति चालै। प्राण शक्ति जीवन कों पालै।।

नासै तन निकसत ये प्राना। उठतनजतननकरिविधिनाना।।

बलविक्रम चेष्टा सब भाँती। प्रान गये सब क्रिया निपाती।।

श्रीइच्छा आश्रित ये प्राना। जीवनस्वामिनि लखी न आना।।

शक्ति समात प्राणतर तैसे। ईख भरै मीठौ रस जैसे।।

प्राण शक्ति की स्रोत है, सकल जीव आधार।

प्राणशक्ति निर्मित तनहि, व्यापक अस संसार।।

साधक तनमन चेत समावै। जहाँ विकलता ठहर न पावै।।

मोहव्याधि जड़ता मति केरी। त्रिविधताप की व्यथा घनेरी।।

इन सों विकल होत हैं प्राना। बनें रोग के कारन नाना।।

समताशुचि सन्तोष जहाँ पै। सदा स्वस्थचितहोत तहाँ पै।।

भव भेषज है मात प्रवीना। देय सदा स्फूर्ति नवीना।।

संयम नियम शौच मर्यादा। मेंट देय तन मन की बाधा।।

आनंदमूरि सुचेतनरासी। अहनिशि जो उर माँहिं उपासी।।

विमलबानि अमरित की धारा। सींचत पोषै प्रानन सारा।।

भवभेषज श्रीमात हैं, मेंट देय सब रोग।

प्राणदायिनीकी सरन, देयसुखदआरोग।।

833

पंचाशत पीठरूपिणी

इक्यावन शक्ति पीठों में भुवनेश्वरी नित्य विराजतीं हैं। सतीजी के अंग जहाँ जहाँ गिरे हैं वहाँ सिद्ध शक्तिपीठ तीर्थ रूप में पूजे जाते हैं। ये इक्यावन शक्तिपीठ कामरूप कामाख्या से लेकर छायाछत्र तक हैं। जगदंबा का शरीर चिदानन्द स्वरूप है जिसे मिला कर इक्यावन की गिनती हुई वे ही वाणी में भी समाईं हैं। 'अ' सभी वर्णाक्षरों में हैं पचास वर्णाक्षर (जिनमें 'क्ष' संयुक्ताक्षर है) और मातृकाओं में पीठों की स्थापना की जाती है।

सती अंग जहँ जहँ परे, तिनकौ भव्यप्रताप।

तहँ इकयावन पीठ जो, हरें त्रिविधभवताप।।

नित्य शक्ति तहँ राजतीं, सेवहिंसुरमुनिदेव।

शिव आराधहिं ध्यान धरि, सर्वेश्वरी त्वमेव।।

834

विश्रृंखला

श्रृंखला यानी बेड़ी जो बन्धन की सूचक है धरती सागर आकाश की भी सीमा है। जीवन भी सीमित समय में बँधा हुआ है। कर्मबन्धनों की भी श्रृंखला होती हैं पाप पुण्य दोनों की ही श्रृंखलाऐं कर्म बन्धनों के पाशों से बाँधतीं हैं। जब ये श्रृंखला माँ की कृपा से छूट जातीं हैं तभी साधक की विदेह स्थिति होती है वह जीवन मुक्त कहलाने का अधिकारी बन जाता है।

हैं श्रृंखला सब सृष्टिकी मर्याद की डोरी अहो।

नभमें जलधिमें भूमिमेंहै कौन जहँ सीमा न हो।।

प्राण रहें सीमितसमय सीमा ही जीवनकीपरिधि।

जो रच रही सबसृष्टिकों विश्रृंखला उनकोकहो।।

835

विविक्तस्था

विविक्त का अर्थ ध्यान करने योग्य एकान्त स्थान बताया गया है भीड़ भाड़ वाले या दुष्ट व्यक्तियों के मध्य ध्यान और साधना में बाधा पड़ती है। सत्असत् का विवेक रखने वाले संयमी व्यक्तियों के हृदय में ही विविक्तस्था (विविक्त + स्था) विराजतीं हैं।

स्वपर की खाई न जहँ, नहिं प्रपंच की रेत।
रम्य शान्त एकान्त ही, है विविक्त अभिप्रेत।।
दृढ़ता के परकोट हैं, समता की शुचि छाँह।
ज्ञानदीप की जोत सों, मिलै सुगम अवगाह।।
द्वन्द दुराग्रह दुसह अति, दुरभिमान कौ मूल।
तहाँ असम्भव साधना, वहै वात प्रतिकूल।।
होय समाहितचित्त जहँ, सौम्यतपोवन शान्त।
विविक्तस्था तहँ ही बसै, जहाँ रम्यएकान्त।।

836

वीरमाता

माँ वीरों की जननी हैं। गणेशजी को भी वीर की उपाधि मिली है इसके अतिरिक्त जो कर्म कौशल करके संसार व्यवहार में अपना जीवन संग्राम जीत लें अपनी साधना में आई हुई बाधाओं से हार न मानें उनपर आप प्रसन्न होतीं हैं।

वीर कहावत गज वदन, उमा पुत्र हेरम्ब।
वीरप्रसविनी मात हैं, तासों ही जगदम्ब।।
राग द्वेष मेंटत हिये, टिके रहें मति धीर।
जो जीतें अरि आपने, वे ही साँचे वीर।।
जीतलेंयसबभाँति सों, जीवन कौ संग्राम।
ऐसेसुत प्रियमात के, जेनितकरहिंप्रनाम।।
वीरधीरमति थिररहें, सबविधि साधें योग।
राखतितनकौ सकलविधि, योगक्षेमसंयोग।।

837

वियत्प्रसू

पंचभूतात्मक प्रकृति में सर्व प्रथम भवानी की इच्छा ही मूल कारण बनी उनसे ही ब्रह्माण्ड कोश की रचना में सूक्ष्म तन्मात्राओं से महत्तत्व, अहंकार फिर पाँच महाभूतों की सृष्टि रची गई जिसमें प्रथम तत्व आकाश व्यक्त और अव्यक्त दोनों ही रूपों में हैं जिसके शब्दगुण से अन्य चारों तत्व बने जो सृष्टि के थूल रूप हैं, जिससे चराचर जगत की रचना हुई।

जाके सत संकल्प सों, बन्यौ व्योम अमाप।
वायु अग्नि जल भूमि हू नभ के आश्रित आप।।
व्यक्ताव्यक्त है गगन, छाय रह्यौ सब ठौर।
सर्जनहारी मात ही, तिन सम कोउ न और।।

मुकुन्दा मुक्तिनिलया मूलविग्रहरूपिणी।
भावज्ञान भवरोगध्नी भवचक्र-प्रवर्तनी।। 157।।

838

मुकुन्दा

मुकुन्द भगवान श्रीकृष्ण का नाम है दूसरे अर्थ में जो मुक्ति देने वाली हैं माता की लीला का क्षेत्र दिव्य है मुक्तिदान को वे ही कृष्णावतार में गोपियों के साथ महारासलीला में रमण कर मानो मुक्ति का प्रसाद बाँट रही हैं। पद्मपुराण का वर्णन है कदाचिदाद्या ललिता पुरुषा कृष्ण विग्रहा।

हे आद्या! तुम रसमयी, रसशेखर के रूप।
लीलावपु योगेश्वरहु, नटनागर ब्रज भूप।।
बन मुकुन्द गिरिराजधरि, धर केशव अवतार।
कहूँ बढ़ायौ रसिक रस, कहूँ हर्यौ भू भार।।
रमत रास मुक्ति मिली, अहो दिव्य अभिसार।
अस मुकुन्दलीला अमित, ब्रजवसुधाबलिहार।।

839

मुक्तिनिलया

माँ मोक्ष का परम पुरुषार्थ देने वाली हैं। हमारे शास्त्रों में चार प्रकार की मुक्ति कही हैं। पहली जहाँ ज्ञान के प्रकाश में हृदय दर्पण की भाँति हो और उसमें अपने आराध्य की मूर्ति का बिम्ब दिखाई दे वह सारूप्य मुक्ति है यानी जैसा बिम्ब है वैसा ही प्रतिबिम्ब होगा। दूसरी चैतन्यघन की दिव्य अनुभूति से जागते सोते उठते बैठते किसी भी स्थिति में कहीं भी अपने इष्ट से अलग न हो पाना उनकी समीपता का आभास ही सामीप्य मुक्ति है। तीसरी सायुज्य मुक्ति में आनंदघन की परम सुखराशि के सम्मोहन से बलात् अभिभूत

होकर आठौ पहर केलिकिलोल कर आनंद मग्न हो विदेह बन जाना प्रेम के उन्माद में बेसुध हो लीलालावण्य के सरस प्रवाह में सतत डूबना है। चौथी स्थिति में जिस प्रकार सूर्य और किरण अभिन्न हैं किरणों के स्पर्श से सूर्य की उष्मा का निकटता से अनुभव होता है किन्तु सूर्य तो अपने स्थान पर ही है यह अनुभूति सालोक्य मुक्ति कही गई है।

कर्मबन्ध बाधित करें, देहभास मन गोय।
जड़ता गहै विपन्न मति, धूमिल दीठी होय।।
ज्ञानकुठारी सों त्वरित, कटें व्याधि के सूल।
जगमगदीप विवेक कौ, होत तिमिर निर्मूल।।
होवै सजग विराग जब, मिटें राग भय द्वेष।
ममता माया दंभखल, ठहर न पावत लेश।।
मिटी कालिमा कलुषता, रही उषा पटखोल।
सद्यप्रभा विकसित जहाँ, मुखरविहंगनबोल।।
मुक्तचित्त मुखरित कहै, यहै साध्य कौ ठाँव।
समता सौम्यबयार सी, फैलावत निज छाँव।।
दिपै मुदित मानसविमल, उज्ज्वलदर्पण रूप।
जो मो महँ सोई तहाँ, अस सारूप्य अनूप।।
नित्य रही प्रकटत प्रभा, चित्त ज्ञान संयुक्त।
जागत सोबत हू लखै, सहज सामीप्य भुक्त।।
रमै सतत रमणीक बन, रहै करत अठखेलि।
सो सायुज्य मुक्ति कही, सम्मोहनि अलबेलि।।
जहाँ रवि तहाँ रश्मि हैं, जहाँ रश्मि तहँ ताप।
यही मुक्ति सालोक्य कौ, परम गूढ़ परताप।।
मुक्ति एक वरदान सी, स्वर्णखचित सी रेख।
भव बंधन काटै सकल, बोलत परसत देख।।
देत मुक्ति कौ दान, शुभ्र सुस्मित हास सों।
को है तासु समान, ज्ञानपुंज की अरुणिमा।।

840

मूलविग्रहधारिणी

अनेकानेक अवतारों की जो एकमात्र कारण हैं ऐसे शक्तिपुंज की तेजराशि को कोटि कोटि प्रणाम है।

वही अनादि अपार है, अवतारन कीमूल।
युगयुग मेंअवतार धरि, भवकेकाढ़तसूल।।

841

भावज्ञा

भावे विद्यते देव इष्ट का निवास भक्तों के भावनामय हृदय में ही है। जैसे फूलों में सुगन्ध, जलाशयों में तरंगें, भँवरें, बुने हुए वस्त्र में धागे हैं वैसे ही ज्ञान व भक्ति में भाव का अटूट गठबंधन समझना चाहिये।

सुमनन रमीं सुगन्ध ज्यों, जलवीचि भँवरतरंग है।
तन्तुन में बुन बनें पट, त्यों भक्ति ज्ञान रंग है।।
उर आलय में रमत जो, उल्लासमय प्रिय ढंग है।
जो जानत या मरम कूँ रति रंग सत्य अभंग है।।

842

भवरोगघ्नी

भवभेषज भवानी भवरोगों का ही उपचार करने वाली हैं। चित्त की सभी आसुरी वृत्तियों को दूर करके निर्मल मानसहंस बनाने वाली कालघ्नी कालरात्रि कालिका ही हैं।

कर्मबन्ध शुभ अशुभ फल, मान और अपमान।
रागद्वेषभयद्वन्द सों, मिलै ग्लानि नित म्लान।।
तृष्णा भय चिंताचिता, बाँधत कसिकसि डोर।
भ्रमवश मान गुमान मन, ताकौ ओर न छोर।।

गिरत परतदलदलधँस्यौ, बँध्यौ मोह कौ पाश।
चुभत रही हियमें धँसी, जनममृत्यु की फाँस।।
मेंटत जो भ्रम के कुहर, काढ़त निजकरफाँस।
भव कारा सों काढ़ि कें, रखै आपने पास।।

843

भवचक्रप्रवर्तनी

ब्रह्माण्डनायिका कालचक्र, संसारचक्र, जीवों का जीवनचक्र चलाने वाली है। गति ही जीवन है इस चक्र की गति कभी भी रुकती नहीं है। ब्रह्माण्ड के इस चक्र में जिसप्रकार ध्रुवतारे के चारों ओर भी नक्षत्र ग्रह धूमते हैं वैसे ही आप धुरी की भाँति सबको गतिमान बनाये हुए हैं।

बनीं अटल ध्रुव की धुरी, घूमत जहँ ब्रह्माण्ड।
जो चलात या चक्र कों, बनेंविविधविधिभाण्ड।।

छन्दसाराशास्त्रसारामंत्रसारातलोदरी।
उदारकीर्तिरुद्दाम वैभवा वर्णरूपिणी।। 158।।

844

छन्दसारा

पिंगलसूत्र के अनुसार वेदों को छन्दोमय कहा है गायत्री छन्द उनमें प्रमुख है जो पंचदशी मंत्र के सार को समाये है। अत्यन्त गूढ़ज्ञान को सभी उपनिषद प्रकट रूप में कहने में सक्षम नहीं है वे प्रतीकात्मक भाषा में ही उस अपौरुषेय का गान कर पाते हैं। भावों को छन्दबद्ध करके वैखरी यानी प्रकट भाषा में माता के गुणों का गान करना ही छन्द हैं काव्य में रस ही उसका प्राण है। भाव छन्दों का रूप लेकर ही प्रकट होते हैं।

वेद स्रोत हैं ज्ञान के, गहें उपनिषद सार।
तहँ गायत्री छन्द ही, महिमा लहै अपार।।
परम गूढ़घन लाभ है, पंचदशी कौ मंत्र।
मनवाणी सोंअगमअति, गोपनीय सो तंत्र।।

प्रकट छन्द के रूप में, होत गिरा साकार।

भूषणभाषा प्राणरस, बरनन विविध प्रकार।।

भाव नियमआबद्ध जब, धरें छन्द कौ रूप।

रचै काव्यरस प्राणमय, सारग्रन्थ अनुरूप।।

845

शास्त्रसारा

नित्य करने योग्य कर्मों का उपदेश प्रवृत्ति और निवृत्ति मार्ग की विवेचना शास्त्रों के द्वारा ही समझ पाते हैं। ये ही ज्ञान से जड़ता मूलक अंधकार को दूर करते हैं।

ब्रह्मबोध कौ मूल है, ब्रह्मनाद कौ घोष।

शास्त्रसार कौ मर्म यह, देय बुद्धि कों पोष।।

स्वयंसिद्ध हैं शास्त्र सब, तत्व वेद कौ सार।

सधै पारमार्थिक गतिहु, लोक रीत व्यवहार।।

846

मन्त्रसारा

शास्त्र, छन्द और मंत्र माँ के रूप ही हैं वे ज्ञानविग्रहा हैं। मंत्र इष्ट का ही वाग्डमय रूप समझना चाहिये। बीज मंत्रों की साधना साधक के आत्मतेज को बढ़ाती हैं। ज्ञानचक्षु के खुले बिना आत्मबोध पाना सर्वथा असम्भव ही है। मंत्रों का सार ज्ञान और ध्यान से इष्ट के स्वरूप का स्मरण ही जानना चाहिये।

निगमागम कौ सार सब, बीजमंत्र रहि गोय।

ज्ञानचक्षु कों खोल कें, साधक तन्मय होय।।

847

तलोदरी

अलौकिक सौन्दर्य की मूर्ति आपका उदर कृश और सम है इसीलिये कटि अत्यन्त छीन है। दूसरे अर्थ में आपके उदर में अतल लोक भी समाया है ऐसा आपका विराट रूप है।

अतिकोमल कमनीयछवि, सुगढ़उदर कटिछीन।
ललितेललितसुलालिमा, नित ही लगत नवीन।।
व्याप्त वृहद ब्रह्माण्ड में, मात रूप स्थूल।
अतल समावत उदर में, जननी जग की मूल।।

848

उदारकीर्ति

आद्याशक्ति के गुणों का गान संसार की आसक्ति के रोग का निवारक है। अपने भक्तों को मानसरोवर के हंसों के समान बना देतीं हैं। वे भक्ति का मान रखने वाली हैं अपने जन के योगक्षेम का वहन माता ही करतीं हैं इसलिये उनपर ही आश्रित रहना चाहिये।

श्री गुन कीरति अतिविमल, भवभेषज तस नाम।
मेंटत छनमहँ व्याधिसब, नितउठि करहु प्रनाम।।
कीरत विमल सुचित सदा, पूरन करइ सुसाध।
कंटक निकसत काम के, मिटत हिये कीव्याधि।।
मुक्तिबोध अमरित पियत, अमरन दुर्लभ लाभ।
पावत सो जन सहज ही, गाय गीत अमिताभ।।
धरत ध्यान मन अति रमें, विमल जान्हवी नीर।
हंस 'मानसर' करत हैं, भिन्न नीर औ' छीर।।
अतिउदार वत्सल जननि, निज जन राखें पास।
सतत करै गुन गान जो, कबहु न होत उदास।।

849

उद्दामवैभवा

सच्चिदानंद विग्रह धारिणी का ऐश्वर्य और वैभव क्या किसी सीमा में बँध सकता है ? जिनके तेज से ही ग्रह, नक्षत्र तेजराशि को ग्रहण करते हैं वाणी और लक्ष्मी जिनकी सेवा में सदा तत्पर रहतीं हैं उनका वैभव अपरिमित है

अतुलित वैभव अति उद्दामा। पूरन होंय मनोरथ कामा।।
सर्वोपरि सुखसुधासार कौ। बिसरै सुमिरन जगअसार कौ।।
जा पर परइ अमिय दृगकोरा। मनमयूर घननिरखिविभोरा।।
श्रीवैभव लखि बिसरै आपा। अतिअगाध जाकौ नहिं नापा।।
बनी अनन्या गति मति केरी। तनिक न फिरै फिराये फेरी।।
सुरति सुगन्ध रहत मन राँची। सो मन मौन संपदा साँची।।
श्रीविद्या वैभव अतिगूढ़ा। का कहि सकहि मोर मति मूढ़ा।।
श्री शोभा छवि धाम विराजै। ताकौ बिंब सकल उर भ्राजै।।

श्री आभा श्री सम्पदा, वैभव अमित प्रकाम।

परमसार कौ सार है, श्री विद्या कौ धाम।।

गहें तेज ग्रह नखतगन, अहो विभव उद्दाम।

श्रीविद्या परमार्थमयि, कर मन कोटिप्रनाम।।

850

वर्णरूपिणी

भवानी मातृका स्वरूपिणी हैं। वर्ण अक्षरों और व्यंजनों का संयुक्त रूप है। जिस प्रकार विराट रूप में पूरा ब्रह्माण्ड उनके शरीर में समाया हुआ है उसी प्रकार पूरा वाङ्मय उन्हीं का रूप है। विद्या, वैभव, धन, ऐश्वर्य अणिमादि सिद्धियाँ उन्हीं के रूप में से निःसृत हैं।

चतुःषष्टि हैं वर्ण सब, रचै वाङ्मय रूप।

चौंसठकोटिकलामयी, विकसितदिव्यसरूप।।

शब्दब्रह्म व्यापक सकल, ब्रह्मनाद ही मूल।

मन्त्र ध्वनि भासत सोई, हरै अविद्या सूल।।

देव रूप सब मंत्र हैं, मंत्र देव आकार।

ब्रह्मबोधमयि सो गिरा, ताकौ कहूँन पार।।

श्री ही वाणी रूप है, वाणी श्री कौ रूप।

अर्पित मनवच्कायसों, साधनहों अनुरूप।।

भाषा बोलन में प्रकट, होत भाव कौ रूप।

वर्ण रचत हैं वाङ्मय, ताकौ दिव्य सरूप।।

चौंसठ वर्णन सों भयौ, उच्चारन कौ बोध।
श्रीजी कौ ही रूप है, वाणी कौ सद्बोध।।

जन्ममृत्युजरातप्त जन विश्रान्ति दायिनी।
सर्वोपनिषदुद्घुष्टाशान्त्यतीतकलात्मिका।। 159।।

851

जन्ममृत्युजरातप्तजनविश्रान्तिदायिनी

जन्म मृत्यु बुढ़ापा रोग सब कष्टकारी हैं इन सबके भय को जो दूर कर देती हैं ऐसी सर्व समर्थ माता अपने भक्तों को प्रबल भक्तियोग से उन्मन अवस्था तक पहुँचा देतीं हैं जिसमें वह विदेह भाव को पाकर अपने इष्ट के स्वरूप के ध्यान में तल्लीन रहता है। योगी चिरयुवा निरोगी और प्रसन्न मुख होते हैं। उनमें कभी मनोमालिन्य जनित दुर्बलता आ ही नहीं सकती यह सब माँ की ही कृपा का फल है।

भ्रमत भ्रान्तिमय पथ पर भूतलभार लिये तन,
श्रमित सदा ही रह्यौ शिथिलसौसकुचायौमन।
अहनिशि आह कराहचाह पायौ न कतहु धन,
सोबतजागत निपटमूढ़ थिर भयौ न इकछन।
पंचतत्व जग माँहि पंचविधि जगत लखत है,
विषयनबेलि चहतअमिय पर विषही चखत है।
तृप्त न होत भ्रमित मन जितततितयोंहीभ्रमतहै,
रे रे नर तन पाय वृथा यों भटक तपत है।
पुरुषारथ बस एक मान तन कौ ही पोषन,
पालत सश्रम कुटुंब करत अंतहु जे शोषण।
रह्यौ रंक कौ रंक तजत यों हीर कनी कों।
काँकर पाथर धरत सश्रम मन मान प्रतोषण,
जनमत बार अनेक कुहर ममता धिर सोवै
तिमिर निशा में दिशाभूल निजको ही खोवै।
जागत पैहैं कहा स्वप्न में जो कछु बोबै,
छीन दीन तन पाय क्षुब्ध क्यों बिरथा रोवै।
समयरहतचेतै न पुनि, क्यों रह्यौअबबिलखाय।

उठतजगै जो चेतना, कस न तासु ढ़िंगजाय।।
जनम मरन की श्रृंखला, काटै छन में तोर।
या अछोर भव सों तनिक, रे हठअब तौ छोर।।
सरस मोह फलचाह सों, चाखे बार अनेक।
तिन्ह हू सों तीखौ फल, द्वेष दंभ कौ एक।।
राग रमावत वासना, द्वेष बढ़ावत द्रोह।
भ्रम उपजावत रे वृथा, तन धन घर सों मोह।।
जहाँ कटें भवबंध ये, मिलै सरस सी राह।
देख उदितरवि की दिशा, जगतजगै मनचाह।।
कातर मनव्याकुल भयौ, मरण भीति सों भ्रान्त।
कटते ही भ्रम श्रृंखला, मिलत रम्य विश्रान्ति।।
एक धुरी आधार सों, चलै जहाँ ब्रह्माण्ड।
कोटिकोटिरविशशिनखत, गंगाव्योम प्रकाण्ड।।
बँधे डोर मर्याद की, टरे न मारग नैंक।
धुरी धाम सो अटल ध्रुव, घूमत रहे अनेक।।.
यत्र यत्र ब्रह्माण्ड में, मूल प्रकृति के भेद।
तत्र तत्र पिण्डन रचे, तहाँ न संसय खेद।।
उर अनहद की धुरी सों, बाँधत जीवन डोर।
ताकी इच्छा सों चलै, जाके करगत छोर।।
उन्मन चित की चाह, अष्टप्रहर उमगत रहै।
और न दूजी राह, जरा मृत्युभय जहँ कटै।।

852

सर्वोपनिषदुद्घुष्टा

वेदों का सार तत्व वेदान्तों में ही समाया हुआ है जहाँ कहीं भी विरोधी मत नहीं हैं आत्मज्ञान का दीप सतत जलता ही रहता हैं यह आत्मज्ञान माता की कृपा से ही मिलता है तभी वेद और उपनिषद का मर्म समझ में आ पाता है। सिंहगर्जना की तरह ज्ञानी आत्मनिर्भर निर्भीक होकर पूर्णता को पा लेता है।

ज्यों अम्बुज कीपाँखुरी, कमलकोषमकरन्द।
वेदअंगपट त्यों खुलत, प्रकट अर्थ निर्द्वंद।।
गुरुनियरे ही पात है, शिष्य उपनिषदज्ञान।
जासों उद्भव होत है, सहज आत्मविज्ञान।।
आत्मजोति प्रकटै सतत, रमै आत्मरति रंग।
शुभ्रज्योत्सनाभव्यअति, अनुभव आत्मतरंग।।
परमसार कौ सार सो, एक घ्येय ही सत्य।
गूढ़गिरागम्भीरमति, मर्त्य हु बनत अमर्त्य।।
ज्ञान सुधासव पान सों, मिलैसनातनदृष्टि।
शुष्क धरा सरसात है, पावन परमसुवृष्टि।।
भावभूमि अंकुरितभइ, सुरभितसुखदसुगन्ध।
परिमलरम्य बतासबन, भरत सुमोदअमन्द।।
चिरसुषमा निततहँरहै, छवत नयनपुटछाँव।
सर्व ज्ञान विज्ञानमयि, सुन्दरता कौ ठाँव।।
ज्ञानामृत उपनिषद कौ, ब्रह्म बोधकौ सार।
सर्वसमर्पण प्रेम धन, साँचौ अन्य असार।।
सुनतउपनिषदघोष कों, मिटें द्वैत के सूल।
निर्भय गर्जनकरत है, ज्यों बन में शार्दूल।।

853

शान्त्यातीतकलात्मिका

ज्ञान से द्वैतप्रपंच मिट जाने के बाद मायापट हट जाता है तब परमशान्ति का अनुभव होने लगता है ऐसी शान्ति के उपरान्त भी जो अनुभवातीत स्थिति हैं वह ही परमशिवत्व की प्राप्ति है। जिस पथ पर शक्ति स्वरूपा माँ ज्ञान और सुशान्ति के आभास से मार्ग प्रशस्त कर उस अलौकिक दिव्यातिदिव्य परमतत्व तक पहुँचाती हैं जिससे परे कुछ भी नहीं हैं।

छूटत बंध अनेक, पावत चित निर्द्वंद मति।
उदासीनता एक, लेप औषधी शान्ति है।।
बोध परमपद ज्ञान, शमनसाधनाशान्तिमय।
देत अभय परित्राण, धीरगम्भीरन सम्पदा।।

546

शान्ति सुरम्य अटूट, निश्छलतानिर्द्वंद की।
पियतसाररसघूँट, लेश न तृष्णाकेनिकट।।
बोध रूप निर्वाण, आत्मज्ञान सोपान सम।
सदासमावतप्राण, गतिविदेह कर देत है।।
सोईखरे विदेह, पियतपलकपुट अमियरस।
तिनउर नहिंसन्देह, भरतचेतना विश्व में।।
पावतसदासुशान्ति, मिलतउपनिषदज्ञानसों।
मिटैसकलमनभ्रान्ति, यहैकलाअतिधन्य है।।
बिन करुणाअवलम्ब के, पावतकोउनत्राण।
आत्मबोध रुचिकरकला, देतअभयवरदान।।
माया द्वैत प्रपंच कों, हरै शान्तिधन ज्ञान।
जो अतीत हैशान्ति सों, शान्त्यतीतप्रमान।।

गम्भीरा गगनान्तस्थां गर्विता गानलोलुपा।
कल्पनारहिताकाष्ठाऽकान्ताकान्तार्धविग्रहा।। 160।।

854

गम्भीरा

शुभ का कल्याणकारी विग्रह ही गजानन हैं स्वस्ति की कामना भय के निवारण से ही सम्भव है। 'गं' से गणपति 'भी' भीरु या भय 'रा' से दूर करना समझना चाहिये। वे भय मोचनी हैं। उनका अत्यन्त ही गम्भीर स्वभाव है।

गौरी गणपति मात हैं, अति उदार गम्भीर।
ज्यों‍अगनित सरितामिलें, सागरतजै न धीर।।
'गं' गणपति कौ रूपशुभ, भी'भय' रा पयान।
भयमोचनि तस मात'श्री', सो गम्भीरा जान।।

855

गगनान्तस्था

सृष्टि के निर्माण में आकाश का शब्द तत्व सबसे पहिले आता है बाकी के चारों महाभूतों में यह आकाश तत्व पाया जाता है। जिस प्रकार बाहर आकाश दिखाई देता है वैसे ही भीतर भी हृदय में अनहद नाद स्थित दहराकाश हैं श्रीमाता दोनों आकाशों में विराजमान हैं और यदि उस आकाश का अंत भी हो जाये तो भी वे उसी प्रकार रहती हैं जैसे इसके पहले थीं यानी सृष्टि प्रलय का क्रम तो होता ही रहता है किन्तु भवानी अटल रूप से सदा विराजतीं है। वे गगन के अन्त में भी स्थित हैं इसीलिये गगनान्तस्था हैं।

व्याप्त भुवन आकाश, स्थित है जहँ शब्द गुण।

प्रतिघट होत प्रकाश, दहराकाश सदा हृदय।।

यदि ताकौ कहुँ अंत, मानहु यदिकहुँछोर पुनि।

तहुँ श्री ठौर अनन्त, भीतर बाहर एक सम।।

856

गर्विता

विश्व की रचना माता की इच्छा से ही हुई महत्तत्व और अहंकार के द्वारा सूक्ष्मतन्मात्राओं के परस्पर मिलने से ब्रह्माण्ड की रचना करना केवल भगवती के बल से ही संभव हो पाया है। व्यक्तिगत भाव में अहंता और समष्टि के भाव में पराहन्ता कहा जाता है। माता को अपनी संसार रचना पर गर्व है।

निजइच्छा निर्मित जग, करुणामयि कौ गर्व।

पराहन्ता भावमयी, सृष्टि प्रसूता सर्व।।

जाके सतसंकल्प सों, मिटत बनत सब लोक।

दया दान गर्वित सदा, हरत व्याधि भवशोक।।

857

गानलोलुपा

भावपूर्ण संगीत की कर्णप्रिय सुरम्यध्वनि माता को अतिप्रिय है। भावना के पुष्पहार रस लय तालबद्ध गायन पूजा का अभिन्न अंग है। सामवेदीय और गान्धर्व दोनों प्रकार के गायन आपको रिझाते है।

वाणी की रसमाधुरी, भाव भनित सुन गान।
अतिप्रियलागतमात मन, को करिसकहिंबखान।।
मुखरित बानी स्वर बनें, कर्णामृत रस निर्झरी।
रीझें भावप्रसून गहि, ज्यों वसुधा सुरभित हरी।।

858

कल्पनारहिता

जो सृष्टि की रचना और संसार का पालन करने वाली प्रकृति स्वरूपा अमित करुणामयि माँ हैं वे ही साधकों को उनका इच्छित फल प्रदान करते समय मानों भक्त की कल्पना में मूर्तिमान हो जाती हैं अनेकों अवतार इसके साक्षी हैं, किन्तु वे तो कल्पान्त में भी यानी महाप्रलय के समय भी सभी जीवों को अपने उदर में धारण करके अपूर्व रूप से दयाद्रवीभूत होतीं हैं जिसकी कोई कल्पना करही नहीं सकता। सब उन्हीं में समाहित हैं उन्हीं से प्रकट होता है पुनः उन्हीं में लीन हो जाता है। वह तो चैतन्य का महासागर है जीवात्माऐं लहरों के समान उठतीं हैं खेलतीं हैं और स्वभावतः वहीं लौट भी जातीं हैं।

बीतें युग कल्पान्त के, तहूँ करै हित आय।
करुणामयि की कल्पना, कहूँ करी नहिं जाय।।

859

काष्ठा

अट्ठारह निमिष (मिनिट) के कालखण्ड को एक काष्ठा कहते हैं। भाव यह कि जो कालखण्डों में समाई हैं निमिष से प्रहर, दिन रात,पक्ष, मास, अयन (उत्तरायन या दक्षिरायन) वर्ष, युग, कल्प आदि अखण्ड कालगति है सबमें आप हैं। दूसरे अर्थ में वेदान्त के परमलक्ष्य को जहाँ शिवत्व का बोध हो सभी द्वैतप्रपंच मिट जायें आत्मा का ब्रह्म से सन्निध्य हो तभी शिवोऽहं का आभास हो पाता है उसकी प्रतीति को भी काष्ठा कहा गया है। शिवतत्व का बोध शक्ति के बिना हो ही नहीं सकता ज्ञान की पराकाष्ठा को ही काष्ठा समझना चाहिये।

सूक्ष्मसमयकीअवधि ही, काष्ठाइतिकहिजात।
कालशक्तिआधीनहै, शिव जिनके अहिवात।।
काष्ठा करुणा रूप, यही सार वेदान्त कौ।

शरणागत अनुरूप, भगतवछलता अतिघनी।।
तारै तारनहार, पहुँचावै भव पार जो।
करुणा अपरम्पार, स्थित जो सब काल में।।
है प्रतीतिअप्रतीति बरु, सत या असतप्रमान।
काष्ठा जीवनसार है, एक परम शिव जान।।

860

अकान्ता

'अक' पाप फलों की श्रृंखला को कहा जाता है, अक+अन्ता=अकान्ता अर्थात् जिनकी उपासना घोर पापों का भी विनाश करने में सक्षम है फिर चिंता और भय क्यों होवे?

अक इति दुस्तरपापफल, ताकौ हू कर अन्त।
शरणागति पावत सुखद, होवें सौम्य दिगन्त।।
अघतम नाशिनि आप हौ, भयौ अकान्ता नाम।
जो साधै सत्कृत्य कों, कर मन नित्य प्रनाम।।

861

कान्तार्धविग्रहा

शिवजी के अर्धांग में उमा है इसीलिये इस विग्रह को अर्धनारीश्वर रूप में पूजा जाता है।

शिवअर्धांगविराजतीं, शिववामा तुम धन्य।
अर्धनारीश्वर विग्रह, भगतन भाव अनन्य।।

कार्यकारणविनिर्मुक्ता कामकेलितरंगिता।
कनत्कनक–ताटंका लीलाविग्रहधारिणी।। 161।।

862

कार्यकारणनिर्मुक्ता

कार्यकारण नियम के बिना कोई सिद्धान्त या संसार का कोई भी कार्य या किसी भी प्रकार की वस्तु का कहीं भी अस्तित्व सम्भव नहीं है किन्तु श्रीविद्या इस नियम से भी सर्वथा परे है। वे सबकी कारण हैं किन्तु उनका कोई भी कारण नहीं है। वे सबके मूल में स्थित है अंत में भी है किन्तु उनकी शक्ति और पुरुषार्थ को ना तो कोई देख सकता है ना ही नापा जा सकता है ना ही कोई किसी निश्चित निष्कर्ष पर पहुँच ही पाया हैं। वे समयावधि में भी सीमित नहीं है वे प्रकृति के नियमों में आबद्ध नहीं है।

महत्तत्व है कार्य, मूल प्रकृति कारण बनीं।

नियमयहअपरिहार्य, कोऊकछु कहिसकतनहिं।।

काज अलौकिक मात के, कहूँ न कारण होय।

विधिनिषेध सों जो परे, निजसरूप रहि गोय।।

863

कामकेलितरंगिता

जिनके लीलाविलास की रसमाधुरी का वर्णन अतिदिव्य है जो मनवाणी की कल्पना से परे हैं जिनके ध्यान मात्र से योगियों को समाधि की सुरति का आनंद मिलने लगता हैं उन त्रिलोकी के माता पिता की रसविहार लीला को कोई भी नहीं जान पाता वह सर्वथा अनुभवातीत, इन्द्रियातीत और ध्यानातीत है शिवशक्ति एक प्राण दो देही हैं। ऐसा लगता हैं उनके नित्यविलास की रसमाधुरी की छाया ही बसन्त ऋतु के रूप से प्रकृति में प्रतिबिम्बित हो रही है।

शिव सन्मानित हैं शिवा, शिवआराध्या संग।

एक प्राण दो रूप हैं, अन्योन्याश्रित रंग।।

जिनके केलिविलाससों, सुरभितहोतदिगन्त।

लीलाअकथअगम्यअति, लाजत है रतिकंत।।

कामेश्वर मनकामना, प्रफुलितकलिका सी खिलै।

ज्यों सुषमा मधुमास की, नन्दनकानन सों मिलै।।

864

कनत्कनकताटंका

कानों में सोने के कर्णफूल शोभायमान हो रहे हैं। उनकी चमक ऐसी लग रही है मानों सूर्य और चन्द्रमा मिल कर मुख छवि की शोभा बढ़ा रहे हों स्वर्णाभा में मुख की कान्ति है या सोने के कुण्डलों की चमक यह भ्रान्तिपूर्ण है।

स्वर्ण विभूषण दमकत अंका। कनक रचित मणिमय ताटंका।।
जासु अंग श्री नयनन शोभा। हरत सकल मन संभव छोभा।।
मुख संलाप मधुर रस घोलै। श्री मुख सबद वेद धुनि बोलैं।।
शाश्वतसत्य अमिय जिमि पोषै। कर्णमधुर जीवन जग तोषै।।
शब्द ब्रह्म रस पूर्ण प्रलापा। सुनतेहि मिटत मन कौ आपा।।
वेणुनाद सम लागत नीकौ। श्री मुख शबद ताप हरै जीकौ।।
बाँधै एक डोर सब लोका। हरै खेद हर संभव सोका।।
गूढ़ गिरा अति मृदुल सुहावै। वाणी पुट ज्यों अमिय पियावै।।
मोहित मधुर गान सों रीझै। श्री संलाप माधुरी की जै।।

श्रीमुख सबद अमोल अति, हरें हृदय के ताप।
सुनत बाँसुरी धुनि मधुर, बिसरै आपौ आप।।
श्री मुख शोभा सों दिपै, श्रवनन में ताटंक।
इत दमकत है रविमनहुँ, उत में दिपत मयंक।।
कर्णफूल अति ही रुचिर, स्वर्णाभा सी कान्ति।
मुखपटतर का कनक है, यहै हृदय में भ्रान्ति।।

865

लीलाविग्रहधारिणी

अखिल ब्रह्माण्ड नायिका अपनी इच्छ से सब पर शासन करतीं हैं उनके ही आदेश से प्रकृति अपना कार्य करती है। वे अपनी इच्छा से प्रकट (अवतार लेती हैं) अप्रकट (भक्त का जैसा भाव हो वैसीही धारणा से मूर्तमान होकर भावना को स्वीकार करतीं हैं।) वे मूर्त भी हैं और अमूर्त भी हैं।

व्योमगंग अगनित शशितारे। कोटिकोटि ब्रह्माण्ड प्रसारे।।
सब ताकेआधीन तहाँ सो। कालचक्र चलरह्यौ जहाँसों।।
भुवन लोक मर्याद अनेका। सकल बँधे डोरी सों एका।।
अटलछत्रआसन तव माता। एक तुही शरणागति दाता।।
टारे टरै न तेरौ शासन। मानत सब एकहि अनुशासन।।
सर्वोपरि आज्ञा है एका। गहें देव दिगपाल अनेका।।
महिमाअमित तिहारी अंबा। जगतजननि जयजयजगदंबा।।
सकलसिद्धि दासी तव चरना। पालत तेहु भगतिआचरना।।
विमलबुद्धि तव आज्ञाजागै। जब चेतहि तब कछू न माँगै।।
भगत भाव चितविग्रह धारै। निशिवासर नित उमगिनिहारै।।
भावसुरम्य प्रेम परिपोषन। रागद्वेष करि सकहिं न शोषन।।
हेरहु देहु चरन अवलंबा। पावत टेक न होय विलम्बा।।
दयादृष्टि श्री मात की, होत रही चहुँओर।
जाके शासन सों सदा, होत यामिनी भोर।।
अखिल भुवन ता अंक समाये। सप्त लोक नानाविधि गाये।।
सूक्ष्म रूप कन कन जग छाई। महत रूप ब्रह्माण्ड समाई।।
सो बिनु श्रम लीला वपु धारै। धरम हेतु असुरन संहारै।।
राम कृष्ण नरसिंह सरूपा। कच्छप मत्स्य वराह अनूपा।।
जुग जुग रच अवतार अनेका। देय अभयचरनन की टेका।।
शक्ति समात ब्रह्म छवि कैसे। रविमण्डलहि रश्मिगन जैसे।।
आदिमध्यअन्त हु तस नाहीं। कहौ कौन कहिसकत बताहीं।।
केवल करुणा सम्बल टेका। भाव भक्ति ताकौ बल एका।।
जो असगैल चलत सतभाऊ। ताहि बिना श्रममिलत उपाऊ।।
चरणशरण गहि उर रखि प्रेमा। पूरन करै सकल व्रत नेंमा।।
जो अमूर्त मूरत सो धारै। निज इच्छा निज जनहिं उबारै।।
नाम रूप गुन कथा अनंता। गहें प्रेम सों जाकों संता।।
जाके ही आधीन हैं, अगजग के सब काज।
अखिललोक पालकतुही, एक गरीब निबाज।।
धारत रूप अनेक, लीला विग्रह धारिणी।
सकलभुवन की एक, सदा स्वामिनी हौ बनी।।

अजाक्षयविनिर्मुक्तामुग्धाक्षिप्रप्रसादिनी।
अन्तर्मुखसमाराध्य बहिर्मुख सुदुर्लभा।। 162 ।।

866

अजा

जगत की धात्री जगदम्बा का जन्म कहाँ हुआ ? कौन माता पिता हैं ? कैसा जीवन है? ये सब बातें मातृ लीला में हैं ही नहीं वे शक्ति स्वरूपा अपरिमेया आद्या भवानी हैं साधारण जीव कर्मानुसार जन्म लेते हैं अपने प्रारब्ध को भोग कर फिर मृत्यु पाते हैं यह चक्र निरन्तर तब तक चलता रहता है जब तक वह अपनी अविद्या को क्षीण नहीं कर देता। मुक्ति पथ का राही ही इस श्रृंखला से मुक्त हो पाता हैं ऐसे मुमुक्षुओं को मुक्तिबोध कराने वाली माता भी अजा है अजन्मा है।

जो धात्री है जगत की, जाकौ कहूँ न आदि।
अजा अयोनिज अजन्मा, अव्यय अगम अनादि।।

867

क्षयविनिर्मुक्ता

आपकी कृपा से साधक क्षीणता (हानी) से रहित हो जाता हैं वह घर और सम्बन्धियों आदि का त्याग किये बिना भी परमपद का लाभ पा सकता हैं जगन्माता क्षय यानी बृद्धावस्था से रहित हैं उनके साधक भी कभी आधि व्याधि भय रोग शोक संशय मूढ़ता से ग्रसित नहीं होते।

तजें न घर धनधाम कों, राखि भगतिचित गोय।
होंय मुमुक्षु गृहस्थ बरु, रंच न हानी होय।।
प्राकृत जीवन कों बने, आदि मध्य अवसान।
हैं अनादि अखिलेश्वरी, चिदानंदमयि जान।।

868

मुग्धा

अपने प्रेम पर जो स्वयं ही भावममुग्ध होकर रीझ रहीं हैं ऐसी अपनी अनन्य आराधिका शिवा को महेश्वर एकटक निहारते ही रह जाते हैं।

भावमुग्ध   मोहितमना, रीझ आपने रूप।
निरखतशिव अपलकजिन्हें, मुग्धाशिवाअनूप।।

869

क्षिप्रप्रसादिनी

आशुतोष भगवान भोलेनाथ कैलाशपति की प्रिया का भी स्वभाव शिव समान ही है। जिस प्रकार भोले बाबा शीघ्र ही प्रसन्न हो जाते हैं भुक्ति मुक्ति साधक के करतल में होते हैं। वैसे ही भवानी के आराधकों को भी चारों पदार्थ सुलभ हैं क्योंकि माता अत्यन्त दयालु और शिवजी के समान शीघ्र ही प्रसन्न होने वाली हैं।

आशुतोष अर्धांगिनि अंबा। करत कृपा नहिं होत विलंबा।।
अति कोमल नवनीत समाना। हृदय अपार उदार बखाना।।
सहत न ताप स्वजननिजकेरौ। चरनसरनसुखमिलतघनेरौ।।
करुणावत्सलता उर महती। कस जननी सुतपीड़ा सहती।।
त्राण देय निजशरण बुलावै। छनहि अंब सब ताप नसावै।।
नासै रोग मोह भय तापा। रहै न उर अघ तम भव शापा।।
निर्मल मानस हंस सुहावै। नीर छीर सन्मति तहँ पावै।।
जो ध्यावै मन काया वाचा। कालविवशबन कबहु न नाचा।।
सबै नचावत तृष्णा माया। मोह मान मद दंभ भ्रमाया।।
एक टेक अवलंबन पावै। तुरत काल के फंद नसावै।।
साघत एक सधै सब देवा। करहु सदा श्री पदरज सेवा।।
आशुतोष शिव अवढर दानी। क्षिप्रप्रसादिनि प्रिया भवानी।।
अतिउदार उर मात कौ, ता बिन कौन अधार।
सत्य सत्य श्रीपद कृपा, परम सार कौ सार।।

फलै शीघ्रज्योंशिवकृपा, होय न तनिक विलंब।

त्यों ही होत प्रसन्न अति, क्षिप्रप्रसादिनि अंब।।

870

अन्तर्मुखसमाराध्या

जब तक एकान्त में एकाग्रता नहीं आती संकल्प विकल्पों का प्रवाह मन में चलता ही रहेगा जैसे पानी की चंचल लहरें तल में पड़े मोती को देखने नहीं देतीं वे ही जब हवा के शान्त हो जाने पर ठहर जातीं हैं तो तल में पड़ा मोती निर्मल जल में स्पष्ट दिखाई देगा।

पवन झकोरा दै रह्यौ, लहरें लेत हिलोर।

मोती तलगत ना दिखै, भटकें दृगचहुँओर।।

थिर गहरी धारा भई, ठहरत है जब नीर।

तुरत दिखै मोती तहाँ, सरवर होत गंभीर।।

सबघटजाननहारि सों, मिलत होउ तल्लीन।

जो बाहर सब ठौर है, सो अन्तर्घट लीन।।

बिना भये अन्तर्मुखी, सधै न नैंकहु ध्यान।

रहसिउजागर होत है, सदाभगति कौ मान।।

871

बहिर्मुखसुदुर्लभा

जैसा कबीरदास जी ने कहा है कस्तूरी कुंडल बसै मृग ढूँढ़ै बन माहिं। यही भाव यहाँ पर भी है कि अन्तर्मुखि आराधना ही साधक को अपने इष्ट से जोड़ती है माता तो अपने भक्त के हृदय में विराजमान हैं। बहिर्मुखी साधना में मूर्ति उपासना यज्ञयागादि, देवालयों का निर्माण, जागरण, ब्रह्मभोज, दान, तप, व्रतों के नियमपालन इत्यादि आते हैं ये सब भी माता की उपासना के स्रोत तो हैं किन्तु यदि केवल बाहरी साधनों को ही किया जाये और अन्तर्घट की तल्लीनता लेशमात्र भी न हो तो ये सभी साधन विफल ही जानो। केवल मात्र बाहरी साधनों से न तो ज्ञान ही फलीभूत हो पाता है और न ही इष्ट की प्रसन्नता का अभास ही मिलता है।

ढूँढ़त फिरत कुरंग बहु, मिलै न ताकों गंध।
तैसे बाहर छाँड़ि श्रम, करहु दृगनपट बंद।।
नवद्वारे या देह के, चाहत चखन बतास।
शब्दपरस रसरूप बहु, सूँघ सुगन्धन पास।।
बहिर्वृत्ति बहुधा तहाँ, जागत विषयन संग।
कहुँ विकल्पसंकल्प कहुँ, तृष्णा गहतकुरंग।।
जब जैसी मन चाह भइ, ढूँढ़ कामना रत्न।
माँगत मनभायौ सदा, करन लगै सो यत्न।।
जेतौ जेतौ गहत है, तेती बाढ़त प्यास।
कबहु न भयौ प्रसन्नमन, दीखतसदाउदास।।
बहिर्मुखी के यत्न सब, सकल साधनासिद्धि।
गढ़ी रही फल आस में, जैसी दीठी गिद्ध।।
अमलअमोलकअमिय सी, चिरसुषमा रसखान।
बाहर ढूँढ़त मूढ़चित, तहाँ अलभ ही जान।।
ज्यों लौं थिरमतिहोतनहिं, जगै न अन्तर्जोत।
संयमबिन मनवश नहीं, सफलजतनकसहोत।।
बाहर जग की सम्पदा, सब भैतिक परतीत।
एककाल की लहर सों, पलटत भई अतीत।।
तृष्णा बुझै न मन मरै, मर मर जरत सरीर।
जनम जनम की श्रृंखला, काटे गई न पीर।।
ज्यों लौं बढ़तनध्यानरति, गतिनहिंबनतविशेष।
मति न सुमति बनपातहै, मिटैन मनकौक्लेश।।
मिथ्या मृग घन छाँह के, बाहन बने न काहु।
उड़न खटोला चाह में, देय कहाँ ते लाहु।।
चलौ चलें तेहि के ढिंग, परसन ताके पास।
नाम गुनन रसना रटै, परिमलसुरभि बतास।।
दृगन समावै सोइछवि, निरुपमश्यामल रूप।
श्रवन सुनै अमरितसुरन, होय ध्यानअनुरूप।।
अतुलसम्पदा ज्ञान की, देतदृगन की कोर।
अमरपदहुअतितुच्छतहँ, गहिगहिहोउविभोर।।
नर तन दुर्लभ पाय कें, चतुराई यह जान।

एकहि साधै सकलविधि, औरनहठमनठान।।
जेहि छन होत समर्पित, करै व्याधि निर्मूल।
परसपरसकरुणाकिरन, काढ़तजन के सूल।।
भवरोगी की मूरि सो, करतअखिल कल्याण।
बहिर्मुखन दुर्लभ सदा, अन्तर्घट रहि जान।।

त्रयी त्रिवर्गनिलया त्रिस्था त्रिपुरमालिनी।
निरामयानिरालम्बास्वात्मारामासुधासृतिः।। 163।।

872

त्रयी

त्रयी शब्द के अनेकों भावार्थ हैं। साधना के कूटत्रय की उपासना जिसमें वागभव कूटपंचदशी मंत्र का प्रथम कूट है। तीन वेद, तीन लोक, तीन देव, तीन ही शरीर (स्थूल शरीर, सूक्ष्म शरीर, कारण शरीर) तीनों नाड़ियाँ (इड़ा, सुषुम्ना, पिंगला) प्रकृति के दिन, रात और सन्ध्या तीनकाल और भी अनेक प्रकार से त्रयी का सम्बोधन है जो माता के रूप में ही अन्तर्निहित है।

सर्ग स्थिति संहारकारिणी हरि हर रूपा।
ऋक्यजुसाम वेदधुनिगायिनि बोधसरूपा।।
सन्ध्या दिवस यामिनी प्रकृती मध्य समाई।
थूल सूक्ष्म कारण देही ने त्रय विधि पाई।।
प्रतिजीवन में व्याप्त सदा सों बन त्रिधारा।
इड़ा पिंगला मध्य सुषुम्नामय तन सारा।।
मंत्रमयी वाङ्मयी कूटत्रय नाम उचारा।
गंगा यमुना सरसुति त्रयी रूप है न्यारा।।
त्रयिमय त्रिभुवन हैं रचे, तीन कहायेकूट।
तारनहार त्रयी सदा, तीनहुँ काल अटूट।।

873

त्रिवर्गनिलया

तीनों पुरुषार्थों का निवास स्थान है। धर्मार्थकाम भी माता की कृपा प्रसाद से ही सफल हो पाते हैं। धर्मसंगत व्यवहार अर्थ की सार्थकता अनासक्ति युत धर्मसम्मत काम की समुचित व्यवस्था जो धर्म मार्ग को अवरुद्ध न करे ऐसी योगयुक्त बुद्धि उसी करुणामयी की कृपा से ही संभव है। चौथा तो अति ही विरला पुरुषार्थ मोक्ष है जो केवल श्रीचरणों की अनुकम्पा और गुरु प्रसाद से ही सम्भव हो पाता है।

प्रेरित होवे कर्म यथाक्रम धर्म भावना,

काम्यकर्म मनोरथमय उपजातकामना।

सार्थक होवै यत्न अर्थसों करकेंउद्यम,

किन्तु मुमुक्षूबनें कृपागहि करै याचना।

874

त्रिस्था

त्रिगुणमयी त्रिपुरेश्वरी प्रकृति में माया से सब कुछ रच कर उसमें स्थित हैं। त्रि का अर्थ अत्यन्त विशद है। सत, रज, तम प्रकृति के तीन गुण तीनों लोकों में व्याप्त हैं इनमें होते हुए भी प्रणव के अउम परम ज्योति का बोध कराने वाले हैं जिसे ब्रह्मसरूप जाना जाता है। जागना स्वप्न देखना गहरी नींद में सोना इन तीन अवस्थाओं में भी जो व्याप्त हैं इसके उपरान्त चौथी तुरीय चरम ज्ञान की अवस्था है।

त्रिगुनरूपसोंप्रकृति हैं, तीनलोकअतिभव्य।

प्रणवरूप ओंकार में, परमज्योति मन्तव्य।।

वैश्वानर तेजस प्राज्ञ, चतुष्पाद संकेत।

व्यापक तीनोंलोकमें, भू भुव स्वः समवेत।।

875

त्रिपुरमालिनी

श्रीचक्र में त्रिपुरमालिनी की आराधना की जाती है। ये अन्तर्दशार चक्र की अधिष्ठात्री हैं।

श्रीचक्र में सेव्य हैं, त्रिपुरमालिनी आप।
त्रिपुरेशीत्रिभुवनरमीं, हरतत्रिविधसंताप।।

876

निरामया

भगवती उपासना के लिये अपने साधक को अपना सम्बल तो प्रदान करती हैं किन्तु साधक के लिये भी आवश्यक है कि वह भरपूर प्रयत्न करे मन से स्वस्थ और आस्थावान होने पर देह अपने आप स्वस्थ हो जायेगी यह विश्वास करने योग्य बात है। इसलिये निर्भय होकर साधना के पथपर चलते रहना चाहिये। लोक व्यवहार में भी यदि क्लेशों से बचना हो तो उदासीनता की औषधि तथा समता की भावना जटिल से जटिल समस्या की सालने वाली पीड़ा से हृदय को बचाती हैं ।

शोक मोह संताप ताप भय मिटहि हिये ते
नष्ट समूल होंय व्याधि तन की तब सिगरी।
क्लेश शेष ना रहै लेश हू तम की छाया,
साधै सकलगति, मति चेतन पाय न बिगरी।
उदासीनता औषधी, पुष्ट करै जब मूल।
समरसता की वृष्टिसों, चुभें न उर में शूल।।
रसधारा पोषण करै, भेद मिटावत आप।
सुधासिक्त वसुधा भयी, मिटत कर्मगत पाप।।
अन्तर्घट में बोध जब, प्रकट जनावै रूप।
प्रतिघटघटमें व्याप्त सो, ताकौ रूप अनूप।।
ज्यों लौंतनमनस्वस्थनहिं, ज्यौंलौंबढ़ै न प्रीत।
त्यौंलौंजानत नाकतहु, अन्तर्मुखि की रीत।।
साँची लौ उर की लगै, बसै मनहिं मनमीत।
सो ही साँची भेंट है, साँचे मन की प्रीत।।

560

877

निरालम्बा

माँ सबको सहारा देतीं हैं सभी की आलम्बन हैं वे ही एकमात्र परम स्वतंत्र हैं उनका कोई सहारा नहीं हैं ना ही कोई आधार है, क्योंकि वे ही सबकी एकमात्र कारण हैं।

जो अनादि ताकौ को आदिरूप कहि बाँचै
जामें हैं सब लीन अन्त में, सो अनन्त है।
रमी रहै सब मध्य गुणी औ निर्गुन सी जो,
जाके अवलम्बन सों ये सब दिग्दिगन्त है।
रचै सृष्टि समष्टि नियामक बनीं चराचर,
ताकी तुष्टि संतुष्टिकहा जो मति यह राँचै।
निज रूप में लीन स्वयं ही सदा निहारत,
आनदघन की राशि सदा आनंद में नाचै।
एक सकलआधार, कोटिकोटि ब्रह्माण्ड की।
अमलअखंडअपार, गहै तासु जो शरणबल।।
निजइच्छा बल धरत है, कोटिकोटिब्रह्माण्ड।
आलम्बन सबकी तुम्हीं, निरालम्बा प्रकाण्ड।।

878

स्वात्मारामा

वे अपने में ही आनन्दित रहने वाली हैं जो सम्पूर्ण सृष्टि को अक्षरज्ञानमय शब्द ब्रह्म के बोध से अनंत चैतन्यराशि के सत्यस्वरूप का बोध करातीं हैं यानी ब्रह्मबोध ब्रह्मसम्बन्ध उन्हीं की शक्ति से सम्भव हो पाता है उनको भला अन्य किसी भी क्रिया या वस्तु की क्या आवश्यकता है ! वे तो पूर्ण हैं शाश्वत हैं वे अपने ही में नित्यरमण करने वाली शक्ति हैं जो शिव के समान हैं शिवमयी हैं और सदाशिव से अभिन्न भी हैं।

रच रहि सृष्टि समष्टि दृष्टि भ्रूभंग चराचर,
ताकी मन संतुष्टि कहौ का कहि मन बाँचै।
निज स्वरूप में लीन नित्य जो सदा विहारै,

आनन्दघन की राशि सदा आनन्दरत नाचै।।
तासम कोउ न है कहूँ, नहिंउपमाकछु मूर्त।
आत्मबोध ही ब्रह्म कौ, आनन्द रूप अमूर्त।।

879

सुधासुतिः

सहस्त्रार से चन्द्रमा की किरणों जैसा सुशीतल अमृत का प्रवाह साधक को दिव्य अनुभूति प्रदान करता है। उस अनुभव से उत्तम कोई दूसरा दिव्य फल है ही नहीं।

भींज रहे षट्चक्र अमियरस निर्झर कैसौ।
चन्द्रावलि सों सिंचै धराकौ कणकण वैसौ।।
श्री चरनन सुधि अमृत है चरनामृत ऐसौ।
सुर अमृत वापुरौ रह्यौ जैसे कौ तैसौ।।
बहै न जल सों कटै न काहू सस्त्रधार सों।
जार सकै ना बन्हि उड़ै ना सो बयार सों।।
एक छनहिं में देय सरस अमरता सदा यै।
केवल देय चिरायु सोइ सुर सुधा कहावै।।
देवायुष मिल जाय मिलै भू स्वर्ग भोग सब।
करुणा अमृतबिना जागौ है योगप्रबल कब।।
षट् चकन कों भेदत प्रति घट में दरसायौ।
कैसौ सुन्दर सरस अमिय रस है बरसायौ।।
अमियकोष की धार, बहै सकलतन में सदा।
जानै सो साभार, जाहि जनावत आप वह।।
सूर्य चन्द्र इत उत रहे, मध्य नाड़ि निर्बाध।
जहँ पियूषनिर्झर झरै, ता गति पहुचै साधु।।
अमियधार सों सींचती, करुणाकी जो स्रोत।
जीवसनातन ताहि सों, पार करै निजपोत।।
सदासिक्त सूखे नहीं, पियत ताहि की धार।
एकहि फलकों चाखिकैं, तरै सिन्धु के पार।।
साधसक्यौनहिंचक्रयदि, सधे न ताकौ चित्त।

द्वार न खोलै हिये के, टकरावै सिर भित्त।।
ग्रन्थिविभेदनबिनकहूँ, मिलत नाहिं आनन्द।
पर्यौरह्यौ वशकर्मगति, तरै न नैंकहुमंद।।
धारा बही अमंद, सुधा स्रवत है जहाँ ते।
क्यों मनसंसयद्वंद, बढ़ेनडगतनिकहुनिकट।।
ब्रह्म रूप ही बोध है, बोध रूप गुरु आप।
देत अभय दृगदीठि सों, जतनजगावैजाप।।
सूर्यचन्द्र नाड़ी उभय, सहस्त्रार लगि जाय।
परमभागि सद्ग्राहि जे, जिनकोंसूझउपाय।।
गहै चन्द्र नाड़ी सदा, चरणामृत की धार।
अपर दया की धार है, करत सदा उद्धार।।
जिनचरनन केरागसों, स्रवत सुधाजहँनित्य।
तृप्तितृप्त होवै सतत, मुक्तिहोय कृतकृत्य।।
भगतिविमलवरदायिनी, जहँनितमुक्तिविलास।
सुधासिन्धुप्रकटात है, श्री जी चरनन पास।।

संसारपंकनिर्मग्न समुद्धरण पण्डिता।
यज्ञप्रियायज्ञकर्त्री यजमानस्वरूपिणी।। 164 ।।

880

संसारपंकनिर्मग्नसमुद्धरणपण्डिता

संसार की वासना रूपी कीचड़ से निकालने में जो अत्यन्त चतुर हैं। वे ही कर्म बंधनों को काटने की क्षमता देती हैं। गर्भ की मरणतुल्य नरक यातना, बुढ़ापे का कष्ट, मरण का भय तृष्णा, मोह, जड़ता आदि जो भी अविद्या हैं उनको एक भ्रम के समान ही दूर करने वाली ज्ञान के तीव्र आलोक से जीवन पथ प्रशस्त करने वाली आप ही है।

जटिल कर्मश्रृंखला नसाई। जनम मरन भय जे उपजाई।।
को अस करुणालयसमदूजौ। देय शरन मनसों जबपूजौ।।
प्रणतपाल कृपाल गोसाई। दया सिन्धु करुणा तस छाई।।
शरणागत रक्षक भयनासा। कबहु न टूटत मनकी आसा।।

ता सम चतुर न ता सम हेतू। सो साँची भवसागर सेतू।।

भवदुखअन्त कहूँ नहिंदेखा। बाँची चहुँ दिशि बन्धनरेखा।।

काटनहार एक श्री माता। छन में जन की पीर निपाता।।

को अस सम दूजौ जगमाँहीं। निजजनजाननेहउमगाहीं।।

जनपालक घालक भयशापा। नमनकरत काटतअघपापा।।

परम उदार कृपा अवलंबा। त्राहि त्राहि शरणागति अंबा।।

दुर्गमगति या जगत की, भवभ्रमना की पंक।

दुःसह काँटे दुःख के, ठगत तहाँ मति रंक।।

कर्म श्रृंखला मोहमयि, जरा मरण की कीच।

कुक्षियातना नरक सी, पर्यौ जीवतहुँ नीच।।

जासु कृपाकी रज्जु सों, निकसत पावै त्राण।

काटत सबभयश्रृंखला, करत एक नितध्यान।।

881

यज्ञप्रिया

यज्ञ ही जिन्हें प्रिय हैं हमारे पुराणों में विष्णु भगवान के आदि अवताार वाराह जी को यज्ञेश नाम से विभूषित किया गया हैं वाराही रूप में आप वाराह जी की ही अभिन्न शक्ति हैं। वैदिकयज्ञ भी अनेकों प्रकार के कर्मकाण्डों का ही रूप है। ज्ञानयज्ञ भी एक दिव्ययज्ञ है जिससे अविद्या को दूर कर शुद्धभाव से ज्ञानमयी पराविद्या को साधक अपने अन्तर्मन में स्थापित करके षट्चक्रों का भेधन करने में सक्षम हो पाता है। गृहस्थ के लिये पंचयज्ञ 1-देवयज्ञ (देवताओं का तर्पण, देव पूजाआदि) भूतयज्ञ–(प्राणी मात्र को अन्न आदि देने का नियम) पितृयज्ञ–(गौग्रास निकालना पितृ तर्पण) अतिथि यज्ञ–(घर आने वाले अतिथि का यथोचित सत्कार) ब्रह्मयज्ञ–(आत्मज्ञान का पथ सुनिश्चित करना गुरुद्वारा ज्ञान प्राप्त करना) आवश्यक नित्यकर्म में बताये गये हैं।

होंमहु प्रान अपान में, फिर अपान में प्रान।

प्रानापान समान जहँ, जीवन यज्ञ सुजान।।

पंचयज्ञ नियमितकरै, रहै न सो कहुँ अज्ञ।

मख वैदिक बहुभाँति हैं, ध्यानी स्थितप्रज्ञ।।

882

यज्ञकर्त्री

माँ की कृपा के बिना कुछ भी सम्भव नहीं है। वे ही सत्कार्य की प्रेरणा देने वाली और साधक को यज्ञकर्ता बनाने वाली हैं। हवन सामग्री, हवन की क्रिया, होता और हवन विधि सब कुछ आप ही हैं।

एक तुम्हीं सर्वेश्वरी, सबकी हौ करतार।
प्रेरित कर साधकगुनिन, यजनकरावनहार।।

883

यजमानस्वरूपिणी

पंचतत्त्व, सूर्य, चन्द्र और आत्मा ये शिवजी के आठ रूप माने गये हैं उनका आठवाँ स्वरूप ही आत्मा है वही यजमान यज्ञकर्ता है उसे ही स्व कहकर सम्बोधित किया गया है।

पंचतत्त्व चन्द्रार्क अरु, आत्मज्योति शिवरूप।
घट घट में प्रेरक बने, व्यापक ब्रह्म सरूप।।
आठरूप शिव के ये माने। ज्योतिरूप जड़ जंगम जाने।।
करइ करावइ कर्म अनेका। निरखत रहें सदाशिव एका।।
दीक्षितशिव दीक्षा श्रीजानौं। यजन यज्ञ यजमान बखानौं।।
होता हव्य हवन हवि नाना। सकल एकशिव रूपसमाना।।
ज्ञाता ज्ञान ज्ञेय पुनि एका। सबकीएक आत्मगति टेका।।
साधनसाध्य सफलसब ताके। जागैज्योति आत्मघटजाके।।
छाँड़ै सब परपंच विशेषा। रहै न संशय तस मन लेशा।।
निरुपद्रवनिरुपाधिनिरंजन। शिवसमअपर न भवभयभंजन।।
शिव सरूप श्री सदा विराजै। कोटिकोटि ब्रह्माण्डन राजै।।
साधन सफल करै सकल, सिद्ध करै सबकाम।
यजन करत यजमानजब, तुमकों करत प्रनाम।।
कर्ता रूप तुम्हीं रहौं, सफल कर्म की धात्रि।
होता हवन हविष्य तुम, क्रियायोग सुविधात्रि।।

धर्माधारा धनाध्यक्षा धनधान्यविवर्द्धिनी।
विप्रप्रिया विप्ररूपा विश्वभ्रमणकारिणी।। 165 ।।

884

धर्माधारा

धर्म पर ही सब कुछ टिका हुआ है। प्रकृति अपने ऋतु परिवर्तन का धर्म निबाहती है धरती जीवमात्र को जीवन देती है ज्ञानी साधक धर्मपालन करके अपनी साधना करता है कहने का तात्पर्य यह है कि धर्म सबका आधार है और भवानी धर्म की भी आधारभूता हैं।

वसुधा धरत धरम परिधानू। व्योम दिशा व्यापक परनामू।।

प्रकृतिचक्रनिजधरमनिभायौ। रितुपरिवर्तन कौ फल पायौ।।

जैसी प्रकृति जासु उर धारी। बनत जीव तैसौ व्यवहारी।।

नर तन उपजै धरम विशेषा। बुद्धि विवेक विचार सुवेषा।।

सकलसाधना धरमअधीना। जान मरम अस बनइ प्रवीना।।

परम धरम अतिगुप्त बनायौ। साधक तासु ज्ञानअपनायौ।।

शम दम दया तितिक्षा दाना। समतादीति सुविज्ञ बखाना।।

यथा लाभ संतोष सुभाऊ। परपीड़न नहिं रंच दुराऊ।।

फलै समर्पण सकलविधि, कटें कर्म के फंद।

धर्माधारा करत हैं, सदा ताहि निर्द्वंद।।

धरम धुरी आधार है, टिकें जहाँ सत्कर्म।

तुम अधार हौ धरम की, यह ही साँचौ मर्म।।

885

धनाध्यक्षा

कुबेर भी श्रीविद्या के उपासक हैं इसलिये आपके प्रताप से ही धनाध्यक्षपद पर आसीन हैं। सम्पूर्ण पृथ्वी श्रीजी की कृपा से ही शष्यश्यामला और रत्न तथा औषधियों से सम्पन्न दिखाई देती है। आपकी आराधना कभी भी निष्फल नहीं होती यदि कोई अकिंचन भी उपासना करे तो वह भी विद्याधन ज्ञानधन और आपके स्वरूप का ध्यान करने से परमपद का स्वामी भी बन जाता है जो सर्वोत्कृष्टधन है क्योंकि आप तो निर्धन की भी धन हो। जिनकी अर्चना सरस्वती जी और लक्ष्मी जी करतीं हैं वे भला अपने साधकों को विद्या और धन से कैसे वंचित रख सकतीं हैं!

धनकुबेर की स्वामिनी, धन कौ स्रोत प्रताप।

कबहु न रंक बनेंभगत, निर्धन की धनआप।।

शष्य श्यामला है धरा, रत्नप्रसविनी भूमि।

बनें रंक हू धनपती, श्री चरनन रज चूमि।।

886

धनधान्यविवर्धनी

धर्म पूर्वक अर्जित किये गये धन से ही सुख सन्तोष मिलता है आप धनधान्य की समृद्धि को बढ़ाने वाली हैं देवताओं, ऋषियों और मनुष्यों द्वारा पूज्यनीया आप ही ऋद्धि सिद्धि प्रदायिनी हैं।

बाढ़ै धन सद्धर्मसों, सुख बाढ़ै धन पाय।

वसुन्धरा धनधान्य सों, पोषै विविधउपाय।।

जाके बलसों होत है, ऋद्धिसिद्धिधनधान्य।

सेवितसुरनरमुनिनसों, सदा आपही मान्य।।

887

विप्रप्रिया

वे ब्राह्मण आपको प्रिय हैं जो धर्म की मर्यादा का निर्वाह करने वाले, सन्ध्या जप भजन करने वाले हों।

विद्यारत विप्र बनें, धरें धरम की आन।

सन्ध्याराधन सों बढ़ै, तिनकों सन्मति ज्ञान।।

पात्र होंय सद्धर्म के, होय आचरन नीक।

प्रिय वे ही हैं मात के, जिनकी मति भई ठीक।।

888

विप्ररूपा

ब्राह्मण में समता, शुद्धता, सद्भावना, मधुरभाषण, सहनशीलता, गायत्री मंत्र के प्रति आस्थावान ये गुण अवश्य होने चाहये। ऐसे त्रिकाल सन्ध्या करने वाले द्विज माता के प्रिय हैं।

सन्ध्या साधेंसकलविधि, जे त्रिकालमें नित्य।
सदा समर्पित कर्म कर, सेवहिंसदासकृत्य।।
जन्म कर्म के आचरन, मन बानी औ'कर्म।
समताशुचिसद्भाव सों, पालहिं जेनितधर्म।।
ते ही हैं साधकसफल, बोलेंकबहु न तिक्त।
धरेंतितिक्षाअस्त्रनित, चहें न कछुअतिरिक्त।।
अस द्विजजन के रूपमे, सदाविराजीं आप।
विप्ररूप साकार भइ, वंदित जगत प्रताप।।

889

विश्वभ्रमणकारिणी

करोड़ों ब्रह्माण्डों की जो रचना करने वाली हैं वे सर्वत्र सदैव ही भ्रमण करती रहती हैं। उनकी लीला और गति को कोई नहीं जान सकता। अखिलेश्वरी अन्तर्यामिनि रूप से सब ओर विद्यमान हैं।

सब काल सब ठौर एक श्री सदा विराजै।
जाकी इच्छा सों पल पल कालघड़ी बाजै।।
करत ब्रह्माण्डन भ्रमण निकटजाकीछविसाजै।
करुणावत्सल दौरि उबारत निजजन काजै।।

विश्वग्रासा विद्रुमाभा वैष्णवी विष्णुरूपिणी।
अयोनिर्योनिनिलया कूटस्था कुलरूपिणी।। 166 ।।

890

विश्वग्रासा

अघटित घटना पटीयसी जगन्माता के आधीन काल है प्रलय के समय वे ही पूरे विश्व को एक ही गास में लील जाती हैं। कलिकल्मषनाशिनी काली कराल वदना की ही इच्छा से सृष्टि, स्थिति और प्रलय होती है।

प्रलयपयोनिधिलीन सृष्टि कौ ग्रास कियौ है,
एक घूँट में निगल सकल ब्रह्माण्ड पियौ है।
अखिल विश्व ताकी इच्छा सों पुनः जियौ है,
कबहु लियौ कबहू जीवन जो आप दियौ है।
अघटित घटित सकल घटना इच्छा आधीना,
काल   मिटावै जाहि प्रकट सो पुनः नवीना।
कालनियन्त्री   काली कलिकल्मष सब छीना,
विश्व बनत है   ग्रास होत सब तुममें लीना।

891

विद्रुमाभा

ज्ञानवृक्ष की तेजमयी आभा से सम्पन्न जिनकी कांति है। दूसरे अर्थ में प्रवाल (मूँगा) जैसी कांति वाली जिनकी आकृति लालिमा लिये हुए है।

द्रुम पल्लव विज्ञान के, किसलय आभा कांति।
आनंदफल रसमय जहाँ, मिलत सुचेतनशांति।।
विद्रुम आभा तन लसी, दमकत है जनु जोत।
हरमुखअरुणोदय निरख, ललछौंहीं सी होत।।

892

वैष्णवी

संसार का पालन करने वाली माता विष्णु भगवान की वैष्णवी शक्ति के रूप में हिमालय पर्वत और विन्ध्याचल पर विराजमान हैं। जिनका वर्णन अनेकों पुराणों में पाया जाता है। वे शंख, चक्र, गदा, पद्म धारण करने वाली हैं। विष्णु भगवान की शक्ति होने से वैष्णवी कहलायीं। कृष्णावतार में श्रीकृष्ण को जन्मोपरान्त गोकुल पहुँजाने पर वसुदेव जी द्वारा जो कन्या कारागार में लायी गई और कंस के द्वारा तिरस्कार पूर्वक पत्थर पर पटके जानेपर हाथ से छिटक कर अष्टभुजी देवी योगमाया के रूप में आकाश में सबके सामने प्रकट हुईं उन्हें भी वैष्णवी कहा गया है। वे ही विंध्यवासिनी हैं।

विष्णुरूप धरि जग कों पोषै। सब विधि जड़चेतन परितोषै।।

जो विराट ब्रह्माण्ड समाई। भाँति भाँति सृष्टी सरजाई।।

यथायोग्य सबकी कर तुष्टी। जड़ चेतन जग जंगम पुष्टी।।

सब मँह रमीं सकल आधारा। मायाश्रित लीला विस्तारा।।

अण्डकोश ब्रह्माण्ड निकाया। निजइच्छा आधीन भ्रमाया।।

करुणामयि सब विधि संतोषै। सृष्टि हेतु मर्यादा तोषै।।

मायाश्रित है विश्व सरूपा। चलै सृष्टि ताके अनुरूपा।।

परमेश्वरि वैष्णवी कहाई। गिरिमंदर काननन समाई।।

विश्वंभरि विश्वेश्वरी, अखिल जगत की मात।

विष्णुस्वरूपा वैष्णवी, नमहुँ चरण नित प्रात।।

हिमगिरि राजत वैष्णवी, विन्ध्यवासिनी आप।

महायोगमाया तुम्हीं, त्रिभुवन पूज्य प्रताप।।

893

विष्णुरूपिणी

भगवान और भगवती की लीला अनन्त हैं। शिव विरंचि हरि ईश की भी वे महाशक्ति हैं। त्रिमूर्ति में भेद नहीं करना चाहिये अलग अलग होते हुए भी वे अपनी अपनी शक्तियों से संसार की रचना पालन और संहार करते हुए लीला करते हैं महामाया उनमें उनकी शक्ति के रूप में सर्वत्र विराजमान हैं। पुराणों में उद्धृत है 'ममैव पौरुषं रूपं गोपिकाजन मोहनम्'।

शेषतल्पशायी हरी, श्री निवास भगवान।
ललिताम्बा तिनरूपमें, करेंजगतकौ त्रान।।

894

अयोनि

जगदम्बा सबकी माता हैं वे अनन्त कोटि ब्रह्माण्ड की जननी हैं, किन्तु उनका कारण कोई नहीं वे किसी के द्वारा उत्पन्न नहीं होतीं इसीलिये अयोनिजा कही गई हैं।

जगदंबा जग जननि हैं, सचराचर की मात।
एकमूल जो अखिलकी, सो अयोनि कहि जात।।
अजा जननि सबकी अहो, हे त्रिभुवन की मात।
शिवे अनादि अनन्य तुम, नाम अयोनि कहात।।

895

योनिनिलया

निलय का तात्पर्य सीमा से है। माया की सीमा जो बनातीं हैं उनके अतिरिक्त कोई भी प्रकृति को या माया को अपने वश में नहीं कर सकता। यंत्रराज में अधोमुखी त्रिकोण शक्ति रूप में तथा ऊर्ध्वमुखी त्रिकोण शिवरूप में पूजित हैं। शिवजी की चार अग्नियों और शिवा की पाँच शक्तियों के मिलन से श्रीचक्र की प्रतिष्ठा की जाती है।

आराधन शिवशक्ति कौ, यंत्रराज में होय।
योनिनिलय मायापरिधि, जहाँ नित्य रहिगोय।।

896

कूटस्था

माया से अपने आनंदमय स्वरूप को छिपाने वाली तीनों कूटों में (वाग्भवकूट, शक्तिकूट और मध्यकूट में) विराजमान रहतीं हैं। श्रीचक्र में त्रिकोण कोभी कूट कहा जाता है।

सृष्टि स्थिति प्रलय करें, लीलामय सब होय।

रहै सदा कूटस्थ ही, भेद न जानै कोय।।

गूढ़ रूप कूटस्थ हैं, कहै न बानी बोल।

जो त्रिकूट में रमत है, श्रीयन्त्रस्थ अमोल।।

897

कुलरूपिणी

अखिलेश्वरी का कुल तो सचराचर में व्याप्त है सभी उस एक माता की ही सन्तान हैं इसलिये सबके प्रति सौहार्द पूर्ण यथा योग्य व्यवहार करना चाहिये। दूसरे अर्थ में कुल से तात्पर्य कौलमार्ग (वामाचार) से भी है। नियम परायण साधक बाह्य पूजा से अनेकानेक विधानों द्वारा भगवती की अर्चना करते हैं।

जड़चेतन जगजीव सब, ताही की सन्तान।

माताकौकुल है जगत, करहुसकलसन्मान।।

षोडश विधि आराधना, साधें नियम निवृत्त।

करें तुष्ट कुलरूपिणी, कौलाचार प्रवृत्त।।

वीरगोष्ठीप्रिया वीरा नैष्कर्म्या नादरूपिणी।

विज्ञानकलना कल्या विदग्धा बैन्दवासना।। 167।।

898

वीरगोष्ठीप्रिया

शूरवीरों की गोष्ठी माता को अत्यन्त प्रिय है। माँ वीरों की जननी हैं वीर दो प्रकार के हैं एक जो बाहरी शत्रुओं को परास्त करें दूसरे जो अपने भीतर के काम क्रोध, रागद्वेष आदि शत्रुओं को परस्त करें भवबाधाओं से न डर कर जो साधना मार्ग पर सदा अग्रसर होते रहते हैं ऐसे परमवीरों की गोष्ठी ही माता को प्रियकर है।

सूर समर जीतें सदा, करें पराक्रम घोर।

सदा लाढ़ले जननि के, तिनपरहोत विभोर।।

जे न डिगें भव व्याधि सौं, टिके रहें निर्द्वंद

निर्भय सूर कहावते, बाँधि सकै नहिं फंद।।
योगनिरत विषयनविरत, सुरतसाधि कें मौन।
थिरचितशुचिमतिसत्यही, करेंकहूँनहिं गौन।।
वीर धीर अस साधुजन, नितताके गुन गात।
राही अमृत पंथ के, दुर्लभ योगि कहात।।
तिनकी प्रियगोष्ठीलगत, मिलै तिन्हें वरदान।
देत भवानी अभयनित, करतपरसनिजपानि।।

899

वीरा

ब्रज क्षेत्र में पुत्रवती सौभाग्यवती स्त्री को वीर कहते हैं ब्रजके कवियों ने इसका वर्णन प्रचुर रूप से किया है

ऐरी मेरी वीर जैसे तैसे इन आँखिन ते कढ़िगौ अबीर पै अहीर तौ कढ़ै नहीं।

अन्य अर्थ में वर या बलवानों में श्रेष्ठ वीरा कहलाता है।

हे कपर्दि कान्ते तुम्हीं, हौ त्रिभुवन की मात।
सौभाग्योदय दायिनी, वीरा नाम कहात।।
बलवर्धिनि बलदायिनी, करत पराक्रम पूर।
विन्ध्यवासिनीकरतहैं, रणमें सबअरि चूर।।

900

नैष्कर्म्या

निष्काम कर्मयोग की साधना में सफल होना साधक की उत्कृष्ट अवस्था होती हैं, निष्काम भाव माता को अतिप्रिय है सम्पूर्ण सृष्टि को चलाने वाली स्वयं सबसे परे हैं इसीलिये निष्काम हैं।

कर्म होंय निष्काम, कर्मयोगि के पंथ में।
योगपंथउद्दाम, जाकी करुणासों मिलै।।

901

नादरूपिणी

नाद का हमारे जीवन से और पूरे संसार से गहरा सम्बन्ध है। यह हृदय में अनाहदनाद के रूप में आजीवन चलती रहती है। ब्रह्माण्ड की उत्पत्ति भी नाद से ही हुई है। परा, पश्यंती और बैखरी वाणी नाद के ही व्यक्त और अव्यक्त रूप में हैं। प्रणव को ब्रह्मनाद कहा जाता है जिसकी उपासना और भावपूर्ण ध्यान से पुलकित होकर रोमांच होने लगता है। प्रफुल्लित शरीर, गद्गद्गिरा और नेत्रों में हर्षाश्रुओं की कांति तनमन को आल्हादित कर देती हैं। जिस प्रकार विशुद्ध प्रकाश की किरणें उज्ज्वल होतीं हैं उसी प्रकार शुद्धनाद की भी अलख ज्योति अपूर्व आभासमयी होती है।

परा गूढ़तम बनीं अडिग आधार बानि की,

पश्यन्ती उर माँझ भाव जाके बल राँचौ।

बाँचौ जासों ज्ञान वर्ण अक्षर में गहि गहि,

शब्दब्रह्ममय नाद, मुखर बैखरि में साँचौ।

परा पश्यन्ति बैखरी, नाद भेद हैं तीन।

ज्ञानगिराजहँसोंप्रकट, ज्यों जलभँवरन मीन॥

विश्वसृष्टि भइ नादसों, नाद विश्व कौ प्राण।

वर्ण रूप हू नाद कौ, साधत पावै त्राण॥

हैं विशुद्ध ज्योति सरिस, नाद रूप हू शुद्ध।

अनहदनाद हृदय रमीं, होय न जो अवरुद्ध॥

भाव बोध के रूप में, अन्तर्मुखि लयलीन।

मुक्ता कन नयनन भरें, गदगद गिरा प्रवीन॥

902

विज्ञानकलना

ब्रह्मज्ञान का बोध जिस माध्यम से हो पाता है उसे विज्ञान, और आत्मज्ञान का साक्षात्कार जिसके सहारे से ही सम्भव है उसे कलना कहा जाता है। आप विद्याविभूषित हैं चौदह विद्याओं का सार विज्ञान में समा जाता है इसी प्रकार आत्मज्ञान साधनाओं का सर्वोत्कृष्ट फल है। वे भीतर से आत्मबोध देकर और बाहर अनेकानेक रूप से विद्याओं का प्रकाश देकर जो उपकार कर रहीं हैं वह कथनीय ही है।

विज्ञ बनत हैं ज्ञानसों, विद्याधन कौ स्रोत।
विज्ञानी विद्या लहै, सद्विवेक कौ पोत।।
ब्रह्मबोध   विज्ञान है, परम ज्ञानधन गूढ़।
कलना आत्मज्ञानमयि, जासों वंचित मूढ़।।
बोधविधा विज्ञानकी, साधकजनकी साध्य।
श्रीविद्याललिताम्बिका, हैं सबकी आराध्य।।
आत्मलाभ संतोष सुख, परमारथ कौ मूल।
भजमन विज्ञानकलना, कढ़ें पंथ के सूल।।

903

कल्या

साधक का नित्य ही नया प्रभात होता है ब्रह्ममुहूर्त में जो सात्विकता की सुन्दर आभा प्रभासित होती है उस समय साधना करने का अति उत्तम फल भी मिलता है। अखिलेश्वरी संसार की रचना करने वाली हैं। कल्या का अर्थ सृजन से भी है और उषाकाल की महत्ता भी दर्शाता है।

उषा आगमन सों खिलें, उत्पल नव हर्षाय।
नवप्रभात की लालिमा, किरननरहिंछिटकाय।।
विगत निशा तमतोम की, उदित सुरम्यप्रभात।
गुंजित खगरवमुखर वन, विकसे रजलजात।।
ब्रह्मउपासन करविमल, बन सुशान्त मन भोर।
कल्या कलिकल्मष हरै, जनमजनम के घोर।।
सृजनकरत है सृष्टि कौ, रच रच नित्यनवीन।
हरें व्याधि भव ताप की, कल्या परम प्रवीन।।

904

विदग्धा

सम्पूर्ण संसार की रचना अत्यन्त चतुराई से करने वाली माता का नाम ही विदग्धा है वे तो भक्तों के दग्धमन का ताप भी दूर करने वाली हैं।

रचें विदग्धा सृष्टिसब, कैसौ अभिनव ढंग।

भरे कलात्मक रूप सों, न्यारे न्यारे रंग।।

दग्ध करत परपंचसब, काटत फंद न देर।

अहो विलक्षण मात जब, आय उबारै हेर।।

ताके सन्मुख होत ही, नष्टमूल सबव्याधि।

रे!रे! दग्धमना उठौ! नीकौ औसर साधि।।

905

वैन्दवासिनी

श्रीचक्र के मध्य त्रिकोण में अन्तरतमचक्र को ही वैन्दवचक्र कहते हैं यही पन्द्रह कलाओं से आवेष्टित महाविन्दु है यहीं सदाशिव विराजते हैं शिव सन्मानित भवानी वहाँ कमल के आसन पर आसीन हैं। भृकुटि के ऊपर वृत्ताकार विन्दु में आपका स्थान है विंदुचक्र को सर्वानंदमय चक्र भी कहा जाता है जिसे नवाँ चक्र माना गया है यह काम कलाअक्षर द्वारा गठित मानी गई है। शिव संग माता यहाँ पर नित्य विराज रही हैं। ज्ञानार्णव तंत्र में हं ब्रह्मरूप और सं सः हरिहर रूप है यह बिन्दु व्यूह बीजमंत्रात्मक है। सारांश में इन तीन बिन्दुओं के योग से ही त्रिपुरा नाम प्रसिद्ध है।

महाबिन्दु में राजतीं, मध्य त्रिकोण समाहि।

चक्रराज के निलय में, बैन्दवासिनी पाहि।।

बिन्दुचक्र भ्रूमध्य मे, शिव आसन सितवृत्त।

शान्त्यातीत कला तहाँ, कमलासना प्रवृत्त।।

तत्वाधिका तत्वमयी तत्वमर्थस्वरूपिणी।

सामगानप्रियासौम्यासदाशिवकुटुम्बिनी।। 68 ।।

906

तत्वाधिका

छत्तीस तत्वों से रची गई यह सृष्टि कल्पान्त तक चलती रहती है। महा प्रलय के उपरान्त फिर से नई रचना होती है किन्तु आप तो सभी तत्वों से परे हैं।

पिण्ड और ब्रह्माण्ड में, मिलें तत्व छत्तीस।
प्रलयहोत छयहोंय सब, कालदेय सब पीस।।
रचै मिटावै पुनि रचै, तत्वन कौ कर खेल।
सृष्टिसमय करदेत है, पुनि तत्वन कौ मेल।।
निराधार निर्मूल हौ, अलख अनौखी आप।
सब तत्वन सों हौ परे, ऐसौ दिव्य प्रताप।।

907

तत्वमयी

सच्चिदानंद विग्रह वाली माता परमतत्व का सार है। वही तुरीय बन कर शान्त्यातीत कलामयी है। वह सतरूप से माया और संसार में विद्यमान भी है।

परमसार कौ सार परम शिव कौ आराधन।
एकै साधे पूर्ण होत हैं सिगरे साधन।।
सब तत्वन की शक्ति चलत हैजाके बल सों।
तत्वमयी है शाश्वत एकहि परम तत्वघन।।
तत् ब्रह्म कौ बोध यहाँ, त्वम् में रह्यौसमाय।
सत्चित् आनंद रूप ही, गती तुरीय कहाय।।

908

तत्वमर्थस्वरूपिणी

शिव और शक्ति अभिन्न हैं यह तो स्पष्ट है ही यहाँ जीव और शिवत्व में द्वैत की प्रतीति भी मिटे यह भाव स्पष्ट है। तत् का तात्पर्य शिव और त्वं जीव का द्योतक है।

जीवरूप हू आप परमशिव आप सनातन।
कैवल्य आभास प्रकट है जासों तत्छन।।

निराकार तत् रूप त्वम् में सत्य समायौ।
तत्त्वम् कौ ही अर्थमुखरवाणी में गायौ।।
गूढ़ गिरा कौ मरमभेदकाहुहि नहिं पायौ।
भाव रूप में तत्त्वम्अर्थ सार प्रकटायौ।।

909

सामगानप्रिय

वटुकों द्वारा गाया जाने वाला सामगान भगवती को रुचिकर लगता है। वेदों में अपौरुषेय ब्रह्मबोध है। प्रणव की उपासना वेदवेदान्त में अनेकों ऋषियों ने कही है उसी ब्रह्म की उपासना सामवेदी अपने गायन से करते हैं।

ज्ञानरूप वेदन रमीं, लगै साम प्रिय गान।
प्रणवरूप तुम्हीं शिवा, ब्रह्मनादमय ध्यान।।

910

सौम्या

यज्ञ में माता को सोमपान कराया जाता है वे स्वयं सोमरस पान करने में रुचि रखतीं हैं। अत्यन्त सौम्य स्वरूप वाली अन्नपूर्ण सदा अपने प्रियपति का ध्यान अपनी ओर आकर्षित करतीं रहतीं हैं।

सौम्य सुहास सुहातअति, लावण्य रस सन्धु।
सुन्दरता की सार छवि, निष्कलंक ज्योंइन्दु।।
करत सोमरस पान, सौम्या सहज सुहावनी।
जाकौकर नितध्यान, शिवमनजागी लालसा।।

911

सदाशिवकुटुम्बिनी

सदाशिव का कुटुम्ब तो पूरा त्रिलोक है माता उन सबकी ओर वात्सल्यमयी दृष्टि से ही निहारतीं हैं। शिवपुत्र गणेश जी और कार्तिकेय जी को विशेष लाढ़ दुलार देतीं हैं अन्नपूर्ण तीनों लोकों में अपनी सभी सन्तानों का भरण पोषण भी करतीं हैं।

शिव की प्रियअर्धांगिनी, शिवमंदिर की कांति।

शिवकुटुम्बकी स्वामिनी, देत अभयवर शांति।।

अम्बा श्री हेरम्ब अरु, प्रिय कुमार की मात।

शिवगणकी आराध्यकों, नमनकरहुँ उठिप्रात।।

सव्यापवसव्यमार्गस्थासर्वापद्विनिवारिणी।

स्वस्था स्वभावमधुरा धीराधीरसमर्चिता।।169।।

912

सव्यापवसव्यमार्गस्था

वाममार्ग जिसे कौलाचारपरायण साधक मानते हैं और दक्षिणमार्ग जिसका ज्ञानीजन कर्मबंधनों से मुक्त होकर पालन करते हैं इन दोंनो ही मार्गों से भगवती का आराधन किया जाता है। यदि समर्पण की भावना हो तो वह पूजा निर्बाधरूप से सम्पन्न हो जाती है अन्यथा केवल बाहरी आडम्बर से अधिक से अधिक दिव्यमंत्रों, पूजा साहित्य, होम, बलिविधान सब व्यर्थ ही है। इसके अतिरिक्त जो देवपूजा है वह सव्य और जो पितृपूजा है वह अपसव्य कही गई है जैसा कि माँ के लिये स्वाहाकार और स्वधाकार दोनों ही सम्बोधन यानी वे हव्य और कव्य, सव्य और अपसव्य कौल और समयाचार साधना द्वारा पूज्यनीया हैं। जो सबमें व्याप्त है। वे ग्रह, नक्षत्र, तारे, आकाशगंगाजल, थल ब्रह्माण्ड के भीतर और बाहर काल के छोटे से छोटे रूप में भी और कालातीत होकर भीतर और बाहर भी विद्यमान है उनसे कुछ भी छिपा हुआ नहीं है।

कौलाचार   परायणा, वाम मार्गिनन होत।

दक्षिण पथ है ज्ञानकौ, जगै अहर्निशजोत।।

देवयान है सव्य पथ, साधै निवृत्ति साध।

पितृयान अपसव्य है, श्रद्धा रहै अगाध।।

निवृतकर सबकर्म कों, मनसों बननिष्काम।

यही सव्यपथ होतहै, दिव्यज्ञानिनन धाम।।

उभयविधानन सों सदा, पूजित हैंजगमात।

देव पितृ में एक ही, ताकी जोत समात।।

913

सर्वापद्विनिवारिणी

सभी प्रकार की आपत्तियों और विपदाओं को आप दूर कर देतीं हैं साधक का जब तक स्वस्थ मन और तन नहीं होगा वह एकाग्र होकर तन्मयता को कभी भी नहीं पा सकता है।

आधि व्याधि की वेदना क्लेश भरौ अवसाद।

तमसभ्रान्तिजड़ताबहुल, मदछकिकरत प्रमाद।।

जबतक मिटत नतापसब, मिलै न आपौ आप।

टिकन सकहिसाधन कहूँ, मिटै नमन संताप।।

जाके सुमिरनसोंसकल, शमितहोंय मनग्लानि।

चितसुशान्तथिरमतिविमल, हरेंकृपामयि हानि।।

सर्वापत्ति निवारिणी, तारिणि भव तम व्याधि।

हारिणि जड़तारोगसब, भव उद्धारिणि साधि।।

914

स्वस्था

स्व में ही स्थित रहने वाली यानी अपने आनंदमयरूप में ही रमण करने वाली माता स्वस्थ हैं। वे अपने भक्तों को भी सवस्थ करतीं हैं। मन से सन्तुष्ट और तन से पुष्ट होना ही पूर्ण स्वास्थ्य का परिचायक है।

निज स्वरूप में ही रमै, रहै स्वयं में गोय।

बाँधतजोसबकाहु कों, ताहि न बाँधैकोय।।

जाके चिंतन सों मिटैं, आधिव्याधि संताप।

स्वस्थभावसुमिरनकिये, स्थित'स्व'महँआप।।

915

स्वभावमधुरा

माता का हृदय स्वभाव से ही मधुर होता है। उनकी लीलामाधुरी में वात्सल्य की ही झलक दिखाई देती है।

मधुमय है जाकौ हृदय, मधुर भाव की मूर्ति।

लीला माधुरि करत है, वत्सलता की पूर्ति।।

सौम्य सुशान्तसुमधुरमन, वत्सलजनप्रतिपाल।

दयामयीजगजननिलखि, कसनहिंहोहुँनिहाल।।

916

धीरा

स्थिर वायु के स्थान में जिस प्रकार दीपक की लौ जलती रहती है उसी प्रकार साधना के पथ पर अडिग होकर साधक अपने अनमोल लक्ष्य को पाने में समर्थ होते हैं। जैसा गीता में कहा है कि भगवान योगी को समत्व बुद्धि योग प्रदान करते हैं उसी प्रकार माता भी अपने जन के कल्याण हेतु समत्व बुद्धियोग देने वाली हैं जिससे मन निष्कंटक होकर योगयुक्त हो सके। जिन्हें न भोग की ना ही मोक्ष की कामना है उन निष्काम भक्तों के लिये सभी सम्पत्तियाँ तिनके के समान ही हैं। उनका सद्विवेक हंसों के समान होता हैं जो धैर्य का साथ कभी नहीं छोड़ते हैं। धीरारूप से माता उनके योगक्षेम का भी निर्वहन करने वाली हैं।

निष्कम्पित लौ दीपज्यों, मनगति होतअडोल।

अडिग साधना कौ सुपथ, धीरमना अनमोल।।

बुद्धियोग सों मिलत है, सुफल सिद्धिसंयोग।

होत अकंटक साधु मन, जुगत जगाये योग।।

जे नहिं याचक बने कहुँ, भोगमोक्षसुख काम।

तृण समान सबसम्पदा, सकलभाँति निष्काम।।

नीर छीर विवेक सों, तजै न धीरज साथ।

योगक्षेम तिनकौ रखत, 'धीरा' अपने हाथ।।

917

धीरसमर्चिता

सद्बुद्धि से धैर्य बढ़ता है और विवेक युक्त होने पर ज्ञान का साक्षात्कार होने लगता है। जिसके सत्वबल से तेजस्विता और तेज से प्रज्ञाबल के रूप में आत्मज्ञान का दिव्यविज्ञान अन्तःकरण में प्रकट होने लगता है। मन की धीरता से ही अपना लक्ष्य सिद्ध होगा यह जानकर सन्तोष हो जाने पर बड़ी से बड़ी कठिनाइयाँ दूर हो जाती हैं। साधना में दृढ़ता का यही नियम है कि शरणागति पाकर ही साधक निश्चिंत हो जाता है क्योंकि श्रीजी स्वयं गम्भीर समुद्र के समान स्वभाव वाली हैं। वे अपने आराधकों का योगक्षेम स्वयं संवहन करके सभी सन्तापों को मिटा देतीं हैं।

धैर्य बढ़ै सद्बुद्धि सों, सद्विवेक सों ज्ञान।

जागत सत्व सुतेज सों, प्रज्ञाबल विज्ञान।।

बाढ़त मन की धीरता, सधै सकलविधिसाध।

उपजत मनसंतोष जब, कटेंकठिनतम बाध।।

सबविधि शरणागति गहौ, यहदृढमनकौ नेंम।

निजचरननआधीन कर, रखेंयोग अरु क्षेम।।

गम्भीरार्णव सरिस हैं, श्री जी धीर सुभाउ।

शमितकरें सन्ताप सब, जाके उर सद्भाउ।।

चैतन्याघ्र्यसमाराध्या चैतन्यकुसुमप्रिया।

सदोदितासदातुष्टा तरुणादित्यपाटला।।170।।

918

चैतन्याघ्र्यसमाराध्या

आत्मज्ञान के अर्घ्य से ही उन अनिर्वचनीया कापूजन होता है। माँ भुवनेश्वरी की उपासना ज्ञान द्वारा ही होती है। दिव्यज्ञान, चैतन्यघन आत्मानंद का परिचायक ही है। जिससे रोमांच, अश्रुप्रवाह और ज्ञानवर्तिका का दिव्य आलोक देह को ही अपने आराध्य का मन्दिर बना देता है।

सर्व समर्पण करत ही, मुदित होंय सब गात।

582

फुरतरोमभर अम्बुदृग, ज्यों अभिनव से पात।।
चेतनकुसुमकली खिली, उरउपवन मकरन्द।
सुरतिसुरम्यबतास मिल, सुरभित वात अमंद।।
अर्घ्य सुशीतल दृगनभरि, अर्पितकर सबभाँति।
पूजहिं श्रीचरण युगल, शमित होंय उत्पात।।
आत्मज्योति की वर्तिका, जगमगकरतउजास।
तन ही देवालय वन्यौ, नित आराध्य उपास।।

919

चैतन्यकुसुमप्रिया

उन्हें समर्पित मन से चढ़ाये जायें ऐसे सदगुणों के पुष्प ही माता को प्रिय हैं चैतन्य के फूलों का सुवासित मकरन्द मन को मोहित करने वाला होता है जिससें सुरुचिपूर्ण भाव की सुगन्ध सर्वत्र फैलती रहती है। सहस्त्रार की कलियाँ खिलने पर मधुमय अमृत झरने लगता है जिसको साधक भौंरे की तरह छक छक कर पीता है। ऐसे पुष्पों को ही माता प्रसन्न होकर स्वीकार करतीं हैं।

अहिंसा संयम शान्ति, दया ज्ञानपरायणा।
तप शौच सत्यनिष्ठा, भावपुष्प समर्चिता।।
अमोघा दिव्य धन्या दिव्य विग्रहधारिणी।
सदा हृदय उपविष्टा चैतन्याकुसुमप्रिया।।
विकसितचैतन्यकुसुम, विलसित मन मकरन्द।
सौरभ रुचिर सुहावनौ, भाव सुगन्ध अमन्द।।
झरतअमियकनछिनहिंछिन, सींचतबेल सुहाय।
सहस्त्रारकीसुरभिमय, मुकुलकलीखिल जाय।।
नेह पुहुप पाँखुरि खिलीं, बहत चेतना वात।
मधुमयअमियजहाँ झरत, सोई सुमन सुहात।।
निरुपमछवि अभिरामअति, चिन्मयसौरभ लास।
छकिछकिप्यासौरहतअलि,करआमोद विलास।।
चढ़त जासु चरननसुमन, चेतनघन कौ कोश।
माधववनलतिकालदी, झुकिझुकि पावत तोष।।

920

सदोदिता

श्रीविद्या के उपासकों के लिये तो नित्य ही नवीन विहान होता है क्योंकि उनके अन्तःकरण में श्रीजी सदैव बालारुण की आभा लिये प्रकट होती हैं। वे सज्जनों को ही अपने ध्यानगम्य रूप का दर्शन देती हैं। जो उनका चैतन्य का अर्घ्य देकर हर्षाश्रुओं से अभिषेक करते हैं।

रहत सदा नवउषस् सी, सुषमामयी अनन्य।

सुजनचेतनाअर्घ्यगहि, करत कृपा सों धन्य।।

उदितहोतसद्चितनिरखि, अभिनवमूरतिधारि।

भावअर्घ्यअंजुलि भरत, हरषित नयनन वारि।।

921

सदातुष्टा

वे सदैव संतुष्ट और प्रसन्न रहनेवाली हैं जिसका जैसा भाव होता है वे उसी प्रकार साधना करने लगते हैं तदनुसार ही उन्हें फल भी मिलता है। माता तो अपनी सन्तति के प्रति वात्सल्य से भरे मन द्वारा सदैव ही कृपामयी होती है।

तोषत वत्सल उरसदा, प्रमुदित रहत प्रसन्न।

जो साधहि सध जात है, पूरित भाव प्रपन्न।।

922

तरुणादित्यपाटला

शिवजी की आभा मध्यान्हकाल के सूर्य के समान हैं और जगदंबा की लालिमामयी आकृति सुन्दर गुलाब के फूल के समान है श्वेत और लाल रंग मिलकर पाटल यानी गुलाबी रंग बनाते हैं। यह भाव शिव शक्ति की एकता को ही दर्शा रहा है।

शिवआभा मार्तंड सरीखी। ज्यों मध्यान्ह सूर्यछवि तीखी।।

अम्बाप्रभा सदा ललछौंहीं। उभय पाटलाकृति तहँ होंहीं।।

584

प्रेम पयोनिधि राजत कैसे। जल तरंग रहि क्रीडति जैसे।।
वर्ण अभेद नाम गुन एका। लेहु सदां तिनकी पद टेका।।
ललछौंही आभा तहँकैसी। खिले गुलाबन की छवि जैसी।।
एक प्राण दो देह धराई। अद्भुत युगल रूप अस माई।।
तरुणादित्यपाटलासोभा। थके न नयन मनहिं अतिलोभा।।
जस लीला तस वेष धरावें। वेद पुरान गुनन कों गामें।।

मुक्ति देंय श्वेताम्बरी, वैभवदायिनि लाल।
पीताम्बरा स्तम्भना, काली काल कराल।।
गौर वर्ण गंगेश, तरुणादित्य समान है।
अरुणाभा श्री वेष, पाटल शोभा सी दिपै।।

दक्षिणादक्षिणाराध्या दरस्मेरमुखाम्बुजा।
कौलिनीकेवलाऽनर्घ्यकैवल्यपददायिनी।। 171 ।।

923

दक्षिणादक्षिणाराध्या

कौलाचार के प्रति आस्थावान वाममार्गीय साधकों द्वारा और दक्षिणपंथी निवृत्तिपराण साधकों द्वारा उनकी पूजा की जाती है।

स्तुति कर बहु विधि रचै, नाम रूप गुनगान।
विद्या होत अलंकृता, सफल होंय सब ज्ञान।।
भक्तिविभूती ज्ञान की, भनत नमत सुख देय।
निरुपमछवि की माधुरी, मधुरिम मन हरलेय।।
सरल चित्त सों नमनकर, जापल होंय समक्ष।
तिन्हें देंय निजचरणरति, पावहिंहिय के अक्ष।।
भावसमर्पण सरल मति, अर्पित मन वच काय।
सदासिद्ध श्री की कृपा, हर्षित जन समुदाय।।
दक्षिणपद अरु वामपद, सेवहिं जाकी आन।
एकहि साधन सफल है, राखत श्रीपद मान।।

कौलाचार परायणा, वाम मार्गिनन   पंथ।
दक्षिणपंथी ज्ञानि जन, कहें बोध दै ग्रंथ।।

924

दरस्मेरमुखाम्बुजा

शंख के समान दीप्तिमान उज्ज्वल हास्य युक्त मुखकमल के दर्शनों से भक्तों का भय दूर होता है। जीवन में नित्य नवीन प्रभात का आनन्द मिलने लगता है। माँ की दृष्टि जहाँ जहाँ पड़ती है वहाँ ऐसा प्रतीत होता मानों सैकड़ों शतदल कमल एक साथ खिल गये हों अर्थात् उत्साह, हर्ष और निर्भीकता से भक्त का चित्त उल्लासमय हो जाता है।

सस्मितमुख पद्मानना, निरखत ता दिशिओर।
शतशतदल अम्बुजखिलें, मनहुँ भयौ नवभोर।।
शुभप्रभात की लालिमा, उत्सवमय उल्लास।
नवजीवन नूतन छटा, अभिनव भव्य विलास।।
भयहारिणि भव तम हरें, पद्मानन कौ ध्यान।
कम्बुसरिसउज्ज्वलमधुर, मोहनि सी मुस्कान।।

925

कौलिनीकेवला

कौलिनी कौलमार्ग की आराध्या हैं और केवला कैवल्यपद की आकाँक्षा करने वाले उत्कृष्ट ज्ञानियों की उपास्य हैं ये दोनों प्रकार से अपने आराधकों का अभीष्ट सिद्ध करने वाली हैं। कुंडलिनी के रूप में ये कुलकुंड में प्रत्येक शरीर में विद्यमान हैं।

कौलमार्गिनन सेव्य जो, वामाचार प्रसिद्ध।
देय परम कैवल्यपद, सदा केवला सिद्ध।।
ब्रह्मबोध कौ रूप है, कैवल्य सुखरासि।
कुंडलिनीकुलकुंडमें, कौलिनिनित्यउपासि।।

926

अनर्घ्यकैवल्यपददायिनी

कैवल्य सुख की अनुभूति का होना अनमोल अतिअद्भुत और अलौकिक कृपा प्रसाद है जिसके आगे बड़े से बड़ा पद भी तुच्छ लगता है। उस सुख का वर्णन भोगने वाला अपने आप कर ही नहीं सकता क्योंकि वह वाणी का विषय ही नहीं है। दूसरा अर्थ है कि माता को अर्घ्य की भी आवश्यकता नहीं है वे तो अपने भक्तों को भक्तिभाव से प्रसन्न होकर अनमोल कैवल्यपद तक देदेतीं हैं। यहाँ यह तो स्पष्ट हो ही गया कि बाहरी पूजाविधानों से कहीं अधिक भावना की प्रधानता है।

अर्घ्य अराधन अर्चना, जप तप जोगविधान।
आन चाह लवलेशनहिं, केवलभासत ज्ञान।।
एक समर्पित मन किये, पियत प्रेम की बूँद।
प्रकट होत तत्क्षण हिये, देखहु रे दृग मूँद।।
देय सुदुर्लभ अमियफल, गति पावत है रंक।
लगै भुवनपति वापुरौ, गहत पंथ निश्शंक।।
कैवल्यपद मुक्तिफल, सकलसिद्धि कौ सार।
करतल अमलकवत्गहै, भुक्तिमुक्ति उपहार।।
मातकृपाफल देहु यह, पावहुँ सुषमा कंद।
ध्यान विभूती नामरति, काट देंय सब फंद।।
नयनन राजत छविमधुर, श्रवन समावै सार।
बयन उचारें नाम मृदु, ध्यान भूति हियहार।।

स्तोत्रप्रियास्तुतिमतीश्रुतिसंस्तुत वैभवा।
मनस्विनी मानवती महेशी मंगलाकृतिः।। 172 ।।

927

स्तोत्रप्रिया

माँ स्तुतियों से प्रसन्न होने वालीं हैं। जैसे शिशु की तोतली बोली माता समझ लेती है भावों को जान लेती है उसी प्रकार जगत जननी भी भक्तों की भावमयी आराधना को समझने वाली हैं। किसमें इतनी सामर्थ्य है जो यह कहने का साहस भी कर पाये कि मैने ही पूरी स्तुति की है? स्वयं शारदा जिनकी सेवा में सदातत्पर हैं उनकी आराधना का

कोई सीमित आधार है ही नहीं फिर भी यथा मति यथा शक्ति वे सभी को अभीष्ट प्रदान करने वाली हैं। गायत्री महामंत्र, पंचदशाक्षरी, बालास्तवन, यंत्रराज की पूजा और श्रीललिता सहस्त्रनाम का पाठ आदि माता की प्रसन्नता के लिये ही आराधना के स्रोत हैं।

रीझत जननी शिशु निरख, सुनत तोतरे बोल।

सुनें अटपटी बात बहु, ममता अति अनमोल।।

मात हृदय विह्वल सदा, अतिकोमल नवनीत।

पिघलतआतपनिरखकें, दौरत लखि शशुभीत।।

वेद उचारें मंत्र बहु, त्रिविध गायत्रि रूप।

बाला सावित्री कहूँ, सरसुति नाम अनूप।।

पंचदशी परमार्थमयि, पराशक्ति तव नाम।

यंत्रराज श्रीयंत्र हैं, श्रीललिता कौ धाम।।

पूर्णकाम परिपूर्ण सो, सकल सिद्धि कौ मूल।

श्रीललितालालित्य सों, कटें कोटि भव सूल।।

928

स्तुतिमयी

स्तुति द्वारा देवी के गुणगान करना उनके स्वरूप की ही पूजा है आर्तहृदय दुख दूर करने के लिये, साधक गुणगान करने के लिये, भक्त अपने आराध्य की अर्चना के लिये अपनी आस्था के अनुरूप स्तुति करते रहते हैं।

आर्तहृदय स्तुति करै, सुनत मात तत्काल।

वत्सलता की आन है, होवै भगत निहाल।।

चलत फिरत सोबतजगत, खातपियतजलघूँट।

करत स्तवन दिवसनिशि, ज्योंउरगती अटूट।।

क्रन्दन कर गजराजजब, फँस्यौ ग्राह के फंद।

तुरत उबार्यौ आय हरि, काटौ भय कौ बंध।।

आस करत प्रह्लाद मन, हे हरि!हृदय अधार।

अभय देत नरहरि तहाँ, प्रकटे खंभन फार।।

कहौ कहाँ नहिं राह है, जहाँ हिये में चाह।

दुर्गम बन पर्वत विकट, नाले नदी अथाह।।

जा विधि मन रटना रटै, ता विधि उपजै भाव।
भाव चाव सों जब भरैं, रहै न तनिक अभाव।।

929

श्रुतिसंस्तुतवैभवा

वैदिक, आगमाचार पद्धति, छन्दबद्ध भावपूर्ण गीत सब भवानी के वैभव का बखान ही करते हैं। कहीं रूपगान कहीं लीलागान कहीं गुणगान मिलते हैं। सम्पूर्ण वाङ्मय भी तो उनका ही साकार रूप है।

निगमागम स्तुति करें, गावहिं गीत पुरान।
सत्चित्आनंदरूप कौ, वैभवभर्यौ बखान।।

930

मनस्विनी

जो सबके मन को जानने वाली परम स्वतंत्र और सबकी नियामक हैं किन्तु जिन्हें वास्तविक रूप में कोई नहीं जानता ना ही उनकी माया शक्ति से बच ही नहीं सकता। वे महामायाधीश्वरी माया को भी अपने बल से आधीन किये रहतीं हैं।

निजइच्छा निर्मित सबकोई। सबके मन राजत रहिगोई।।
एक स्वतंत्र जगत आधीना। एकअधार सकल तसलीना।।
सबके मन की जानन हारी। अन्तर्यामिनि की बलिहारी।।
देय सुशान्ति सुबुद्धि विवेका। लेत परमविद्या की टेका।।
मिलत प्रतिष्ठा संयममोदा। सुमतिसुशान्तसहजआमोदा।।
छूटै कर्मबन्ध की कारा। यहै निवृत्ती कौ आधारा।।
हरेंभ्रान्तिभय भवतमक्लेशा। होय न खिन्नतहाँ मनलेशा।।
शान्त सुस्थिर मन आधारा। परम गूढ़ धन एक हमारा।।
पराशक्ति के सब आधीना। मनस्विनी श्री परम प्रवीना।।
नितचितरमतप्रफुल्लितमाता। चरणनशरण टेकसुखदाता।।

मनस्विनी नित मनरमत, जानत सबमनभेद।
जो मनसों सुमिरै सदा, मिटैं असंभव खेद।।

931

मानवती

माता अपने भक्तों का सदैव मान बढ़ाने वाली हैं भक्ति के मान की मर्यादा को बड़ी ही प्रवीणता से निभाती हैं। वे स्वयं भी मानमयी है स्वाभिमान उनके भक्तों के स्वभाव में भरा रहता हैं मानमयी अपने आराध्य प्रियपति की अत्यन्त ही दुलारी हैं तभी तो शिवा का मान और स्थान शिव समान है और वे शिवजी के अर्धांग में विराजतीं हैं।

मान देत निजभगत कों, राखत तिनकौमान।
करतमानमयि नित्य ही, शिवकौअतिसन्मान।।
भगति देंय अनपायनी, निजचरनन रतिभाव।
भगतन के उर में बसै, तहाँ न रहै अभाव।।
प्रियअर्धांगिनि शम्भु की, मानवती शुभ हास।
मान महेश्वरि कौ बढ़त, कर अर्धांगनवास।।

932

महेशी

महेश की प्रिय पत्नी महेशी नाम से प्रसिद्ध हैं। भवानी ने तप करकें पति रूप में शिवजी का वरण किया है। वे रुद्र की महाशक्ति हैं।

उर महेश मूरत बसी, शिव सन्मानें ओहि।
तपकरपायौशम्भुपति, चितचितवनरहिजोहि।।
महेश्वरी शिव वन्दिता, अर्धांगी शिव वाम।
आदिशक्तिशिवप्रानप्रिय, धर्यौ महेशीनाम।।

933

मंगलाकृतिः

मंगलमयि कल्याणी का स्वरूप दर्शन ही मंगल कारी है। नित प्रातःकाल में जिनके दर्शन करने से पाप नष्ट होते हैं संताप रहित स्वस्थ चित्तवृत्ति होने से सभी जटिलताऐं स्वतः दूर हो जातीं हैं।

सच्चिदानंद   रूपमयि, जो सर्वोपरि श्रेय।
मंगलमयि शुभदायिनी, भक्तन की अभिप्रेय।।
करत अभ्युदय भाँति बहु, पोषत भगतिप्रताप।
करुणा करकें हरत हैं, पाप शाप भव ताप।।
मंगलायतन मुदित मन, मंगल रूप भवानि।
त्रिभुवनमोहिनिसौम्यमुखि, नमहुँजोरिनितपानि।।
सबविधि मंगल करत हैं, सिद्धिदायिनी सिद्ध।
तारत चरन सरन गहे, एकहि बात प्रसिद्ध।।
वन्दनकर सुमिरनकरहुँ, ध्यावहुँ नित उठिप्रात।
मंगलमय दिन होत है, बिसरै नहिं यह बात।।

विश्वमाताजगद्धात्रीविशालाक्षीविरागिणी।
प्रगल्भा परमोदारा परामोदा मनोमयी।। 173।।

934

विश्वमाता

संसार की विधात्री जगदम्बा ब्रह्मा से लेकर एक छोटे से कीड़े तक की माँ हैं। सबका पालन करने वाली हैं। माता अन्नपूर्णा सबको भोजन देतीं हैं। सबका योगक्षेम वहन करतीं हैं।

कृपादृष्टि सों करत हैं, जगकौ पोषण मात।
अन्नपूर्णा चरन रज, वन्दन कर नित प्रात।।
योग क्षेम सबकौ गहै, भरै सकल भण्डार।
यथायोग्य मिलजात है, सबकों नित आहार।।

935

जगद्धात्री

जिस प्रकार धरती सभी जीवों की माता है, जीवनदायिनी हैं। अन्न, फल, मूल, औषधि से जीवमात्र का पोषण करने वाली है उसी प्रकार पराभवानी भी सबके जीवन की आधारभूता महाशक्ति हैं।

विश्वाधार धरा सरिस, जगद्धात्रिजगदंब।
जड़चेतन जगजीव की, एकमेव हौ अंब।।

936

विशालाक्षी

जिनके विशाल नेत्रों के दर्शन साधु जनों का भय मिटाते हैं और असुरोंको अत्यन्तभयानक लगते हैं। पद्मपुराण के अनुसार 'वाराणस्यांविशालाक्षी' ब्रह्मपुराण के अनुसार हिमालय पर नेपाल में सिद्धपीठ है। विशाल शब्द बद्रिकाश्रम का वाचक है पीठान्यास में उन्हीं (वैष्णो देवी) नेपाल पीठ स्थित विशालाक्षी का ध्यान करना चाहिये।

रतनारे   पद्माक्ष है, अति विशाल सुकुमार।
करुणामयिपालनकरें, निजजन ओर निहार।।
बाहरभीतर सकल विधि, देखत हैं सब ओर।
धन्यभागि ते हॉय अति, जिन पाई दृगकोर।।
सब घट में सो बसत है, सबकी जानन हार।
बाहर भीतर होत है, तासों ही उजियार।।
सोभा सागर ये नयन, भाव निधी के स्रोत।
सेवितहिमगिरिशिखरपर, जहाँजगतनितजोत।।
त्राण देंय साधू जनन, असुरन कों संताप।
दीठि विशालाक्षी परत, मिटें अमंगल पाप।।
हैं विशालदृग तेजमय, हिमगिरि गहनप्रताप।
सब पर दीठी रखत हैं, अन्तर्यामिनि आप।।
काशीपती अधीश्वरी, अन्नपूर्ण मात।
काशी में पूजित सदा, विशालाक्षि नित प्रात।।

937

विरागिणी

अपनी त्रिगुणमयी माया से ब्रह्माण्ड को रचने वाली स्वयं माया से परे हैं। वे गुणातीता, मायातीता विद्या और अविद्या से भी अतीत, रागद्वेष के कषाय को मिटाने वाली विरागिणी हैं। वैराग्य साधक का वह दिव्यगुण है जिसके आश्रय से वह समता के पथ पर अग्रसर हो पाता हैं द्वन्दों के आघात का उस पर असर ही नहीं होता। वैराग्य लेना पलायन करने की प्रतृत्ति या कर्तव्यों से विमुख हो जानामात्र नहीं हैं गीता के अनुसार तो सन्यासी के लिये भी नैमित्तिक कर्मों को आवश्यक बताया गया है। यह शक्ति और सामर्थ्य को बढ़ाने वाला सार्थक सोच उत्पन्न करने वाला दुख में दीनता और सुख में आसक्ति को दूर करने वाला ऊर्जा वर्धक एक आवश्यक सद्गुण है। जब हमारी आराध्या ही विरागिनी हैं तो हम सभी को इस गुण को अपनी उपासना पद्धति में अपनाना चाहिये।

काटत हैं निज जनन के, रागद्वेषमयफंद।
मायातीत बनीं अहो, जन वत्सल निर्द्वन्द।।
परमा परम स्वतंत्र हैं,तहूँ भगति हित मान।
भावनिरखिराखें सदा,भगतबछलता आन।।

938

प्रगल्भा

सृष्टि की रचना करने में देवी माँ के पाँच कृत्य हैं सृष्टि, स्थिति, संहार, अनुग्रह और तिरोधान जिन्हें वे बड़ी ही दक्षता से निभातीं हैं।

दक्षसुता अतिदक्ष हैं, जगतारनि जगमात।
सृष्टि प्रलय सोई करें, जैसे रैन प्रभात।।
करतअनुग्रहसकलविधि, होतनतनिकविलम्ब।
सहारें असुरन विकट, होंय तिरोहित अंब।।

939

परमोदारा

अत्यन्त उदामना माता अपने भक्तों के ही वश में सदा रहतीं हैं क्योंकि वे ही उन्हें प्राणों के समान प्रिय हैं। ऐसी वात्सल्यमयी जननी को छोड़कर रे मूर्ख मन ! अन्यत्र कहीं भी त्राण पाने के लिये वृथा क्यों भटक रहा है ?

चरनसरन सांन्निध्यसुख, नाम उचारत त्राण।

भगतन के वश होत हैं, जो जननी के प्रान।।

अतिउदार करुणामयी, दया सिन्धु कों पाय।

रे मूरख मन!छाँड़ि हठ, आन ठौर मतजाय।।

940

परामोदा

सर्वत्र ही आपके गुणगानों का हर्षमय उल्लास फैल रहा है प्रकृति में उसी की अभिनव छाया बिखरी हुई है। भक्तों के नयन पपिहा की भाँति उसी की चाह रखते हैं।

बहै सुरभि सुमननमिस भ्राजै। रितुरितु में सो आप विराजै।।

गिरिमंदर अंबर वन सोभा।। निरखत बढ़ै नयन कौ लोभा।।

दिपै ओप नव जोत विताना। व्योम नखत गन भासै नाना।।

ताकी छवि प्रतिबिम्ब सरीखी। तेजराशि रवि मण्डल तीखी।।

दिव्य सुचारु सुस्मित सोभा। निरखत धन्यभागि मन जोभा।।

करै दिव्य दर्शन कन कन में। पावत महा मोद छनछन में।।

माया रहि तस हास अधीना। अट्टहास महँ तिहुँजग लीना।।

भगतन के हित रम्यसुहासा। बने नयन पपिहा की प्यासा।।

निरखत होंहू परम निहाला। मैं बालक तुम जनप्रतिपाला।।

देहु अभय चरननरति पाऊँ। साँची छवि हर्षित मन लाऊँ।।

मान भरे निज रूप सों, मुदमन करत कटाक्ष।

बहै सुरभि महँकी धरा, प्रकृतिसुवासित साक्ष।।

कोटिजनम की साधना, सफल होय तत्काल।

मोदमयी मूरत निरखि, ता पल होउ निहाल।।
हे उदार आनंदघन!हे जगजननि भवानि।
कृपाकोर की डोरसों, परसहु अब निजपानि।।

941

मनोमयी

भगवती मनोमयी होने से मन द्वारा आराधना करने योग्य हैं। यदि मन ही किसी पूजा में नहीं लगेगा तो सब साधन व्यर्थ ही हैं। **मन के हारे हार है मन के जीते जीत। पारब्रह्म को पाइये मन की ही परतीत।।** यह कबीरदास जी का कथन सत्य ही है।

जैसौ चित चिंतन करै, बनै तैसोइ रूप।
जल मेंज्यों रस रंग मिल, होवें तस अनुरूप।।
ध्यान रूप गति सो सहज, राग हेतु अनुराग।
सजगसदाश्रयपात है, जाग अबहु मन जाग।।
मन नियरे अति बुद्धि के, साधै बुद्धि उपाय।
सद्विवेक स्थिर करै, प्रज्ञा मति सतभाय।।
कोटिजतन साधन करौ, कबहु न छूटें फंद।
इक अराधना मानसी, करै छनहि स्वछंद।।
अभय देय निर्मल करै, चितवै रूप निहार।
मनमूरत जा उर बसी, लेउ तासु बलिहार।।
ज्ञान भगति वैराग्य मिलि, जब चालें रे संग।
पगपग उमगतजात है, नितनव बढ़त तरंग।।
चीत चारुचितवन चितहि, ध्यावै दृगपट मूँद।
घिरै घटा नित नेहघन, बरसै रस की बूँद।।
जबथिर होय सुचित्त यह, भूलैनिज कौ भान।
केवल तुम तहँ नाहि मैं, यहै परमगतिजान।।
मन तुममँह तुममनरमी, रमण करहु मन संग।
साँचे मन संकल्प सों, उदधि अभेद तरंग।।
झाँकतबाहर विषयरुचि, भटकै जनम अनेक।
एक बार अन्तर लखै, पावै सद्गति टेक।।

योग क्षेम सब ताहि के, वहन करें श्री आप।
चरणशरणरहि जासु मन, मेंटत अपने ताप।।

व्योमकेशीविमानस्थाबज्रिणीवामकेश्वरी।
पंचयज्ञप्रिया पंचप्रेतमंचाधिशायिनी।। 174।।

942

व्योमकेशी

'व्योमक' पृथ्वी के सबसे छोटा भाग यानी परमाणु कहलाता है जो इस बात का द्योतक है कि वे कणकण में समाई हुई है। 'व्योमकेश शिवजी का नाम हैं वे शिवांगी होने के कारण 'व्योमकेशी' नाम से जानी जाती है।

'व्योमक' अणुपरमाणु हैं, जहाँ बसत श्री आप।
कण कण में आभास है, श्री कौ भव्य प्रताप।।
व्योमसदृश श्यामलछटा, सघनकेश की राशि।
व्योमकेश शिव की प्रिया, व्योमकेशी उपास।।

943

विमानस्था

अपरिमिततेजाराशि के अंशमात्र से ब्रह्माड के असंख्य सूर्यचन्द्र नक्षत्र आदि प्रकाशित हैं वे अलौकिक रूप से प्रकाशित तेजस्वी विमान में विराजतीं हैं उनकी लीला वे ही जान सकतीं हैं कि कब, कहाँ किस प्रकार किस विशेष रूप में आयें या जायें कोई जानने या समझने की सामर्थ्य ही नहीं रख सकता।

विचरत जो ब्रह्माण्ड में, अद्भुत ताकौ यान।
कब आवत का विधि कहौं, कैसे करत पयान।।

944

बज्रिणी

कर्मों की जटिलतम श्रृंखला अनकों सत्कृत्यों को भी निष्क्रिय कर देती है। भवानी के हाथ में कालयमदण्ड बज्र के रूप में शोभायमान है वह अपने भक्तों की कर्मासक्ति को बज्र से चूर चूर कर देती हैं किन्तु जो अविद्या जनित भ्रान्ति की जड़ता मूलक आसुरी भाव से जकड़े हुए मूढ़ हैं उनके लिये वही बज्र भयकारी है।

गहि कर बज्र काल यमदण्डा। धरै रूप अतिउग्र प्रचण्डा।।
शासन करत महाभयकारी। केवल भक्तन हित उपकारी।।
निर्भय होत सुजन मनमाहीं। अधम मूढ़मन भय उपजाहीं।।
ब्रह्मबोधमय ताकौ रूपा। जागत परत न भव तम कूपा।।
मोह अविद्या तम की छाया। अंधकूप में भटक समाया।।
काल रूप नासै कर छीना। कुमति हरै बज्रिणी प्रवीना।।
जे न होहिं शरणागत मूढ़ा। तिन पर होत पाप आरूढ़ा।।
जहाँ भई मति करमअधीना। करै कोटिजतनन पुनिछीना।।
बज्रधारिणी शोक निवारै। अपने कर सों आप उबारै।।
देय विमलमति सम्पतिसाँची। ता घट सजगचेतना राँची।।

दुष्टदलन भवभयहरन, शरन देय निजदास।
सोभित जाके बज्र कर, रेमन ताहि उपास।।
असुरन कौ संहार कर, करै अधम भयभीत।
रीत यही यमदण्ड की, ज्ञानिन प्रीत पुनीत।।

945

वामकेश्वरी

वामकेश शिव की अर्धांगनी वामकेशी हैं। जिस प्रकार चाँदनी चन्द्रमा से अभिन्न हैं उसी प्रकार आप भी शिव से अभिन्न ही हो।

वाम भाग में रहत हैं, वामकेश्वरहि अंक।
वामकेश्वरी ज्योत्स्ना, वामदेव जु मयंक।।

946

पंचयज्ञप्रिया

पाँच प्रकार के यज्ञों द्वारा जिनका पूजन किया जाता हैं ये यज्ञ माता को अतिप्रिय है। भूतयज्ञ में प्राणी मात्र में बन्धुत्व की भावना से सबकी सेवा, हिंसा का त्याग, देवयज्ञ के रूप में देवता विशेष को उस देवपूजा के विशेष विधान से आहुति देकर पूजा की जाती है जैसा गीता जी में कहा है **सर्वदेव नमस्कारं केशवं प्रति गच्छति** उसी प्रकार यहाँ भी समझना चाहिये देवी सब देवों की शक्ति हैं जैसे नदियों का जल समुद्र की ओर ही जाता है उसी प्रकार नमन किसी को भी करें प्राप्त माँ को ही होगा। ऋषि यज्ञ में ज्ञान प्राप्ति के लिये प्रयास होता है जो ऋषियों द्वारा प्रणीत सद्ग्रंथों में या किसी ब्रह्मज्ञानी ऋषि की सेवा करने पर उनकी कृपा से मिलता है इसे ही ब्रह्मयज्ञ कहते है जिसमें आत्मज्ञान द्वारा अविद्या को हटाकर परब्रह्म की प्राप्ति हो। पितृयज्ञ में श्राद्ध तर्पण पिण्डदानादि का विधान है। और नरयज्ञ में अतिथि सेवा है ये पाँच प्रकार के यज्ञों को प्रवृत्तिमार्गीय और निवृत्तिमार्गीय दोनों प्रकार के साधक करते हैं।

जीवमात्र में निरखि हरि, भूतयज्ञ कर धन्य।

देवयज्ञ में हवन विधि, स्वाहाकार अनन्य।।

ऋषि होवें संतुष्ट जब, ब्रह्मज्ञान मन होय।

पितृतृप्ततर्पण किये, स्वधा तहाँ रहि गोय।।

ब्रह्मयज्ञ सर्वोपरी, आत्मरूप सब जीव।

जो घट में सर्वत्र सो, आत्मानन्द सजीव।।

आतिथेय नर यज्ञ है, श्रद्धा मन में धारि।

सबविधिसाधौपंचमख, साधकके हितकारि।।

947

पंचप्रेतमंचाधिशायिनी

पाँचप्रेतों पर शासन करने वाली भवानी जिस पर्यंक पर विराजमान हैं उसके चार देव चार पाये हैं और सदाशिव माया की बिछी हुई स्वच्छ चादर के ऊपर उस पर लेटे हुए हैं जिनके ऊपर भगवती विराजमान हैं। पंचप्रेत से तात्पर्य ब्रह्म की पाँच महाशक्तियों से है। ब्रह्मा सृष्टि करते हैं, विष्णु पालन, रुद्रसंहार, ईश शासन और सदाशिव उस महाशक्ति को अपने अंक में विराजमान करने की सामर्थ्य रखते हैं। इन सबके ऊपर महाशक्ति विद्यमान होकर अपना ही अनुशासन चलाती हैं। वे सबकी आधार शक्ति हैं जैसे तेज बिना अग्नि और अर्थ बिना वाणी महत्वहीन है उसी प्रकार शक्ति बिना सबकुछ सूना ही समझना चाहिये।

ईश रहें ईशान में, रुद्र अग्नि कोणान्त।
विष्णु रहें नैर्ऋत्य में, वायुकोण विधि प्रान्त।।
ये चारों पाये बनें, तिन पर राजत मंच।
माया की चादर बिछी, ता ऊपर शिव पंच।।
अहो धवलछिटकीछटा, विमलविभूति विराज।
दिपें किरन वैदूर्य सी, करें सदा श्री राज।।
पंचब्रह्मकीशक्ति जो, ता बिन सब असमर्थ।
तेज बिनाज्योंअग्निहै, बिन वाणी ज्यों अर्थ।।

पंचमी पंचभूतेशी पंचसंख्योपचारिणी।
शाश्वतीशाश्वतैश्वर्याशर्मदाशम्भुमोहिनी।। 175।।

948

पंचमी

त्रिपुरास्तवराज के अनुसार.....

ब्रह्मस्वरूपिणी पातु पंचमी पर देवता। पंचतत्वं तथा पंच यत्किंचित् पंचमं स्मृतम्।।
पंच पंचाक्षरैर्मन्त्रैः पंच कूटैश्च पंचभि। पंचमी पातु सततं नित्यं रक्षतु पंचमी।।

यह कथन 'त्रिपुरराजस्तव' से लिया है। वाराही देवी का स्थान भी दस महाविद्याओं में पाँचवाँ है। पंचप्रेतासीना में पचम स्थान सदाशिव का होने से वे भी पंचम स्थान पर ही है। पाँचौ तत्वों में वे ही समाई हुई है। कौलागम में पंचम कारविधि से पूजा भी उन्हीं की होती है जिसे गुरुमुख द्वारा ही जाना जा सकता है। मुक्ति की भी अवस्था विशेष पंचमी है।

ब्रह्म रूप हैं पंचमी, परारूप में आप।
पंचकूट पंचाक्षरी, पंच मकार प्रताप।।
पंचदेव पूजित सदा, ब्रह्म रूप सों एक।
शरणशक्तिकी लेत हैं, पंच ईश हू टेक।।
पंचभूत महँजोरहत, चलतसृष्टि निर्व्याधि।
पंचम वाराही भई, पंच मकारन साधि।।

949

पंचभूतेशी

सृष्टि के निमित्त जो पाँच महाभूत हैं वे आपकी शक्ति से ही संचालित होते हैं।

पंचभूतमय सृष्टि अस, जीवजगत की स्रोत।
श्रीजी कीही शक्ति सों, नित चेतन सी होत।।

950

पंचसंख्योपचारिणी

जिनकी पूजा में गंध, पुष्प, धूप, दीप, नैवेद्य इन पाँच वस्तुओं का विशेष महत्व है। यह तो बाहर की पूजा हुई अन्तर्याग उपासना यानी अपने भीतर ही इष्ट का ध्यान उपासना बन जाता है इसमें मन, बुद्धि, चित्त और अहंकार सबको आत्मज्ञान के प्रति समर्पित करके अपने आराध्य के ध्यान में तल्लीन होना है।

धूप दीप नैवेद्य अरु, पुष्प सुगन्धित माल।
सुरभिअगरुसुरभितसदन, मनतहँहोत निहाल।।
अहंकार मन बुद्धि चित, साधन हेतु कहात।
जानौ अन्तर्याग जब, आत्मज्योति जगजात।।
एहि विधि भीतर बाहरहु, श्री उपासना धारि।
अहनिशिआनंदसघनघन, बरसत सरसफुहार।।

951

शाश्वती

अव्यय, अनादि, आद्या का स्वरूप शाश्वत है सदा ही एक समान रहने वाला है। वे जरा,व्याधि और क्षय से मुक्त हैं इसीलिये वे चिरन्तना शाश्वती हैं।

चिन्मयि चारु चिरन्तना, चिदाकाश चैतन्य।
सत्यसनातनशाश्वती, ताकेबिन नहिं अन्य।।

जन्ममृत्यु बाधक नहीं, बाधक बनें न कर्म।
शाश्वत सदाउपासना, सत्साधक कौ मर्म।।

952

शाश्वतैश्वर्या

षड ऐश्वर्य : ऐश्वर्य वीर्य धर्म यश श्री ज्ञान वैराग्य।
छै प्रकार के उनके ऐश्वर्य भी स्थाई हैं। नाम, रूप, गुण, शील सहित उनकी लीलाएं दिव्य हैं।

चिदानन्द घनरूप की, महिमा अमित अपार।
शाश्वत हैं ऐश्वर्य षट्, गहत नाम गुणसार।।

953

शर्मदा

सुख दायिनी माता कल्याण करने वाली हैं। उनका दिया हुआ सुख कभी समाप्त नहीं होता ना ही कभी घटता हैं। 'शर्म' कल्याण को ही कहा गया है जब स्वयं माता हमारी कल्याण करने वाली हैं तो किस बात की चिंता?

देंय परम सुखसार, तुष्टि पुष्टि बलबर्धिनी।
विक्रम तेज अपार, प्रखरज्ञान विद्या विमल।।
करत रहींकल्याण, शमनकरतकोटिकअघन।
पावतजहँ जनत्राण, शर्मदायिनी की शरण।।

954

शम्भुमोहनी

कामेश्वर की प्रिया उन्हें अपनी रूपमाधुरी पर रिझाने में अत्यन्तप्रवीण है। मन्मथ के दहन होने पर वे ही रति को वरदान देने की प्रेरणा शिवजी को देतीं है।

त्रिभुवनमोहिनि मथत हैं, मन्मथारि मनकाम।
कामेश्वरि नयनन बसीं, शिवदीठी अभिराम।।

धरा धरसुता धन्या धर्मिणी धर्मवर्धिनी।
लोकातीतागुणातीतासर्वातीताशमात्मिका।। 176 ।।

955

धरा

जिस प्रकार दीपक का आधार लेकर ही बाती जलती है उसी प्रकार तन पर ही सब क्रियाऐं निर्भर है। और देह पृथ्वी से ही जन्मता है पोषण पाता है और अन्त में उसी में मिल जाता हैं इस प्रकार यह सत्य ही है कि पृथ्वी माता के समान जीवमात्र का पोषण करती हैं उसमें यह सजीवता भगवती की कृपा से ही संभव हुई। जिसके बल से धरती धैर्यधारण करने में अग्रणी है जीवनदायिनी हैं वह आपकी ही करुणात्सलता है। आप ही धरा रूप में सकल सृष्टि की पालनहार हैं। हमारे मूलाधारचक्र में पृथ्वीतत्व समाया हुआ है।

साधै साधन सकल एक नरतन ही केवल।
बरै जोत ज्यों घृतमाटी के दीपक के बल।।
देय नयौ जीवन पोषन सुख नींद सुवावै।
जीव जगत की जननी वसुधा ही कहिवावै।।
उपजै तन भू सार सों, सो गुन मूलाधार।
धारण पोषण जोकरै, मिले धरनि ह्वै छार।।
सकल प्रानिननकी सदा, वसुधा बनीं अधार।
जीवन की संजीवनी, पोषकता की सार।।
जाके बल धरती धरै, जीवजगत की सृष्टि।
धरनि समावै धैर्यअति, नित्य दया की वृष्टि।।

956

धरसुता

पर्वतराज हिमगिरि की पुत्री बनकर माँ पार्वती कहलाईं। शिवजी को पतिरूप में पाने के लिये घोरतप के कारण फल,मूल,कन्द यहाँ तक कि उन्होंने पत्तों को भी त्याग दिया इसलिये उमा 'अपर्णा' नाम से प्रसिद्ध हुईं शिव पार्वती की लीलास्थली होने के कारण ही देवभूमि तपस्वी, साधक और सिद्धों की पूज्य बनीं है।

उमारूप सों शैलजा, जनमीं हिमगिरि गेह।

पार्वती पर्वत सुता, नित शिवचरन सनेह।।

देवभूमि गिरिरज भई, चरन परस सों पूत।

जहाँ रहें आनंद में, तपोनिधी अवधूत।।

कर्यौ उमा अतिघोर तप, तजे पत्रफलकंद।

तपस्थली में तजत सब, विषमभावमतिद्वंद।।

सिद्धयोगि व्रतसाधकें, गावत शिव गुनगान।

मानसर के हंस सम, भगति बढ़ावत मान।।

गावतनारदगुनन कों, सनकादिक मुनिसिद्ध।

भूधरसुता प्रभाव सों, हिमगिरि भये प्रसिद्ध।।

सदा विराजैं प्रानप्रिय, शिवसन्निधि में मात।

नमनकरतिशिवशिवरटत, अभिनवसुखदप्रभात।।

957

धन्या

धन्या का ध्यान करने से साधक स्वयं धन्यभागी हो जाता है। आर्तमन को त्राण देने वाली अविद्या के अंधकार को दूर करने वाली सभी को मनोवाँछित फल देतीं हैं किन्तु सहृदय भक्त को भक्ति के अनुराग को छोड़ कर कुछ भी अन्य फल लेने की चाह ही नहीं होती।

मन की भ्रमना सकल मिटानी। अहो धन्य जगदंब भवानी।।

चहौं न कछू पदारथ आना। केवल सुनहि भगतिगुन काना।।

नयनन बहत सुधास्रव पानी। गुनन रटै रसना गुन खानी।।

परस करें कर चरनन तेरे। आश्रय सदा बने सो मेरे।।
लीला साखी शिव उर राँची। परमेश्वरि सोभा श्री साँची।।
धन्य रूप असविधि श्रीलीन्हा। निजइच्छा निजविग्रह चीन्हा।।
श्रीविभूति जहँ प्रकट विराजै। अष्टसिद्धि नौनिधि तहँ साजै।।
गावहिं गीत भगत चित राँची। उमगत मन रोमावलि नाची।।
स्वर्ग मोख भू के सुख नाना। अपर पदारथ जे कछु आना।।
देंय सकल वरदायिनि धन्या। जनवत्सल सो मात अनन्या।।

जनमजनम अनुराग गहि, गहि पदपंकज प्रीत।
धन्यभागि धन्या करहु, यहै सुफल फल रीत।।

958

धर्मिणी

धर्म के पथ पर चले बिना आध्यात्म की राह कभी नहीं मिलती जिस राह के दिव्य अनुभव मानव को अतिमानव बना देते हैं। वह राह ही लौकिक या पारलौकिक दोनों ही प्रकार से कल्याण का पथ है।

सत्य शौच तप मौनव्रत, शमदम दया अधार।
एकनिष्ठ थिररचित सदा, समता धीरज धार।।
मत्सर दम्भ न छद्म छल, राग द्वेष कौ मैल।
गहै तितिक्षा बलप्रबल, सरल बनी सब गैल।।
चलै धरम के पंथ में, काई मिलै न कीच।
मुदित धर्मिणी होय जब, तजै कुसंगतिनीच।।

959

धर्मवर्धिनी

पापों से दुख और पुण्यों से सुख मिलता है। जब पापों का विनाश हो जाता है तभी सत्संग का लाभ और धर्मपथ पर चलने का सौभाग्य मिल पाता है।

पाप ताप कंटक कटें, बढ़ै धरम की बेल।
धर्मवर्धिनी कृपासों, होत सुजन सह मेल।।

960

लोकातीता

चौदह भुवनों से परे आनंद कंद शिव के संग जो सदा विराजतीं हैं।

शान्त्यातीत कलानिधी, परा प्रकाम पुनीत।
रहें सदाशिव संग में, सो सब लोकअतीत।।

961

गुणातीता

प्रकृति में रची बसी होकर भी जिनका स्वरूप प्रकृति के तत्वों से असम्पृक्त है। सृष्टि के प्राकृतिक तत्व बनते हैं बढ़तें हैं क्षय वृद्धि और विनाश होता है। ये सभी क्रियायें माँ की माया शक्ति से ही संचालित हैं किन्तु वे स्वयं इनसे परे ही हैं। शाश्वत चैतन्य राशि गुणातीता हैं। उनके लिये सृष्टि प्रलय नहीं है अपितु वे सृष्टि और प्रलय की नियामक है। उनका धाम शिव का शाश्वत आनंदधाम है।

त्रिगुणमयी सृष्टि रची, रूपरंग सें भिन्न।
गुणअतीत गुणातीता, अव्यय अविच्छिन्न।।

962

सर्वातीता

जिनको मन बुद्धि नहीं जान सकते शास्त्र इदमित्थं कह नहीं सकते किन्तु जिन्हें भक्त अपने हृदय में छिपाकर रखते हैं वह अनमोल राशि सर्वातीता है।

चित्त न चिंतन कर सकै, बानी सकी न बोल।
मरम न जानें शास्त्रकछु, भेद सके नहिं खोल।।
निगमागम रचरच थके, मुनि मन सके न तोल।
भगत मौन गहि उर रखें, कैसी वह अनमोल।।

963

शमात्मिका

भवानी 'शम' रूप में अपने भक्तों की जीवन यात्रा सरल बनातीं हैं। संसार में अनेकानेक प्रपंच हैं जो क्षोभ उत्पन्न करके मन को खिन्नता से भरदेते हैं मन की असहाय अवस्था होने लगती हैं ऐसी विषम स्थिति से माँ भक्तों को बचाती हैं वे मनोवृत्तियों को शमन से शान्त करती हैं फिर सहज रूप से प्रकृतिस्थ होकर जो भी काम करते हैं वह क्षोभ रहित ही होता हैं शमन उदासीनता को बढ़ाने वाला गुण है जिससे लाभ, हानी, जय, पराजय, रिपु, मित्र का भावनात्मक रूप से बुरा प्रभाव नहीं पड़ने पाता और शान्ति लाभ स्वतः ही होने लगता है।

है प्रपंच जंजाल सों, उथल पुथल संसार।

चैन न छनभर कों मिलै, व्यथा भरौ मन छार।।

व्यथा भरौ मन छार करम गति नाच नचावै।

गिर गिर कें असहाय हाय रे पार न पावै।।

जाके बल परपंच सब करें न मन में क्षोभ।

शमन व्याधि कौ भयहरै, जगै न मन में लोभ।।

बन्धूककुसुमप्रख्या बाला लीलाविनोदिनी।

सुमंगली सुखकरी सुवेषाद्या सुवासिनी।। 177 ।।

964

बन्धूककुसुमप्रख्या

बन्धूक को बन्धुजीवक और जपाकुसुम भी कहते हैं जिसके फूल गहरे लाल रंग के होते हैं लाल रंग उत्साह, ओज, सौभाग्य और रमणीयता का प्रतीक हैं। उषाकालीन लालिमा के समान भगवती की आभा है।

जपाकुसुम सम कान्ति है, अतिसुन्दर रतनार।

ज्यों मानिक माला लिये, उषा होत बलिहार।।

965

बाला

ऐसा लगता है जैसे माँ बालरूप में खेल ही खेल में सृष्टि की रचना और संहार कर रहीं हैं। भगवती त्रिपुरसुन्दरी का नाम भी बाला है। इसी नाम से मंत्र भी है जो माता को अतिप्रिय है। मंत्ररूप में भी आपकी ही आराधना की जाती है।

बाला कौमारी तुम्हीं, त्रिपुरसुन्दरी सिद्ध।
खेलतहैं लीलामयी, सदा रहत अनविद्ध।।
त्रिपुरसुन्दरी मंत्र हैं, बाला नाम प्रसिद्ध।
जहाँ भवानी होत हैं, मंत्र रूप में सिद्ध।।

966

लीलाविनोदिनी

चाहे संसार की रचना का कार्य हो या मनुष्य की शरीर रचना दोनों का निर्माण लीलामयि का विनोद ही है। साधना के उत्तरोत्तर सोपान भी उस विधात्री के मनोविनोद ही हैं।

जाकी लीला सों चलें, कोटि कोटि ब्रह्माण्ड।
सधें सकल सत्कर्म हू, सजगहोत तन भाण्ड।।

967

सुमंगली

जिनके स्मरण मात्र से सभी विघ्नें कुयोग, कुभाग्य, अमंगल, अविद्या, दीनता दूर हो जाती हैं। वे मंगलों की भी मंगलमूर्ति, पवित्रों में भी परम पवित्र, सौभाग्य की भी परम सौभाग्य श्रेयस्करों की श्रेय आनंदनिधि हैं। नाम, रूप और गुणों का ध्यान जीवन को असाध्यकष्टों से छुड़ाने वाली संजीवनी है।

हरें अविद्या दैन्य दुख, कटें कुचक्रहु क्रूर।
सुमिरहु सदा सुमंगली, होंय अमंगल दूर।।

968

सुखकरी

तापत्रय निवारिणी तमहारिणी मंगल कारिणी माँ पारमार्थिक और सांसारिक सुखों को अपने ही सदाश्रय से फलीभूत करने वाली हैं। अपनी शरण देकर वे साधक के सभी व्रतों को पूर्ण करतीं हैं इस प्रकार श्रेयपथ प्रशस्त होता हैं और योगः कर्मसु कौशलम् के द्वारा कर्मपथ में से क्षोभकारी वासनाओं के काँटे मिटा कर प्रेयपथ पर अग्रसर होने वालों पर भी अपना वरदहस्त रखे हुए हैं।

त्रिविधताप भवभय हरें, दारिद दूषन दोष।
श्रेय प्रेय साधन सधें, परम सुखकरी तोष।।

969

सुवेषाढ्या

भवानी की भव्यमूर्ति सुन्दर वेष धारण करने से अद्भुत सौन्दर्यमयी लगती है। उनकी कांति से ही रत्नादिक चमक रहें हैं और अंगों की सुगन्ध से ही फूलों की गमक सर्वत्र फैली हुई है।

सोभनीय सुभ आकृती, अभिनव अंगनराग।
जिनसों मणिनप्रभादिपै, विकसैसुमनपराग।।
सुन्दर वेष सुहावनौ, अतिलावण्य सरूप।
ताके ही प्रतिबिम्ब सों, प्रकृतीभव्य अनूप।।

970

सुवासिनी

अखण्ड सौभाग्यवती माँ आप सदैव सदाशिव के साथ शोभायमान हैं आपके इस गुण के प्रभाव से ही नीलकंठ हलाहल पान करके कालजयी हुए। शिव को भी संजीवनी के समान लगने वाली आपकी महिमा वर्णनातीत है।

कियौहलाहलपान कालजयिमृत्युन्जय ने।
देवअसुर कों समकरुणासों हेरत हैं हर।।
नीलकंठ नीलाभ गले पहिरें मुंडमाला।
बमभोले अविनाशी काशी वासी हर हर।।
यह सब है केवल महिमा अम्बिकेतुमारी।
तेरे ही गुणगानकरें निशिदिन त्रिपुरारी।।
माँगत हैं सौभाग्य सुवासिनि तेरे द्वारे।
फरै सदा यहि आस पूरिकर देहु हमारी।।
अविनाशी शिवशम्भुकी, प्रियासुवासिनिआप।
पूजन करें सुहागिनी, मिलै सुहाग प्रताप।।
मिलै सुखद पतिप्रेमअति, बनें गृहस्थीधन्य।
मान धान्यधन सम्पदा, करें सदा सम्पन्न।।

सुवासिन्यर्चनप्रीताऽऽशोभनाशुद्धमानसा।
बिन्दुतर्पणसन्तुष्टा पूर्वजा त्रिपुरांबिका।। 178 ।।

971

सुवासिन्यर्चनप्रीता

सुवासिनी पतिव्रता स्त्रियों के पूजन से जगदंबा प्रसन्न होतीं हैं। स्त्रियों में ही (लज्जा,मर्यादा) श्रीशोभा, सम्पन्नता, सन्तोष, स्वभाव की मधुरता, मितभाषिणीधृति (धैर्य सहनशीलता) आदि गुण पूजनीय हैं। मांगलिक शुभकार्यों में सुवासिनी स्त्रियों को पूजा जाता है।

महिमामय सुप्रताप है, पतिव्रतान सद्धर्म।
सुवासिनी अर्चन रुचै, यहै साधना मर्म।।
सदाअभ्युदयकारिणी, गृहणी घर की नाव।
आतप ताप मिटातज्यों, घनीभूत वटछाँव।।

972

आशोभना

अपरिमित सौन्दर्य की आगार, शोभा श्री की माधुरी छवि, चिरयौवना षोडशी सुषमा की निधि हैं जिनकी सुन्दरता का प्रतिबिम्ब प्रकृति में समाया हुआ है। जिनकी दिव्यकांति के प्रकाश के अंशमात्र से व्योम अनगिनत नक्षत्रों के राशिमण्डल से प्रभापूर्ण होकर दीपित हो रहा है। उनकी सुन्दरता का यशोगान कौन कर पाने में समर्थ है !

अपरिमित सौन्दर्य की आगार श्री शोभा सदा,
वितरित करें सर्वत्र ही उज्ज्वल प्रभा छविमाधुरी।
प्रकृति सुकृति में सुगन्धितसुरभि रमी निर्माल्यकी,
अन्तर्दृगन कों देत जो नित दिव्य दीठी चातुरी।
सर्वमयि सौन्दर्य निधि सुषमासुरभि की स्रोत है,
लावण्यनिधिनिरुपमसदा करुणा सों ओतप्रोत है।
अभिराम श्री घन कुन्तला चिर यौवना षोडशी,
उज्ज्वलप्रभाकीकान्तिसों ही व्योममण्डितजोत है।

973

शुद्धमानसा

अखण्ड आनंद की धाम विशुद्ध मन वाली हैं और वे विशुद्ध मानसरोवर जैसे मन में ही निवास करतीं हैं।

सत्य सनातन धाम शुचि, अविरल आनंदस्रोत।
मानसर सम विमल मन, तहाँप्रकट श्री होत।।

974

बिन्दुतर्पणसन्तुष्टा

श्री चक्र में बिन्दु रूप में भगवती की उपासना की जाती है। कुंडलिनी जाग्रत होने पर सहस्त्रार चक्र में उसी बिन्दु की उपासना की जाती हैं ज्ञान की जोत से मानों आरती और भक्ति की रसधारा से अभिषेक कर भक्त अपने आराध्य की उपासना करता है।

सहस्त्रार के मध्य में, बिन्दुबोध कौ रूप।

सो ही है श्रीचक्र में, पूजित मातृ सरूप।।

ज्ञानजोत की आरती, भगतिसरस रसधार।

तृप्त करत सदभाव सों, महिमाअपरम्पार।।

975

पूर्वजा

जो सबकी आधार है सबको उत्पन्न करने वाली है उनसे पूर्व कुछ भी नहीं वे अपूर्वा ही पुरातना हैं।

अखिलेश्वरी अयोनिजा, अहो अपूर्वा आदि।

परा पुरातन पूर्वजा, अव्यय अलख अनादि।।

976

त्रिपुराम्बिका

देह में तीन कूट (वाग्भव, मध्यस्थ और शक्ति) हैं। जो कुंडलिनी साधना के सोपान हैं। योगी जिनमें स्थित होकर साधना करते हैं त्रिपुरेश्वरी की शक्ति के बल से ही वे क्रियाशील रहते हैं। त्रिकालाबाधित त्रिलोकवन्द्या त्रिपुरसुन्दरी भगवान त्रिपुरेश्वर की आदि शक्ति हैं। त्रिपुर से अभिप्राय है।

त्रि+पुर =जाग्रत, स्वप्न, सुषुप्ति ये तीन अवस्थाएं

त्रि+पुर = कारण, सूक्ष्म, स्थूल शरीर जो जीव के जन्म के कारण बनते हैं।

त्रि+पुर = तीन कूट वाग्भवकूट, मध्यकूट, शक्तिकूट जो मंत्रों के और साधना के सोपान की भाँति हैं। जिनमें चेतना उसी प्रकार क्रीड़ा करती हैं जैसे अग्नि में चिन्गारियाँ इधर उधर घूमती रहती हैं।

त्रि+पुर =तीनों लोक

त्रि+पुर =सद्, असद्, सदसद महामाया के रूप या जीव की वृत्तियाँ इन सबकी जो जननी है सबका कारण हैं वे ही त्रिपुरेश्वरी त्रिपुराम्बिका हैं।

थूल सूक्ष्म अरु लिंग सों, तन के तीन प्रकार।

तिन्ह मँह जो ज्योति जगै, सोई परम अधार।।
वाग्भव मध्यमशक्तिपुनि, कूट त्रिविधि हैं भिन्न।
योगी जिनमें ध्यानरत, सो तौ तत्व अभिन्न।।
भृकुटि मध्यहृदयालयहि, नित्य समावत ध्यान।
सहसचक्र झरिॅअमियरस, देत अभय वरदान।।
सत सरूप चिन्मय सदा, चिन्तामणिचितचारु।
भवपयोधि की बनत जो, एक तरी पतवारु।।
छन छन में छयहोयजगत की भौतिक रचना,
कालचक्र सों बच्यौ न कोऊ यै प्रबंचना।
सत असत के ही विवेक बुधि लेंय विचारी,
थोथौ तज कें सार समेटें सहज निहारी।
कारण तन तारन बनै, धारन करै अमर्त्य।
वारणकर तमअखिलकौ, गहिसुखपंथप्रवर्त्य।।
त्रिभुवन जननी आपही, रहीं त्रिकाल मझारि।
त्रिपुरसुन्दरी अम्बिका, त्रिपुरेश्वर त्रिपुरारि।।
तीन कूट हैं देह में, ध्यावत योगी सिद्ध।
जो चलातसबविधितिन्हें, त्रिपुराम्बिकाप्रसिद्ध।।
त्रिपुर तीन कूटन रमीं, हरें त्रिविध भव शूल।
मिटै अविद्या ध्यान धर, त्रिपुरा कर त्रिशूल।।

दशमुद्रासमाराध्या त्रिपुराश्रीवशंकरी।
ज्ञानमुद्राज्ञानगम्याज्ञानज्ञेयस्वरूपिणी।। 179।।

977

दशमुद्रासमाराध्या

मुद्राओं में दस मुद्राएं प्रमुख हैं जिनके द्वारा ध्यान करके पूजन किया जाता है। यह मानसिक पूजा है। प्रत्येक मुद्रा का भाव आराध्य से अपना सम्बन्ध दर्शाता है।

1—संक्षोभिणी

ब्रह्माण्ड में क्षोभ उत्पन्न करने वाली शक्ति यानी सृष्टि रचना के लिये महत्तत्व से सूक्ष्म तन्मात्राऐं प्रकट करने वाली जिनसे पाँच महाभूतों का क्रमिक विकास हुआ।

612

2—सर्वविद्राविणी

पांच तन्मात्राओं की शक्ति जिसके लीला विलास से एक होकर पाँच महाभूतों द्वारा सृष्टिका निर्माण कर पाती है।

3—सर्वाकर्षणि

जिनके आकर्षण से जीवन और सृष्टि का क्रम सतत चलता रहता है। वे अपने भक्तों को अपने पाश से खींच कर अपने निकट कर लेतीं हैं। जिनकी रूपमाधुरी मोहित करने वाली है उनकी शक्ति स्तम्भित कर देती है।

4—सर्वोन्मादिनि

नयनोन्मीलितछवि के ध्यान से अनहद की वंशी सुनाई देने लगती है जो भक्ति के रस में उन्माद प्रकटाने वाली हैं।

5—सर्वमहांकुशा

जो हाथ में अंकुशधारण करके तीनों लोकों को अपने वश में करतीं हैं उनके अनुशासन से सभी प्रकार के शोक संदेह और तापों का नाश हो जाता है।

6—सर्वखेचरी

सर्वत्र भू नभ जल में रहने वाली जो अत्यन्त सूक्ष्म भी हैं और पूरे ब्रह्माण्ड से भी अधिक वृहद हैं।

7—सर्वबीजा

जे सबकी मूल हैं जैसे बीज से अंकुर और उसमें से वृक्ष निकलता है वैसे ही उनमें से ही सबकी उत्पत्ति हुई है।

8—सर्वत्रिखण्डा

वाग्भव कूट, मध्यकूट और शक्तिकूट में जो समाई हैं जिन्हें त्रिदेव नमन करते हैं।

9—सर्वयोने

सबकी जननी आप ही हैं।

10—सर्ववशंकरि

जिनके वश में सब कुछ है भृकुटि के विलासमात्र से जो सृष्टि और प्रलय करने वाली हैं। काल जिनके आधीन हैं।

इन दसों मुद्राओं को धारण करके भगवती की आराधना करनी चाहिये।

मुद्रा कर सों बनत हैं, भाव मानसिक स्रोत।
ध्यानजापआसननियम, या विधि पूजन होत।।
प्रतिमुद्रा कौ भाव है, गूढ़ अर्थ विन्यास।
बरनहुँ सबविधियथामति, जैसौ बुद्धि प्रयास।।
तन्मात्रा हों यदिविलग, बनै न यह ब्रह्माण्ड।

पंचभूत जिन सों बने, जड़ चेतन के भाण्ड।।
संक्षोभणि मुद्रा सोइ, दशमुद्रा में आदि।1
होतक्रियान्वित सृष्टिसब, सर्वविद्रावणिसाधि।।2
कर कर्षण निजपाशसों, खेंचत आपनि ओर।
सर्वाकर्षणि कर गहै , सबकी जीवन डोर।।3
त्रिभुवनमोहनिछवि निरखि, रूपमाधुरी ध्यान।
स्तम्भित कर देत है, सर्वाकर्षिणि मान।।
न्यनोन्मेषित छवि मधुर, प्रेम पग्यौ उन्माद।
उन्मादित कर देत है, गूँजत अनहद नाद।।
सर्वोन्मादिनि ध्यानधरि, मुद्रा रुचिर बनाय।4
हृदयसुधासवछकिपिये, मुखरसुरनकछुगाय।।
भज मन सर्वमहांकुशा, करै स्ववश त्रैलोक।
करअंकुश गहिकरतहैं, शासन हरकें शोक।।5
सर्वखेचरी सर्वमयि, भू नभ सागर धार।
सूक्ष्मरूप अतिबृहद हू, बन सबकी आधार।।6
जासों उद्भवहोत जग, जो है सबकी मूल।
भजहुँ सर्वबीजातुमहिं, काढ़हु भव के सूल।।7
हैं त्रिखण्ड सब मंत्र के, मंत्र मूर्ति हैं मात।
सर्वत्रिखण्डा आपकों, सीस त्रिदेव नवात।।8
जड़चेतनजगजीव की, एक जननि हैं आप।
सर्वयोनि शिवशंकरी, हरें कोटि अघ पाप।।9
भृकुटिविलासन वशकरें, सृष्टिप्रलयकौरूप।
सर्ववशंकरि ध्यान सों, परै न भव के कूप।।10
ये दशमुद्रा धारि कें, उर धरि 'श्री' आराध।
करत नमनअम्बेमुदित, छमहिं सकलअपराध।।

978

त्रिपुराश्रीवशंकरी

लक्ष्मी और वाणी जिनके वश में रह कर सेवा करतीं हैं वे त्रिपुरसुन्दरी श्रीचक्र के पाँचवें निलय (सर्वार्थ साधक चक्र) में विराजमान हैं। उनका वन्दन सर्ववशंकरी मुद्रा द्वारा किया जाता है।

जाके वश में सब रहें, स्ववश रहें जो आप।
श्री वाणी आधीन ह्वै, गावत रहीं प्रताप।।

614

त्रिपुरेश्वरी करें सदा, चक्रराज में वास।
मुद्रा सर्ववशंकरी, वन्दन करत उपास।।
चक्रराज में पूज्य अति, सर्वार्थक सिद्धीधनी।
सफलमनोरथ साधकन, आराध्याश्रीजी बनीं।।
भुवनमोहिनी श्री अहो, करै स्ववश जग आप।
रह सदा वश ताहि के, श्री त्रिपुरा परताप।।

979

ज्ञानमुद्रा

तर्जनी में अंगुष्ठ के मिलने से ज्ञानमुद्रा बनती है। मुद्राओं का प्रभाव भी साधक के अन्तर्मन पर प्रत्यक्ष और परोक्ष रूप से पड़ता है। ज्ञानी का निर्मल मन आनंद की अपरिमितराशि से परमसुख को पाता है। आनंद के बिना जीवन की राह दूभर ही लगेगी ज्ञान काँटे कीच काई से बचाकर सुगम पथपर ले जाने में समर्थ है सभी संदेह एक ज्ञान के बलसे दूर हो सकते हैं।

आनंदघन पाथेय है, ज्ञानपंथ के पथिक कौं।
मेंटत कलुषकशाय सब, मुद्रा केवलज्ञान की।।
विपुल ज्ञानमय सद्गती, प्रकट मिटावै पाप।
जानहु जब अंगुष्ठ में, मिलै तर्जनी आप।।
मुद मोदक आनंद के, चाखै जो भरपूर।
नियरेपहुच्यौ पथिक सो, ज्ञानसदन नहिं दूर।।
साधनसफल कहाहि सब, पावत ज्ञान सजीव।
हर्षित वरदा देत वर, आनंद होय अतीव।।

980

ज्ञानगम्या

ज्ञान के बिना ना तो उपरति ही सम्भव है ना ही भक्ति का प्रसाद फलित हो पाता है। ज्ञान ही सद्विवेक को जगाने वाला एक मात्र तंत्र है। ज्ञाननिष्ठा से ही संयम नियम दृढ़ होकर चैतन्यमन को निर्मल बनाते हैं। जिस निर्मलचित्त के भवन में भक्ति की रसमयी वीणा अपनी मधुर तरंगें प्रसारित करती है।

सपने सी या भ्रान्ति में, सोयौ कबसों मूढ़।
जानैं ना जागे बिना, जीव मरम गति गूढ़।।
ब्रह्म ज्ञान के पात्र में, भरौ भक्ति रस धार।
साधक पावतसाध्य कों, तरै सिंन्धु के पार।।
बढ़भागी अतिधन्य सो, सोई साँचौ सन्त।
जगीआत्मसुखजोतिजहँ, जगमगहोतदिगन्त।।
रत्नगर्विता धरा के, वे ही साँचे रत्न।
केवल पाहन अन्य सब, मूढ़ धरें कर यत्न।।
आत्मज्योति सत्वरभयी, ब्रह्मज्योति में लीन।
तब जानौं करुणा फली, होवै अहं विलीन।।
ब्रह्मलीन मन ब्रह्मरत, ब्रह्म बोध परिपूर्ण।
बिसरै आपौ देह कौ, सकल साधना पूर्ण।।
भक्तिज्ञान की सन्धि ही, चिन्मयचित्तप्रयास।
सो अपूर्व आभास है, रहै न देहाध्यास।।
छूटेंसकलप्रयास जब, चलहि धारबिच नाव।
उमगत तब मझधार में, बढ़यौ तरंगनचाव।।
तेहिचावचितस्वादचख, रहै न मनहिं अभाव।
अर्पण निज पतवार है, पहुँचावै तट नाव।।
संसय ही तम भयमहा, द्वन्द ताप भ्रम द्रोह।
मिटै ज्ञानभेषज लिये, काम कोह मद मोह।।
वीतरागि परिपूर्ण मन, निर्मल चित्त न भेद।
काटै कंटक पंथ के, ज्ञान कुठारन छेद।।
भक्ति ज्ञान वैराग्य की, गुँथी एक ही माल।
सोभित जाकेकंठ में, सो नर भयौ निहाल।।
परम कृपा कौ पात्र सो, ताकी गती अनन्य।
दृष्टिपात जहँजहँ करै, तहँतहँ जीवनधन्य।।
ज्ञानगम्य सोइ साधन, राखौ मन अभिप्रेय।
अनत न कोऊ गैलहै, परमसाध्य की श्रेय।।

981

ज्ञानज्ञेयस्वरूपिणी

साधना की जिस अवस्था में पहुँच कर ज्ञानी अपने ज्ञेय (अपने आराध्य) के सान्निध्य में पहुँचता हैं। सारूप्य, सालोक्य, सायुज्य और सामीप्य मुक्ति का आभास होने लगता है अद्वैत की अनुभूति और लीलामाधुरी की रसाभिव्यक्ति से ज्ञान भी पीछे छूट जाता है। साधक साधना और साध्य एकसूत्र में समा जाते हैं। यह सब भवानी की अनुकम्पा से ही सम्भव हो पाता है।

सोऽहम् की अनुभूति ही, बनींजहाँ पर श्रेय।
एकसूत्र में रम रहे, ज्ञानी ज्ञाता ज्ञेय।।
सहजरूपमति होत, तबहि समात समाधि में।
जागतजगमगजोत, निर्बाधितअविकलचितहि।।
झरें साधना स्रोत, मिटत भेद साधक मनहिं।
गुंजित धुन स्तोत्र, नित रंजनमय चित्त में।।
ध्यावहिं ध्यानी ध्येय, उरगति बनीं अटूटज्यों।
ज्ञानी पावत ज्ञेय, सब समात इक सूत्र में।।

योनिमुद्रा त्रिखण्डेशी त्रिगुणांबा त्रिकोणगा।
अनघाऽद्भुतचरित्रा वांछितार्थप्रदायिनी।। 180।।

982

योनिमुद्रा

दस मुद्राओं में नवमृ स्थान पर योनिमुद्रा आती है। माता ब्रह्मयोनी हैं समस्त ब्रह्माण्ड मंडल उन्हीं से जन्म लेता है। मनुष्य के दोनों हाथ ईश्वर के प्रतीक हैं। इसीलिये प्रातः सर्वप्रथम अपने हाथों के दर्शन करना चाहिये। दाहिना कर शिव और वाम कर शक्ति के प्रतीक हैं दोनों के मिल जाने पर हाथ जोड़ने से योनिमुद्रा बन जाती है। जो माता को अतिप्रिय है।

अखिलेश्वरि ही सृष्टिकी, जननी हैंजगमात।
कोटिकोटिब्रह्माण्ड जो, ब्रह्मयोनि प्रकटात।।

शिव शक्ती सों होत है, सृष्टी कौ विस्तार।
दशविधिमुद्रा करत हैं, अर्चन विविधप्रकार।।
वाम हस्त 'श्री' मान कें, दाहिन शिवआकार।
करन जोरि मुद्रा बनें, करत हैं नमस्कार।।
जगत पिता शिवशम्भु हैं, जगमाता हैं आप।
पूर्ण सकलविधि साधना, गावतभगतिप्रताप।।
होत भवानी मुदित मन, मुद्रा सों कर जोर।
प्रकटतजासों अखिलजग, ताकीओरनिहोर।।
शिवशक्ती कर में बसें, करतल ईश प्रतीक।
मुद्रा योनी बनत है, कर जोरे की नीक।।
नौमींमुद्रा अस अहो, जननी प्रियअति जान।
कर जोरे की विनय सों, दर्शावत सन्मान।।
दस मुद्रा में नवम् अस, करजोरे बन जात।
नमहुँ योनिमुद्रा सतत, वन्दहुँ नितउठिप्रात।।

983

त्रिखण्डेशी

तीन कूटों के कारण मंत्रों के जो तीन खण्ड होते हैं तथा त्रिखण्ड मातृका मंत्र सोमसूर्याग्नि का समन्वित रूप है। त्रिखण्डा दशवीं मुद्रा है जिसमें अन्य सभी मुद्राओं का समावेश माना गया है इन सबकी स्वामिनी माता त्रिखण्डेशी ही हैं।

स्वामिनिमंत्रत्रिखण्ड की, पंचदशी कौ जाप।
दशमीं मुद्रा कहत है, रवि सोमाग्नि प्रताप।।
करहुँ प्रात मुद्रार्चना, नमहुँ त्रिखण्डा मात।
मंत्र त्रिखण्ड अधीश्वरी, यंत्र रूप तव गात।।

984

त्रिगुणा

भगवती प्रकृति की अधिष्ठात्री हैं सत, रज, तम इन तीन गुणों के मिश्रण से यह संसार रचा है। उनके आश्रय के बिना ये गुण भी निराधार ही हैं।

618

सतरजतम सों रचत है, सृष्टि सनातनरूप।
त्रिगुणमयी सबमें रमीं, त्रिगुणा धरत सरूप।।

985

अम्बा

अम्बा माता को ही कहा जाता है हमारे जीवन में माता का स्थान सर्वोपरि होता है माँ ने ही हमको जन्म दिया वह ही कारण है। वह ही पालती है दिशाबोध भी उसी की कृपा से मिलता है। माता से बढ़कर दूसरा कोई भी देवता नहीं होता। आप तो जगन्माता हो।

कारण हौ सबकी तुम्हीं, हौ सबकी आधार।
श्री अम्बे जगदम्बिके, जग की पालन हार।।

986

त्रिकोंणगा

श्रीयंत्र श्रीविद्या का मूर्तरूप है चार ऊर्ध्वमुखी और पाँच अधोमुखी त्रिकोणों के मध्यमें जो बिन्दु है वही श्रीमाता का स्वरूप है। शिवलिंग भी शिवशक्ति का ही अनन्य रूप है। वही महाशक्ति हमारे शरीर में कुंडलिनी रूप में इड़ा पिंगला और सुषुम्ना नाड़ियों में होकर सहस्त्रार तक जाती है जहाँ परमशिव के साथ माता बिन्दुरूप में विराज रहीं हैं। वे ही मणिद्वीप में है वे ही प्रत्येक अणु परमाणु में हैं काल के सूक्ष्म भाग में और कालातीत भी हैं। प्रत्येक स्थान पर प्रत्येक समय हैं। चक्रराज में त्रिकोण के मध्य भगवती की उपासना की जाती है।

हैं त्रिकोण के मध्यशक्ति शिवबिन्दुसमायौ।
शिवशक्ती कौ एकरूप शिवलिंग कहायौ।।
पिंड पिंड में ताकौ ही प्रतिबिंब बखानें।
चक्र मध्य देवत्व रूप की विधि सन्माानें।।
मूलाधार त्रिकोण मध्य श्री जी कौ वासा।
षट्चक्रन कों भेद करहिसबअघतमनासा।।
पंचत्रिकोण अधोमुखी, ऊर्ध्वमुखी हैं चार।
बिन्दु त्रिकोण मध्य रही, महिमाअपरम्पार।।
यंत्रराज सोभा अमित, श्री विद्या कौ रूप।
ध्यानधरत भ्रमना मिटै, परै न भवतमकूप।।

987

अनघा

सूर्य अंधकार को, आग शीतकाल की ठिठुरन को और गंगाजी पापों को जिस प्रकार दूर करतीं हैं उसी प्रकार अघजनित भय को काटने वाली अम्बे माँ है। पापों को काटकर भवबाधाओं से मुक्ति दिलाने वाली माता अनघा ही हैं।

काटत रवि तिमिरान्धज्यों, अग्निमिटावतशीत।
अघनाशिनि जान्हवी सम, अनघा काटै भीत।।

988

अद्भुतचरित्रा

उनकी लीला के रहस्य को कोई भी समझने में सक्षम नहीं है। अपने अद्भुत चरित्र के द्वारा वे अपने भक्तों की सदैव रक्षा करतीं हैं उनके दुर्भाग्य को भी सौभाग्य में बदल देतीं हैं योगक्षेम को सँभालने वाली जननी के होते हुए फिर चिन्ता किस बात की ?

मेंटत कठिन कुअंक हू, लिखे विधाता भाल।
योगक्षेम राखत सदा, भगतन के तिहुँकाल।।
रूप अलौकिक मात तव, अद्भुतलीला धारि।
विह्वलचित बनजातहौ, लखतभगतदृगवारि।।
जान न पावत काहुविधि, करकेंअगनितयत्न।
कब राई पर्वत बनें, बनें पाहनहु रत्न।।
दयाद्रवितदृगदीठि सों, खिलें हृदय के पद्म।
अद्भुतचरितअकथ अहो, मेंट देय छलछद्म।।

989

वांछितार्थप्रदायिनी

कठिन विपत्तियों को मिटाने वाली, रोग और प्राकृतिक आपदाओं के प्रकोप को शमित करने वाली, अपने साधकों के मनोरथों को पूर्ण करने वाली आनंददायिनी के अतिरिक्त और कौन हो सकता है ?

करत मनोरथ पूर्ण सब, कल्पलता सी आप।
चार पदारथ देत हौ, ऐसौ भव्य प्रताप।।
टारत कठिनविपत्ति सब, वारत दुसहप्रकोप।
संहारत अधमासुरन, प्रकटावत निज ओप।।

अभ्यासातिशयज्ञाता षडध्वातीतरूपिणी।
अव्याजकरुणामूर्तिरज्ञानध्वान्तदीपिका।। 181 ।।

990

अभ्यासातिशयज्ञाता

भजन बिना जीवन सब सूनौ।
केतहु होय विभव संपद जग लागत रह्यौ बिहूनौ।

लगन पूर्वक नियमित अभ्यास के बिना कहीं भी कोई भी सफलता नहीं मिलती। फिर यह तो आत्मतत्त्व की साधना देवताओं के लिये भी अत्यन्त दुर्लभ है जिसे केवल समर्पण की भावना द्वारा छोटे से मानव जीवन में साध पाने की सामर्थ्य मिल रही है। अभ्यास से ही योगी श्रेय, प्रेय के पथ पर चल पाने में सक्षम होते हैं। उठते बैठते खाते सोते चलते समय भी इष्टस्मरण की अबाध रसधारा प्राणों को सींचती रहती रहती है। हृदय की धड़कनों के मोती श्वाँसों के धागे में पिरोकर जो माला बन गई तो समझ लो अभ्यास के लिये अलग से समय की आवश्यकता ही क्या है ?

सद्यप्रसादिनि आप हौ, वत्सलता की खान।
करतदेख अभ्यास के, रखें भगति कौ मान।।
मिलत तृप्तिआसव जिन्हें, होय ध्याननिर्द्वंद।
शमदम संयम नियम सों, नितअभ्यासअमंद।।

सतत किये अभ्यास के, फरै साधना रूख।

साधनतरुसींचहुसजग, जाय न यहकहुँसूख।।

जानत अन्तर्यामिनी, घट व्यापिनि सर्वज्ञ।

करतरहे अभ्यास नित, रहें न पुनि ते अज्ञ।।

उर स्पन्दन मानिकन, स्वाँसन सूत्र पिरोय।

पलकनझाँपि पिटारि में, रखौआँखियनगोय।।

991

षडध्वातीतरूपिणी

हमारे शास्त्रों में श्रीविद्या की उपासना के षट्अध्वानः (छै विधियाँ) बताई गई हैं। इनमें (तीन विमर्श) यानी तर्क संगत सन्देह निवारक तथ्य विमर्श कहलाते है और दूसरी (प्रकाश) यानी ज्ञान पाने की विधि है। मंत्र में देवता की बीज मंत्रात्मक मूर्तिका ध्यान जप हृदयन्यास, करन्यास, अंगन्यास आदि पद में छन्द ऋषि और वर्ण के ज्ञान में स्तोत्रादि हैं। प्रकाश में (पुर) यानी कूटत्रय का बोध, कलाओं (चौसठ कलाएँ) का ज्ञान और तत्वज्ञान में आत्मतत्व का ज्ञान (अद्वैत का बोध) आता है। किन्तु माँ का स्वरूप इन छै प्रकार के अध्वानों से भी परे है।

हैं विधितीन विमर्श की, सधें मंत्र पद वर्ण।

आत्मज्ञान की कला के, हैं पुर तत्व सुपर्ण।।

संसय हरें विमर्श सब, प्रकटै ज्ञान प्रकाश।

इन षड्विधि सों हू परे, मातृ कृपा विलास।।

992

अव्याजकरुणामूर्ति

करुणामयि के कटाक्ष सदैव करुणा का अमृत बरसाते हैं। करुणाकंदकृपालु माता बिना विलम्ब के सबका हित करने वाली हैं।

करुणामयि के वे कटाक्ष करुणा वरुणालय।

कारुणीकअगजग कों करुणानितप्रतिपालय।।

करुणा ही की टेक बनावत हृदय शिवालय।

श्री संभूता सिन्धु यहीं पै यहीं हिमालय।।

उठत भाव की लहर यहींथिर यहींसदा लय।
करुणाकन्द अमन्दसुगन्धित सो उर आलय।।
हृदयकमल कौ अमलरूपकोटिकअघ घालय।
द्वन्द्वरहित निर्द्वंद मति तहाँ हरत सदा भय।।
साँसन कौ लै सारकरै जीवननिधि विनिमय।
चाह न होवै अन्य छाँड़ि करुणा कौ संचय।।

993

अज्ञानध्वान्तदीपिका

आप तो अज्ञान के अन्धकार को दूर करने वाले विलक्षण दीपक के समान हैं। आत्मभावस्थ होकर दीप्तमान ज्ञान रूपी दीपक के प्रकाश से मोह, असत्माया का दुराग्रह, संताप क्षोभजनित दैन्य, मद मात्सर्य के अंधकार को मिटा देने की क्षमता पा सकते हैं। गीता में कहा हैं।

तेषमेवानुकम्पार्थमहमज्ञानजंतमः।
नाशयाम्यात्मभावस्थोंज्ञानदीपेन भास्वता।।

मिटै तिमिरअज्ञान कौ, बरत ज्ञान कौ दीप।
टिकै अविद्या लेश ना, विद्या रहै समीप।।
मत्सर मोह गुमान तज, गहै शरण में त्राण।
छन में काटैसकलभय, शरणागति कौ मान।।

आबालगोपविदितासर्वानुल्लंघ्यशासना।
श्रीचक्रराजनिलया श्रीमत्त्रिपुरसुन्दरी।। 182।।

994

आबालगोपविदिता

अनेकानेक अवतारों में आपही धरा का भार हरतीं हैं। रामावतार, कृष्णावतार भी आप ही हैं। नृसिंहावतार में उनकी शक्ति नारसिंही वाराह अवतार में वाराही आदि आपके दिव्य रूप हैं। आबालगोपवनितादिक आपसे परिचित हैं ब्रज के गोप ग्वाल वन के वनचर सभी

आपकी महिमा का गान करते हैं।

ललिते तव लीलाललित, फलित धरा के धाम।
धन्यभागि सब गोप हैं, जिनके ढिंग हैं श्याम।।
नित न्यारे अवतार हैं, तिनकी कथा अनन्य।
राम तुम्हींघनश्यामतुम, कोउ न तुम सों अन्य।।

995

सर्वानुल्लंघ्यशासना

उनके द्वारा चलाये गये अनुशासन को भंग करने का साहस किसी में भी नहीं है विधाता उनकी इच्छा के अनुसार जगत की रचना करते हैं हरि पालन और शिवजी संहार के कार्य में संलग्न हैं प्रकृति के ग्रह, नक्षत्रों पर भी उनका ही शासन हैं जो भी इस नियम का उल्लंघन करता है उसे प्रकृति स्वभाविक गति से विपरीत चलने का दण्ड स्वयं ही दे देती है।

एक शिवा हरिहरविधि रूपा। अटलछत्र सो रूप अनूपा।।
बँधेसकल मर्यादडोर सों। मिलत चन्द्ररवि निशाभोर सों।।
दिपत नखत आपनिगति घूमें। बसतजीवगहिजीवनभू में।।
कर्मप्रधान विश्व मर्यादा। जो जा ठौर तहाँ सब साधा।।
जड़चेतन जगजंगम माहीं। एक रूप सों सकल समाहीं।।
साधतप्रकृतिसुशासनमूला। मिलतदंड चलतहि प्रतिकूला।।
धारत रूप सर्वमयि नाना। सदा चलावत सृष्टि विधाना।।
केवल आत्मरूप जो जानै। परमपंथ की दिशि पहचानें।।
पूजै ज्ञानपुहुप अंजलि सों। तोषै तुष्टहोय प्रतिबलि सों।।
जो प्रतिघट में सदाविराजै। अनहदकीधुन प्रतिछनबाजै।।

करै समर्पित कर्म सब, रहै विगत भय आप।
आत्मजोतिकीदीप्तिलखि, विलयहोंय सबपाप।।

996

श्रीचक्रराजनिलया

चक्रराज श्रीयन्त्र में सदाशिव के संग श्री शिवाभवानी नित्य विराजतीं हैं। जो सम्पूर्ण ब्रह्माण्ड की नियामक हैं। प्रत्येक शरीर में जिनके बल पर ही प्राण टिके हैं उनका श्रीयन्त्र मूर्तरूप ही है।

श्री यंत्र श्री रूप है, शक्ति धाम कौ मूल।
व्याप्तअखिलब्रह्माण्डतहँ, प्रतिघटमेंअनुकूल।।
सर्व व्याप्त सर्वांग श्री, अणु अणु में संधान।
विधिहरिहर तहँ बसत हैं, श्रीही सर्वप्रधान।।
चक्रराज श्रीचक्र है, पूजित सब विधि श्रेय।
भुवनकोश ब्रह्माण्ड के, तामें रूप अमेय।।
कणकण में जो रमतहै, घटघटजाकौ वास।
जाकेबल जीवन चलै, जीवमात्र की स्वाँस।।
बाहरभीतर जो रमत, ता बल टिकत सरीर।
यंत्र रूप पूजित सोइ, मंत्रन ध्वनि गम्भीर।।
सदा बसत श्रीचक्र में, अहो भवानी आप।
शिवशक्ति अन्योन्य तहँ, तेजोराशि प्रताप।।

997

श्रीमत्त्रिपुरसुन्दरी

अविनाशी शाश्वत गुणातीत सदाशिव की अद्भुतलीला है। तीनों देव ब्रह्मा, विष्णु और रुद्र उन्हीं के वपु में विराजते हैं। वे ही सृष्टि प्रलय की नियामक हैं। तीनों देवों का उनमें ही वास है इसीलिये त्रिपुरारी कहे गये हैं। उनसे महाशक्ति सदा ही अभिन्न हैं जो लीला के रहस्य की साक्षी हैं वे ही माता त्रिपुर सुन्दरी हैं।

तीन देव त्रिपुरारि तन, मंगल मूरति आप।
त्र्यम्बकेश त्रिभुवनपती, हरें अमंगल पाप।।

त्रिपुरारी भामा प्रिये, पूजत हैं त्रय लोक।
त्रिपुरसुन्दरीकीकृपा, हरत कलुषतम सोक।।

श्रीशिवा शिवशक्त्यैक्यरूपिणी ललिताम्बिका।।

998

श्रीशिवा

श्री सन्मानित शिवा श्रीयुक्ता ही हैं। उनकी श्रीमयी छवि का प्रतिबिम्ब ही प्रकृति को भव्य बना रहा है। वे ही शिवजी की गरिमा को प्रकट करतीं हैं। सभी कलाएं सभी विद्याएं श्री के ही कारण पूर्ण हैं। जीवन भी श्री विहीन होकर जीने योग्य नहीं रहता श्री सम्पन्नता ही उनकी प्रकट रूप से महिमा का बखान कर रही है।

शिव अर्धांग निवासिनी, श्रीसोभा की सार।
शिवसोभाप्रतिबिम्बउर, शिवहियकी आधार।।
श्रीसम्पदा समात जहँ, शिवसुहास की धार।
निरखि मंजुमधुमाधुरी, करत गंग मनुहार।।
सुषमा श्रीसौन्दर्यमयि, आनंद सदन सुकेतु।
दृगन भाव रस धार हैं, बनीं नेह की सेतु।।
श्रीविद्या शिव मोदिता, षोडश कला निधान।
सकलभाँति श्रीसिद्ध हैं, करतशम्भुसन्मान।।
सर्वोपरिमहिमाअमित, श्रीही शिव की शक्ति।
श्री सम्पदा भुवन रमी, श्रीयोपमासद्भक्ति।।
श्रीमयि प्रकृतिसुरम्यअति, श्री जीवनकौसार।
श्रीसम्बोधनश्रेष्ठतम, श्री बिन जगसबछार।।
श्री ही ब्रह्मानंदमयि, श्रेय प्रेय की स्रोत।
त्योंलगिजीवनजगरहै, ज्योंलगिश्रीकीजोत।।
अन्तर्घट श्री आत्ममयि, साँसन सूत प्रमान।
उरस्पन्दन ताहि सों, गति मय पाँचौप्राण।।
चित्तबुद्धिमनबानि सब, श्री साधे सब शुद्ध।
श्रीप्रकाशमयजासुउर, तहाँन मतिअवरुद्ध।।

999

शिवशक्त्यैकरूपिणी

शिव और शक्ति के स्वरूप में भेद है ही नहीं दोनों एक प्राण दो देही हैं। जिस प्रकार चन्द्रमा में अमृत, सूर्य में किरनें और अग्नि में तेजोमय ताप अभिन्न है, प्रकृति पुरुष के संयोग से सृष्टि, बिम्ब के संग प्रतिबिम्ब, नयनों से अभिन्न ज्योति, ऋतुपति के साथ सुषमा, फूलों के साथ रंग और पराग, ज्ञान के साथ विज्ञान, भक्ति के साथ प्रेम उसी प्रकार वे दोनों अनन्य हैं। वे शिवजी के हृदय में निवास करतीं हैं।

हैं अनन्य शिवशक्ति युग, दो देही इक प्राण।

जो ध्यावै या रूप कों, पावै सब विधि त्राण।।

ज्ञान प्रभा विज्ञानमय, भक्ति प्रेम के संग।

ऋतुपति सुषमा सों लसे, सुमन लिये बहुरंग।।

इन्दु सुधा, रवि रश्मिमय, अग्नि रूपमय ताप।

प्रकृति संग ज्योंपुरुष है, त्यों शिवश्रीपरताप।।

बिम्ब गहै छविसंग ज्यों, दिपतनयनरहि ओप।

त्यों श्री राजतशिवहिये, होंय न किंचितलोप।।

1000

ललिताम्बिका

श्रीयन्त्र के नौ त्रिकोणों (चार ऊर्ध्वमुखी और पाँच अधोमुखी) के मध्य में श्रीजी विराजतीं हैं। जिनके बल से पूरा ब्रह्माण्ड मण्डल स्थिर है जो सबके हृदय में जीवन ज्योति बनी समाई हुई हैं वे सुन्दरता की सार दयारस सिन्धु करुणामयी अति उदार, वत्सलता की अनुपम निधि और शिव जी के स्वरूप से अभिन्न हैं। उनको नमन करने से सद्गति ओर जप से सुमति मिलती है। अरे मन! ऐसी लालित्यमयी श्री ललिता जी की उपासना में तत्पर हो।

नौ त्रिकोण श्रीचक्र में, मध्य बिन्दु कौ भाग।

तहाँ बसै श्रीनित्य ही, अलखजोतसी जाग।।

ताके बल ब्रह्माण्ड थिर, चौदह भुवन समेत।

आत्मरूपसबघटरमीं, जो उर की गति देत।।

सुन्दरता कौ सार जो, श्री कौ अभिनव रूप।

रसशेवधि करुणायतन, शिवछविकौ प्रतिरूप।।

नमन करत सद्गतिमिलै, सुमतिमिलैजपसाध।

श्री ललितालालित्य नित, रे रे मन आराध।।

इतिश्री ब्रह्माण्ड पुराणे उत्तर खण्डे श्रीहयग्रीव अगस्त्य संवादे श्रीललितासहस्त्रनामस्तोत्रस्य भावानुशीलन अनुक्रमेण 'ललितालालित्येति' काव्यमाला समर्पितम्।।